教育部哲学社会科学系列发展报告

MOE Serial Reports on Developments in Humanities and Social Sciences

2016 中国金融发展报告

2016 China Financial Development Report

主　编　朱新蓉　唐文进

北京大学出版社

PEKING UNIVERSITY PRESS

图书在版编目（CIP）数据

2016 中国金融发展报告/朱新蓉，唐文进主编. —北京：北京大学出版社，2016.11
（教育部哲学社会科学系列发展报告）
ISBN 978-7-301-27764-5

Ⅰ. ①2… Ⅱ. ①朱… ②唐… Ⅲ. ①金融业—经济发展—研究报告—中国—2016 Ⅳ. ①F832

中国版本图书馆 CIP 数据核字（2016）第 270673 号

书　　　名	2016 中国金融发展报告 2016 ZHONGGUO JINRONG FAZHAN BAOGAO
著作责任者	朱新蓉　唐文进　主编
责 任 编 辑	李鸣岳　徐　冰
标 准 书 号	ISBN 978-7-301-27764-5
出 版 发 行	北京大学出版社
地　　　址	北京市海淀区成府路 205 号　100871
网　　　址	http://www.pup.cn
电 子 信 箱	em@pup.cn　　QQ:552063295
新 浪 微 博	@北京大学出版社　@北京大学出版社经管图书
电　　　话	邮购部 62752015　发行部 62750672　编辑部 62752926
印 刷 者	北京宏伟双华印刷有限公司
经 销 者	新华书店
	730 毫米×980 毫米　16 开本　28.75 印张　532 千字 2016 年 11 月第 1 版　2016 年 11 月第 1 次印刷
印　　　数	0001—1500 册
定　　　价	79.00 元

未经许可，不得以任何方式复制或抄袭本书之部分或全部内容。
版权所有，侵权必究
举报电话：010-62752024　电子信箱：fd@pup.pku.edu.cn
图书如有印装质量问题，请与出版部联系，电话：010-62756370

摘 要

2015年，中国面临较为复杂的国际国内经济金融环境，新兴市场国家资本流动波动加大，国内经济增长速度继续保持中高速增长，国际收支总体上保持基本平衡。从国际环境看，世界经济延续不平衡且缓慢的复苏态势，全球主要经济体经济运行继续分化。美国经济逐步复苏，市场逐步消化美联储进入加息周期的预期；欧元区经济出现局部复苏迹象，欧洲央行的宽松货币政策一定程度上缓解了经济下行风险；日本经济增长率重新为正，日本央行量化宽松和负利率的货币政策刺激了日本的对外贸易发展；新兴市场国家总体增长势头减弱，部分国家金融市场波动加大，同时又面临资本外流的压力，制约了宽松货币政策的实施空间。复杂的全球经济、货币政策和汇率政策交织，加剧了国际金融市场的波动。2015年，大宗商品价格普遍下降，美元指数震荡走强，新兴市场国家货币走弱，总体上发达国家金融市场表现优于新兴市场国家。

从国内环境看，中国经济增长与市场预期较为一致，主要经济环比指标保持稳定。我国城乡居民收入和消费平稳增长，新增就业人口基本稳定，社会融资成本有所下降，然而国外需求疲弱导致出口增速放缓，工业生产增速回调，依靠传统的政府投资拉动型增长方式空间有限。2015年中国央行继续运用稳健的货币政策，综合运用多种工具，保持银行体系流动性的充足，引导金融机构将更多信贷资源配置到实体经济，尤其是国民经济重点领域。但是，结构性产能过剩、企业成本增加、债务水平上升、金融领域风险暴露给中国经济带来了较大的下行压力。

在金融宏观调控方面，2015年是完成"十二五"规划的收官之年，也是承启"十三五"规划的筹划之年，在从"十二五"过渡到"十三五"的关键时期里，金融宏观调控不断创新思路，不断深化完善金融宏观调控方式，围绕供给侧结构性改革这条主线，金融宏观调控从注重"定向、精准调控"进一步深化为注重"货币政策的结构性供给"。2015年，中国经济增速继续保持中高速增长，金融市场波动有所加剧，金融宏观调控更加注重稳增长、调结构、防风险和促改革。2015年央行实施了5次降准降息，取消存款利率浮动上限，完善人民币兑美元汇率中间价报价机制，改革力度超过预期。目前存贷款利率管制基本放开，汇率中间价形成机制更加市场化。在宽松基调和改革提速双驱动下，银行体系流动性充裕，货币信贷增长较快，企业融资环境有所改善。但2015年金融风险有所上升，尤其是2015年6月底股市持续大跌,以及8月汇改之后汇率波动加大,金融宏观调控着力加大了对系统性风险的防范。

从货币政策的最终目标来看:2015年经济增速趋稳,经济结构调整成果显著,消费稳定且较快增长,第三产业快速发展,成为拉动供求两端经济稳定增长的两大引擎;物价涨幅继续保持较低水平;在经济增速下行的背景下,就业总体依然稳定,就业弹性得到较大提升;国际收支状况继续改善,服务贸易加速发展。从货币政策的中介目标来看:货币供应量继续保持快速增加,2015年年末广义货币供应量M2余额为139.2万亿元,同比增长率较上年末高1.1个百分点,狭义货币供应量M1余额为40.1万亿元,同比增长率较上年末高12个百分点,流通中货币M0余额为6.3万亿元,同比增长率较上年末高2个百分点;金融机构贷款利率总体下行;汇改后人民币汇率双向浮动弹性进一步增强。

但2015年我国金融宏观调控依然面临一些问题和挑战,主要表现在如下几个方面:通货紧缩风险进一步加大;经济下行期间风险累积,企业杠杆上升过快,"债务—通缩"风险累积;地方债务快速增长,地方债务风险继续累积;商业银行不良贷款率上升,银行业风险累积;金融市场风险充分暴露,系统性风险加大;房地产高库存尚未得到实质性缓解。

本报告针对金融宏观调控以上突出问题提出建议:货币政策应更加注重防风险、防紧缩目标,继续构建"利率走廊"机制;协调货币政策和宏观审慎的关系,继续完善宏观审慎政策框架;加快信贷资产证券化,增加金融机构化解风险的市场手段;健全地方政府债券融资市场,构建和完善地方债务风险防控体系;精准化去库存。

在金融机构方面,近年来,我国金融机构种类和功能日益丰富,金融机构格局也在悄然发生变化。一方面,原有各类金融机构的职能进一步明确,各机构的职能深度不断加强;另一方面,许多新兴金融机构、相关新企业、对应新业务的诞生为金融体系输送了新鲜的血液,也丰富了金融机构的功能。过去我们采用中国人民银行公布的《金融机构编码规范》对金融机构进行分类,但该分类规则已经无法科学有序地概括我国现有金融系统的机构情况。因此,本报告按照主要功能的不同,将现有金融机构分为支付融资类金融机构、资本市场类金融机构和新金融业态三大类。其中,支付融资类金融机构主要包括政策性银行、商业银行、融资租赁企业、典当行、小额贷款公司、农村金融机构和保险公司,资本市场功能金融机构主要包括证券公司、基金公司、信托公司、期货公司和保险资产管理公司,新金融业态主要包括互联网金融企业、供应链金融企业和绿色金融机构等。

在2015年国内外经济形势复杂多变,外部需求疲弱态势持续,我国经济下行压力加大,结构调整加快,潜在增长率趋于下降,风险隐患增多等诸多不利条件下,我国各类金融机构和诸多具有金融服务功能的企业保持了稳中求进、锐意变革的作风,以发展方式的转变促进了发展质量和效益的提升,推动了创新驱动型发展,有效化解了各种风险和挑战,为经济平稳发展和社会稳定做出了有力的贡献。

总的来说,2015年支付融资类金融机构的融资渠道进一步拓宽,机构实力不断增强,充分发挥了在金融机构全局体系中稳健如石的基础作用。政策性银行及国家开发银行继续对稳增长、调结构、惠民生发挥重要作用;商业银行发展增速放缓,总体资产质量稳定可控,流动性充裕,存款保险条例出台,民营银行准入进入常态化;受到四大自贸区设立的影响,融资租赁企业数量和业务均同比大幅增长,成为行业亮点;典当行行业监管和规范措施不断加强,有利于进一步规范典当行发展;小额贷款公司首次被确立了正式金融机构的身份和地位,其融资渠道和发展方式也得到了扩充;传统农村金融机构在农村金融体制改革的背景下得到了政策的鼎力支持,各种制度创新启动,农村金融中介服务机构得到不断完善;保险公司整体实力增强,创新持续深化,保险专业中介机构专业化和规模化发展提速。

2015年资本市场类金融机构表现出较强的活力,在市场资源配置和资金有序导向上起到了重要作用。各类公司的营业收入和利润规模均保持稳定增长。其中证券公司收入大幅增长;基金公司行业活跃度提升,基金数量不断上升;信托业资产规模增速虽然有一定放缓,但产品创新和行业转型均取得不小进展;期货公司风险控制能力优化,盈利能力显著提升;保险资产管理公司建设不断加强,投资领域日趋宽阔。

2015年新金融业态在种类和规模上保持快速发展,各种新兴金融业态不仅迅速聚集人气和资金,而且进一步强化了自身在金融体系中的作用。各种新业态的放开,从数年前仅仅作为多层次资本市场建设的有益尝试,到现今成为金融机构体系不可分割的重要部分,其发展速度令人瞠目。其中,互联网银行运行平稳,互联网消费金融创新步伐加快,农村互联网金融填补了大量农村金融服务的空白;贸易企业、电子商务平台和财务公司纷纷涉足供应链金融,供应链金融发展出现与互联网金融结合的新趋势;绿色金融发展步伐加快,绿色金融体系初具雏形。

然而,我国金融机构和相关企业的发展也暴露出一些问题。支付融资类金融机构在金融体系中继续发挥基石作用,但面临信贷资产质量下滑、利润增长放缓和机构转型进程缓慢等问题,尤其是商业银行、小额贷款公司和典当行不良资产率上升的态势需要引起足够的重视;资本市场金融机构活力进一步提升,但应对金融市场波动的能力还有待加强,需要进一步改进监管体制,更好地应对突发金融风险;新金融业态机构和企业发挥越来越重要的作用,但由于处于发展初期,因此存在产品不成熟、风险控制不到位和监管不足等问题,具体来看,依旧没能有效突破绿色金融产品单一、互联网金融平台违约风险加剧和互联网金融数据尚未发挥作用的行业瓶颈。

一是商业银行不良资产增加较快,利润增长持续放缓;二是商业银行在参与创业投资和股权投资领域存在诸多障碍;三是绿色金融主体发展不足,产品创新匮乏;四是财富管理公司有效供给不足,缺乏第三方独立性;五是专业再保险公司经营管理水平有待提高,保险机构市场竞争力需要完善;六是 P2P 等互联网借贷平台频繁出现兑付问题,互联网借贷行业发展出现困境。对此我们提出了相关的政策建议:一是积极采用多种方法处置不良资产,防范经营风险上升;二是加强与风险投资机构合作,促进商业银行向创业投资及股权投资方向转型;三是促进绿色金融产品创新,完善绿色金融体系;四是提高财富管理公司综合发展能力,强化第三方机构独立性;五是大力培育专业再保险公司,提高保险资产管理公司竞争力;六是全面促进互联网金融平台的规范化及升级发展。

在金融市场方面,2015 年既是金融市场中各项制度市场化改革不断推出的一年,同时也是多种矛盾和问题日益显现的一年。总体来看,金融市场中产品种类不断丰富,市场制度逐步完善,金融市场对于降低社会融资成本、促进实体经济发展的作用得以进一步发挥,但各子市场及不同子市场之间存在的矛盾或问题也日益显现。货币市场交易活跃,市场利率维持低位。股票成交量大幅增长,股票市场指数震荡较大,新三板市场发展迅猛,基础性制度建设稳步推进;债券发行规模显著扩大,收益率曲线下移。人民币汇率双向浮动弹性明显增强,外汇市场波幅扩大,外汇掉期和远期交易增长较快。保险市场保持快速发展,保险资金运用结构继续优化,投资收益大幅提高,保险服务能力不断提升,互联网保险业务快速发展,市场格局更加合理,发展的协调性进一步增强。黄金供需基本保持平稳、黄金市场价格震荡下行、黄金交易规模大幅增长、黄金市场制度性建设逐步推进。期货交易规模大幅增长、期权市场平稳运行、利率衍生品交易活跃度明显上升。

但 2015 年我国金融市场也暴露了一些突出问题。社会融资存在结构性不平衡,股票市场中资金流向存在结构性不均,股票市场场内外配资杠杆严重失调,股市和债市存在"跷跷板效应",保险市场发展质量和效益有待提高,衍生产品市场发展还需提速。针对这些问题,本报告提出如下建议:优化社会融资结构;提高金融服务实体经济效率;完善和规范场内外配资杠杆;促进股市和债市的协调发展;提高保险行业发展质量和效益;积极推进衍生产品市场发展。

在金融国际化方面,2015 年我国金融国际化发展呈现了两个方面的新特征,即国际收支由双顺差转为"经常账户顺差与资本与金融账户逆差",汇率走势由升值趋势转为"人民币对美元贬值",我国金融国际化发展面临新形势、新问题、新挑战。经常账户继续维持顺差,顺差 3306 亿美元,顺差规模较上年有所扩大。资本与金融账户出现大额逆差,逆差4853亿美元,是我国近年来首次出现资本与金融账户如此大规模的逆差,引发全球的广泛关注。资本账户开放继续推进,"沪港通"运行平稳,"深港通"近期有望推出,资本账户开放达到新水平。外汇市场交易额创新高,2015累计成交17.76万亿美元。其中即期和衍生品分别成交8.26万亿美元和9.5万亿美元,并且交易主体主要为金融机构。汇率双向波动特征明显,人民币实际有效汇率升值,而人民币对美元全年贬值6.1%。中国人民银行进一步完善人民币汇率中间价报价机制。人民币国际化进程继续深化,人民币被IMF纳入SDR货币篮子是人民币国际化进程中的标志性事件。区域金融合作方面,亚投行于2015年12月25日正式成立,这是首个由中国倡议设立的多边金融机构,代表着中国在区域金融合作方面由配合者逐步转变为主导者。同时,G20峰会中中国也持续推进全球经济金融治理改革。通过合作与对话方式,与全球主要经济体就共同关心的问题进行磋商与对话,代表发展中国家提出自己的主张。

与此同时,人民币国际化在2015年面临较大阻力。一方面我国经济步入新常态,正在寻求和孕育新经济增长点,另一方面美国经济逐步复苏,进入加息周期,这些因素都对人民币国际化造成了阻碍。2015年8月11日中国人民银行完善汇率中间价报价形成机制,汇率形成机制中市场作用进一步加强,然而央行减少干预后人民币汇率便发生了大幅贬值,8月12日人民币兑美元汇率贬值2%,"8.11汇改"后汇率波动加剧增加汇率预期管理难度。并且在岸人民币汇率受到了香港离岸人民币汇率的影响,进而制约和干扰了中国人民银行的货币政策和汇率政策。2015年12月,我国外汇储备存量为3.33万亿美元,较2014年6月3.99万亿美元的最大外汇储备规模减少了6 628亿美元。外汇储备规模的大幅下降引发经济学界的讨论担忧,从我国巨额外汇储备的负担转向我国外汇储备规模是否充足。

为应对2015年金融国际化发展面临的新问题,本报告提出了四个方面的具体建议。一是持续推进人民币国际化。我国应从深化市场改革、加快产业升级、加快金融改革、加强国际金融合作、依托亚投行鼓励各国发行人民币计价债券等多个方面,着眼于长远和全局持续不断地推进人民币国际化。二是坚持完善汇率市场化形成机制,并加强外汇市场建设。坚持汇率形成机制市场化的大方向,强化市场预期管理,培育外汇市场的微观参与主体。三是全面评估人民币加入SDR后我国面临的收益与风险,尤其是评估加入SDR后我国面临的新风险。加入SDR意味着我国资本项目开放的进程面临着来自国际社会的压力,有可能干扰和打乱我国既有金融改革和开放的安排。四是密切监控资金跨境流动并完善外汇储备的管理。金融的国际化发展必须守住不发生货币危机和金融危机的底线,在我国有管理的汇率制度下,有必要监测短期资本的跨境流动,防止我国外汇储备的大幅波动,减少对人民币汇率的冲击。

在金融监管方面,2015年我国金融监管改革积极有序推进,法律制度逐步完善,基础建设不断夯实,金融监管工作成效凸显。银行监管全面提升金融服务质量和效果,全面落实风险防控责任,全面深化银行业改革开放;全面推进银行业法治建设,有效支持了实体经济提质增效,为实体经济稳增长、调结构发挥了积极作用。证券监管持续推进监管转型,践行稽查执法新思路;加快发展多层次资本市场;推进了促进证券基金期货经营机构和私募基金健康发展;稳步提升资本市场开放水平。保险监管不断完善风险防范体系;推进保险关键领域的改革与创新;加大简政放权力度;加强保险消费者权益保护;加强保险监管基础建设。涉外金融监管深化跨国公司外汇资金集中运营管理;积极支持跨境电子商务发展;推进资本项目可兑换改革;严厉打击外汇违法违规活动。总体来看,2015年我国金融监管成效斐然,在复杂多变的环境下增强了抗风险能力。

但金融监管依然存在一些问题。在银行监管方面,互联网金融快速发展,监管问题日益突出;地方政府向商业银行高额举债,违约问题不断凸显;不良贷款及不良贷款率双升,银行监管体系有待完善和发展,网络银行初步发展,监管风险不断显现。在证券监管方面,风险预警机制缺失;配套监管机制不足;法制建设须进一步完善;投资者权益保护亟待加强。在保险监管方面,保险监管策略的前瞻性不足;保险监管执法效能有待提高;多重监管目标难以同时兼顾;宏观审慎监管存在信息缺口。在涉外金融监管方面,外汇监管效率下降;第三方支付机构跨境电子支付服务监管不完善;境内个人直接对外证券投资中外汇监管存在矛盾;跨境资金监测存在漏洞;个人外汇管理不能适应新的用汇形势。此外,2015年金融监管还面临一些新问题,包括金融分业监管体制加大监管协调难度;金融监管效应不断递减;金融监管滞后于金融体制改革等。

因此,本报告针对这些问题提出继续加强和改善金融监管的建议。在银行监管方面,完善互联网金融监管体系,降低系统性金融风险;加强银行和政府合作,打造有序融资平台;加强对银行不良贷款监测,加强前瞻性管理,充分发挥引导作用;加强网络银行风险监管,创造安全稳定金融环境。在证券监管方面,加强风险监管,促进股市长期稳定健康发展;深化体制改革,完善制度设计;推进资本市场法制化,加大执法力度;健全中小投资者保护机制;强化现有市场交易管理及跨市场联动交易管理。在保险监管方面,提高保险监管前瞻性;提高保险监管治理有效性;明确保险监管目标;探索宏观审慎监管大数据方法的应用。在涉外金融监管方面,构建原则性外汇管理模式;完善我国跨境电子支付服务监管;完善境内个人直接对外证券投资制度;重构跨境资金监测体系。此外,针对金融监管出现的新问题,应构建现代化金融监管框架;着手提升监管效率;全面加强监管队伍建设。

目　录

第一部分　主题报告　全面深化改革开放的中国金融

　　第一章　金融宏观调控 …………………………………………… 3
　　第二章　金融机构发展 …………………………………………… 42
　　第三章　金融市场发展 …………………………………………… 100
　　第四章　金融国际化发展 ………………………………………… 169
　　第五章　金融监管 ………………………………………………… 206

第二部分　专题报告　宏观审慎监管与金融创新

　　专题一　宏观审慎监管的经济学原理 …………………………… 267
　　专题二　中国货币政策银行风险承担渠道研究 ………………… 283
　　专题三　银行业竞争度与系统性风险 …………………………… 299
　　专题四　薪酬差距对银行绩效影响的实证研究 ………………… 316
　　专题五　金融创新背景下中国银行业反洗钱监管模式的选择 … 330
　　专题六　中国对外直接投资的逆向技术溢出效应研究 ………… 343
　　专题七　住房投资对经济增长的空间溢出效应 ………………… 357
　　专题八　中小城市商业银行零售业务服务质量调查 …………… 372
　　专题九　重庆云阳县家庭资产负债调查分析 …………………… 388
　　专题十　中国网络车险消费意愿影响因素研究 ………………… 404

参考文献 …………………………………………………………………… 420

附录　2015 年中国金融发展大事记 …………………………………… 434

后　　记 …………………………………………………………………… 449

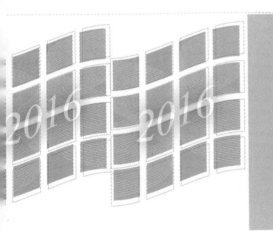

第一部分　主题报告

全面深化
改革开放的中国金融

第一章 金融宏观调控

2015年，中国经济增速继续保持中高速增长，金融市场波动有所加剧，金融宏观调控更加注重稳增长、调结构、防风险和促改革。2015年央行实施了5次降准降息，取消存款利率浮动上限，完善人民币兑美元汇率中间价报价机制，改革力度超过预期。目前存贷款利率管制基本放开，汇率中间价形成机制更加市场化。在宽松基调和改革提速双驱动下，银行体系流动性充裕，货币信贷增长较快，企业融资环境有所改善。但是，受经济下行、产能过剩、企业贷款需求低迷等因素影响，社会融资规模不升反降。2015年金融风险有所上升，尤其是2015年6月底股市持续大跌，以及8月汇改之后汇率波动加大，金融宏观调控着力加大对系统性风险的防范。

一、2015年金融宏观调控的总体评价

（一）货币政策的结构性供给

2015年是完成"十二五"规划的收官之年，也是承启"十三五"规划的筹划之年，在从"十二五"过渡到"十三五"的关键时期里，金融宏观调控不断创新思路，不断深化完善金融宏观调控方式，围绕供给侧结构性改革这条主线，金融宏观调控从注重"定向、精准调控"进一步深化为注重"货币政策的结构性供给"。2015年是中国金融宏观调控思路不断创新转变的重要一年，随着"供给侧结构性改革"战略的提出，金融宏观调控从注重总需求管理的调控方式向兼顾供给侧改革与总需求管理的调控方式转变，"定向、精准调控"进一步深化为"货币政策的结构性供给"，这是中国金融宏观调控的重大转变。

"十二五"时期中国经济的一个重要变化是中国经济逐渐步入新常态，中国经济增速逐渐由高速增长转向中高速增长，金融宏观调控的核心任务是助力经济结构性调整，为此金融宏观调控不断加强定向精准调控，"定向、精准调控"也成为把握这一时期中国金融宏观调控特点的关键词。"十二五"期间，中国经济在稳增长方面取得了显著成果，但同时经济结构性问题也在不断暴露，这也是中国经济的宏观调控更加注重"定向、精准调控"的现实背景，"定向、精准调控"成为了这一时期金融宏观调控提升针对性和有效性的重要方式。定向调控，主张不采取"一刀切"式的大规模刺激，而是针对"三农"、小微企业、棚户区改造、保障房建设等实体经济中的关键领域、薄弱环节和民生保障工程进行定向扶持；精准调控则更为强

调调控的精准度,对调控工具的价格效应、数量效应和作用时点都力求精准,力求针对突出问题取得立竿见影的效果,无论是政策工具的选择还是调控时点的拿捏,都更加强调灵活性、针对性性和及时性。① 2014 年 4 月和 6 月,央行分别下调县域农村商业银行和农村合作银行人民币存款准备金率 2 个和 0.5 个百分点,对符合审慎经营要求且"三农"或小微企业贷款达到一定比例的商业银行下调人民币存款准备金率 0.5 个百分点。② 这种定向调控的方式改变了过去通过货币政策调控经济发展"一刀切"的传统做法,注意加大流动性对经济重点薄弱领域的定向投放,对经济结构性调整具有较强的针对性和有效性,定向调控手段逐渐成为这一时期的重要特点。与此同时,央行在季度年度监管考核时间点和金融市场新股发行致使流动性出现紧张的时候,采取创新性货币政策工具进行精准调控,例如 2014 年 10 月进行的中期借贷便利(MLF)操作,与短期流动性工具互相配合稳定市场流动性,对调控的时点和力度把握都更为精准,充分体现了这一时期金融宏观调控的精准调控特点。

2015 年中央明确提出"供给侧结构性改革"的战略,这将是贯穿"十三五"时期中国经济发展的一条主线,在供给侧改革的背景下,金融宏观调控自然也在不断创新货币政策的结构性供给,为此,"货币政策的结构性供给"有可能成为把握下一时期金融宏观调控特点的关键词。2015 年 11 月 10 日,中央财经领导小组第十一次会议上,习近平主席首次提出在适度扩大总需求的同时,着力加强供给侧结构性改革,着力提高供给体系质量和效率。这意味着原本以"三驾马车"为核心的总需求管理调控方式将会做出调整,供给侧改革将成为今后宏观经济政策的重心和宏观调控的主线,金融宏观调控从"定向、精准调控"进一步深化为"货币政策的结构性供给"。

在供给侧改革的背景下,金融宏观调控的任务除了做好供给侧结构性改革中的总需求管理,为改革营造中性适度的货币金融环境以外,还主动调整货币政策的供给方式,继续深化"定向、精准调控"等调控方式,不断创新"货币政策的结构性供给",以此来促进和引领供给侧结构性改革。继续深化"定向、精准调控"等调控方式,意味着将继续重点加大对小微企业、"三农"和棚改等国民经济重点领域和薄弱环节的金融支持力度,与此同时进一步丰富现有调控方式,更加注重货币政策工具和方式的创新,创新"货币政策的结构性供给"。从货币政策的供给结构来看,央行在创新结构性工具和方式供给方面进行了诸多创新,如定向降准、定向

---

① 张中华、朱新蓉、唐文进:《2015 中国金融发展报告》,北京大学出版社,2015 年。
② 中国人民银行:《2014 年第四季度中国货币政策执行报告》,http://www.pbc.gov.cn/publish/zhengcehuobisi/4210/2015/20150210172723301539370/20150210172723301539370_html,2015 年 2 月 10 日。

降息、定向再贴现再贷款、抵押补充贷款(PSL)、信贷资产质押再贷款试点,还包括绿色金融和普惠金融战略的提出,这些工具和方式极大地丰富了货币政策的供给结构,最终目标是为促进经济结构性调整提供结构化的金融供给。2015 年央行继续丰富货币政策的结构性供给,其中值得关注的重要举措包括"利率走廊"的构建和宏观审慎政策框架的完善。央行试图通过"利率走廊"的构建,有效缓解金融市场的流动性风险,为货币政策框架从数量型调控向价格型调控转变奠定基础。与此同时,为继续完善宏观审慎政策框架,央行将外汇流动性和跨境资金流动纳入宏观审慎管理范畴,对远期售汇征收风险准备金,扩大本外币一体化的全口径跨境融资宏观审慎管理,对境外金融机构在境内金融机构存放执行正常存款准备金率,货币政策与宏观审慎政策的配合成了金融宏观调控值得关注的一个亮点,如何兼顾实现金融稳定的目标与物价稳定等目标成为了金融宏观调控未来发展的重要方向之一。

供给侧改革背景下,金融宏观调控从注重总需求管理的调控方式向兼顾供给侧改革与总需求管理的调控方式转变,它是新形势下理论与实践不断发展的需要。2015 年中国经济增长继续维持中高速增长,但中国宏观经济"供大于求""供需不匹配"等结构性问题依旧十分突出,一方面传统行业过剩产能依然有待化解,另一方面大量新的需求因为供给不足而得不到满足。随着经济步入新常态,单纯靠需求侧的"三驾马车"发力,所能获得的增长动力十分有限,但从供给学派的新古典主义经济框架看,自由市场具备自我调节机制,有效供给能创造和调节需求,供给侧的主要因素包括劳动、资本与技术三种要素投入,这三者决定着经济体的潜在产出,通过提高潜在产出可以实现经济的长期增长。供给侧改革着眼于提升有效产能,通过提高经济潜在产出水平以缓解萧条压力,因其政策的核心在于提高全要素生产率。因此,为解决经济新常态下的增长动力问题,必须将目光锁定在供给侧,通过解放生产力、提升竞争力打造中国经济的升级版。短期来看供给侧改革是为应对经济下行压力,长期来看则是为解决供需矛盾,以结构性改革助推中国经济提质增效,建立"供需相匹配"的新经济结构。

中国当前供给与需求之间的不平衡及其结构失衡,与过去执行的政策理论,即总供给和总需求被分割开、过于强调需求刺激与管理,有着不可分割的联系。当前及今后,我们需要充分考虑供给与需求之间的相互依存、相互影响。供给侧结构性改革的着力点就在于化解过剩产能和过度供给,同时弥补部分领域的供给不足,其核心是发挥市场在资源配置中的决定性作用。在供给侧改革过程中应更全面理解"总需求管理"的内涵,这不仅包括传统的财政政策和货币政策,还包括推进简政放权、鼓励竞争等体制机制,通过供给改革来释放有效需求。

金融宏观调控要兼顾供给侧结构性改革与总需求管理,将是一项十分复杂、内容丰富、措施繁多的系统工程，至少包括多个基本方面的任务。

首先，为结构性改革营造中性适度的货币金融环境，促进经济持续稳定发展。央行作为国家宏观经济调控部门，通过实施货币政策，促进社会总供给与总需求之间的动态平衡，保持币值稳定和物价平稳，以此促进经济稳定增长、充分就业和国际收支平衡等目标的均衡实现。为此，在前期经验的基础上，继续灵活运用和优化各种货币政策工具组合，保持银行体系流动性合理充裕。完善宏观审慎政策框架，探索建立宏观审慎评估体系，有效维护宏观金融稳定。根据内外部经济金融形势变化，灵活运用各种货币政策工具，完善中央银行抵押品管理框架，调节好流动性和市场利率水平，促进货币市场稳定，从量价两个方面保持货币环境的稳健和中性适度。继续引导商业银行加强流动性和资产负债管理，合理安排资产负债总量和期限结构，提高流动性风险管理水平。

其次，通过深化改革和创新发展，助力"五大任务"顺利完成。"去产能、去库存、去杠杆、降成本、补短板"是党中央、国务院提出的"十三五"时期的重要工作任务，货币政策与金融宏观调控在引导金融机构实现这"五大任务"方面能够发挥十分重要的作用。

在助力去产能方面，督促银行业金融机构将金融支持化解产能过剩矛盾的各项政策落到实处，积极支持钢铁、煤炭等行业化解过剩产能和脱困升级，加快建立和完善绿色金融政策体系。引导银行业金融机构加快完善差别化信贷支持安排，加强和改进信贷管理，落实区别对待、有保有控的政策要求；加快完善差异化监管政策，在积极支持化解产能过剩的同时，防范化解可能出现的金融风险。

在助力去库存方面，要改革和完善配套相关政策措施，引导和督促金融机构支持住房供给侧结构性改革，创新新型城镇化和支持进城农民工买房或长期租房的金融服务，对不再实施限购政策的城市取消对商品住房限购、限贷类的限制措施。

在助力去杠杆方面，深化改革，完善社会融资结构是关键。降低杠杆率需要推进多层次资本市场改革，显著提升股权融资比重，可考虑通过优先股改革试点实现去杠杆。

在助力降成本方面，融资结构改善和市场利率回落，有助于降低企业融资成本。据央行监测和评估的结果显示，截至2015年12月份，企业融资成本为5.38%，比2015年6月份下降84个基点，比2014年12月份同比下降169个基点。今后需继续发挥利率工具在降低企业融资成本方面的重要作用，引导金融部门创造利率正常化的政策环境，为实体经济让利。同时，积极提高直接融资在社会融资规模中的比重，督促商业银行取消不合理收费项目，降低部分收费标准。

在助力补短板方面，引导金融机构落实好绿色金融、普惠金融的各项政策措施。大力发展绿色金融体系,即要打好绿色金融牌,推广绿色信贷,发展绿色证券,创新绿色保险。大力发展普惠金融,需要改进和完善对新型农业经营主体的金融服务,慎重稳妥推进农村"两权"抵押贷款试点,引导银行业金融机构进一步加大对水利农业基础设施、一二三产业融合、农业对外合作等重点领域的支持力度,建立健全金融扶贫工作机制,引导金融机构加大对贫困地区的信贷投放。

最后,改革创新和健全完善各种体制机制,使"两只手"都能发挥作用并有效配合。要更充分地发挥市场在资源配置中的决定性作用,更好地发挥政府的作用。针对金融深化和创新发展,进一步完善调控模式,强化价格型调节和传导机制,疏通货币政策向实体经济的传导渠道,着力解决经济金融运行中的突出问题,提高金融运行效率和服务实体经济的能力。

(二)2015年金融宏观调控的最终目标与实际执行效果

1. 经济增速趋稳,经济结构调整成果显著

2015年经济运行的一个突出特征是"稳",全年经济增速在季度间的波动性很小,一、二、三、四季度GDP增速分别为7.0%、7.0%、6.9%、6.8%,全年季度间增速差仅为0.1个百分点,这是改革开放以来极为罕见的,也是其他经济体很少有的。自2012年以来,这种中高速的稳定增长态势较为明显(见图1-1-1)。在经济下行压力如此之大的背景下,经济之所以还能这么"稳",主要原因在于政府的稳增长政策和消费的支撑作用,前者表现为基础设施投资和战略性新兴产业增长较快,后者表现为消费稳定较快增长,对经济增长的拉动作用不断增大。

中国经济进入新常态,一个突出表现就是结构调整和升级步伐明显加快。2015年中国经济结构调整成果显著,消费稳定且较快增长,第三产业快速发展,成为拉动供求两端经济稳定增长的两大引擎。2015年,中国经济消费对经济增长的贡献率超过60%,服务业增加值占GDP比重超过50%(见图1-1-2和图1-1-3)。更为重要的是,不论是需求结构还是供给结构内部,新旧产业、业态和动力的此消彼长和分化切换态势十分明显,比如制造业内部,传统制造业持续低迷,能源、原材料等上中游行业生产经营比较困难,而高技术产业和新兴产业保持了较快发展,如新能源汽车、智能制造、高端装备、信息技术等。从城乡区域结构来看,城乡区域经济一体化发展步伐加快。一方面,中央更加强调以人为本的新型城镇化道路,伴随着城镇化水平的提高,原有的二元结构正在逐渐被打破,东部地区城市群一体化水平和国际竞争力明显提高,中西部地区城市群也在成为推动区域协调发展的新的重要增长极;从另一方面,随着国家重大区域发展战略的推进,中西部地区的发展速度目前已经超过东部地区,区域之间正在形成协调发展的良好局面。从各地区规模以上工业增加值同比增速来看(见图1-1-4),2015年中西部地区增速要显著高于东部地区,在经济增速转向中高速发展的阶段,中西部地区依然能

实现8%左右的增速,显著高于东部地区6%左右的增速。

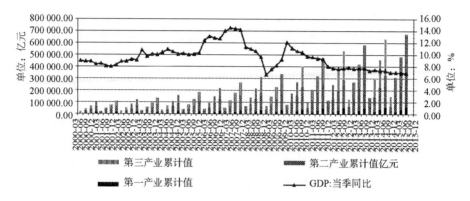

图 1-1-1　2000—2015 年中国 GDP 同比增长及三大产业增加值同比增长
资料来源:WIND 资讯。

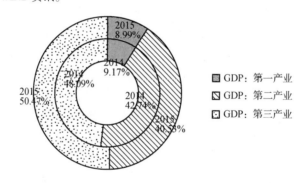

图 1-1-2　2015 年中国三大产业产值的 GDP 占比
资料来源:WIND 资讯。

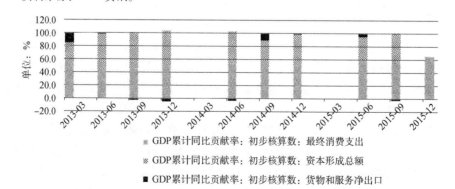

图 1-1-3　2013—2015 年中国三大需求对 GDP 增长率的贡献率
资料来源:WIND 资讯。

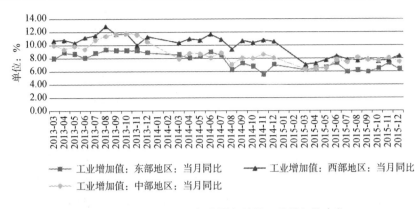

图 1-1-4　2013—2015 年中国各地区工业增加值变化

资料来源：WIND 资讯。

2. 物价涨幅继续保持较低水平

物价是经济运行总供求关系的集中反映，2015 年消费价格低水平、生产价格持续下跌，既反映出总需求不旺、供求矛盾突出的问题，也突显了在经济结构调整、新旧动力转换期，中国的能源、原材料等传统行业所面临的发展困境。

2015 年我国居民消费价格涨幅有所回落。2015 年，CPI 同比上涨 1.4%，涨幅比上年回落 0.6 个百分点，其中各季度涨幅分别为 1.2%、1.4%、1.7% 和 1.5%（见图 1-1-5）。从食品和非食品分类看，食品价格上涨 2.3%，涨幅比上年回落 0.8 个百分点；非食品价格上涨 1.0%，涨幅比上年回落 0.4 个百分点（见图 1-1-6）。从消费品和服务分类看，消费品价格上涨 1.2%，涨幅比上年回落 0.6 个百分点；服务价格同比上涨 2.0%，涨幅比上年回落 0.5 个百分点。如果考虑 CPI 翘尾因素（见图 1-1-7），2015 年 CPI 涨幅主要是"新涨价因素"，由"翘尾因素"导致的 CPI 涨幅较低，这也是 2015 年 CPI 涨幅回落的一个重要原因。

工业生产者出厂价格降幅加深。2015 年，工业生产者出厂价格同比下降 5.2%，降幅比上年扩大 3.3 个百分点，其中各季度分别下降 4.6%、4.7%、5.7% 和 5.9%（见图 1-1-5）。从生产资料和生活资料分类看，生产资料价格下降 6.7%，降幅比上年扩大 4.2 个百分点；生活资料价格下降 0.3%，降幅比上年扩大 0.3 个百分点。工业生产者购进价格同比下降 6.1%，降幅比上年扩大 3.9 个百分点，其中各季度分别下降 5.6%、5.5%、6.5% 和 6.9%。农业生产资料价格同比上涨 0.4%，上年为下降 0.9%；农产品生产价格同比上涨 1.7%，上年为下降 0.2%。2015 年，企业商品价格（CGPI）比上年下降 6.4%。各季度同比降幅分别为 5.6%、5.6%、7.0% 和 7.5%。初级产品价格跌幅较大，投资品价格 51 跌幅大于消费品。

受国际大宗商品价格总体继续下跌影响，进口价格降幅扩大。2015 年各季度,洲际交易所布伦特原油期货当季平均价格分别环比上涨-28.5%、15.2%、-19.2%和-12.9%,累计下跌42.0%;伦敦金属交易所铜当季平均价格分别环比上涨-12.0%、3.6%、-12.8%和7.3%,累计下跌26.3%。2015年,进口价格同比下降11.5%,降幅比上年扩大8.2个百分点,其中各季度分别下降9.8%、11.6%、13.2%和11.5%;出口价格同比下降0.8%,降幅比上年扩大0.2个百分点,其中各季度分别下降1.1%、1.1%、1.0%和0.2%。

GDP平减指数同比下降。2015年GDP平减指数(按当年价格计算的GDP与按固定价格计算的GDP的比率)同比下降0.5%,上年为同比上涨0.8%。

价格改革继续有序推进。中共中央、国务院发布《关于推进价格机制改革的若干意见》,对当前和今后一个时期价格改革进行了总体部署,到2017年,竞争性领域和环节的价格基本放开,政府定价范围主要限定在重要公用事业、公益性服务、网络型自然垄断环节;到2020年,市场决定价格机制基本完善,科学、规范透明的价格监管制度和反垄断执法体系基本建立,价格调控机制基本健全。国家发展改革委发布新修订后的《中央定价目录》,自2016年1月1日起施行,与2001年《中央定价目录》①相比,定价范围由13种类减少到7种类,定价具体项目由约100种减少为20种。此外,铁路货运价格、药品价格、非居民用天然气价格等特定领域价格改革逐步推进。

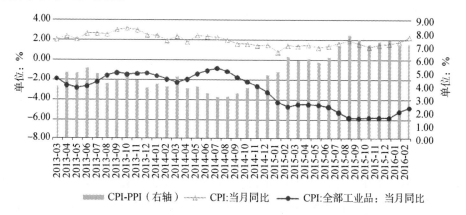

图1-1-5　2013-2015年中国月度CPI与PPI同比变动

资料来源:WIND资讯。

---

① 原名称为《国家计委和国务院有关部门定价目录》。

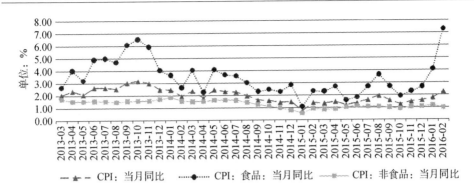

图 1-1-6　2013—2015 年影响中国 CPI 的主要构成的同比增长率

资料来源：WIND 资讯。

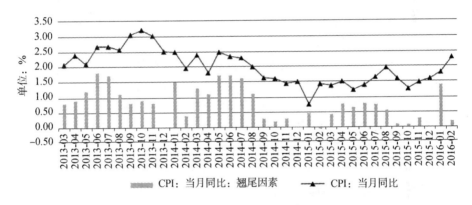

图 1-1-7　2013—2015 年影响中国 CPI 的翘尾因素

资料来源：WIND 资讯。

3. 就业形势稳定，就业弹性继续提升

年末全国就业人员 77 451 万人，其中城镇就业人员 40 410 万人。全年城镇新增就业 1 312 万人。年末城镇登记失业率为 4.05%。全国农民工总量 27 747 万人，比上年增长 1.3%。其中，外出农民工 16 884 万人，增长 0.4%；本地农民工 10 863 万人，增长 2.7%。与 2014 年中国就业情况类似的是，尽管经济增速下行，但就业总体稳定，主要原因在于经济总量变大和经济结构转变，就业弹性得到较大提升。2014 年，每 1 个百分点的 GDP 增长能创造 179 万个就业岗位，比 2010 年提高了 59%；2015 年第三产业比重已经提高到 51.4%（明显高于"十二五"规划 47% 的目标），比 2014 年提高了 3.3 个百分点。由于第三产业就业弹性系数明显高于第二产业（见表 1-1-1），近几年服务业增长加快、比重提高，使整个经济对就业的拉动作用明显增强。

表 1-1-1　2015 年工业与服务业就业弹性对比

	第二产业	第三产业
短期就业弹性	0.113	0.171
长期就业弹性	0.159	0.272
GDP 增速(%)	7.4	8
行业增加值在 GDP 中占比(%)	36.8	51.4%

资料来源：中国人民大学宏观经济分析与预测课题组。

4. 国际收支状况继续改善，服务贸易加速发展

2015 年，经常项目顺差 2 932 亿美元，呈小幅扩大趋势(见图 1-1-8)，与同期 GDP 之比为 2.7%，继续处于国际公认的合理范围之内。值得一提的是，2015 年中国资本和金融项目首次出现逆差，逆差达 1 611 亿元，其中，资本账户顺差 3 亿美元，非储备性质的金融账户逆差 5 044 亿美元，储备资产减少 3 429 亿美元。截至 2015 年年末，外汇储备余额为 3.33 万亿美元。

2015 年我国服务进出口总额占对外贸易总额(货物和服务进出口之和)的比重为 15.4%，较上年提升 2.7 个百分点，其中，服务出口占比为 11.2%，同比提升 0.8 个百分点，服务进口占 20.5%，提升 5.1 个百分点。2016 年，我国将继续扩大服务业对外开放，特别是服务业企业将加快"走出去"，已签署的自由贸易协议效果也将逐步显现，预计服务贸易仍将保持较快增长。

(三)2015 年金融宏观调控的中介目标与实际执行效果

1. 货币供应量快速增加

2015 年年末，广义货币供应量 M2 余额为 139.2 万亿元，同比增长 13.3%，比上年年末高 1.1 个百分点。狭义货币供应量 M1 余额为 40.1 万亿元，同比增长 15.2%，比上年年末高 12 个百分点。流通中货币 M0 余额为 6.3 万亿元，同比增长 4.9%，比上年年末高 2 个百分点(见图 1-1-9 至图 1-1-12)。全年现金净投放 2 957 亿元，同比多投放 1 269 亿元。

2015 年广义货币供应量 M2 增速前低后高。上半年基本在 11%—12% 左右，在连续出台的稳增长措施推动下，7 月后跳升至 13% 以上，全年 M2 保持了较快增长态势(见图 1-1-13)。货币派生渠道发生明显变化。一是金融机构向非金融部门提供的贷款同比多增 1.5 万亿元，金融对实体经济支持力度总体较大。二是金融机构通过债券投资、股权及其他投资渠道派生的货币明显增多，成为货币创造的主要渠道之一。三是外汇占款自 2001 年以来首次出现净减少。四是以往金融机构以"同业代付""买入返售信托收益权"等方式开展的不规范同业业务大幅收缩，相应减少了货币创造。

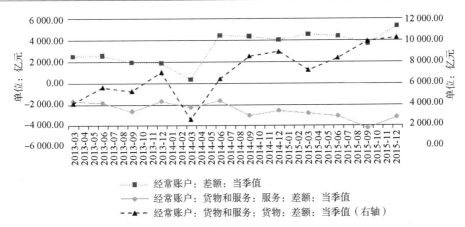

图1-1-8 2003—2015年中国经常账户差额、服务差额与贸易差额

资料来源:WIND资讯。

2015年年末,基础货币余额为27.6万亿元,比年初减少1.8万亿元,同比下降6%,主要是因为2015年多次通过下调法定准备金率提供了大量流动性,而下调准备金率并不会增加基础货币,这也是基础货币余额下降,同时货币乘数提高的重要原因(见图1-1-14)。2015年年末货币乘数为5.04,比上年年末高0.86。金融机构超额准备金率为2.1%,其中农村信用社为13.4%。[1]

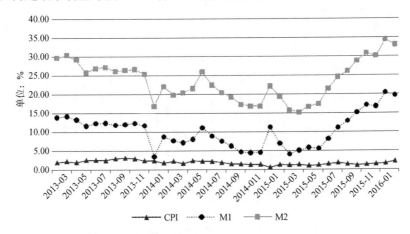

图1-1-9 2013—2015年中国M1、M2、CPI同比增长率

资料来源:WIND资讯。

---

[1] 中国人民银行:《2015年第四季度中国货币政策执行报告》,http://www.pbc.gov.cn/zhengcehuobisi/125207/125227/125957/2161441/3016811/index.html。

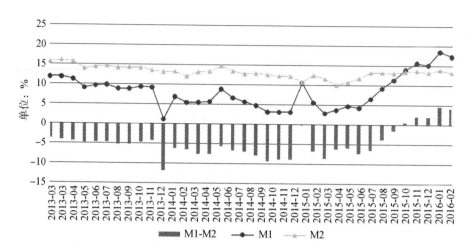

图 1-1-10　2013—2016 年中国货币供应 M1 – M2 同比增速剪刀差
资料来源：WIND 资讯。

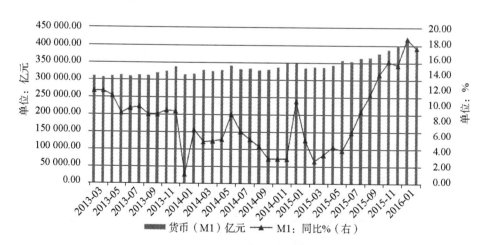

图 1-1-11　2013—2015 年中国货币供应 M1 概况
资料来源：WIND 资讯。

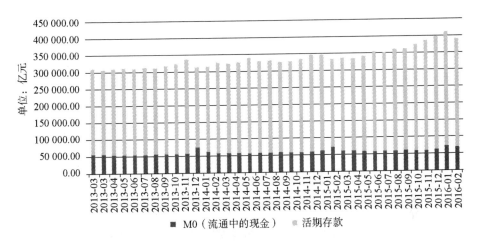

图 1-1-12　2013—2015 年中国货币供应 M1 构成

资料来源：WIND 资讯。

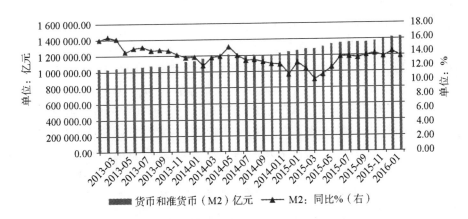

图 1-1-13　2013—2015 年中国货币供应 M2 概况

资料来源：WIND 资讯。

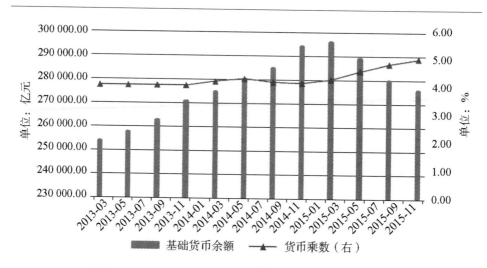

图 1-1-14　2013—2015 年中国基础货币余额与货币乘数变化
资料来源:WIND 资讯。

2. 金融机构贷款利率总体下行

2015 年金融机构贷款利率明显下降。2015 年 12 月,非金融企业及其他部门贷款加权平均利率为 5.27%,比上年 12 月下降 1.51 个百分点。其中,一般贷款加权平均利率为 5.64%,比上年 12 月下降 1.28 个百分点;票据融资加权平均利率为 3.33%,比上年 12 月下降 2.34 个百分点;个人住房贷款利率稳步下行,12 月加权平均利率为 4.70%,比上年 12 月下降 1.55 个百分点(见图 1-1-15)。1 年期存款利率多次下调,考虑 CPI 后实际 1 年期定期存款利率维持较低的水平(见图 1-1-16)。从利率浮动情况看(见表 1-1-2),执行下浮利率的贷款占比上升,执行基准、上浮利率的贷款占比下降。2015 年 12 月,一般贷款中执行下浮利率的贷款占比为 21.45%,比上年 12 月上升 8.34 个百分点;执行基准利率的贷款占比为 18.6%,比上年 12 月下降 1.04 个百分点;执行上浮利率的贷款占比为 59.95%,比上年 12 月下降 7.3 个百分点。外币存贷款利率在国际金融市场利率波动、境内外币资金供求变化等因素的综合作用下,小幅波动。2015 年 12 月,活期、3 个月以内大额美元存款加权平均利率分别为 0.16% 和 0.56%,比上年 12 月分别上升 0.02 个和下降 0.08 个百分点;3 个月以内、3(含)至 6 个月美元贷款加权平均利率分别为 1.65% 和 1.80%,比上年 12 月分别下降 0.64 个和 0.42 个百分点。

表 1-1-2 2015 年 1—12 月金融机构人民币贷款各利率区间占比 单位:%

月份	下浮	基准	上浮					
			小计	(1,1.1]	(1.1,1.3]	(1.3,1.5]	(1.5,2.0]	2.0 以上
1月	10.20	19.93	69.87	19.90	25.31	11.87	9.37	3.42
2月	10.83	19.40	69.77	19.18	23.72	12.22	10.89	3.76
3月	11.30	19.77	68.93	18.65	23.14	12.55	10.58	4.01
4月	12.33	16.59	71.08	19.18	22.98	12.79	11.53	4.60
5月	12.58	16.20	71.22	17.08	24.00	12.95	12.34	4.85
6月	17.43	15.77	66.80	15.70	21.18	12.63	12.42	4.87
7月	13.91	15.76	70.33	15.55	22.32	13.00	13.44	6.02
8月	15.88	14.81	69.31	15.22	21.69	13.00	13.12	6.28
9月	15.59	17.61	66.80	16.50	20.03	11.40	12.57	6.30
10月	18.00	17.13	64.87	14.80	18.52	11.59	12.84	7.12
11月	17.82	17.86	64.32	14.24	18.57	10.79	13.10	7.62
12月	21.45	18.60	59.95	13.56	17.68	9.89	11.77	7.05

资料来源:中国人民银行。

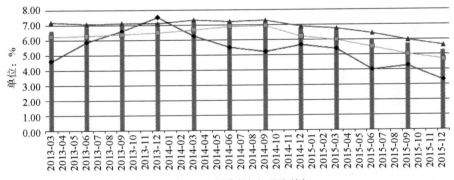

图 1-1-15 2013-2015 年中国金融机构主要利率变动情况

资料来源:WIND 资讯。

3. 汇改后人民币汇率双向浮动弹性进一步增强

2015 年人民币对美元汇率小幅贬值,双向浮动特征明显,汇率弹性明显增强,人民币对一篮子货币保持了基本稳定,人民币汇率预期总体平稳。2015 年年末,CFETS 人民币汇率指数为 100.94,较 2014 年年末升值 0.94%;参考 BIS 货币篮子和 SDR 货币篮子的人民币汇率指数分别为 101.71 和 98.84,分别较 2014 年年末升值1.71%和贬值1.16%。三个人民币汇率指数一贬两升,显示2015年人民币对一篮子货币总体保持了基本稳定。根据国际清算银行的计算,2015年,人民币名义有效汇率升值3.66%,实际有效汇率升值3.93%;自2005年人民币汇率形成机制改革至2015年12月,人民币名义有效汇率升值45.87%,实际有效汇率升值56.15%。2015年年末,人民币对美元汇率中间价为6.4936元,比2014年年末贬值3746个基点,贬值幅度为5.77%。自2005年人民币汇率形成机制改革至2015年年末,人民币对美元汇率累计升值27.46%。

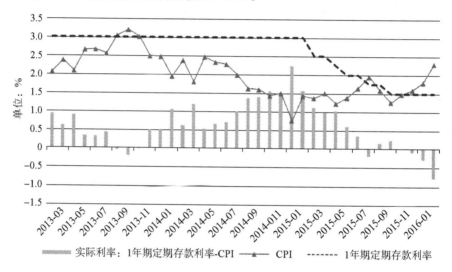

图1-1-16 2013—2015年中国一年期实际利率变化

资料来源:WIND资讯。

(四)2015年金融宏观调控的工具和手段

2015年以来,中国经济下行压力有所加大,价格涨幅保持低位,来自外部的不确定性冲击也明显增多,中国金融宏观调控主动适应经济发展新常态,坚持稳中求进的总基调,继续实施稳健的货币政策,灵活运用各类货币政策工具,加强预调微调,保持流动性合理充裕,引导降低融资成本,促进经济结构调整,同时坚定推动金融市场化改革,进一步完善货币政策调控框架。

1. 灵活开展公开市场操作,加强对货币市场利率的引导和调节

2015年,受美联储加息以及人民币汇率预期变化等因素影响,外汇由流入变为流出,银行体系流动性需求有所增加。同时,地方政府债大量发行、股票市场剧烈波动、新股IPO以及金融监管考核等因素也加大了银行体系流动性变化的不确定性,流动性管理的难度和复杂性趋于上升。

按照稳健货币政策要求,中国人民银行密切关注美联储加息等因素对银行体

系流动性的影响,根据流动性供求格局变化,以逆回购为主灵活开展公开市场操作,与下调法定存款准备金率等其他货币政策工具协调配合,有效对冲外汇占款下降等因素对流动性的影响,保持流动性总量合理充裕,促进流动性供求大体均衡,收到了较好的操作效果。同时,针对国内外金融市场波动有所增大、调控环境更加复杂多变的情况,加强预调微调,灵活运用短期流动性调节工具(SLO)及时熨平公开市场常规操作间歇期流动性短期波动,既促进了金融市场的平稳运行,也为货币信贷平稳增长创造了良好的流动性环境。全年公开市场累计开展逆回购操作 32 380 亿元,未开展正回购操作。截止于 2015 年 12 月 25 日的一周内(即 2015 年 12 月 18 日至 12 月 25 日),中国人民银行公开市场净投放货币 400 亿元,其中货币投放 700 亿元,货币回笼 300 亿元(见图 1-1-17)。开展 SLO 操作累计投放流动性 5 200 亿元。年末公开市场逆回购操作余额为 100 亿元;SLO 余额为 0;央行票据余额为 4 222 亿元。

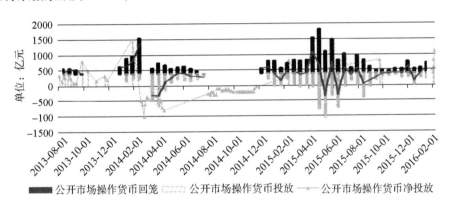

图 1-1-17　2015 年中国央行公开市场操作情况

资料来源:WIND 资讯。

按照利率调控的总体要求,结合货币政策调控框架转型需要,中国人民银行加强对货币市场利率的引导和调节,综合运用"量、价"工具,引导货币市场利率平稳下行,并采取有效措施降低货币市场利率波动,优化利率期限结构。2015 年,配合存贷款基准利率下调,公开市场 7 天期逆回购操作利率先后 9 次下行,年末操作利率为 2.25%,较年初下降 160 个基点,对引导货币市场利率下行发挥了关键作用。同时,进一步提高公开市场 7 天期逆回购操作的连续性和稳定性,通过连续释放公开市场操作利率信号,有效引导和稳定市场预期,既增强了公开市场操作对货币市场利率的引导能力,也促进了货币市场 7 天与隔夜利率利差的合理收窄,进一步优化了利率期限结构。

适时开展中央国库现金管理操作。2015 年共开展 10 期中央国库现金管理商业银行定期存款业务,操作规模共计5 100亿元,其中3个月期2 700亿元,6个月期2 100亿元,9个月期300亿元;年末余额为1 100亿元,比上年年末减少1 600亿元。[①]

2. 适时开展常备借贷便利和中期借贷便利操作

2015年年初,为贯彻中央经济工作会议精神,完善中央银行对中小金融机构提供流动性支持的渠道,促进货币市场平稳运行,中国人民银行在前期10省(市)分支机构常备借贷便利操作试点形成可复制经验的基础上,在全国推广分支机构常备借贷便利。2015年11月,为探索分支机构常备借贷便利利率发挥利率走廊上限的作用,结合当时的流动性形势和货币政策调控需求,中国人民银行决定适当下调分支机构常备借贷便利利率,对符合宏观审慎要求的地方法人金融机构规定,隔夜、7天的利率分别为2.75%、3.25%。2015年全年累计开展常备借贷便利操作3 348.35亿元,其中各季度分别开展常备借贷便利操作3 347亿元、0亿元、0亿元和1.35亿元,期末常备借贷便利余额为0.4亿元。

2015年以来,中国人民银行通过中期借贷便利向金融机构投放中期基础货币,引导金融机构加大对小微企业和"三农"等国民经济重点领域和薄弱环节的支持力度。2015年,人民银行累计开展中期借贷便利操作21 948亿元,其中各季度分别开展中期借贷便利操作10 145亿元、5 145亿元、3 600亿元和3 058亿元,期末中期借贷便利余额6 658亿元。上半年,开展中期借贷便利操作期限均为3个月,利率为3.5%。下半年,根据市场流动性期限结构变化以及金融机构对中期基础货币的需求情况,将中期借贷便利期限延长为6个月,利率为3.35%。为发挥中期借贷便利利率作为中期政策利率的作用,引导金融机构降低贷款利率和社会融资成本,11月将6个月中期借贷便利利率下调10个基点至3.25%。[②]

3. 普降和定向相结合调整存款准备金率,多次下调利率引导市场利率下行

2015年以来,中国人民银行五次调整了存款准备金率,包含四次普遍降准和五次定向降准,累计普遍下调金融机构存款准备金率2.5个百分点,累计额外定向下调金融机构存款准备金率0.5个至6.515个百分点。具体看,一是支持"三农"和小微企业等重点领域,满足审慎经营要求且"三农"或小微企业贷款达到一定比例的商业银行存款准备金率累计额外下调0.5个至1个百分点,累计额外下调农村金融机构(农村合作银行、农村信用社和村镇银行)存款准备金率2个至2.5个百分点;二是支持重大水利工程和基础设施建设,累计额外下调农业发展银行存款准备金率6.5个百分点;三是支持企业提高效益和支持扩大消费,累计额

[①] 中国人民银行:《2015年第四季度中国货币政策执行报告》,http://www.pbc.gov.cn/zhengcehuobisi/125207/125227/125957/2161441/3016811/index.html。

[②] 中国人民银行:《2015年第四季度中国货币政策执行报告》,http://www.pbc.gov.cn/zhengcehuobisi/125207/125227/125957/2161441/3016811/index.html。

外下调财务公司、金融租赁公司和汽车金融公司存款准备金率4个至4.5个百分点。总的看,享受定向降准政策的机构占全部金融机构的比例超过98%。

同时,为进一步完善存款准备金制度,优化货币政策传导机制,为金融机构管理流动性提供缓冲机制,中国人民银行自2015年9月改革存款准备金考核制度,实施平均法考核存款准备金,并采取小步审慎推进的做法,在初期辅以日终透支上限管理。即维持期内,金融机构按法人存入的存款准备金日终余额算术平均值与准备金考核基数之比,不得低于法定存款准备金率;每日营业终了时,金融机构按法人存入的存款准备金日终余额与准备金考核基数之比,可以低于法定存款准备金率,但幅度应在1个百分点以内。从实施情况看,此次准备金考核制度改革有效提高了金融机构管理流动性的灵活性和便利性,有利于降低金融机构应对突发性、集中性支付的超额准备金需求,平滑货币市场波动。

为灵活发挥利率杠杆的调节作用,引导市场利率平稳适度下行。2015年以来,为推动社会融资成本下行,加大金融支持实体经济的力度,中国人民银行连续五次下调金融机构人民币存贷款基准利率。其中,金融机构一年期贷款基准利率累计下调1.25个百分点至4.35%;1年期存款基准利率累计下调1.25个百分点至1.5%。随着各项政策措施效果的逐步显现,金融机构贷款利率明显下降,货币市场、债券市场利率继续走低,企业融资成本高问题得到有效缓解。存款利率总体下行,分层有序、差异化竞争的金融机构存款定价格局进一步形成。①

4. 加强和完善宏观审慎管理

中国人民银行进一步完善宏观审慎政策框架,更好地发挥逆周期调节作用。一是将差别准备金动态调整机制"升级"为宏观审慎评估体系,在保持对宏观审慎资本充足率核心关注的基础上,将单一指标拓展为七个方面的十多项指标,兼顾量和价、兼顾间接融资和直接融资,由事前引导转为事中监测和事后评估,建立了更为全面、更有弹性的宏观审慎政策框架,引导金融机构加强自我约束和自律管理。二是将外汇流动性和跨境资金流动纳入宏观审慎管理范畴,对远期售汇征收风险准备金,扩大本外币一体化的全口径跨境融资宏观审慎管理,对境外金融机构在境内金融机构存放执行正常存款准备金率。

全球金融危机以来,引入宏观审慎管理框架成为完善金融稳定制度及金融宏观调控体系的一个革命性成果。国际金融危机的教训充分表明,单一以价格稳定为目标的货币政策并不能保证金融稳定,因而需要引入宏观审慎政策,对金融系统的稳定进行管理。2015年6月我国资本市场异常波动以来,关于中央银行金融

---

① 中国人民银行:《2015年第四季度中国货币政策执行报告》,http://www.pbc.gov.cn/zhengcehuobisi/125207/125227/125957/2161441/3016811/index.html。

市场稳定政策作用的争论持续存在,中央银行金融稳定职能及其政策框架和机制的有效性,受到国内外广泛关注。从中央银行的角度来说,建立宏观审慎管理制度既是其完善金融稳定机制、更好履行法定金融稳定职能的重要保障,也对其从政策目标到政策工具各层面更好协调货币政策和宏观审慎的关系提出了挑战。

对于如何更好协调货币政策和宏观审慎的关系,关键在于理顺货币政策和宏观审慎政策之间的关系。王爱俭(2014)通过建立动态随机一般均衡模型对货币政策与宏观审慎政策之间的关系进行分析后发现:宏观审慎政策中的逆周期资本工具是福利增进的,该工具的使用对于稳定金融波动有积极的意义;而宏观审慎政策对于货币政策能够起到辅助作用,特别是在市场受到金融冲击的时候,辅助的效果最明显。因而我国在进行金融宏观调控的过程中,需要宏观审慎政策与货币政策互相配合,发挥协同效应,特别是在经济下行区间,防范系统性风险是货币当局不可忽视的重要调控目标。①

5. 运用再贷款、再贴现和抵押补充贷款工具,加大重点领域和薄弱环节信贷投放

中国人民银行积极运用信贷政策支持再贷款、再贴现和抵押补充贷款等工具引导金融机构加大对小微企业、"三农"和棚改等国民经济重点领域和薄弱环节的支持力度。2015年年末,全国支农再贷款余额1 962亿元,支小再贷款余额752亿元,再贴现余额1 305亿元。经国务院批准,从2015年10月起,中国人民银行将抵押补充贷款的对象由国家开发银行扩大至中国农业发展银行和中国进出口银行,主要用于支持三家银行发放棚改贷款、重大水利工程贷款、人民币"走出去"项目贷款等。根据三家银行上述贷款的发放进度,2015年,中国人民银行向三家银行提供抵押补充贷款共6 981亿元,期末抵押补充贷款余额为10 812亿元。②

6. 利率市场化取得关键性进展

2015年我国利率市场化改革取得关键性进展。一是利率管制基本放开。寓改革于调控之中,逐步取消存款利率浮动上限。2015年3月、5月,将人民币存款利率上限由基准利率的1.2倍依次扩大到1.3倍和1.5倍;2015年5月,在全国范围内放开小额外币存款利率上限;8月,放开1年期以上(不含1年期)定期存款利率上限;10月,对商业银行和农村合作金融机构等不再设置存款利率上限,标志着利率管制基本放开。二是市场利率定价自律机制不断健全。2015年,全国性自律机制成员已扩大至643家。同时,积极推动各地区建立健全省级自律机制,加

---

① 陆磊、杨骏:《流动性、一般均衡与金融稳定的"不可能三角"》,载于《金融研究》2016年第1期。
② 中国人民银行:《2015年第四季度中国货币政策执行报告》,http://www.pbc.gov.cn/zhengcehuobisi/125207/125227/125957/2161441/3016811/index.html。

强对中小金融机构利率定价的行业自律和指导,维护各地区公平有序的市场竞争秩序。三是金融市场基准利率体系不断健全。进一步加强上海银行间同业拆借利率(SHIBOR)和贷款基础利率(LPR)建设,培育完善金融市场基准利率体系。四是金融产品创新有序推进。继续推进同业存单发行交易,推出面向企业、个人的大额存单,商业银行负债产品市场化定价范围不断扩大。2015年,同业存单、大额存单分别累计发行5.3万亿元和2.3万亿元。随着利率市场化的加快推进,金融机构自主定价能力有所提升,金融市场基准利率体系不断完善,央行利率调控能力逐步增强,市场在资源配置中的决定性作用得到进一步发挥。五是存款保险制度平稳推出。自2015年5月1日《存款保险条例》施行以来,全国3000多家吸收存款的银行业金融机构全部办理了投保手续。2015年5月至12月的保费已归集完毕。总体上看,《存款保险条例》施行半年多来,各方反应积极正面,大中小银行存款的格局保持稳定,银行业金融机构经营秩序正常。存款保险制度作为金融业的一项重要基础性制度安排,对完善金融安全网、加强存款人保护、推动形成市场化的金融风险防范和处置机制、建立维护金融稳定的长效机制等,都具有十分重要的意义。①

7. 充分发挥窗口指导和信贷政策的结构引导作用

中国人民银行加强窗口指导和信贷政策的信号和结构引导作用,引导金融机构更好地用好增量、盘活存量,探索创新组织架构、抵押品、产品和服务模式,将更多信贷资金配置到重点领域和薄弱环节,大力支持稳增长、调结构、惠民生的政策。一是鼓励和引导银行业金融机构全面支持制造强国建设,继续做好产业结构战略性调整、基础设施建设和船舶、铁路、流通、能源等重点领域改革发展的金融服务,加大对养老、健康等服务业发展的金融支持,加大消费信贷产品创新力度,积极满足居民六大消费领域合理信贷需求。二是扎实做好涉农和小微企业金融服务,以新型农业经营主体为抓手,继续扎实推行主办行制度,慎重稳妥推进"两权"抵押贷款试点,支持符合条件的金融机构发行金融债券专项用于小微企业贷款。三是督促银行业金融机构落实好金融支持化解产能过剩矛盾的各项政策,建立完善绿色金融政策体系,大力发展绿色金融。四是做好京津冀协同发展、长江经济带建设金融支持工作,不断提升促进区域协调发展金融服务水平。五是继续完善扶贫、就业、助学、少数民族、农民工、大学生村官等民生金融服务。加大金融精准扶贫力度,大力发展普惠金融,着力支持贫困地区经济社会持续健康发展和贫困人口脱贫致富。此外,进一步完善信贷政策导向效果评估工作机制,鼓励金

---

① 中国人民银行:《2015年第四季度中国货币政策执行报告》,http://www.pbc.gov.cn/zhengcehuobisi/125207/125227/125957/2161441/3016811/index.html。

融机构通过信贷资产证券化、用好收回再贷资金等方式盘活存量资产,探索开展不良资产证券化,为盘活信贷资产存量、优化金融资源配置创造良好条件。

从政策实施效果看,信贷投放对"三农"、小微企业等重点领域的支持力度总体较强。截至2015年年末,小微企业人民币贷款余额为17.4万亿元,同比增长13.9%,增速比同期大型和中型企业贷款增速分别高2.7个和5.3个百分点;金融机构本外币涉农贷款余额26.4万亿元,同比增长11.7%,占各项贷款的比重为27.8%。

8. 完善人民币汇率市场化形成机制

继续按主动性、可控性和渐进性原则,进一步完善人民币汇率市场化形成机制,保持人民币汇率在合理均衡水平上的基本稳定。2015年8月11日,中国人民银行完善人民币兑美元汇率中间价报价机制,以增强人民币兑美元汇率中间价的市场化程度和基准性,做市商在每日银行间外汇市场开盘前,参考上日银行间外汇市场收盘汇率,综合考虑外汇供求情况以及国际主要货币汇率变化向中国外汇交易中心提供中间价报价。优化做市商报价,有利于提高中间价形成的市场化程度,扩大市场汇率的实际运行空间,更好发挥汇率对外汇供求的调节作用。

2015年,人民币对美元汇率中间价最高为6.1079元,最低为6.4936元,244个交易日中112个交易日升值、132个交易日贬值,最大单日升值幅度为0.54%(341点),最大单日贬值幅度为1.82%(1136点)。

人民币对欧元、日元等其他国际主要货币汇率有升有贬。2015年年末,人民币对欧元、日元汇率中间价分别为1欧元兑7.0952元人民币、100日元兑5.3875元人民币,分别较2014年年末升值5.08%和贬值4.65%。自2005年人民币汇率形成机制改革至2015年年末,人民币对欧元汇率累计升值41.14%,对日元汇率累计升值35.61%。为促进双边贸易和投资,中国人民银行继续采取措施推动人民币直接交易市场发展,2015年,在银行间外汇市场推出人民币对瑞士法郎直接交易。银行间外汇市场人民币直接交易成交活跃,流动性明显提升,降低了微观经济主体的汇兑成本。

2015年年末,在人民银行与境外货币当局签署的双边本币互换协议下,境外货币当局动用人民币余额499.44亿元,人民银行动用外币余额折合4.34亿美元,对促进双边贸易投资发挥了积极作用。

9. 进一步深化外汇管理体制改革

首先是推进简政放权与贸易投资便利化,取得较大新成效。一是打造跨国公司外汇资金运营管理改革"升级版"。简化账户开立、收付和使用要求,为企业节省资金成本。二是全国范围推广支付机构跨境外汇支付业务试点。全年累计办理跨境收支54亿美元,支持新型服务业发展。三是改进个人本外币兑换特许业务管理。开展跨境调钞业务试点,进一步便利本外币兑换业务。四是积极推进自贸区外汇管理先行试点。在上海、天津、广东、福建自贸区开展外债资金意愿结汇、A类企业货物贸易外汇收入直接入账等便利化举措。

其次,人民币资本项目可兑换取得新突破。一是直接投资实现完全可兑换。取消外汇年检和境外再投资备案,全国推广外商投资企业资本金意愿结汇,直接投资无须前置性审批。二是正式实施内地与香港基金互认政策。发布内地与香港"基金互认"指引,在控制净汇入/净汇出各等值 3 000 亿元总额度的基础上,取消对单个机构或产品的额度限制。三是进一步开放境内商品期货市场。免去境外投资者参与境内原油期货汇兑环节的额度和登记要求,只保留申报义务。

再次,加强跨境资金流动统计监测制度建设。一是接受国际统计新标准。采纳数据公布特殊标准(SDDS),加入国际货币基金的协调证券投资调查(CPIS)和国际清算银行的国际银行业统计(IBS),参加外汇储备币种构成调查。二是全面实施国际收支第六版标准。按照新标准,发布国际收支平衡表和国际投资头寸表。完善统计方法、申报和核查制度。三是丰富跨境资金流动监测分析系统。

最后,新增数据共享、异常监测、自贸区等功能模块,为日常监测分析提供技术支撑,防范跨境资本流动风险的能力迈上新台阶。一是进一步完善事中事后管理。加强跨境资本流动监测和管理,强化真实性、合规性审核要求,运用外汇核查和检查手段遏制跨境投机套利。二是强化银行卡境外使用管理。对银行卡境外提现实行年度限额管理,规范使用范围。三是严厉打击各类外汇违规违法活动。2015 年共查处各类外汇违规案件 2 044 起。联合公安机关等机构破获地下钱庄及非法买卖外汇案件 69 起。①

(五)2015 年金融宏观调控的特色:防范金融市场风险

1. 有效维护股市稳定,积极防范系统性风险

2015 年中国股市遭遇巨幅震动,但当风险来临时,国家果断降准降息、全力支持中国式"平准基金",及时有效地维护了金融市场稳定,防范了金融风险的蔓延。并且自股灾救市干预、股市平稳之后,继续出台相关措施推进股市去杠杆化,保障股市平稳运行,积极防范系统性风险。

2015 年 6 月的股灾一方面是在金融创新加快下金融监管相对迟滞的结果,另一方面也是金融改革探索过程中难免的"弯路",是对中国金融宏观调控能力的一次考验,但股市的波动并未阻挡改革的步伐,风险的暴露更加坚定了改革的决心和方向:在积极推进金融市场化改革的同时,改革并完善适应现代金融市场发展的金融监管。在此次股票市场波动中,政府救援发挥了重要作用,本轮股灾救市

---

① 中国人民银行:《2015 年第四季度中国货币政策执行报告》,http://www.pbc.gov.cn/zhengcehuobisi/125207/125227/125957/2161441/3016811/index.html。

是中国证券市场成立以来规模最大和采取措施最多的一次救市(见表1-1-3)。

中国股市经过7年的低位徘徊后,自2014年下半年后迅速上涨,沪市股指2015年5月比2014年7月上涨了近1倍。随后,中国股市又大幅下跌,形成了全年股市大幅震荡的局面,成为全球关注的焦点之一,诱发了全球投资者对中国股市下跌和政策水平的担心。为应对股市波动,政府采取了一些救市措施。股市在2016年1月再次下跌了20%,波幅巨大,此间还伴随着人民币再次贬值。

2015年中国股票市场波动的特征主要体现为杠杆化、期现联动以及金融行业联动特征明显。

一是以场内融资以及场外融资为支撑的融资杠杆化是股票市场波动最为典型的新特征。融资杠杆对金融市场具有双重的放大效应,场内融资及场外配资跨市场、跨行业、杠杆化的风险格局最终触发了A股的系统性风险。

二是随着股指期货和融资融券业务的开展,A股市场开始引入做空机制,各类高频交易策略、套利手段进入市场,放大了市场的波动性和脆弱性。

三是资产管理行业的不断创新使各金融机构之间的经营壁垒逐渐被打破,证券市场交易亦开始形成跨市场关联、全行业联动的特征。这种联动关系主要体现在三个方面:一是证券业务的跨市场关联;二是产品的内生性全行业关联;三是金融机构经营的全行业关联。这种跨市场、产品关联和机构关联使得金融风险的传递呈现网状扩散的态势,极易形成金融风险的空间传染机制,引发系统性风险。

自股灾以及救市干预之后,整体A股市场处于不断去杠杆的进程之中。10月场外配资清查、11月叫停融资类收益互换以及调整新增融资合约最低保证金比例之后,股票市场波动性显著下降。

表1-1-3　2015年股市救市措施一览

日期	措施
6月27日	央行加班,降息0.25个百分点,同时定向降准
6月29日	1. 证监会紧急发布:融资业务规模仍有增长空间 2. 中国证券金融公司罕见盘中答问:强制平仓规模很小 3. 养老金投资办法征求意见:投资股票比例不超30% 4. 证监会发文,回调过快不利于股市的平稳健康发展 5. 险资主动申购基金数十亿
6月30日	1. 基金业协会倡议:"不要盲目踩踏" 2. 证券业协会就场外配资情况答问:强制平仓影响小
7月1日	1. 证监会进一步拓宽券商融资渠道,允许所有证券公司发行转让证券公司短期公司债 2. 证监会出台两融管理新规,券商自主决定强制平仓线,不再设6个月的强制还款期限 3. 沪深交易所调降A股交易经手费、A股交易过户费

(续表)

日期	措施
7月2日	1. 证监会对涉嫌市场操纵行为进行专项核查 2. 李克强总理表示"培育公开透明长期稳定健康发展的资本市场"
7月3日	1. 证监会表示将减少IPO发行家数和筹资金额 2. 证金公司将大幅增资扩股,维护资本市场稳定 3. QFII额度将从800亿美元增加到1500亿美元 4. 中金所研究决定,按委托量差异化收取交易费用,严打蓄意做空
7月4日 7月5日	1. 央行将协助通过多种形式给予中国证券金融股份有限公司流动性支持,维护市场稳定 2. 国务院决定IPO暂缓 3. 21家证券公司出资不低于1200亿元投资蓝筹股ETF,上证综指4500点下只进不出 4. 中金所对交易股指期货合约特别是中证500股指期货合约的部分账户采取了限制开仓等监管措施,对恶意做空、利用股指期货进行跨期现市场操纵等违法行为,一经查实,将依法予以严惩 5. 上交所和深交所共28家即将上市的企业同时发布暂缓IPO,其中已经进行了投资者申购的10家企业,网上申购资金7月6日解冻,网下申购资金7月6日退回 6. 中央汇金公司公告称,已于近期在二级市场买入ETF,并将继续相关市场操作。这是汇金公司成立以来第六次在二级市场进行增持
7月6日	1. 中金所限制中证500单向开仓上限为1200手 2. 57家基金宣布21.62亿买入旗下偏股型基金,大都锁定1年
7月7日	1. 保监会放宽了保险资金投资蓝筹股票监管比例,比例上限由5%调整为10%;投资权益类资产达到30%比例上限的,可进一步增持蓝筹股票 2. 中金所大幅提高中证500股指期货交易保证金。7月8日起,中证500股指期货各合约的卖出持仓交易保证金,由目前合约价值的10%提高到20%(套期保值持仓除外)。7月9日起,中证500股指期货各合约的卖出持仓交易保证金进一步提高到合约价值的30%(套期保值持仓除外)
7月8日	1. 证监会、央行盘中喊话维稳 2. 新闻联播报证监会、财政部、国资委要求上市公司大股东及董事、监事、高级管理人员6个月内不得通过二级市场减持本公司股份,并鼓励增持、回购、员工持股 3. 中国证券金融股份有限公司2000亿买入五大基金公司偏股基金 4. 证监会新闻表示,中国证券金融股份有限公司将在继续维护蓝筹股稳定的同时,加大对中小市值股票的购买力度,缓解市场流动性紧张状况
7月9日	1. 公安部副部长率队至证监会查恶意做空 2. 新闻联播再次播报证监会、保监会、公安部维稳措施
7月10日	股市停止大规模暴跌,有效防止股市风险蔓延

资料来源:笔者根据相关资料搜集整理。

2. 积极调控外汇市场,保障人民币汇率改革平稳推进

2015年8月份的汇改使得人民币对美元汇率高估的部分短期内快速调整到位,给全球资本市场都造成了不小的波动,但由于央行及时对冲,货币市场风险得到有效控制,并降低了向其他金融市场波及的风险,汇率改革实现平稳推进。从货币市场的波动来看,相对2013年的"钱荒"而言,汇改未能再度引起货币市场利

率的大幅波动,央行对风险的防范意识和防范能力越来越强。

2015年8月11日,央行突然宣布,为完善人民币兑美元汇率中间价报价机制,由做市商每日在银行间外汇市场开盘前,参考上日银行间外汇市场收盘汇率,综合考虑外汇供求情况以及国际主要货币汇率变化,向中国外汇交易中心提供中间价报价。这一变化,迅速引发市场抛盘,人民币汇率当日下跌约2%,跌幅前所未有。尽管央行第二天上午在官网上贴出"答记者问",希望消除市场恐慌,且央行研究局首席经济学家马骏亦对媒体宣称,前日中间价大跌约2%为一次性调整,不应被解读为人民币出现趋势性贬值,但人民币贬值之势并未因此打住。连续三日,人民币汇率跌去约5%。直至随后央行强力出手护盘,人民币方止跌回升,并在8月份剩下的时间里起落。

由于央行加强外汇市场干预、打击套利投机资金、合理引导市场预期,人民币汇率逐步稳定,人民币对美元开始在6.4附近宽幅震荡。而央行付出的代价,则是8月份外汇储备大幅减少939亿美元,市场普遍认为,这主要是央行抛售美元稳定人民币币值造成的。由于通过在外汇市场抛售美元"维稳"人民币的方式需要消耗大量外汇储备,在与空方对垒大约两周后,央行祭出了类似于A股市场监管期指的方法,通过对远期结售汇业务收取20%风险保证金的方式,抬高做空成本。

对于2015年汇改后出现的市场异动,央行在防范系统性风险方面进行了重大政策调整,其中最为重要的是通过对宏观审慎政策框架的完善,将外汇流动性和跨境资金流动纳入宏观审慎管理范畴。

一是完善外汇流动性宏观审慎政策。2015年8月,银行代客远期售汇和人民币购售业务量大幅增长,明显超出了正常水平,存在一定投机套利和顺周期行为。为了对外汇流动性进行逆周期调节,抑制非理性预期发散,促进金融机构稳健经营,防范宏观金融风险,中国人民银行分别于2015年8月底以及9月中旬对银行远期售汇以及人民币购售业务采取了宏观审慎管理措施,要求金融机构按其远期售汇(含期权和掉期)签约额的20%交存外汇风险准备金,并提高了跨境人民币购售业务存在异常的个别银行购售平盘手续费率,旨在通过价格手段抑制部分企业及境外主体汇率方面的投机行为。相关政策实施后成效明显,金融机构远期售汇签约额和人民币购售净购买人民币金额回归至正常水平,抑制了短期套利活动,银行和企业的实需性需求也得到了保障。目前,之前上调的部分银行人民币购售平盘手续费率已恢复至正常水平。

二是扩大全口径跨境融资宏观审慎管理试点。2015年中国人民银行建立了对上海自贸区经济主体跨境融资的宏观审慎管理模式,将金融机构和企业跨境融资与其资本金挂钩,并设置杠杆率和宏观审慎调节参数予以调控。本外币一体化的全口径跨境融资宏观审慎管理试点,将市场主体借债空间与其资本实力和偿债能力挂钩,通过调节宏观审慎参数使跨境融资水平与宏观经济热度、整体偿债能力和国际收支状况相适应,以控制杠杆率和货币错配风险。

三是加强对人民币跨境资本流动的宏观审慎管理。人民银行对境外金融机构在境内金融机构存放执行正常存款准备金率,这既是对现有存款准备金制度的进一步完善,也建立起了对跨境人民币资金流动进行逆周期调节的长效机制,有助于抑制跨境人民币资金流动的顺周期行为,引导境外金融机构加强人民币流动性管理,促进境外金融机构稳健经营,防范宏观金融风险,维护金融稳定。

虽然此次汇改引发了汇率的波动,但随着央行对汇市的成功干预及相关调控手段的出台,汇改得以平稳推进。汇改后央行对汇市的调控除了一些干预措施,特别是外汇流动性和跨境资金流动纳入宏观审慎管理框架,一些监管措施在短期内运用,减少市场异常波动,对宏观经济和金融市场的稳定起到了重要作用。实施宏观审慎政策的主要目的,是从防范系统性金融风险的角度出发,抑制短期投机性交易,防范以加杠杆为主要特征的顺周期行为和货币错配风险,维护金融稳定。总体来看,宏观审慎政策具有市场化、价格型、透明、非歧视、动态调整等特征,并非行政管制,也不是资本管制。适时完善和优化外汇流动性和跨境资金流动的宏观审慎政策框架,为人民币汇率市场化提供了稳定的金融环境,有效维护了外汇市场的稳定,及时化解和防范汇改可能引发的系统性金融风险。

二、2015年金融宏观调控的问题分析

(一)通货紧缩风险进一步加大

2015年通货紧缩风险对货币政策调控形成较大压力,直接面临通货紧缩导致的融资成本上升的挑战。当前我国经济通货紧缩风险与全球经济通货紧缩风险同步。受油价走低和内需乏力等因素影响,全球主要发达经济体面临通货膨胀下行压力,通货膨胀水平均大幅低于政策目标。考虑到全球范围内经济复苏较为乏力、债务水平整体较高、投资增长有所放缓等因素,中期内通胀下行压力依然存在。

2015年,我国物价涨幅总体上保持低位运行。一方面,CPI回落至2%以下,个别月份甚至低于1%;另一方面,PPI持续负增长,生产价格通缩有加剧之势。因此,市场开始担忧我国可能会出现通货紧缩。

从CPI看,目前我国并未处于通货紧缩区间。CPI是反映消费领域一般物价水平的代表性指标,2015年我国CPI同比上涨1.5%,离通货紧缩区间还有一段距离。需要注意的是,2015年9月、10月,我国CPI涨幅连续2个月回落,11月以来粮油、猪肉等价格仍在下降,这表明我国CPI未来存在进一步下行的压力。考虑到消费品和服务质量不断改善,一般认为CPI涨幅一旦低于1%,陷入通缩的风险就值得警惕。

从 GDP 平减指数和 PPI 看,2015 年我国一般物价水平和生产价格多次陷入通货紧缩。GDP 平减指数是反映全国一般物价水平最具综合性的指标。2015 年前三季度我国 GDP 平减指数为 -0.3%,一、三季度当季 GDP 平减指数分别为 -0.3% 和 -0.7%,均已处于通货紧缩区间。二季度当季 GDP 平减指数仅为 0.1%,离通货紧缩区间仅仅差之毫厘。

PPI 是反映生产领域一般物价水平的代表性指标,截至 2015 年 12 月,我国 PPI 已连续 46 个月下降,处于较深的通货紧缩水平。从历史经验看,由于产能过剩严重与有效需求不足问题并存,经济一旦陷入通货紧缩,将很可能在一定期间内持续。2016 年,我国经济供给侧去库存和需求侧不旺盛有可能将继续对一般价格水平形成下降的压力,总体上存在陷入通货紧缩的风险。

(二)经济下行期间风险累积

1. 企业杠杆上升过快,"债务—通缩"风险累积

在通货紧缩风险加大的同时,我国企业杠杆上升过快,"债务—通缩"成了我国宏观调控面临的另一突出问题。我国企业部门债务与 GDP 之比在国际金融危机爆发后上升较快,目前是几大部门杠杆率中最高的,并且显著高于其他经济体企业部门的杠杆率。根据经济金融统计数据测算,截至 2014 年年末,包括地方政府融资平台在内的非金融企业债务余额 96.6 万亿元,与国内生产总值之比约为 152%;如将地方政府负有偿还责任的融资平台债务扣除,非金融企业债务约 80.2 万亿元,与 GDP 之比仍高达 126%。

2015 年在经济增长放缓、PPI 长时间下降且仍未企稳反弹的情况下,企业部门债务风险加大,整体呈现"债务-通缩"风险累积的态势。传统产业产能过剩严重,在去产能的过程中,企业投资回报不断降低,甚至出现大规模亏损,"债务—通缩"风险不断累积。从重点行业固定投资情况来看(见图 1-1-18),除了基础设施领域(水利、环境和公共设施管理业及电力、热力、燃气及水的生产和供应业),制造业、交通运输及房地产行业均处于去产能过程中,投资增速处于持续下滑通道中。

2. 地方债务快速增长,地方债务风险继续累积

一是债务存量规模大,债务增长快。根据《全国人大常委会预算工作委员会关于地方债务调研报告》(以下简称"调研报告")的数据显示,2014 年地方政府债务余额 15.4 万亿元,比 2013 年 6 月底净增 4.5 万亿元,增幅达到 41% 左右。2014 年年末地方政府债务余额是同年地方一般公共预算收入的 1.2 倍,约为同年地方一般公共预算支出、政府性基金预算支出和国有资本经营预算支出决算汇总数的 86.3%。

二是地方政府债务偿债能力下降。近些年来,地方政府债务规模不断扩大,

偿债压力也随之加大。2015年3.2万亿元地方债务置换缓解了地方政府短期偿债的时间约束,降低了地方政府债务成本,减轻了地方政府的债务负担。但地方政府财政收入增长放缓,加之土地出让金大幅度下降,使地方政府的现金流趋于衰减,偿债能力明显下降,部分地方只能通过举借新债偿还旧债。而且在加强宏观调控和金融监管后,银行理财、信托产品等"影子银行"渠道日益收紧,地方政府还债能力明显减弱。据"调研报告"结果显示,地方存量债务利率普遍较高,大多在7%以上,有些项目利息甚至高达20%以上,估算结果显示各级地方每年利息支出就达近万亿元,有的地方甚至连债务利息也无力偿还,有的地方已经连续几年出现逾期债务。地方政府性债务与银行体系有着密切联系,地方政府偿债能力的下降不仅导致财政风险的上升,还存在财政风险向银行风险转化的可能。

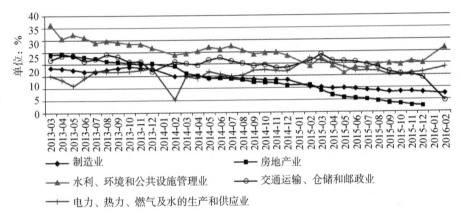

图1-1-18　2013—2016年中国重点行业固定投资同比增长率

资料来源:WIND资讯。

三是缺乏有效的地方债务风险监控机制。目前我国使用的债务风险指标及其警戒标准,大多参照欧美国家标准,主要关注债务总量和增长速度,针对债务结构和比例的指标少,不能全面反映各地债务实际偿还能力。我国地方政府债务的来源、用途和债务发生作用的机制与其他国家不完全相同,如何综合评价各地的债务风险并体现地方特点,缺乏明确指导意见。同时,我国财政基础制度还不够完善,政府会计改革正在推进过程中,各级政府综合财务报告制度也未建立健全,风险控制指标的实效性不够强。

3. 商业银行不良贷款率上升,银行业风险累积

随着经济下行,过剩产能行业去杠杆压力加大,商业银行不良贷余额及不良贷款率持续增长。根据银监会数据显示,截至2015年年底,商业银行业全行业不良贷款余额升至12 744亿元,较2014年底大增51.2%;不良贷款率1.67%,较

2014年底上升0.42个百分点,较2015年三季末上升0.08个百分点。从2012年至今商业银行主要监管指标的走势来看(见图1-1-19),商业银行不良率延续了2013年四季度以来的快速增长的趋势。

不良贷款上升将侵蚀银行利润,导致银行惜贷情绪上升,进而收紧信贷,不良贷款将加速暴露。如果不良贷款继续环比增长50%,那么不良贷款率就会升至2.5%,为了维持150%的拨备覆盖率必须新计提1.1万亿元左右资金,这几乎将侵蚀掉商业银行三个季度左右的利润。从2012年至2015年商业银行主要监管指标的走势来看(见图1-1-19),2012年至2015年,商业银行资本利润率下滑较为明显,从2012年一季度22.3%下降到2015年四季度的14.98%,下滑了大约7.3个百分点,在此趋势下,预计未来商业银行不良贷款率将会进一步上升。

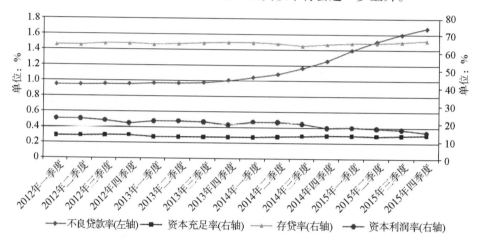

图1-1-19　2012—2015年银监会商业银行主要监管指标走势

资料来源:中国银监会。

4. 金融市场风险充分暴露,系统性风险加大

2015年是中国金融市场不断创新变革的一年,同时也是风险充分暴露的一年,股灾的发生及汇改后人民币汇率的大幅贬值,都引起了人们对金融市场发生系统性风险的担忧。在全球金融市场不确定性较强、事件驱动放大市场波动、溢出效应加大、金融市场间存在交叉感染等情况下,金融市场风险不断引起人们的关注。

2015年,中国股市经历了一段暴涨暴跌的历程,股灾的发生更是引起人们对金融市场发生系统性风险的担忧。沪深两市股票指数在6月中旬前大幅上涨,之后开始大幅回落(见图1-1-20),2015年上证指数最高为5 178.19点,最低为2 850.71点,波幅达2 327.48点,深成指数最高位18 211.76点,最低为9 259.65点,波幅达8 952.11点。

2015年6月份以来出现的股市波动至少将从以下三个方面对经济形成负向冲击(见图1-1-21),一是令交易金额大幅萎缩,直接导致金融业增速回落;二是令居民财富蒸发,导致消费增速回落;三是使得融资大规模缩水,导致投资增速回落;四是资产价格下降及波动,对物价稳定造成极大感染,有可能加大经济下行期间的通缩风险。虽然目前来看,股灾在政府强势干预下,未能造成诸如金融危机等恶劣后果,但在国家队已经入场的情况下,股市仍然难言稳定,对宏观经济负面影响依然存在。

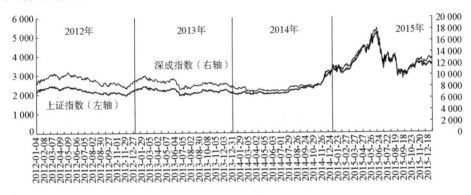

图1-1-20　2012—2015年沪深股市走势

资料来源:WIND资讯。

2015年中国股市出现较大异常波动,虽然政府监管部门的联合救市在一定程度上稳定了市场,但是股灾处置中也暴露了监管部门对于风险预估不足、处置手段储备不足、风险机制认识不足和政策协调统筹不足等问题。股灾救市过程中的市场规则频繁变动会增加中国资本市场的政策风险,并可能引发市场化改革进程的反复。尽管本次救市从6月27日央行"双降"开始,政策"救市"力度不断升级,但从股市的反应来看,每次救市政策出来后的效果并不明显,而且凸显出来一些问题,主要有对政治工具的依赖和部门间监管协调机制的缺乏问题。

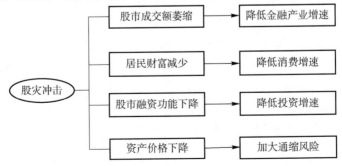

图1-1-21　股灾冲击对宏观经济的负面影响

首先,将股市当作政治工具和经济工具,是本次股灾的最大问题之一。鼓吹股市上涨的声音盖过了合理的风险提示声音,严重干扰了股市的正常发展。在股市上涨时,新华社连续发文力挺股市、人民网称"4 000 点才是 A 股牛市的开端",各种鼓吹"中国需要牛市""国家牛市"的声音不断,严重干扰了股市的正常秩序,也为股市暴跌埋下了祸根。对于股市认识的最大误区是,股市本身是一个市场,反映的是市场对于未来的预期;而不应当是国家需要股市怎么怎么样,对于国家才最有利。利用市场的结果只能是被市场打脸。在救市时,"为国接盘""股市要讲政治"更是让股市充满了政治声音,很多人在救市之后反而被套牢,政策只能通过市场化的方式改变市场走势,希望市场按照政策指定的路线走是不现实的。

其次,部门间监管协调机制。部门间监管协调机制的缺乏导致本次救市缺乏应急预案,救市政策在打法上较为混乱,尽管大招频出但是战机延误,效果大打折扣。在股市开始下跌时,政策力度不足无法阻止跌势,反而使市场形成了救市无效的印象,进一步加剧了下跌幅度。从更大的视角看,2013 年的"钱荒""债灾"与今年的"股灾"有很大的相似之处,都是混业经营下,监管分割和滞后的结果。金融稳定应当成为央行最终目标之一,货币政策权、最后贷款人和监管权三者应当统一。事前统一监管,建立充分的应急预案,而不是事后打补丁,才是防范金融系统风险的长久之计。

(三)房地产高库存尚未得到实质性缓解

2015 年中国房地产高库存的局面仍尚未得到实质性缓解。从 15 年数据来看,待售面积增速(15.6%)再次跑赢销售面积增速(6.5%),加上 74 亿平方米的在施工面积和 3 亿平方米的待开发土地,行业潜在库存的绝对量仍然过高,房地产高库存并未进入实质性的去库存阶段。

虽然"去库存"成为我国当前重大任务之一,但对于房地产"库存"并没有统一的衡量标准。一般按照口径大小可以分为三个层次:最窄的第一种口径,就是指商品房待售面积,2015 年底我国的商品房待售面积为 71 853 万平方米,而 2015 年的销售面积为 128 495 万平方米,按照这样的销售速度,现有库存只需要 6.72 个月就可以销售完毕,显然不值得担忧。第二种口径就相对宽,除了待售面积,还加上在建的施工面积。截至 2015 年年底在建施工面积为 735 693 万平方米,即使按照 2013 年销售高峰的需求计算,这部分库存需要 5.64 年消化,但在建面积中有些是期房,已经销售出去,因此去库存时间会低于 5.64 年。第三种口径,除了待售商品房和在建商品房外,还要考虑待开发土地面积,按照容积率为 2.5 计算,2015 年 12 月待开发土地面积为 36 638.48 万平方米,折算楼面积为 88 561.32 万平方米,按照 2013 年销售需求,这部分也需要消化 8.4 个月,加上在建面积商品房去库存时间需要 6.34 年。考虑待开发面积还没形成供给,而在建面积一部分已经销售,以 2000—2015 年的新开工面积减去销售面积计算出库存面积为 556 599 万平方米,再除以最新 3 年的销售面积均值,得出去库存周期是 4.4 年,这一数据显然是偏高的。但是,这一去库存周期是根据全国数据来计算的,实际我国当前的房地产市场具有极强的区域差异,大部分一、二线城市和地区的去库存周期往往会低于 4.4 年,而广大的三、四线城市显然会高于这一数据,去库存压力较大。

三、进一步完善金融宏观调控的政策建议

(一)货币政策应更加注重防风险和防紧缩目标

一是积极构建"利率走廊"。作为防范风险的重要制度安排,构建"利率走廊"将有利于降低货币市场波动。考虑到当前外汇占款减少常态化、"债务—通缩"风险带来的货币周转速度下降等现实情况,货币政策应通过构建"利率走廊"继续注重量价并重,更加重视区间调控和量的补充,注重稳定短期利率,促进市场利率在合理区间平稳运行,继续择机降准,弥补外汇占款下降导致的基础货币缺口。"利率走廊"是货币调控由数量型转向价格型的重要一步,"利率走廊"的构建意味着货币政策操作框架逐渐从数量型走向价格型,"利率走廊"制度明确建立信誉之后,有助于稳定同业市场参与者的预期,极端情况发生的频次会大大减少,货币当局无需通过公布市场操作稳定目标利率,自然也就降低了货币当局采取公开市场操作的频次和成本。我国构建"利率走廊"的可能路径是:以常备借贷便利利率为利率上限,以超额准备金存款利率为利率下限,通过加大 SLO、SLF 等结构性工具的运用,灵活调控短期基准利率。更为关键的是,让商业银行的存贷款利率真正体现市场行为,以及通过市场调节使商业银行的存贷款利率在合理范围内,这是难点和重点。

二是宏观经济政策更加注重物价稳定,保持 CPI 温和上涨,减轻 PPI 通缩风险。以兼顾经济增长和物价稳定为目标的稳健的货币政策应当成为新常态,应及时根据经济和金融形势的变化加强流动性管理,通过逆回购、公开市场短期流动性调节工具和常设借贷便利等政策工具,灵活提供流动性,保持全社会流动性合理充裕,保持货币信贷及社会融资规模平稳适度增长,信贷政策应加大向民生领域、"三农"、战略性新兴产业、中西部地区倾斜,并不断加强对实体经济、中小企业的金融扶持。

三是加强两大政策工具的协调配合,适当增加财政赤字规模。当前低通胀的背景为积极财政政策提供了足够的空间,财政政策中有很多效果很好的结构性工具,应当适时出手。比如,给服务业减税,对战略性新兴产业和小微企业的资本支出以贷款贴息或坏账准备金补贴的方式给予支持,以定向减税、减负、贴息和财政补贴等政策给实体经济特别是"三农"和小微企业真正的实惠等。以推动税制改革为突破口,逐渐降低间接税的比重,建立和完善以居民财产、行为为课税对象的

直接税税制,发挥税收在优化经济结构、理顺经济关系特别是中央与地方关系、提升经济发展素质、抑制地方政府投资冲动、化解社会矛盾、完善收入分配关系中的积极作用,推进国家治理体系和治理能力现代化。

四是稳定资产价格,防止股价和房价出现自我强化式的大起大落。未来稳增长和调结构都需要重视发挥资本市场和房地产市场的独特作用,资本市场和房地产市场价格的稳定对经济增长和物价稳定具有重要的意义。对于资本市场而言,要极力呵护来之不易的繁荣局面,并使之保持持续的繁荣壮大,不断鼓舞投资者和上市公司对于未来经济发展的信心,进而影响和带动投资、消费增加,并推动结构调整和产业升级,真正使股市释放财富效应、增加居民财产性收入。对于房地产市场而言,加快建立房地产价格稳定的长效机制。需适度支持刚性需求和改善型需求,适度控制供给过快增长。商业银行应继续鼓励支持首套、中小户型住房消费,优先满足其贷款需求。同时,鼓励房地产企业积极进行降价促销,加快房地产行业去库存进程,避免房地产价格出现断崖式下跌,也要防止市场炒作再度推高房价。加强分类调控,对需求较大的一线城市应进一步增加土地供应,降低土地供应价格,减少房地产开发过程的税费;对住房存量较大的城市,应注重盘活存量,合理控制土地供应,适当减缓棚户区改造和其他类型保障性住房的投资力度。推进户籍制度改革,逐步放松落户限制,消化住房库存,防止供需缺口进一步扩大。

五是继续推进各项价格改革,适当对冲物价下行压力,加快能源、交通、医药、市政基础设施等重要领域产品的价格形成机制改革。①下决心彻底改革现行成品油价格形成机制,实现由政府定价、以调为主的旧机制,向市场定价、以放为主的新机制转变。大力推进石油流通体制改革,取消对进口原油、成品油、天然气的限制。②分步推进天然气价格形成机制改革,逐步放开非居民用气价格,对居民生活用气建立阶梯价格制度,同时要理顺天然气和可替代能源之间的比价关系,改变进口天然气价格与国内价格倒挂的局面。③按照"放开两头、监管中间"的思路加快推进电价形成机制,积极推进发电侧和销售侧电价市场化,推动建立独立的输配电价体系,电网企业按政府核定的输配电价收取过网费。④推动铁路运价改革提速,放开社会资本投资控股的新建铁路客票及运输价格,推动部分铁路货运价格市场化。⑤全面放开药品价格,放开大部分医疗服务价格,通过引入市场竞争来形成药品价格,完善药品采购机制,通过医保来控制居民医疗费用。⑥加快改进市政基础设施价格形成、调整和补充机制,完善价格机制吸引社会投资进入市政基础设施,使经营者能够获得合理收益,并努力实行上下游价格调整联动机制。①

（二）协调货币政策和宏观审慎的关系，继续完善宏观审慎政策框架

在全球金融市场不确定性较强、事件驱动放大市场波动、中国溢出效应加大、金融市场间存在交叉感染等情况下，金融市场的各项改革需审慎推进，根据形势变化选择合适的时机和窗口，讲求时机、配合和操作技艺。2015年，为了维护人民币的汇率稳定，央行首次将外汇流动性和跨境资金流动纳入宏观审慎管理范畴。将外汇流动性和跨境资金流动纳入宏观审慎管理范畴，对远期售汇征收风险准备金，扩大本外币一体化的全口径跨境融资宏观审慎管理，对境外金融机构在境内金融机构存放执行正常存款准备金率。这些审慎管理措施是保障人民币汇率市场化改革平稳推进的重要保障，在全球金融市场不确定性较强的情况下，人民币汇改必须审慎推进，其中最为重要的是完善宏观审慎政策框架，积极管理外汇流动性和跨境资金流动。根据金融稳定理事会定义，宏观审慎政策是指通过审慎工具来防范系统性或系统范围的金融风险，以此来降低关键金融服务领域发生混乱的概率（FSB,2011）。周小川（2011）指出宏观审慎政策框架是一个动态发展的框架，其主要目标是维护金融稳定、防范系统性金融风险，其主要特征是建立更强的、体现逆周期性的政策体系，其主要内容包括：对银行的资本要求、流动性要求、杠杆率要求、拨备规则、对系统重要性机构的特别要求、会计标准和衍生产品交易的集中清算等。

全球金融危机以来，引入宏观审慎管理框架成为完善金融稳定制度及金融宏观调控体系的一个革命性成果。国际金融危机的教训充分表明，单一以物价稳定为目标的货币政策并不能保证金融稳定，因而需要引入宏观审慎政策，对金融系统的稳定进行管理。2015年6月我国资本市场异常波动以来，关于中央银行金融市场稳定政策作用的争论持续存在，中央银行金融稳定职能及其政策框架和机制的有效性，受到国内外广泛关注。从中央银行的角度来说，建立宏观审慎管理制度既是其完善金融稳定机制和更好履行法定金融稳定职能的重要保障，也对其从政策目标到政策工具各层面更好协调货币政策和宏观审慎的关系提出了挑战。

对于如何更好协调货币政策和宏观审慎的关系，关键在于理顺货币政策和宏观审慎政策之间的关系。王爱俭（2014）通过建立动态随机一般均衡模型对货币政策与宏观审慎政策之间的关系进行分析后发现：宏观审慎政策中的逆周期资本工具是福利增进的，该工具的使用对于稳定金融波动有积极的意义；而宏观审慎政策对于货币政策能够起到辅助作用，特别是在市场受到金融冲击的时候，辅助的效果最明显。因而我国在进行金融宏观调控的过程中，需要宏观审慎政策与货

---

① 王军：《预防通货紧缩压力》，载于《中国金融》2015年第3期。

币政策互相配合,发挥协同效应,特别是在经济下行区间,防范系统性风险是货币当局不可忽视的重要调控目标。

最后,以逆周期调节和防范系统性风险为目标的宏观审慎管理必须依托流动性管理方能收到实效。高效率的流动性管理是在事前有效防范系统性风险、在事后有效救助金融崩溃的根本手段,通过流动性对广义价格体系实施有效管理,最终可以同时实现宏观经济调控和宏观审慎管理双重目标。在新业态等金融创新冲击下,基于支付体系的实时流动性管理技术,将逐步取代基于事后统计体系的传统管理手段。

(三)加快信贷资产证券化,增加金融机构化解风险的市场手段

不良资产上升及其伴随的惜贷行为已成为制约货币政策发挥作用的关键因素和主要风险,进一步扩大资产证券化规模,放宽资产证券化品种限制,加快不良资产证券化试点,增加金融机构化解风险的手段。

2015年,我国资产证券化规模相比往年有了明显增长,增幅近八成。中央国债登记结算有限责任公司近日发布的《2015年资产证券化发展报告》显示,2015年全国共发行1386只资产证券化产品,总金额5930.39亿元,同比增长79%。信贷ABS仍是资产证券化主力,发行额占当年发行总量的68%。其中,公司信贷类资产支持证券(CLO)仍是主要发行品种,发行额3178.46亿元,占信贷ABS发行量78%。

从银行不良风险不断上升和资产证券化发展规模情况看,推动不良资产证券化时机已经较为成熟。对于不良贷款资产而言,其证券化的处置方式是通过将不同类型、行业、地区的不良资产打包,组合形成能够产生稳定现金流的基础资产,并通过合理的结构设计和增信等措施,降低产品的整体风险。与单一不良资产处置相比,回收率和回收效果都可以提高,并且批量处理的规模效应能够降低处置成本。

首先,不良资产证券化有利于提高商业银行资产的流动性。不良资产是一组欠流动的资产,通过证券化处理,将流动性差的不良资产转化为可以在市场上交易的证券,在不增加负债的前提下,通过出售不良资产证券,商业银行可以获得一块资金来源。从商业银行资产负债管理的角度看,此举能够加快银行资产的周转,提高资产的流动性。

其次,不良资产证券化有利于提高商业银行的资本充足率。按照《巴塞尔协议》和《商业银行法》的要求,一个稳健经营的商业银行,其资本充足率应不低于8%。仔细分析一下商业银行的资本充足率构成,可以发现当分母项风险资产的数额下降时,资本充足率有提高的可能。而使得风险资产的下降,存在许多选择。将高风险权重的不良资产,变为风险权重相对较低的债券,某些方面能够减少风

险资产的大小。

最重要的是,不良资产证券化能帮助商业银行分散风险。传统商业银行资产大多以贷款的形式出现,而贷款中酝藏着很大的信用风险。在一个金融市场不太发达的市场环境下,信用衍生工具使用较少,银行信贷资产很难像证券那样得到及时的价格评估,也不能转移给第三方。如此下来,信用风险日积月累,往往沉淀于银行的资产负债表中。通过证券化不良资产,借助于二级市场的作用,及时地将信用风险分散出去,这样可以达到降低银行风险的目的。传统商业银行只评价单个贷款,通过证券化将大量的贷款放在一起,并凭此为支持发行证券,这样银行资产组合的表现就由市场来评判,并以市场价格的形式表现出来,有助于银行和监管者去评价银行的资产情况,有助于控制银行资产组合的风险水平。①

(四)健全地方政府债券融资市场,构建和完善地方债务风险防控体系

1. 建立健全地方政府债券融资市场

地方政府举债一是要遵循市场化原则,在规划、发行、使用、管理、监督等各环节逐步探索出一条符合我国国情、以市场化为主、科学完善的举债模式与管理规范,运用市场机制来发行地方政府债券,建立地方政府债券的风险与收益市场化定价机制,形成买者自负、风险自担的市场规则。二是要扩大投资者范围,鼓励社保基金、住房公积金等机构和个人投资者投资地方政府债券,探索在商业银行柜台市场对居民、企业等投资人发售地方政府债券,降低地方政府债券风险权重,提高地方政府债券的流动性。三是要建立地方政府信用评级制度,加强信息披露,地方政府发债应当公布财政收支表、资产负债表,披露或有负债信息,提供对本地经济、财政收入、财政支出、债务水平和偿债能力等预测情况,形成市场对地方政府发行债券的约束机制。四是要探索发行优质地方债的考核激励机制,建议将地方债发行质量考核纳入地方政府债务治理绩效考核中。新《预算法》出台以后,地方债发行办法等政策相继出台,如何激励各地方政府主题创新发行优质地方债产品,是地方债市场发展的关键。通过上述机制向市场传递地方政府债务的风险和价格信号,形成与此相匹配的市场化交易机制。

2. 完善债务风险预警机制

首先,应当科学测算各地实际有效可支配的财力,在此基础上设计符合国情、科学合理的风险指标体系,客观反映真实的还债能力,并从严确定各项债务指标的警戒水平。定期统计分析债务情况,上级政府对高风险地区要及时发出风险警示,并制定风险预警结果使用办法,明确措施和手段,增强约束效力。地方政府债务风险状况和化债情况要与下一年度债务规模限额和转移支付安排挂钩。地方

---

① 张衢:《国有商业银行不良资产证券化初探》,载于《金融研究》2002年第6期。

政府要加强对或有负债的统计分析和风险防控,定期向同级人大或其常委会报告,并报上级政府备案。

其次,要落实债务风险应急处置机制,按照"谁举债、谁受益、谁偿还"的原则建立偿债机制,明确规定具体使用债务资金的地方政府是地方政府债券的举债主体,负有偿债责任。中央要明确不救助原则,不对地方政府债务兜底、埋单,防范道德风险。各级政府要根据实际情况,制定具体可行的应急处置预案和责任追究机制,要建立债务违约处置机制,强化市场约束。地方出现偿债困难时,优先通过控制项目规模、压缩公用经费、用好存量资金、处置存量资产、引入社会资本等方式,多渠道筹集资金化解债务。地方政府难以自行偿还债务时,本级和上级政府要启动债务风险应急处置预案和责任追究机制,必要时可参照"乡财县管"方式,由上级财政接管下级财政,切实化解债务风险,并追究相关人员责任。

再次,要建立具体可操作的问责机制,建立地方政府债务违规举借责任追究制度,明确执法主体和处理程序,责任追究到人,对违反新预算法和有关法律法规的行为,坚决依法处理,严肃问责。建立对违法违规融资和违规使用政府债务资金的惩罚机制,破除"现任举债不还债""新官不理旧事"等乱象,将领导干部任期内地方政府债务指标纳入考核体系,离任要审计,终身要负责。建议国务院根据全国人大常委会批准的2014年地方政府存量债务情况,对债务规模较大、债务风险较高的地区开展专项调查,处理一批典型案件和个人。

最后,推进政府债务信息公开透明,要建立统一的政府债务信息披露机制,明确各级政府的披露责任,规范披露内容、时间节点和披露渠道。各级政府要及时公开地方政府债务风险预警指标及预警结果,上级政府要加强对下级政府的监督检查。各地区要公开本地政府债务的种类、规模、结构、期限、层级、债权人等信息,及时向社会披露地方政府债券发行主体及其综合财力、资产负债等基础数据,给监管部门、社会和市场传递全面、真实的信息。

(五)精准化去库存

当前形势下,对于房地产去库存,调控方式同样要遵循"精准调控"的理念,提升调控的针对性和有效性。去库存不是为开发商兜底,更不是赤裸裸救市,去库存类似于工业的去产能,是我国当前经济改革的重要内容之一,目的也是优化经济结构,提质增效,因此有必要尽可能对调控对象、时机、手段等具备精准的把握。去库存的主要手段是通过市场,而非行政,政府在去库存过程中的主要作用是信息收集与发布,政策支持和市场服务等,引导房地产市场平稳着陆。去库存是一项十分紧迫又持久的工作,各个地方政府要意识到去库存的深刻意义,要积极、稳妥、有序地发挥有形之手作用推进去库存。同时,必须清醒意识到,很多去库存措施不会有"立竿见影"的效果。特别是在一些经济内生动力、人口聚集能力、居民支付能力不足的中小城市，楼市的库存消化有待于产业的发展、配套设施的完善、功能布局的优化等，住房需求需要逐步培育。

首先，在库存信息方面，去库存要对各地楼市库存信息把握精准。各地应该摸清楼市家底，搞清区域内库存数量、库存结构、库存的地段分布、库存商品房的开发主体等信息，只有对库存状况的精准把握，才能做到"有的放矢"，各市、县根据实际制定政策时，才能按照"一市一策""一县一策""一盘一策"的原则，实施精准去库存。而且，在存量消化工作没有完成之前，尤其要严控新库存的增加。

其次，在相关制度改革方面，去库存相关的经济社会改革要精准化。当前商品房库存问题，很大程度上与我国经济及社会体制具有极大关系，二元经济体制导致的要素市场还不能充分自由流动，在社会改革的推进过程中，很多改革并不能一蹴而就，因此在相应制度变革上需要有所侧重，部分地区的改革可以根据去库存严峻程度酌情加快改革的推进速度。除了那些特大城市外，加快户籍制度及与其相关的社会保障制度改革，让农民工不但进城落户更容易，在各个城市之间的流动也更容易。加快住房公积金制度改革，侧重将农民工、个体户纳入公积金制度当中，实现精准化的制度供给。针对农民工的购房需求，发挥精准财政政策作用，通过财政补贴、退税或者税收减免方式，帮助农民工在城市里购房。加快推进农村土地产权制度改革，让农民从土地流转中获得更多的土地收益，增加农民的购买力。在税收制度上，应对先买后卖的情况只对面积增加部分征税，可先征后退，降低改善型需求的交易成本。

最后，在分化的楼市背景下，抓中小城市经济发展促房地产去库存。当前，房地产去库存压力最大的是广大的三、四线城市，这些城市的房价相对于一、二线城市是重要的产业竞争优势，但是由于这些城市的基础设施和医疗、教育等生活配套条件落后，导致产业发展缓慢，就业难度大，使农村人口就近转移的优势无法发挥，城镇化规划的人口增速不但无法实现，甚至还出现人口流失。我国当前体制下资源配置严重依赖于行政权力，导致空间布局的畸形化，使大城市越来越大，城市病日益严重，小城市却得不到应有的发展，甚至造成小城市的萧条和空心化。应通过政策、税收和资金支持三、四线城市经济的发展，公共服务能力的提升，提高这些城镇吸纳"新市民"的能力，既化解这些城市房地产库存压力，又化解大城市的人口和环境压力。

第二章　金融机构发展

近年来,我国金融机构种类和功能日益丰富,金融机构格局也在悄然发生变化。一方面,原有各类金融机构的职能进一步明确,各机构的职能深度不断加强;另一方面,许多新兴金融机构、相关新企业、对应新业务的诞生为金融体系输送了新鲜的血液,也丰富了金融机构的功能。过去我们采用中国人民银行公布的《金融机构编码规范》对金融机构进行分类,但该分类规则已经无法科学有序地概括我国现有金融系统的机构情况。因此,本报告按照主要功能的不同,将现有金融机构分为支付融资类金融机构、资本市场类金融机构和新金融业态三大类。其中,支付融资类金融机构主要包括政策性银行、商业银行、融资租赁企业、典当行、小额贷款公司、农村金融机构和保险公司,资本市场功能金融机构主要包括证券公司、基金公司、信托公司、期货公司和保险资产管理公司,新金融业态主要包括互联网金融企业、供应链金融企业和绿色金融机构等。

总体来说,在 2015 年国内外经济形势复杂多变、外部需求疲弱态势持续、我国经济下行压力加大、结构调整加快、潜在增长率趋于下降、风险隐患增多等诸多不利条件下,我国各类金融机构和具有金融服务功能的诸多企业保持了稳中求进、锐意变革的作风,以发展方式的转变促进了发展质量和效益的提升,推动了创新驱动型发展,有效化解了各种风险和挑战,为经济平稳发展和社会稳定做出了有力的贡献。

具体来看,支付融资类金融机构中,政策性银行及国家开发银行为稳增长、调结构、惠民生起到了重要作用。商业银行发展增速放缓,总体资产质量稳定可控,流动性水平充裕,存款保险条例出台,民营银行准入进入常态化。受到四大自贸区设立的影响,融资租赁行业保持了高速的发展势头,数量和业务均同比大幅增长。典当行的行业监管和规范措施不断加强,有利于进一步规范典当行的发展;小额贷款公司第一次被确立了正式金融机构的身份和地位,其融资渠道和发展方式也得到了扩充。传统农村金融机构在农村金融体制改革的背景下得到了政策的鼎力支持,各种制度创新启动,农村金融中介服务机构得到不断完善。保险公司整体实力增强,创新持续深化,保险专业中介机构专业化和规模化发展提速。资本市场功能金融机构中,证券公司的营业收入和利润规模大幅增长;基金公司行业活跃度提升,基金数量不断上升;信托业资产规模增速虽然有一定放缓,但产品创新和行业转型均取得不小进展;期货公司风险控制能力优化,盈利能力显著提升;保险资产管理公司建设不断加强,投资领域日趋宽阔。新金融业态机构和企业中,互联网银行运行平稳,互联网消费金融创新步伐加快,农村互联网金融填补了大量农村金融服务的空白;除了商业银行以外,贸易企业、电子商务平台和财务公司纷纷涉足供应链金融,供应链金融发展出现与互联网金融结合的新趋势;绿色金融发展步伐加快,绿色金融体系初具雏形。

然而,我国金融机构和相关企业的发展也暴露出一些问题。一是商业银行不良资产上升较快,利润增长持续放缓;二是商业银行参与创业投资和股权投资领域存在诸多障碍;三是绿色金融主体发展不足,产品创新匮乏;四是财富管理公司有效供给不足,缺乏第三方独立性;五是专业再保险公司经营管理水平有待提高,保险机构市场竞争力需要完善;六是P2P等互联网借贷平台频繁出现兑付问题,互联网借贷行业发展出现困境。对此我们提出了相关的政策建议:一是积极采用多种方法处置不良资产,防范经营风险上升;二是加强与风险投资机构合作,促进商业银行向创业投资及股权投资方向转型;三是促进绿色金融产品创新,完善绿色金融体系;四是提高财富管理公司综合发展能力,强化第三方机构独立性;五是大力培育专业再保险公司,提高保险资产管理公司竞争力;六是全面促进互联网金融平台的规范化及升级发展。

一、金融机构发展总体情况

(一)支付融资类金融机构

2015年,支付融资类金融机构的融资渠道进一步拓宽,机构实力不断增强。政策性银行及国家开发银行继续对稳增长、调结构、惠民生发挥重要作用;商业银行发展增速放缓,总体资产质量稳定可控,流动性水平充裕,存款保险条例出台,民营银行准入进入常态化;受到四大自贸区设立的影响,融资租赁行业数量和业务均同比大幅增长,成为行业亮点;典当行的行业监管和规范措施不断加强,有利于进一步规范典当行的发展;小额贷款公司第一次被确立了正式金融机构的身份和地位,其融资渠道和发展方式也得到了扩充;传统农村金融机构在农村金融体制改革的背景下得到了政策的鼎力支持,各种制度创新启动,农村金融中介服务机构得到不断完善;保险公司整体实力增强,创新持续深化,保险专业中介机构专业化和规模化发展提速。

1. 政策性银行及国家开发银行为稳增长、调结构、惠民生做出重要贡献

随着2015年三家银行改革方案的正式获批,国家开发银行、中国进出口银行、中国农业发展银行的开发性、政策性职能分别进一步得到明确,稳增长、调结构、惠民生的优势也得到进一步的发挥。

(1) 改革方案获批，各行职能定位更加明晰

一是中国农业发展银行（下简称"农发行"）坚持以政策性业务为主体，建设成为具备可持续发展能力的农业政策性银行。在明确了其定位的基础上，在政策性业务方面，农发行首先全力保证粮棉油收购平稳有序进行，保障了国家粮食调控政策有效的落实。全年累积放粮棉油收储贷款6 678.8亿元，支持收购粮油5 418.11亿斤，收购棉花4 718.38万担。其次，认真贯彻落实中央加大扶贫攻坚力度的战略部署，在全国金融系统率先成立扶贫金融事业部，以支持易地扶贫搬迁为突破口大力推进扶贫金融业务，全年净投放易地扶贫搬迁贷款807.9亿元。再者，为地方水利建设提供全面有力的金融支持，全年投放重大水利工程建设专项过桥贷款378.3亿元，一般水利建设贷款1 124.3亿元，同比多投放468.2亿元。最后，支持发展城乡一体化，全年投放农业农村基础设施建设贷款约3 300亿元。

二是中国进出口银行改革方案强调要充分发挥政策性金融服务国家战略的功能的作用，通过改革进一步增强进出口银行的活力、影响力和抗风险能力。2015年，进出口银行利用多年在进出口融资、"两优"贷款（援外优惠贷款和优惠出口买方信贷）方面的独特优势，发力"一带一路"项目布局。进出口银行在"一带一路"沿线国家贷款余额超过5 200亿元人民币，较年初增长46%，占全部境外贷款的37%。全面新签约项目数量较2014年增长一倍，签约金额较2014年增长70%。除了支持中国企业"走出去"承包大项建设项目外，进出口银行的另一大业务种类就是支持中国企业在海外开展经贸合作。2015年在"一带一路"沿线开展经贸合作项目384个，带动进出口商务合同金额超过1 300亿美元。

三是国家开发银行（下简称"国开行"）明确了其开发性金融机构定位。国开行开发性金融机构定位明确以后，债信问题得到解决，480亿美元注资到位，对推进开行改革发展具有重要的里程碑意义。2015年，国开行服务国家战略作用更加凸显。全年发放棚改贷款7 500亿元，是去年同期发放的近两倍；完成专项建设基金资金投放5 800亿元，预计可拉动投资约2万亿元；发放脱贫攻坚贷款2 000亿元，覆盖715个国家级特困县；发放国际业务贷款超千亿美元，有力支持了"一带一路"建设。截至2015年底，国开行在"一带一路"沿线国家累计承诺贷款近1 900亿美元，累计发放贷款约1 556亿美元，余额1 114亿美元，占全行国际业务余额的三分之一。

(2) 积极响应国家政策，全力支持脱贫攻坚

一是农发行通过开办重大水利专项过桥贷款、易地扶贫搬迁贷款等新业务，全力支持贫困地区脱贫。全年对"三农"领域净投入资金达到7 803.4亿元，创历史最高纪录。2015年9月，农发行与国务院扶贫办签署了《政策性金融扶贫合作协议》，农发行发挥自身优势，整合资源，凝聚合力，突出特色，加大贫困地区金融

服务力度,促进贫困地区经济社会发展和贫困人口脱贫致富。为此农发行率先成立扶贫金融事业部,彰显了政策性银行在金融扶贫中的引领和骨干作用。截至2015年11月末,全行已审批贷款项目412个,审批金额2 700亿元,用于支持贫困搬迁人口518万人,其中建档立卡贫困人口321万人,易地扶贫搬迁贷款余额达803亿元。

2015年2月25日,国务院第83次常务会议审议决定农发行通过专项过桥贷款方式,为地方开展水利建设提供过渡性资金支持。农发行在水利部等有关部委和地方政府的大力支持下,专项过桥贷款工作取得重大进展,在2015年提前超额完成国务院要求的全年350亿元的投放任务,截至2015年12月2日,全行共审批专项过桥贷款654亿元,投放362亿元,支持了国家172项重大水利工程。其中,支持2015年以前已开工项目29个,支持2015年新开工项目8个,支持"十三五"期间拟开工但提前开工项目5个。

二是国家开发银行以"改善民生、增强国力"为己任,主动服务国家战略,积极支持扶贫事业发展。截至2015年11月月底,国开行扶贫贷款业务已覆盖832个国家级贫困县和集中连片特困县中的727个县,累计发放贷款1.34万亿元,贷款余额超过8 000亿元,重点支持了贫困地区基础设施建设、特色产业发展、农户脱贫致富以及教育卫生等领域项目建设。在为扶贫开发提供长期信贷资金支持的同时,还有效助推了贫困地区市场建设、制度建设,以及金融生态改善和发展。此外,国开行将"救助式"扶贫与"开发式"扶贫相结合,积极做好定点扶贫县和对口支援的帮扶工作。

2. 商业银行总体资产质量稳定可控,流动性水平充裕

2015年,由于当前我国宏观经济进入新常态,银行业发展增速放缓,商业银行利润增速显著下滑,商业银行不良贷款出现较快增长态势。但是,总体来看,我国商业银行不良贷款水平与国际同业相比仍处于相对低位,且资产质量情况与我国经济保持中高速增长的宏观环境相匹配,整体稳定可控。

(1)经营指标情况

一是利润增长趋缓,不良贷款率上升。2015年,商业银行全年累计实现净利润1.59万亿元,比2014年增加378亿元,同比增长2.43%,较2014年年末9.7%的增速水平下降了7.27个百分点;平均资产利润率为1.10%,同比下降0.13个百分点;平均资本利润率为14.98%,同比下降2.61个百分点。非利息收入占比23.73%,较上年同期增长2.26个百分点(见图1-2-1)。

其中,5家国有大银行中建行归属于母公司的净利润仅增长0.14%,工行的净利润也跌到0.5%以下,只有规模较小的交行将净利润维持在1%以上;股份制银行也未能幸免,2014年以30.01%净利润增速排在首位的平安银行,2015年勉

强保持10.42%的净利润增速,其他7家股份制银行全部是个位数增长。

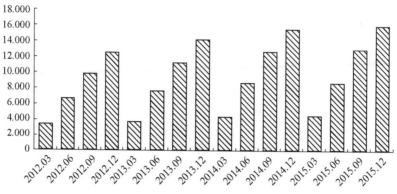

图1-2-1　2014—2015年商业银行净利润(季度)(亿元)

资料来源:中国银监会《2015年商业银行主要监管指标情况(季度)(2014－2015年)》,http://www.cbrc.gov.cn/chinese/home/docView/F9ABBA7979E541568B624CBB3E565AE7.html,2016－2－15/2016－3－28。

不良贷款余额也已连续17个季度上升。截至2015年四季度末,商业银行(法人口径,下同)不良贷款余额12 744亿元,较上季末增加881亿元,较2014年多增1 813亿元;商业银行不良贷款率1.67%,较上季末上升0.08个百分点,较2014年年底上升0.42个百分点(见图1-2-2)。

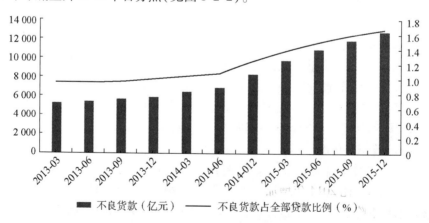

图1-2-2　商业银行不良贷款(亿元)与不良贷款率(%)(季度)

资料来源:WIND资讯。

其中农业银行不良贷款率最高为2.39%,是唯一一家"破2"的商业银行。同时,关注类贷款也大幅增长7 869亿至28 854亿元,占比达3.79%,继续创近年来的新高。不良贷款总体增长较快,且各季度不良贷款增幅均明显高于往年同期水平,但在一季度出现1 399亿元的增幅高点后,不良贷款增长开始逐季回落,至四季度仅比去年同期多增124亿元,表明在商业银行进一步加大不良贷款的处置和化解力度并采取一系列防控措施后,行业资产质量持续下滑的势头已经在一定程度上得到了遏制。商业银行拨备提升幅度基本与不良贷款的增长保持同步,风险抵补能力并未受到不良贷款较快增长和盈利增速大幅放缓的影响,在保持平稳的同时略有提升。2015年年末,商业银行在持续加大贷款核销力度的基础上,贷款损失准备余额仍较去年同期增加3 537亿元至23 089亿元。虽然拨备覆盖率因不良贷款的快速增长继续被摊薄,由年初的232%下降至181%,但反映整体拨备水平的贷款拨备率较年初提升0.13个百分点至3.03%。未来随着不良贷款的增加,预计拨备覆盖率仍会继续向150%这一监管要求靠拢。但考虑到不良贷款的处置通常需要经过现金清收和处置抵押品等环节后才进行核销,最终形成的损失大约占初始不良贷款余额的30%—50%。因此,目前商业银行的拨备水平仍处于较为稳健的水平,足以覆盖贷款组合的潜在损失。而且银行业有应对不良风险的准备的措施:一方面,风险抵补能力仍保持稳定,"以丰补歉"准备较充足;另一方面,监管层已明确明年将出台多项措施,进一步提升银行业的风险损失吸收能力。

二是流动性水平比较充裕。2015年四季度末,商业银行流动性比例为48.01%,较上季末上升1.86个百分点(见图1-2-3);人民币超额备付金率2.10%,较上季末上升0.19个百分点;存贷款比例(人民币)为67.24%,较上季末上升0.85个百分点。2015年年末,商业银行人民币超额备付金率为2.10%,较上年年末下降0.54个百分点。2015年,银行间市场流动性比较平稳,利率水平保持在相对低的水平。12月份,银行间同业拆借月加权平均利率为2.90%,较6月份下降0.35个百分点,较9月份下降0.24个百分点(见图1-2-4)。

三是贷款/存款规模较为稳定。2015年,上市银行共贷款总额60.78万亿元,存款总额81.59万亿元,存款比为74%。其中国有四大行存贷款规模优势依然明显,四大行存款规模均在10万亿元以上。贷款方面,工行、建行突破10万亿元大关,分别为11.93万亿元和10.48万亿元。存贷比方面,交行、招行最高分别为83%和81%,四大行中农行比例最低,为66%。南京银行为上市银行最低,贷款比为50%(见表1-2-1)。

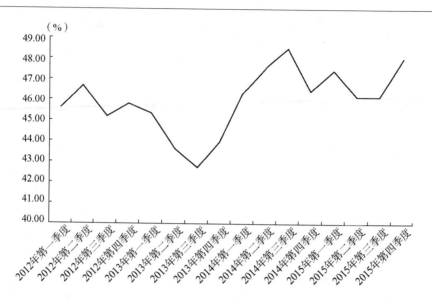

图 1-2-3　2012—2015 年商业银行流动性比例（季度）（%）

资料来源：中国银监会《2015 年商业银行主要监管指标情况（季度）(2012－2015 年)》，http://www.cbrc.gov.cn/chinese/home/docView/F9ABBA7979E541568B624CBB3E565AE7.html，2016－2－15/2016－3－28。

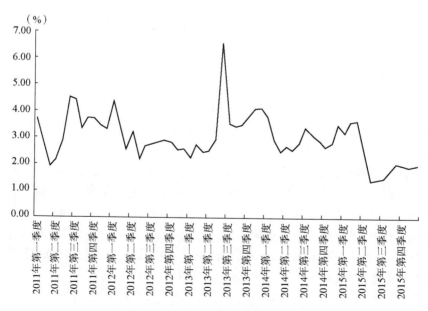

图 1-2-4　2011－2015 年银行间同业拆借月加权平均利润（%）

资料来源：WIND 资讯。

表 1-2-1　商业银行存贷情况

银行名称	贷款总额(亿元)	存款总额(亿元)	存贷比(%)
工商银行	119 335	162 819	0.73
建设银行	104 851	136 685	0.77
中国银行	91 359	117 292	0.78
农业银行	89 099	135 384	0.66
交通银行	37 220	44 848	0.83
招商银行	29 091	35 717	0.81
中信银行	25 288	31 828	0.79
浦发银行	22 455	29 541	0.76
民生银行	20 480	27 323	0.75
光大银行	15 135	19 938	0.76
平安银行	12 161	17 339	0.70
华夏银行	10 692	13 517	0.79
北京银行	7 754	10 223	0.76
宁波银行	2 557	3 557	0.72
南京银行	2 512	5 041	0.50
兴业银行	17 794	24 839	0.72
合计	607 784	815 891	0.74

资料来源:东方财富 choice 数据库。

对于一些银行而言,较高的存贷比虽然能带来较高的经营收入,但也提高了银行的自身风险,限制部分银行未来的信贷派生能力,而一些存贷比较低的银行可能更加看重资产质量和贷款规模上升的潜在坏账风险。

四是营业收入增速放缓,净息差逐步收窄。2015 年,商业银行共实现营业收入 36 436 亿元,营业收入平均增长 16.79%,其中主营收入增速最快的为南京银行、平安银行和宁波银行,增速分别达到 42%、31%、27%,农行、中行营业收入增速最低,主营增速仅为 2.94% 和 3.94%。为了对冲经济下行,央行在扩大货币供给的同时降低了基准利率,旨在刺激实体信贷需求。15 年起中国进入了降息通道,息差降低使商业银行的盈利能力受到冲击。具体来看,我国商业银行整体净息差(净息差 = 净利息收入/平均生息资产余额)从 2014 年的 2.54% 下降到了 2.45%,五大行情况更为严重,净息差从 2.6% 下降到 2.42%。由于我国商业银行大部分利润来源于息差收入,未来净息差的下降将进一步的消减银行利润,影响其业绩。

五是息差收入比重下降,中间业务成为增长点。我国商业银行收入包括:利息净收入、手续费以及佣金收入和其他业务净收入(投资收益、汇兑收益、公允价值变动收益和其他业务收入),其中利息收入是绝对大头。2015 年,商业银行收入中,利息收入 26 917 亿元,同比增长 6.6%;手续费及佣金收入 7 467 亿元,同比增长14%（见图1-2-5）。2015年,为了应对息差收窄下利息收入的减少,商业银行增加了派息资产数量,同时手续费以及佣金收入的增速以及权重开始上升。在利率下行以及市场化的倒逼下,银行利息收入增速将进一步下降,而中间业务的发展空间相对较大。

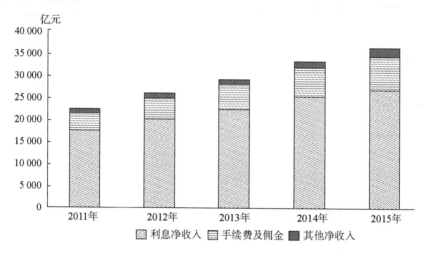

图1-2-5　2011年-2015年商业银行各项收入情况

资料来源:东方财富choice数据库。

(2)存款保险条例正式实施

2015年5月1日起,具有里程碑意义的《存款保险条例》正式实施。《存款保险条例》规定,同一存款人在同一家投保机构所有被保险存款账户的存款本金和利息合并计算的资金数额在50万元以内的,实行全额偿付;超出最高偿付限额的部分,依法从投保机构清算财产中受偿。根据央行测算,50万元的最高偿付限额可以覆盖99.63%存款人的全部存款。

商业银行是存款保险的投保主体,存款保险制度的推出对于新形势下确保金融体系稳定可谓意义重大。

第一,有利于保护存款人利益,提升公众信心,维护金融稳定。目前,我国正处于全面深化改革的关键时期,国际国内各种挑战和风险明显增多,要维护金融稳定,实现经济协调稳定发展,存款保险制度势在必行。《条例》从投保机构、覆盖存款范围、偿付限额等多个方面为社会公众的存款安全提供了制度化保障,有利于最大限度保护存款人利益,维护公众对银行体系的信心,维护金融体系的稳定。

第二,有利于银行业的公平竞争,促进均衡发展。随着金融改革的逐步推进,以及民营资本和民营银行的准入,银行业的竞争日趋激烈。存款保险制度通过维护存款人利益和金融体系的稳定,能够有效缓解限制资本进入银行领域的监管顾虑,有助于降低市场准入门槛,促进各类银行公平竞争、均衡发展,实现优胜劣汰的市场机制,保障多层次金融体系的正常运行。

第三,存款保险制度有利于强化风险管控,营造健康业态。《条例》规定了存款保险基金管理机构的相应职责,有助于形成一套防范与处置风险的新机制,有利于使风险"早发现,少发生",从根本上维护金融稳定,促进我国银行业长期健康发展。①

(3)民营银行准入进入常态化

2015年是民营银行承载着社会各界期望的起航发展之年。为弥补传统银行业对民营企业、小微企业金融服务不足,在政府的大力支持下,民营银行正在成为我国多层次、广覆盖、有差异的金融体系的有机组成部分。对于贷款客户,特别是以往没有得到充分金融服务的企业,期望能从民营银行获得比民间融资利率低、比传统银行更易获得的资金支持。而普通存款人,则带着些对兼具互联网金融高收益和传统银行安全性金融产品的期许。

一是民营银行实现了各具特色的稳健经营。面对社会各界的期望,深圳前海微众银行、上海华瑞银行、温州民商银行、浙江网商银行和天津金城银行等5家首批正式开业的民营银行共同签署并联合发布了《中国民营银行发展公约》,表示要在依法合规、严格自律的基础上,紧紧围绕普惠民生的定位,实现差异发展,推进服务创新。五家民营银行以更好服务实体经济为目标,综合运用互联网技术,依托发起股东优势,并结合地区经济实际,实现了各具特色的稳健经营(见表1-2-2)。

二是民营银行监管制度出台,进入常态化发展阶段。2015年,民营银行的稳健发展交出了一份漂亮的成绩单,为《关于促进民营银行发展的指导意见》的正式出台创造了良好的条件。"依法审核,目前民营银行的设立已进入成熟一家、设立一家,不设数量指标限制"的常态化发展阶段。一方面监管层主动承诺,将审批时限缩短为4个月;同时积极简政放权,将民营银行的筹建申请受理权和开业审批权下放至地方银监局。②

表1-2-2 五大民营银行的特色及发展成果表

银行	特色与成果
深圳前海微众银行	推出互联网金融产品"微粒贷",将审批到放款时间压缩
上海华瑞银行	建立了拥有自主知识产权的核心系统和FT自贸区分账核算体系
温州民商银行	推出"旺商贷"和"商人贷"产品,主要服务股东企业所在产业链条的上下游企业以及温州小微企业园等

---

① 杨志鸿:《存款保险制度正式为银行业护航》,载于《银行家》2016年第1期。
② 郑金宇:《民营银行准入进入常态化》,载于《银行家》2015年第12期。

（续表）

银行	特色与成果
浙江网商银行	采取全线上的业务运行模式,网商银行已经服务了30万家小微企业和个人创业者,贷款余额超过30亿元
天津金城银行	构筑"一主两翼"的发展格局。"一主"即传统金融,"两翼"即创新型金融和互联网金融,推出互联网供应链金融产品,打造与产业基金、股权基金合作的投贷联动产品,重点服务大型国有企业、优质民营企业和科技型中小企业

资料来源:各民营银行公告。

在我国经济下行压力加大背景下,银行业的资产质量不断下降,防风险成为银行业可持续发展的关键词。而《存款保险条例》的正式实施,将民营银行存款纳入保险范围,为民营银行构筑起第一道安全网。这既表明监管层对民营资本与其他形式资本一视同仁的态度,也有助于提升社会公众对民营银行的信心,创造银行业公平的竞争环境。同时,监管层借鉴了国际金融监管改革最新实践,在《关于促进民营银行发展的指导意见》中提出关于"剩余风险承担"和"处置与恢复计划"的制度安排,要求民营设立"生前遗嘱",明确了银行股东在银行从生到死的风险责任,从根源上督促民营银行审慎经营。

3. 融资租赁公司高速发展,数量和业务同比快速增长

2015年,融资租赁行业高速增长的态势得以延续,成为金融业的一大亮点。究其原因,一方面,虽然融资租赁业在过去几年一直保持高速发展,但从世界平均水平看,我国融资租赁业还有巨大的增长空间。目前我国融资租赁的设备投资渗透率不到5%[1],而全球租赁渗透率中位数为13%,美国的租赁渗透率甚至超过20%。另一方面,融资租赁能直接为实体经济解渴,这与中央政府的政策导向十分吻合,在我国现阶段经济转型时期发挥越来越重要的作用,有望在未来几年继续保持高速发展。

(1) 行业保持高速发展

首先,从全国融资租赁的企业数量看,截至2015年年底,金融租赁、内资租赁、外资租赁三类融资租赁企业总数为4 508家,比上年年底的2 202家增加2 306家,增幅达104.7%。融资租赁公司数量激增主要是由于四大自贸区的设立带来的政策福利刺激了开办融资租赁公司的热情。截至2015年9月底,注册在浦东的融资租赁母公司达到1 207家,注册资本总额4 243亿元,租赁合同余额超过1万亿元,均约占全国的三成。同样,天津自贸区的设立也带动了当地融资租赁的快速扩张,2015年前三季度,天津的融资租赁余额约占国内的32.7%。

其次,从租赁业务的规模看,截至2015年年底,全国融资租赁合同余额约4.

---

[1] 设备投资渗透率 = 租赁业务量/当年对厂房设备的固定资产投资。

44万亿元人民币,比2014年底3.2万亿元增加1.24万亿元,增长幅度为37.5%。从租赁合同的类型看,金融租赁合同余额约1.73万亿元,较2014年底的1.3亿元增长33.08%;内资租赁合同余额约1.3万亿元,较2014年的1万亿元增长30%;外资租赁合同余额约1.41万亿元,较2014年底的0.9万亿元增长56.67%(见表1-2-3)。

表1-2-3 2015年底全国融资租赁业务发展规模

项目	2014年业务总量(亿元)	2015年业务总量(亿元)	2015年增量(亿元)	2015年增幅(%)	所占比重(%)
金融租赁	13 000	17 300	4 300	33.08	39.32
内资租赁	10 000	13 000	3 000	30.00	29.55
外资租赁	9 000	14 100	5 100	56.67	32.05
总计	32 000	44 000	12 000	37.50	100.00

资料来源:中国租赁联盟、天津滨海融资租赁研究院,http://www.zgzllm.com/index.php?m=content&c=index&a=show&catid=7&id=14227,2016-03-11/2016-03-28。

最后,从融资租赁企业的注册资金看,2015年底,行业注册资金统一按人民币计算,约合15 165亿元,比上年底的6 611亿元增长8 554亿元,增幅为129.39%。其中,内资租赁企业注册资本为1 027亿元,增长22.41%;金融租赁企业注册资本为1 358亿元,增长39.71%;外资租赁企业注册资金约为12 780亿元,大幅增长166.25%(见表1-2-4)。[①]

(2)融资租赁企业融资渠道拓宽

长期以来,融资租赁企业面临期限错配的问题,也因此降低了银行的授信热情,不少银行停止了对融资租赁企业的合作,使得融资租赁企业自身的融资出现困难。随着融资租赁在经济转型中的作用被不断认识,融资租赁行业的价值越来越被资本市场的认可,融资租赁与资本市场的关系也越来越紧密。例如,2015年,包括中国康富国际租赁、北京世纪平安汽车租赁、皖江金融租赁、顺泰融资租赁、东海融资租赁等数家融资租赁公司在新三板上市。盈华融资租赁和环球租赁则通过借壳上市的方式进入A股和香港交易所进行融资。此外,不少租赁公司加快了登陆资本市场的计划,包括民生租赁、国银租赁、中建投租赁和中银航空租赁均透露出上市的计划。无论是融资租赁公司主动寻求上市,还是上市公司进军融资租赁业务,都使融资租赁业的融资渠道得以极大拓宽,有利于缓解租赁业的期限错配问题。

---

① 外资租赁企业注册资金按1:6.3的平均汇率折算为人民币。

表1-2-4 2015年底融资租赁业注册资金

项目	2014年底(亿元)	2015年底(亿元)	同比增加(亿元)	增长幅度(%)
金融租赁	972	1 358	386	39.71
内资租赁	839	1 027	188	22.41
外资租赁	4 800	12 780	7 980	166.25
总计	6 611	15 165	8 554	129.39

资料来源：中国租赁联盟、天津滨海融资租赁研究院，http://www.zgzllm.com/index.php?m=content&c=index&a=show&catid=7&id=14221,2016-03-09/2016-03-28。

(3) 行业发展迎来政策导向

2015年对融资租赁业而言，无疑具有里程碑意义。这一年，中央政府和地方政府都出台了相关指导意见，明确了支持融资租赁业发展的政策导向。2015年8月31日和2015年9月1日，国务院分别颁布《关于加快融资租赁业发展的指导意见》和《关于促进金融租赁行业健康发展的指导意见》，对融资租赁的发展提出了具体的任务和目标，鼓励银行等金融机构加强对融资租赁公司的支持力度，并支持符合条件的融资租赁公司发行股票和以资产证券化的方式筹措资金。

此外，四大自贸区的建立也为融资租赁带来极大的政策便利。除了对融资租赁公司的设立提供便利，各自贸区还根据自身情况提供不同的优惠政策。例如，上海自贸区规定区内融资租赁企业可开展全流向的租赁业务，并可兼营与主管业务相关的商业保理业务等政策；天津自贸区也允许融资租赁企业开展主营业务相关的保理业务和福费廷业务，鼓励租赁业境外融资；福建自贸区则提供财政扶持政策，对符合条件的租赁合同进行高额补贴等。

4. 典当行盈利能力下滑，行业监管和规范措施不断加强

2015年典当行业风险集中暴露，行业增速显著下滑。典当行业的业务结构没有发生明显变化，房地产业务仍是典当行业的主要业务。而受房地产市场分化影响，一线城市典当企业和二线、三线城市典当企业的经营情况也随之出现分化，风险控制成为行业焦点。行业风险的暴露正促使监管部门尝试改变原有的监管模式，确立了典当行业的金融机构地位，同时出台了行业标准，规范企业经营。

(1) 典当业盈利能力进一步下滑

典当行业监管信息系统显示，2015年，全国典当企业为中小微企业累计发放当金3 671.9亿元，同比下降0.5%，典当余额为1 025.2亿元，同比增长1.23%，年度发放当金额、当今余额增速都出现大幅下降。截至2015年年末，全国共有典当企业8 050家，同比增长6.69%（见表1-2-5）。但值得注意的是，2015年上半年，全国典当企业数量为8 108家，意味着2015年下半年新注册的典当企业数量低于注销的典当企业数量，表现出一定的下滑态势。典当行业业务结构保持稳定，房地产典当业务、动产典当业务和财产权利典当业务分别占所有典当业务的

53%、30.5%和16.5%,与2014年基本持平。

表1-2-5　2013—2015典当公司规模变化对比

	2013年	2014年	2015年	增加幅度	增长率(%)
公司数量(家)	6 833	7 545	8 050	505	6.69%
典当余额(亿元)	866.3	1 012.7	1 025.2	12.5	1.23%

资料来源:商务部流通业发展司:《2015年典当业运行情况》,http://ltfzs.mofcom.gov.cn/article/ckts/cksm/,2016-02-01/2016-03-27。

行业整体数据反映出2015年典当行业规模出现负增长,典当余额增速出现大幅下降,但典当企业数量依然保持增长,表明典当企业的竞争加剧,企业盈利空间受到挤压。从行业经营情况看,2015年典当行业的盈利水平继续下滑,亏损企业数量增加,但内陆地区和沿海地区的经营情况存在较大差异。根据河南省商务厅的数据,2015年前11个月,河南省有54家典当行发生亏损,占全省总量的近20%。内蒙古自治区典当行业的盈利下滑更为严重,2015年内蒙古典当行业转盈为亏,全年营业利润为负659.6万元,同比下降129.4%,有51.51%的企业亏损,12.5%的企业处于亏损边缘,形势严峻。相比之下,沿海地区的典当企业盈利情况较好,但利润增速也出现下滑。2015年1-8月,广东省典当行业税后利润7 662万元,同比增长7.3%。而浙江省2015年上半年典当行业实现税后利润5 700万元,同比增长28.87%,保持良好的上升态势。

典当行业整体发展呈现疲态与房地产行业的不景气有较大关系,房地产典当业务占比一直保持高位,而房地产企业往往是无法向银行贷款后才向典当行融资,这部分通过典当融资的房地产企业本身的经营情况就比较一般,使得房地产典当本身就具备较高的风险。2015年房地产市场整体呈现疲软态势,尤其是三线、四线城市的房地产市场并未出现明显反弹,销售不佳使得企业资金回笼困难,这也造成了内陆地区的典当违约案例持续攀升。相比之下,一线城市的房地产市场表现较为活跃,因此对典当业的影响还没有完全表现,但预计随着政府对一线房市政策的收紧,典当行业将面临更为严峻的考验。

(2)行业经营规范加强

面对典当业风险的不断暴露,监管部门对行业采取了规范和整顿措施。2015年1月13日,商务部对典当业进行了是否涉及非法集资的专项检查。2015年9月23日,商务部办公厅发布了《商务部办公厅关于开展典当行业风险检查的通知》,要求各级商务主管部门对具有大量关联公司的典当企业进行重点检查,就典当业务质押手续是否齐全、股东是否抽逃资金以及企业经营范围进行排查,将监管的重心转向更为具体的企业经营过程中。

长期以来,典当业一直以金融企业或类金融机构的名义存在,而未被赋予金融机构的地位,大多接受商务部的监管。在2015年9月28日,中国人民银行、中国银行业监督管理委员会、中国证券监督管理委员会、中国保险监督管理委员会、国家统计局共同发布了《金融业企业划型标准规定》,将贷款公司、小额贷款公司及典当行归为非货币银行服务类金融企业,金融监管部门自此确立了典当企业的正式金融机构身份,为行业监管模式的升级奠定基础。

此外,商务部在2015年11月9日发布了《典当术语》行业标准,将于2016年9月起实施。由于典当业具有很强的地域特色,很多行业术语在不同的地区、不同的典当企业的具体意义存在很大差异,地方政府和司法机关也对典当行的用语因不规范而感到困惑。此次行业标准的出台,对行业来说是一种规范,也有利于监管的执行。

5. 小额贷款公司遭遇发展瓶颈,行业得到进一步规范

2015年,小额贷款公司的发展瓶颈进一步显现。首先,小额贷款企业的业务规模首次出现负增长,表明靠增资扩股缓解资金压力的模式已经无法支撑行业的高速增长;其次,小额贷款企业的资产风险不断暴露,部分地区的不良资产明显增多;再者,长期以来地方监管部门对待小额贷款公司"只管生,不管教"的态度影响了行业的健康发展。2015年下半年,中央政府首次明确了小额贷款公司正式金融机构的地位,地方政府也相应出台了扶持政策,为小额贷款公司提供更多的融资渠道,并有多家小额贷款公司通过资本市场融资,小额贷款公司的融资难问题有望在未来得到更好的解决。

(1)行业规模出现负增长

2015年,小额贷款公司的企业数量增速明显下滑,业务规模首次出现负增长,行业瓶颈进一步显现。一是宏观经济下行的基本面没有得到根本改善,资金供给方和需求方继续保持慎重;二是小额贷款公司自身的融资存在困难,靠增资扩股维持业务增长的发展模式已经无法持续;三是受网贷平台影响,传统的小额贷款公司受到较大冲击。

央行披露的统计数据显示,截至2015年年末,全国共有小额贷款公司8 910家,同比增长1.35%,较2014年12.14%大幅下降。从业人员的数量达117 344人,同比增长6.7%,同样,行业实收资本同比仅增长了2.13%,为8 459.29亿元,而2014年的增速为32.48%,表明靠增资扩股维持企业流动性的经营模式已经无法持续,资金错配问题亟须解决。资金供给不足也给小额贷款公司的业务扩展带来阻碍,2015年年末全国小额贷款公司贷款余额为9 411.51亿元,同比下降0.09%,这是小额贷款公司贷款余额近年来首次出现下滑(见表1-2-6)。

表 1-2-6　2015 年小额贷款公司发展规模

项目\年份	2 014	2 015	同比增长额	增长幅度(%)
机构数量(家)	8 791	8 910	119	1.35%
从业人员(人)	109 948	117 344	7 396	6.73%
实收资本(亿元)	8 283.06	8 459.29	176.23	2.13%
贷款余额(亿元)	9 420	9 411.51	-8.49	-0.09%

资料来源:中国人民银行,《2 015 小额贷款公司数据统计报告》,http://www.pbc.gov.cn/goutongjiaoliu/113456/113469/3010843/index.html,2016-01-26/2016-03-28。

(2)区域发展差距缩小

2015 年,小额贷款公司的地域分布格局基本保持稳定。从贷款余额规模看,排名前 10 的省市分别是江苏、重庆、浙江、广东、四川、山东、安徽、广西、湖北和辽宁(见表 1-2-7)。

表 1-2-7　2015 年小额贷款公司贷款余额前十名省市分布

地区名称	机构数量(家)	从业人员数(人)	实收资本(亿元)	贷款余额(亿元)	贷款余额增速
全国	8 910	117 344	8 459.29	9 411.51	-0.09%
江苏省	636	6 253	896.23	1 060.75	-7.49%
重庆市	253	6 023	598.40	842.34	13.35%
浙江省	336	3 915	660.84	791.63	-13.07%
广东省	427	9 822	616.92	640.21	4.23%
四川省	352	7 187	585.91	663.22	0.20%
山东省	339	4 722	435.41	481.62	4.15%
安徽省	458	5 468	376.35	424.75	0.25%
广西省	318	4 691	254.60	417.50	16.52%
湖北省	283	4 876	328.76	347.28	4.97%
辽宁省	597	6 014	384.31	335.49	-3.09%

资料来源:中国人民银行,《2 015 小额贷款公司数据统计报告》,http://www.pbc.gov.cn/goutongjiaoliu/113456/113469/3010843/index.html,2016-01-26/2016-03-28。

同 2014 年相比,2015 年各省份贷款余额增长速度明显下降,部分省市甚至出现两位数的降幅。江苏、浙江和广东这些沿海省市的增速反而不及重庆、广西等内陆省份,表明沿海地区的小额贷款公司日趋饱和,更为激烈的竞争环境使得这些地区的企业率先进入优胜劣汰阶段。而内陆省市虽然在 2015 年同样出现增速下滑的情况,但重庆市和广西省等内陆省市依然保持了两位数的增长,缩小了与沿海地区的差距。

(3)款项回收压力增大,行业规范化亟待提升

2015 年,小额贷款公司违约事件数量大幅增加,收债压力巨大。法院受理的相关案件数量激增从侧面说明了这一趋势。以广州市越秀区法院为例,2015 年该院受理小额贷款案件 248 件,收案数是 2014 年的 2.98 倍,案件涉及金额 9.67 亿

元,为2014年的283倍,显示出当地小额贷款企业明显上升的资金回收风险。实际上,并不是广州地区存在上述情况,全国的小额贷款公司都存在收款困难的情况。根据四川省金融办的数据,2015年前10个月,四川省的小额贷款公司不良率同比已经翻倍。不良贷款率的上升一方面受经济下行压力影响,但也与部分小额贷款公司在过去放贷时过度追求利润而采取不规范经营策略有很大关系。根据中国普惠联席会的调查,小额贷款公司的笔均贷款余额超过190万元,说明有大面积的企业脱离了小额贷款的业务范畴,"小贷不小"成为行业风险爆发的一个重要因素,这与长期以来地方监管部门对待小额贷款公司"只管生,不管教"的监管态度有很大关系,规范性监管升级迫在眉睫。

2015年,监管部门对小额贷款企业的监管进行了升级,向规范性监管迈出了一步。2015年10月月底,中国人民银行、中国银行业监督管理委员会、中国证券监督管理委员会、中国保险监督管理委员会、国家统计局共同发布了《金融业企业划型标准规定》,将贷款公司、小额贷款公司及典当行归为非货币银行服务类金融企业,这也意味着金融监管部门确立了小额贷款公司正式金融机构的身份和地位,这将为小额贷款公司的融资带来极大便利。2015年12月31日,国务院印发《推进普惠金融发展规划(2016—2020年)》,提出"拓宽小额贷款公司和典当行融资渠道,加快接入征信系统"的目标。此外,各个省市也相继出台了规范政策。2015年6月30日,江西省金融办印发《关于促进小额贷款公司规范健康发展的若干意见》,允许符合条件的小额贷款公司开展资产证券化、贷款管理等表外业务。广东省金融办也下发了《广东省小额贷款公司利用资本市场融资管理工作指引》,这些法规的出台对各地小额贷款公司的经营有了初步的指导,但由于各地行业经营情况不尽相同,地区经营差异性明显,实现行业规范发展还有很长的路要走。

6. 农村金融机构制度创新启动,服务能力不断完善

(1)金融机构涉农贷款稳定增长,金融支持"三农"力度加大

为贯彻落实国家"三农"发展政策要求,银行业持续创新研发金融产品,助推农业企业规模化、产业化发展。2015年12月月末银行业本外币农村(县及县以下)贷款余额21.61万亿元,同比增长11.2%,增速比上年年末低1.2个百分点,全年增加2.23万亿元,同比比少增2 251亿元;农户贷款余额6.15万亿元,同比增长14.8%,增速比上年年末低4.2个百分点,全年增加7 823亿元,同比少增733亿元;农业贷款余额3.51万亿元,同比增长5.2%,增速比上年年末低4.5个百分点,全年增加1 897亿元,同比少增1 167亿元。

(2)创新农村金融服务,助推农业现代化建设

新常态下现代农业发展面临"两个带有趋势性的问题",一是主要农产品的供求格局发生新的变化,二是工业化、城镇化快速进程中,农村经济社会结构发生深

刻变化。面对这两大趋势,要为持续推进农业现代化注入强大动力,必须进行制度创新,以激发农村活力,改善资源配置。在此背景下,2015年2月1日,中央一号文件《关于加大改革创新力度加快农业现代化建设的若干意见》(下简称"一号文件")正式发布。一号文件指出,推进农村金融体制改革,要综合运用财政税收、货币信贷、金融监管等政策措施,推动金融资源继续向"三农"倾斜,确保农业信贷总量持续增加、涉农贷款比例不降低。同时,支持银行业金融机构发行"三农"专项金融债,鼓励符合条件的涉农企业发行债券;鼓励各类商业银行创新"三农"金融服务。具体来说,一号文件对农业现代化建设改革创新的能力提升指引了新的方向,并具体落实到相关政策支持。

一是提升产行业链式金融服务能力。一号文件引入了产业链、价值链等现代组织方式,并首次提出促进一二三产业融合互动。不同产、行业的市场形势、发展趋势和产业链架构差异较大。文件提出的产业融合理念,就是要通过产业化经营带动农村产加销一体化,对农村金融机构传统的链式金融服务提出更高要求。

二是提升对新型经营主体的服务能力。一号文件提出通过适度规模经营加快农业现代化进程。结合文件精神及农业生产基本要素原理,适度规模经营包括了"人"与"地"双重的规模化。此外,涉农金融机构还应更加充分利用现有金融渠道,如通过信托方式流转土地。

三是提升融资创新服务能力。农村金融机构未来可在农田水利、道路交通、农业生态环境等基础设施建设过程中,探索以银行信贷扶持为核心,整合信托、保险、担保等多种金融资源,以 PPP 等新型项目合作模式为依托,以财政支农补贴为保障的新型综合金融服务模式。此外,进一步发展互联网金融,依靠大数据技术掌握客户讯息,依靠互联网平台发放贷款等,实现金融资源的有效整合和节约利用,也是农村金融机构在未来一段时间需要探索的方向。

四是提升对农业"走出去"的金融扶持能力,农业经营国际化,对于节约国内农业资源,推进中国特色农业现代化具有特殊意义。

(3)农村两权抵押贷款试点启动

2015年8月24日国务院印发了《关于开展农村承包土地的经营权和农民住房财产权抵押贷款试点的指导意见》,指出开展农村承包土地的经营权和农民住房财产权(以下简称"两权")抵押贷款试点要坚持依法有序、自主自愿、稳妥推进、风险可控的原则,按照所有权、承包权、经营权三权分置和经营权流转有关要求,以落实农村土地的用益物权、赋予农民更多财产权利为出发点,深化农村金融改革创新,稳妥有序开展"两权"抵押贷款业务,有效盘活农村资源、资金、资产,增加农业生产中长期和规模化经营的资金投入,为稳步推进农村土地制度改革提供经验和模式,促进农民增收致富和农业现代化加快发展。

近年来,农业产业化速度加快,新型农村经营主体发展迅速,资金需求也越来越大。但是,传统涉农主体的抵押物严重不足,金融供求缺口较大,迫切需要创新金融产品和服务方式。将农地经营权作为融资抵押权益,成为破解农业生产融资难题的一条重要途径。农地经营权抵押贷款的开展,破解了农村信贷抵押、担保不足的问题,有效增加了"三农"信贷投放,带动农民增加收入,还对完善农村金融中介服务机构、改善农村金融环境起到了积极作用。

7. 保险公司整体实力增强,创新持续深化

(1) 保险公司整体实力持续增强

根据中国保险监督管理委员会(下简称"保监会")公布的数据,2015年全国新增9家保险公司,其中,财产险公司6家,人身险公司3家。截至2015年年底,全国共有各类保险公司及保险组织169家,其中保险集团和控股公司10家,财产险公司73家,人身险公司76家,再保险公司9家,村镇保险互助社1家,基本形成了综合性、专业性、区域性和集团化保险公司齐头并进,自保、相互、互联网等新型市场主体创新发展,统一开放、协调发展、充满活力的现代保险市场体系。从保险公司资本国别属性看,中资保险公司93家,外资保险公司56家。其中,中资财产险公司51家、中资寿险公司48家、中资再保险公司3家;外资财产险公司22家、外资寿险公司28家、外资再保险公司6家(见表1-2-8)。

表1-2-8 2015年保险公司数量一览表

序号	项目	单位	数量		
			小计	中资	外资
1	保险公司	家	168	112	56
1.1	其中:保险集团和控股公司	家	10	10	0
1.2	财产险公司	家	73	51	22
1.3	人身险公司	家	76	48	28
1.4	再保险公司	家	9	3	6
2	村镇保险互助社	家	1	1	0

资料来源:中国保监会网站,http://www.circ.gov.cn/web/site0/tab5239,2016-04-05/2016-04-07。

中国保险公司资产规模继续保持稳定增长。截至2015年12月底,保险公司资产总额123 245.37亿元,较2014年年底的101 350.83亿元增加了21 894.54亿元,增长了21.6%(见图1-2-5),其中,产险公司总资产18 481.13亿元,较年初增长31.43%;寿险公司总资产99 324.83亿元,较年初增长20.41%;再保险公司总资产5 187.38亿元,较年初增长47.64%。保险公司净资产16 089.70亿元,较年初增长21.38%。

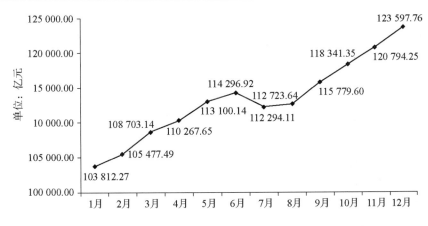

图 1-2-5　2015 年保险业月度总资产变动情况图

资料来源:中国保监会,2015 年保险业经营情况表,http://www.circ.gov.cn/web/site0/tab5201/info4014825.htm,2016－01－28/2016－04－01。

(2)保险公司改革创新不断深化

一是中再集团成功登陆 H 股,成为国内首家上市再保险公司。2015 年 10 月 26 日,中再集团成功登陆香港资本市场,在香港联合交易所有限公司主板正式挂牌交易,成为国内首家上市再保险公司。中再集团全球发售吸引了 15 家高质量的基石投资者参与认购,包括国内知名企业长城国际、国网英大、中广核,与其业务合作关系密切的保险行业龙头企业中国人保和中国人寿,以及国开金融、Prudential、惠理香港等境内外知名投资机构。以上市为新起点,中再集团将深耕国内市场,扩展国际市场,做优做深再保险核心主业,继续加强直保、资产管理等领域的综合业务布局,积极打造差异化竞争优势,努力建成风险管理能力突出、国内领先、国际一流的综合性再保险集团。

二是保险公司加快对外开放步伐。2015 年 6 月 8 日,中国人寿保险(新加坡)有限公司正式成立,成为"新国十条"出台以来,第一家在海外设立分支机构的中资保险企业。该公司还分别与中国银行新加坡分行及中国工商银行新加坡分行签署合作协议,拟在存款合作、保险代理、人民币创新等方面开展全面深入合作,共同拓展新加坡市场。中国人寿计划在新加坡重点发掘、拓宽保险销售渠道,推动跨境保险业务需求,充分发挥在人民币保险产品方面的优势,积极支持新加坡人民币离岸中心的建设和中新两国的经贸往来,服务国家"一带一路"战略。此外,2015 年,在资产配置全球化背景下,保险公司也继续加紧布局海外优质投资项目。中国太平设立的海外投资基金,投资翠贝卡 111 项目,投资总额约 8 亿美元;中国人寿和中国平安购入美国波士顿的地产项目,价值 5 亿美元;安邦保险花费

7 500万美元买下加拿大多伦多金融区17层楼的70 York St.；阳光保险集团以2.3亿美元购买喜达屋资本新打造的位于纽约曼哈顿中心的Baccarat(水晶宫)酒店；泰康人寿完成了对伦敦金融城Milton Gate写字楼的投资收购。

三是专业化、新业态保险公司建设步伐加快。专业化、新业态保险公司的发展既可达到丰富市场主体、打破同质竞争，又有助于创新产品服务、满足多样化保险需求。专业化保险公司方面，2015年3月，我国首家专业的航运保险公司——东海航运保险股份有限公司获准筹建，注册资本10亿元，注册地宁波，其成立将深度服务上海国际航运中心建设和"一带一路"等国家战略，以上海为龙头向"一带一路"海陆运输大通道提供有效的风险保障服务。新业态保险公司方面，2015年，易安财产保险股份有限公司、安心财产保险有限责任公司、泰康在线财产保险股份有限公司3家互联网保险公司先后获批成立，其成立将进一步发挥保险业在互联网金融专业化方面的先发优势，探索保险公司差异化发展路径。

(3)保险专业中介机构专业化和规模化发展提速

一是2014年以来，对保险中介市场的清理和整顿使得保险中介机构开始向专业化方向发展，运行效率和质量不断提高。包括长安、长城等多家保险经纪公司已成为电力、金融、石化、航空、钢铁、环境保护等多个领域的风险管理顾问；作为我国最早设立的专业保险公估机构，民太安公估公司设立了专门的车险公估公司和医疗健康公估公司。一批具有专业化背景的企业也开始涉足及进入保险中介领域，如，苏宁集团借助其客户数量的优势成立了苏宁保险销售有限公司，开展中介业务；中国人民人寿保险股份有限公司和美国国际集团共同发起创建中美国际保险销售服务有限公司，专门面向中高端市场；保通保险代理公司在海南成立，推进车险专业化改革。

二是保险专业中介机构积极创造条件上市融资，拓展了保险中介行业的资本补充渠道，壮大了资本实力。自2014年12月31日首家保险中介上海盛世大联保险代理股份有限公司成功挂牌新三板之后，2015年保险中介机构登陆新三板呈现爆发式增长。截至年底，登陆新三板的保险中介机构已超过15家，其中包括成功挂牌开始转让的中衡股份、盛世大联、华凯保险、民太安、鼎宏保险、盛世华诚、万舜股份、中衡股份以及挂牌获批的华成保险、同昌保险、华凯保险。此外，还有泛华公估、众信易诚等多家机构已提交资料排队再审。[①] 挂牌新三板既有助于专业保险中介机构启动全国化布局，通过启动增发计划等多种融资方式扩大注册资本，实现规模化发展，也能倒逼专业保险中介机构改革创新，建立和完善自我约束

---

① 《2015年保险中介扎堆新三板,5家公司毛利率不超41%》,和讯网,http://news.hexun.com/2016-03-31/183079973.html,2016-03-31/2016-04-10。

机制,实现规范化发展。

(二)资本市场功能金融机构

2015年,资本市场类金融机构活力得以提升,证券公司的营业收入和利润规模大幅增长;基金公司行业活跃度提升,基金数量不断上升;信托业资产规模增速虽然有一定放缓,但产品创新和行业转型均取得不小进展;期货公司风险控制能力优化,盈利能力显著提升;保险资产管理公司建设不断加强,投资领域日趋宽阔。

1. 证券公司营业收入和利润规模大幅增长

(1)证券公司业绩大幅增长

2015年的股票市场跌宕起伏,剧烈波动的股市对整个金融体系造成了明显的冲击,也影响着监管部门的政策导向(见表1-2-9)。股市的波动带来政策导向的变化,也影响到了证券公司的经营活动。无论是降杠杆、暂停IPO还是出资救市,都对证券公司的经营产生影响,也对证券公司的风控和经营规范带来了考验。在这种形势下,证券公司经受住了考验,在2015年取得优异的业绩表现。

表1-2-9 2015年证券业监管调控事件一览表

时间	政策
2015/02	发文禁止证券公司通过代销伞形信托、P2P平台为客户两融活动提供便利
2015/04	证监会发文要求券商不得为场外股票配资、伞形信托提供数据端口等服务或便利
2015/05/06	证监会规定单一证券公司融资融券余额不得超过本公司前一月末净资本的4倍
2015/06/05	证监会表示已经停止为HOMS配资提供数据端口服务
2015/07/01	证监会允许融资融券业务展期,担保物违约不可强平; 沪、深交易所宣布下调市场交易费用
2015/07/03	证监会表示中央汇金公司已经入市; 证监会暗示会减少IPO数量
2015/07/04	证监会发布IPO暂停公告; 21家证券公司宣布出资购买不低于1 200亿元的蓝筹股
2015/07/05	央行宣布给予证金公司无上限的流动性支持

资料来源:国务院、证监会、上海证券交易所、深圳证券交易所2015年公告。

一是营业收入和利润规模大幅增长。根据2015年证券公司未经审计财务报表显示,125家证券公司全年实现营业收入5 751.55亿元,同比增长120.67%;在125家证券公司中,有124家实现盈利,行业全年实现净利润2 447.63亿元,同比增长153.50%;125家证券公司总资产为6.42万亿元,同比增长56.97%;净资产为1.45万亿元,同比增长57.52%;净资本为1.25万亿元,同比增长84.05%(见表1-2-10)。

二是业务结构趋于合理。2015年虽然股票市场出现大幅波动,但整体来看,股票成交延续了2014年年底的火热行情,沪深两市在5月和6月份的多个交易日成交额突破 2 万亿元。得益于此,券商的经纪业务收入继续保持高速增长,2015年证券公司代理买卖证券业务净收入 2 690.96 亿元,同比增长 156.41%。虽然年中 IPO 出现暂停,但随着市场情绪的稳定,监管层恢复了 IPO,同时 2015 年新三板挂牌企业数量的迅猛增长,使得 2015 年证券承销与保荐业务净收入大幅增长,达393.52 亿元,同比上升 63.84%;另外,证券公司资产管理业务实现净收入 274.88亿元,同比增长 121.05%;2015 年财务顾问业务和投资咨询业务净收入分别为137.93 亿元和 44.78 亿元,同比分别增长 99.35% 和 100.72%;而融资融券业务在 7 月份股市暴跌行情中虽然被暂停,但上半年异常火热的行情依旧带动了全年利息收入的增长,全年融资融券业务利息实现高达 591.25 亿元的收入,同比增长32.5%;证券投资收益(含公允价值变动)1 413.54 亿元,同比大增 99.01%。

表 1-2-10 2012—2015 年证券公司营业收入及同期对比(单位:亿元)

项目\年份	2 012	2 013	2 014	2 015
总资产	17 200	20 800	40 900	64 200
净资产	6 943.46	7 538.55	9 205.19	14 500
净资本	4 970.99	5 204.58	6 791.6	12 500
受托管理资金	18 900	52 000	97 900	118 800
营业收入	1 294.71	1 592.41	2 602.84	5 751.55
净利润	329.3	440.21	965.54	2 447.63
盈利公司数(%)	99(86.84%)	104(90.4%)	119(99.17%)	124(99.2%)

资料来源:中国证券业协会,《证券公司经营数据(2012—2015)》,http://www.sac.net.cn/tzgg/201601/t20160122_126988.html,2016-01-22/2016-03-28。

三是中大型证券公司增长快于小型证券公司,行业趋向大型专业化发展。不同于 2014 年,中大型证券公司在 2015 年的业绩增长并不落后于小型证券公司。在上市的 23 家证券公司中,仅有国元证券和东兴证券两家证券公司净利润增幅低于 100%,但也分别取得 97.81% 和 96.42% 的利润增长。2015 年利润增长最为抢眼的是国信证券,其 2015 年净利润增幅达 993.77%,利润总额升至第四。大型券商的快速的发展来源于相比小型证券公司拥有更广的网点布局,在经纪业务方面更具开拓性和客户资源,证券经营行业逐渐趋向大型专业化的方向发展。

(2)行业违规事件频发,相关政策和监管措施收紧

2015 年,监管部门密集对证券业相关企业开出罚单,涉及企业数量众多,不仅对证券公司开出罚单,也对相关的证券信息服务企业做出处罚,部分公司高管甚至被处以行业禁入。证监会全年共向 23 家券商开出 29 张罚单,这些罚单包括对业务提出整改的要求、暂停业务资格和高管禁入等措施。

一是涉及企业众多,不仅包含中小型证券公司,也包括像中信证券、海通证券这样的大型券商。以海通证券为例,2015 年 1 月,该公司因违规为到期融资融券

合约展期,受过处理仍未改正,被暂停新开信用账户3个月;9月11日,该公司又因违规进行场外配资和外部接入,未按规定审查违规配资,被证监会罚款1.14亿元,7名责任人被警告并罚款;11月30日,由于公司在融资融券业务中涉嫌"未按规定与客户签订业务合同",海通证券再次被证监会立案调查。

二是受罚原因主要为两融业务的违规操作和投行业务未尽责。除上述海通证券因两融业务受罚外,2015年3月4日,由于在华锐风电上市后持续督导期间未勤勉尽责,持续督导制度未有效执行,安信证券被证监会暂停保荐机构资格三个月。此外,由于2015年新三板扩容速度飞快,部分证券公司的投行部门出现人员短缺情况,对已挂牌企业的持续督导质量受到影响,多家证券公司也因此受到证监会的约谈。

三是证券公司的违规经营不仅带来直接经济损失,还会对其证券评级产生影响,从而影响证券公司未来的发展。在2015年7月证监会公布的最新评级中,AA类证券公司为27家,但在这被证监会认可、代表着券商中最高风险把控能力的AA级券商中却有14家证券公司在2015年受到证监会处罚,这不仅意味着我国的证券公司评级可能存在缺陷,并且还有可能影响证券公司未来的经营方向和发展壮大。

2. 基金管理公司行业活跃度提升,首家公募基金公司实现上市

(1)行业活跃度提升,基金规模快速增长

2015年,基金业迎来了更进一步的市场化和国际化改革。一是对私募投资基金、货币市场基金和公募基金的运行规范进一步加强,鼓励货币基金进行创新,拓展货币基金的支付功能,完善基金互联网销售规则,从运营到销售全面推进市场化。二是基金市场实现了与国际市场的互联互通,内地与香港公开募集证券投资基金互认启动,降低了内地投资者投资海外市场的门槛,也使得基金业向国际化迈出坚实一步。行业的改革步伐激发了从业机构的热情,市场供给的产品类别进一步丰富,而股市活跃度的提升则推升了基金产品的旺盛需求,公募基金规模和私募基金数量都出现大幅增长。

一是公募基金规模快速增长。2015年,公募基金发行规模达16 511.88亿份,同比增长305.41%。从各月发行量看,2015年公募基金在各月度的发行规模有所起伏,上半年公募基金的发行规模占比较大,其中四、五月份的发行规模分别达2 914.51亿份和3 493.26亿份(见图1-2-6),两个月的发行数量已经超过了2014年全年的发行数量。但自2015年6月开始的股市剧烈波动冷却了投资者的热情,基金发行规模开始大幅下降,八月、九月和十月的发行规模分别为257亿元、158亿元和229亿元,低于2014年月平均发行规模。随着市场恐慌情绪逐渐退散,2015年最后两个月的公募发行规模都超过1 000亿元。

行业规模扩张明显带动了公募基金公司资产规模的增长,部分公募基金资产规模增长超过100%。与2014年相比,资产规模排名前十的基金公司基本没有发生变化,基金资产规模排名前两名的基金分别为天弘基金和华夏基金(见表1-2-11),2015年年末基金资产规模分别达6 751.07亿元和5 801.46亿元。而得益于2015年基金产品的优异表现,易方达基金显示出强劲的增长态势,2015年资产规模达5 691.07亿元,同比大增172.60%,仅落后华夏基金110.4亿元。天弘基金虽然继续领跑,但由于天弘基金的主要产品为货币型基金,在2015年上半年货币政策相对宽松、股票收益提高的背景下,货币基金的收益不断下降,对投资者的吸引力明显下滑,在2015年的资产仅增长14.46%。

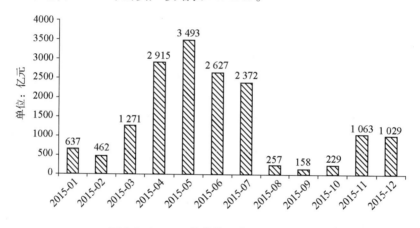

图1-2-6　2015公募基金发行额(月度)

资料来源:wind数据库,http://www.wind.com.cn,2016-01-01/2016-03-29。

二是私募基金的数量也达到新高度。根据Wind统计,截至2015年年末,市场共有私募产品24 475只,全年新增的私募产品15 854只(见图1-2-7),较2014年大幅增长。从月度数据看,私募基金的发行同样受到市场行情的影响,上半年的发行数量实现爆发性增长,6月份单月发行数量达2 433只,但随着股市的剧烈波动,投资者的观望情绪浓厚,下半年的发行数量出现下跌。

(2)基金公司盈利获得爆发性增长

一是盈利公司数量和净利润创出新高。受到基金业规模大幅增长的影响,基金公司盈利获得爆发式增长,基金公司纷纷创出历年净利润新高。2015年,103家基金公司共实现利润6 811亿元,其中94家基金公司盈利,9家亏损。[①] 获取利润最多的是华夏基金,全年利润499亿元;嘉实基金排名第二,全年利润472亿元;

---

①　腾讯财经:《基金业2015年成绩单出炉:9家基金公司最会赚钱》,http://finance.qq.com/a/20160407/040295.htm,2016年4月7日。

汇添富基金第三,全年利润 387 亿元。亏损最高的 3 家基金公司分别为申万菱信基金(亏损 84 亿元)、鹏华基金(亏损 38 亿元)和中融基金(亏损 28 亿元)。

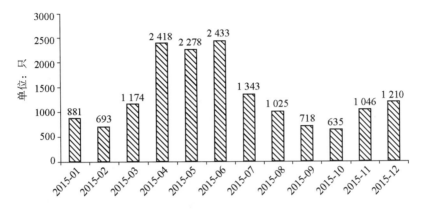

图 1-2-7　2015 私募基金发行数量(月度)

资料来源:wind 数据库,http://www.wind.com.cn,2016 - 01 - 01/2016 - 03 - 29。

二是投资收益超过 100 亿元的基金公司家数首次突破了 20 家,达到了 28 家。① 投资收益超过 150 亿元的有 15 家,按投资收益排名为华夏基金、嘉实基金、汇添富基金、广发基金、易方达基金、南方基金、天弘基金、中邮创业基金、兴业全球基金、银华基金、博时基金、华商基金、大成基金、华安基金和工银瑞信基金等在内的 13 家基金公司,其 2015 年投资收益分别为 499.38 亿元、472.89 亿元、388 亿元、357.17 亿元、324.75 亿元、309.92 亿元、254.23 亿元、187.83 亿元、180.79 亿元、176.47 亿元、176.25 亿元、170.99 亿元、169.97 亿元、166.69 亿元、157.86 亿元。

表 1-2-11　2015 年年末资产规模前十名基金公司

规模排序	基金公司	2015 年资产(亿元)	2014 年资产(亿元)	2014 年排名	2015 年增长率
1	天弘基金管理有限公司	6 751.07	5 897.97	1	14.5%
2	华夏基金管理有限公司	5 801.46	3 109.13	2	86.6%
3	易方达基金管理有限公司	5 691.07	2 087.70	5	172.6%
4	工银瑞信基金管理有限公司	4 340.86	2 540.67	3	70.9%
5	广发基金管理有限公司	3 469.34	1 311.68	8	164.5%
6	嘉实基金管理有限公司	3 354.65	2 444.94	4	37.2%
7	南方基金管理有限公司	3 325.20	1 949.01	6	70.6%
8	建信基金管理有限责任公司	3 322.83	1 211.39	9	174.3%

---

① 网易财经:《28 家基金公司 2015 年投资收益超百亿》,http://money.163.com/16/0409/01/BK632NMA00253B0H.html,2016 年 4 月 9 日。

（续表）

规模排序	基金公司	2015年资产(亿元)	2014年资产(亿元)	2014年排名	2015年增长率
9	中银基金管理有限公司	2 829.43	1 609.28	7	75.8%
10	汇添富基金管理股份有限公司	2 603.97	1 150.32	11	126.4%

资料来源：wind 数据库,http://www.wind.com.cn,2016-01-01/2016-03-29

（3）首家公募基金公司实现上市

银行、保险、券商以及信托都已经纷纷登陆主板上市,甚至私募基金公司九鼎投资也于 2014 年挂牌新三板,但公募基金公司却由于各种原因长期缺席资本市场。

2015 年 8 月 6 日,中邮基金由有限公司整体变更为股份公司,完成上市之前股权改造的第一步;8 月 26 日,中邮基金公司登陆全国中小企业股权转让系统,披露公开转让说明书等材料;11 月 24 日,中邮基金在全国股权转让系统挂牌交易,成为国内第一家挂牌的公募基金公司。

实际上,融资并非基金公司的最大诉求,对基金公司而言,通过上市完成员工激励可能是基金公司最想达到的效果。基金公司的人事变动对基金公司的经营带来极大的影响,尤其是明星基金经理的去留会影响基金投资者对产品的选择,因此,留住优秀的基金经理团队是各基金公司管理的重要工作。近年来,金融机构纷纷试水股权激励吸引人才,包括招商证券、兴业证券、国元证券、东吴证券、中泰证券等证券公司都启动了员工持股计划,从竞争对手中挖到了很多优秀的人才。相比之下,基金公司的股权激励一直难以实施,主要在于基金公司的股权退出难以实现。因此,通过上市,基金公司将得以顺利实施股权激励计划,对基金管理团队的稳定起到至关重要的作用。

3. 信托公司产品创新和行业转型取得不小进展

2015 年,在资本市场剧烈的波动和宏观经济继续下行的背景下,信托行业经历了前所未有的考验。一方面,股票市场的异常动荡对信托业的资产规模带来严重冲击,在第三季度首次出现负增长;另一方面,经济下行压力持续增加信托业的资产风险,全年风险资产规模增速较快,风险控制成为监管的重点。2015 年,信托业在经济金融体系中扮演的角色越来越重要,全年营业收入和利润均大幅攀升,资产规模在第三季度出现负增长后强势反弹,显示出行业较好的修复能力。同时,通道业务的萎缩以及碳排放信托、钻石信托等创新型信托产品的问世都表明行业的转型已经更深入。

（1）信托业资产规模增速放缓

一是信托业资产规模增速整体放缓。信托业资产规模增速在年中季度出现负值。截至 2015 年年末,68 家信托公司管理的信托资产规模为 16.3 万亿元(见

图1-2-8),较2014年年末13.98万亿元的行业规模增长16.62%,再创历史新高。从年内季度环比增速看,2015年第一、第二季度的信托规模环比分别增长3.08%和10.10%,在第三季度首次出现负增长,增幅为-1.56%,但在第四季度恢复了正增长,增速达4.38%。受第三季度负增长的影响,信托业资产规模全年增速出现大幅下降。

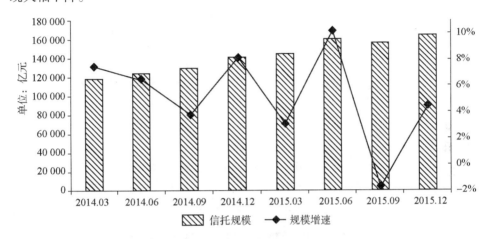

图1-2-8 2014—2015年信托资产规模变化图

资料来源:中国信托业协会:《2014年1季度末—2015年4季度末信托公司主要业务数据》,http://www.xtxh.net/xtxh/statistics/index.htm,2016-2-26/2016-03-29。

二是信托资产结构出现亲经济周期性调整,也反映了信托公司主动管理能力的提升。首先,融资类信托占比保持下降趋势。截至2015年年末,融资类信托占比首次降至30%以下,为24.32%。其次,投资类信托和事务管理类信托占比则继续保持增长,分别达37%、38.69%(见图1-2-9)。投资类信托的持续增长反映出经济发展过程中资金需求方式的调整和信托公司主动管理能力的提升。投资类信托资产的增加,尤其是证券投资类信托比例的增加对信托公司的资产管理能力提出了更高的要求,也有利于信托公司的进一步发展。2014年,证券投资信托占比仅为14.18%,但2015年年末这一比例已经上升至20.35%,在2015年第三季度甚至更高。信托资产规模和结构的变化反映出信托公司主动配置资产的趋势,随着股票市场趋于冷静以及政府支持实体经济的政策倾向进一步明确,预计未来将有更多的信托资金进入实体经济和基础设施建设领域,在促进实体经济发展的同时也会降低行业规模的波动。

三是各项营业收入和利润实现高速增长。尽管信托资产规模出现了波动,但2015年信托公司各项营业收入和利润均实现高速增长。2015年,68家信托公司实现营业收入1 176.06亿元,较2014年954.95亿元的收入同比增长23.15%(见

表1-2-12)。从行业利润总额看,2015年信托业实现利润总额750.59亿元,同比增长16.86%,高于2014年12.96%的增速。行业利润的高速增长也带动了人均利润的提升,2015年信托业人均创造利润319.91万元,同比增长6.28%,扭转了2014年人均利润下降的趋势,也表明行业从业人员的结构得到进一步优化。

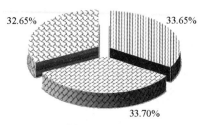 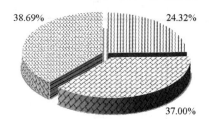

2014年　　　　　　　　　　2015年

图1-2-9　2014—2015年信托业务结构变化图

资料来源:中国信托业协会:《2014年—2015年年末信托公司主要业务数据》,http://www.xtxh.net/xtxh/statistics/index.htm,2016-2-26/2016-03-29。

表1-2-12　2014—2015年信托公司经营业绩比较

项目/年份	2 014	2 015	同比增长(%)
营业收入(亿元)	954.95	1 176.06	23.15%
平均每家营业收入(亿元)	14.04	17.30	23.18%
信托业务收入(亿元)	647.38	689.32	6.48%
利润总额(亿元)	642.30	750.59	16.86%
人均利润(万元)	301.00	319.91	6.28%
平均每家利润(亿元)	9.45	11.04	16.81%
净资产收益率(%)	20.10	19.66	-2.19%
所有者权益(亿元)	3 196.22	3 818.69	19.48%

资料来源:中国信托业协会:《2015年4季度末信托公司主要业务数据》,http://www.xtxh.net/xtxh/statistics/22930.htm.,2016-2-26/2016-03-29。

(2)产品创新不断深入

在保持原有业务结构不断优化的前提下,2015年信托行业的产品创新进一步深入推进,为行业转型奠定基础。资产证券化信托、公益信托、另类资产信托等新型信托的进一步壮大成为了新的亮点。

一是资产证券化信托首发问世。2014年11月20日发布《关于信贷资产证券化备案登记工作流程的通知》,明确了简政放权的原则。而信托制度具有风险隔离和破产隔离的特征,是资产证券化中特殊目的载体(SPV)较为合适的参与者。2015年7月15日,由宁波银行作为发起机构、国元信托设立的"永盈2015年第一期消费信贷资产支持证券"在银行间市场发行,初始发行规模36.99亿元,是自2012年重启证券化试点后,银行间市场发行的首个以个人消费贷款为基础资产的资产支持证券。

二是公益信托的立法规定更为完善,明确了公益信托的具体管理办法,公益信托迎来新的契机。过去,公益信托的发展一直较为缓慢,仅占信托业务1%的份额,这主要是由于配套立法的缺失造成。一是《信托法》对"公益事业管理机构"定义模糊,二是《信托公司管理办法》没有明确信托公司开展公益信托活动的具体管理办法,三是公益信托由于不具备法人资格也不属于公益性团体,难以获得税收激励,降低了参与者的热情。2015年10月,第十二届全国人大常委会第十七次会议初次审议了《中华人民共和国慈善法(草案)》,将慈善信托管理单独列章,明确了在民政部门备案的慈善信托受托人可以做慈善信托,使得公益信托变得更加切实可行。

三是另类投资信托加快了创新步伐。另类投资信托是指信托资金投资于酒类、艺术品、茶类、古董、贵金属在等资产的信托产品。此前,国内信托公司已经推出了红酒信托、艺术品信托、影视信托等产品,2015年的另类信托品类进一步丰富。2015年3月,中信建投推出国内首只"碳排放信托",在中国碳交易试点市场通过配额和国家核证资源减排量之间的价差进行交易盈利。2015年3月,中信信托推出国内首只钻石消费信托,该信托产品直接将钻石实物作为投资收益分配给投资者,为高净值客户投资和消费高品质大克拉钻石提供一个更具性价比的渠道。

4. 期货公司风险控制能力优化,盈利能力显著提升

(1) 期货公司风险控制能力进一步优化

2015年,期货业规模进一步扩大,期末行业客户权益达3 829.77亿元,同比增长39.63%。此外,行业净资本和净资产分别为600.38亿元和782.94亿元,创历史新高。行业规模的扩大也提升了期货公司的抗风险能力。2015年8月20日,中国期货业协会公布了2015年期货公司分类评价结果。与2014年相比,2015年期货公司评级情况进一步改善,尤其是评级在CCC类及以下的期货公司数量明显减少,由2014年的28家下降到18家(见表1-2-13),不少在2014年评级为CCC类及以下的期货公司评级上升至BB级。券商系期货公司整体保持良好的评级,20家AA级期货公司分别是中信期货、永安期货、银河期货、广发期货、国泰君安期货、光大期货、中粮期货、国信期货、华泰期货、申银万国期货、海通期货、浙商期货、招商期货、方正中期期货、南华期货、万达期货、鲁证期货、五矿期货、长江期货和国际期货。

表 1-2-13　2014—2015 年期货公司评级情况对比

年份/等级	AA	A	BBB	BB	B	CCC	CC	C	D	E
2014 年	19	26	32	23	25	20	6	1	0	1
2015 年	20	24	34	30	24	13	4	1	0	0

资料来源：中国期货业协会，《2015 年期货公司分类评价结果》，http：//www.cfachina.org/ggxw/XHGG/201508/t20150820_1844601.html，2015-08-20/2016-04-01。

实际上，期货公司评级结果与期货公司申请增加业务种类、新设营业网点及期货投资者保障基金缴纳比例，尤其是与申请创新业务试点的顺序挂钩，因此评级对期货公司的经营具有十分重要的意义。

(2) 期货公司突破上市障碍，多家公司获得融资

过去，由于自然人不能成为期货公司股东，期货公司迟迟无法上市。但这一壁垒于 2014 年 10 月 29 日在证监会发布的《期货公司监督管理办法》中得以清除。2015 年，先后有多家期货公司在香港交易所和新三板上市。2015 年 4 月 9 日，创元期货正式在新三板挂牌，成为国内首家登陆资本市场的期货公司；2015 年 6 月 12 日，上市公司中国中期发布公告，增持国际期货 80.24% 股权，全资拥有国际期货股权，国际期货自此成功借壳上市。2015 年下半年，期货公司加快了上市的步伐，鲁证期货、弘业期货分别于 2015 年 7 月 7 日和 2015 年 12 月 30 日在香港交易所上市；2015 年 10 月 28 日，行业龙头永安期货也在新三板挂牌交易；海航期货、天风期货、华龙期货三家期货公司也都在 11 月密集挂牌新三板，此外还有南华期货、瑞达期货等期货公司正在接受上市指导。从上市期货公司的评级看，目前上市的期货公司评级都在 A 类以上。

(3) 期货公司盈利能力显著提升，产品进一步丰富

一是整体盈利能力提升，手续费率下调。2015 年，全国 149 家期货公司净利润达 60.37 亿元，同比增长 45.72%，全行业的主营业务收入达 244.08 亿元，同比增长 29.76%，双双创出新高。净利润总额增长速度明显高于总收入增长速度，显示期货公司的整体盈利能力得到进一步提升。从收入结构上看，手续费收入达 122.99 亿元，同比增长 20%，扭转了 2014 年手续费收入下降的态势。但 2015 年全国期货市场累计成交量为 35.78 亿手，累计成交额为 554.23 万亿元，同比分别增长 42.78% 和 89.81%，远高于手续费收入的增长速度，这表明行业手续费费率进一步下降。2015 年期货收入的增长主要受金融期货交易活跃的提振，全年金融期货市场累计成交量为 3.40 亿手，累计成交额为 417.7 万亿元，分别增长 56.66% 和 154.7%。商品期货累计成交量为 32.37 亿手，累计成交额为 136.47 万亿元，同比增长 41.46% 和 6.64%。

二是我国期货市场的产品种类进一步丰富。产品种类的增加和行业实力的

增强是全年行业业绩增长的重要推力。2015 年 2 月 9 日,上证 50ETF 期权合约上市,填补了我国没有期权产品的空白。此外,已有产品的种类也进一步丰富。2015 年 3 月 20 日,10 年期国债期货合约上市交易;2015 年 3 月 27 日,上海期货交易所开展镍、锡期货交易;2015 年月 16 日,上证 50 和中证 500 股指期货登陆中金所。总体来说,2015 年上半年的期货产品创新在积极推进,但年中市场的剧烈波动使得创新的步伐受到了一定的阻碍。

5. 保险资产管理公司建设不断加强,投资领域日趋宽阔

一是机构逐步壮大。2015 年,保险资产管理市场主体主要包括 21 家综合性保险资产管理公司、10 多家专业性保险资产管理机构、11 家保险资产管理公司香港子公司、6 家养老基金管理(或养老保险)公司、2 家私募股权投资管理(GP)公司、1 家财富管理公司。此外,还有 173 家保险公司设立了保险资产管理中心或保险资产管理部门。① 截至 2015 年年底,21 家资产管理公司总资产 352.39 亿元,较年初增长 46.44%;6 家养老险公司企业年金受托管理资产 4 168.8 亿元,投资管理资产 3 525.51 亿元,分别较上年增长 31.93% 和 23.36%。

二是能力逐渐增强。2015 年,主要的保险资产管理公司和机构中,25 家机构拥有信用风险管理能力,23 家机构拥有股票投资能力,23 家机构拥有受托管理保险资金资格,20 家机构拥有资管产品创新业务能力,16 家机构拥有不动产投资能力,15 家机构拥有股权投资能力,14 家机构拥有股指期货投资能力,12 家机构拥有境外投资能力,大部分的综合性保险资产管理公司已成为全能力牌照机构,包括投前研发、投资操作、投后管理和风险控制的完整资产管理链条正逐步建立和完善。

三是团队实力稳步增强。截至 2015 年年底,21 家保险资产管理公司和 6 家养老金管理公司从事资产管理工作的专业人员共计 4 370 人,呈现阶梯式的快速增长态势。从人才结构来看,投资人才数量显著增加、金融同业业务人才结构不断优化、合规与风险管理人才数量与结构快速补充。

四是投资领域日趋广阔。2015 年,保险资产管理机构受托业务的投资标的基本实现了从传统到另类、从公募到私募、从虚拟到实体、从境内到境外的全覆盖。具体而言,包括银行存款、债券、基金、股票,基础设施、不动产、股权、衍生金融工具,保险资产管理产品、私募股权基金、信托产品、信贷资产支持证券、券商资产支持证券、商业银行理财产品等各类金融产品,能为保险机构、银行、企业年金等客户提供企业年金投资管理、金融同业业务、财富管理服务、资产管理产品、养老金产品、私募基金产品等各项产品和服务。

---

① 《2015 年中国保险资产管理发展报告》,中国保险资产管理业协会,http://www.iamac.org.cn/xhgz/201603/t20160330_3018.html,2016 - 03 - 30/2016 - 04 - 10。

(三) 新金融业态

2015年，新金融业态机构和企业在种类和规模上保持快速发展，在金融体系中的作用进一步增强。互联网银行运行平稳，互联网消费金融创新步伐加快，农村互联网金融填补了大量农村金融服务的空白；除了商业银行以外，贸易企业、电子商务平台和财务公司纷纷涉足供应链金融，供应链金融发展出现与互联网金融结合的新趋势；绿色金融发展步伐加快，绿色金融体系初具雏形。

1. 互联网金融机构创新步伐加快，规模高速增长

2015年，互联网金融的规模上高速增长，形式日益丰富，对传统金融业态的影响也更加显著。2015年，互联网金融行业暴露出一些问题和风险，政府的监管在不断增强，但同时政府整体上继续对互联网金融采取鼓励的态度，通过政策引导形成行业秩序，促进互联网健康发展。可以说，2015年是互联网金融的政策年（见表1-2-14），各条例的推出使得监管体系得到完善，行业的发展方向进一步明确，对行业发展过程中出现的问题也做出了纠正。

(1) 互联网银行运营平稳

一是互联网银行陆续开业。2015年1月4日，李克强总理在深圳前海微众银行敲下电脑回车键，卡车司机徐军拿到了3.5万元贷款。这是前海微众银行作为国内首家开业的互联网民营银行完成的第一笔放贷业务。随后，在2015年6月25日，由阿里旗下蚂蚁金服发起设立的浙江网商银行在杭州正式开业。至此，国内第二家互联网银行正式开始运营。

表1-2-14 2015年互联网金融政策一览表

时间	政策
2015/01	人民银行印发《关于做好个人征信业务准备工作的通知》，要求芝麻信用管理有限公司、腾讯征信有限公司等八家机构做好个人征信业务的准备工作
2015/03	政府工作报告提出要促进互联网金融健康发展
2015/07/18	中国人民银行等10部委印发《关于促进互联网金融健康发展的指导意见》
2015/07/22	中国保监会印发《互联网保险业务监管暂行办法》，明确了互联网保险公司的业务范围
2015/08/06	最高人民法院发布了《最高人民法院关于审理民间借贷案件适用法律若干问题的规定》，明确了不同情形下网贷平台的责任
2015/12	中国人民银行下发针对个人征信机构、企业征信机构以及金融信用信息基础数据库运行机构的《征信机构监管指引》

资料来源：国务院、人民银行、保监会、最高人民法院2015年公告。

二是互联网银行在不到一年的时间里，在摸索业务发展，寻找适合自身的经营切入口方面不断尝试。例如，2015年5月15日，微众银行推出首款互联网金融产品"微粒贷"，微众银行个人客户数已超600万，推出10个月后，"微粒贷"主动授信已超3 000万人，累计发放贷款超过200亿元。"微粒贷"的笔均借款金额低于1万元，

逾期率低于0.3%。截至2016年2月,网商银行服务小微企业的数量已经突破80万家,累计提供的信贷资金达到450亿元。网商银行户均贷款体量约为2万元左右,整体贷款坏账率不到1%,贷款资金成本约为4%。农村金融已覆盖27个省370个县。虽然互联网银行的资产规模还十分有限,但这些互联网银行大多根据自身已有的客户资源和平台资源来设计互联网银行产品,将已有资源的优势发挥到最大。前海微众银行享有腾讯公司强大的用户资源,但腾讯公司的用户多为社交用户,将这些社交媒体的数据转化为有效的征信信息存在一定的难度。而浙江网商银行依托支付宝、淘宝、天猫等平台信息,将平台上的客户发展为其银行业务对象,原有资源与银行业务的联系相对更为直接,因此规模增长显得更为迅速。

三是民营银行利用后发优势,强化互联网业务发展。除了前海微众银行和浙江网商银行这两家纯互联网化的银行外,2015年陆续开业的第一批民营银行也走在了互联网化的前端。上海华瑞银行既有线上业务也有线下业务,但目前物理网点还比较有限,各项业务还是以互联网为主。尤其是其零售业务方面,华瑞银行计划通过打造基于移动端个人经营平台来实现,不仅打造手机银行或直销银行,还要打造一个平台,基于互联网模式来开展业务。天津金城银行设立了互联网金融部,并开发了资金归集平台、垂直电子商务平台、采购循环贷款等产品。

表1-2-15　首批五家民营银行经营情况

民营银行	注册资金	注册时间	业务情况
前海微众银行	30亿	2014/12/16	截至2015年年末,贷款余额达74.95亿元,累计贷款超200亿元
上海华瑞银行	30亿	2015/1/28	截至2015年8月,贷款余额达17.01亿元
温州民商银行	20亿	2015/3/23	截至2015年年末,贷款余额达12.65亿元
天津金城银行	30亿	2015/4/16	截至2015年年末,贷款余额达44.98亿元
浙江网商银行	40亿	2015/5/28	截至2016年2月29日,累计发放贷款450亿元

资料来源:2016亚洲博鳌论坛报道,http://finance.qq.com/a/20160324/000925.htm,016-3-24/2016-03-29。

(2)互联网消费金融创新步伐加快

一是消费类互联网金融产品蓬勃发展。随着电商竞争日趋白热化,互联网消费金融产品成为各电商吸引消费者的重要手段。例如,继2014年京东推出京东白条个人消费贷款支付业务后,阿里旗下蚂蚁金服也在2015年4月正式上线了借贷消费系统"蚂蚁花呗"。随后,苏宁消费金融公司于2015年5月29日在南京揭牌,并发布首款金融消费产品"任性付"。"任性付"和"蚂蚁花呗"本质上和信用卡相似,用户信用标准来源于各自电商平台的消费记录,在享受三十天免息付款后可选择分期付款,但不支持通过信用卡还款;而京东白条则必须要绑定信用卡,支持的信用卡所在银行有限,用户在消费30天之后可以使用信用卡还款,免息期可以达到 80 多天。虽然这些企业将该类产品定义为"赊购",但其背后的金融产品特质显而易见,与银行贷款相差无几。这些产品的主要客户群体是各自电商平台上的消费者,最初目的是通过一定额度和时间的免息付款吸引消费者,促进平台的商品交易。从过去一年的运行情况看,这些产品起到了良好的效果。以 2015 年双十一为例,京东在当天交易中,白条用户同比增长 800% ,占商城交易额比例同比增长 500% ,白条客单价达 800 元;首次参加双十一活动的"蚂蚁花呗"全天交易笔数达到 6 048 万笔,占天猫总交易笔数的近 10%;而近 40% 用户在苏宁易购购物使用"任性付""三零分期"为用户减免手续费近 2 亿元。

二是互联网消费金融衍生品出现,受到市场追捧。2015 年 10 月 28 日消息,京东白条应收账款债权资产支持专项计划正式登陆深交所挂牌交易,成为资本市场第一个基于互联网消费金融的 ABS(资产证券化)产品,首期融资总额为 8 亿,分为优先 1 级(75% ,AAA 评级)、优先 2 级(13% ,AA – 评级)、次级(12%)资产支持证券。随后,京东陆续发行了多期证券化产品,截至 2016 年 1 月,共通过资产证券化募集资金 40 亿元。

(3)农村互联网金融蓬勃发展

农村互联网金融是农村、互联网与金融相结合的产物,"农村"指出服务的对象,"互联网"指明服务的手段,"金融"指出服务的内容。2015 年,由于互联网低成本、高效率和跨时空的特性,互联网企业纷纷以其技术优势和平台优势争先进入农村金融领域,填补了大量农村金融服务的空白。同时长期服务三农领域的三农服务商,也纷纷利用互联网手段服务客户,此外再加上互联网金融机构及传统金融机构的共同参与,构成了目前四类农村互联网金融主体:三农服务商、电商平台、P2P 平台和传统金融机构。[1]

一是以三农综合服务,饲料、种子生产销售等为主业的三农服务商。例如,大北农集团依托平台交易数据,进行大数据分析,具备了对养殖户和经销商的信用了解,搭建农村信用网作为大北农集团的资信管理平台,建立以信用为核心的普惠制农村互联网金融服务体系。农信网具体嫁接了农富贷、农银贷、农富宝、扶持金四个服务板块。三农服务商在农业产业领域深耕多年,积累了丰富的用户数据与客户资源,凭借客户信用数据的累积优势,插上互联网的翅膀,迅速地进入农村金融服务商行列,提供独特的农村互联网金融解决方案。

二是以阿里巴巴/蚂蚁金服、京东商城为代表的电子商务平台。大型电商平

---

[1] 中国经济体制改革研究会金融新常态课题组、中国(海南)改革发展研究院北京分院、一亩田中国农产品电子商务交易平台:《2 015 中国农村互联网金融报告》,2015 年 5 月 30 日发布于在北京举行的中国农村互联网金融论坛。

台积累了消费者的购买数据,收集了销售者和供应商的信用数据,数据已成为了电商平台进入金融行业最大的优势。以阿里巴巴集团为例,蚂蚁金服将淘宝和天猫平台上的各类交易数据转化为客户的信用数据,并为每一个注册用户计算出"芝麻信用分",再将芝麻信用分与信贷额度相挂钩,从而发展成高效的电商平台互联网金融模式。这种模式在农村互联网金融同样适用。

三是 P2P 等互联网借贷平台。P2P 平台通过互联网将资金需求端与资金供给端实现有效对接,是实现普惠金融的一个有效手段。由于其更加关注低端客户,而中国最庞大的低端客户群无疑来自广大的农村地区,因此这也是以农村居民为主要服务群体的 P2P 平台业务能很快开展的重要原因。为解决信用风险防控问题,各类 P2P 平台采用了多种渠道和方法。例如,宜信的宜农贷是通过与 MFI(小额信贷机构)合作,并由 MFI 来把控风险;开鑫贷凭借国有的强势背景,要求合作的小贷公司对平台融资进行担保,从而保证平台资金的安全;翼龙贷则是依靠线下大量加盟商的支持,由加盟商管理信贷风险,同时将加盟商的保证金作为担保,保障平台用户的资金安全。

四是以农村信用社、农业银行、邮政储蓄银行等为代表的传统农村金融机构纷纷开通了互联网金融的新业务。其中包括:运用第三方支付技术,通过拉卡拉等为村民提供日常生活所需的金融服务,比如水电费缴纳、手机充值、社保缴纳、机票火车票购买等服务;利用自动化设备、远程通信技术等设立农村服务站,每个站配置 1—2 名工作人员,借助服务站一方面能够宣传金融理财方面的知识,另一方面为农村居民办理日常的基金、储蓄等业务;推出网上金融店,将线上线下有力结合起来,农民实现网上业务申请、自助缴费、购买机票、网上购物等,为农村居民提供更为便捷的金融服务。

2. 经济下行期供应链金融发展空间广阔,呈现出与互联网金融融合的新趋势

供应链金融是金融机构以产业链的核心企业为依托,针对产业链的各个环节,设计个性化、标准化的金融服务产品,为整个产业链上的所有企业提供综合解决方案的一种服务模式,是近年来商业银行等金融机构的重要创新之一。① 大部分行业都形成了原料供应、制造、分销、零售的产业链环节,在产业链中,位于两端的多属小微型企业,融资能力相对较弱。但这些小微型企业的经营情况实际上比

---

① 我国最早开展供应链金融业务的银行是深圳发展银行,其于 2006 年在市场中率先开发出"1 + N"模式,对各行业供应链中的应收账款、预付账款融资变现等问题提出了综合的解决方案。2012 年,民生银行相继进军海洋渔业、茶叶、石材和乳业产业链,为产业上下游企业提供信贷服务。2014 年 7 月 9 日,平安银行推出"橙 e 网"平台,该平台同样采用"1 + N"模式,依赖于核心企业延展上下游服务。同时,该平台还和外部诸多的电商平台、第三方信息平台、服务平台一起来做,根据外部的第三方的数据为任意一个企业开展全面金融服务。比如,该平台为中小微企业提供了一个在线物流服务,中小微客户可以通过这个平台找物流公司,可以和物流公司进行比价,可以将订单从线下转为线上,并为这个订单上投保等。

较稳定,供应链金融模式主要是通过产业链中经营稳定、信誉好的核心企业为上下游小微企业做合格的担保人,实现小微企业的融资。而在偿还方式上,允许小微企业采用应收账款、商业汇票质押或协议代偿等方式还款。2015年,国内外经济多冲压力下,我国的供应链金融呈现出广阔的发展空间和新的趋势。

一是发展空间广阔。根据前瞻产业研究院的行业报告数据显示,目前全国企业的应收账款规模在20万亿以上。而这些资产正是供应链金融发展的基础。在过去,银行风控的重要手段就是企业的抵押物,看重总资产、净资产等财务指标,一些企业甚至为此组成担保圈和担保链获取银行信贷。但在经济下行期,坏账暴露后,原有的厂房、设备等抵押物贬值较快,无法覆盖信贷风险。担保式融资遇到的困境重塑了银行的信贷逻辑,供应链金融成为银行业反思后摸索的新方向。2015年以来,除了商业银行等金融机构为小微企业提供供应链金融服务以外,部分资金实力较强的贸易企业、电商平台和财务公司都开始涉足供应链金融。截至2015年底,沪深两市约有20余家上市公司涉足供应链金融业务,很多企业纷纷自己成立财务公司或者干脆搭建互联网金融平台。[①] 比如,瑞茂通基于煤炭物流基础搭建了煤炭行业供应链金融,世联行基于自身房产销售搭建了房地产行业供应链金融,而怡亚通则基于物流配送行业提供快速消费品行业的供应链金融服务等。这些企业涉足供应链金融服务具有明显的优势:首先是客户资源优势,企业在经营过程中积累了众多的客户群体,对这些客户都比较熟悉;其次是信息优势,企业和上下游企业产生的大量交易数据可以转化为客户的信用情况,由于企业本身就参与行业的经营,其对行业的运行情况把握得更为合理;最后是风险控制优势,企业以往的经营经验能够帮助其识别行业风险点,同时在贷后管理中,由于企业频繁与融资企业发生交易,一旦融资企业发生经营局势变化,供应链金融企业也能第一时间发现,因此这些企业在提供供应链金融产品时较银行具备更强的风险控制能力。

二是传统的供应链金融借助各种互联网工具和平台表现出新的形式和趋势。随着互联网对各行各业渗透率的不断提高,核心企业或交易平台可以提供用于风险评估的关键数据,使得供应链金融在风险定价和资金对接方面出现了可能性,核心企业或交易平台由此具备了开展供应链金融的可能性和能力。互联网与供应链金融结合具有诸多优势,体现在网络化、精准化、数据化,资金到位更快,质押风险降低,信用评价更准确。目前,供应链金融呈现十大模式,包括:商业银行供应链金融协同的电子商务平台;基于B2C,B2B,C2C电子商务平台的供应链金融;基于第三方支付的供应链金融;基于数据服务商的供应链金融;基于大数据预测

---

① 网易财经:《P2P进村,安心 de 利融资千万进军农业供应链金融》,http://money.163.com/15/0615/18/AS61TDUS00254TFQ.html,2015年6月15日。

信用风险的供应链金融;基于第三方协同平台的供应链金融;基于物流仓储的供应链金融;基于ERP系统的供应链金融;基于"在线产业带"的供应链金融。①

3. 绿色金融发展步伐加快,绿色金融体系初具雏形

绿色金融又称环境金融、可持续金融,是指金融部门通过金融业务的运作及多样化的金融工具,如信贷、保险和证券等,实现环境的保护和经济的可持续发展。绿色金融改变了片面追求经济增长而忽视环境保护的发展模式,在金融业务发展中强调对环境和生态资源的保护,并将其纳入评价标准体系之中,以保护生态环境。

从国际的实践来看,绿色金融涵盖了以下两方面的内容:一是为有利于环保的企业提供的金融产品和服务,如绿色信贷、绿色证券、绿色保险等,大都采用赤道原则的标准;二是利用金融市场及金融衍生工具来限制二氧化碳等温室气体排放,表现为碳交易市场与碳金融相关产品和服务。2002年10月,世界银行下属的国际金融公司和荷兰银行提出了一项商业银行的贷款准则——赤道原则,该准则在贷款和项目资助中强调企业的环境和社会责任,目前,包括花旗银行、荷兰银行和巴克莱银行在内的超过60家金融机构宣布采纳赤道原则。但长期以来,我国商业银行较少涉足绿色金融领域,目前仅有兴业银行采纳赤道原则。②

2015年以来,我国绿色金融的发展步伐明显加快。一是扶持政策频繁出台。中国人民银行陆续发布了绿色金融发展的扶持政策,2015年4月23日,中国人民银行研究局与联合国环境署可持续金融项目联合发起的绿色金融工作小组发布了《构建中国绿色金融体系》的报告,提出14条具体建议,涵盖四大领域:支持国内外绿色投资的专业投资工具;财政和金融支持,包括绿色贷款利息补贴、发展绿色债券市场的激励措施、优化绿色企业的股权市场环境绩效披露机制;新的金融基础设施,包括碳交易市场、绿色评级体制、绿色投资者网络等;法律基础设施,包括更加明确的放款人责任条款、强制性环境责任保险、环境信息的披露等。同日,中国金融学会还成立了绿色金融专业委员会,开展绿色债券市场、绿色投资、绿色产业融资模式等方面的研究工作。

---

① 中国新闻网:《业内:互联网金融时代供应链金融呈现十大模式》,http://finance.chinanews.com/it/2015/01-18/6979390.shtml,2015年1月18日。

② 作为目前国内唯一的赤道银行,兴业银行先后创新了能源合同管理、碳排放交易、排污权交易等融资产品,推出"绿金融全攻略",初步构建了覆盖绿色产业链上下游的金融产品体系。通过设立环境金融部,在全国33个一级分行设立了环境金融中心,并在二级分行配置专职的绿色金融产品经理。截至2015年年末,该行已累计为众多节能环保企业或项目提供绿色融资超过8 000亿元,融资余额达3 942亿元,比2015年年初增加982亿元,增长33%。绿色融资客户数快速增长,达6 030户,较2015年年初新增2 796户,增幅达86%,业务覆盖低碳经济、循环经济、生态经济三大领域。政策的鼓励也给商业银行发展绿色金融带来新的契机。

二是绿色金融产品纷纷诞生,绿色金融体系初具雏形。政策的鼓励吸引了更多的金融机构参与绿色金融服务,绿色金融的活跃度得到大幅提升。目前,国内已有包括五大国有银行在内的多家商业银行、证券公司、保险公司和信托公司等加入成为绿色金融专业委员会单位成员,成员单位中的金融机构所管理的金融资产余额135万亿,约占我国全部金融资产的65%左右。2015年10月8日,上海证券交易所和中证指数有限公司发布了上证180碳效率指数,这是我国首只考虑碳效率的指数,该指数用碳强度来界定企业的绿色程度。2015年12月22日,中国人民银行发布第39号公告,在银行间债券市场推出绿色金融债券,为金融机构通过债券市场筹集资金支持绿色产业项目创新了筹资渠道。同日,中国金融学会绿色金融专业委员会发布了《绿色债券支持项目目录》,旨在为发行人提供绿色项目界定标准。

三是互联网金融企业在绿色金融领域进行了很多有益尝试。除了传统金融机构的参与,互联网金融企业也开始涉足绿色金融领域。比如,国内领先的互联网金融企业蚂蚁金服成为绿色金融专业委员会的首个互联网企业单位。蚂蚁金服在集团内部基本实现无纸化办公,推动支付宝交易的电子发票普及,且整个集团业务均采用云计算并使用绿色能源。另外,在蚂蚁金服生态体系中,正进行绿色低碳尝试,旗下的芝麻信用自2015年上半年与全国15个城市联合推出自行车信用租赁服务,同时也在积极搭建绿色金融体系,推动消费者和投资者对绿色金融的广泛参与,从而支持全社会的绿色转型。

二、金融机构发展存在的问题

2015年,各类金融机构整体平稳发展,但也出现了一些新的问题。支付融资类金融机构在金融体系中继续发挥基石作用,但面临信贷资产质量下滑、利润增长放缓和机构转型进程缓慢等问题,尤其是商业银行、小额贷款公司和典当行不良资产率上升的态势需要引起足够的重视;资本市场类金融机构活力进一步提升,但应对金融市场波动的能力还有待加强,需要进一步改进监管体制,更好地应对突发金融风险;新金融业态机构和企业发挥越来越重要的作用,但由于处于发展初期,因此存在产品不成熟、风险控制不到位和监管不足等问题,具体来看,绿色金融产品单一、互联网金融平台违约风险加剧和互联网金融数据尚未发挥作用的行业瓶颈依旧没能被有效突破。

(一)商业银行不良资产上升较快,利润增长持续放缓

近年来中国消费和投资增速的回落、内需的放缓难以消化当前大规模的产能,中国的产能过剩面临着结构制度性困扰。同时,全球经济增速放缓,中国各出口国需求疲软,均加大了企业履行现有偿债义务的难度,导致银行业不良贷款率和不良贷款余额双升,威胁银行业资产安全。中国银监会发布的2015年第四季度主要监管指标数据显示,商业银行不良贷款余额12 744亿元,较上季末增加881

亿元;商业银行不良贷款率1.67%,较上季季末上升0.08个百分点。我国商业银行不良贷款率已连续10个季度上升,由于关注类贷款和逾期类贷款增长较快,不良贷款后续仍面临较大压力,信用风险管控压力加大。此外,受不良贷款侵蚀、净息差收窄等多因素影响,我国商业银行利润增长持续放缓,商业银行2015年当年累计实现净利润15 926亿元,同比增长2.43%。82.1%的银行负责人认为产能过剩行业贷款是2015年面临的最主要信用风险事件①,钢铁、水泥、建材、船舶、光伏等行业遭遇经济周期下行和结构调整的双重压力,经营环境更趋艰难,整体行业信用风险持续攀升。

由于受到经济下行、部分行业产能过剩和自身结构性调整内在需求的多重影响,2015年商业银行不良资产体现出不同于以往的如下特征②:一是不良贷款的规模和增速均出现双升。从规模上看,大型商业银行不良贷款规模最大。增速上看,中型银行不良贷款的上升速度最快。二是不良体现出地区差异。从目前已经公布的几个省份银监局的数据来看,地方不良率出现了较大差异。山西省和吉林省银行业金融机构的不良率较高,分别为4.75%和3.68%;山东省和浙江省的不良率也超过2%;江苏省和贵州省的不良率较低,分别为1.87%和1.66%。三是公司类贷款不良率上升较快。以国有银行为例,2015年上半年期间上行幅度约40%。四是不良行业主要集中在制造、批发零售等行业。就批发零售行业而言,由于对资金的流转最为敏感,经济持续下行,行业低景气加剧企业营收困难,这意味着该行业偿付能力的弱化。就国有四大行而言,批发零售行业的不良贷款率在2015年年中时达到7%左右。五是拨备覆盖率、利润增长率大幅下降。不良率的上升直接导致的结果就是拨备覆盖率的下降和利润增速的放缓。加大不良贷款核销力度必然会造成银行利润的消耗,加之利率市场化环境下净息差收窄,我国银行业利润增长有所趋缓。银监会数据显示,截至2015年四季度末,商业银行当年累计实现净利润15 926亿元,同比增长2.43%。此外,2015年四季度商业银行平均资产利润率为1.10%,同比下降0.13个百分点;平均资本利润率14.98%,同比下降2.61个百分点。

(二)商业银行参与创业投资和股权投资领域存在诸多障碍

2015年,随着金融和资本市场领域改革的不断深入,越来越多的企业寻求新的发展加速剂,同时越来越多的游资希望获得更宽敞的投资渠道,"风险投资"渐成新宠。同时,在经济下行加剧、互联网金融、利率市场化的冲击下,商业银行以

---

① 中国银行业协会、普华永道会计师事务所:《中国银行家调查报告(2015)》。
② 李建军、孙霞:《商业银行不良贷款的特征与五种处置方式》,载于《清华金融评论》2016年3月18日,http://www.thfr.com.cn/post.php? id=67272。

息差为主的盈利模式受到严重挑战,不得不寻求新的利润增长点。各大银行纷纷涉足风险投资,开始了转型之路。"投贷联动"曾被视为解决科技型中小企业融资难及商业银行转型的重要工具,然而商业银行参与创业投资和股权投资的进展却不像预想的那样顺利,主要是以下原因造成的:

1. 监管政策的限制

现阶段我国银行从事股权投资业务主要面临《中华人民共和国商业银行法》和《中华人民共和国银行业监督管理法》的限制,除国家开发银行获得了国内人民币股权投资牌照,可通过其子公司国开金融或国开证券开展直接投资业务外,其他商业银行无人民币股权投资牌照,不能像国外银行一样在其境内直接进行股权投资。《中华人民共和国商业银行法》第四十三条规定:"商业银行在中华人民共和国境内不得从事信托投资和证券经营业务,不得向非自用不动产投资或者向非银行金融机构和企业投资。"明确禁止商业银行对企业的直接股权投资。银行与风险投资机构给同一家企业提供资金,两者承担着相同的企业经营风险,但风险投资机构对这笔投资的预期回报是数倍甚至更高,不同的收益回报预期却承担相似的坏账风险。如前所述风险投资期限一般在5—7年,但目前监管部门在贷款不良率的容忍度方面尚没有配套措施,这也使商业银行开展投贷联动业务时面临后顾之忧。同时,当前国家对商业银行收费监管要求越来越严格,在与风险投资机构分享部分股权溢价收益方面也面临定价方面的困境。由于缺少法定依据,商业银行承担一定的政策风险,如罚款。

2. 长回收期、低收益与所承担的风险不匹配

科技型中小企业具有高风险高收益的行业特点。科技型中小企业处于初创期和成长期,企业的经营、发展、收益都存在着很多的不确定性,时刻面临着各种风险,除流动性风险、利率风险和市场风险等传统风险,还存在逆向选择、管理风险、道德风险等非传统风险,风险种类多,风险程度高,这种高风险与商业银行的安全性要求背道而驰。风险投资机构由于回报率高,10个项目中只要1个成功就可以获得巨大成功。商业银行提供贷款后,承担了高风险,但放款时可以确定的收益只有贷款利率,一般是基准利率上浮10%—20%。虽然可以通过与风险投资机构签订协议通过附加期权条件在未来分享部分股权溢价收益,但是一则收益回报仍要比风险投资机构低很多,二则按照当前风险投资期限一般在5—7年看,收益回报期限过长,面临的风险和不确定性大,这使得商业银行参加投贷联动的积极性相对不高。

3. 传统的信贷理念一时难以完全扭转

由于银行投贷联动业务,多数局限在具有风投背景的科技型中小企业。但这些企业多为轻资产公司,缺乏足够不动产作抵押,而且当前尚未实现盈利,而银行

投贷联动业务,实质是以企业的未来现金流作为抵押。现实是很多商业银行授信审批部门还是以企业过去3年是否盈利、贷款抵押物是否充足作为贷款依据,等于还是以企业过去的现金流作为依据。传统的信贷理念,尤其是授信审批模式对贷款考核标准的"坚持",也是制约投贷联动业务快速发展的一项重要因素。

(三)绿色金融主体发展不足,产品创新匮乏

绿色金融是指金融机构将环境评估纳入流程,在投融资行为中注重对生态环境的保护,通过资金流向引导各种社会资源和生产要素向绿色低碳产业集中,从而推动经济的可持续增长和发展方式的转变。① 2015年12月22日,央行发布了关于发行绿色金融债券的有关事宜。至2016年2月,短短一个多月时间,已有浦发银行和兴业银行共计1 000亿元额度的绿色金融债券获批。上述两家银行也已相继于2016年1月27日和28日成功发行200亿元和100亿元各自首单境内绿色金融债,均受到投资者热捧,获得超额认购,显示出绿色金融债券市场的巨大潜力。目前,不少银行都对发行"绿债"表现出极大热情,并在积极申请。这意味着随着国内绿色金融体系顶层设计的明晰化,未来几年将迎来绿色金融发展的黄金时期,但目前我国的绿色金融体系发展相对发达国家还很落后:

1. 绿色金融主体发展不足,机构服务严重落后

绿色金融机构及专业性服务体系发展严重滞后。绿色治理和绿色增长高度依赖资金和技术,属于资本技术密集型,绿色链条较长,并且分工复杂,需要更为专业的知识。但我国绿色金融机构及专业性服务体系的发展滞后严重制约了绿色金融发展。比如,完善碳市场,包括排放检测、交易平台、清算和结算体系、指标拍卖机制和价格发现、会计和税务处理、国内和国际碳市场联动等要素。而当前我国专业性服务机构,如信用评级机构、资产评估机构、咨询公司、会计事务所、律师事务所等多未涉足绿色领域,碳市场所需的第三方核证单位、碳交易结算登记机构等中介机构或尚未建立,或还处于初创阶段。

2. 绿色金融体量小,产品创新匮乏

一是绿色金融总体体量较小,实施力度较弱。自2008年以来,中国人民银行联合银监会、保监会、证监会等颁布实施了一系列绿色金融政策,但总体来看,真正用于绿色发展事业的资金仍然较少,实施力度较弱。②

二是绿色金融产品创新匮乏,市场尚不完善。自中国开展绿色金融以来,金融业虽然陆续推出了部分支持绿色发展的金融创新产品,但与国外领先者相比差距仍然明显。业界对绿色金融的理解几乎等同于绿色信贷,即减少对高污染、高

---

① 董捷:《我国绿色金融发展的现状、问题和对策》,载于《工业技术经济》2013年第3期。
② 俞岚:《绿色金融发展与创新研究》,载于《经济问题》2016年第1期。

耗能、高排放企业的贷款额度,对于绿色金融的其他产品如绿色证券、绿色保险和碳金融产品的理解甚少;且绿色信贷所涉足的领域也多在中下游环节或低附加值产品环节,主要以支持国家的节能减排政策为主,绿色金融市场发展有待完善。而非银行金融机构对绿色金融的参与度也不高,提供的绿色金融服务较为单一。

3. 绿色金融制度设计欠缺,政策法规不全

一是绿色金融法律体系缺失,目前尚没有国家法律层面的制度设计,仅是"一行三会"及财政部、环保部等颁布了些许部门规章制度。二是绿色金融政策措施在实践中缺乏针对性和可操作性,远不能满足实际需要,如在产业结构由高碳向低碳转变中,转型企业的经营成本往往会大幅上升而影响盈利;与此同时,财政补贴、税收减免和金融优惠等政策并未有效跟进,影响金融机构开展绿色金融业务的积极性。三是绿色金融信息披露平台尚不健全,部分投资项目环评效力不足。四是绿色金融各项标准仍不完善,参与主体的权利、义务和责任不够具体,影响实际效果。

4. 信息沟通机制不健全,信贷业务存在较高风险

银行开展绿色信贷业务,客观上要求有健全的信息沟通机制,只有这样,才能使银行降低贷款风险。但就目前情况看,一方面,央行征信系统《企业基本信用报告》所能提供的"环保信息"涉及的企业范围还很窄。另一方面,金融机构对大多数不属于国家监控范围的企业、项目的环保违规情况,很难获得相应信息。在信息极不对称的情况下,银行开展绿色信贷必然存在较高的风险,这也是一些银行抱怨绿色金融成本高、收益低,进而不愿积极开展绿色金融的客观原因所在。

(四)财富管理公司有效供给不足,缺乏第三方独立性

1. 服务内涵与质量难以满足市场需求

"新常态"下,中国财富管理市场在2015年依然保持了高速增长,与需求端的高速发展相比,国内财富市场的有效供给仍明显不足。相较于国外成熟财富管理市场,国内财富机构仍处于发展的初级阶段,服务内涵与服务质量均难以满足市场快速发展要求,财富管理市场的广度和深度都有巨大的可挖潜空间。一般而言,高净值人士持有的可投资资产超过100万美元(约600万人民币)。过去几年,中国高净值人士的数量激增。调查显示[①],基于2010年高净值人士增长87.5万人,2015年的增长量(192.9万人)翻了一番。得益于中国经济的较快增长,预计未来三年高净值人士群体的年复合增长率将达到20%左右,2015年人数将达到近200万。如持续增长,2020年实际人数或将超过300万人。但2015年以来,线下的财富管理公司不仅未能为蓬勃增长的高净值市场提供有效供给,反而频频出

---

① 邓智杰:《财富管理新趋势》,载于《财富管理》2016年第1期。

现各类问题甚至跑路。① 例如,号称管理着数百亿资产的上海长来资产管理有限公司,从 2016 年 1 月月底开始出现资金链断裂,1 300 多位投资人合计近 4 亿的本息,出现兑付困难。这些投资者少则 20 万,最多的 200 多万现金血本无归。

2. 财富管理与资产管理界限不明确,第三方机构独立性尚欠缺

从理论上说,资产管理公司是投资者,它的业务核心在于投资。它的中后台、销售,甚至研究部门,可以说都是服务于其投资活动的。所以,对于一家资产管理公司来说,最重要的人员也是它的投资经理们。而财富管理机构的核心则在于客户关系管理。财富管理机构本身并不是投资者,而更多是一个平台或通道,向客户提供投资方面或非投资方面的服务。但我国目前的第三方财富管理公司往往在业务、客户和产品三方面并未遵循财富管理应有的范畴,导致监管不力或失效,问题频出。

成熟金融市场的第三方财富管理公司变相承担了财富在不同金融资产区域配置的重任。第三方财富管理是金融服务市场发展到一定阶段所必然出现的金融业态,本质是一种金融经纪业务,确保交易双方达到较好的资源匹配和撮合,在双方交易过程中,经纪方的独立性是交易达成的核心点。但国内大多数财富管理公司的收费结构都是来自于金融产品商的销售佣金以及绩效的提成,例如国内最大的第三方财富管理公司——诺亚财富,其 2016 年一季度财报表明,其盈利模式主要是通过销售信托产品获得超过一半的交易收入,其次则是销售私募股权基金的佣金。2015 年,一些财富管理公司将部分没有明显亮点的,或者结构设计有瑕疵的,以及存在一些重大的潜在风险的金融产品销售给投资人,其目的是赚取销售佣金。由于自身设计的或由供应商提供的金融产品未能体现出较好的产品优势,迫使议价能力转移到了渠道身上。这种建立在销售基础上形成的财富管理公司,使得国内的财富管理公司就形成了一种商品社会里的销售代理商的制度,类似于批发零售性质的贸易公司状态的架构。一些大的,有实力,有资源的财富管理公司成为了总代理,可以拿下较好的理财产品资源,然后部分直销给终端客户,部分则分销给其他的二级代理或者三级代理,他们赚取差价。销售成为了核心的核心之后,就使得在具体的财富管理过程中很多决策都更多考量收益行为,而不是投资人的切身利益,财富管理基本上就是一句空话。这种独立性丧失的纯销售模式在一开始其实就是违背了财富管理本来该有的特征,也使得本来就很混乱的财富管理市场越加无序和野蛮状态。

3. 财富管理行业创新机制不足,恶意竞争下产品可能引发高风险

一是财富管理行业的创新机制不足。现有理财产品无法为投资者提供足够

---

① 从 2015 年以来,有线下门店的财富公司出问题的代表有:金赛银、河北卓达、e 租宝、武汉基石财富、盛世财富、大大集团、中晋系、快鹿系等。

选择的同时，财富管理机构也找不到或不准使用可作风险对冲的工具和产品。换句话说，即使企业可以购买股票，却不允许购买股指期货，无法进行有效对冲，从而无法进行风险规避。既然财富管理产品不能从对冲保值出发，很多机构就不得不按照传统的管理机制去管理这个新兴的财富管理市场，从而使得很多所谓创新经不起任何推敲。甚至有一些财富管理公司重点推销了部分没有明显亮点的，或者结构设计有瑕疵的，以及存在一些重大的潜在风险的金融产品。

二是各家财富管理公司的产品收益率竞相攀升，可能引发的风险值得高度重视。在财富管理行业中，为了保证自己的存款不被"搬家"、基本客户的稳定以及增揽新的客户，财富管理机构竞相以产品收益率进行竞争，导致自身利润越来越薄，但为了保持客户稳定而不得不继续压缩自身利益的恶性循环在中国市场上已经出现。而随着互联网金融企业的加入，再度加剧了产品收益率的竞争强度。

（五）专业再保险公司经营管理水平有待提高，保险机构市场竞争力需要完善

1. 专业再保险公司供给能力有限，经营管理水平有待提高

一是专业再保险机构数量少，供给能力有限。我国专业再保险市场主体只有10家，且法人机构只有中再集团及其旗下子公司，其余都是分公司，导致再保险市场供给不足、交易不够活跃。

二是产品开发能力和服务能力薄弱。中资再保险公司技术能力有限，多数外资再保险公司在华分公司也不掌握风险模型、精算定价等核心技术，而是为其海外总公司所掌握，造成我国再保险产品体系以传统再保险产品为主，分保项目也大多集中在传统险种的机动车辆险、企业财产险的分保上，创新类再保险产品缺失，对航空航天险、石油保险、远洋船舶险和远洋货运险、新型责任险、巨灾保险等业务结构性供给不足，高度依赖国际再保险市场。

三是再保险经营基础薄弱。一方面由于再保险经营主体数据管理和应用手段的缺乏，再加上受到国家公共风险数据的可获得性较低的影响，再保险数据完整性和透明性不足，再保险风险识别、评估和转移的科学合理性受到影响。另一方面，再保险人才也极为缺乏。受再保险业务高度专业化、国际化的影响，其对从业人员的要求也一直以专业、高素质著称。但目前我国再保险专业人才极度缺乏，在很大程度上制约了再保险发展的质量。

2. 保险资产管理公司市场竞争力有待提升

保险资产管理公司已成为国内机构投资者的中流砥柱，但总体上大而不强、全而不精。一方面，保险资产管理公司的管理资产规模大，投资范围广。在国内三家最大的机构投资者中，保险资产管理公司占据两个席位，多家资产管理公司的管理资产规模超过5 000亿元，与最大的基金公司相比亦毫不逊色。另一方面，保险资产管理公司管理资产主要来源母公司的保险资金，业务结构相对单一，整

体的实力与竞争力较弱。在大资管时代,各类资产管理机构的牌照价值下降,业务领域交叉渗透,保险资产管理公司发展面临严峻挑战。

一是战略定位偏低。保险资产管理公司大多高度专注于母公司保险资金的投资管理,未明确提出自身的发展目标,盈利性要求不强,经营独立性欠佳。作为母公司下属的保险资金运用机构的战略定位已经束缚了保险资产管理公司的发展。在大资管时代,面对激烈的市场竞争,保险资产管理公司迫切需要转变战略定位,实施全面转型,提升综合实力和竞争力,以赢取更为广阔的发展空间。

二是综合能力有待提高。保险资产管理公司以保险资金的资产负债管理为主,追求稳健收益,强调投资能力建设,近年来,基础设施与不动产投资计划、保险资产管理产品带来了部分第三方业务,保险资产管理公司的机构销售能力有所提升,但在关注风险管理、产品设计、客户服务、市场销售、运营管理等方面的能力上仍存在欠缺。相应的,各家公司的组织结构、人员配备主要围绕投资管理和风险控制设置,IT、运营、行政人事等部门则为上述职能提供配套服务,市场销售、客户服务部门基本不存在。在低利率的环境下,"资产荒"已成为投资面临的突出问题,投资机构和投资产品保持绝对领先业绩优势的可能性越来越小,销售、客户服务等综合能力的重要性凸显。

三是投资能力存在短板。保险资产管理公司以境内固定收益投资见长,在权益投资、另类投资上的优势并不突出。这种能力格局与保险资产配置的特点有关,也与第三方业务规模较小有关,是典型的资产配置主导下的能力建设。但目前固定收益类资产收益率持续走低,权益类资产的波动性加大,提升另类投资配置比例已经成为资产管理的必然选择,潜在需求旺盛。然而,中国另类资产市场的供给却十分有限,优质另类资产极其缺乏,庞大的潜在配置需求未能得到有效满足。因此,加强另类投资能力刻不容缓。

四是投资管理类型单一。保险资金管理主要以一般账户和投连账户两种形式存在,保险资产管理公司发展第三方保险资金管理时也大多采用专户的形式进行,传统的专户管理方式以满足委托人的个性化需求为导向,但存在账户规模千差万别、投资管理难度大、管理成本高等问题,其非标准化的特征不利于发挥资产管理机构的专业性和规模经济。相比之下,资产管理产品作为标准化的契约产品,资产管理人依照产品合同来开展投资管理,有助于发挥投资人的专业能力,亦能够汇集各类规模的资金,降低投资门槛,发挥规模效应,节约管理成本。

3. 专业保险中介机构发展面临挑战

一是互联网保险对传统专业保险中介机构的冲击加大。互联网加速促进了保险的快捷化和脱媒化进程,互联网保险所引发的技术脱媒、渠道脱媒、信息脱媒、客户关系脱媒正在逐步削弱传统保险中介机构的中间服务功能,而这恰恰是中介机构生存的根本。传统保险中介机构的销售团队在线下所起到的产品推介、销售实施等环节,均已经可以线上化。客户通过互联网直接与保险公司的终端产品对接,势必挤压专业保险中介机构的生存空间。

二是专业保险中介机构创新能力不足。专业保险中介机构缺乏具有真正创新性的保险产品和服务,同质化经营现象较为普遍,导致在市场相对饱和的业务上恶性竞争现象严重,而一些对中介专业化服务需求量大的业务如再保险、水险和工程险等,由于缺乏先进的风险管理技术和产品难以满足消费者的需求。

(六) P2P 等互联网借贷平台频繁出现兑付问题,互联网金融平台大数据风控效率低下

1. 互联网借贷平台频现兑付危机,互联网金融发展瓶颈显现

2015 年,以 P2P 为首的互联网金融企业数量继续保持高速增长。根据零壹咨询提供的数据显示,2015 年我国共新增 1 801 个 P2P 借贷平台,截至 2015 年年末,我国 P2P 借贷平台数量达 4 052 个。但在平台数量急速上升的同时,问题平台数量也明显增多,2015 年共新增 1 315 个问题平台,仅在 2015 年 7 月就增加 162 个问题借贷平台,问题平台占比快速上升,下半年开始,各月新增问题平台数量都超过了新设平台的数量,形势较为严峻。2015 年,P2P 的诸多金融风险也逐渐暴露出来,大量问题平台因资金断链而跑路,债权人权益正遭受巨大威胁。

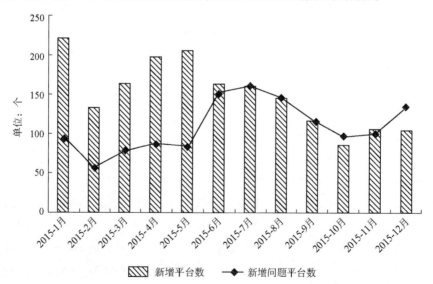

图 1-2-10　2015 年 P2P 行业新增平台及新增问题平台情况

资料来源:零壹财经, http://data.01caijing.com/p2p/website/count.html, 2016 - 1 - 24/2016 - 03 - 29。

在出现问题的借贷平台中，不仅有 P2P 公司，还有其他网贷平台；不仅有小型贷款公司，还有规模超过百亿的平台公司，这些公司的危机给社会和行业发展都造成了严重的不良影响。①

在 2015 年掀起的互联网借贷公司"倒闭潮""跑路潮"已经对整个行业带来了极大的负面效应，鱼龙混杂的市场环境正在形成市场的逆向选择，许多投资者已经开始远离网贷平台，对行业发展形成巨大伤害。中国的银行业受到了严格的监管，然而，对 P2P 行业的监管却刚刚起步，导致了众多 P2P 互联网借贷平台经营失败或偏离了其应有的本职，互联网借贷行业的发展进入了困境之中。②

（1）行业准入前置缺失

尽管 2015 年 7 月互联网金融指导意见的出台，标志着网络借贷行业正进入规范发展期，但提高行业的进入前置条件应为首要任务。P2P 行业准入前置缺失主要表现在下面三维度：其一，未设立牌照制。互联网金融本质属性仍为金融，因此对其监督管理，应参照对传统金融体系的要求，设置牌照制度是加强金融风险把控的基本前提。其二，无注册资本金强制标准。现阶段，我国 P2P 行业的进入成本过低，注册资金普遍偏少，而欧美 P2P 平台注册资金基本都在千万级别。过低的注册资金一方面反映企业的资质水平与资本实力欠缺，另一方面也间接表明平台风险承受能力不足。其三，无风控体系基本要求。风控体系水平将是 P2P 平台未来发展的核心竞争力，关系到平台企业的生存与发展，是投资者权益的关键保障。然而，我国平台企业急于上线运行，并未深刻认识到互联网金融的风险，忽视对技术与风控团队的建设。

---

① 2015 年 12 月 3 日，互联网金融平台"e 租宝"涉嫌非法吸储自融等问题，其 40 余名员工被警方带走。"e 租宝"是北京金易融网络科技有限公司运营的网络平台，2014 年 2 月，钰诚集团收购了这家公司，并对其运营的网络平台进行改造。2014 年 7 月，钰诚集团将改造后的平台命名为"e 租宝"，打着"网络金融"的旗号上线运营。"e 租宝"为投资者提供 9%—14% 的高额回报率，虚构融资租赁项目，持续采用借新还旧、自我担保等方式大量非法吸收公众资金。第三方平台数据显示，截至 2015 年 12 月月初，"e 租宝"累计成交超过 700 多亿，"e 租宝"实际吸收资金金额为 500 余亿，用户数量达 90 多万，受害投资者遍布全国 31 个省市。在"e 租宝"事件尚未平息之时，又出现了一家巨型互联网金融平台出现危机。2015 年 12 月 26 日，大大集团发布停业整顿公告，暂停公司一切业务活动。资料显示，大大集团创立于 2013 年，公司主营业务是资本运作与项目投资，通过线上和线下渠道销售产品。截至 2015 年 10 月，大大集团已在全国开设 23 家省公司、4 家直辖市公司、229 家市公司、374 家分公司、717 家支公司，在职员工 6 万余人。和"e 租宝"一样，大大集团同样利用其互联网金融产品"大大宝"高额收益率来吸引客户，其产品的年化收益率达到 8% - 13%，但最终因资金链断裂出现兑付危机。除此之外，2015 年全国各地发生多起互联网金融平台兑付危机事件。比如 2015 年 11 月，武汉地区最有影响力的理财公司财富基石投资管理有限公司宣布旗下理财产品无法兑付，其网上融资平台上线运营 483 天，累积投资金额 12.58 亿元，累计注册总人数超过 7.5 万人。2016 年 1 月，武汉盛世财富宣布破产，旗下 P2P 网站于 2014 年 8 月正式上线运营，线上投资者达两千余人，涉及金额达 19 亿。

② 陆岷峰、杨亮：《网贷企业发展中的矛盾及解决对策研究》，载于《金融与经济》，2016 年第 1 期。

(2) 行业竞争加剧,利润空间收窄

资产向来以追求成本最小化为目标,优质资产更不例外,优质资产的稀缺性决定了其对借贷利率空间的压缩性。在激烈的竞争环境下,若P2P平台想继续生存,而又不主动降息,必将导致优质资产的抽离。其次,P2P平台为保障投资者信心,一般采取债权转让和刚性兑付策略。如此一来,平台就需要储备大量的风险准备金来防范坏账逾期,而大量的风险准备金的提取,在一定程度上抑制了平台放贷资金的规模。另外,刚性兑付的普遍存在,使得平台在资金端的获客方式越来越同质化,获客成本高企。总之,激烈的行业竞争,高额的获客成本,加之人员工资、房租等成本的增加,使得P2P行业的利润空间急剧收窄。

(3) 国内社会征信环境缺失

P2P网贷模式在我国起步较早,进入门槛较低,市场主体较多,涉及的资金规模和市场影响力较大。由于国内缺乏外部评级制度、信用消费历史较短等原因,这种信息不对称在短时间内难以改善,从央行与融资担保公司的信用数据共享的试点反反复复历时数年仍然不得进展也可以看出在我国信用制度体系推行的艰难。在监管机构和社会信用体系缺失的情况下,国内网贷平台既未接轨中国人民银行的征信体系,又缺乏完备的风险识别机制,对融资方资质与风险水平的评估审查并不能完全依赖于P2P平台的自有审核机制,我国P2P平台还基本上依靠行业自律对融资方进行审核。此外,国内专业的网络借贷平台评级机制十分缺乏,尚未形成包涵运营模式、安全性、交叉认证等多维度的评级体系。

2. 互联网金融平台大数据风控效率低下

消费者的认可使得互联网金融产品在2015年里受到越来越多的关注,各大互联网金融平台纷纷成立并展开众多借贷、众筹、理财咨询等业务。但互联网金融产品和互联网金融平台的建设还处于起步阶段,在风控环节还有待进一步完善,如何防范恶意提现、虚假信息注册等问题需要通过政策和技术予以解决。而互联网金融产品的设计需要依托有效的信用数据为基础,同时,监管层对此类产品在后续融资的支持也是建立在基础信贷资产具备良好风控的基础之上。因此对于互联网金融平台企业而言,如何将自身的平台数据转化为可靠有效的信用指标是各大平台最需考虑的问题。然而,不同于大型成熟金融机构对大数据的掌握能力和运用程度,互联网金融平台的大数据建设还存在很多缺陷,需要得到进一步发展和完善。

(1) 数据缺乏真实性,难以及时预测突变情况

一是数据质量存在问题。由于互联网金融平台众多,不乏滥竽充数和弄虚作假者,其交易的数据真实性有待勘查。只有海量的数据才能分析出一定的规律。但只根据数据分析出的规律并不全面,如果仅据此进行风控审核,难免会出现疏

漏或偏差。大数据只能作为辅助手段,不能作为风控的决策依据。对于当下我国网贷业风控的现状,目前来看,大数据风控还是一个理想化的模式,至少短期内无法取代现有的风控,毕竟目前国内征信尚不健全,国内所积累的数据根本不足以支撑建立一个完善的大数据模型。此外,大数据作为数据的集合,其为平台提供的仅仅是数据参考。① 二是大数据对于"黑天鹅"事件的预测存在滞后性。在现实世界,总会出现不可预测的"黑天鹅"事件,一旦出现则有可能冲击大数据风控模型的基本假设,进而影响大数据风控的有效性。大到美国的次贷危机,小到个人意外事件的发生,在某种程度上大数据风控是无法预测的,但这些事件的发生,对宏观经济和微观主体都会产生重大的影响。例如,2008年美国次贷危机后产生了一种"策略性违约"行为——贷款主体本身有能力还款,但是其在房价远低于贷款总额的时候,重新购买一套房子,并对之前的房贷断供,贷款者可以此方法进行"套利"。虽然此类违约者会因此有不良信用记录,但是这对信用报告的影响有限,因为其他的债务按期偿还。而大数据对这种突变事件的预测能力则非常有限。②

（2）数据的安全合法使用及保密存在难度

在数据收集和使用的过程中也面临着合法使用的问题。如何高效、适度地开发和使用大数据,不仅仅是一个技术问题,也是一个社会问题,这些泄露的数据大量流入数据黑市,造成了用户安全、企业安全甚至国家安全方面的连锁反应。数据的收集和使用在很多时候都没有征得数据生产主体的同意,这导致了数据的滥用和隐私的泄露。近年来,个人数据泄露事件频频发生,因个人数据泄露而造成损失的新闻屡见报端。猎豹移动安全实验室发布的《2015年上半年移动安全报告》显示,截至2015年上半年,猎豹共监测到496起数据泄露事件,影响超过544万人。

（3）大数据孤岛众多,难以形成透明共享网络

目前我国的大数据风控系统还没有实现互通互联,阿里、银联、平安、腾讯以及众多的P2P公司,都是各自为政,P2P公司拿不到央行的数据,几家大的互联网平台在相关大数据的分享上彼此也未互通有无。因而,由于目前中国国内的数据大多处于独立孤岛,很难形成由共享而成的数据链和数据网。由于人民银行的征信系统与互联网金融的数据平台无法对接,信息无法共享,因此网贷平台不得不通过线下调查客户信用和调取央行征信报告,各自组建线下征信风控团队,而征信体系不健全也导致P2P在中国举步维艰,这亦成为中国互联网金融行业发展的

---

① 刘丽：《网贷大数据风控准确性存疑》,载于《经济参考报》2015年11月20日。
② 巴曙松等：《大数据风控的现状、问题及优化路径》,载于《金融改革》2016年第2期。

最大瓶颈。对于开展信贷业务的机构来讲，社交网络数据、电商交易等大数据只能作为补充，辅助P2P机构的风控人员判定"客户是谁，即他是不是他所声称的那个人、他的工作生活是不是他声称的环境"，以此用来防止身份欺诈。采用这些数据（社交网络数据、电商交易等数据）还不能直接预测和推断出他将来及时还款的可能性，利用其进行信贷风险评估工作非常困难。

三、金融机构发展的对策建议

（一）积极采用多种方法处置不良资产，防范经营风险上升

随着不良贷款规模不断上升，银行对不良处置重视程度也应越来越高并积极采取多种手段进行处置，防止经营风险的上升。具体包括：

一是贷款重组和转化。比如对一些暂时出现困难的企业贷款进行调整利率、还款方式、还款主体等方式的重组，或者利用发债的形式把贷款转化成企业债券，用时间换空间，给不良贷款提供一个缓冲。

二是降低拨备的诉求。目前，已有国有大行提出通过降低拨备缓释不良上升和利润下降的冲击。对银行来说，拨备调整能够实现以丰补歉，熨平盈利波动。如果拨备覆盖率要求放松，比如120%，则能减缓盈利下滑。不过需要注意是，这只是账面利润变化，不能从根本上起到化解不良的作用。

三是打包出售。将不良资产打包批量卖给四大资产管理公司，是银行的一个传统处置方法。不过，在经济增长下降、资产价格没有见底的情况下，资产管理公司在资产处置上也面临一定困难，购买不良的意愿不强。对银行来说，也在权衡打包的价格，如果被压得较低，银行出售资产的意愿也会受到影响。

四是不良贷款证券化。银监会在2016年工作会议上提出，开展不良资产证券化试点。不良资产证券化使银行多了一条处置不良的渠道，有利于提高银行信贷资产的周转率和回报率。但是，不良资产证券化也面临着参与主体较多、程序复杂，以及如何进行基础产品选择、定价等方面的困难。从国际经验看，通过证券化进行处置的不良资产占比一般在10%—20%左右，效果有限。

五是不良资产"债转股"。债权转为股权的主要意义在于，原来的还本付息就转变为按股分红，银行在企业状况好转后，通过上市、转让或企业回购形式回收这笔资金。不过商业银行股权投资法律限制仍在，银监会不会允许银行借不良贷款转股进行股权投资，因此对债转股审批会较严格。实施债转股，对银行来说，短期收益也会受到影响，而且资产结构中高风险权益资产的占比也会上升，这就需要银行进行成本收益的权衡，审慎操作。

（二）加强与风险投资机构合作，促进商业银行创业投资及股权投资方向转型

1. 建立与风险投资机构的合作机制

一是建立风险投资机构的准入审查机制。根据资金实力、经营业绩、公司治理机构、实际控制人及管理层从业经验等维度制定准入标准,对符合准入标准的经风险控制委员会审议通过后纳入合作名单,签订合作协议。合作名单应定期重检,对不再符合准入标准的客户不再开展新增业务,存量业务应加强贷后管理、增加风险控制措施,保证信贷资金的安全性。

二是建立贷前调查合作机制。商业银行在贷款投放前应要求风险投资机构提供客户尽职调查报告并承担尽职责任。商业银行要对风险投资机构调查的过程和方法进行必要的复核,在合作初期阶段及重要客户可派员共同参加风险投资机构的客户调查,并尽可能要求风险投资机构对贷款提供连带保证责任。

三是建立投后管理合作机制。商业银行应根据贷款规模大小及对本行的重要性程度选择部分客户,与风险投资机构一同参与到企业的日常经营管理中,但不占有董事或股东席位,不对一般经营事项发表意见。对因为人员不足等原因无法参与经营管理的,应要求风险投资机构定期提供企业的投后管理报告,并安排专人在此基础上进一步审查分析,判断信贷资金风险状况并提出相应的管理建议。

2. 组建专业化运作团队

商业银行要挑选熟悉小企业管理、创投业务的行业专家组成投贷联动业务发展中心,牵头组织并专门具体运作。客户及市场的拓展由基层营业机构负责,也可在重点城市专门设置一些专业化支行,作为投贷一体化试点专业营销部门;客户准入、授信审批和贷后管理分别由投资银行业务、授信审批部、风险管理部负责,在可能的情况下可以设置专岗负责。

3. 建立专门的风险控制体系

商业银行要建立专门的业务台账,考核单户、单机构以及各经营分支机构业务开展情况,建立一整套完备的风险与收益评价系统。一是对单户、单机构的业务开展情况的风险与收益评价。应可以计算出通过开展投贷联动业务,每个授信客户或每个股权投资机构为本行带来的总体收益、付出的总经营成本并可以计算出经济资本占用等具体考核数值,为业务决策和经营考核提供依据。二是本行该类产品体系授信风险总体评价。包括各行业投向、授信品种分类汇总、风险暴露总量以及与经济资本配比、占用情况等,以便于银行把握总体风险和发展方向。三是建立贷后管理体制办法。明确投贷联动业务发展中心、风险投资机构(或子公司)及项目经办机构各方具体业务职责,切实做好投后、贷后管理工作,确保投贷联动业务健康发展。

(三)促进绿色金融产品创新,完善绿色金融体系

1. 完善绿色金融体系主体

一是政府。制定和完善支持绿色金融发展的政策和配套体系,特别是通过调

整财税等政策加快适应绿色金融发展；发挥公共资金撬动社会资金的杠杆作用，正面引导社会资金流向；通过加大政府采购力度、直接投资于绿色基础设施等方式带动绿色经济发展；健全绿色金融监管体系，防范系统性金融风险。二是金融机构。引导各类传统金融机构进行绿色改造，促进商业银行绿色转型，加快适应服务绿色治理和绿色增长的需要；培育和壮大各类绿色金融市场主体，包括银行、证券交易所、基金、风险投资等，设立政策性绿色金融机构。三是服务性中介机构。包括各类为绿色金融交易提供服务的中介机构，如信用评级、担保、经纪、保险、再融资等。鼓励现有中介机构参与绿色金融业务，大力发展第三方核证机构、绿色信用评级机构等专业性绿色金融机构，推动专业中介机构为绿色金融业务提供技术支持，如项目咨询、项目评估、项目融资担保、法律和审计等服务。

2. 创新绿色金融产品及业务模式

一是加强绿色信贷创新，将绿色环保理念引入信贷政策制定、业务流程管理、产品设计中，积极研发新产品，如针对绿色信贷中抵押品不足的问题，探索碳权质押融资贷款，允许绿色企业提供知识产权质押、出口退税质押、碳排放权质押等。二是大力推广绿色证券、绿色保险、绿色基金等业务，如创建与环境相关的产业投资基金，以支持绿色发展项目和生态环境保护，并采取市场化运作和专家管理相结合，实现保值增值。三是加强绿色金融衍生工具创新，建立完善的绿色金融衍生产品市场和绿色金融中介服务市场。四是逐步发展碳交易市场，创新各种碳金融衍生品，如碳远期、碳期货、碳期权等，构建中国碳金融产品体系。

3. 完善绿色金融的法律体系

完善绿色金融法律法规体系。一是在法制建设上，尽快制定并完善系统的法律保障体系，主要包括绿色金融基本法律制度、绿色金融业务实施制度、绿色金融监管制度等。二是在政策支持上，政府有关部门可根据宏观政策和可持续发展原则制定一系列配套政策措施，为绿色金融提供良好的外部环境，形成正向激励机制，引导有关各方积极参与绿色金融，激发市场潜力和活力，如税收减免、财政贴息、风险补偿、信用担保等。三是在监管上，金融监管当局应联合有关主管部门，强化现有限制性和约束性政策的执行力度，统一和完善绿色金融监管指标体系，加强非现场监管和现场检查，推动金融机构积极开展绿色金融。四是明确环境污染者应承担的责任，在可以准确区分环境违法企业和节能环保企业的情况下，配以强化的激励和约束机制，鼓励企业进行环境保护，支持金融机构开展绿色金融。

4. 加快设立政策性银行——绿色银行

一些发达国家的实践证明，由于绿色金融在技术含量上具有一定的门槛，要求所有银行达到同样的高度是不现实的。只有专业银行才能做到位、做出效果。因此，应加快成立政策性的节能环保产业银行，通过政府的政策扶持以提高杠杆效应。环保产业银行可先做试点,在试点的基础上总结经验,然后再在全国有计划、有步骤地布局。

(四)提高财富管理公司综合发展能力,强化第三方机构独立性

1. 提高财富管理公司服务内涵与质量,迎合发展需求

随着高净值客户财富管理意识逐步增强,传统由产品主导的销售模式已难以满足客户多元化的理财需求。在产品供给端,2015年以来受宏观经济下行等多方面因素影响,房地产、基础设施行业进入深度调整期,高收益产品供给持续下降,创新类产品尚未形成稳定的盈利模式,财富管理公司单一产品线已难以应对市场竞争需要,迫切需要转变以往产品驱动的业务模式,转而围绕客户需求从"产品销售者"向"客户资金的受托服务者"转变,即推动财富管理业务进入客户需求驱动的资产配置阶段。做客户资金的管理者,要求财富管理公司不仅是产品信息的推介平台,更是以资产配置能力为核心的客户服务平台,通过在资产端拓宽产品来源、丰富产品种类,从而构建多市场、多类型的多元化产品池,并根据个人客户、机构客户的资金管理需求,实现资金端与资产端的有效连接与匹配以及资产组合配置。

2. 明晰财富管理界限,强化第三方机构独立性

一是明晰财富管理的本质和内涵。即帮助客户在众多金融领域里,结合客户的实际提供纷繁复杂的金融产品配置的一种概念,按照配置的方式不同,产生出两种,一种是通过资讯或者建议的方式,一种则是实际的资金受托的方式。前者主要是金融顾问中介机构,包括了第三方财富管理的范畴。后者则是信托、基金管理公司、私募机构、资产管理公司等。

二是新型财富管理机构的目标客户、业务范围与其他财富管理机构相比,应有其特有的差异性。第三方机构是独立于金融机构之外,客观评审、调研、评价各种金融产品,并挑选与客户需求相匹配的产品、提供理财规划的机构。它是金融机构和个人客户之间的桥梁,宗旨是利益公允。买卖双方存在利益的博弈,第三方机构应该是偏向客户的,是一个"买方机构"。

3. 强化有序竞争和有效激励机制,促进财富管理行业金融产品创新

要做到客观、公正的评价各种金融产品,就需要财富管理行业具有强大的研究能力。财富管理公司首先要对金融产品进行筛选,并对产品进行持续跟踪,及时提醒风险。产品如果没有可靠的发行方,风险没有明确的测定,那么客户投资很可能因此亏损,从而砸掉了第三方机构自身的牌子。而品牌一旦受损,很难再有复原机会。应逐步建立公司自己的研究团队,对宏观经济、资本动态定期在门户网站上发布研究报告,一方面为产品推介与设计提供理论依据,一方面为会员客户提供独享的最前沿、最准确的资讯。

(五)大力培育专业再保险公司,提高保险资产管理公司竞争力

1. 大力培育专业再保险公司,提高其经营管理能力

一是要培育和发展再保险市场主体。要引导国内社会资本投资设立再保险公司,鼓励中资保险集团或直保公司特别是以经营风险业务为主的保险集团成立再保险子公司;要积极引进资本实力雄厚、技术优势明显,特别是在健康险、农险、责任险、风险保障型寿险产品、年金保险、医疗保险、财务再保险等领域有业务优势的境外专业再保险公司来华设立再保险公司,引导现有的外资再保险公司加大对在华分公司的投入。

二是加大再保险产品和技术创新力度。再保险公司应主动完成从偿付能力和承保能力的提供者,向风险解决方案综合服务提供商的转变,不断提升风险管理、产品开发等专业能力。要加大再保险对农业、交通、能源、化工、水利、地铁、航空航天、核电及其他国家重点项目的大型风险、特殊风险的保险保障力度,增强再保险分散自然灾害风险的能力,强化再保险对我国海外企业的支持保障功能。

三是要加强再保险基础条件建设。一方面再保险公司应继续加大数据管理工具的引进和开发,同时促进保险行业与相关公共数据管理部门和机构的合作,努力构建保险行业大数据开发应用的基础平台。另一方面要重视再保险专业人才的培养,建立积极开放的人才选拔和聘用机制,加大再保险人才培养投入和力度,培养既懂外语,精通保险公司的运作,同时还了解国际市场、掌握国际市场的资源和网络,足以胜任再保险品开发与设计、业务经营与管理等各方面工作的再保险专业人才,提高再保险人才的专业素质和能力。

2. 提高保险资产管理公司市场竞争力

一是战略定位从附属性向独立性转型。以境外领先同业为标杆,保险资产管理公司的战略定位应从保险公司附属的"保险资产"管理机构向以保险机构为母公司或股东的综合性"资产管理"机构转型,成为母公司的利润贡献者、竞争优势提供者。在新的定位之下,保险公司作为保险资产管理公司的股东,除了可以选择将保险资金委托给其进行投资管理、节约管理费用之外,亦可以对保险资产管理公司提出利润要求,保障合理回报。这种定位的转变将使保险资产管理公司成为独立核算、具有盈利目标的市场主体,其管理费收入也将成为能力与业绩的象征和结果,而非保险集团内部调剂的后果,会计核算、财务管理等管理工具将具有实际意义。在盈利性约束之下,保险资产管理公司将充分参与市场竞争,提升投资能力,做大管理资产规模,改善盈利水平,向股东提供投资回报。在市场竞争的参照系下,保险资产管理公司通过与其他资产管理机构同台竞技,不仅可以检验自身的能力与实力,亦能改变其在保险集团内部的地位和影响力。

二是业务发展从投资驱动向综合能力驱动转型。保险资产管理公司综合能

力的提升是参与大资管竞争的基础,也是赢取更为广阔发展空间的制胜法宝。保险资产管理公司需要强化市场销售、客户服务、账户管理、运营支撑等方面的能力建设,通过综合能力来赢得客户的青睐。同时,在客户类别多元化,资金来源多样化,投资方式创新化的资产业务管理背景下,新的风险源将不断涌现,风险因子之间交互作用更为常见,这加大了风险识别、评估和管理的难度,对风险管理提出了严峻的挑战,保险资产管理公司风险管理能力的持续提升也是重中之重。

三是投资能力从资产配置主导向主动管理主导转型。保险资产管理公司需要大力发展另类投资能力,从满足资产配置需求向主动管理资产转变。通过主动创设另类投资产品,在满足母公司保险资产的配置需求的同时,可以募集第三方资金,做大管理资产规模。此外,保险资产管理公司的海外投资能力建设也亟待加强,以更好满足国内旺盛的海外资产配置需求。

四是投资管理从以专户为主向以产品为主转型。保险资产管理产品推出以来,部分保险资产管理公司已经在产品研发取得了长足进展,但产品种类偏少,规模偏小,创新性不足,提升的空间依然较大。保险资产管理公司应不断完善资产管理产品体系,将产品作为获取第三方资产的主要形式。在产品化过程中,保险资产管理公司可通过提出资产配置建议,推动受托管理的专户资金加大认购资产管理产品的比例,形成多样化的产品线条,集中优势力量打造明星产品等举措加快投资产品化的过程。

3. 强化专业保险中介机构优势

一是专业保险中介机构应创新"互联网思维",强化自身优势。一方面,专业保险中介机构应积极探索"互联网+保险中介"的有效形式,借助互联网开发形成新的业务平台。按照线上线下监管一致性原则,规范电子商务平台等互联网企业开展保险中介服务行为。另一方面,专业保险中介机构应利用的特定优势,构建对客户、对行业的平台级服务。专业保险中介机构本身的属性,决定了其相较于保险公司而言,更具有提供平台级服务的属性:专业保险代理机构可以代理多家保险公司的产品任客户选择;保险经纪机构可以利用自身风险管控的专业知识,在不同公司的不同产品间,为客户筛选最优投保方案;保险公估机构可以通过规模化、标准化的服务体系,为多家保险公司提供查勘估损服务。上述这些平台级服务,不仅可以方便客户,更可以提升行业效率。

二是提升专业保险中介机构的创新能力。一方面要提升专业保险中介机构的技术能力,在风险定价、产品开发、防灾防损、风险顾问、损失评估、理赔服务、反保险欺诈调查等方面主动作为,提供增值服务。另一方面,专业保险中介机构要继续走差异化发展之路,提升专业从事再保险经纪、人身险经纪、车险公估等业务的能力,要顺应国家经济发展的要求,服务国家"走出去"战略,为"一带一路"和海外项目提供风险管理与保险安排服务。

(六) 全面促进互联网金融平台的规范化及升级发展

1. 加强平台监管,提高平台风险防控能力

一是健全监管制度,杜绝监管盲区。制定出台互联网票据业务管理制度,明确票据平台的准入标准、信息发布流程等。二是严格落实相关制度。严格执行第三方存管等制度,实现网贷平台与资金的隔离,防范非法集资等金融风险。三是加强抽查与处罚力度。监管部门可采取定期抽查方式对平台风险防范措施进行评估,对于违规利用票据套利、挪用投资者资金、非法集资、衍生资金池等行为,坚决予以整顿或取缔。四是适当提高 P2P 衍生平台行业进入门槛,根据融资规模等指标调整平台企业的自有资本规模,增强风险抵御能力。五是进一步增强平台风险评估和风险控制能力,从源头降低融资项目的信用风险。六是加强平台内控能力。加强个人和企业信息管理,从硬件和软件方面增强信息安全保障能力,严防向第三方泄露个人和企业信息等非法行为。七是建立自有资金和出借人资金隔离机制,严守不挪用资金、不以期限错配方式设立资金池、不参与非法集资的红线。[1]

2. 改善经营布局,提高客户体验

对于部分资金实力中等的 P2P 平台而言,在行业利润空间收窄的环境下,可聚焦于资产端,以寻求优质资产、做好风险控制和进行产品定价为核心业务;新入行的公司和一些转型的现有平台则可专注于资金端,以识别借款企业资质和解读用户理财需求为核心业务,最终实现合理的跨平台资产配置。另外,P2P 平台在创新产品的同时,还应提升客户体验,增加客户黏性。一方面,从社会属性来看,平台内部可对其投资群体进行分类,并针对不同投资者制定不同优惠措施。另一方面,可在平台网站给予投资者通俗易懂且实用性强的理财建议。

3. 建立互联网借贷平台信用评级制度

平台频繁跑路、经营能力低、恶意诈骗等问题仍然严重影响着行业形象,可见信用问题是 P2P 网贷行业面临的最大风险。秉着平台自愿参与的原则而推出的信用评级制度,是一种通过协会招标,并由第三方机构为各平台进行信用评级,进而给投资者提供参考的评级制度,将对互联网借贷平台的升级发展起到至关重要的作用,在评级方面应充分权衡考虑平台风控体系、注册成本、有无设立资金池等多个指标。此外,还应建立网络借贷平台的个人信用数据。[2] 国外建立了个人信

---

[1] 包艳龙:《金融稳定视角下 P2P 网络借贷平台衍生——模式风险调查与分析》,载于《吉林金融研究》2016 年第 1 期。

[2] 王会娟、廖理:《中国 P2P 网络借贷平台信用认证机制研究——来自"人人贷"的经验证据》,载于《中国工业经济》2014 年第 4 期。

用评级监管体系设立相应的监管主体,监管主体是在现有的法律上,监督提供信用评级的专业机构,使其合法制定和使用个人信用评级数据。与国外不同的是,中国个人信用评级由网络借贷平台提供,而不是专业的评级机构。因此,政府需要正确引导规范网络借贷平台的信用认证机制,协同相关部门制定个人信用评级的有关法律法规。政府应在法律基础上加强对网络借贷平台借款人信息的保密管理,明确获取个人信用信息所必须遵循的原则,规定网络借贷平台和借贷双方的权利和义务,以此防止利益冲突,促进网络借贷平台信用认证机制的健康发展保护借贷双方的合法权益。此外,应尽快将中国人民银行的个人信用信息基础数据库和网络借贷平台对接,最终实现个人信用数据共享,形成完善透明的网络借贷平台评级制度和个人信用体系。

4. 互联信用信息,从供应链交易环节获取数据

一是要共享大数据。美国征信系统的完善是因为美国政府对其拥有的大数据资源的开放程度日益透明化。各金融企业要建立互联互通机制,打破数据孤岛,从而能多维度地收集数据,确保数据之间能够相互验证。[1]

二是要布局物联网,从交易环节获取数据。获取真实数据最好的途径就是要切入客户的交易环节,尤其是稳定可持续的交易环节,即供应链。物联网覆盖了产品生产、交易和使用的环节,因而互联网只是物联网的一部分。在物联网下,不仅要获取交易环节的数据,更重要的是获取生产环节和使用环节的数据。因而,金融企业要积极布局"物联网+",为获取更为全面的数据打下基础。例如,企业机器运行数据,可以收集客户汽车驾驶数据,可穿戴设备的身体状况数据,等等。这些数据都是大数据风控不可或缺的部分。

5. 推动和完善与大数据相关的互联网金融制度建设

一是对数据的收集和使用予以法律上的保护。我国对于数据保护的制度性举措散见于多部法律中,如宪法、刑法、侵权责任法等,多是以保护个人隐私、通信秘密等形式出现,尚缺乏一部数据保护的专门性法律。这导致了数据的法律边界不明、数据保护法律的操作性不强、数据保护执法机制滞后等问题,制约了数据收集和运用的发展。因此,理想的状况是出台相关法律明确国家机关、商家和其他法人、自然人掌握个人信息的边界和使用的范围。

二是会计制度建设,对数据资产予以明确的计量。随着数据重要性的提升,数据列入企业资产负债表只是时间问题,数据将和土地、劳动力和资本一样,成为一种生产要素。越来越多的理论界和实务界的研究者都倾向于认为数据将成为个体的财产和资产,需要建立相应的会计制度对于数据价值进行科学有效的评估。

---

[1] 朱剑红:打破信用信息"孤岛",载于《人民日报》2015年6月26日。

第三章 金融市场发展

2015年既是金融市场中各项制度市场化改革不断推出的一年,同时也是多种矛盾和问题日益显现的一年。总体来看,金融市场中产品种类不断丰富,市场制度逐步完善,金融市场对于降低社会融资成本、促进实体经济发展的作用得以进一步发挥,但各子市场及不同子市场之间存在的矛盾或问题也日益显现。货币市场交易活跃,市场利率维持低位。股票成交量大幅增长,股票市场指数震荡较大,新三板市场发展迅猛,基础性制度建设稳步推进;债券发行规模显著扩大,收益率曲线下移。人民币汇率双向浮动弹性明显增强,外汇市场波幅扩大,外汇掉期和远期交易增长较快。保险市场保持快速发展,保险资金运用结构继续优化,投资收益大幅提高,保险服务能力不断提升,互联网保险业务快速发展,市场格局更加合理,发展的协调性进一步增强。黄金供需基本保持平稳、黄金市场价格震荡下行、黄金交易规模大幅增长、黄金市场制度性建设逐步推进。期货交易规模大幅增长、期权市场平稳运行、利率衍生品交易活跃度明显上升。不过,我国金融市场仍存在一些问题,本章试图分析这些问题并给出相应对策建议。

一、金融市场运行分析

(一)货币市场

1. 同业拆借市场

2015年同业拆借市场总体大幅上升。同业拆借累计成交64.2万亿元,同比增加6.0%,日均成交2 579亿元,同比增长71.2%,增速比2014年多65.1个百分点。从图1-3-1可以看到,在2001—2012年间,同业拆借交易额持续增加,年均增长率高达到66.44%,2013年同业拆借成交额出现了较大幅度下降,但2015年同业拆借成交额又重现大幅增长,创下历史新高。

从期限结构来看,市场交易仍主要集中于隔夜品种,拆借隔夜品种的成交量占总量的84.09%,比2014年上升5.8个百分点,各月成交额具体见表1-3-1。

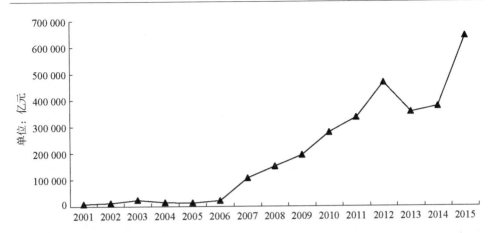

图1-3-1 2001—2015年我国银行间同业拆借交易额变化情况

资料来源:http://www.pbc.gov.cn/diaochatongjisi/116219/116319/2161324/2161348/index.html。

表1-3-1 全国银行间同业拆借市场交易期限分类统计(单位:亿元)

日期	1天	7天	14天	21天	1个月	2个月	3个月	4个月	6个月	9个月	1年
2011年累计	273 200.38	42 400.83	9 986.13	2 282.87	2 705.04	1 119.53	1 673.67	350.73	600.52	38.74	53.61
2012年累计	402 814.34	41 933.68	12 068.18	2 369.66	4 476.23	1 625.57	1 169.51	81.17	379.39	28.94	84.58
2013年累计	289 635.51	44 024.22	11 579.07	1 828.25	5 069.66	1 034.16	1 748.24	67.03	118.92	1.80	82.66
2014年累计	294 982.89	61 060.56	11 767.40	898.89	4 664.71	1 236.82	1 669.70	60.23	100.21	21.90	163.09
2 015.01	19 543.66	5 736.06	556.12	17.40	135.33	149.10	159.80	12.25	14.73	2.56	35.30
2 015.02	13 448.45	4 568.59	996.96	169.32	262.01	143.40	110.90	11.65	5.50	2.00	48.40
2 015.03	27 838.65	6 294.40	1 593.65	116.29	377.01	59.82	148.19	6.92	10.00	--	2.80
2 015.04	34 245.56	6 333.67	2 274.52	45.41	262.00	91.23	127.49	13.60	17.38	0.30	33.48
2 015.05	49 143.30	7 053.42	1 245.02	79.12	247.38	39.77	145.66	8.80	17.00	1.00	13.00
2 015.06	50 263.11	8 890.95	891.24	139.34	415.39	46.64	107.86	6.97	5.35	5.50	3.50
2 015.07	58 716.47	5 915.04	930.15	121.30	311.14	80.31	637.76	7.40	27.81	2.00	1.14
2 015.08	53 119.94	5 383.43	1 184.20	71.34	253.42	50.47	104.87	6.00	5.70	1.00	1.00
2 015.09	42 106.65	5 571.64	1 835.85	76.35	363.87	111.20	145.30	1.50	6.80	--	5.05
2 015.10	47 455.71	5 172.55	1 007.28	105.35	225.09	22.03	95.38	8.65	6.72	--	17.70
2 015.11	75 974.99	7 948.23	1 515.32	233.80	487.90	160.25	137.70	14.49	14.20	0.83	302.00
2 015.12	68 096.77	8 105.88	1 274.85	197.40	902.24	51.36	524.27	21.80	14.85	2.00	90.00
2015年累计	539 953.25	76 973.86	15 305.16	1 372.42	4 242.78	1 005.58	2 445.18	120.04	146.04	17.19	553.37

资料来源:http://www.pbc.gov.cn/diaochatongjisi/116219/116319/2161324/2161348/index.html。

1、2、8、9和12月份,同业拆借市场成交量较上月有所下降,其中,2月份同业拆借市场累计成交量下降25.02%,达到全年最低(1.98万亿元);其他月份成交量较上月都是增加的,其中3月份增加幅度最大,累计成交约3.64万亿元,较上月增长84.39%;交易品种仍以1天为主,1天品种共成交约54.00万亿元,占全部拆借成交量的84.09%。与2014年各月同比,2015年各月均呈大幅上涨态势,7、8、11和12月份同比增长率分别高达102.35%、118.24%、159.09%和173.70%,月均增长69.27%(见表1-3-2)。由上述分析可知,我国同业拆借市场经过短暂调整后,又回复到快速增长态势。

2015年,同业拆借利率呈波动下降态势。从全年来看,3月份同业拆借加权平均利率是3.69%,为年内最高水平,5月份达到1.42%的年内最低水平,比3月份下降127个基点(见图1-3-2)。从全年来看,随着资金需求的变化,同业拆借利率也呈现一定波动,前3个月呈现缓慢上升态势,由1月份的3.18%上升到3月份的3.69%;然后快速下降至本年最低位(5月份下降到1.42%)[①],但随后又出现反转,呈现平稳上升态势(9月份上升到2.05%)。由此可见,年初出现了较强劲的资金需求,5月份以后资金需求总体比较平缓。质押式回购加权利率与同业拆借加权利率全年走势极为同步,也从侧面反映全年资金需求状况。

表1-3-2　2015年同业拆借市场成交情况

月份	2015年成交额(亿元)	环比(%)	2014年成交额(亿元)	同比(%)	IBO001[②](亿元)	占比(%)
1	26 362.30	−8.99	22 948.61	14.88	19 544	74.13
2	19 767.18	−25.02	17 195.08	14.96	13 448	68.03
3	36 447.72	84.39	31 217.23	16.76	27 839	76.38
4	43 444.65	19.20	30 742.45	41.32	34 246	78.83
5	57 993.47	33.49	39 446.46	47.02	49 143	84.74
6	60 775.85	4.80	36 270.04	67.56	50 263	82.70
7	66 750.52	9.83	32 987.28	102.35	58 716	87.96
8	60 181.37	−9.84	27 575.57	118.24	53 120	88.27
9	50 224.21	−16.55	36 699.96	36.85	42 107	83.84
10	54 116.46	7.75	39 079.58	38.48	47 456	87.69
11	86 789.71	60.38	33 497.84	159.09	75 975	87.54
12	79 281.41	−8.65	28 966.31	173.70	68 097	85.89

资料来源:http://www.pbc.gov.cn/diaochatongjisi/116219/116319/2161324/2161348/index.html。

[①] 中国人民银行下调贷款基准利率是利率下降重要原因之一。2015年,中国人民银行先后五次下调贷款基准利率,3月1日,1年以内(含1年)贷款基准利率由2014年的5.60%下调为5.35%,5月11日、6月28日、8月26日和10月24日,分别再次下调为5.10%、4.85%、4.60%和4.35%。1至5年(含5年)和5年以上的贷款基准利率也相应下调。

[②] IBO001指同业拆借市场中的隔夜品种;占比指隔夜品种占同业拆借总成交量的比重。

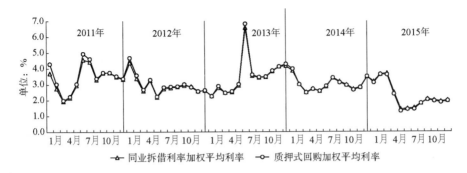

图 1-3-2　2011—2015 年同业拆借加权平均利率和质押式回购加权利率

资料来源：http://www.pbc.gov.cn/diaochatongjisi/116219/116319/2161324/2161348/index.html。

2. 回购市场

2015 年，回购市场与同业拆借市场类似，交易量大幅增长（见图 1-3-3 和表 1-3-3）。银行间市场债券回购累计成交 457.8 万亿元，同比增长 104.8%，日均成交 1.8 万亿元，增速比 2014 年高 62.9 个百分点。3—7 月、9—12 月份出现增长态势，其中，3 月份成交额为 25.17 万亿元，较上月增长 55.19%，为年内单月最高增长率。1、2、8 月份出现下降趋势，其中，1 月份成交额为 21.25 万亿元，较上月下降 4.18%。从期限结构来看，回购市场交易仍主要集中于隔夜品种，回购隔夜品种的成交占总量的 85.1%，比 2014 年上升 7 个百分点。交易所债券回购累计成交 128.2 万亿元，同比增长 41.3%。

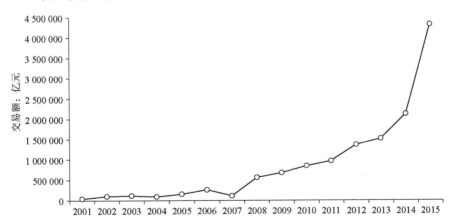

图 1-3-3　2001—2015 年我国银行间市场债券质押式回购交易额变化情况

资料来源：http://www.pbc.gov.cn/diaochatongjisi/116219/116319/2161324/2161348/index.html。

表1-3-3　全国银行间市场债券质押式回购交易期限分类统计（单位：亿元）

日期	1天	7天	14天	21天	1个月	2个月	3个月	4个月	6个月	9个月	1年
2011年累计	728 666	157 023	43 834	11 335	13 804	5 133	4 513	1 028	1 052	36	225
2012年累计	1 109 323	172 165	47 390	9 913	13 155	8 120	4 421	618	804	89	182
2013年累计	1 201 735	196 620	64 787	14 263	24 745	8 264	7 068	613	1 045	234	384
2014年累计	1 668 990	300 413	96 061	16 051	22 896	6 722	9 854	1 214	1 464	123	311
2015.01	164 935	36 426	7 628	463	1 554	658	794	25	53	1	2
2015.02	109 735	30 336	16 514	2 404	1 449	985	318	179	198	20	22
2015.03	197 047	35 688	14 639	1 482	1 890	328	330	88	133	5	35
2015.04	241 346	30 044	11 097	542	1 009	100	934	132	56	21	4
2015.05	307 682	29 354	6 174	238	730	555	894	30	85	1	5
2015.06	326 701	46 329	11 248	1 119	2 267	439	1 188	80	44	1	—
2015.07	387 615	35 396	5 493	373	1 166	134	810	35	19	3	2
2015.08	324 980	36 705	6 457	612	1 922	353	510	37	36	2	3
2015.09	324 287	44 800	14 952	2 121	2 110	416	661	39	64	6	—
2015.10	354 832	35 249	4 512	330	599	138	311	23	4	—	—
2015.11	469 918	39 977	5 378	409	810	481	356	50	10	1	—
2015.12	492 349	61 237	10 269	1 242	3 155	785	3 087	50	146	1	—
2015年累计	3 700 895	461 541	114 361	11 337	18 661	5 372	10 193	768	849	60	73

资料来源：http://www.pbc.gov.cn/diaochatongjisi/116219/116319/2161324/2161348/index.html。

2015年，货币市场利率先升后降，整体下行明显。7天回购债券移动平均利率年初略有上升，之后开始明显下降，至6月月初达到年内最低值，然后稍有回升并维持平稳，其中，3月17日的7天回购债券移动平均利率达到4.79%的年内最高水平；6月11日，7天回购债券移动平均利率达到2.04%的年内最低水平，全年波幅为2.75%，4月月底以后7天回购债券移动平均利率一直处于均值之下（见图1-3-4）。7天同业拆借加权平均利率的走势与7天回购债券移动平均利率的走势基本一致，1月4日的7天同业拆借加权平均利率达到4.88%的年内最高水平，随后逐渐回落，在5月18日达到年内最低值1.92%，然后略有回升并趋于平稳，全年波幅为2.96%（见图1-3-5）。

从机构融资情况来看（见表1-3-4），2015年货币市场融出、融入主要呈现以下特点：一是中资大型银行依然是回购市场和拆借市场上的资金融出方且交易量大幅增长，同比增长135.2%，增速比2014年高出48.1个百分点。2015年，大型银行累计净融出资金206.96万亿元，同比多融出118.95万亿元。其中，在回购市场上，大型银行的净融出资金增加106.87万亿元，同比增长130.83%；在同业拆借市场上，净融出资金增加120.74万亿元，同比增长191.01%。二是中资中小型银行在拆借市场上的资金融出量减少,全年同业拆借净融出 2.38 万亿元,同比下降 42.7%;在回购市场上,中小型银行仍为资金需求者,全年回购融入资金 61.99 万亿元,同比增长 96.72%。三是外资银行和其他金融机构及产品净融入资金大幅上升,全年外资银行净融入 13.44 万亿元,同比增长 6.76 倍;其他金融机构及产品净融入 78.85 万亿元,同比增长 2.56 倍。四是保险业机构的货币市场资金融入有所收缩,全年回购和拆借净融入 7.91 万亿元,同比下降 5.23%。五是证券及基金公司全年融入资金同比增加 18.62 万亿元,同比增长 65.26%。

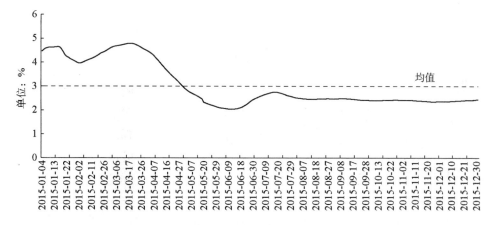

图 1-3-4　2015 年 7 天回购债券移动平均利率

资料来源:中国货币网,http://www.chinamoney.com.cn/fe/Channel/19225。

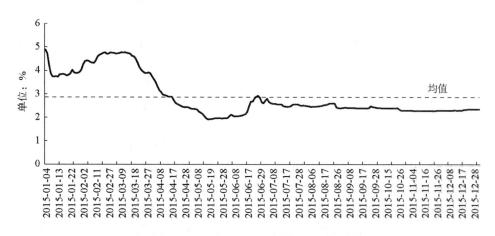

图 1-3-5　2015 年 7 天同业拆借加权平均利率

资料来源:巨灵金融服务平台。

表 1-3-4　2014—2015 年金融机构回购、同业拆借资金情况（单位：亿元）

	回购市场		同业拆借	
	2015 年	2014 年	2015 年	2014 年
中资大型银行	-1 885 635	-816 890	-183 955	-63 213
中资中小型银行	619 911	315 128	-23 790	-41 485
证券业机构	364 808	205 904	106 682	79 390
保险业机构	79 014	83 257	58	180
外资银行	104 578	13 272	29 785	4 035
其他金融机构及产品	717 324	199 329	71 221	22 094

注：(1)中资大型银行包括工商银行、农业银行、中国银行、建设银行、国家开发银行、交通银行、邮政储蓄银行。(2)中资中小型银行包括招商银行等 17 家中型银行、小型城市商业银行、农村商业银行、农村合作银行、村镇银行。(3)证券业机构包括证券公司和基金公司。(4)保险业机构包括保险公司和企业年金。(5)其他金融机构及产品包括城市信用社、农村信用社、财务公司、信托投资公司、金融租赁公司、资产管理公司、社保基金、基金、理财产品、信托计划、其他投资产品等,其中部分金融机构和产品未参与同业拆借市场。(6)负号表示净融出,正号表示净融入。

资料来源:中国外汇交易中心。

3. 票据市场

2015 年,票据市场无论是在支持实体经济发展,还是在服务商业银行业务经营方面,其地位和作用均得到显著的提升;票据资产良好的资产属性得到市场认可,票据业务资金化运作趋势日益凸显,其创新性和灵活性也得以发挥。

票据承兑业务小幅增长。2015 年,企业累计签发商业汇票 22.4 万亿元,同比增长 1.3%;期末商业汇票未到期金额 10.4 万亿元,同比增长 5.4%。上半年票据承兑余额小幅增长,8 月末达到 10.9 万亿元,之后票据承兑余额小幅波动,年末比年初增加 0.5 万亿元。从行业结构看,企业签发的银行承兑汇票余额仍集中在制造业、批发和零售业;从企业结构看,由中小型企业签发的银行承兑汇票约占三分之二。

票据融资余额快速增长。2015 年,金融机构累计贴现 102.1 万亿元,同比增长 68.2%;期末贴现余额 4.6 万亿元,同比增长 56.9%。票据融资余额总体增长较快,年末比年初增加 1.7 万亿元;占各项贷款的比重为 4.9%,同比上升 1.3 个百分点(见表 1-3-5 和图 1-3-6)。

票据市场利率总体呈下降趋势。2015 年,中央银行进行了 5 次降息、5 次降准。受央行利率调整的影响,银行体系流动性总体合理充裕,货币市场利率呈下降趋势,在人民银行再贴现利率引导贴现利率下行的政策作用下,同时受货币市场利率和票据市场供求变化等因素影响,票据市场利率总体波动下行(见图 1-3-7)。

第一季度,票据利率高位震动,月利率维持在4.3‰左右;第二季度,央行通过降准降息来向市场投放流动性,自2月5日起下调金融机构人民币存款准备金率0.5个百分点,4月20日再次下调各类存款类金融机构人民币存款准备金率1个百分点。货币市场宽松,票据利率下滑趋势明显。第三季度,票据利率横向盘整。8月份降息,9月份降准,对票据利率均有一定的影响,但由于前期已多次降准降息,影响效果已越来越小。票据市场利率经过几个月的磨合,基本到达一个相对科学、波动区间及波幅适度的水平。第四季度,票据利率呈下滑趋势,年末有拉高势头。10月份票据市场走势呈波次下行,月初利率第一波下行约10BP,月底利率第二波下行约20BP,主要是原因是央行同时降息降准,票据市场利率下降幅度与央行下调贷款基准利率幅度基本一致。11月份票据利率再次下行约30BP,创2010年来价格新低。此外,珠三角、长三角、环渤海以及中西部地区的直贴利率走势与转贴利率基本同步。

表1-3-5　2014—2015年票据融资与各项贷款总额比较

月份	2015			2014			同比增减额（亿元）
	各项贷款(亿元)	票据融资(亿元)	占比(%)	各项贷款(亿元)	票据融资(亿元)	占比(%)	
1	892 909.47	30 162.46	3.38	781 160.72	18 787.84	2.41	11 374.62
2	902 638.91	30 562.05	3.39	789 044.11	18 460.64	2.34	12 101.41
3	914 936.17	30 846.02	3.37	801 160.49	18 853.88	2.35	11 992.14
4	922 126.60	32 211.05	3.49	809 141.40	19 721.97	2.44	12 489.08
5	931 573.24	34 458.13	3.70	817 785.23	21 271.72	2.6	13 186.41
6	944 483.46	37 900.98	4.01	828 793.42	22 068.67	2.66	15 832.31
7	961 421.26	40 462.46	4.21	832 601.84	23 802.85	2.86	16 659.61
8	971 318.30	42 917.42	4.42	839 401.92	26 180.68	3.12	16 736.74
9	976 916.07	43 211.85	4.42	847 364.24	27 038.60	3.19	16 173.25
10	980 294.66	45 046.59	4.60	852 077.85	28 205.34	3.31	16 841.25
11	986 246.84	46 472.78	4.71	860 483.10	30 629.24	3.56	15 843.54
12	992 902.46	45 838.17	4.62	867 867.89	29 232.99	3.37	16 605.18

资料来源:中国人民银行《金融机构本外币信贷收支表》,http://www.pbc.gov.cn/diaochatongjisi/116219/116319/2161324/2161344/index.htm。

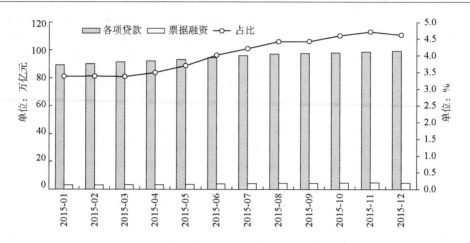

图1-3-6　2015年票据融资占各项贷款的比重变化

资料来源：中国票据网，http://www.zgpj.net/index.asp。

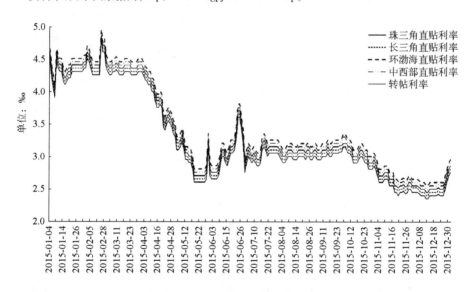

图1-3-7　2015年直贴利率和转贴利率走势

资料来源：中国票据网，http://www.zgpj.net/index.asp。

(二)资本市场

1. 股票市场

(1)沪深股票指数大幅震荡

2015年，沪深两市股票指数在6月中旬前大幅上涨，之后开始大幅回落(见图1-3-8)，年末上证综合指数收于3 539.18点，比2014年年底的3 234.68相比，上升 9.41%。本年,上证指数最高为 5 178.19 点,最低为 2 850.71 点,波幅为 2327.48 点。年末深成指数收于 12 664.89 点,与 2014 年底的 11 014.62 点相比,上升 14.98%。本年深成指数最高位 18 211.76 点,最低为 9 259.65 点,波幅达 8 952.11 点。深圳证券交易所创业板指数收于 2 714.05 点,比 2014 年年末上升 84.4%。此外,三板做市指数自 2015 年 3 月 18 日发布以后,一直大幅上涨至全年的最高位 2 673.17 点,然后逐步回调,至年末收于 1 438 点。① 总体而言,我国股票市场主要指数全年走势是有所上涨,但期间出现大幅震荡。

(2)股票市场成交量、成交额大幅增长

2015 年,我国股市累计成交量和累计成交金额分别为 171 039.46 亿股、2550 538.29亿元,与 2014 年同期累计成交量和累计成交金额 73 754.61 亿股、743 912.98 亿元相比分别增长 131.90%、242.85%。分月来看,我国股市累计成交量和成交金额在 3、4、6、10—11 月份快速上涨,1—2、7—9、12 月份震荡下跌(见表 1-3-6)。2015 年股票日均成交量为 354.86 亿股,日均成交金额为 4 458.10 亿元,与 2014 年相比,日均成交量增加 53.82 亿股,日均成交金额增加 1 421.72 亿元。全年创业板累计成交 28.5 万亿元,同比增长 265.6%。年末,沪、深股市流通市值 41.6 万亿元,同比增长 31.7%;创业板流通市值为 3.2 万亿元,同比增长 145.4%。由此可见,2015 年股票市场成交量和成交额同比大幅增长。

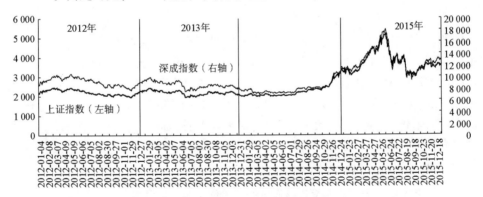

图 1-3-8 2012—2015 年沪深股市走势

资料来源:巨灵金融服务平台。

---

① 为进一步完善市场功能、提高市场运行质量,便于投资者参与市场,全国中小企业股份转让系统有限责任公司委托中证指数有限公司编制了全国中小企业股份转让系统做市成份指数(简称三板做市),于 2015 年 3 月 18 日正式发布指数行情。三板做市指数聚焦于新三板市场中交投活跃的做市股票,兼顾表征性与投资功能需求。

表1-3-6 2015年中国股市各月成交量和月成交金额

日期	股票成交金额（亿元）	日均成交金额（亿元）	股票成交数量（亿股）	日均成交数量（亿股）
2011年累计	421 649.72	1 728.07	33 957.55	139.17
2012年累计	314 667.41	1 294.93	32 881.06	135.31
2013年累计	468 728.60	1 969.45	48 372.67	203.25
2014年累计	743 912.98	3 036.38	73 754.61	301.04
2 015.01	127 669.98	6 383.50	10 491.35	524.57
2 015.02	75 973.47	5 064.90	5 891.75	392.78
2 015.03	208 514.39	9 477.93	15 308.17	695.83
2 015.04	300 637.41	14 316.07	19 614.89	934.04
2 015.05	312 075.85	15 603.79	17 736.09	886.80
2 015.06	366 612.84	17 457.75	20 462.79	974.42
2 015.07	281 441.17	12 236.57	20 332.40	884.02
2 015.08	205 192.54	9 771.07	14 731.35	701.49
2 015.09	116 118.19	5 805.91	9 826.46	491.32
2 015.10	150 641.94	8 861.29	11 029.08	648.77
2 015.11	223 272.32	10 632.02	14 385.25	685.01
2 015.12	182 388.19	7 929.92	11 229.88	488.26
2015年累计	2 550 538.29	4 458.10	171 039.46	354.86

资料来源：根据中国证监会2016年公布数据整理得到。

（3）股票市场融资同比大幅增加

2015年，各类企业和金融机构在境内外股票市场上通过发行、增发、配股、权证行权等方式累计筹资1.1万亿元，同比增长3 193亿元。A股全年首发筹资1 766.91亿元，H股首发融资236.19亿美元。在再筹资金额中，A股全年无公开增发，配股融资分别下降69.32%，定向增发增长66.43%，全年停止权证行权；H股再融资增长63.48%（见表1-3-7）。2015年A股筹资金额累计8 518.72亿元，同比多筹资3 662.29亿元，增长75.41%；H股筹资金额463.31亿美元，同比多筹资121.69亿美元，增长35.62%。

表1-3-7 2015年股票市场筹资金额（单位：A股为亿元、H股为亿美元）

时期	首次发行金额		再筹资金额					A股合计	H股合计
			A股				H股		
	A股	H股	公开增发	定向增发	配股	权证行权			
2011年累计	2 825.07	67.82	132.05	1 664.50	421.96	29.49	47.80	5 073.07	115.62
2012年累计	1 034.32	82.50	104.74	1 867.48	121.00	0.00	77.14	3 127.54	159.64
2013年累计	0.00	113.17	80.42	2 246.59	475.75	0.00	59.51	2 802.76	172.68
2014年累计	668.89	128.72	18.26	4 031.30	137.98	0.00	212.90	4 856.43	341.62
2 015.01	122.00	0.60	0.00	402.67	1.39	0.00	0.00	526.06	0.60

（续表）

时期	首次发行金额		再筹资金额				H股	A股合计	H股合计
			A股						
	A股	H股	公开增发	定向增发	配股	权证行权			
2 015.02	132.02	0.00	0.00	450.43	5.90	0.00	0.04	588.35	0.04
2 015.03	227.57	9.87	0.00	562.21	0.00	0.00	0.00	789.78	9.87
2 015.04	156.16	44.43	0.00	425.38	15.76	0.00	1.05	597.30	45.49
2 015.05	188.17	2.15	0.00	496.10	0.00	0.00	30.93	684.27	33.08
2 015.06	629.60	73.66	0.00	847.22	0.00	0.00	34.95	1 476.82	108.62
2 015.07	11.73	34.81	0.00	664.91	19.28	0.00	34.95	695.92	69.76
2 015.08	0.00	0.00	0.00	478.92	0.00	0.00	3.27	478.92	3.27
2 015.09	0.00	14.55	0.00	428.70	0.00	0.00	3.27	428.70	17.82
2 015.10	0.00	0.03	0.00	120.98	0.00	0.00	68.00	120.98	68.03
2 015.11	70.29	9.47	0.00	497.92	0.00	0.00	7.37	568.21	16.84
2 015.12	229.37	46.61	0.00	1 334.04	0.00	0.00	43.29	1 563.41	89.90
2015年累计	1 766.91	236.19	0.00	6 709.48	42.33	0.00	227.12	8 518.72	463.31

注：(1)本表首发筹资金额以IPO上市首日为基础统计；(2)2014年，共有619家公司定向增发，其中定向增发资产认购筹资2 634.43亿元。

资料来源：根据中国证监会2016年公布数据整理得到。

(4)新三板市场发展迅猛

自2013年12月国务院发布《关于全国中小企业股份转让系统有关问题的决定》以来，我国新三板市场发展非常迅猛。截至2015年年底，在全国中小企业股份转让系统中挂牌上市的企业为5 129家[①]、总股本为2 959.51亿股、总市值为24 584.42亿元，同比分别增长2.26倍、5.97倍和7.31倍；机构投资者和个人投资者分别22 717户和198 625户，分别增长8.37倍和7.74倍(见表1-3-8)。

从行业分布来看，新三板市场挂牌公司最集中的两个行业是制造业和信息传输、软件和信息技术服务业，分别为2 744家和1 015家，其占比分别为53.5%和19.79%(见表1-3-9)。

表1-3-8　2012—2015年我国新三板市场发展概览

	2012年	2013年	2014年	2015年
挂牌规模				
挂牌公司家数	200	356	1 572	5 129
总股本(亿股)	55.27	97.17	658.35	2 959.51
总市值(亿元)	336.10	553.06	4 591.42	24 584.42

---

① 无特别说明，本部分的数据均来源于全国中小企业股份转让系统，http://www.neeq.com.cn/marketnewsMouth。

(续表)

	2012 年	2013 年	2014 年	2015 年
股票发行				
发行次数	24	60	327	2 565
发行股数(亿股)	1.93	2.92	26.43	230.79
融资金额(亿元)	8.59	10.02	129.99	1 216.17
股票转让				
成交金额(亿元)	5.84	8.14	130.36	1 910.62
成交数量(亿股)	1.15	2.02	22.82	278.91
成交笔数	638	989	92 654	
换手率(%)	4.47	4.47	19.67	53.88
市盈率(倍)	20.69	21.44	35.27	47.23
投资者账户数量				
机构投资者(户)	937	1 088	4 695	22 717
个人投资者(户)	4 313	7 436	43 980	198 625

资料来源：中央债券信息网，http://www.chinabond.com.cn。

表 1-3-9　2014—2015 年新三板市场挂牌公司的行业分布情况

行业分类	2015 年年末		2014 年年末	
	公司家数	占比(%)	公司家数	占比(%)
制造业	2 744	53.50	883	56.17
信息传输、软件和信息技术服务业	1 015	19.79	360	22.90
科学研究和技术服务业	219	4.27	55	3.50
租赁和商务服务业	210	4.09	30	1.91
批发和零售业	169	3.29	26	1.65
建筑业	157	3.06	57	3.63
农、林、牧、渔业	119	2.32	38	2.42
金融业	105	2.05	12	0.76
文化、体育和娱乐业	104	2.03	28	1.78
水利、环境和公共设施管理业	78	1.52	24	1.53
交通运输、仓储和邮政业	59	1.15	15	0.95
电力、热力、燃气及水生产和供应业	33	0.64	5	0.32
房地产业	26	0.51	0	0.00
采矿业	24	0.47	14	0.89
卫生和社会工作	24	0.47	11	0.70
教育	19	0.37	4	0.25
居民服务、修理和其他服务业	13	0.25	7	0.45
住宿和餐饮业	11	0.21	1	0.06
综合	0	0.00	2	0.13
合计	5 129	100.00	1 572	100.00

资料来源：中央债券信息网，http://www.chinabond.com.cn。

从地域分布情况来看，新三板市场挂牌公司最集中的三个省市是北京市、广东省和江苏省,分别为763家、684家和651家,其占比分别为14.88%、13.34%和12.69%(见表1-3-10)。

表1-3-10 2014—2015年新三板市场挂牌公司的行业分布情况

省份	2015年年末		2014年年末	
	公司家数	占比(%)	公司家数	占比(%)
北京	763	14.88	362	23.03
广东	684	13.34	149	9.48
江苏	651	12.69	171	10.88
上海	440	8.58	166	10.56
浙江	410	7.99	69	4.39
山东	336	6.55	98	6.23
湖北	204	3.98	93	5.92
河南	195	3.80	55	3.50
安徽	162	3.16	45	2.86
福建	139	2.71	41	2.61
四川	137	2.67	31	1.97
辽宁	114	2.22	41	2.61
湖南	110	2.14	33	2.10
河北	98	1.91	23	1.46
天津	92	1.79	41	2.61
陕西	64	1.25	22	1.40
新疆	63	1.23	17	1.08
江西	62	1.21	13	0.83
重庆	59	1.15	22	1.40
云南	55	1.07	13	0.83
黑龙江	51	0.99	14	0.89
吉林	41	0.80	7	0.45
贵州	36	0.70	13	0.83
宁夏	36	0.70	14	0.89
山西	32	0.62	4	0.25
广西	31	0.60	5	0.32
内蒙古	26	0.51	3	0.19
甘肃	17	0.33	3	0.19
海南	16	0.31	3	0.19
青海	3	0.06	1	0.06
西藏	2	0.04	—	—
合计	5 129	100.00	1 572	100.00

资料来源:中央债券信息网,http://www.chinabond.com.cn。

从股本分布情况来看,新三板市场挂牌公司主要集中在1 000万股—1亿股之间,占80.42%(见表1-3-11)。

从股票转让情况来看,新三板市场在2015年的成交数量为27.89亿股,成交金额为191.06亿元,成交笔数为28.21万笔。较2014年分别增长11.22倍、13.66倍和29.45倍(见表1-3-12)。

表1-3-11 2014—2015年新三板市场挂牌公司股本分布情况

股本(万股)	2015年年末		2014年年末	
	公司家数	占比(%)	公司家数	占比(%)
500以下	25	0.49	1	0.06
500—1 000	447	8.72	214	13.61
1 000—5 000	2 916	56.85	944	60.05
5 000—10 000	1 209	23.57	324	20.61
10 000以上(含10 000)	532	10.37	89	5.66
合计	5 129	100.00	1 572	100.00

注:采用上组限不在内原则,即500-1 000区间中不包含1 000。
资料来源:中央债券信息网,http://www.chinabond.com.cn。

表1-3-12 2 006—2015年股票成交概况

年度	成交数量(万股)	成交金额(万元)	成交笔数	换手率(%)
2006	1 592.63	8 340.71	251	—
2007	4 420.15	23 156.63	521	—
2008	5 407.86	29 527.82	484	—
2009	10 735.76	48 342.53	878	—
2010	6 951.29	41 872.24	644	—
2011	9 562.76	56 169.56	832	5.57
2012	11 455.51	58 431.81	638	4.47
2013	20 242.52	81 396.19	989	4.47
2014	228 212.40	1 303 580.47	92 654	19.67
2015	2 789 072.49	19 106 224.99	2 821 339	53.88

资料来源:中央债券信息网,http://www.chinabond.com.cn。

从股票发行情况来看,新三板市场在2015年的发行金额为121.62亿元,发行股数为23.08亿股,发行次数为327次,较2014年分别增长8.36倍、7.73倍和6.84倍(见表1-3-13)。发行行业主要集中在制造业、信息传输、软件和信息技术服务业、建筑业等(见表1-3-14)。发行地域主要集中在北京市、湖北省、上海市和天津市等(见表1-3-15)。

(5)股票市场基础性制度建设取得较大进展

2015年,股票市场基础性制度建设取得较大进展,体现在三个方面:

一是股票发行注册制改革更进一步,助力提升资本市场服务实体经济效率。这标志着推进股票发行注册制改革具有了明确的法律依据,是资本市场基础性制度建设重大进展,也是完善资本市场顶层设计的重大举措,为更好地发挥资本市场服务实体经济发展的功能作用,落实推进供给侧结构性改革各项工作要求,提供了强有力的法律保障。

表 1-3-13　2007—2015 年股票发行概况

年度	发行次数	发行金额(万元)	发行股数(万股)
2007	3	11 874.92	4 542.00
2008	5	24 564.55	5 620.00
2009	2	5 639.28	956.00
2010	8	35 835.91	6 867.00
2011	10	64 818.45	8 007.00
2012	24	85 886.00	19 292.00
2013	60	100 236.43	29 193.87
2014	327	1 299 877.76	264 298.28
2015	2 565	12 161 718.99	2 307 945.26
合计	3 006	13 811 432.73	2 647 620.63

资料来源:中央债券信息网,http://www.chinabond.com.cn。

表 1-3-14　2014—2015 年新三板市场股票发行行业统计

行业门类	2015 年		2014 年	
	金额(万元)	次数	金额(万元)	次数
制造业	3 594 596.92	1 306	312 584.82	157
信息传输、软件和信息技术服务业	1 838 546.68	584	188 246.67	99
建筑业	347 655.94	99	14 512.00	14
农、林、牧、渔业	287 373.49	65	18 839.69	9
科学研究和技术服务业	244 175.70	102	10 600.50	8
文化、体育和娱乐业	241 273.81	48	17 562.00	7
水利、环境和公共设施管理业	114 802.90	37	21 060.00	6
卫生和社会工作	37 041.86	18	6 394.40	5
交通运输、仓储和邮政业	430 886.18	30	3 236.28	5
批发和零售业	224 028.90	87	4 990.76	5
采矿业	24 509.25	9	4 804.50	4
租赁和商务服务业	701 539.71	100	20 220.00	4
金融业	3 906 753.67	42	678 676.59	3
综合	—	—	16 000.00	1
电力、热力、燃气及水生产和供应业	86 344.70	19	820.00	1
教育	25 923.47	6	2 310.00	1
房地产业	38 114.00	8	—	—
居民服务、修理和其他服务业	10 179.72	4	—	—
住宿和餐饮业	7 972.08	1		
合计	12 161 718.99	2 565	1 320 858.20	329

资料来源:中央债券信息网,http://www.chinabond.com.cn。

表 1-3-15 2014—2015 年新三板市场股票发行地域统计

省份	2015 年 金额(万元)	次数	2014 年 金额(万元)	次数
北京	3 312 345.61	436	817 853.70	92
湖北	264 204.11	101	33 582.07	19
上海	1 035 628.92	259	83 714.09	47
天津	95 441.56	36	17 075.14	12
贵州	72 449.44	14	6 505.00	4
安徽	206 927.15	86	13 836.42	12
广东	2 936 337.72	382	168 194.72	30
河南	383 160.87	112	5 150.38	6
山东	611 947.76	170	32 181.00	17
陕西	97 481.00	33	250.00	1
江西	85 547.85	30	13 000.00	1
江苏	1 053 395.45	259	38 782.03	32
浙江	484 386.95	160	20 282.40	10
湖南	133 998.83	59	3 559.60	4
黑龙江	85 693.95	25	18 490.00	2
辽宁	116 442.66	46	6 785.70	6
福建	212 345.43	88	4 475.25	5
四川	123 350.22	63	9 785.18	13
重庆	78 050.69	22	500.00	1
广西	225 211.65	20	—	—
新疆	95 898.58	19	3 800.00	2
云南	39 615.01	24	3 100.00	2
山西	47 335.14	15	—	—
宁夏	96 947.33	23	3 410.00	3
海南	57 599.14	12	—	—
河北	129 794.21	43	15 295.53	7
甘肃	34 293.45	11	—	—
吉林	33 761.10	12	1 250.00	1
内蒙古	9 127.18	4	—	—
西藏	3 000.00	1	—	—
合计	12 161 718.99	2 565	1 320 858.20	329

资料来源：中央债券信息网,http://www.chinabond.com.cn。

二是"熔断机制"实施方案出台,自 2016 年 1 月起实施。引入指数熔断机制的目的在于为市场在大幅波动时提供"冷静期",其实质就是在涨跌停板制度启用前设置的一道过渡性闸门,提前向投资者警示风险。"熔断机制"的实施可能有助于市场稳定,维护市场秩序,保护投资者权益,促进资本市场的长期稳定健康发展。但具体实施效果如何,还有待实践检验。

三是新股发行重启。2015 年 11 月,证监会决定恢复新股发行,并同步提出了取消新股申购预缴款制度、简化发行审核条件、突出信息披露要求、强化中介机构责任、建立包括摊薄即期回报补偿和先行赔付的投资者保护机制等完善新股发行制度的改革措施。为具体落实上述改革措施,12 月 31 日,证监会正式发布修订后的《证券发行与承销管理办法》《首次公开发行股票并上市管理办法》及《首次公开发行股票并在创业板上市管理办法》,并制定了《关于首发及再融资、重大资产重组摊薄即期回报有关事项的指导意见》,自 2016 年 1 月 1 日起施行。

2. 债券市场

(1) 债券发行规模显著扩大,发行方式不断创新

2015 年,我国累计发行各类债券 22.9 万亿元(见表 1-3-16),比 2014 年多发行 11.92 万亿元,同比增长 108.3%,主要是地方政府债券、公司债和同业存单发行量增长很快。全年财政部通过银行间债券市场[①]发行债券 2 万亿元,地方政府发行 3.8 万亿元;国家开发银行、中国进出口银行、中国农业发展银行在银行间债券市场发行债券 2.6 万亿元;政府支持机构债券 2 400 亿元;商业银行等金融机构发行金融债券 6 295.6 亿元;证券公司短期融资券发行 3 515.6 亿元,同业存单发行 5.3 万亿元。公司信用类债券发行 7 万亿元[②],同比增长 35.8%。资产证券化产品发行 5 930.39 亿元,同比增长 79%,市场存量为 7 178.89 亿元,同比增长 128%。其中,信贷 ABS 发行 4 056.33 亿元,存量为 4 719.67 亿元;企业资产支持专项计划(简称"企业 ABS")发行 1 802.3 亿元,存量为 2 300.32 亿元;资产支持票据(简称"ABN")发行 35 亿元,存量为 158.9 亿元(见表 1-3-17)。截至 2015 年年末,国内债券市场债券托管总额达 47.9 万亿元,同比增长 35.62%。其中,银行间市场债券托管余额为 43.9 万亿元,同比增长 35.49%。

2015 年,我国继续推动债券市场品种创新。一是在银行间债券市场推出保险公司资本补充债券,拓宽了保险公司资本补充渠道,提高了保险公司偿付能力和抵御风险能力。二是推出绿色金融债券,为金融机构通过债券市场筹集资金支持环保、节能、清洁能源、清洁交通等绿色产业项目创新了筹资渠道,增加了绿色信贷特别是中长期绿色信贷的有效供给。三是非金融企业债务融资工具品种不断

---

① 虽然资本市场中的债券市场是指期限为 1 年以上的品种,但考虑到债券市场的完整性和可比性,故将短期国债、短期融资债券和票据包含进来,这并不影响整体分析和阅读。

② 仅包括非金融企业发行的公司信用类债券,不包括政府支持机构债券。

丰富,推出永续票据、并购票据、绿色票据、资产支持票据、"债贷组合"等新品种,发行注册管理体系不断完善,实行分层分类管理,并在定向融资工具发行中引入专项机构投资人制度。此外,积极稳妥推进债券市场对外开放,引入汇丰银行、中银香港和渣打香港等境外金融机构及加拿大不列颠哥伦比亚省、韩国政府等外国政府在境内发行人民币债券。

表1-3-16 2009—2015年债券品种发行量比较   单位:亿元

年份	政府债券	央行票据	政策性银行债	商业银行债券	企业债券	短期融资债券	中期票据
2009	14 213.58	39 740.00	11 678.10	2 846.00	4 252.33	4 612.05	6 885.00
2010	15 878.18	46 608.00	13 192.70	929.50	3 627.03	6 742.35	4 924.00
2011	13 997.91	14 140.00	19 972.70	3 518.50	2 485.48	5 190.5	7 269.7
2012	16 062.26	0	21 400.00	3 933.70	6 499.31	300.00	8 153.30
2013	19 044.01	5 362.00	19 960.30	1 117.00	4 752.30	0	4 400.10
2014	20 247.35	0	22 980.52	834.00	6 961.98	0	0
2015	58 226.00	0	25 790.15	2 009.00	3 431.02	0	0

注:(1)金融债券包括国开行金融债、政策性金融债、商业银行普通债、商业银行次级债、商业银行资本混合债、证券公司债券、同业存单等;(2)公司信用类债券包括非金融企业债务融资工具、企业债券以及公司债、可转债、可分离债、中小企业私募债等。

资料来源:中央债券信息网,http://www.chinabond.com.cn。

表1-3-17 2015年资产支持证券发行情况

类别	发行只数	发行额(亿元)	同比增长(%)	发行额占比(%)	市场存量(亿元)	同比增长(%)	存量占比(%)
资产支持证券(合计)	1 386	5 930.39	79	100	7 178.89	128	100
信贷ABS	388	4 056.33	44	68	4 719.67	88	66
企业ABS	989	1 802.30	359	31	2 300.32	394	32
资产支持票据(ABN)	9	35	-61	1	158.90	-5	2

资料来源:中央债券信息网,http://www.chinabond.com.cn。

2015年,债券发行期限结构依然以中短期债券为主,债券发行5年期以上结构比重同比略有上升。其中,期限5年以内的债券发行量占比54.08%,比上年下降0.7个百分点;期限5(含5年)到10年的债券发行量占比43.54%,比上年增加2.15个百分点;期限10年(含10年)以上的债券发行量占比2.38%,比上年下降1.45个百分点(见表1-3-18和图1-3-9)。

(2)债券指数有所上升,市场交易活跃

2015年,银行间市场债券指数和交易所市场指数均呈上升趋势。从全年来看,银行间债券总指数由年初的158.77点上升至年末的171.37点,上升12.6点,升幅7.94%;交易所市场国债指数由年初的145.60点升至年末的154.54点,上升8.94点,升幅6.14%;企业债指数由年初的181.28点升至年末197.12点,升幅8.74%(见图1-3-10)。

表 1-3-18 2007—2015 年债券发行期限分类   单位:亿元

	2007	2008	2009	2010	2011	2012	2013	2014	2015
1年以下	4 234.99	5 653.17	5 910.51	4 980.85	3 217.25	5 298.77	6 359.96	8 433.63	10 382.35
1-3年	2 196.16	2 082.07	1 159.64	1 873.12	1 713.83	9 453.36	15 882.88	14 054.56	20 448.19
3-5年	517.68	663.00	918.99	995.19	1 991.85	15 842.70	12 516.00	10 115.06	22 562.92
5-7年	351.71	512.19	638.31	766.50	1 237.76	13 961.81	12 319.90	13 830.25	20 106.86
7-10年	1 434.22	797.46	837.14	832.08	1 009.92	9 080.80	6 946.20	10 802.20	22 882.99
10年以上	1 265.25	292.11	535.41	552.25	829.39	5 003.00	2 429.00	2 282.14	2 351.21

资料来源:中央债券信息网,http://www.chinabond.com.cn。

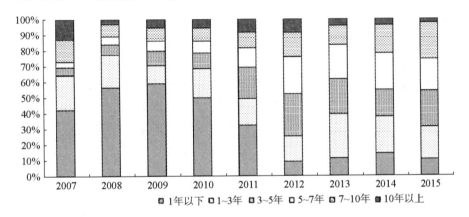

图 1-3-9 2007—2015 年债券发行期限结构变化情况

资料来源:中央债券信息网,http://www.chinabond.com.cn。

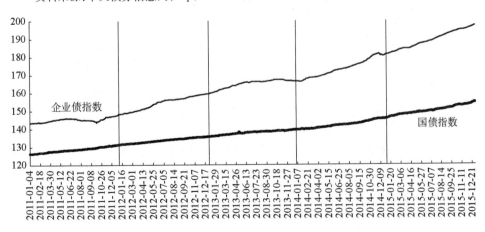

图 1-3-10 2011—2015 年交易所国债指数和企业债指数走势

资料来源:巨灵金融服务平台。

2015年,银行间债券市场现券交易86.7万亿元,日均成交3 483亿元,同比增长115.8%。从交易主体看,中资中小型银行和证券业机构是主要的卖出方,全年净卖出现券3.4万亿元;中资大型银行下半年净卖出现券有所增加;其他金融机构及产品和保险业机构是主要的买入方,全年净买入现券3.6万亿元。从交易品种看,全年银行间债券市场国债现券交易累计成交9.9万亿元,占银行间市场现券交易的11.1%;金融债券和公司信用类债券现券交易分别累计成交46.1万亿元和30万亿元,分别占银行间市场现券交易量的53.2%和34.6%。交易所债券现券成交3.4万亿元,同比增长21.9%。

(3)国债收益率曲线整体大幅下移

2015年年末,国债收益率曲线1年、3年、5年、7年、10年的收益率比上年年末分别下降96个、82个、81个、77个、80个基点,10年期与1年期国债期限利差为52个基点,较上年年末扩大16个基点。第一季度,国债收益率先降后升,进入第二季度,受货币市场利率下行、地方政府债供给增加及股市走强等因素的叠加影响,国债短端收益率大幅下行,中长期收益率小幅下行,曲线陡峭化特征明显。第三季度以来,股市大幅波动,加之经济下行压力较大,市场避险需求上升,推动国债中长端收益率显著下行。

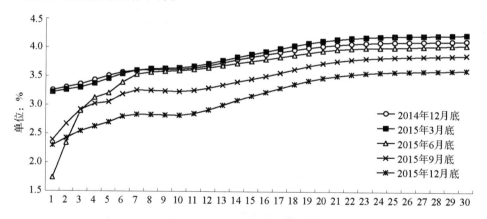

图1-3-11　2015年银行间市场国债收益率曲线变化情况

资料来源:中央国债登记结算有限责任公司。

3. 投资基金市场

根据东方财富Choice数据库的统计,截至2015年年底,我国共有基金2 699只,其中封闭式基金的份额为1 660.59亿份,资产净值为673.70亿元,分别占1.38%和0.8%;开放式基金的份额为119 086.27亿份,资产净值为83 455.31亿元,分别占98.62和99.2%。全部基金的资产净值总额为84 129.01亿元,较2014

年底上升88.94%,基金管理份额为120 746.87亿份,较2014年增长1.87倍(见表1-3-19)。

按照东方财富Choice数据库的分类标准统计,截至2015年年底,在全部基金中,股票基金资产净值为7 398.52亿元,同比减少4 756.27亿元;份额规模为4 780.74亿份,同比减少5 864.94亿份。混合基金资产净值为21 180.50亿元,同比增加14 704.94亿元;份额规模为16 691.52亿份,同比增加10 755.56亿份。债券基金资产净值为7 986.25,较2014年年末的4 039.66亿元增长了3 946.59亿元;份额规模为6 511.19,较2014年年末的2 983.90亿份增加了3 527.29亿份。QDII基金资产净值为546.69,同比增加75.2亿元;份额规模为664.46亿份,同比增加39.19亿份(见表1-3-19)。

比较而言,货币市场基金2015年实现了资产净值和份额的快速增长。截至2015年年底,货币市场基金资产净值达到44 822.39,相比2014年的21 916.42亿元增长1.05倍,它在我国内地基金市场中所占的比重也达到53.28%;份额规模为89 015.95,较2014年年末的21 768.75亿份增长了3.09倍。

由于股票市场的大幅震荡,股票基金的资产净值和份额在全部基金中的占比迅速下降。东方财富Choice数据库的数据显示,股票基金的资产净值和份额在全部基金中的占比分别从2014年年末的25.35%、27.30%滑落至3.96%和8.79%,而货币市场基金的占比则由2014年的49.22%提升到了53.28%。

(三)外汇市场

1. 人民币汇率双向浮动弹性明显增强

2015年,中央银行继续按主动性、可控性和渐进性原则,进一步完善人民币汇率形成机制,重在坚持以市场供求为基础,增强人民币汇率弹性,保持人民币汇率在合理均衡水平上的基本稳定。

2015年8月11日,人民银行宣布完善美元对人民币中间价形成机制,以增强人民币兑美元汇率中间价的市场化程度和基准性,做市商在每日银行间外汇市场开盘前,参考上日银行间外汇市场收盘汇率,综合考虑外汇供求情况以及国际主要货币汇率变化向中国外汇交易中心提供中间价报价。"8·11汇改"使得人民币一次性贬值2%。12月1日,人民币在其国际化进程上再次迈出重要一步,国际货币基金组织(IMF)宣布正式将人民币纳入特别提款权(SDR)货币篮子,人民币也成为继美元、欧元、英镑和日元后的第五种货币。2015年年末,CFETS人民币汇率指数为100.94,较2014年年末升值0.94%;参考BIS货币篮子和SDR货币篮子的人民币汇率指数分别为101.71和98.84,分别较2014年年末升值1.71%和贬值1.16%。三个人民币汇率指数一贬两升,显示2015年人民币对一篮子货币总体保持了基本稳定。

表1-3-19 2015年我国基金行业资产净值和份额规模分类汇总

类型		截止日期	1月	2月	3月	4月	5月	6月	7月	8月	9月	10月	11月	12月
全部基金		总数	1 971	2 012	2 055	2 130	2 241	2 387	2 452	2 499	2 532	2 547	2 623	2 699
		份额(亿份)	63 146.81	63 740.44	82 025.07	85 297.84	89 508.59	91 968.30	93 399.90	92 798.96	139 296.22	139 585.57	140 636.48	120 746.87
		资产净值(亿元)	45 995.19	46 671.39	52 551.48	55 428.42	59 155.25	71 375.43	73 641.87	73 636.50	67 421.70	67 814.04	68 700.51	84 129.01
开放式基金		总数	1 931	1 972	2 021	2 098	2 214	2 361	2 425	2 471	2 504	2 519	2 595	2 672
		占比(%)	97.97	98.01	98.35	98.50	98.80	98.91	98.90	98.88	98.89	98.90	98.93	99.00
		份额(亿份)	61 454.73	62 076.69	80 225.89	83 006.33	86 473.43	87 928.15	90 652.86	91 036.10	137 832.99	138 055.53	138 929.06	119 086.27
		占比(%)	97.32	97.39	97.81	97.31	96.61	95.61	97.06	98.10	98.95	98.90	98.79	98.62
		资产净值(亿元)	45 445.96	46 090.35	52 058.67	54 894.74	58 546.37	70 246.18	72 500.20	72 513.56	66 921.95	67 283.68	68 151.53	83 455.31
		占比(%)	98.81	98.76	99.06	99.04	98.97	98.42	98.45	98.48	99.26	99.22	99.20	99.20
封闭式基金		总数	40	40	34	32	27	26	27	28	28	28	28	27
		占比(%)	2.03	1.99	1.65	1.50	1.20	1.09	1.10	1.12	1.11	1.10	1.07	1.00
		份额(亿份)	1 692.08	1 663.75	1 799.18	2 291.51	3 035.16	4 040.15	2 747.04	1 762.85	1 463.22	1 530.04	1 707.43	1 660.59
		占比(%)	2.68	2.61	2.19	2.69	3.39	4.39	2.94	1.90	1.05	1.10	1.21	1.38
		资产净值(亿元)	549.23	581.04	492.81	533.68	608.89	1 129.25	1 141.67	1 122.95	499.75	530.35	548.98	673.70
		占比(%)	1.19	1.24	0.94	0.96	1.03	1.58	1.55	1.52	0.74	0.78	0.80	0.80
股票型基金		总数	338	353	375	398	433	487	518	543	547	548	552	561
		占比(%)	17.15	17.54	18.25	18.69	19.32	20.40	21.13	21.73	21.60	21.52	21.04	20.79
		份额(亿份)	4 052.55	4 323.34	4 285.03	4 967.73	5 638.93	5 767.60	6 192.99	6 475.92	5 026.87	5 029.21	5 086.01	4 780.74
		占比(%)	6.42	6.78	5.22	5.82	6.30	6.27	6.63	6.98	3.61	3.60	3.62	3.96
		资产净值(亿元)	6 579.80	6 839.09	7 776.96	8 487.46	9 049.78	10 574.85	10 593.05	10 623.12	6 325.48	6 335.39	6 348.23	7 398.52
		占比(%)	14.31	14.65	14.80	15.31	15.30	14.82	14.38	14.43	9.38	9.34	9.24	8.79
混合型基金		总数	742	761	783	837	912	991	1 019	1 036	1 055	1 059	1 102	1 134
		占比(%)	37.65	37.82	38.10	39.30	40.70	41.52	41.56	41.46	41.67	41.58	42.01	42.02
		份额(亿份)	11 313.03	11 597.65	12 430.44	14 400.40	17 044.35	20 939.19	23 178.70	23 212.81	15 106.50	15 132.04	15 654.53	16 691.52
		占比(%)	17.92	18.20	15.15	16.88	19.04	22.77	24.82	25.01	10.84	10.84	11.13	13.82
		资产净值(亿元)	12 557.31	12 856.45	16 908.56	18 920.98	21 812.32	29 118.12	31 271.52	31 178.27	16 437.52	16 607.78	17 105.28	21 180.50
		占比(%)	27.30	27.55	32.18	34.14	36.87	40.80	42.46	42.34	24.38	24.49	24.90	25.18

(续表)

类型	截止日期	1月	2月	3月	4月	5月	6月	7月	8月	9月	10月	11月	12月
债券型基金	总数	540	544	544	539	538	541	541	542	549	552	569	582
	占比(%)	27.40	27.04	26.47	25.31	24.01	22.66	22.06	21.69	21.68	21.67	21.69	21.56
	份额(亿份)	3 831.58	3 884.15	3 757.45	3 755.50	3 767.23	3 712.18	3 740.40	3 738.09	5 083.95	5 097.13	5 232.71	6 511.19
	占比(%)	6.07	6.09	4.58	4.40	4.21	4.04	4.00	4.03	3.65	3.65	3.72	5.39
	资产净值(亿元)	4 401.72	4 455.41	4 541.35	4 553.02	4 568.92	4 488.10	4 505.88	4 536.51	6 009.66	6 052.17	6 190.26	7 986.25
	占比(%)	9.57	9.55	8.64	8.21	7.72	6.29	6.12	6.16	8.91	8.92	9.01	9.49
保本型基金	总数	45	46	47	50	54	56	58	59	61	65	71	82
	占比(%)	2.28	2.29	2.29	2.35	2.41	2.35	2.37	2.36	2.41	2.55	2.71	3.04
	份额(亿份)	378.57	385.60	465.76	511.56	611.17	1 022.95	1 071.60	1 124.69	707.64	898.57	1 035.46	1 422.42
	占比(%)	0.60	0.60	0.57	0.60	0.68	1.11	1.15	1.21	0.51	0.64	0.74	1.18
	资产净值(亿元)	454.24	460.42	601.90	649.49	740.25	1 221.80	1 266.93	1 307.44	788.90	915.79	1 052.91	1 520.96
	占比(%)	0.99	0.99	1.15	1.17	1.25	1.71	1.72	1.78	1.17	1.35	1.53	1.81
货币市场型基金	总数	176	177	180	181	183	191	194	196	197	200	207	216
	占比(%)	8.93	8.80	8.76	8.50	8.17	8.00	7.91	7.84	7.78	7.85	7.89	8.00
	份额(亿份)	41 246.69	41 248.98	58 628.42	58 632.63	58 647.72	55 771.89	55 786.37	55 798.72	111 303.40	111 297.85	111 312.44	89 015.95
	占比(%)	65.32	64.71	71.48	68.74	65.52	60.64	59.73	60.13	79.90	79.73	79.15	73.72
	资产净值(亿元)	20 953.77	20 975.73	21 687.61	21 707.95	21 764.45	24 154.26	24 173.93	24 179.34	36 881.68	36 893.84	36 989.68	44 822.39
	占比(%)	45.56	44.94	41.27	39.16	36.79	33.84	32.83	32.84	54.70	54.40	53.84	53.28
QDII	总数	90	91	92	93	94	95	95	95	95	95	94	97
	占比(%)	4.57	4.52	4.48	4.37	4.19	3.98	3.87	3.80	3.75	3.73	3.58	3.59
	份额(亿份)	632.31	636.97	658.78	738.49	764.04	714.35	682.82	685.87	604.62	600.73	607.90	664.46
	占比(%)	1.00	1.00	0.80	0.87	0.85	0.78	0.73	0.74	0.43	0.43	0.43	0.55
	资产净值(亿元)	499.12	503.25	542.29	575.84	610.66	689.05	688.88	688.88	478.70	478.70	465.16	546.69
	占比(%)	1.09	1.08	1.03	1.04	1.03	0.97	0.94	0.94	0.71	0.71	0.68	0.65

资料来源:东方财富 Choice 数据。

2015年,人民币对美元汇率小幅贬值,双向浮动特征明显,汇率弹性明显增强,人民币对一篮子货币保持了基本稳定,人民币汇率预期总体平稳。人民币对美元汇率中间价最高为6.1079元,最低为6.4936元,较2014年年底的6.1190贬值3 746个点,幅度为5.77%,244个交易日中112个交易日升值、132个交易日贬值,最大单日升值幅度为0.54%(341点),最大单日贬值幅度为1.82%(1 136点)。自2005年人民币汇率形成机制改革以来,人民币对美元汇率累计升值27.46%。根据国际清算银行的计算,2015年,人民币名义有效汇率升值3.66%,实际有效汇率升值3.93%;2005年人民币汇率形成机制改革以来至2015年12月,人民币名义有效汇率升值45.87%,实际有效汇率升值56.15%。人民币对欧元、日元等其他国际主要货币汇率有升有贬。2015年年末,人民币对欧元、日元汇率中间价分别为1欧元兑7.0952元人民币、100日元兑5.3875元人民币,分别较2014年年末升值5.08%和贬值4.65%(见图1-3-12)。2005年人民币汇率形成机制改革以来至2015年年末,人民币对欧元汇率累计升值41.14%,对日元汇率累计升值35.61%。

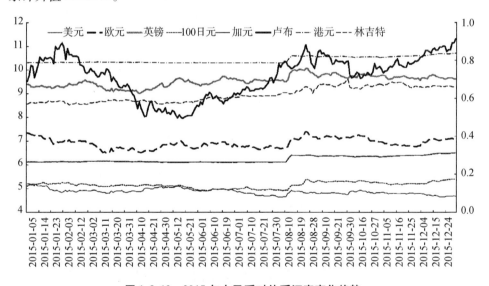

图1-3-12　2015年人民币对外币汇率变化趋势

资料来源:中国货币网,http://www.chinamoney.com.cn/fe/Channel/17 383。

2. 人民币外汇交易活跃

2015年,人民币外汇即期成交4.9万亿美元,同比增长17.9%;人民币外汇掉期交易累计成交金额折合8.3万亿美元,同比增长86.0%,其中,隔夜美元掉期成交5.7万亿美元,占掉期总成交额的68.3%;人民币外汇远期市场累计成交372亿美元,同比减少29.7%。2015年"外币对"累计成交金额折合1 202亿美元,同比增长98.4%,其中成交最多的产品为欧元对美元,占市场份额比重为47.0%(见表1-3-20)。

外汇市场交易主体进一步扩展,截至2015年年末,共有外汇市场即期市场会员518家,远期、外汇掉期、货币掉期和期权市场会员分别为123家、123家、99家和61家,即期市场做市商30家,远、掉期市场做市商27家。

表1-3-20 2013—2015年外汇市场交易情况

交易品种	2013(亿美元)	2014(亿美元)	2015(亿美元)
人民币外汇即期	40 727	41 200	49 000
人民币外汇掉期	33 997	44 900	83 000
人民币外汇远期	324	529	372
外币对	642	606	1 202

资料来源:中国外汇交易中心,http://www.chinamoney.com.cn/fe/Channel/21478。

此外,为促进双边贸易和投资,中国人民银行继续采取措施推动人民币直接交易市场发展,2015年,在银行间外汇市场推出人民币对瑞士法郎直接交易。银行间外汇市场人民币直接交易成交活跃(见表1-3-21),流动性明显提升,降低了微观经济主体的汇兑成本。

表1-3-21 2015年银行间外汇市场人民币兑各币种交易量(单位:亿元人民币)

币种	美元	欧元	日元	港币	英镑	澳元	新西兰元	新加坡元	瑞士法郎	加拿大元	林吉特	卢布	泰铢
交易量	290 645	4 257	3 370	1 750	780	1 005	169	3 801	149	128	15	225	1.5

资料来源:中国外汇交易中心。

3. 跨境人民币业务平稳增长

2015年,跨境人民币收付金额合计12.1万亿元,同比增长22%,其中,实收6.19万亿元,实付5.91万亿元,净流入2 714.6亿元,收付比为1∶0.96。经常项下跨境人民币收付金额合计7.23万亿元,同比增长10%。其中,货物贸易收付金额6.39万亿元,服务贸易及其他经常项下收付金额8 432.2亿元。资本项下人民币收付金额合计4.87万亿元,同比增长43%。

(四) 保险市场

1. 保险市场保持快速发展

一是保费收入高速增长。2015 年,中国保险业共实现原保险保费收入 24 282.52 亿元,相比 2014 年 20 234.81 亿元增长了 20%(见图 1-3-13),增速同比提高 2.51%。其中,财产险业务实现原保费收入 7 994.97 亿元,同比增长 10.99%,低于 2014 年增速。具体来看,车险原保费收入 6 198.96 亿元,同比增长 12.38%,非车险保费 2 224.3 亿元,同比增长 9.65%。财产险保费收入增速减缓主要是受到了 GDP 增速下降和汽车销售量增势放缓的影响。人身险业务增速持续提高,实现原保费收入 16 287.55 亿元,同比增长 24.99%。具体来看,寿险业务实现原保险保费收入 13 241.52 亿元,同比增长 21.46%,比上年提高 5.79%;健康险业务快速发展势头不减,实现原保险保费收入 2 410.47 亿元,同比增长 51.87%,比上年提高 10.6%;意外险业务原保险保费收入 635.56 亿元,同比增长 17.14%。中国保险业原保费总规模仅次于美国和日本,全球排名第 3 位,对国际保险市场增长的贡献度达 26%,居全球首位。① 保险深度 3.59%,保险密度 1 766.49 元,较上年分别提高 0.41% 和 19.44%。

2015 年保费收入增长的主要原因,一是政策环境持续优化。《国务院关于加快发展现代保险服务业的若干意见》(以下简称"新国十条")发布一年多来,各省、市、自治区政府均出台"新国十条"实施方案,有力推动了现代保险服务业在各地的发展。此外,2015 年,《关于全面实施城乡居民大病保险的意见》《关于开展商业健康保险个人所得税政策试点工作的通知》《个人税收优惠型健康保险业务管理暂行办法》的相继颁布和实施,也拓展了相关保险业务发展的空间。二是改革创新不断深化。2015 年,保险费率形成机制改革稳步推进,万能险定价利率、分红险定价利率先后分开,人身险费率市场化改革"三步走"政策收官,商业车险条款费率改革也正式启动,市场准入退出制度改革进一步完善,自保、相互、互联网等新型市场主体迅速发展,保险资金配置多元化格局也已基本形成,市场化改革的推进有效地激发了保险业发展潜力。三是行业市场活力明显增强。各市场经营主体以改革创新为动力,提供新服务、建立新机制、探索新体制,服务领域日益拓宽,竞争实力显著增强。

二是保险赔款给付持续增加。2015 年,保险业为全社会提供风险保障 1 718 万亿元,同比增长 54.22%,赔款和给付支出 8 674.14 亿元,比上年增加 1 457.92 亿元,同比增长 20.20%。其中,财产保险赔款支出 4 194.17 亿元,同比增长

---

① 《"十二五"时期我国保险业发展实现重大跨越》,中保网,http://xw.sinoins.com/2016-01/25/content_182997.htm。

10.72%；寿险业务给付 3 565.17 亿元，同比增长 30.67%；健康险业务赔款和给付 762.97 亿元，同比增长 33.58%；意外险业务赔款 151.84 亿元，同比增长 18.24%（见图 1-3-14）。在宁波"灿鸿"台风、广东"彩虹"台风、"东方之星"沉船以及天津滨海新区爆炸等重大自然灾害和突发事件中，保险业较好地履行了赔付责任。保险公司对于灾害事故的及时赔付，有利于帮助受灾地区及时恢复生产生活，充分发挥了保险业改善民生保障、救灾减灾的作用。

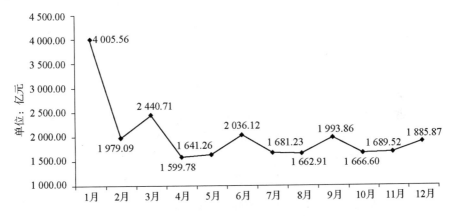

图 1-3-13　2015 年全国原保险保费收入月度走势

资料来源：中国保监会，2015 年保险业经营情况表，http://www.circ.gov.cn/web/site0/tab5201/info4014825.htm.

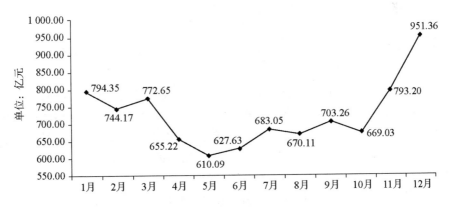

图 1-3-14　2015 年月度保险赔偿和给付走势

资料来源：中国保监会，2015 年保险业经营情况表，http://www.circ.gov.cn/web/site0/tab5201/info4014825.htm。

2. 保险资金运用结构继续优化，投资收益大幅提高

一是保险资金运用市场化改革继续深化。2015 年以来，《中国保险投资基金

设立方案》《关于设立保险私募基金有关事项的通知》《资产支持计划业务管理暂行办法》等保险资金运用的相关政策陆续公布实施,稳步拓宽保险资金投资运用范围,允许保险资金设立私募基金,鼓励保险机构通过资产支持计划形式直接对接存量资产,为实体经济提供资金支持。改革政策把更多投资选择权和风险责任交还给了市场主体,激发了市场活力和创新动力。

二是保险资金运用规模持续扩大,保险资产配置结构更加多元化。2015年,保险资金运用余额 111 795.49 亿元,较年初增长 19.81%,占保险行业总资产的 90.45%。在资金总量保持较快增长的同时,资金运用结构也持续改善:银行存款、债券等流动性较强、收益率相对稳定的固定收益类资产继续保持主导地位,但所占的比例有所下降,其中,银行存款 24 349.67 亿元,占比 21.78%,同比下降 5.34%,债券 38 446.42 亿元,占比 34.39%,同比下降 3.76%;权益类资产稳中有升,股票和证券投资基金 16 968.99 亿元,占比 15.18%,较上年提高 4.02%,其中,股票 8 112.49 亿元,占比 7.26%,证券投资基金 8 856.50 亿元,占比 7.92%;其他投资(包括长期股权投资、不动产投资、理财产品投资、基础设施债权计划投资等)32 030.41 亿元,占比 28.65%,较上年提高 4.98%,其占比继续上升(见表 1-3-22)。

表 1-3-22 2011—2015 年保险资金运用结构 (单位:%)

年份	银行存款	债券	股票和证券投资基金	其他投资
2011	31.97	47.09	12.11	8.83
2012	34.21	44.59	11.79	9.41
2013	29.45	43.42	10.23	16.90
2014	27.12	38.15	11.06	23.67
2015	24.35	38.45	16.97	32.03

资料来源:《中国保险年鉴 2015》,中国保监会网站。其中,2011—2014 年数据来自《中国保险年鉴 2015》,其他数据来自中国保监会网站统计数据专栏。

三是保险资金运用收益继续提升。保险资金充分利用了投资范围扩大的制度红利,根据市场走势主动积极调整资产配置,较好地实现了资产保值增值目标。2015 年,保险资金运用实现收益 7 803.6 亿元,同比增长 45.6%,平均投资收益率 7.56%,比上年提高 1.26%,是 2008 年国际金融危机以来的最高水平(见图 1-3-15)。资金运用收益的大幅提高,对提升保险业利润水平,改善保险公司的偿付能力,壮大资本实力,支持产品及业务创新,有效化解风险发挥了十分重要而积极的作用。

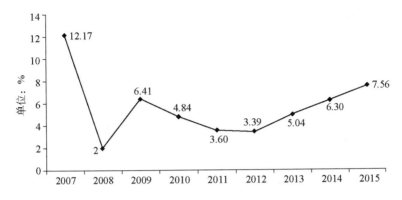

图 1-3-15　2007—2015 年保险资金运用收益率

资料来源:中国保监会,2015 年我国保险业发展势头强劲,http://www.circ.gov.cn/web/site0/tab5207/info4014358.htm。

3. 保险服务能力不断提升

2015 年,保险行业在完善社会保障体系、参与社会管理、服务"三农"、支持经济发展等方面的作用进一步增强。

一是参与完善社会保障体系。保险业通过开展城乡居民大病保险工作、参与各类医疗保障项目经办管理、开发补充养老健康计划、参与管理企业年金和职业年金等,有效地弥补了社会养老、医疗保障的不足。城乡居民大病保险方面,2015 年,大病保险在全国 31 个省(区、市)开展统筹项目,覆盖人口 9.2 亿,参保群众保障水平普遍提高 10%—15%,345 万大病患者直接受益,有效缓解了"因病致贫、因病返贫"现象;参与基本医疗保障管理方面,2015 年,保险业在全国 327 个县市参与经办"新农合"和城镇居民基本医保,服务人数达 8 547 万,受托管理资金 80.3 亿元,保险成为保障和改善民生的有力支撑;企业年金管理服务方面,保险业发挥在方案咨询与设计、客户服务、稳健投资等方面的优势,为企业年金计划的发起、运营、给付提供全程服务,承担了受托管理人、账户管理人和投资管理人等多种角色。截至 2015 年年末,保险业在企业年金市场上累计受托管理资产 4 168.8 亿元,投资管理资产余额 3 525.51 亿元。

二是参与创新社会管理机制。2015 年,保险业通过大力发展责任保险来参与创新社会管理机制,有效分散社会风险、化解社会矛盾、减轻政府压力、维护社会稳定。全年责任保险实现保费收入 302 亿元,同比增长 19.2%,提供风险保障金额 91 万亿元,同比增长 26.92%。与社会公众利益关系密切的环境污染、食品安全、医疗责任、医疗意外、实习安全、校园安全等领域成为责任保险发展重点:环境污染责任保险参保企业近 5 000 家,覆盖 20 余个高环境风险行业;医疗责任保新增1.5万余家医疗机构参保,累计覆盖约6.5万余家医疗机构;食品安全责任保险承保企业数超过1.6万个;校方责任保险承保学校24万所,提供风险保障超过20万亿元,覆盖学生和教职工超过1亿人。

三是积极服务现代农业。2015年,农业保险在国家支农、惠农政策的支持下,继续保持平稳较快发展态势。这表现在:农业保险服务领域不断扩展,农业保险承保主要农作物为14.5亿亩,三大口粮作物平均承保覆盖率达70%。实现保费收入374.72亿元,同比增长15.15%,参保农户约2.29亿户次,提供风险保障1.96万亿元,约占农业GDP的32.27%,赔款支出260.08亿元,同比增长21.24%,相当于国家农业灾害救助资金的7倍,约占农作物直接经济损失的9.64%;农业保险产品及条款全面升级,大幅拓宽了保险责任、提高了保障水平和赔付标准、降低了保险费率并简化理赔流程,农产品价格保险试点扩展到26个省份,承保农作物增加到18种;农业大灾风险分散机制逐步健全,2015年,中国农业保险再保险共同体承保能力扩大到2 400亿元,可满足国内96%以上的分保需求;农房保险已覆盖全国所有省市,参保农房9 358万间,提供风险保障达1.4万亿元。

四是促进经济提质增效升级。2015年,保险资金积极参与国民经济建设,保险机构累计发起设立各类债权、股权和项目资产支持计划499项,合计备案注册规模1.3万亿元;大力发展贷款保证保险,积极推广"政银保"发展模式,缓解小微企业融资难、融资贵。全年贷款保证保险支持小微企业及个人获得融资金额1 015.6亿元,其中,有25个省区市开展小额贷款保证保险试点,共支持12.3万家小微企业获得银行融资贷款188.6亿元;出口信用保险规模不断扩大,为6.3万家出口企业提供了4 540.2亿美元的风险保障;建立首台(套)重大技术装备保险补偿机制,为我国装备制造企业提供风险保障164亿元。

五是参与完善灾害事故防范救助体系。巨灾保险试点逐步落地,2015年8月,全国首个农房地震保险试点在云南省大理启动,该试点以政府灾害救助为体系基础,以政策性保险为基本保障,以商业保险为有益补充,构建了"三位一体"的巨灾风险管理体系。此外,四川、广东、河北、重庆等地的巨灾保险试点也在积极的筹备之中;巨灾风险证券化启动试点,2015年7月,中国第一只以地震风险为保障对象的巨灾债券在境外市场成功发行。该债券由中再集团旗下全资子公司中再产险作为发起人,发行主体为设在百慕大的特殊目的机构Panda Re,募集金额5 000万美元。此次巨灾债券的成功发行为今后利用资本市场构建多渠道的巨灾风险分散机制创造了条件;巨灾保险制度建设稳步推进,2015年4月,中国城乡居民住宅地震巨灾保险共同体正式成立,标志着我国多层次巨灾风险分散机制建设迈出坚实的一步。

4. 互联网保险业务快速发展

一是互联网保险保费规模高速增长。2015年,互联网保险累计实现保费收入2 233.96亿元,同比增长160.1%。其中,人身保险公司互联网业务实现保费收入1 465.6亿元,同比增长3.15倍,占人身原保费的9.2%,同比提高6.4%;财产保险公司互联网业务实现保费收入768.36亿元,同比增长225%,占产险原保费的9.1%,同比提高2.4%。从2013年到2015年,互联网渠道保费规模提升了近27倍,占总保费收入的比例由2013年的1.7%增长至9.2%。互联网保险的快速发展主要归因于:一方面是理财型保险产品在第三方电商平台等网络渠道上的销售热度继续,同时互联网车险保费收入增速处于一个明显的上升通道;另一方面则是保险公司尤其是中小保险公司对于互联网渠道重视度大增,普遍加大了拓展力度,以寻求新的市场空间。①

二是互联网保险经营主体不断扩容。全年新增25家保险公司经营互联网保险业务,截至2015年年底,全行业经营互联网保险业务的保险公司达到110家,其中,人身保险公司61家,较2013年增加17家,财产保险公司达49家,较2013年增加23家。

三是互联网保险渠道结构逐步完善。包括保险公司直销、保险经纪代理、借助第三方平台在内的互联网的渠道结构齐头并进,2015年,人身险公司通过官网实现的保费收入为41.7亿元,占互联网人身险保费收入的2.8%,第三方平台依托其流量、结算和信用优势,实现1 423.8亿元保费,占比97.2%。而财产保险方面,绝大部分互联网财产险通过保险公司官网实现,通过第三方平台实现的保费仅占5%。

四是互联网保险业务结构缓慢调整。互联网人身保险方面,高现价、低保障产品仍为主流,具体而言,互联网人寿保险中,包括万能险和投连险在内的理财型业务保费占比达83.2%;互联网健康保险中,一年期及一年期以内的产品占比86.4%;互联网意外保险中,一年期以内的业务占比达66.1%。互联网财产保险方面,业务结构依然以互联网车险为主,并且呈现签单量大、单均保费小的特点。

5. 市场格局更加合理,发展的协调性进一步增强

第一,人身险市场和财产险市场发展结构稳中有变。2015年,我国人身险保费规模增速加快,而财产险增速有所放缓,业务收入分别增长24.99%和10.99%,保费收入比例约为67.1:32.9,与上年相比,财产险业的比例减少0.27%(见图1-3-16)。

---

① 《互联网解放保险发展生产力》,中保网,http://xw.sinoins.com/2016-02/25/content_185739.htm,2016-02-25/2016-03-25。

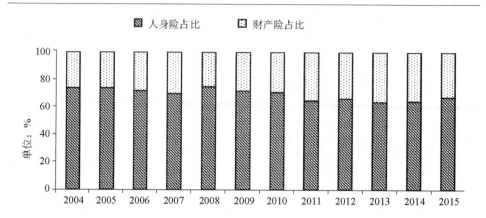

图 1-3-16　2004—2015 年全国人身险与财产险保费收入市场占比发展变化

资料来源:中国保监会,2015 年保险业经营情况表,http://www.circ.gov.cn/web/site0/tab5201/info4014825.htm。

第二,市场集中度基本稳定。2015 年,财产保险公司保费收入排名较 2014 年变化不大。财险保费收入排名前 10 位的财险公司榜单及名次均未发生变动,排名依次为:人保财险、平安产险、太保产险、国寿财险、中华联合、大地保险、阳光财险、中国信保、太平保险和天安保险。10 大财产险公司合计共占有市场 86.1% 的份额,较 2014 年上升了 0.14%,其中,人保财险、平安产险和太保产险三家公司原保险保费收入合计占产险公司原保险保费收入的比例为 64%,较上年减低 0.7%,大公司的地位依旧稳固(见图 1-3-17)。

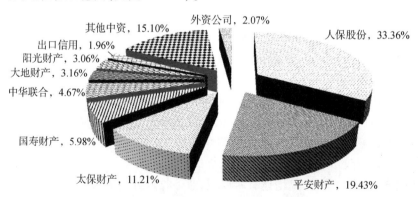

图 1-3-17　2015 年财产险公司市场份额

资料来源:中国保监会,2015 年财产险公司原保险保费收入情况表,http://www.circ.gov.cn/web/site0/tab5202/info4014826.htm。

2015年,保费收入排名前10位的人身险公司依次为:中国人寿、平安人寿、新华人寿、太平洋寿险、人保寿险、太平人寿、富德生命人寿、泰康人寿、安邦人寿和阳光人寿,较2014年变化不大。除阳光人寿跻身前10,富德生命人寿和泰康人寿名次微调外,其他人身险公司基本保持稳定。不过,前10位的人身保险公司原保险保费收入在全国市场占比,从2014年的81.72%减少5.87%至75.85%,表明人身险市场行业集中度下降趋势不变,市场竞争日趋激烈,中小保险公司的生存空间逐步加大(见图1-3-18)。

外资保险公司业务发展速度持续增长,市场份额略有上升。2015年外资保险公司实现原保险保费收入1 165.61亿元,市场份额较2014年增长0.34%,达4.8%。其中,外资人身保险公司原保险保费收入为991.09亿元,同比增长35.06%,市场份额为6.25%。外资财产险公司原保险保费收入为174.52亿元,同比增长3.98%,市场份额为2.07%。外资保险公司在中国争取市场份额的过程中,虽然步伐跨度不大,但仍保持着持续稳定的增长趋势。

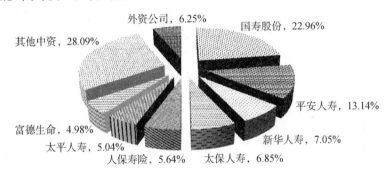

图1-3-18 2015年人身保险公司市场份额

资料来源:中国保监,2015年人身保险公司原保险保费收入情况表,http://www.circ.gov.cn/web/site0/tab5203/info4014827.htm,2016-01-28/2016-04-02。

第三,保险区域市场格局总体保持稳定。2015年,东部地区16个区域保险市场(北京、天津、河北、辽宁、大连、上海、江苏、浙江、宁波、福建、厦门、山东、青岛、广东、深圳、海南)的原保费收入在全国占比为57.45%,同比下降0.7%,增速较以往有所放缓,但依然是我国保险市场发展的主力区域。其中,财产险、寿险、意外险和健康险的原保险保费收入分别为4 568亿元、7 533亿元、379亿元和1 470亿元,同比增长10.36%、19.46%、18.21%和55.81%。中部地区8个区域保险市场(山西、吉林、黑龙江、安徽、江西、河南、湖北、湖南)在2015年的原保险保费收入仍保持了较高的增长水平,原保费收入在全国占比为23.15%,同比上升0.31%。其中,财产险、寿险、意外险和健康险的原保险保费收入分别为1 651亿元、3 379亿元、114亿元和462亿元,同比增长13.05%、24.88%、17.60%和42.13%。而西部地区12个区域保险市场(重庆、四川、贵州、云南、西藏、陕西、甘肃、青海、宁夏、新疆、内蒙古、广西),其原保费收入在全国占比为19.06%,同比上升0.04%,增速略有上升。其中,财产险、寿险、意外险和健康险的原保险保费收入分别为1 697亿元、2 329亿元、141亿元和462亿元,同比增长12.46%、23.27%、13.82%和50.45%(见图1-3-19)。虽然全国区域保险市场格局总体保持稳定,但与2014年相比,中、西部地区原保险保费收入的占比水平略有上升,东部地区占比略有下降。

从各地区保费收入规模来看,除名次略有变动外,2015年原保险保费收入居于全国前10位的地区与2014年完全相同,前10位地区中7个位于东部,2个地处中部,1个为西部地区。全年保费收入过千亿元的省市达9个。其中,广东省(不含深圳市)实现保费收入2 166.82亿元,居第1位;江苏省保费收入1 989.92亿元,居第2位;山东省(不含青岛市)实现保费收入1 543.49亿元,居第3位。在增速方面,高于全国原保险保费收入平均增速的共23个地区,其中,东部地区8个,中部地区7个,西部地区8个。中部地区除黑龙江省外,保费收入增长率全部高于全国平均增速,整体表现亮眼(见表1-3-23)。

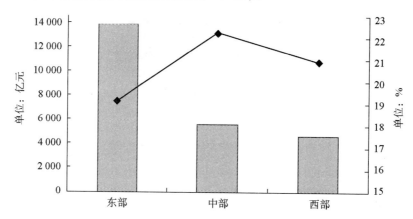

图1-3-19　2015年区域保费收入及增长分布

资料来源:中国保监会,2015年全国各地区原保险保费收入情况表,http://www.circ.gov.cn/web/site0/tab5205/info4014828.htm。

(五)黄金市场

1. 黄金供需基本保持平稳

据世界黄金协会发布的最新报告[①]显示,2015年,世界黄金需求量维持稳定,

---

① Gold Demand Trends Full Year2 015, https://www.gold.org/supply-and-demand/gold-demand-trends/back-issues/gold-demand-trends-full-year-2015.

保持在4 212.2 吨,比2014 年略微下降14 吨。季度需求与长期需求平均值持平。经历了极具挑战的上半年后,下半年黄金需求量稳中求升,最后两季度达到五年需求平均水平。金饰需求量为2 414.9 同比下降2.66%;投资上涨了7.58%,达到878.3 吨;金条和金币需求量为1 011.7 吨,同比增长1.12%;央行购入588.4 吨,与上年基本持平。持续的更新换代导致用于科技的黄金下滑至330.7 吨,创12 年来的新低。供应总量保持平稳,虽然矿产产量达到创纪录的3 186.20 吨,但再生金却缩减至8 年来的最低值(见表1-3-24 和图1-3-20)。

表1-3-23 2015 年全国各省、市原保险保费收入情况表

地区	本年累计(万元)	排名	同比增长%	增速排名	占比%
全国合计	242 825 194.6	--	20.00	--	100.00
集团、总公司本级	806 496.97	--	-16.05	--	0.33
北京	14 038 901.29	4	16.29	29	5.78
天津	3 983 408.65	23	25.36	9	1.64
河北	11 631 030.64	8	24.80	10	4.79
辽宁	7 080 081.04	12	26.95	5	2.92
大连	2 333 485.13	30	17.10	27	0.96
上海	11 251 647.05	9	14.03	33	4.63
江苏	19 899 158.14	2	18.18	25	8.19
浙江	12 070 831.26	7	14.84	32	4.97
宁波	2 282 538.57	31	10.28	36	0.94
福建	6 312 162.8	15	13.81	34	2.60
厦门	1 463 618.67	32	11.55	35	0.60
山东	15 434 858.04	3	23.30	11	6.36
青岛	2 441 171.77	29	20.17	22	1.01
广东	21 668 206.24	1	20.85	19	8.92
深圳	6 475 513.65	14	18.02	26	2.67
海南	1 142 452.81	33	34.18	2	0.47
山西	5 867 255.26	17	26.08	7	2.42
吉林	4 313 187.53	22	30.70	3	1.78
黑龙江	5 917 671.39	16	16.70	28	2.44
安徽	6 989 189.97	13	22.13	16	2.88
江西	5 084 283.9	20	26.99	4	2.09
河南	12 487 602.35	6	20.53	20	5.14
湖北	8 436 266.49	10	20.48	21	3.47
湖南	7 121 767.22	11	21.17	17	2.93
重庆	5 145 768.25	19	26.35	6	2.12
四川	12 673 045.07	5	19.49	24	5.22
贵州	2 577 966.03	27	21.00	18	1.06
云南	4 346 000.57	21	15.59	31	1.79

（续表）

地区	原保险保费收入				
	本年累计(万元)	排名	同比增长%	增速排名	占比%
西藏	173 570.5	36	36.07	1	0.07
陕西	5 724 484	18	20.07	23	2.36
甘肃	2 568 881.04	28	23.24	12	1.06
青海	562 953.62	35	22.14	15	0.23
宁夏	1 033 149.03	34	23.11	14	0.43
新疆	3 674 347.88	26	15.76	30	1.51
内蒙古	3 954 784.5	24	25.96	8	1.63
广西	3 857 457.32	25	23.12	13	1.59

注：集团、总公司本级是指集团、总公司开展的业务，不计入任何地区。
资料来源：中国保监会，2015年全国各地区原保险保费收入情况表，http://www.circ.gov.cn/web/site0/tab5 205/info4 014 828.htm。

表1-3-24　2014—2015年世界黄金供需状况　　　　　　　　　　　　单位：吨

	2014年					2015年				
	一季度	二季度	三季度	四季度	合计	一季度	二季度	三季度	四季度	合计
供给										
矿山生产	715.3	756.1	827.9	841.2	3 140.5	732.4	788.2	840.9	824.8	3 186.2
生产商净对冲	13.8	50	-12	51.8	103.6	-13.1	-8.2	15.5	-15	-20.8
矿山供应总量	729	806.1	815.9	893.1	3 244.1	719.3	780	856.4	809.8	3 165.4
回收黄金	372.6	273	265.2	259	1 169.7	355.3	255.8	254.3	227.4	1 092.8
供给总量	1 101.7	1 079.1	1 081.1	1 152.0	4 413.9	1 074.6	1 035.8	1 110.7	1 037.1	4 258.3
需求										
加工品——金饰[1]	608.1	612.5	643	648.3	2 511.9	611.3	542.5	667.3	634.1	2 455.2
加工品——科技	82.2	86.3	87.6	90.3	346.4	81.2	83.1	81.9	84.5	330.7
加工量小计	690.3	698.8	730.6	738.6	2 858.4	692.5	625.7	749.3	718.5	2 786.0
金条和金币总需求量	281.2	236.6	221.8	260.9	1 000.5	251.4	201.4	295.3	263.5	1 011.7
黄金ETFs及类似产品[2]	-15	-38.3	-40.3	-91.5	-185.1	25.2	-23.9	-65.9	-68.9	-133.4
各国央行和其他机构[3]	117.9	157.2	174.9	133.9	583.9	122.9	129.2	169	167.2	588.4
黄金需求量	1 074.4	1 054.4	1 086.9	1 041.9	4 257.6	1 092.0	932.5	1 147.7	1 080.4	4 252.6
顺差/逆差	27.2	24.7	-5.8	110.1	156.2	-17.4	103.3	-37	-43.2	5.7
总需求量	1 101.7	1 079.1	1 081.1	1 152.0	4 413.9	1 074.6	1 035.8	1 110.7	1 037.1	4 258.3

说明：(1)金饰，最终用户对新制的克拉金金饰和金表的总需求，无论素金或合金材料。不包括：二手金饰、其他镀金金属、用作金饰的金币和金条，以及既有克拉金金饰折价换新所购金饰。(2)黄金ETFs和类似产品，包括但不限于：SPDR GoldShares、iShares Gold Trust、ZKB Gold ETF、ETFSPhysical Gold/Jersey、Gold Bullion SecuritiesLtd、Central Fund of Canada Ltd Xetra – Gold、JuliusBaer Precious Metals Fund – JB Physical GoldFund、Source Physical Gold P – ETC、Sprott PhysicalGold Trust。随着时间推移，可能包括新产品。(3)不包括央行期权的任何Delta对冲。
资料来源：世界黄金协会。

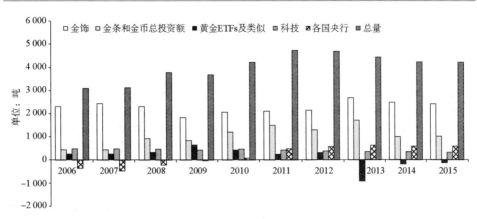

图 1-3-20　2006—2015 年世界各类黄金需求量变化趋势

资料来源:世界黄金协会。

2015 年,全国黄金产量为 450.053 吨,同比减少 1.746 吨,下降 0.39%(见图 1-3-21)。其中,黄金矿产金为 379.423 吨,比 2014 年同期增长 3.0%;有色副产金为 70.630 吨,比 2014 年同期下降 15.34%。尽管黄金产量略有下降,中国仍然连续 9 年蝉联世界最大黄金生产国,同时也是全球最大的黄金加工国。黄金产量出现负增长,主要原因是金价下跌,大批中小型黄金生产企业难以生存,只能被迫减停产,甚至倒闭。

2015 年,全国黄金消费量 985.90 吨,同比增加 34.81 吨,增幅 3.66%。其中:黄金首饰用金 721.58 吨,金条用金 173.08 吨,金币用金 22.80 吨,分别同比增长 2.05%、4.81% 和 78.13%。世界黄金协会和中国黄金协会的统计数据略有出入(见表 1-3-25)。中国仍然是全球最大的黄金珠宝消费市场。中国黄金市场是当今全球增长最快的黄金市场,并成为我国金融市场的重要组成部分。2015 年,上海黄金交易所全部黄金品种累计成交量共 3.41 万吨,同比增长 84.28%,是全球最大的场内实金交易市场。7 月,"黄金沪港通"正式开通;6 月、10 月,中国银行、中国建设银行先后获准参与"伦敦金"基准定价。在黄金市场上,中国正在加快提升与自身市场地位相匹配的国际影响力。

表 1-3-25　2015 年中国黄金需求

类别	1 季度	2 季度	3 季度	4 季度	全年
消费需求	280.2	215.7	238.0	250.6	984.5
金饰	221.2	174.1	185.7	202.6	783.5
金条和金币	59.1	41.6	52.3	48.0	201.0

资料来源:世界黄金协会。

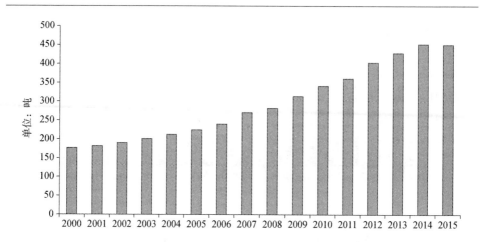

图 1-3-21　2000—2015 年中国黄金产量变化趋势

资料来源:中国黄金协会。2. 黄金市场价格震荡下行

2015 年,国际黄金价格先扬后抑,最高达到 1 295.75 美元/盎司,最低为 1 049.40 美元/盎司,年末收于 1 062.25 美元/盎司,较上年末下跌 137 美元/盎司,跌幅为 11.42%(见图 1-3-22)。

图 1-3-22　1978—2015 年国际黄金价格走势

资料来源:世界黄金协会,https://www.gold.org/research/download-the-gold-price-since-1978。

2015 年,国内金价与国际金价走势总体保持一致(见图 1-3-23),上海黄金交易所的黄金现货(上午)基准价①最高点为 260.63 元/克,最低点为 216.73 元/克,年末收于 222.87 元/克,较上年末下降 27.58 元/克,降幅达 11.01%。

图 1-3-23　2015 年国际黄金价格和国内黄金价格比较

资料来源:伦敦金银协会(The London Bullion Market Association)和上海黄金交易所。

3. 黄金交易规模大幅增长

2015 年,上海黄金交易所交易规模大幅增长,创历年最高水平。全年各类黄金产品累计成交 3.41 万吨,同比增长 89.6%;成交金额 8.01 万亿元,同比增长 79.4%。白银累计成交 80.57 万吨,同比增长 61.2%;成交金额 2.76 万亿元,同比增长 44.9%。铂金累计成交 60.22 吨,同比下降 7.2%;成交金额 135.18 亿元,同比下降 28.0%(见表 1-3-26 和表 1-3-27)。

表 1-3-26　2015 年及 12 月份中国黄金交易量统计　　　　单位:千克

成交量	上月日均	本月日均	上月累计	本月累计	增减	同比	本年累计
Au99.95	2 834.57	2 522.61	59 526.00	58 020.00	−2.53%	−50.36%	982 642.00
Au99.99	25 811.61	27 043.39	542 043.86	621 998.02	14.75%	19.12%	6 929 140.08
Au100g	80.13	45.3	1 682.80	1 041.80	−38.09%	−15.09%	14 316.20

---

① 上海黄金交易所基准价是根据其挂牌贵金属产品的交易价格信息编制的价格指数,于 2014 年 6 月 3 日开始发布。基准价的基础数据来源于交易所市场内流动性最好的品种,并选取相对活跃的交易时段的数据。基准价编制方法公开、透明,具有良好的市场代表性,为市场提供公允的时点价格。基准价的推出,不仅填补了中国贵金属市场基准价格体系建设的空白,还将为全球贵金属市场提供亚洲交易时区的人民币计价基准,为现货与衍生品市场的创新和发展提供了锚定价格基础。

(续表)

成交量	上月日均	本月日均	上月累计	本月累计	增减	同比	本年累计
Au50g	0.00	0.00	0.00	0.00	0.00	0.00	0.00
Au995	0.00	0.00	0.00	0.00	0.00	0.00	0.00
Au(T+D)	56 986.10	55 516.26	1 196 708.00	1 276 874.00	6.70%	-7.29%	11 296 826.00
Au(T+N1)	3 076.16	19 022.87	64 599.40	437 526.00	577.29%	52.80%	1 205 752.20
Au(T+N2)	5 675.93	9 589.96	119 194.60	220 569.00	85.05%	-13.05%	1 012 714.40
询价 Au99.95	730.67	595.91	15 344.00	13 706.00	-10.68%	87.34%	194 060.00
询价 Au99.99	24 137.79	34 459.66	506 893.60	792 572.20	56.36%	-0.44%	7 067 831.80
黄金合计	123 168.14	160 151.78	2 586 531.20	3 683 490.84	42.41%	3.76%	34 067 383.76

资料来源：上海黄金交易所。

表 1-3-27　2015 年及 12 月份中国黄金交易额统计　　　　单位：万元

成交金额	上月日均	本月日均	上月累计	本月累计	增减	同比	本年累计
Au99.95	63 174.89	57 707.89	1 326 672.68	1 327 281.45	0.05%	-52.55%	23 381 386.52
Au99.99	579 634.55	605 993.03	12 172 325.59	13 937 839.58	14.50%	11.41%	163 285 797.31
Au100g	1 808.55	1 008.66	37 979.45	23 199.28	-38.92%	-21.07%	336 368.67
Au50g	0.00	0.00	0.00	0.00	0.00	0.00	0.00
Au995	0.00	0.00	0.00	0.00	0.00	0.00	0.00
Au(T+D)	1 274 613.54	1 234 029.65	26 766 884.30	28 382 681.96	6.04%	-13.74%	264 528 866.54
Au(T+N1)	69 130.88	427 984.97	1 451 748.47	9 843 654.74	578.06%	43.34%	27 975 602.24
Au(T+N2)	126 853.80	214 745.74	2 663 929.73	4 939 151.96	85.41%	-18.50%	23 550 752.62
询价 Au99.95	16 557.52	13 441.46	347 707.86	309 153.48	-11.09%	76.66%	4 557 046.94
询价 Au99.99	546 859.07	779 088.01	11 484 040.51	17 919 024.27	56.03%	-6.55%	166 273 782.48
黄金合计	2 764 602.81	3 588 615.39	58 056 658.83	82 538 153.89	42.17%	-2.93%	800 839 236.83

资料来源：上海黄金交易所。

4. 黄金市场制度性建设逐步推进

2015 年，黄金市场制度性建设逐步推进，主要体现在：一是上海黄金交易所推出黄金询价期权业务，进一步完善黄金市场产品体系；二是上海黄金交易所开展有价资产充抵保证金业务，提高市场效率，降低投资者成本；三是银行间黄金询价市场做市商制度稳步推进，有助于提高市场流动性。

(六)衍生产品市场

1. 期货交易规模大幅增长

2015年,全国期货市场成交数据再创新高。中国期货业协会最新统计资料表明,1—12月全国期货市场累计成交量为35.78亿手,累计成交额为554.23万亿元,同比分别增长42.78%和89.81%。其中,全国商品期货市场累计成交量为32.37亿手,累计成交额为136.47万亿元,同比增长41.46%和6.64%;全国金融期货市场累计成交量为3.40亿手,累计成交额为417.38万亿元,同比增长56.51%和154.48%。从品种来看,2015年累计成交量占全国份额前五的品种分别为螺纹钢、甲醇、豆粕、沪深300股指期货和菜籽粕,成交量占比分别为15.12%、8.8%、8.09%、7.74%和7.31%。2015年,全国期货市场累计成交量和累计成交额两项指标双双创造了中国期货市场有史以来的新高,说明中国期货市场的交易规模再创历史纪录。

在国内四大期货交易所中,中国金融期货交易所成交金额最大,年均占比为58.91%,1—8月份的月均占比则高达80.43%,这标志着金融期货已成为国内期市的支柱(见表1-3-28)。2015年,大连商品交易所成交量为11.16亿手,累计成交额为41.09万亿元,同比分别增长45.05%和降低0.97%,分别占全国市场的31.20%和7.43%。上海期货交易所累计成交量为10.50亿手,累计成交额为63.56万亿元,同比分别增长25.44%和0.51%,分别占全国市场的29.36%和11.49%。郑州商品交易所累计成交量为10.70亿手,累计成交额为30.98万亿元,同比分别增长58.25%和下降33.31%,分别占全国市场的29.92%和5.6%。中国金融期货交易所累计成交量为3.40亿手,累计成交额为417.38万亿元,同比分别增长56.51%和154.48%,分别占全国市场的9.52%和75.47%。

从四大期货交易所各月成交量和成交金额(见图1-3-24和图1-3-25)可以看出:大连商品交易所、郑州商品交易所和上海期货交易所的交易量和成交金额在3月、7月和11月增长幅度较大,全年呈大幅增长态势;金融期货交易所的交易量和交易金额在4月和6月增长幅度较大,3月和11月出现了大幅飙升的局面,7月份开始迅速回落,12月交易量和交易金额分别为184.28万手和19 417.73亿元,比11月份分别下降27.21%和25.70%。

从2015年期货市场交易数据来看,1—6月期货市场的累计成交额就已超过2014年全年。股市火爆,2015年上半年金融期货成交额一度占据了全国期货市场成交额的八成以上。下半年期指成交降温,商品成交复苏。受到国内股市回调以及7月以来针对股指期货的一系列严厉的管控措施等影响,股指期货的成交量在7月以来骤减。与此同时,商品期货成交量和成交额显著增长,有色金属、贵金属等工业品板块成交放量明显,11月、12月工业品期货的成交额均占比过半。

表 1-3-28　四大期货交易所成交量和成交金额　　　单位:万手,亿元

日期	大连商品交易所		上海期货交易所		郑州商品交易所		中国金融期货交易所	
	成交量	成交金额	成交量	成交金额	成交量	成交金额	成交量	成交金额
2010 年累计	80 633.55	417 058.81	124 379.63	1 234 794.99	99 181.01	617 998.88	9 174.66	821 397.94
2011 年累计	28 904.69	168 756.22	30 823.92	434 534.35	40 643.92	334 213.57	5 041.62	437 659.55
2012 年累计	33 131.30	194 182.82	20 555.00	198 114.59	17 962.25	83 737.48	5 528.68	379 985.97
2013 年累计	70 050.07	471 527.27	64 247.40	604 167.73	52 529.90	189 000.80	19 354.93	1 410 066.21
2014 年累计	76 963.71	414 944.32	83 745.20	632 353.25	67 634.33	232 414.97	21 758.10	1 640 169.73
2015.01	6 498.89	25 676.18	8 775.67	61 429.51	7 824.02	22 231.39	3 161.50	338 357.02
2015.02	4 221.36	16 473.40	4 030.41	32 550.22	5 797.02	17 407.69	1 921.15	199 292.55
2015.03	8 514.04	33 833.39	7 905.92	52 921.02	15 316.66	41 903.52	3 116.59	352 028.39
2015.04	8 875.69	36 393.00	10 081.04	51 747.19	11 299.32	33 156.10	3 957.65	523 431.75
2015.05	9 192.48	39 697.61	7 859.80	50 513.48	8 478.84	25 002.28	4 213.80	597 579.12
2015.06	8 840.49	36 838.92	6 768.61	41 971.93	6 807.12	19 755.49	6 117.69	886 653.36
2015.07	11 417.17	42 053.35	11 706.43	62 464.29	9 902.83	26 831.81	5 881.04	677 386.44
2015.08	10 509.75	38 850.75	9 746.99	57 685.30	9 077.18	24 726.45	4 795.92	511 159.52
2015.09	9 354.06	34 673.34	8 485.33	51 628.38	9 503.51	28 139.51	293.38	26 457.48
2015.10	8 240.86	29 739.10	6 477.37	41 810.36	6 497.25	21 213.69	156.78	15 955.83
2015.11	12 834.50	33 608.26	10 260.00	64 166.77	9 109.79	27 577.84	253.18	26 133.14
2015.12	13 133.05	43 087.55	12 951.85	66 664.18	7 420.01	21 884.09	184.28	19 417.73
2015 年累计	111 632.34	410 924.87	105 049.41	635 552.63	107 033.56	309 829.86	34 052.95	4 173 852.33

资料来源:中国证监会,http://www.csrc.gov.cn/pub/zjhpublic/G00306204/zqscyb/201501/t20150120_266835.htm。

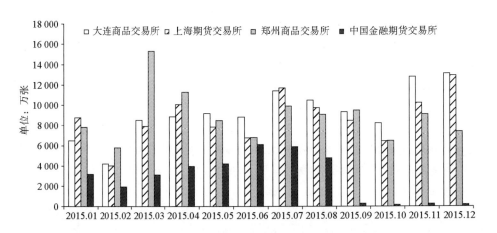

图 1-3-24　2015 年 1—12 月四大期货交易所成交量

资料来源:中国证监会,http://www.csrc.gov.cn/pub/zjhpublic/G00306204/zqscyb/201501/t20150120_266835.htm。

2. 期权市场平稳运行

2015年2月9日,上海证券交易所正式上市我国首个场内期权产品——上证50ETF期权,标志着我国资本市场进入期权时代。上市以来,市场运行平稳有序,定价较为合理,流动性不断提升,投资者参与理性,保险、套利、方向性交易和增强收益四类交易行为分布较为均衡,未出现"爆炒"、过度投机等现象。特别是在年中股票市场出现异常波动的情况下,股票期权市场运行平稳,经受住了市场的考验。

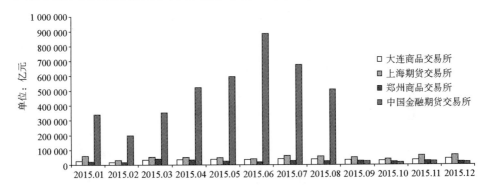

图1-3-25　2015年1-12月四大期货交易所成交金额

资料来源:中国证监会,http://www.csrc.gov.cn/pub/zjhpublic/G00306204/zqscyb/201501/t20150120_266835.htm。

随着投资者对期权产品日渐熟悉,投资者参与数量与交易量稳步增长。2015年,上证50ETF期权累计成交面值5 910亿元,累计权利金成交金额237亿元,累计总成交量2 327万张。个人投资者成交量占比为46.99%,一般机构投资者占比为16.42%,做市商占比为36.59%。日均合约成交面值为26.99亿元,日均权利金成交金额1.08亿元,日均成交张数为10.63万张,日均持仓(未平仓合约数量)27.17万张。期权上市以来,市场规模稳步扩大。2月份日均合约成交面值为5.45亿元,12月份达到47.69亿元,增长了7.75倍;2月份日均合约成交量为2.33万张,12月份达到19.81万张,增长了7.5倍;2月份权利金总成交额为2.48亿元,12月份为35.98亿元,增长了13.51倍(见表1-3-29和图1-3-26)。在交易日趋活跃、市场规模逐步扩大的同时,期权市场运行平稳有序,市场质量稳步提升。

表1-3-29　2015年上证50ETF期权交易情况

月份	总成交量(张)	认购成交量(张)	认沽成交量(张)	认沽/认购(%)	未平仓合约总数	未平仓认购合约数	未平仓认沽合约数
2015.02	232 508	123 727	108 781	87.92	40 665	21 910	18 755
2015.03	550 699	304 034	246 665	81.13	56 410	31 864	24 546
2015.04	690 136	389 899	300 237	77.00	108 900	60 234	48 666

(续表)

月份	总成交量(张)	认购成交量(张)	认沽成交量(张)	认沽/认购(%)	未平仓合约总数	未平仓认购合约数	未平仓认沽合约数
2015.05	1 136 752	676 628	460 124	68.0	170 358	103 956	66 402
2015.06	1 886 856	1 040 645	846 211	81.32	230 732	173 172	57 560
2015.07	2 858 200	1 746 338	1 111 862	63.67	271 866	178 599	93 267
2015.08	3 046 438	1 726 557	1 319 881	76.45	373 755	251 418	122 337
2015.09	2 144 420	1 164 212	980 208	84.20	291 158	174 254	116 904
2015.10	1 957 154	1 064 484	892 670	83.86	341 682	202 913	138 769
2015.11	4 210 044	2 354 994	1 855 050	78.77	543 503	330 349	213 154
2015.12	4 556 769	2 618 030	1 938 739	74.05	427 775	233 092	194 683

资料来源：上海证券交易所，http://www.sse.com.cn/assortment/options/date/。

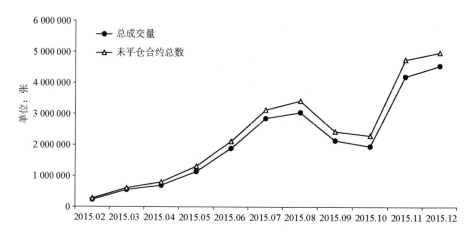

图1-3-26 2015年50ETF期权合约成交量和持仓量

资料来源：上海证券交易所，http://www.sse.com.cn/assortment/options/date/。

自50ETF期权上市以来，投资者开户数稳步增长，2015年年底账户总数为81 557户，其中，个人投资者80 134户，机构投资者1 423户。期权经营机构全年月均开户量为7 414户。全年参与期权交易账户为25 577户，占总开户数的31.36%。从交易的期权合约类型来看，投资者更偏好交易认购期权。全年认购期权交易量占总交易量的56.77%，认沽期权占43.23%。从投资者类别看，个人投资者认购期权交易占比为59.68%，机构投资者为54.47%。从期权买卖方向来看，个人投资者偏好买入开仓，占其所有开仓交易的63.02%。机构投资者偏好卖出开仓(不含备兑开仓)，占其所有开仓交易的56.81%。备兑开仓主要由个人投资者使用(见表1-3-30)。从交易目的看，保险、套利、方向性交易和增强收益四类交易行为分布较为均衡，占比分别为15.38%、21.13%、31.72%和31.77%。从投资者类别看，机构投资者主要以套利交易和增强收益交易为主，个人投资者则主要以方向性交易和增强收益为主(见表1-3-31)。

表1-3-30　2015年不同类型投资者交易偏好　　　　　　　　　　　单位:%

	个人投资者	机构投资者	全部投资者占比
买入开仓	34.30	23.17	29.71
卖出开仓(不含备兑开仓)	19.77	30.77	26.30
备兑开仓	0.36	0.22	0.22
卖出平仓	28.94	19.83	23.48
买入平仓(不含备兑平)	16.34	25.87	20.12
备兑平仓	0.29	0.15	0.17
合计	100	100	100

资料来源:上海证券交易所,http://www.sse.com.cn/assortment/options/date/。

表1-3-31　2015年不同交易类型成交量分布情况　　　　　　　　　单位:%

交易类型	个人投资者	一般机构投资者	专业机构	总计
保险	15.05	15.43	18.76	15.38
套利	15.07	37.90	25.84	21.13
方向性交易	40.41	11.43	11.45	31.72
增强收益	29.48	35.24	43.96	31.77
合计	100	100	100	100

注:专业机构不包括做市商。
资料来源:上海证券交易所,http://www.sse.com.cn/assortment/options/date/。

截至2015年年底,共有81家证券公司和15家期货公司取得了上交所股票期权交易参与人资格,56家证券公司取得自营业务资格,8家主做市商及4家一般做市商参与做市。证券公司和期货公司分别累计开立经纪业务账户为80 648户和789户,它们的双向期权经纪业务交易量分别为2 745.94万张和142.94万张;主做市商、一般做市商和证券公司自营业务(不含做市商)的双向总成交量分别为1 659.42万张、43.30万张和62.45万张(见表1-3-32)。做市商在稳定期权市场、提高市场流动性和定价效率方面都发挥了重要作用。

表1-3-32　2015年不同交易类型成交量分布情况

交易参与人	开立经纪业务账户数(户)	双向交易量(万张)	市场占比
证券公司	80 648	2 745.94	59.0
证券公司自营业务	-	62.45	1.34
期货公司	789	142.94	3.07
主做市商	-	1 659.42	35.66
一般做市商	-	43.30	0.93

资料来源:上海证券交易所,http://www.sse.com.cn/assortment/options/date/。

3. 利率衍生品交易活跃度明显上升

2015年,利率互换交易增长较快,标准债券远期产品开始交易。人民币利率互换市场达成交易 64 557 笔,同比增长 50%;名义本金总额 82 304 亿元,同比增长 104%。从期限结构来看,1 年及 1 年期以下交易最为活跃,名义本金总额达 72 420 亿元,占总量的 88%。从参考利率来看,人民币利率互换交易的浮动端参考利率主要包括 7 天回购定盘利率和 Shibor,与之挂钩的利率互换交易名义本金占比分别为 89.5% 和 10.2%。标准债券远期产品开展交易①,全年共达成交易 83 笔,成交量 19.6 亿元。标准利率衍生品全年达成交易 994 笔,名义本金总额 5 014 亿元(见表 1-3-33)。

表 1-3-33　2008—2015 年利率衍生产品交易情况

年份	利率互换		标准利率衍生品		标准债券远期	
	交易笔数 (笔)	名义本金额 (亿元)	交易笔数 (笔)	名义本金额 (亿元)	交易笔数 (笔)	名义本金额 (亿元)
2008	4 040	4 121.5				
2009	4 044	4 616.4				
2010	11 643	15 003.4				
2011	20 202	26 759.6				
2012	20 945	29 021.4				
2013	24 409	27 277.8				
2014	43 019	40 347.2	212	413.5		
2015	64 557	82 304.1	994	5 014	83	19.6

资料来源:中国外汇交易中心。(空白处缺少原始数据)

二、金融市场存在的问题

(一)社会融资存在结构性不平衡

1. 直接融资在社会融资中的占比显著提高但仍然偏低

2015 年,中国人民银行开始公布社会融资规模增量和存量,前者是指一定时期内实体经济(国内非金融企业和住户)从金融体系获得的资金额;后者是指一定时期期末实体经济(非金融企业和住户)从金融体系获得的资金余额。据初步统计,2015 年社会融资规模增量为 15.41 万亿元,比上年少 4 675 亿元;年末社会融资规模存量为 138.14 万亿元,同比增长 12.4%,增速比上年年末低 1.9 个百分点(见表 1-3-34)。

---

① 为满足市场成员日益增长的利率避险需求,促进现货市场和衍生品市场联动发展,2014 年 11 月中国外汇交易中心推出银行间市场标准利率衍生品,包括以 FR007 和 Shibor 为基准的四种产品。截至 2014 年底,标准利率衍生产品共成交 212 笔,总计 413.5 亿元。

表 1-3-34 2015 年社会融资规模增量和存量

	社会融资规模增量	其中:						
		人民币贷款	外币贷款（折合人民币）	委托贷款	信托贷款	未贴现银行承兑汇票	企业债券	非金融企业境内股票融资
2015年（亿元）	154 086	112 693	-6 427	15 911	434	-10 569	29 399	7 604
同比增减（亿元）	-4 675	15 241	-7 662	-5 829	-4 740	-9 371	5 070	3 254
2015年年末（亿元）	1 381 383	927 526	30 193	109 328	53 925	58 542	146 258	45 251
同比增速（%）	12.4	13.9	-13	17.2	0.8	-14.8	25.1	20.2

注:(1)表中数据为初步统计数;(2)同比增减为可比口径计算;(3)存量数据基于账面值或面值。计算,同比增速为可比口径数据,为年增速。

资料来源:中国人民银行,http://www.pbc.gov.cn/diaochatongjisi/116219/116319/2161324/index.html。

2015 年,社会融资规模增量主要有以下四个特点。一是对实体经济发放的人民币贷款大幅增加(见表 1-3-35 和图 1-3-27),全年对实体经济发放的人民币贷款占同期社会融资规模增量的 73.1%,比 2014 年高 11.7 个百分点。二是对实体经济发放的外币贷款明显减少。截至 2015 年 12 月对实体经济发放的外币贷款已连续 6 个月净减少。三是非金融企业债券和股票融资均大幅度增加。2015 年非金融企业境内债券和股票合计融资 3.7 万亿元,比 2014 年多 8 324 亿元,占同期社会融资规模增量的 24.0%,创历史最高水平。四是委托贷款、信托贷款和未贴现银行承兑汇票融资同比均有较大下降。2015 年实体经济以委托贷款、信托贷款和未贴现银行承兑汇票方式合计融资 5 776 亿元,比 2014 年少 1.99 万亿元,占同期社会融资规模增量的 3.7%,比 2014 年低 12.5 个百分点。

值得注意的是,2015 年发行地方政府债券超过 3.5 万亿元,其中大部分用于置换地方融资平台借入的存量债务(如银行贷款、信托贷款等)。由于地方融资平台属于社会融资规模统计的非金融企业部门范畴,而地方政府在社会融资规模统计之外,因此,存量债务置换会使社会融资规模减小。如果还原该因素,金融对实体经济的实际支持力度超过往年。

2. 地区社会融资结构性不平衡进一步加重

中国人民银行发布的 2015 年地区社会融资规模数据(见表 1-3-36)显示,截至 2015 年年末,31 地区的社会融资规模为 15.41 万亿元,较 2014 年中社会融资规模 15.7 万亿减少 4 675 亿元,增速为 -2.98%。其中,2015 年社会融资规模超万亿规模的地区有 3 家,分别为北京市 1.5369 万亿元,广东省为 1.4443 万亿元,江苏省为1.1394万亿元。融资规模在5 000亿元至1万亿元区间的地区共有6家,分别为上海市8 507亿元、山东省7 600亿元、浙江省6 291亿元、辽宁省6 194亿元、四川省5 812亿元和河南省5 756亿元。

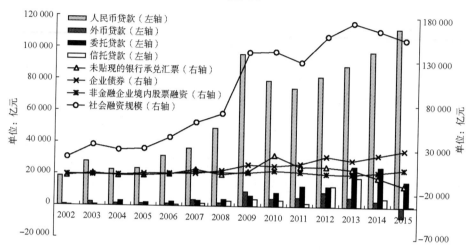

图1-3-27 2002—2015年我国社会融资规模变化
资料来源:中国人民银行,http://www.pbc.gov.cn/diaochatongjisi/116219/116319/2161324/index.html。

表1-3-35 2002—2015我国社会融资规模年度数据及结构　　　　　　　　　单位:亿元

年份	社会融资规模	其中:						
		人民币贷款	外币贷款(折合人民币)	委托贷款	信托贷款	未贴现的银行承兑汇票	企业债券	非金融企业境内股票融资
2002	20 112	18 475	731	175	—	−695	367	628
2003	34 113	27 652	2 285	601	—	2 010	499	559
2004	28 629	22 673	1 381	3 118	—	−290	467	673
2005	30 008	23 544	1 415	1 961	—	24	2 010	339
2006	42 696	31 523	1 459	2 695	825	1 500	2 310	1 536
2007	59 663	36 323	3 864	3 371	1 702	6 701	2 284	4 333
2008	69 802	49 041	1 947	4 262	3 144	1 064	5 523	3 324
2009	139 104	95 942	9 265	6 780	4 364	4 606	12 367	3 350
2010	140 191	79 451	4 855	8 748	3 865	23 346	11 063	5 786
2011	128 286	74 715	5 712	12 962	2 034	10 271	13 658	4 377
2012	157 600	82 035	9 163	12 837	12 934	10 498	22 498	2 508
2013	172 904	88 917	5 848	25 465	18 448	7 750	18 022	2 219
2014	164 133	97 813	3 556	25 069	5 174	−1 286	23 817	4 350

(续表)

年份	社会融资规模	其中:						
		人民币贷款	外币贷款（折合人民币）	委托贷款	信托贷款	未贴现的银行承兑汇票	企业债券	非金融企业境内股票融资
2015①	154 086	112 693	-6 427	15 911	434	-10 569	29 399	7 604
占比(%)								
2002	100	91.9	3.6	0.9	-	-3.5	1.8	3.1
2003	100	81.1	6.7	1.8	-	5.9	1.5	1.6
2004	100	79.2	4.8	10.9	-	-1.0	1.6	2.4
2005	100	78.5	4.7	6.5	-	0.1	6.7	1.1
2006	100	73.8	3.4	6.3	1.9	3.5	5.4	3.6
2007	100	60.9	6.5	5.7	2.9	11.2	3.8	7.3
2008	100	70.3	2.8	6.1	4.5	1.5	7.9	4.8
2009	100	69.0	6.7	4.9	3.1	3.3	8.9	2.4
2010	100	56.7	3.5	6.2	2.8	16.7	7.9	4.1
2011	100	58.2	4.5	10.1	1.6	8.0	10.6	3.4
2012	100	55.4	5.8	8.1	8.2	6.7	14.3	1.6
2013	100	51.4	3.4	14.7	10.7	4.5	10.4	1.3
2014	100	59.6	2.2	15.3	3.2	-0.8	14.5	2.7
2015	100	73.1	-4.2	10.3	0.3	-6.9	19.1	4.9

注:(1)社会融资规模是指一定时期内实体经济从金融体系获得的资金总额,是增量概念;(2)表中的人民币贷款为历史公布数;(3)"-"表示数据缺失或者有关业务量很小;(4)2015年的数据是根据中国人民银行发布的《2015年社会融资规模统计数据报告》计算得到。

资料来源:中国人民银行,http://www.pbc.gov.cn/diaochatongjisi/116219/116319/2161324/index.html。

从数据来看,东部地区的社会融资规模显著高于中部、西部和东北地区。② 2015年东、中、西部和东北地区社会融资规模分别为7.87万亿元、2.38万亿元、3.25万亿元和1.09万亿元,在结构上具有不平衡性,表现为:①东部地区融资集中度偏高。2015年我国地区社会融资规模最多的前六个地区全部集中在东部地区,即北京、广东、江苏、上海、山东和浙江,这些地区的融资额占全国的比例为43.6%

---

① 2015年1月起,委托贷款统计制度进行了调整,将委托贷款划分为现金管理项下的委托贷款和一般委托贷款。社会融资规模中的委托贷款只包括由企事业单位及个人等委托人提供资金,由金融机构(即贷款人或受托人)根据委托人确定的贷款对象、用途、金额、期限、利率等向境内实体经济代为发放、监督使用并协助收回的一般委托贷款。

② 根据最新的区域划分方法,东部地区包括北京、天津、河北、上海、江苏、浙江、福建、山东、广东和海南10个省市;中部地区包括山西、安徽、江西、河南、湖北和湖南6省;西部地区包括内蒙古、广西、重庆、四川、贵州、云南、西藏、陕西、甘肃、青海、宁夏和新疆12个省市自治区;东北地区包括辽宁、吉林和黑龙江3省。

(比2014年提高2.5个百分点),而且,前三个地区的社会融资规模均超过了1万亿元。②融资具有区域不平衡性。2015年,东、中、西部和东北地区社会融资规模分别占同期地区社会融资规模总额的53.88%、16.33%、22.29%和7.49%。③地区融资结构存在一定差异,中、西部和东北地区更依赖通过银行贷款来融资,而东部地区更青睐"信托"等"影子"信贷,直接融资占比也较高。2015年,中、西部和东北地区新增人民币贷款占其社会融资规模的比例分别为65.88%、83.86%、76.10%和81.16%,比东部地区分别高17.98、10.22和15.28个百分点;东部地区直接融资(指非金融企业债券融资和境内股票融资合计)占其社会融资规模的比例为30.31%,比中部、西部和东北地区分别高12.37、11.76和16.76个百分点。

表1-3-36　2015年地区社会融资规模统计　　　　　　　　　　单位:亿元

地区	地区社会融资规模增量	其中:						
		人民币贷款	外币贷款(折合人民币)	委托贷款	信托贷款	未贴现的银行承兑汇票	企业债券	非金融企业境内股票融资
北京	15 369	4 595	-1 161	2 452	737	101	7 180	1 190
天津	4 474	2 692	-151	785	113	-90	796	250
河北	4 764	4 566	-32	30	-103	-642	517	205
山西	3 048	2 032	-18	282	-64	-138	717	149
内蒙古	1 869	2 181	-7	79	-452	-592	252	326
辽宁	6 194	3 475	-347	1 351	41	492	757	244
吉林	2 710	2 614	-7	183	-194	-292	189	98
黑龙江	2 037	2 791	-20	33	-554	-574	115	80
上海	8 507	4 252	-511	1 539	726	273	1 476	491
江苏	11 394	9 253	-783	1 095	379	-2 043	2 507	618
浙江	6 291	5 387	-596	88	131	-1 039	1 275	749
安徽	3 575	3 410	-97	636	-311	-693	340	126
福建	4 298	3 650	-445	602	-388	-482	906	284
江西	3 020	2 891	-31	194	-383	-383	606	43
山东	7 600	5 397	-305	437	-573	296	1 665	319
河南	5 756	4 207	-48	559	42	-26	701	143
湖北	4 248	4 105	-304	769	-209	-760	310	173
湖南	4 196	3 350	16	266	-138	-420	780	190
广东	14 443	11 028	-1 373	834	175	-77	2 155	1 114
广西	2 737	2 071	-72	359	0	-295	443	87
海南	1 521	1 000	199	98	0	32	123	19
重庆	2 969	2 380	-104	122	-222	-570	973	74
四川	5 812	4 109	-225	690	257	-466	751	240
贵州	4 090	2 683	-12	980	-112	-98	572	0
云南	2 834	2 584	-29	333	-284	-628	670	73

（续表）

地区	地区社会融资规模增量	其中:						
		人民币贷款	外币贷款（折合人民币）	委托贷款	信托贷款	未贴现的银行承兑汇票	企业债券	非金融企业境内股票融资
西藏	794	502	3	22	232	-3	12	17
陕西	4 539	2 914	-22	195	985	-254	487	95
甘肃	3 441	2 611	-4	175	316	-24	164	110
青海	1 112	819	4	89	95	-136	159	67
宁夏	503	540	2	56	0	-152	26	6
新疆	1 837	1 367	-27	27	136	-207	402	28

注:(1)地区社会融资规模增量是指一定时期内、一定区域内实体经济(非金融企业和住户)从金融体系获得的资金总额。(2)表中数据为初步统计数。

资料来源:中国人民银行,http://www.pbc.gov.cn/diaochatongjisi/116219/116319/2161324/index.html。

(二)股票市场中资金流向存在结构性不均

2015年,我国股票市场资金净流入量为-63 311.71亿元,日均净流入量为-259.47亿元(见表1-3-37和图1-3-28),其中,特大单和大单净买入量分别为-26 673.50亿元和-36 648.62亿元,中单和小单净买入量分别为15 444.47亿元和47 877.65亿元。由此可见,大单和特大单的资金基本上是净流出,而中单和小单的资金基本上为净流入。这主要是受2015年股市行情的影响,大量中小投资者纷纷斥资入市,而一些大股东则乘机退出(见表1-3-38)。

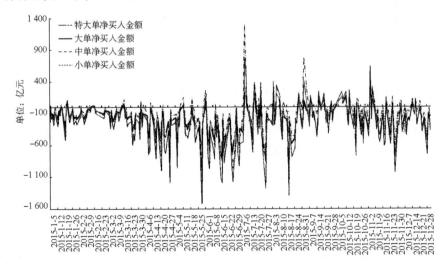

图1-3-28　2015年股票市场资金流向

资料来源:根据Wind数据库中的相关数据整理得到。

表 1-3-37　2015 年市场资金流向　　　　　　　　　　　　　　　单位:亿元

	净流入金额	特大单净买入金额	大单净买入金额	中单净买入金额	小单净买入金额
日均	-259.47	-109.32	-150.20	63.30	196.22
合计	-63 311.71	-26 673.50	-36 648.62	15 444.47	47 877.65

资料来源:根据 Wind 数据库中的相关数据整理得到。

表 1-3-38　2015 年 A 股投资者新增开户数　　　　　　单位:个

月份	合计	个人	券商	基金	社保基金	一般机构	QFII
2015-01	1 970 188	1 963 624	156	1 289	0	5 104	15
2015-02	1 116 440	1 112 415	173	1 108	0	2 724	20
2015-03	4 863 867	4 854 823	234	2 370	0	6 428	12
2015-04	12 901 658	12 889 765	379	3 031	0	8 479	4
2015-05	11 879 150	11 867 420	420	3 448	0	7 850	12
2015-06	12 836 511	12 822 863	392	4 135	0	9 098	23
2015-07			264	3 368	46		29
2015-08			379	2 427	0		12
2015-09			162	1 601	0		12
2015-10			132	1 390	0		1
2015-11			282	2 472	0		15
2015-12			319	3 297	0		17

说明:2015 年 6 月以后,Wind 数据库停止统计个人和一般机构新增开户数,故空白处缺少原始数据。

资料来源:Wind 数据库。

从股市资金流入的行业结构来看(见表 1-3-39 和图 1-3-29),工业、信息技术、材料、金融和可选消费是最主要的资金净流出行业,2015 年,其资金净流入量分别为 -17 442.30 亿元、-10 352.01 亿元、-9 553.96 亿元、-9 190.32 亿元和 -8 462.99 亿元,占全年资金净流入量的比重分别为 26.05%、15.46%、14.27%、13.72% 和 12.64%。从时段来看,第 7 时段(即 2015 年 6 月 19 日 -7 月 16 日)是股市资金流出最多的月份,为 -12 439.53 亿元,占全年总流出资金的 18.58%。由此可见,股市中资金流向存在明显的行业性不均。

(三)股票市场场内外配资杠杆严重失调

2015 年,我国股市出现巨幅震荡,上证指数从 5 178 点一夜之间跳水到 2 851 点,"千股跌停"的场景频频出现,沪深两市市值折损 30% 以上,创业板市值缩水逾 40%,市场的巨幅波动严重打击了投资者的投资信心。造成股市巨幅震荡的原因是多方面的,虽然实体经济增速放缓是重要诱因之一,但股市配资杠杆过大毫无疑问则是罪魁祸首。近年来,稍显宽松的金融监管给了投机者以可乘之机,大量投资者不断加大其投资杠杆:融资融券高度失衡,融资余额显著高于融券余额(见表1-3-40);伞形信托①加剧杠杆风险,场外配资不断做大。

表1-3-39　2015年股票市场行业资金流向　　　　　　　　　　　单位:亿元

时段	能源	材料	工业	可选消费	日常消费	医疗保健	金融	信息技术	电信服务	公用事业
第1时段	-135.06	-623.12	-1 223.41	-538.21	-243.42	-280.16	-880.39	-602.95	-20.52	-184.33
第2时段	-113.03	-305.98	-745.53	-78.80	-106.03	-40.16	-1 111.80	-95.51	-10.84	-136.84
第3时段	-123.90	-276.51	-594.59	-135.23	-120.15	-113.06	-708.95	-319.05	-9.57	-105.23
第4时段	-91.73	-637.36	-1 110.71	-586.20	-180.21	-207.27	-811.65	-704.35	-28.85	-150.74
第5时段	-190.70	-1 111.10	-2 110.79	-986.92	-334.28	-329.65	-1 165.19	-1 111.83	-46.72	-304.90
第6时段	-325.35	-993.92	-2 013.33	-802.60	-327.53	-308.60	-1 141.56	-934.91	-95.86	-319.40
第7时段	-341.76	-1 845.14	-3 205.61	-1 597.15	-610.02	-660.93	-1 763.18	-1 792.09	-101.30	-522.34
第8时段	-192.46	-1 183.12	-1 528.61	-982.30	-368.05	-433.45	-444.72	-1 113.90	-36.21	-329.07
第9时段	-40.43	-459.95	-1 106.57	-511.70	-179.75	-314.91	-311.37	-967.33	-10.02	-80.01
第10时段	-129.14	-751.08	-1 248.00	-745.05	-252.89	-323.31	-169.67	-816.28	-4.55	-219.08
第11时段	-18.72	-207.59	-298.12	-236.85	-59.32	-93.62	-8.35	-183.09	1.41	-62.42
第12时段	-45.72	-351.74	-654.44	-406.78	-186.80	-249.37	96.14	-512.33	1.52	-89.71
第13时段	-112.87	-807.35	-1 602.39	-855.20	-264.57	-373.67	-769.62	-1 198.42	-31.37	-242.47
全年	-1 860.88	-9 553.96	-17 442.30	-8 462.99	-3 233.01	-3 728.51	-9 190.32	-10 352.01	-392.95	-2 746.54

注:时段划分方法是,每20个交易日统计一次,全年划分为13各时段。
资料来源:根据Wind数据库中的相关数据整理得到。

我国融资融券业务起步较晚,在规则设定之时充分吸取了国际市场既有经验,加大了业务限制,在投资者准入、两融标的选择、保证金比例、融资期限等方面都有严格的要求。2015年1月,证监会规定不得向证券资产低于50万元的客户融资融券。场内融资门槛高,监管严,即使在融资余额攀至最高峰时,其占A股流通市值比例也不足以酿成之后数日千股跌停的悲剧。真正引发股市巨幅震荡的,正是躲在暗处、交易信息不透明的场外配资。

---

① 伞形信托指同一个信托产品之中包含两种或两种以上不同类别的子信托,投资者可根据投资偏好自由选择其中一种或几种进行组合投资,满足不同的投资需要。伞形信托通常是由证券公司、信托公司、银行等金融机构共同合作,结合各自优势为证券二级市场的投资者提供投、融资服务的结构化证券投资产品。具体来说,就是用银行理财资金借道信托产品,通过配资、融资等方式,增加杠杆后投资于股市。

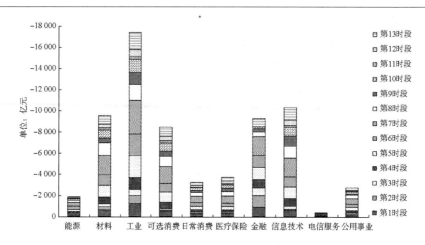

图 1-3-29 2015 年股票市场行业资金流向

资料来源:根据 Wind 数据库中的相关数据整理得到。

表 1-3-40 2015 年我国股票市场融资融券情况   单位:亿元

月份	融资买入额	融券卖出额	融资融券交易金额	融资余额	融券余额	融资融券余额
2015-01	21 012.85	2 880.87	33 938.80	11 258.33	58.69	11 317.03
2015-02	12 824.31	1 709.84	14 534.15	11 522.99	55.11	11 578.10
2015-03	33 867.23	3 973.47	37 840.69	14 864.39	79.29	14 943.68
2015-04	46 428.93	6 114.30	52 543.23	18 306.96	87.56	18 394.52
2015-05	41 484.29	5 532.70	47 016.99	20 728.63	71.66	20 800.30
2015-06	41 584.66	6 798.86	48 383.52	20 443.69	46.99	20 490.68
2015-07	30 441.52	1 962.60	32 404.12	13 352.00	32.62	13 384.62
2015-08	22 237.27	113.37	22 350.65	10 561.03	32.58	10 593.61
2015-09	11 546.83	33.82	11 580.65	9 040.51	26.83	9 067.34
2015-10	17 544.58	20.99	17 565.58	10 301.68	29.04	10 330.72
2015-11	27 056.37	40.45	27 096.82	11 931.99	29.05	11 961.04
2015-12	18 700.50	52.00	18 752.50	11 712.23	29.60	11 741.83

资料来源:巨灵金融服务平台。

场外配资形式多样,伞形信托、配资公司、P2P 等为投资者提供了丰富的选择空间。场外配资杠杆普遍可达 3—5 倍,甚至 10 倍。据证监会公布,通过恒生 HOMS、铭创软件和同花顺三个渠道的配资规模总额接近 5 000 亿元,其中,HOMS 占比最高,达 4 400 亿元,铭创和同花顺分别为 360 亿元和 60 亿元。[①] 证监会没有

---

① 张力、陈星光,《股市的场外配资:发展历程、风险机制和对策》,载《第一财经日报》,2015 年 8 月 18 日,第 A13 版。

对 P2P 等其他途径的配资量给出说明。2015 年 6 月 29 日，申万宏源发布了关于场外配资市场的状况研究，其测算的场外配资规模约为 1.7—2 万亿元，其中民间配资和伞形信托大约有 1—1.5 万亿元。比较而言，外资机构的数据则较为激进。据美林美银估计，杠杆资金可以通过保证金融资、股权质押贷款、伞形信托、股票收益互换、结构化的公募基金、P2P、线下配资七种通道进入 A 股市场，算下来这部分原始资金的规模超过 3.7 万亿元，假定平均杠杆率是 1 倍，那么这就意味着 A 股融资资金存量至少在 7.5 万亿元。

场外配资主要存在以下风险：①过度杠杆风险。由于配资公司的原始资本可在一次配资完成后收回，所以理论上讲，只要股票维持上涨的趋势，配资公司就能很容易找到想要融资的客户，因此资本也就可以无尽地循环下去，随着杠杆的提高，市场系统性风险也会随之增加。由于配资公司在资本流转过程中并没有资本充足率、资本准备金等监管要求，因此一旦资金链断裂给整个金融市场所带来的损失是无法估量的。②配资公司本身存在的风险敞口。来自于银行理财产品资金池的资金具有十分严格的风控标准，为配资公司设立了较高的最低保证金要求，这种要求使得客户账户一出现浮亏就必须追加保证金，否则就会被强行平仓。在实际操作中，配资公司往往会自行下调最低保证金率，并垫付该保证金率与银行要求的最低保证金率的差额部分。这使得配资公司的自有资本存在风险敞口。③资金安全风险。由于配资公司几乎不受监管，其二级子账户完全匿名，销户后不留任何痕迹，且客户所提供的资金账户也没有第三方的资金托管，因此，一旦配资公司资金链断裂，完全可能携款逃跑，给融资方造成难以弥补的损失。

（四）股市和债市存在"跷跷板效应"

股市和债市的协调发展对整个市场的资源配置、风险再分配等方面起着重要作用。股市与债市的内在联系，主要通过资金关联、价格关联和风险关联来实现。①资金关联。股票和债券是两种可供选择的金融资产，前者风险较大，后者风险相对较小。当市场环境发生变化时，投资者会重新调整自己的资产组合，改变股票和债券的持有量，从而引起资金在这两个市场间流动，形成股市和债市的资金连接。②价格关联。股票和债券在投资收益、风险等各方面的差异性，使得它们能够优势互补、相得益彰。当股市下挫时，股价下降，投资者为了寻求资金安全而转移资金并投资于债市，引起债券价格上涨；相反，当股市向好时，投资者为了追求更大的利润，转移债市中的资金投资于股市，引起股价的大幅上涨。于是，股市和债市的价格在投资者资金的引导下出现此消彼长的"跷跷板效应"。③风险关联。股市和债市之间的资金和价格关联，使得风险极易在它们之间相互传播。

在我国，股市和债市存在"跷跷板效应"，这在一定程度上影响了金融资源的合理优化配置，降低了金融资源的功能效率。从发行规模来看，2010 年 1 月至

2015年12月,债券发行规模每月平均为股票发行规模的30.11倍,其中,最高为2015年10月,前者为后者的187.13倍,最低为2010年12月,前者为后者的3.07倍(见图1-3-30和表1-3-41)。当然,这可能与我国在这两年探索股票发行制度改革有关,但不管怎样,事实上股市和债市的发行规模存在较大差别,有不协调的表现。从交易规模来看,2011年1月至2015年12月,债券交易规模每月平均为股票交易规模的1.22倍,其中,最高为2012年11月,前者为后者的4.1倍,最低为2015年3月,前者仅为后者的0.24倍(图1-3-31和表1-3-42)。就交易规模而言,股市与债市存在较明显的"跷跷板"效应。

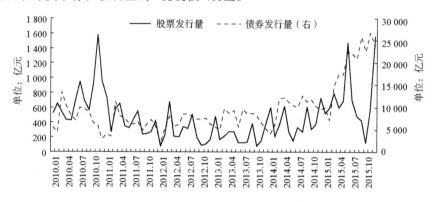

图1-3-30 2010—2015年我国股市和债市的发行量变化情况

资料来源:巨灵金融服务平台。

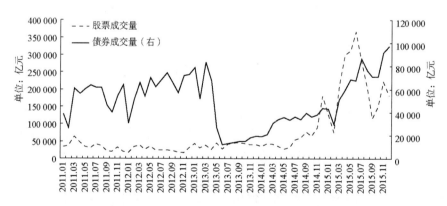

图1-3-31 2011—2015年我国股市和债市的成交量变化情况

资料来源:巨灵金融服务平台。

表1-3-41 2015年我国股票和债券发行量

单位:亿元

	2015.1	2015.2	2015.3	2015.4	2015.5	2015.6	2015.7	2015.8	2015.9	2015.10	2015.11	2015.12
股票发行量	526.06	588.35	789.78	597.3	684.27	1476.82	695.92	478.92	428.7	120.98	568.21	1 563.41
债券发行量合计	10 079.24	7 077.13	14 851.93	17 488.44	17 330.12	22 549.88	22 135.21	21 009.67	25 868.06	22 639.29	26 780.45	23 939.76
国债	600.00	400.00	1100.00	2384.10	2285.00	1804.60	2281.00	1970.00	2430.40	2120.10	2500.50	1340.50
地方政府债				1341.00	7341.65	5605.36	4803.17	4317.60	5437.74	4823.11	7637.19	1361.40
同业存单	2416.50	1753.60	2967.60	3735.30	3176.90	2631.10	5172.00	6742.80	6350.30	4866.80	8934.40	
政策银行债	2010.10	1690.00	3410.50	3080.00	2595.00	2495.00	1903.30	2040.00	1436.70	1390.00	2302.87	1534.10
商业银行债	300.00	25.00	67.00	45.00	215.00	55.00	187.00	145.00	200.00	315.00	125.00	360.00
商业银行次级债券		5.00	22.00	326.00	296.70	294.20	41.00	148.74	675.00	37.00	55.00	798.00
其它金融机构债						9.00	50.00	2.50	238.00	18.00		
保险公司债	55.00								49.00			274.00
证券公司债	713.20	161.00	846.70	1859.00	1414.00	1717.30	255.00	51.00	303.00	188.00	71.00	
证券公司短期融资券	249.50	276.50	370.00	434.10	311.00	299.50	169.50	110.00	98.00	59.00		189.00
公司债	182.08	59.11	113.06	106.65	126.94	276.76	1002.43	1301.11	1535.40	1488.15	1797.80	2344.67
一般企业债	3.22	3.80	108.65	93.12	200.00	71.00	394.00	30.50	180.00	70.00	47.00	
集合企业债			12.00									
一般公司债	316.00	92.00	460.00	687.40	85.00	155.00	161.00	195.00	140.00	236.00	409.00	469.40
集合中期票据												
一般短期融资券	441.80	276.00	1071.00	836.60	1292.50	1071.30	1061.70	945.30	1327.70	1621.00	1564.50	1245.80
超短期融资债券	637.80	404.80	770.20	1064.40	1052.40	722.70	762.10	1021.30	1057.30	802.70	839.80	589.50
一般中期票据	1389.60	1132.30	2310.00	1883.50	1937.50	1891.00	1775.40	2181.70	1949.70	1960.30	2254.50	2415.80
定向工具	485.50	486.90	1021.50	846.30	504.20	712.00	728.95	1040.00	924.10	686.50	823.50	593.50
资产支持证券	211.25	251.12	213.72	94.96	350.00	200.00	385.97	150.00	450.00	374.24	944.98	1177.70
政府支持机构债								150.00		150.00		150.00
可转债					146.98	776.91			996.21			30.00
集合票据	2.40					1.86						

资料来源:Wind数据库。

表1-3-42 2015年我国股票和债券交易量（单位：亿元）

	2015-01	2015-02	2015-03	2015-04	2015-05	2015-06	2015-07	2015-08	2015-09	2015-10	2015-11	2015-12
股票成交量	127 669.98	75 973.47	208 514.39	300 637.41	312 075.85	366 612.84	281 441.17	205 192.54	116 118.19	150 641.94	223 272.32	182 388.19
债券成交总额	42 952.26	29 748.03	50 989.46	59 479.81	68 855.45	67 628.68	86 587.99	76 435.25	70 889.95	70 724.89	91 901.73	97 529.12
国债	4 986.58	2 904.26	4 397.36	6 446.61	7 470.54	7 401.54	9 631.87	10 213.20	10 203.78	9 579.06	11 234.05	12 589.96
地方政府债	57.56	7.71	17.24	17.54	43.30	62.79	6.24	10.76	82.94	436.00	691.30	1 297.38
央行票据	27.97	48.26	49.16	113.48	786.18	1 337.44	1 473.84	866.85	793.80	243.19	361.87	186.37
金融债	20 332.96	15 539.49	25 532.75	29 773.51	34 713.53	34 241.51	46 369.49	39 418.28	35 068.48	34 986.25	46 874.51	47 628.57
企业债	3 259.66	2 236.21	4 562.91	4 704.08	6 042.40	5 782.59	7 123.19	6 351.65	5 590.68	6 249.55	7 580.43	7 676.00
公司债	222.55	146.84	237.61	296.52	218.64	185.65	298.35	330.04	332.98	308.07	475.03	653.55
中期票据	5 290.47	3 200.18	6 199.06	6 919.87	6 665.75	6 474.70	8 482.77	7 774.07	8 285.56	9 170.85	11 721.45	12 268.67
短期融资券	6 393.54	4 412.79	8 564.20	9 631.86	10 911.12	10 102.13	11 412.22	10 251.48	9 657.78	9 373.20	12 570.11	14 689.40
定向工具	0.00	0.00	0.00	0.00	0.00	0.00	0.00	0.00	0.00	0.00	0.00	0.00
国际机构债	0.00	0.00	0.00	0.00	0.00	0.00	0.00	0.00	0.00	0.00	0.00	7.07
政府支持机构债	590.90	478.60	801.98	854.72	1 188.28	1 207.25	521.47	482.63	499.76	250.99	261.92	376.26
资产支持债券	23.88	4.11	11.55	23.16	18.94	13.06	10.40	18.63	10.35	17.42	14.75	25.78
可转债	1 750.34	763.11	606.20	687.33	787.71	811.97	1 238.26	708.84	361.02	108.43	110.09	121.99
可分离债	15.86	6.47	9.43	11.12	9.07	8.07	19.91	8.81	2.81	1.87	6.22	8.14

资料来源：Wind数据库。

（五）保险市场发展质量和效益有待提高

1. 财产保险市场业务发展压力渐增

一是机动车辆保险业务前景存在不确定性。首先，新车销量持续下滑。2015年，汽车产销量增速分别为3.25%和4.68%，比上年同期减缓4.01%和2.18%，由于未来宏观经济下行将影响汽车更换需求，新车销量会继续下降。我国机动车辆保险的需求主要来自新车销售，新车产销量的下降会减缓机动车辆保险业务增速。其次，赔付成本不断上升。维修工时、零配件价格及医疗费用的上涨不断推高业务经营成本，车险综合费用率明显升高；最后，商业车险费改也挤压盈利空间。2015年6月1日商业车险费改以后，尽管试点地区车险赔付率有所降低，但单均保费下降，车险业务利润空间收窄。

二是部分主要财产保险业务增幅趋缓。2015年，GDP增速为6.9%，为25年来最低值，CPI同比增长1.4%，物价水平低位运行。受此影响，财产险的主要险种中，企财险、信用险、货运险和船舶险等增长乏力。

三是投资型财产保险产品风险正逐步积累。在综合成本居高不下、业务增长缓慢的情况下，开发保障又有稳定投资收益的投资型产品成为了财产保险市场新的业务增长点和盈利点。投资型财产保险产品能够给保险公司带来庞大的现金流，可以通过投资做大业务规模。近年来，包括平安财险、天安财险、安邦财险等在内的部分保险公司先后获得投资型财产险销售资格，2015年年末，财产险行业保户储金及投资余额近3 000亿元。投资型财产险在高速发展的同时，也带来了风险高度集中的问题以及资产负债匹配的压力。

2. 人身保险市场增长蕴含风险

一是中短存续期人身保险产品高速增长存在隐忧。人身保险费率改革以来，普通寿险产品、万能险、分红险利率上限先后被放开，大量期限短、收益高的投资理财型中短期存续人身保险产品抢占市场，配合配置期限长、风险高的资产来获取高收益。2015年，人身险行业保户投资款新增交费达到7 646.56亿元，占人身保险原保费收入的近一半，同比增长95.23%，增速较上年同期上升73.3%，其中大部分为中短期存续产品。中短存续期人身保险产品在迅猛发展的同时，风险隐患也不断积累，这包括：第一，现金流风险。中短期存续人身保险产品的存续期短，且缴费方式多为趸缴，无后续现金流入，业务短期化与趸缴化推升现金流压力。第二，资金运用风险。中短期存续人身保险产品的预定利率高，再加上手续费率，其总的资金价值也较高。在2015年年末公布结算利率的895个万能产品中，有202个产品的结算利率超过6%，占比达22.57%（见表1-3-43）。为了覆盖高昂的资金成本，保险公司不得不将资金配置到高收益、期限长的投资领域，从而使资金运用的市场风险、信用风险和资产负债匹配风险上升。第三，偿付能力不足风险。中短存续期人身保险的渠道投入和客户回报均较高,易形成"利差损"和"费差损",对资本金消耗大;保险保障功能弱化风险。中短存续期人身保险主打高收益,其保障功能被弱化,产品内含价值不高,对利润的贡献度低。

二是渠道发展质量堪忧。一方面,保险代理人准入渠道限制的放开导致营销员数量爆发式增长,2015 年,中国人寿保险营销员队伍共计 97.9 万人,同比增长 31.7%。营销员队伍的增员导致个险渠道新业务保费大幅上升 45.7%,中国人寿、中国平安、中国太保、新华保险的增速分别为 39.2%、46.4%、61.2%、36.7%。但在营销员队伍快速增长的同时,也带来了佣金支出的较快增速,中国平安保险业务佣金支出由 2014 年的 227.97 亿元增加至 2015 年的 348.23 亿元,中国人寿手续费及佣金支出同比增长 31.0%。此外,在产能方面,代理人个险首年规模保费虽然出现较大增长,由人均每月的 6 244 元增至 7 236 元,但代理人个险新保单件数仅为人均每月 1.2 件,只比 2014 年的 1.1 件增加 0.1 件,产能整体来看却依然处于较低水平①。另一方面,2015 年,银保渠道也实现 2 成以上的高速增长,但银保渠道所销售的产品以投资性保险产品为主,其趸交保费占比仍居高不下,产品内含价值低。同时,银保渠道的销售误导行为也有抬头趋势,部分银保渠道产品销售人员在介绍理财型产品时,刻意回避产品风险、模糊产品性质、夸大产品收益、诱导消费者购买保险产品的现象时有发生。

表 1-3-43　2015 年各月结算利率高于 6% 的万能险产品占比情况

月份	结算利率高于 6% 的产品数	公布结算利率的总产品数	占比(%)
1 月	74	663	11.16
2 月	77	673	11.44
3 月	83	681	12.19
4 月	105	698	15.04
5 月	131	745	17.58
6 月	151	768	19.66
7 月	182	842	21.62
8 月	201	837	24.01
9 月	215	936	22.97
10 月	220	958	22.96
11 月	217	956	22.70
12 月	202	895	22.57

资料来源:中保网,2015 年风险监测回眸居安思危未雨绸缪,http://xw.sinoins.com/2016-03/10/content_187394.htm。

---

① 《上市寿险公司新业务价值增幅显著》,中国金融网,http://www.financeun.com/News/201647/2013cfn/9451178200.shtml,2016-04-07/2016-04-10。

3. 保险资金运用的难度及风险加大

一是保险资金运用难度加大。这表现在：固定收益类资产投资难度加大。尽管相比前几年，保险资金固定收益类投资占比有所下降，但仍维持在70%左右的水平，对保险投资收益率高低有着举足轻重的作用。2015年，央行连续5次降息，目前一年期存款利率仅为1.5%，低利率环境加大了再投资难度。2015年年末大额协议存款在资金运用余额中占比下降，为近5年来最低水平，较2014年年末下降约5%。各类债券发行利率均大幅回落，12月份发行的10年期国债发行利率为2.99%，比上年同期发行的同期限国债利率下降78个基点。主体评级AAA的企业发行的一年期短期融资券平均利率为3.78%，比上年同期下降152个基点。[①]考虑到2016年仍然处于一个低利率环境，银行存款、债券、债权等固定收益类资产的收益率仍然承压；受益于近年来险资资产配置的多元化战略，另类投资快速增长。然而在另类投资中，非标投资的风险正随着中国经济增速的放缓而上升，而同时，新增的非标产品在数量和规模方面均有所下降，且投资收益率有所下降。

二是保险资金运用的风险隐患加大。这表现在：资产负债匹配风险加大。行业"长钱短配"和"短钱长配"现象同时存在。保险负债成本仍维持高位，而资产收益下降较快，大额协议存款到期续存难，各类债券发行利率均大幅下降，保险资产负债管理难度加大；信用风险敞口加大。在当前去产能、去库存和去杠杆进程中，煤炭、钢铁等传统行业的企业盈利能力和信用资质下降，债务违约风险加大，保险资金面对的信用风险隐患增大。此外，在"资产荒"的背景下，部分保险机构为了获取较高投资收益，被迫提高风险偏好，增加高风险投资，这也势必增加保险资金运用面临的信用风险。2015年，公募市场9只债券发生违约，债券违约率升至0.1%，共16家发行人发生主体违约，刚性兑付被打破；流动性风险隐患加大。一些中短期存续期保险产品，资金成本在5%以上，甚至更高，倒逼保险资金不得不投向收益高、流动性低、期限长的不动产、基础设施、信托等另类资产；风险跨领域传递和叠加可能性加大。在金融混业经营和大资管背景下，风险隐蔽性增加，可能存在一定的风险跨领域、跨监管、跨行业叠加的状况，这进一步加大了风险识别和处置的难度。

（六）衍生产品市场发展还需提速

据美国期货业协会（FIA）对全球78家衍生品交易所的最新统计，2015年全球场内期货和期权总交易量约247.7亿手，同比增长13.5%，逼近2011年249.9亿手的历史峰值水平，连续三年保持增长。分地域看，亚太地区的场内期货和期权

---

① 《2016年须警惕资产负债不匹配风险》，中国保险网，http://www.china-insurance.com/news-center/newslist.asp?id=262823，2016-02-29/2016-04-10。

交易量增长 33.7% 至 97 亿手,占全球市场份额的 39%;欧洲地区交易量增长 8.2% 至 47.7 亿手,占全球市场的 19%;北美地区交易量微降 0.2% 至 81.9 亿手,占全球市场的 33%;拉美地区交易量下降 4.4% 至 14.5 亿手。分产品看,交易量排在前三位的分别是股指、个股、利率类产品,交易量增长幅度较大的是非传统工业品(如化工、铁矿石等)、基础金属、外汇和能源类产品,增幅分别为 131.6%、46.8%、31.2% 和 21.2%。交易所交易排名方面,中国内地、香港和台湾的 6 家衍生品交易所的交易量均保持两位数增长(见表 1-3-44)。大商所、郑商所、上期所、港交所、中金所和台湾期交所分列第 8、9、10、17、18 和 19 位。与 2014 年相比,中国内地期交所交易排名总体稳定,大商所、郑商所的排名分别前进 2 和 4 位。能源期货和期权交易量排名方面,我国内地的石油沥青、焦煤、焦炭期货分列第 13、16 和 17 位。在股指期货和期权交易量排名上,中金所的沪深 300 指数期货居于第 7 位。

与国际市场相比,我国期货市场规模还比较小。我国期货市场包括商品期货和金融期货,其中金融期货有沪深 300 指数期货、上证 50 股指期货、中证 500 股指期货、5 年期国债期货、10 年期国债期货五种。[①] 现在交易量最大的主要是商品期货,但期货交易金额总量非常小。中国期货业协会的统计资料表明,2015 年全国期货市场累计成交量为 35.78 亿手,累计成交额为 554.23 万亿元,而 2015 年我国 GDP 达到 67.67 万亿。从总量看,期货交易是 GDP 的 8.19 倍,而美国是 55 倍。我国场外衍生产品市场就更小了。

表 1-3-44 2015 年全球衍生品交易所(场内期货和期权)交易量前 20 位

名次	交易所名称	交易量(手)	同比增减幅(%)
1	CME 集团	3 531 760 591	2.6
2	印度国家证券交易所	3 031 892 784	61.2
3	欧洲期货交易所	2 272 445 891	8.3
4	洲际交易所	1 998 810 416	-9.8
5	莫斯科交易所	1 659 441 584	17.4
6	巴西证券期货交易所	1 358 592 857	-4.4
7	芝加哥期权交易所	1 173 934 104	-11.4
8	大连商品期货交易所	1 116 323 375	45.0
9	郑州商品期货交易所	1 070 335 606	58.3
10	上海期货交易所	1 050 494 146	24.7
11	纳斯达克集团	1 045 646 992	-8.9
12	韩国交易所	794 935 326	17.3

---

① 2015 年,我国推出了 3 种金融期货产品:3 月 20 日,10 年期国债期货正式推出;4 月 16 日,上证 50、中证 500 股指期货正式挂牌交易。至此,我国共有 5 种金融期货产品。

（续表）

名次	交易所名称	交易量（手）	同比增减幅（%）
13	孟买证券交易所	614 894 523	-18.6
14	约翰内斯堡证券交易所	488 515 433	63.0
15	BATS 交易所	397 881 184	97.0
16	日本交易所	361 459 935	16.7
17	香港交易所	359 364 547	12.4
18	中国金融期货交易所	321 590 923	47.8
19	台湾期货交易所	264 495 660	30.7
20	迈阿密国际证券交易所	252 605 427	87.8

资料来源：美国期货业协会（FIA）。

股票期权作为与现货证券市场联系最为紧密的金融衍生品，已成为全球衍生品市场的最重要的工具之一。以美国为例，2015年标普500ETF期权日均成交面值约500亿美元，与标普500相关的股权类期权的期现成交比约为2.5。我国上证50ETF期权日均成交量约为11万张，日均合约成交面值不到30亿元，期现成交比仅达0.03，与国际成熟期权市场相比，绝对市场规模和相较于现货的相对市场规模均尚小，市场处于起步阶段，市场覆盖面和功能发挥仍然有限，期权市场还亟待快速发展。①

三、对策及建议

（一）优化社会融资结构

优化社会融资结构一直是我国金融改革中的重大议题。自2002年以来，我国直接融资占比不断提高（见图1-3-32），其中，"十五"时期（2002—2005年）的年均占比为5.03%，"十一五"时期（2006—2010年）年均占比为11.08%，"十二五"时期（2011—2015年）年均占比为16.56%。不可否认，我国融资结构一直在不断优化，但与"构建以直接融资为主的金融体系，金融结构基本平衡"总体目标仍有一段差距。为此，《国民经济和社会发展第十三个五年规划纲要》明确提出了"积极培育公开透明、健康发展的资本市场，提高直接融资比重"。②

在社会融资总量中，如何才能提升直接融资的占比？可从以下几个方面着手：对于股票市场而来说，应创造条件实施股票发行注册制，发展多层次股权融资市场，深化创业板、新三板改革，规范发展区域性股权市场，建立健全转板机制和退出机制；对于债券市场而言，应完善债券发行注册制和债券市场基础设施，加快

---

① 2015年2月2日，国内首个现货期权产品黄金实物期权在上海黄金交易所上市；2月9日，国内首支场内期权产品上证50股指期权正式交易。

② 参见《中华人民共和国国民经济和社会发展第十三个五年规划纲要》第十六章"加快金融体制改革"中的第二节"健全金融市场体系"。

债券市场互联互通。开发符合创新需求的金融服务,稳妥推进债券产品创新,推进高收益债券及股债相结合的融资方式,大力发展融资租赁服务。此外,可在保持合理流动性和利率水平的条件下,创新符合企业需要的直接融资产品。

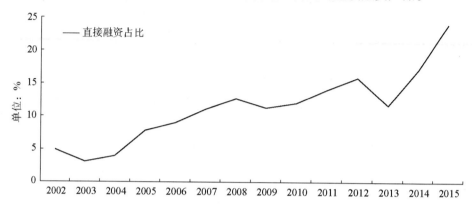

图 1-3-32　2002—2015 年我国直接融资占比变化趋势

资料来源:中国人民银行网站。

(二)提高金融服务实体经济效率

股票市场中资金流向结构性失衡对实体经济带来极大的伤害。从某种意义说,只要资金投向和运行效率问题不能有效解决,股票市场中的资金流向结构性失衡还会继续存在。因此,经济政策的重点应放在利用市场化改革提高金融服务实体经济效率上。

具体来说,金融市场化改革应让投融资主体和市场运行机制都能做到产权清晰,权、责、利明确,激励机制与自律机制健全规范,自觉做到有所为有所不为,严格按照国家产业政策、财政政策、货币信贷政策和金融监管政策办事。从逻辑顺序来看,金融机构经营的市场化和利率市场化是金融市场化改革的重心,金融宏观调控手段的市场化是金融市场化改革的核心,而金融风险处置与金融机构退出的市场化则是金融市场化改革的重点,也是金融市场化改革的最大难点。

根据当前的金融经济形势,我们认为,金融市场化改革的着力点应放在进一步深化金融机构改革,深化国有商业银行和开发性、政策性金融机构改革,完善公司治理,理顺融资关系,提高金融机构配置资源的效率。进一步扩大民间资本进入银行业,发展民营银行。创新小微企业信贷风险分担模式,建立政府、银行和担保机构、保险机构合作机制,设立国家融资担保基金。同时,深化利率市场化改革,加快建设市场化利率形成和调控机制。在公布关键期限和短端国债收益率曲线基础上,进一步健全长端国债收益率曲线,为金融机构产品定价提供有效基准。推进不良资产证券化试点,将银行贷款转变为直接融资。

(三)完善和规范场内外配资杠杆

在两融账户开立条件的确定上,50 万的准入门槛让广大中小投资者望而却步,抑制了他们对杠杆投资的需求,而且这种一刀切的做法并没有后续持续监控,对于资产减少者没有交易被限制的压力,对于资产不满足开户资格的投资者,借钱开户也不失为取得两融资格的办法。长此以往,两融市场上风险承受能力不足的投资者便会越来越多。因此,在融资融券账户的开立条件上,应当降低投资准入门槛,吸引更多有融资需求的投资者进入规范的场内融资市场,同时加强账户的动态监控,对账户资产低于最低信用交易要求的账户冻结交易,以此平衡账户动态的风险承受能力。

规范疏导场外配资,应该尽快地将其纳入监管中来。场外配资可作为"两融"业务的市场补充,但需在合规安全的环境中发展。应对配资公司做出注册备案及信息上报要求,以保证其可监督统计;应对配资公司客户账户做出第三方托管要求,以保证配资公司客户资金安全;应对配资公司客户门槛、资本充足率、单个账户最大杠杆率等与金融风险和投资者安全息息相关的指标做出规定,以保证系统性风险总体可控。

(四)促进股市和债市的协调发展

格雷厄姆在其名著《聪明的投资者》中曾指出股票和债券价格应为负相关,即存在"跷跷板效应",这是因为股价的激增会吸引债券市场的资金进入股市,而在股市重挫的情况下,恐慌的投资者会抛售股票而购买风险更低的债券。在现实中,股市和债市不仅仅表现为负相关,有时也会呈正相关关系,这主要是因为两个市场面临的政治、经济环境等相同,宏观事件、财政货币政策等因素会引导它们在一定程度上向同一方向变动。此外,股市和债市的波动协方差具有一定的时变特征,即它们之间的联动关系会随着政治、经济、市场及相关政策的变化而变化,而不是始终保持一种稳定不变的相关关系。不管怎样,两个市场良好的联动关系有利于促进资本市场的协调发展,也有利于促进金融体系的健康运行。因此,解决股市和债市发展之间的不协调问题是发展多层次资本市场的主要任务之一。为此,可从以下几个方面着手:

第一,完善多层次股票市场结构。按照新"国九条"中"增加证券交易所市场内部层次"的精神,在现有多层次股票市场中增设全新板块——新兴板。通过市场内部自然分层,服务不同规模和发展阶段企业的融资需求,解决股票市场增量规模小和市场层次失衡问题。

第二,推进新股发行注册制改革。为了更好地满足不同类型、不同成长阶段企业的投融资需求,需要加快推进股票发行注册制改革,在充分考虑不同企业发展规律和收益风险特征的基础上,完善上市条件,形成差异化的上市机制安排,提升股票市场全面服务不同类型企业的能力。

第三,吸引长期资金多渠道入市。加快推动基本养老金、住房公积金等长期资金管理条例修订。大力吸引以基本养老金、住房公积金等为代表的长期资金进入股票市场,发展壮大专业机构投资者队伍。

第四,积极推进债券市场的互联互通。一是建立统一互联的交易平台。充分发挥银行间市场和交易所市场的优势,对产品交易、投资者和结算互通进行有效的整合,顺应债券交易集中化和场内场外市场融合化的趋势。二是创建多层次市场结构。在统一互联的债券市场中,通过报价、询价交易在内的灵活的差异化交易机制,根据不同的交易者类型,建设包括交易商间的市场、客户与客户之间的市场等多层次的市场结构。

第五,创新发展债券市场产品品种。一是大力发展资产证券化产品,盘活金融资产和企业资产存量,着力建设交易所信贷资产证券化市场;二是探索发展市政债券,为城镇化建设提供规范透明的融资渠道;三是大力发展可交换债,盘活国有股权存量。

(五)提高保险行业发展质量和效益

1. 转变财产保险业务发展模式

一是转变机动车辆保险发展方式,提升机动车辆保险经营能力。以往机动车辆保险的发展是"数量拉动型",主要依靠新车销量和投保率提高来拉动,面对汽车产业变革、车险费率市场化改革的大环境,则应及时转变为"内生驱动型",主要靠车均保费的提高拉动。这要求:要明确机动车辆保险定位。车险业务既提供保险服务,又参与修理服务,同时还可监督汽车维修质量,因此,车险发展应着眼于客户用车服务链,不断加强服务资源整合,降低车辆维修和使用成本,优化客户体验;要在提升市场细分能力的基础上,"以客户为中心"来开发适销对路的车险新产品,制定合理的承保政策和销售政策来促进业务发展;要在提升差异化定价能力的基础上,使车险定价更趋于合理化和差异化,使保险风险的选择更加贴近历史经验数据,从而有效缓解高额理赔费用的支付,降低综合赔付率。

二是利用国际国内有利条件,加快主要领域财产保险业务的发展。尽管在宏观经济层面,我国发展面临的形势可能更加严峻复杂,给财产保险业务的发展带来更大压力。但"新国十条"对行业带来的深刻影响将逐步显现,国内较为传统的市场结构将快速与国际市场并轨,巨灾保险、责任险与信用保证保险以及中国海外利益等非车险业务有较快增长的条件与可能;"一带一路"战略的实施、自由贸易区建设的加快发展以及内陆沿边开放的推进,将对进出口贸易发展形成利好刺激,推动货运险、船舶险等水险业务快速发展。

三是注重防范投资型财产保险业务的风险。要统筹安排财产保险中投资型保险业务与保障型保险业务的关系;要平衡投资型保险业务中的投资功能和保障功能,应在保证保障性的基础上体现投资性;要从防范风险的角度出发,合理确定投资型保险产品的收益率,确保负债驱动资产业务,避免出现偿付能力不足的风险。

2. 继续推进人身保险业务和渠道转型

一是注重人身保险产品结构的调整和优化。要控制中短存续期人身保险的规模,防范人身险产品期限错配风险及功能异化的问题,注重人身保险保障本质的回归;要在人口老龄化和个人财富积累的背景下,大力开发及创新健康保险、养老保险以及具有财富管理功能的保险产品;要发挥商业人身保险对基本养老、医疗保险的补充作用,做好城乡大病保险承办、税优健康保险试点、住房反向抵押养老保险推广,以及个人税收递延型养老保险试点等具体工作。

二是积极推进人身保险销售渠道升级。要加强保险营销员队伍的管理,规范营销员队伍的招聘,按照管控更严、素质更高、队伍更稳的发展方向,促进营销员队伍的稳定发展;要加强营销员队伍建设,提升营销员队伍的综合素质,确保保险营销人员具备较好的职业素质和专业技能,以提高营销产能;要根据银保渠道特点开发适销对路的人身保险产品,在控制成本的同时避免销售误导行为的发生。

3. 提升保险资金运用能力

一是注重保险资产配置的周期转换,保证保险投资收益率。要深入研究宏观经济、金融市场等外部环境的变化趋势,把握在宏观经济趋势下保险行业发展和改革所激发的内生发展机遇对于保险资金运用可能带来的影响,动态跟踪经济周期的转化,把握阶段性投资机会,保证投资收益的稳定性。尽管随着利率的下行,银行存款利率和理财产品收益率都将保持低位,但保险资金运用仍应以固定收益类或类固定收益类业务为主,以确保安全性和流动性;在利率下行和"资产配置荒"的背景下,权益类资产配置应稳中有升。和股票投资相比,股权投资更符合险资投资时间长的特性,险资可以通过股权投资来延伸自身的产业链,如养老、医疗产业等,既完成险资资源和能力与相关产业的对接,也为行业的长期发展做出持续性的贡献;海外投资方面,尽管外部环境仍然不稳定,但随着国家"一带一路"战略的推进,保险资金的海外布局仍有广阔的发展空间。

二是提升保险资金运用风险防范意识和能力。要建立全程监控的保险资金运用风险管理组织体系和运行机制,改进风险管理技术和信息技术系统,通过管理系统和稽核审计等手段,分类、识别、量化和评估各类风险,防范和化解风险;要以偿付能力约束和保险产品负债特性为基础,根据保险业务特点和风险偏好,建立有效的市场风险及信用风险的评估和管理机制,加强成本收益管理、期限管理和风险预算,防范和控制保险资金运用中的资产错配风险、流动性风险、市场风险和信用风险。

（六）有序推进衍生产品市场发展

1. 谨慎有序地推出各种衍生产品

发展衍生产品市场，首要是解决品种创新问题。但是，由于金融衍生产品存在较高的风险，各种产品的推出一定要谨慎有序，服从整体的和长远的规划。要遵循"金融化"和"商品化"并重的发展战略，从服务实体经济的角度出发，加快上市对国民经济运行有利的品种。应适应金融改革和产业风险管理需要，在充分评估、严防风险的基础上，做好原油等战略性期货品种的上市工作。加大对商品指数期货、利率及外汇期货研发力度。积极推进"期货+保险""粮食银行""基差报价""库存管理"等创新试点，进一步拓展期货市场服务"三农"的渠道和机制。探索碳排放权期货交易，并运用市场化机制助力绿色发展。随着人民币国际化、"一带一路"战略的推进，市场对利率期货、外汇期货的需求非常迫切，因此，也需丰富利率期货品种、推进外汇期货上市。

在50ETF期权上线平稳运行后，期权衍生品业务的工作重点，首先是进一步完善ETF期权保证金机制，包括组合策略保证金机制、证券冲抵保证金机制等；其次是研究建立相关配套机制，重点是上证50ETF延期交收交易产品和高效的证券借贷产品；最后是进一步拓展期权标的范围，如拓展到180ETF、跨市场ETF、跨境ETF、行业ETF等，然后拓展到个股。

2. 发展多层次金融衍生品市场

在国际金融衍生品市场上，场外交易市场的规模仍保持着较快的增长速度。在美国，场外交易的规模甚至占整个衍生品市场份额的80%以上。随着我国利率市场化程度逐步提高，汇率形成机制逐渐市场化，利率风险和汇率风险加大，市场需要对冲风险的工具。应当谋求场内与场外市场并存、标准产品和非标准产品功能互补的多层次、有竞有合的中国金融衍生品市场格局。

3. 加强衍生品市场的基础性制度建设

针对我国程序化交易中存在的突出问题，细化证券公司、期货公司为经纪客户提供程序化交易系统接入的规定，完善证券基金期货经营机构在自营、资管、公募基金管理中采用程序化交易的监管要求，维护公平交易环境。强化期货市场交易管理，要制定实控关系账户管理细则和异常交易监管规则，研究完善认定标准及自律监管措施。规范发展股指期货市场交易，合理控制交易持仓比例和期现成交比例，有效抑制过度投机。要促进资产管理业务规范发展。整合完善证券基金期货经营机构资产管理业务管理办法，统一业务规则，明确监管标准。制定出台统一的证券基金期货经营机构资产管理业务自律规则，强化对资管产品备案、风险监测的自律管理。

第四章 金融国际化发展

2015年,中国面临较为复杂的国际国内经济金融环境,新兴市场国家资本流动波动加大,国内经济继续保持在合理区间,国际收支总体上保持了基本平衡,具体格局上呈现出"经常项目顺差、资本与金融项目逆差"的新特点。从国际环境看,世界经济将延续不平衡且缓慢的复苏态势,全球主要经济体经济运行存在差异和分化。美国经济逐步复苏,市场普遍消化美联储进入加息周期;欧元区经济出现局部复苏迹象,欧央行新一轮宽松货币政策一定程度上缓解了经济下行风险;日本经济增长重新为正,日本央行量化宽松和负利率的货币政策推动日本的对外贸易;新兴市场国家总体增长势头减弱,部分国家金融市场波动加大,同时又面临资本外流的压力,制约了宽松货币政策的实施空间。复杂的全球经济、货币政策和汇率政策交织,加剧了国际金融市场的波动。2015年,大宗商品价格普遍下降,美元指数震荡走强,新兴市场国家货币走弱,总体上发达国家金融市场表现优于新兴市场国家。

从国内环境看,中国经济增长与市场预期较为一致,主要经济指标环比保持稳定。我国城乡居民收入和消费平稳增长,新增就业人口基本稳定,社会融资成本有所下降,然而国外需求疲弱导致出口增速放缓,工业生产增速回调,依靠传统的政府投资拉动型增长方式空间有限。当前增速减缓、结构调整和前期政策消化多重因素作用下,经济结构调整将为中长期的经济增长奠定基础,经济结构继续优化。2015年中国央行继续运用稳健的货币政策,综合运用多种工具,保持银行体系流动性的充足,引导金融机构将更多信贷资源配置到实体经济,尤其是国民经济重点领域。但是,结构性产能过剩、企业成本增加、债务水平上升、金融领域风险暴露给中国经济带来了较大的下行压力。

一、2015年金融国际化总体情况分析

2015年中国国际收支格局出现新变化,从长期以来的基本"双顺差"转为"一顺一逆",即经常账户顺差、资本和金融账户(不含储备资产)逆差。2015年中国国际收支总差额为逆差1 547亿美元(见表1-4-1)。一是经常账户顺差增长至3 306亿美元,较2014年增长19%。经常账户顺差与当期GDP之比为3.0%,与2014年相比该比例(2.7%)增长0.3个百分点。二是资本和金融账户逆差4 853亿美元。其中,资本账户顺差3亿美元,非储备性质的金融账户逆差4 856亿美元,储备资产减少3 429

亿美元。虽然2014年资本与金融账户也为逆差,但其规模与2015年相比较小,仅为514亿美元。剔除汇率、价格等非交易价值变动影响,2015年,中国储备资产下降3 423亿美元,近二十年以来首次出现大幅下降。截至2015年年末,中国外汇储备规模达33 304亿美元,较2014年减少5 127亿美元,下降速度明显。

2015年,中国国际收支更趋平衡,经常账户顺差与GDP之比为3.0%,较上年增加0.3个百分点,仍然处于国际公认的合理水平之内;国际收支口径的外汇储备资产下降3 429亿美元,相当于GDP的3.15%。中国国际收支总体呈现"经常账户顺差、资本与金融账户逆差"格局,分季度来看,受美国退出量化宽松、国内经济增速下滑等因素的综合影响,我国第一至第四季度的资本和金融账户都为逆差,全年资本和金融账户逆差总额达4 853亿美元,与2014年全年资本和金融账户逆差514亿美元相比,资本流出趋势明显。

表1-4-1 2010年—2015年国际收支顺差结构　　　单位:亿美元

	2010年	2011年	2012年	2013年	2014年	2015年
国际收支总差额	5 247	4 016	1 836	4 943	2 260	-1 547
经常账户差额	2 378	1 361	2 154	1 428	2 774	3 306
占国际收支总差额比重	45%	34%	117%	30%	123%	-214%
与GDP之比	4.0%	1.9%	2.6%	1.6%	2.7%	3.0%
资本与金融账户差额	2 869	2 655	-318	3 461	-514	-4 853
国际收支总差额比重	55%	66%	-17%	70%	-23%	314%
与GDP之比	4.8%	3.6%	-0.4%	3.6%	-0.5%	-4.5%

资料来源:国家外汇管理局:《2015年中国国际收支报告》,http://www.safe.gov.cn/,2016年4月4日。

(一)经常账户占GDP比重保持稳定

2015年,我国经常账户顺差3 306亿美元,较2014年增长19%,经常账户差额与GDP之比为3.0%,较2014年上升0.3%。其中,货物贸易顺差5 670亿美元,增长30.00%,可见2015年货物出口增长迅速;服务贸易逆差1 824亿美元,相比2014年,2015年服务贸易逆差继续扩大,逆差规模再创历史新高。初次收入和二次收入项目逆差813亿美元,相比2014年,2015年初次收入和二次收入项目转为逆差。其中,初次收入逆差454亿美元,而2014年为顺差133亿美元。

表1-4-2 2015年国际收支平衡表　　　单位:亿美元

项　　目	行次	差额
1.经常账户	1	3 306
贷方	2	26 930
借方	3	-23 624
1.A 货物和服务	4	3 846

（续表）

项　　目	行次	差额
贷方	5	24 293
借方	6	-20 447
1.A.a 货物	7	5 670
贷方	8	21 428
借方	9	-15 758
1.A.b 服务	10	-1 824
贷方	11	2 865
借方	12	-4 689
1.A.b.1 加工服务	13	203
贷方	14	204
借方	15	-2
1.A.b.2 维护和维修服务	16	23
贷方	17	36
借方	18	-13
1.A.b.3 运输	19	-370
贷方	20	386
借方	21	-756
1.A.b.4 旅行	22	-1 781
贷方	23	1 141
借方	24	-2 922
1.A.b.5 建设	25	65
贷方	26	167
借方	27	-102
1.A.b.6 保险和养老金服务	28	-44
贷方	29	50
借方	30	-93
1.A.b.7 金融服务	31	-3
贷方	32	23
借方	33	-26
1.A.b.8 知识产权使用费	34	-209
贷方	35	11
借方	36	-220
1.A.b.9 电信、计算机和信息服务	37	131
贷方	38	245
借方	39	-114
1.A.b.10 其他商业服务	40	189
贷方	41	584
借方	42	-395
1.A.b.11 个人、文化和娱乐服务	43	-12
贷方	44	7

（续表）

项 目	行次	差额
借方	45	-19
1.A.b.12 别处未提及的政府服务	46	-15
贷方	47	11
借方	48	-26
1.B 初次收入	49	-454
贷方	50	2 278
借方	51	-2 732
1.B.1 雇员报酬	52	274
贷方	53	331
借方	54	-57
1.B.2 投资收益	55	-734
贷方	56	1 939
借方	57	-2 673
1.B.3 其他初次收入	58	7
贷方	59	8
借方	60	-2
1.C 二次收入	61	-87
贷方	62	359
借方	63	-446
2. 资本和金融账户	64	-1 424
2.1 资本账户	65	3
贷方	66	5
借方	67	-2
2.2 金融账户	68	1 427
资产	69	-491
负债	70	-936
2.2.1 非储备性质的金融账户	71	-4 856
资产	72	-3 920
负债	73	-936
2.2.1.1 直接投资	74	621
2.2.1.1.1 资产	75	-1 878
2.2.1.1.1.1 股权	76	-1 452
2.2.1.1.1.2 关联企业债务	77	-426
2.2.1.1.2 负债	78	2 499
2.2.1.1.2.1 股权	79	2 196
2.2.1.1.2.2 关联企业债务	80	302
2.2.1.2 证券投资	81	-665
2.2.1.2.1 资产	82	-732
2.2.1.2.1.1 股权	83	-397
2.2.1.2.1.2 债券	84	-335

(续表)

项　　目	行次	差额
2.2.1.2.2 负债	85	-67
2.2.1.2.2.1 股权	86	150
2.2.1.2.2.2 债券	87	-82
2.2.1.3 金融衍生工具	88	-21
2.2.1.3.1 资产	89	-34
2.2.1.3.2 负债	90	-13
2.2.1.4 其他投资	91	-4 791
2.2.1.4.1 资产	92	-1 276
2.2.1.4.1.1 其他股权	93	0
2.2.1.4.1.2 货币和存款	94	-1 001
2.2.1.4.1.3 贷款	95	-475
2.2.1.4.1.4 保险和养老金	96	-32
2.2.1.4.1.5 贸易信贷	97	-460
2.2.1.4.1.6 其他	98	692
2.2.1.4.2 负债	99	-3 515
2.2.1.4.2.1 其他股权	100	0
2.2.1.4.2.2 货币和存款	101	-1 226
2.2.1.4.2.3 贷款	102	-1 667
2.2.1.4.2.4 保险和养老金	103	24
2.2.1.4.2.5 贸易信贷	104	-623
2.2.1.4.2.6 其他	105	-24
2.2.1.4.2.7 特别提款权	106	0
2.2.2 储备资产	107	3 429
2.2.2.1 货币黄金	108	0
2.2.2.2 特别提款权	109	-3
2.2.2.3 在国际货币基金组织的储备头寸	110	9
2.2.2.4 外汇储备	111	-3 423
2.2.2.5 其他储备资产	112	0
3. 净误差与遗漏	113	-1 882

注：1. 本表依据《国际收支和国际投资头寸手册》(第六版)编制。
2. "贷方"按正值列示，"借方"按负值列示，差额等于"贷方"加上"借方"。
资料来源：自于国家外汇管理局。

(二) 资本与金融账户出现大额逆差

1. 跨境资金流动波动较大

2015年一季度，资本和金融账户逆差1 125亿美元，外汇储备资产减少79亿美元；二季度资本和金融账户逆差442亿美元，外汇储备资产增加130亿美元，资金流出压力得到缓解；三季度，资金流出显著增加，资本和金融账户净流出再次扩大至1 626亿美元，外汇储备资产下降1 606亿美元；四季度，资本和金融账户净流出1 659亿美元，外汇储备资产减少1 151亿美元，降幅较三季度减少。

2. 国际投资净头寸有所下降

2015年年末中国对外净资产头寸为15 965亿美元,较2014年年末相比减少1 799亿美元。具体来讲,2015年年末中国对外金融资产62 189亿美元,对外负债46 225亿美元,分别较2014年年末减少3%和4%。

3. 中国对外负债下降主要表现为偿还境外债务

2015年年末,中国对外负债中,直接投资负债28 423亿美元,较2014年年末增长9%,继续位于对外负债第一位,占比为61%,较2014年年末上升7%,可解读为国外投资者对我国经济的基本面和长期发展前景的乐观;证券投资负债8 105亿美元,较2014年年末小幅增长2%,占负债总额的比重为18%;存贷款等其他投资负债9 643亿美元,较2014年年末大幅下降33%,占负债总额的21%,下降9个百分点。其他投资负债减少是中国对外负债下降的主要原因,反映了受到国内外经济状况的影响,中国市场参与主体依据自身预期判断主动调整资产负债结构,持续偿还外债以及非居民减少境内存款。

4. 中国对外投资收益差额表现为逆差

2015年中国国际收支平衡表中投资收益为逆差734亿美元。具体来讲,中国对外投资收益收入1 939亿美元,对外负债收益支出2 673亿美元,据中国外汇管理局估算两者年化收益率差异为−2.6个百分点。中国投资收益差额为负,其本质是由中国对外金融资产负债结构所决定的。2015年中国对外金融资产中储备资产占比大于50%,资产属性为低风险与高流动,依据金融市场一般规律其投资回报率会低于其他资产,中国对外金融资产在2005年至2015年期间的平均年化收益率为3.3%;而中国对外金融负债中主要是外国直接投资,股权投资的特点为长期和稳定性,投资收益率一般高于其他形式的资产,中国对外负债在2005年至2015年期间的平均年化收益率为6.6%。在中国2015年跨境资金流动整体表现为流出,持续流入的国外直接投资资金对中国跨境资金流动起到了对冲与稳定作用。

5. 直接投资继续表现为顺差,而证券投资转为逆差

2015年直接投资顺差621亿美元,较2014年下降57%。其中直接投资资产净增加1 878亿美元,较2014年多增53%,是直接投资顺差下降的主要原因;直接投资负债净增加2 499亿美元,较上年少增7%。2015年证券投资为逆差665亿美元,2014年为顺差824亿美元。其中,我国对外证券投资净流出732亿美元,较上年增长5.8倍;境外对我国证券投资净流入67亿美元,下降93%。

6. 其他投资逆差大幅扩大

2015年其他投资为逆差4 791亿美元,较2014年扩大72%。其中,我国对外的贷款、贸易信贷和资金存放等资产净增加1 276亿美元,下降61%;境外对我国的贷款、贸易信贷和资金存放等负债净减少3 515亿美元,2014年为净增加502亿美元。

表 1-4-3　中国国际投资头寸表　　　　　　　　单位:亿美元

项目	行次	2014年年末	2015年年末
净头寸	1	17 764	15 965
资产	2	64 087	62 189
1 直接投资	3	7 443	11 293
1.1 股权	4	-	9 393
1.2 关联企业债务	5	-	1 901
2 证券投资	6	2 625	2 613
2.1 股权	7	1 613	1 620
2.2 债券	8	1 012	993
3 金融衍生工具	9	0	36
4 其他投资	10	15 026	14 185
4.1 其他股权	11	0	1
4.2 货币和存款	12	5 541	3 895
4.3 贷款	13	3 747	4 569
4.4 保险和养老金	14	0	172
4.5 贸易信贷	15	4 677	5 137
4.6 其他	16	1 061	412
5 储备资产	17	38 993	34 061
5.1 货币黄金	18	401	602
5.2 特别提款权	19	105	103
5.3 在国际货币基金组织的储备头寸	20	57	45
5.4 外汇储备	21	38 430	33 304
5.5 其他储备资产	22	0	7
负债	23	46 323	46 225
1 直接投资	24	26 779	28 423
1.1 股权	25	-	26 181
1.2 关联企业债务	26	-	2 242
2 证券投资	27	5 143	8 105
2.1 股权	28	3 693	5 906
2.2 债券	29	1 449	2 200
3 金融衍生工具	30	0	53
4 其他投资	31	14 402	9 643
4.1 其他股权	32	0	0
4.2 货币和存款	33	5 030	3 267
4.3 贷款	34	5 720	3 293
4.4 保险和养老金	35	0	93
4.5 贸易信贷	36	3 344	2 721
4.6 其他	37	207	172
4.7 特别提款权	38	101	97

资料来源:国家外汇管理局。

(三)有序推进人民币资本项目开放

1. 合格的境外机构投资者(QFII)新批准额度增长较快

截至2016年2月23日,国家外汇管理局累计批准279家QFII机构,累计批准额度为807.95亿美元。2014年新增机构33家获批QFII,新批准额度为172亿美元;2015年新增机构73家,新批准额度319.13亿美元(见表1-4-4),较上年增长185%。相比2014年,2015年获批机构大幅上升,并且新批准额度增长较快。

表1-4-4 2015年QFII审批情况   单位:亿美元

序号	QFII名称	批准日期	累计批准额度
1	苏格兰皇家银行有限公司	2015-01-30	0.20
2	瑞典第二国家养老金	2015-01-30	4.00
3	高瓴资本管理有限公司	2015-01-30	9.00
4	中国光大资产管理有限公司	2015-01-30	4.00
5	首城投资管理(英国)有限公司	2015-01-30	6.30
6	韩国银行	2015-02-13	9.00
7	挪威中央银行	2015-02-13	25.00
8	宾夕法尼亚大学校董会	2015-02-13	0.75
9	万金全球香港有限公司	2015-02-13	1.00
10	国投瑞银资产管理(香港)有限公司	2015-02-13	1.00
11	马来西亚国库控股公司	2015-03-26	5.00
12	麦格理银行有限公司	2015-03-26	8.00
13	广发国际资产管理(香港)有限公司	2015-03-26	2.00
14	麦盛资产管理(亚洲)有限公司	2015-03-26	2.00
15	富达基金(香港)有限公司	2015-03-26	12.00
16	富邦证券投资信托股份有限公司	2015-03-26	10.00
17	荷兰安智银行股份有限公司	2015-04-28	0.70
18	三星资产运用株式会社	2015-04-28	6.50
19	景顺资产管理有限公司	2015-04-28	1.25
20	富兰克林华美证券投资信托股份有限公司	2015-04-28	2.00
21	太平洋投资策略有限公司	2015-04-28	4.00
22	澳门金融管理局	2015-04-28	15.00
23	申银万国投资管理(亚洲)有限公司	2015-04-28	2.00
24	法国巴黎投资管理亚洲有限公司	2015-05-29	5.70
25	KB资产运用	2015-05-29	3.00
26	玉山商业银行股份有限公司	2015-05-29	0.50
27	加利福尼亚大学校董会	2015-05-29	4.00
28	富国资产管理(香港)有限公司	2015-05-29	2.00
29	群益证券投资信托股份有限公司	2015-05-29	2.50
30	南山人寿保险股份有限公司	2015-05-29	6.00
31	摩根证券投资信托股份有限公司	2015-06-29	2.90
32	淡水泉(香港)投资管理有限公司	2015-06-29	2.00

（续表）

序号	QFII 名称	批准日期	累计批准额度
33	汇添富资产管理(香港)有限公司	2015-06-29	4.00
34	第一金证券投资信托股份有限公司	2015-06-29	0.74
35	复华证券投资信托股份有限公司	2015-06-29	3.00
36	铭基国际投资公司	2015-06-29	5.40
37	文莱投资局	2015-07-29	2.00
38	台湾银行股份有限公司	2015-07-29	1.00
39	汇丰环球投资管理(香港)有限公司	2015-07-29	3.27
40	法国兴业银行	2015-07-29	10.00
41	巴克莱银行	2015-07-29	6.52
42	德胜安联证券投资信托股份有限公司	2015-07-29	0.62
43	兆丰国际证券投资信托股份有限公司	2015-07-29	1.80
44	国泰君安资产管理(亚洲)有限公司	2015-08-28	1.61
45	毕盛资产管理有限公司	2015-08-28	2.30
46	德国商业银行股份有限公司	2015-08-28	3.20
47	贝莱德资产管理北亚有限公司	2015-08-28	10.00
48	伦敦市投资管理有限公司	2015-08-28	0.53
49	柏瑞投资有限责任公司	2015-09-28	2.92
50	建银国际资产管理有限公司	2015-09-28	2.00
51	哥伦比亚大学	2015-09-28	0.20
52	富邦人寿保险股份有限公司	2015-09-28	15.00
53	国泰证券投资信托股份有限公司	2015-09-28	10.50
54	国泰人寿保险股份有限公司	2015-09-28	10.00
55	中银国际英国保诚资产管理有限公司	2015-09-28	1.11
56	瑞士盈丰银行股份有限公司	2015-09-28	0.66
57	凯思博投资管理(香港)有限公司	2015-10-29	0.75
58	忠利保险有限公司	2015-11-27	0.83
59	奥本海默基金公司	2015-11-27	5.00
60	荷宝基金管理公司	2015-11-27	1.26
61	加拿大丰业银行	2015-11-27	0.85
62	普信投资公司	2015-11-27	1.60
63	不列颠哥伦比亚省投资管理公司	2015-11-27	5.00
64	SUVA 瑞士国家工伤保险机构	2015-12-25	2.20
65	招商证券资产管理(香港)有限公司	2015-12-25	0.20
66	泰康资产管理(香港)有限公司	2015-12-25	5.20
67	景林资产管理香港有限公司	2015-12-25	2.07
68	瑞典北欧斯安银行有限公司	2015-12-25	0.31
69	英杰华投资集团全球服务有限公司	2015-12-25	0.18
70	阿布达比投资局	2015-12-25	25.00
71	忠诚保险有限公司	2015-12-25	7.00

(续表)

序号	QFII 名称	批准日期	累计批准额度
72	泛亚投资管理有限公司	2015-12-25	1.00
73	汇丰中华证券投资信托股份有限公司	2015-12-25	3.00

注：笔者根据截至2015年12月31日合格境外机构投资者(QFII)投资额度审批情况统计2015年数据得出。

资料来源：国家外汇管理局：《合格境外机构投资者(QFII)投资额度审批情况表》，http://www.safe.gov.cn/。

2. 合格境内机构投资者(QDII)新批准额度基本稳定

截至2016年2月23日，共有132家机构获得QDII资格，总共获批金额为899.93亿美元。其中银行类30家，获批金额138.40亿美元；证券类48家，获批金额375.50亿美元；保险类40家，获批金额308.53亿美元；信托类14家，获批金额77.5亿美元。截至2014年年末共有129家机构获批QDII资格，获批金额820.43亿美元。相比2014年，2015年QDII获批金额为437.12亿美元(见表1-4-5)。相比往年，2015年QDII审批机构大幅增加，审批额度基本稳定。

表1-4-5 2015年QDII审批情况   单位：亿美元

序号	机构名称	投资额度获批时间	获批额度
1	鹏华基金管理有限公司	2015-01-30	6.00
2	渣打银行(中国)有限公司	2015-01-30	20.00
3	上投摩根基金管理公司	2015-01-30	27.00
4	华宝兴业基金管理有限公司	2015-01-30	10.50
5	海富通基金管理公司	2015-01-30	5.00
6	上海光大证券资产管理有限公司	2015-01-30	3.00
7	国信证券股份有限公司	2015-01-30	10.00
8	融通基金管理有限公司	2015-01-30	9.00
9	华夏人寿保险股份有限公司	2015-01-30	7.00
10	安邦财产保险股份有限公司	2015-01-30	11.00
11	泰山人寿保险股份有限公司	2015-01-30	0.20
12	前海人寿保险股份有限公司	2015-01-30	5.00
13	新华信托股份有限公司	2015-01-30	1.50
14	申万宏源证券有限公司	2015-01-30	4.00
15	泰康资产管理有限责任公司	2015-01-30	3.00
16	中国人民保险集团股份有限公司	2015-01-30	3.15
17	上海海通证券资产管理有限公司	2015-01-30	8.00
18	平安保险(集团)股份有限公司	2015-01-30	71.90
19	新华人寿保险股份有限公司	2015-01-30	22.00
20	广发基金管理有限公司	2015-02-13	6.00
21	信诚基金管理有限公司	2015-02-13	6.00
22	南洋商业银行(中国)有限公司	2015-02-13	1.80

(续表)

序号	机构名称	投资额度获批时间	获批额度
23	华安基金管理公司	2015-02-13	12.00
24	交银施罗德基金管理有限公司	2015-02-13	6.00
25	易方达基金管理有限公司	2015-02-13	19.00
26	广发证券资产管理(广东)有限公司	2015-02-13	12.00
27	国海富兰克林基金管理有限公司	2015-02-13	7.00
28	兴业国际信托有限公司	2015-02-13	2.00
29	北京国际信托有限公司	2015-02-13	3.00
30	南方基金管理公司	2015-03-26	26.00
31	国泰基金管理有限公司	2015-03-26	4.00
32	国投瑞银基金管理有限公司	2015-03-26	18.00
33	汇丰银行(中国)有限公司	2015-03-26	34.00
34	嘉实基金管理公司	2015-03-26	34.00
35	景顺长城基金管理有限公司	2015-03-26	2.00
36	太平洋人寿保险有限公司	2015-03-26	3.20
37	天安财产保险股份有限公司	2015-03-26	8.00
38	交银国际信托有限公司	2015-03-26	2.00
39	中国太平洋保险(集团)公司	2015-12-04	0.37
40	中国太平洋人寿保险股份有限公司	2015-12-04	3.50

资料来源:外汇管理局。

3. 人民币合格境外机构投资者(RQFII)新批额度快速增长

2015年,共有61家机构获得RQFII批准额度,总共获批金额4 714亿人民币(见表1-4-6)。2014年,共有78家机构获得RQFII批准额度,总共获批金额3 045亿元人民币。2013年,共有47家机构获得RQFII批准额度,总共获批金额879亿元人民币。相比2014年,2015年RQFII在获批机构数量上有所下降,但是获批金额有所上升,从2014年3 045亿元增至2015年的4 714亿元。RQFII自2011年试点以来,获得了快速的发展,推动了中国国际金融交往的进步。在获批RQFII的机构中,以来自香港地区的机构为主,而且从获批的RQFII机构名单中可以看出香港地区在人民币离岸市场中的重要地位。RQFII的增长,为境外人民币回流提供了渠道,对于加强境内外金融交往、推动人民币国际化进程具有重要意义。

表1-4-6 部分2015年RQFII审批情况　　　　　单位:亿元人民币

序号	机构名称	批准日期	累计批准额度
1	加拿大丰业(亚洲)银行	2015-01-30	15.00
2	施罗德投资管理(新加坡)有限公司	2015-01-30	10.00
3	未来资产基金管理公司	2015-01-30	10.00
4	东部资产运用株式会社	2015-02-13	20.00
5	NH-CA资产管理有限公司	2015-02-13	15.00

（续表）

序号	机构名称	批准日期	累计批准额度
6	韩国投资信托运用株式会社	2015-02-13	15.00
7	东洋资产运用(株)	2015-02-13	20.00
8	MY Asset 投资管理有限公司	2015-03-26	15.00
9	瑞银韩亚资产运用株式会社	2015-03-26	15.00
10	KKR 新加坡有限公司	2015-03-26	35.00
11	摩根资产管理(新加坡)有限公司	2015-03-26	20.00
12	纽伯格伯曼新加坡	2015-03-26	8.00
13	Truston 资产管理有限公司	2015-03-26	10.00
14	大信资产运用株式会社	2015-03-26	20.00
15	德意志资产及财富管理投资有限公司	2015-03-26	60.00
16	英杰华投资亚洲私人有限公司	2015-04-28	10.00
17	达杰资金管理有限公司	2015-04-28	2.00
18	大华资产管理有限公司	2015-04-28	12.00
19	新家坡政府投资有限公司	2015-04-28	50.00
20	兴元投资管理有限公司	2015-04-28	30.00
21	新韩法国巴黎资产运用株式会社	2015-04-28	80.00
22	三星资产运用株式会社	2015-04-28	25.00
23	兴国资产管理	2015-04-28	30.00
24	新韩金融投资	2015-04-28	20.00
25	韩亚金融投资株式会社	2015-04-28	10.00
26	三星证券株式会社	2015-05-29	30.00
27	大宇证券(株)	2015-05-29	20.00
28	教保安盛资产运用(株)	2015-05-29	15.00
29	GAM 国际管理有限公司	2015-05-29	18.00
30	CSAM 资产管理有限公司	2015-05-29	7.00
31	嘉实国际资产管理(英国)有限公司	2015-05-29	30.00
32	领先资产管理	2015-05-29	60.00
33	安联环球投资新加坡有限公司	2015-05-29	10.00
34	华侨银行有限公司	2015-06-29	10.00
35	Insight 投资管理(环球)有限公司	2015-06-29	12.00
36	凯敏雅克资产管理公司	2015-06-29	60.00
37	迈睿思资产管理有限公司	2015-06-29	30.00
38	华宜资产运用株式会社	2015-07-29	15.00
39	瑞士再保险股份有限公司	2015-07-29	50.00
40	三星生命保险株式会社	2015-07-29	20.00
41	东部证券股份有限公司	2015-08-28	25.00
42	KB 资产运用有限公司	2015-08-28	20.00
43	韩国产业银行	2015-08-28	10.00
44	蓝海资产管理公司	2015-09-28	16.00
45	IBK 资产证券株式会社	2015-09-28	20.00

（续表）

序号	机构名称	批准日期	累计批准额度
46	韩华资产运用株式会社	2015-09-28	30.00
47	韩国投资证券株式会社	2015-10-29	10.00
48	韩国产业银行资产管理有限公司	2015-10-29	20.00
49	UBI 资产管理公司	2015-10-29	20.00
50	东方汇理资产管理新加坡有限公司	2015-10-29	28.00
51	CI 投资管理公司	2015-10-29	2.25
52	未来资产证券株式会社	2015-11-27	30.00
53	Kiwoom 投资资产管理有限公司	2015-11-27	30.00

资料来源：外汇管理局。

4. 外汇管理体制改革加快人民币资本项目可兑换

2015 年是"十二五"的收官之年，"十三五"发展目标正在制定之中。截至 2015 年年底国内 40 项资本项目交易中，已经有 34 项达到了部分可兑换及以上水平，占比为 85%。2015 年 5 月 22 日，中国证监会与香港证监会就开展内地与香港基金互认工作正式签署文件，同时发布《香港互认基金管理暂行规定》，自 2015 年 7 月 1 日起施行。这是中国资本市场双向开放进程中的又一重大突破。2015 年 6 月国家外汇管理局发布《国家外汇管理局关于改革外商投资企业外汇资本金结汇管理方式的通知》，允许外商投资企业外汇资本金实行意愿结汇管理，对外商投资企业资本金使用实施负面清单管理。沪港通、深港通、两地基金互认等改革加快推进了人民币资本项目可兑换进程。

2015 年 6 月 11 日中国央行发布的《人民币国际化报告（2015 年）》指出，人民币资本项目可兑换已经取得明显进展，并且将从六个方面进一步推动人民币资本项目可兑换改革：一是打通个人跨境投资的渠道，考虑推出合格境内个人投资者（QDII2）境外投资试点；二是完善"沪港通"和推出"深港通"，允许非居民在境内发行除衍生品外的金融产品；三是修订外汇管理条例，取消大部分事前审批，建立有效的事后监测和宏观审慎管理制度；四是提高境外机构投资者投资中国资本市场便利性；五是继续便利人民币国际化，消除不必要的政策壁垒和提供必要的基础设施；六是做好风险防范。2015 年 11 月 3 日《中共中央关于制定国民经济和社会发展第十三个五年规划的建议》提出，要有序实现人民币资本项目可兑换，在人民币已加入特别提款权的背景下，推动人民币成为可兑换、可自由使用货币。

（四）"沪港通"运行平稳，"深港通"近期有望推出

"沪港通"是"沪港股票市场交易互联互通机制试点"的简称，是上海证券交易所和香港交易所建立技术连接，使沪港两地的投资者通过当地证券公司或经纪商买卖规定范围内的对方交易所上市的股票。"沪港通"包括"沪股通"和"港股通"两部分。

1."沪港通"运行情况

"沪港通"启动以来运作平稳安全,"沪港通"股票交易总体平稳有序,交易结算、额度控制、换汇等各个环节运作正常,其间经受住了国际资本市场和内地资本市场大幅波动的检验。截至2015年11月16日,"沪港通"累计交易额为2.13万亿元。其中,沪股通共230个交易日,交易额1.54万亿元,累计使用总额度1 207.06亿元,占总额度的40.24%;港股通共225个交易日,交易额5 898.60亿元,累计使用总额度921.48亿元,占总额度的36.86%。

2."沪港通"与QFII、RQFII的对比

"沪港通"与合格境外机构投资者(以下简称QFII)、人民币合格境外机构投资者(以下简称RQFII)都是我国资本账户尚未完全开放的背景下,为进一步加强我国资本市场对外开放的程度所做的制度安排。但是"沪港通"与QFII、RQFII仍然存在很大差异(见表1-4-7)。QFII和RQFII仅限选定的机构投资者,而"沪港通"对任何符合条件的机构投资者和个人投资者均开放。目前中国大陆投资者要进行海外投资,也只能通过QDII进行投资;而"沪港通"提供A股投资者直接投资港股的机会。"沪港通"与QFII/RQFII之间的主要区别在于"沪港通"将对更大范围的投资者开放,但初期可投资股票范围较为有限。

表1-4-7 "沪港通"与QFII/RQFII制度对比

	沪港通	QFII/RQFII
产品范围	上证180指数、上证300指数的所有成分股以及上海证券交易所上市的A+H股公司股票	产品范围不仅仅局限于股票,还包括债券、基金、期货、产业投资等
适合投资者	联交所参与者的任何客户(包括机构和个人投资者)	核准的机构投资者,不仅局限于香港投资者
额度	整体额度:480亿美元 单日额度:21亿美元	QFII额度:1 500亿美元 RQFII额度:650亿美元
资金流动管理	由香港中央结算所和中国证券登记结算有限公司负责处理	由相应的合格投资机构处理
交易体系	证券在一个闭环系统内交易和结算	通过经纪商直接入市交易

资料来源:笔者根据相关资料整理。

3."沪港通"与资本项目开放

"沪港通"有力地推动了我国资本项目对外开放。党的十八届三中全会明确提出,扩大金融业对内对外开放,推动资本市场双向开放,有序提高跨境资本和金融交易可兑换程度,加快实现人民币资本项目可兑换。"十三五"规划明确提出扩大金融业双向开放。基于这样的大背景,"沪港通"应运而生,"沪港通"有力地推动了我国资本市场对外开放的大局。"沪港通"是我国资本项目对外开放的阶段性措施。"沪港通"大幅提升了跨境投资资本流动效率,为境内外投资者提供了更

为便捷的投资对方市场的渠道,有力促进了内地与香港两地市场的融合。如两地监管当局联合公告所称:"沪港通"是中国资本市场对外开放的重要内容,有利于加强两地资本市场联系,推动资本市场双向开放。总之,"沪港通"将极大地推动我国资本项目开放的进程。

4. "深港通"逐步提上日程

2015年深交所与港交所、中国结算正积极推进"深港通"各项准备工作,已完成方案设计并启动技术系统开发,待两地监管机构批准后,积极推动实施。基于"沪港通"技术开发、方案设计以及制度安排的经验,"深港通"在筹备过程中,可以大大缩减相关方面的工作量。"深港通"试点初期主要结合深交所多层次资本市场的特点,以及服务中小企业和创业创新的发展战略,重点考虑对标的证券范围进行扩大,除主板股票外,还将考虑纳入符合标准的中小板和创业板股票。李克强总理在2015年"两会"上表示力争2016年开通"深港通"。

(五) 外汇市场总体平稳发展,汇率波动加大

1. 汇率制度改革继续推进

2013年11月,十八届三中全会的《决定》就经济体制改革提出了两个基本要点,其一是要求经济体制改革"紧紧围绕使市场在资源配置中起决定作用"而展开,处理好政府与市场的关系这一核心问题,更好地发挥偿付的作用。进入2014年以后,金融监管当局积极落实决定要求,出台了一系列金融改革具体措施,扩大人民币汇率浮动区间就是其中重要一项。2014年3月17日起,人民币与美元的汇率浮动区间由每日的1%扩大到2%,7月2日,央行取消银行对客户美元挂牌买卖价差管理。央行宣布,将进一步完善人民币汇率中间价报价,自2015年8月11日起,做市商在每日银行间外汇市场开盘前,参考上日银行间外汇市场收盘汇率,综合考虑外汇供求情况以及国际主要货币汇率变化向中国外汇交易中心提供中间价报价。央行进一步完善人民币汇率市场化形成机制,让市场供求在汇率形成中发挥更大作用,人民币汇率弹性增强,汇率预期分化,央行基本退出常态外汇干预,建立了有管理的浮动汇率制度。

2. 人民币对美元汇率出现较大贬值

如图1-4-1,2015年年末,人民币兑美元汇率中间价(Reference Rate)为6.4936,2014年年末为6.119,人民币兑美元的汇率在2015年贬值了6.12%,这是自2005年7月汇率形成机制改革以来,首个显著贬值年度,年度贬幅迄今最大。2015年,在美联储加息预期影响下,我国汇市呈现震荡行情。以2015年8月份为分界点,人民币兑美元在1月至7月呈现"先贬后升"双向波动态势。8月开始,波动幅度加大。"8·11汇改"前,人民币汇率跟随美元走强,对一揽子货币小幅升值。银行间外汇市场(CNY)和境外市场(CNH)即期交易2015年累计分别贬值

4.23%和5.15%,人民币汇率呈现贬值趋势。2015年人民币汇率对美元贬值的主要原因在于:第一,伴随着美国经济的复苏以及美国退出QE,市场普遍预期美联储将进入加息周期;并且美元指数迅速上升,美元走强引发新兴市场国家货币贬值;第二,中国经济增长速度放缓,面临经济结构转型、去库存等多重压力;第三,CPI、PPI持续低位运行,上行压力大,并引发市场对央行宽松货币政策的预期;第四,为推进汇率市场化和人民币国际化,央行减少对外汇市场的干预,资本流出对人民币汇率形成较大影响。

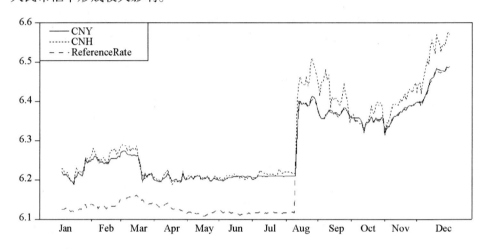

图1-4-1　2015年人民币对美元即期汇率走势(CNY和CNH)

资料来源:WIND资讯。

3. 人民币对一篮子货币多边汇率升值

据国际清算银行(BIS)测算,2015年人民币名义有效汇率(NEER)累计升值2.31%,扣除通货膨胀因素的实际有效汇率(REER)累计升值2.00%。2005年汇改以来,人民币名义和实际汇率累计分别升值43.72%和34.70%(见图1-4-2),升值幅度显著。

4. 境内外人民币汇率差价2015年汇改后显著上升

2015年,境外CNH相对境内CNY出现由年初小幅折让、价差较小,逐步转为双向波动、价差扩大(见图1-4-3),日均价差219个基点,明显高于2014年全年水平(88个基点)。2015年1月到2015年8月人民币汇率境内外平均价差为71个基点,而2015年8月11日人民币汇率中间价形成机制改革之后,2015年8月到2015年12月人民币汇率境内外平均价差为447个基点,价差显著增加。

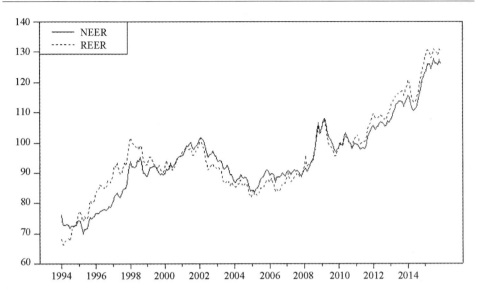

图 1-4-2 人民币有效汇率走势(NEER 和 REER)

资料来源:国际清算银行。

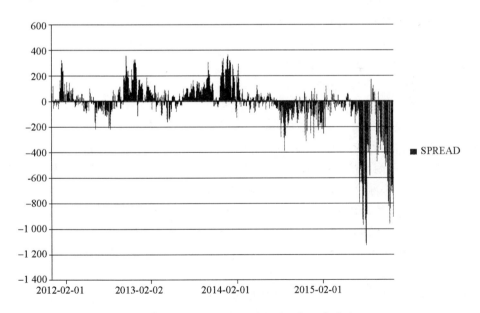

图 1-4-3 境内外人民币对美元即期汇率价差

资料来源:WIND 资讯。

5. 汇率双向浮动趋势明显

2015年，人民币对美元汇率出现较大贬值，双向浮动特征明显，汇率弹性显著增强，人民币汇率预期总体平稳。2015年年末，人民币兑美元汇率中间价为6.4936元，比2014年年末贬值3 746个基点。2015年，人民币兑美元汇率中间价最高为6.4936，最低为6.1079，245个交易日中98个交易日升值、147个交易日贬值。2005年人民币汇率形成机制改革以来至2015年年末，人民币兑美元汇率累计升值27.45%。根据国际清算银行的计算，2015年，人民币名义有效汇率升值2.31%，实际有效汇率升值2%；2005年人民币汇率形成机制改革以来至2015年12月，人民币名义有效汇率升值43.72%，实际有效汇率升值34.70%。

6. 外汇市场交易增长较快

2015年，人民币外汇市场累计成交17.76万亿美元，较上年增长39.3%。即期和衍生产品分别成交8.26万亿美元和9.50万亿美元，衍生产品在外汇市场交易总量中的比重升至历史新高53.5%。即期外汇交易较2014年相比小幅增长，2015年人民币外汇即期成交8.26万亿美元，较上年增长14.0%；掉期交易较2014年相比大幅增长，人民币外汇掉期交易累计成交金额折合8.6万亿美元，较上年增长82.4%；远期外汇交易较上年相比继续下降，人民币外汇远期市场累计成交4 950亿美元，同比增长63.5%。外汇期权较上年相比交易大幅增长，2015年期权市场累计成交4 047亿美元，较上年增长1.1倍。2015年外汇市场交易参与者结构保持稳定，2015年银行间交易占整个外汇市场的比重为75.4%，较上年上升7.7%；非金融客户交易的比重为23%，较上年下降7.5%；非银行金融机构交易的市场份额为1.5%，较上年下降0.2%。

（六）加速推进人民币国际化

中国经济实力持续增长，对外经贸联系日益密切，国际资本往来的广度与深度逐渐加大，国内生产总值只落后于美国而居于全球第二位，进出口总量从2013年开始就居于全球第一位。次贷危机和欧债危机后，美元和欧元都出现了信心危机，要求对国际货币体系进行改革的呼声高涨。而中国经济保持平稳较快发展，人民币在世界范围内的使用日益频繁，2015年我国国内推行"8·11汇改"，人民币在国际上被IMF纳入SDR篮子，一系列事件显示其国际化的步调正快速迈进。可以说，实现人民币国际化不单是我国深化改革、扩大开放的内在要求，也是当前全球经济大环境下国际社会的一种共同选择。

国际化货币必须在国际贸易和投资结算、国际金融产品计价和价值储藏三个方面得到广泛应用。自2009年以来，中国主要通过跨境贸易和跨境投资人民币结算来推动人民币国际化。自2009年以来人民币在跨境贸易和投资结算方面已经有了显著的进步和发展。环球银行间金融通信协会（SWIFT）人民币交易数据显示人民币在全球支付市场占有率为1.92%,位列第五大货币。2015年中国在人民币在国际金融市场的计价职能和价值储藏功能两方面进一步推进人民币国际化。

1. 跨境贸易和投资人民币结算规模不断增大

(1)跨境贸易人民币结算

2009年4月8日,国务院在上海、广州、深圳等地开展跨境贸易人民币结算试点。2011年8月23日,其范围从试点扩大到了全国,该结算总额得到快速增长。2015年国家大力推动"一带一路"战略,建设亚投行,跨境贸易的人民币结算总额的增长更进一步。近几年其跨境贸易结算呈现出以下特点:

第一,增长稳定,增幅明显。图1-4-4是我国2009年至2014年期间年度经常项目的人民币结算金额图,从中我们可以清楚地看到2009年到2014年间该结算总额得到了快速增长,2009年的金额只有36亿元,但是通过近几年的发展到2015年已经达到了72 343亿元,七年间结算额累计达到239 468亿元。值得注意的是这7年间货物贸易方面的人民币结算额稳定增长,但是在服务贸易方面该结算额在2014年出现了回落由2013年的16 109亿元跌至6 565亿元,跌幅较大;2015年服务贸易及其他的人民币结算金额为8 462亿元,较2014年增长了1 867亿元,但与2013年相比仍然有较大差距。

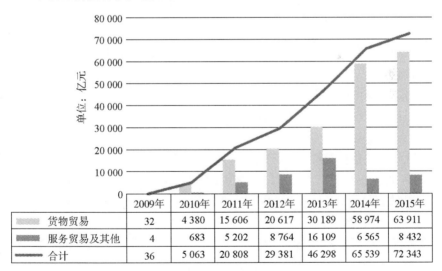

图1-4-4 年度经常项目人民币结算金额

资料来源:中国人民银行。

第二,人民币跨境贸易结算总额中,以货物贸易结算为主,服务贸易结算金额占比很小。从图1-4-5中我们可以看到2009年到2015年间,用人民币结算的货物贸易累计金额达到193 709亿元,占经常项目人民币结算总额的81%。用人民币结算的服务贸易及其他经常项目累计金额达到 45 759 亿元,仅占经常项目人民币结算总金额的 19%。

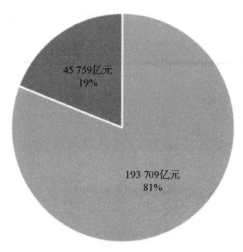

图 1-4-5　年度经常项目人民币结算金额

资料来源:中国人民银行。

第三,跨境贸易人民币结算占比较小,但增长较快。根据德意志银行的统计数据,跨境贸易人民币结算规模全球占比在 2012 年年初为 1.03%,在 2014 年第四季度为 2.96%,而在 2015 年第四季度则增长为 3.36%,增长达 226.38%。2015 年第一季度中国全球贸易结算总额占中国对外贸易比例已达到 27%。

(2)跨境直接投资人民币结算

近几年跨境直接投资人民币结算呈现出以下特点:

第一,跨境直接投资人民币结算规模增长迅速。外商直接投资(FDI)人民币结算和对外直接投资(ODI)人民币结算迅速发展。图 1-4-6 描述了 2011 年至 2015 年中国对外直接投资及外商来华直接投资人民币结算金额。2011 年对外直接投资人民币结算金额为 201.5 亿元,而 2015 年该项数字达到 7 362 亿元,年均增长率为 160.3%。此外,2011 年中国境内外商直接投资(FDI)中人民币结算金额达到 907.2 亿元,2015 年为 15 871 亿元,是 2011 年的 17.5 倍。

第二,人民币外商直接投资显著高于人民币对外直接投资。从图 1-4-7 可以看出人民币对外直接投资规模一直明显低于人民币外商直接投资规模,且两者差额随着跨境直接投资规模的扩大而不断增加,从 2011 年的 705.7 亿元增至 2015 年的 8 503 亿元。这表明,不同于跨境贸易人民币结算,跨境直接投资人民币结算已经成为离岸人民币回流中国的主要渠道,而不是人民币流出到境外的主通道,并且跨境投资人民币结算作为人民币回流渠道的作用日益明显和突出。

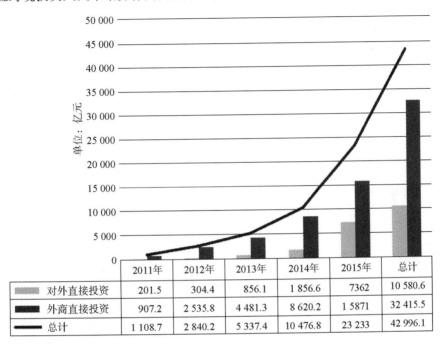

图 1-4-6　对外直接投资及外商直接投资人民币结算金额

资料来源:中国人民银行。

(3) 人民币跨境支付系统(CIPS)上线运行

2015 年 10 月 8 日,人民币跨境支付系统(CIPS)成功上线运行,为境内外金融机构人民币跨境和离岸业务提供资金清算和结算服务。CIPS 日间处理支付业务的时间是 9:00—20:00,工作时间横跨大洋洲、亚洲、欧洲和非洲的时区,首批直接参与机构包括工商银行、农业银行、华夏银行、汇丰银行(中国)、花旗银行(中国)等 19 家境内中外资银行。此外,同步上线的间接参与者包括位于亚洲、欧洲、大洋洲、非洲等地区的 38 家境内银行和 138 家境外银行。CIPS 是重要的金融基础设施,是专门为境内外金融机构的人民币跨境和离岸业务提供资金清算、结算服务的支付系统。CIPS 的上线运行标志着人民币国内支付和国际支付统筹兼顾的现代化支付体系建设取得重要进展。

2. 人民币的国际计价货币功能获得突破

(1) 人民币计价国际债券在国际市场发行

2015 年 7 月 14 日,境外央行、国际金融组织、主权财富基金三类机构进入中国银行债券市场由审批制改为备案制,投资范围从现券交易、债券回购扩展到债券借贷、债券远期以及利率互换等衍生品种。2015年熊猫债获批发行规模达到205亿元,实际发行规模为55亿元。发行主体已从国际开发机构扩展至国际性商业银行、境外非金融企业、外国地方政府以及外国中央政府。韩国政府于2015年12月15日在中国银行间债券市场发行30亿元三年期人民币债券,成为首批主权"熊猫债"。此外,中国香港、中国台湾和新加坡相继发行"点心债""宝岛债"和"狮城债"等离岸人民币债券。

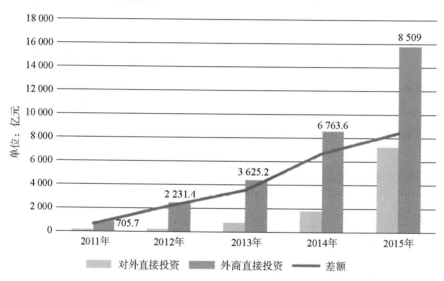

图1-4-7 对外直接投资及外商来华直接投资人民币结算差额

资料来源:中国人民银行。

(2)首笔离岸人民币央票在伦敦发行,首批人民币产品在中欧所交易

2015年10月20日,中国人民银行在伦敦采用簿记建档方式,成功发行50亿元央行票据。这是中国央行首次在海外发行以人民币计价的央行票据。2015年11月18日,中欧国际交易所在德国金融之都法兰克福开业,标志着中德双方共同建设的欧洲离岸人民币证券市场正式开始运行。首批上线产品包括ETF(交易所交易基金)和人民币债券。

央票海外发行有利于丰富离岸市场高信用等级的人民币金融产品,有利于人民币在海外留存,提升海外投资者对人民币的认可,提高持有人民币资产的积极性,深化离岸人民币市场发展,推动跨境贸易和投资的便利化。发行利率可以为离岸人民币市场金融产品提供定价基准。

3. 人民币在国际储备职能方面产生实质性进展

在2015年11月国际货币基金组织决定将人民币加入特别提款权的一揽子货币中,人民币成为特别提款权的五大货币之一,且权重为10.92%仅次于美元和欧元。人民币作为官方价值储备货币在国际社会上得到认可。事实上,近十年来人民币作为各国官方储备的规模和范围一直在不断地扩大。在2006年12月,菲律宾中央银行选择人民币作为其官方储备货币之一,人民币第一次成为境外中央银行的官方储备货币。2011年,尼日利亚宣布它将保持占其外汇储备的5%到10%的人民币或人民币计价的资产作为其官方外汇储备。2012年3月,日本官方购买总额为650亿元的人民币债券,发达国家首次选择人民币成为其外汇储备货币。此后,2014年10月,英国政府第一次发行了人民币国债,总额达到30亿元,标志着西方发达国家对人民币价值储备的认可,人民币作为官方储备货币范围扩大。根据粗略估计,到2015年4月为止国外央行和货币当局所持有的各项人民币资产,如债券,存款,股票等,已经达到约6 667亿元人民币,愿意将人民币作为官方储备货币的境外央行数量已经达到47个。

但是与美元,欧元,英镑等主要国际官方储备货币相比,人民币作为官方储备货币的国际地位和影响力仍然不足。表1-4-8的数据显示美元一直是最主要的国际储备货币,其在世界官方储备中的占比一直保持在60%以上,虽有小幅波动但总体稳定。紧随其后的便是欧元,近些年欧元在世界官方储备中所占比重有所下降,但是总体依然保持在20%以上,远远高于任何其他货币。值得注意的是,国际货币基金组织(IMF)的统计数据中甚至单独没有提到人民币在世界储备货币中的比例,只是将其纳在其他货币之中。

表1-4-8 世界官方储备中主要货币占比 单位:%

	2 009	2 010	2 011	2 012	2 013	2 014	2 015
美元	62.00	61.80	62.10	63.40	62.80	65.10	64.00
欧元	27.70	26.00	24.90	25.00	25.10	22.90	20.30
英镑	4.20	3.90	3.80	4.20	4.10	3.90	4.70
日元	2.90	3.70	3.60	4.20	3.90	4.00	3.80
瑞士法郎	0.20	0.35	0.30	0.20	0.30	0.30	0.30
其他货币	3.00	4.25	5.30	3.00	3.80	3.80	6.90

资料来源:国际货币基金组织。

4. 人民币离岸市场发展良好

人民币离岸市场在过去5年得到了快速的发展,特别是香港人民币离岸市场。香港的人民币存款从2010年6月底的900亿元增至2015年的8 511亿元。然而,在香港人民币离岸市场,人民币债券市场比人民币贷款业务的发展速度更快。除了人民币债券与存款,在香港离岸市场存在各种各样的其他离岸人民币衍生品。但是,超过80%的香港人民币存款是定期存款而非活期存款,这种现象反映了在人民币离岸市场人民币金融产品供应不足的问题。除了香港,人民币离岸市场还在其他国际城市,如新加坡、伦敦、台北、东京、巴黎、法兰克福、卢森堡和纽约均有发展。为了提供人民币额外的流动性支持,中国人民银行与20多个外国央行签署了双边货币互换协议(见表1-4-9)。不过,只有香港、新加坡和韩国的央行曾经激活过他们与中国人民银行的互换协议来满足其国内市场对人民币上涨的需求。

表1-4-9 2015年中国人民银行与多国央行签订的互换协议

	国家/地区央行及货币当局	签署时间	流动性支持规模
1	阿联酋中央银行	2015年12月14日	350亿人民币/200亿阿联酋拉姆
2	土耳其中央银行	2015年11月16日	120亿元人民币/50亿土耳其里拉
3	英格兰银行	2015年10月20日	3 500亿元人民币/200亿英镑
4	塔吉克斯坦央行	2015年9月	30亿元人民币/30亿索摩尼
5	智利中央银行	2015年5月25日	220亿元人民币/22 000亿智利比索
6	白俄罗斯共和国国家银行	2015年5月10日	70亿元人民币/16万亿白俄罗斯卢布
7	马来西亚国民银行	2015年4月17日	1 800亿元人民币/900亿吉特
8	南非储备银行	2015年4月10日	300亿元人民币/540亿南非兰特
9	澳大利亚储备银行	2015年4月8日	2 000亿元人民币/400亿澳大利亚元
10	亚美尼亚中央银行	2015年3月25日	10亿元人民币/770亿美尼亚亚元
11	苏里南中央银行	2015年3月18日	10亿元人民币/5.2亿苏里南元

资料来源:国家外汇管理局。

5. 企业发行外债实行备案制,资本项目进一步开放

2015年9月15日,国家发改委取消企业发行外债的额度审批,改革创新外债管理方式,实行备案登记制管理。通过企业发行外债的备案登记和信息报送,在宏观上实现对借用外债规模的监督管理。放开企业境外发债是中国企业"走出去"和"一带一路"等战略的重要支持。通过境外发债,企业对境外经营活动可以实现"用美元、借美元、还美元",减少货币错配。跨境融资便利化有利于外向型企业管理汇率风险。外债发行的备案登记制是资本账户开放的重要步骤,随着境内外环境的变化,更开放的境外融资安排有利于企业综合利用境内外资本市场、降低财务成本。由于人民币债券也在许可的外债范围之内,随着境内企业到离岸市场发行人民币债券,离岸人民币市场的投资工具将得到进一步丰富,并且离岸和在岸市场间的联系也会进一步加强。

6. 人民币国际合作成效显著

2015年中国人民银行与多国央行签订离岸人民币清算、货币互换等合作协议,积极推动人民币国际化发展。2015年中国央行先后与阿联酋、土耳其、英格兰、白俄罗斯、南非和澳大利亚等国家签订人民币交易和清算协议。截至2015

年,人民银行与33个国家和地区的中央银行或货币当局签署了双边本币互换协议,协议总规模为32 985亿元人民币,本币互换协议的实质性动用明显增加;在15个国家和地区建立了人民币清算安排,覆盖东南亚、西欧、中东、北美、南美和大洋洲等地,支持人民币成为区域计价结算货币。

(七)区域金融合作更加密切

由中国倡议成立、57国共同筹建的亚洲基础设施投资银行于2015年12月25日正式成立,全球迎来首个由中国倡议设立的多边金融机构。亚洲基础设施投资银行(Asian Infrastructure Investment Bank,简称"亚投行")是一个政府间性质的亚洲区域多边开发机构,重点支持基础设施建设,总部设在北京,其法定资本为1 000亿美元,初始认缴资本目标为500亿美元左右,中国出资50%。《亚洲基础设施投资银行协定》正式生效,标志着亚投行在法律意义上正式成立。亚投行正式宣告成立,是国际经济治理体系改革进程中具有里程碑意义的重大事件,标志着亚投行作为一个多边开发银行的法人地位正式确立。截至2015年12月25日,包括缅甸、新加坡、文莱、澳大利亚、中国、蒙古国、奥地利、英国、新西兰、卢森堡、韩国、格鲁吉亚、荷兰、德国、挪威、巴基斯坦、约旦等在内的17个意向创始成员国已批准亚投行协定并提交批准书,股份总和占比达到50.1%。亚投行开业仪式暨理事会和董事会成立大会于2016年1月16日至18日在北京举行。理事会和董事会成立大会将选举亚投行行长和各选区董事,审议通过银行业务、财务、人事等方面的重要政策文件,为亚投行正式投入运营奠定基础。

亚投行从倡议到成立历时26个月。2013年10月,中国国家主席习近平首次倡议筹建亚投行,立即得到许多国家积极响应。2014年10月,首批域内22个意向创始成员国在北京签署《筹建亚洲基础设施投资银行备忘录》,到2015年3月31日,亚投行意向创始成员国总数增至57国,其中包括英、德、法等发达国家。6月,《亚洲基础设施投资银行协定》在北京签署。"亚投行"是继提出建立金砖国家开发银行、上合组织开发银行之后,中国试图主导国际金融体系的又一举措,显示出中国政府对区域金融合作的重视,有利于发挥中国资本在国际金融中的力量,对人民币国际化发展同样具有重要意义。

(八)中国在G20峰会中持续推进全球经济金融治理改革

全球金融危机后世界各国更加重视通过协商合作的方式制定宏观经济政策以避免政策效果溢出的负面影响,G20峰会是国际合作的首要论坛,有助于应对全球普遍关注的重要议题。特别是中国作为2016年G20峰会的主办国,体现出国际社会对中国的高度信任,中国逐渐走向G20峰会舞台相对中心的位置。中国作为最大的发展中国家,具有显著的代表性。承接落实G20峰会已达成的共识,并为解决世界经济的突出问题贡献中国智慧将是2016年G20峰会的亮点之一。

2015年G20峰会于2015年11月15日至16日在土耳其安塔利亚举行,峰会主题为"共同行动以实现包容和稳定增长",讨论了世界经济形势、包容性增长、国际金融货币体系改革等重大议题。中国国家主席习近平发表题为《创新增长路径 共享发展成果》的演讲,系统、深入阐述中国对世界经济形势的看法和主张,并强调二十国集团要加强宏观经济政策沟通和协调,推动改革创新,构建开放型世界经济,落实2030年可持续发展议程。

国际金融危机暴露了全球经济金融治理体系的缺陷,二十国集团长期致力于弥补该缺陷,推动全球经济金融治理改革,特别是增加新兴市场国家和发展中国家代表性和发言权,这有利于提升全球经济治理机制的代表性和有效性。2015年二十国峰会也积极推动国际货币基金组织、世界银行等国际机构改革,推动布雷顿森林机构改革,并努力推动建立稳健的国际金融体系,健全宏观审慎管理,促进跨境资本有序流动,完善全球金融安全网,推动主权债务有序重组。

二、金融国际化发展中存在的问题

(一)人民币国际化面临经济增长放缓和人民币贬值预期的挑战

尽管加入SDR货币篮子为人民币国际化提供了继续快速发展的可能性。但是人民币国际化也面临诸多挑战。数据表明,从2015年年初香港等离岸市场的人民币存款数量就已经增速减慢,并且在香港地区发行的人民币计值债券的规模也呈现萎缩趋势,人民币国际化发展指数也出现了徘徊迹象。人民币国际化可能已经从"快速发展期"步入"平台发展期"。

1. 中国经济增长速度放缓,资本账户呈现大幅逆差

近两年中国经济增长放缓在一定程度上导致国际投资者的预期变化,相应地对人民币资产的偏好也呈现减弱趋势。经济的持续稳定增长是支撑人民币国际化的最基本条件。在21世纪的最初10年,由于加入WTO等结构性改革措施的积极影响,中国经济保持了年均9%以上的持续高速增长,进而使中国经济一跃成为世界第二大经济体。由于对经济前景有信心,国际投资者普遍看好在中国的投资回报,对于持有人民币资产的偏好比较强烈,资本净流入不断增加。这种乐观情绪持续至2014年。然而,进入2015年以来,随着经济增长的不断下行,短期资本则出现净流出;相应地,在离岸市场上,对于人民币资产的需求也出现了停滞甚至绝对减少。如果经济增长疲软的态势进一步发展,人民币国际化很可能会放慢。

2. 中国对外贸易竞争优势减弱

贸易竞争优势逐渐减弱,人民币稳中趋升的势头短期内可能难以再现。自20世纪90年代起,尤其是2001年加入WTO后,由于低廉的劳动力成本,中国的出口贸易优势非常明显。巨额的经常项目顺差为人民币长时间稳中趋升奠定了坚实的基础。然而,自从2010年以来,由于人口结构发生了显著变化,"抚养比"不断

上升,劳动力成本优势逐渐减弱,并且国际经济环境总体上不断恶化。尽管当前仍然存有顺差,但在一定程度上是进口减少的结果。经常账户顺差积累的趋缓,与跨境资本流向的逆转,在很大程度上造成了近两年人民币对美元汇率的波动加大以及贬值。

在经济基本面较好或相对稳定的情况下,人民币对美元汇率走势对于人民币国际化的影响非常明显,两者存在高度的趋势性吻合。2010 年至 2015 年年初人民币的持续升值趋势是此期间人民币国际化取得快速发展的重要原因之一;而 2015 年年初以后人民币国际化进程相对放缓,也与人民币对美元汇率的走势变得动荡和不确定有关。着眼未来,如果不能重建新的贸易优势,人民币国际化可能会丧失来自于中国对外贸易的有力的支持和推动。这是人民币国际化面临的严峻挑战之一。

3. 美国经济逐步复苏背景下,美元进入强势周期

美元进入周期性升值阶段。自 1971 年布雷顿森林体系崩溃以后,美元步入了一个强弱趋势交替呈现的周期性发展格局。大致来说,每隔 15—17 年是一个周期。从美元指数的变化趋势可以看出,自 2013 年,美元已经进入一个新的周期性上升阶段。2015 年 12 月 16 日,美联储在长达近 10 年之后首次做出了加息的决定,将联邦储备基金利率上调 0.25 个百分点,并有可能在未来继续逐渐上调。美元利率的逐渐上调趋势,加上美元自身固有的周期性运行特征,可能导致美元在未来 5 年甚至更长的时间里保持强势地位。人民币国际化是一个主权货币的国际竞争过程。当美元等发达国家的货币比较动荡和疲软的时候(如 2010—2013 年),如果人民币币值相对稳定甚至稳中有升,那么其国际化是比较容易的。相反,当美元走强时,人民币国际化就有可能面临来自美元的竞争,从而受到一定程度的制约。在未来几年里,后者的发生应属大概率事件。

4. 资本项目进一步开放的不确定性增加

放松管制政策的效应已经递减,进一步的自由化措施面临很大的风险。2009 年 7 月以来,包括取消跨境贸易结算货币的限制、允许三类外资银行进入境内银行间债券市场、RQFII 的推出、前海特区跨境人民币贷款试点以及上海自贸区特别账户和沪港通等金融自由化和便利化措施的实施,为人民币国际化(包括流出渠道和回流机制的建立)的发展提供了重要的制度环境。然而,所有这些措施在推出初期一般效果比较明显,而经过一段时间后其效应就趋向递减。进一步放松资本管制,特别是证券资本流入和流出的限制,是未来推动人民币国际化朝着纵深方向发展的关键性政策因素。然而,由于国内经济和金融改革尚未完成,资本账户全面自由化面临巨大的风险。如果贸然加快开放资本账户,不仅无助于人民币国际化,万一发生了金融危机,很可能导致人民币国际化进程出现倒退。

(二)外汇市场参与主体较为单一,"8·11汇改"后汇率波动加剧增加汇率预期管理的难度

1. 非金融客户交易占外汇市场交易总额比重较低

非银行金融机构在我国外汇市场的参与度非常有限。具体来讲,2015年非银行金融机构交易的市场份额为1.5%,较上年下降0.2%。银行仍为外汇市场的主要参与者,2015年银行间交易占外汇市场的比重为75.4%。非金融客户在我国外汇市场的参与度不高,2015年非金融客户交易占比为23.4%。总体上来看,银行是外汇市场的主要参与者。

2. 中国外汇市场的交易产品中期权和远期交易占比较低

随着汇率波动性的增加,企业如何有效地应对汇率风险至关重要。而现状是,中国诸多企业已经习惯了人民币的持续升值和波幅非常小的状态,很大程度上缺乏汇率风险意识;而一些大企业在离岸市场使用衍生品多数出于对赌心理用其进行套利,因此对规避外汇风险的金融工具使用并不充分。2015年人民币外汇市场累计成交17.76万亿美元,其中即期和衍生产品分别成交8.26万亿美元和9.5万亿美元。衍生产品在外汇市场交易总量中的比重为53.5%。在衍生产品中,远期市场累计成交4 950亿美元,期权市场累计成交4 047亿美元,外汇和货币掉期市场累计成交8.6万亿美元。虽然衍生产品对于管理汇率风险的灵活性和有效性特征吸引更多企业积极参与,但是与全球外汇市场的交易成品构成相比较,中国外汇市场的交易产品中期权和远期交易占比较低。

表1-4-10　2015年人民币外汇市场交易概况

交易品种	交易量(亿美元)
即期	82 602
远期	4 950
外汇和货币掉期	86 033
期权	4 047
合计	177 631

资料来源:国家外汇管理局,中国外汇交易中心。

3. 人民币汇率更多地被离岸人民币市场主导

由于我国资本项目未完全开放,人民币市场同时受到在岸市场和离岸市场的影响。在人民币国际化背景下,香港、伦敦、新加坡、芝加哥等相继成为重要的人民币离岸中心。离岸人民币市场中的价格主要受到香港、新加坡和芝加哥三个市场的影响。首先,离岸市场人民币汇率与在岸市场人民币汇率有密切相关性。2015年8月11日人民币中间价形成机制改革以来,离岸市场的价格对在岸市场呈现出较强的影响,甚至人民币汇率定价的主导性反而逐步转移到了离岸市场,

特别是以香港为代表的人民币离岸市场的汇率,对于在岸市场的人民币定价更具引导性。并且离岸市场人民币汇率频繁波动引发在岸市场的人民币汇率波动,这种联动性对维持在岸市场汇率稳定造成了极大压力。其次,离岸市场人民币定价权的缺失蕴含着潜在的风险。由于定价权的缺失,离岸市场对在岸市场的巨大压力可能引发连锁反应,并冲击在岸市场及整个金融经济体系,形成系统性风险。

4. 贬值预期造成人民币贬值引发资本外流

2014年下半年以来,人民币汇率单边升值的走势出现了逆转,开始持续面临贬值的压力。尤其是2015年8月份后,人民币对美元贬值的步伐明显加快。2015年"8·11"汇改进一步提高人民币汇率市场化进程,但改革后,人民币贬值压力加大。2015年人民币贬值的预期由多方面因素形成,有国内经济增长减缓,美国经济复苏以及美元走强等基本面的原因,也有对新汇率管理制度的不适应。改变人民币汇率单边下跌,关键是要改变人民币对美元持续贬值的预期。一方面,我国资本账户尚未完全放开,经常项目持续顺差及外汇储备充足,央行具备维持人民币汇率稳定的基本条件;另一方面,政府调控市场需要把握舆论的主导权。一旦人民币汇率保持稳定的预期建立,资本流出意愿下降,那么央行可以通过较低的成本维持汇率稳定。加强市场沟通虽然不能完全扭转市场预期,但有助于缓解因政策解读不到位而加剧的贬值预期。比如,2016年2月22日央行停止公布金融机构外汇占款,这一调整被一些媒体错误的解读为"央行掩盖中国资本大量外流",从而一定程度上影响了市场预期。

(三)外汇储备大幅下降,引发外汇储备适度规模担忧

到2015年底,中国外汇储备余额33 304亿美元,较2014年6月底的历史高点下降了6 629亿美元。其中一部分是央行为外汇市场提供流动性,导致交易引起的外汇储备资产减少。另一部分是因为汇率和资产价格变化引起的估值变动,是账面的损益。如美元升值,则非美元资产折美元就减少;再如,债券和股权类资产按市场价值重估,也会产生账面的损益。前两年经济学家们普遍认为我国巨额外汇储备是个负担,而2015年外汇储备的大幅下降使得经济学家们转而开始担心中国外汇储备的充足性。

1. 多重因素驱动下中国外汇储备大幅下降

一是市场预期的多变性。市场总是依据自身的先验偏好,选择性忽视某些信息,以致形成单一预期。比如,央行持有的4万亿美元外汇储备,在国际收支"双顺差"格局下,前些年市场普遍担心巨额外汇储备对中国的负面影响;然而,在国际收支"经常项目顺差、资本与金融账户逆差"格局下,现在市场又认为2万亿到4万亿规模才是外汇储备的合理规模,由此担忧中国外汇储备的充足性。二是储备增减的非对称效果。如果把外汇储备增加视为正效用,外汇储备减少视作负效

应,那么依据边际效用理论:外汇储备增加的好处即边际收益是递减的,也就是说外汇储备增加越多,其对于市场信心的提振作用有限;外汇储备减少的坏处即边际成本是递增的,也就是说外汇储备越减少,其对市场信心的打击就越大,最后有可能形成预期自我强化、自我实现的恶性循环。

2. 外汇储备大幅下降使央行货币政策的受到制约

一是货币信贷被动快速紧缩。外汇储备的变动通过央行的资产负债表会影响一国的货币政策。在我国经济增速放缓的背景下,外汇储备的下降一定程度上制约了央行的货币政策。由于外汇占款的下降,央行投入的货币量也相应减少,使得市场主体面临紧缩的信贷政策。二是货币政策失去独立性。基础货币投放的国内信贷渠道基本失效,意味着货币政策更多是被动操作,很难有自主性。中国央行是世界上资产负债规模最大的央行,然而外汇储备为主的国际资产占比较高,央行调整资产的操作空间很小,从而货币政策失去灵活性。2015年中国经济增长放缓背景下,央行在运用扩张性货币政策时,需要考虑由此而引发的外汇储备的进一步下降。

3. 市场担心中国外汇储备的对外支付能力

2014年经济学家普遍认为外汇储备多了是个负担,2015年转而开始担心外汇储备的充裕性。关于外汇储备的适度规模,国际上并无统一的标准,它受国民经济发展状况、对外贸易和金融开放度、外汇管制程度、对外资信情况,以及经济政策选择等因素的影响。2015年年底,我国进口支付能力(进口额/外汇储备余额×12个月,国际警戒标准为不低于3—4个月的进口额)为23.8个月,较上年底提高了0.3个月。2015年,我国(外币)短债偿还能力(短债余额/外汇储备余额,国际警戒标准为不低于1倍)为6.5倍,高于上年底的5.6倍;(外币)外债偿还能力(外债余额/外汇储备余额)为4.4倍,高于上年底的4.3倍。即使考虑了人民币外债的因素,2015年,我国短债偿付能力为3.4倍、外债偿付能力为2.3倍。以传统警戒指标衡量,我国外汇储备规模早已远超过了进口支付和短债偿还所需的最低外汇储备量。而且,经历了资本外流、储备下降后,以此衡量的我国基础性国际清偿能力不仅没有削弱反而有所增强。

三、政策建议

(一)以"亚投行"成立为契机持续推进人民币国际化

1. 继续深化市场化改革,提供经济发展新动力,为人民币国际化夯实基础

积极推进市场化的经济改革,为经济增长提供新动力,从而为人民币国际化提供最基本的保障。由于人口结构变化,中国的劳动力供给日趋紧张,人口红利正加速消失;与此同时,国民储蓄水平也将随着人口老龄化时代的到来而逐渐下降。面对劳动和资本两大要素的供给下降趋势,要想确保经济增长,只有努力提

高全要素生产率,以便为经济增长提供新的动力。为此,除了需要加快技术进步之外,应该加快市场导向的各项经济改革,特别是国有企业改革、财税改革、劳动力市场改革和其他要素市场改革,更多地允许民营资本进入垄断性行业等。

2. 加快产业升级,构建新的贸易优势,为人民币长期稳定创造条件

汇率稳定对于人民币国际化具有重要意义。从理论上讲,汇率在短期内取决于跨境资本流动,而在长期内则取决于一国的贸易竞争优势。以廉价劳动力作为贸易优势的时代在中国已经一去不复返。为了确保人民币汇率的长期稳定,中国必须加快构建其贸易优势,从而为人民币国际化的持续发展创造条件。为此,应积极利用新一代信息技术革命所带来的空前机遇,实施"中国制造2025计划",加快三维打印、移动互联网、云计算、大数据、生物工程、新能源、新材料等领域的创新与突破,力求在最短的时间内实现中国制造业的升级。

3. 加快金融改革,建立市场化的现代金融体系。

首先,人民币国际化的持续发展,需要一个具有高度流动性、规模足够大的国债市场支持。美元之所以能够在战后数十年里一直占据主导性国际货币地位,除了其政治、经济、科技乃至军事等综合实力强大外,其高度发达、品种齐全、安全可靠的国债市场发挥了重要作用。而中国的国债市场不仅规模小,而且期限长、缺乏流动性,难以满足外国投资者(特别是中央银行)拥有高流动性人民币金融资产的需要。为了加入特别提款权(SDR)货币篮子,中国宣布推出三个月期、滚动发行的国债是一个积极的举措,应该继续扩大这类国债的发行。其次,应加快人民币汇率制度改革,增强其弹性。从长远看,人民币国际化的深度发展,特别是成为主要的国际储备货币,要求资本跨境流动的自由化。而为了避免"不可能三角"引起的货币政策独立性下降,应该加快人民币汇率制度的弹性化改革,使其更多地由外汇市场供求决定。2015年8月11日,关于中间价报价机制的改革具有重要的积极意义,但仍然需要进一步的改革。最后,积极推进资本账户可兑换。这是人民币国际化进一步发展的重要条件。在过去十多年时间里,中国的资本管制已经显著放松。在全部40个资本账户项目下的交易中,目前仅有货币市场工具和衍生产品等4个交易完全不可兑换,其余则是完全可兑换或部分可兑换。继续扩大可兑换是基本方向,不过,在操作层面仍需坚持审慎原则,即高度重视进一步开放的国内金融市场条件(包括监管能力)和时机。如果为了促进人民币国际化而不切实际地过急开放,很可能导致金融动荡甚至危机。一旦发生危机,人民币国际化的最基本条件,即经济稳定增长,就可能受到损害,从而在根本上妨碍人民币国际化的继续发展。

4. 积极推动国际经济和金融合作

人民币国际化是一个市场驱动的进程。只要条件具备,经过若干年,人民币

国际化将水到渠成。在这个过程中,政府的作用一般而言主要是积极促成这些条件的形成。不过,从政府层面去积极推动国际经济和金融合作也有重要意义。美国当年借助布雷顿森林协议,就曾成功地确立了美元作为各国官方储备货币的地位。因为只有大量持有美元,才能在必要时利用美元进行干预,从而确保本币和美元汇率之间的稳定。当然,由于时代和环境不同,加上中国的综合实力尚未达到超强的地位,美元国际化的经验不可能简单复制。尽管如此,中国政府也可以有所作为。譬如,积极利用G20等国际经济对话机制,在重大国际经济事务中用好自己的话语权;继续推动国际货币基金组织的治理改革;积极推动亚洲货币金融合作,包括清迈倡议多边化和区内各国的汇率合作;积极推动亚洲基础设施投资银行的建设和"一带一路"倡议的实施等。

5. 尝试多币种认缴亚投行资本金

按照目前的安排,美元很可能成为亚投行设立初期认缴资本的首选币种。但是,亚投行的成员和业务主要集中在亚洲,人民币在亚洲的接受程度不断提高,加上人民币汇率形成机制的完善以及跨境人民币清算机制的建立,可以考虑将人民币作为认缴资本的待选币种。亚投行意向创始成员国的外汇储备持有量分布很不均衡,多数国家外汇储备不足,以美元或黄金认缴资本将加重意向创始成员国的负担。在亚投行创始成员国中,许多国家与中国签署了双边本币互换协议,以人民币认缴亚投行资本具有可行性。可以参照世界银行的股金认缴模式,将认缴资本分为实缴和待缴两部分,实缴资本又可以分为必须使用美元、欧元、英镑、人民币或黄金缴纳的部分和使用本国货币缴纳的部分。对不同币种缴纳的资本规定不同的使用条件。

6. 鼓励成员国政府、亚投行发行人民币债券筹集资金

2015年"熊猫债"获批发行规模达到205亿元,实际发行规模为55亿元。发行主体已从国际开发机构扩展至国际性商业银行、境外非金融企业、外国地方政府以及外国中央政府。韩国政府于2015年12月15日在中国银行间债券市场发行30亿元3年期人民币债券,成为首批主权"熊猫债"。亚投行意向创始国可以借鉴这一做法,发行人民币计价的主权债券,将所获得的收入用于认缴亚投行资本金。关于亚投行运营中的资金筹集,可以考虑"点心债券"与"熊猫债券"双管齐下。亚投行在(香港)离岸市场发行"点心债券",在中国境内市场发行"熊猫债券",可以推动离岸人民币市场的发展,繁荣在岸债券市场,最终也可以促进人民币国际化。

7. 在亚投行项目贷款中使用人民币计价结算

可以借鉴世界银行设立贷款专项账户的做法,将人民币纳入贷款专项账户待选币种,供贷款项目主权国进行选择,或鼓励在贷款专用账户中增设人民币账户,

以方便项目资金结算。亚投行成立后,"丝绸之路经济带"的基础设施建设是一个重要的投资方向,这样的建设项目往往牵涉到多个国家和企业,统一采用单一货币发放贷款肯定不妥当,容易产生汇率风险。比如,亚洲地区基础设施的建设无论是在装备生产、施工设计以及工程建设上,都会出现中国企业的身影,使用人民币发放贷款,可以方便贷款的使用,减少企业的汇兑损失。

(二)完善人民币汇率市场化形成机制

1. 进一步加强外汇市场建设

一是针对银行间外汇市场逐步减少对交易主体的限制,扩大交易对象。可以逐步将更多的金融机构特别是非银行金融机构、新型外汇中介公司,甚至工商企业和境外机构吸纳进来。当然,对各类主体都要有资质方面的限制,扩大交易主体范围应根据总体改革进程把握节奏。二是逐步丰富外汇市场产品。就外汇交易中心的交易产品而言,要采取措施进一步活跃现有的即期、远期、外汇掉期和货币掉期等交易品种,逐步引入期货等外汇衍生产品,最终建立起与境外外汇市场同等丰富的产品线。就金融机构提供的外汇产品而言,可以进一步丰富外汇结构性理财产品,将结算汇兑等业务产品化,同时鼓励商业银行的海外机构针对离岸人民币开展产品研发。三是外汇市场的管理者应进一步完善外汇产品准入制度,在风险可控的前提下,逐步丰富外汇市场产品。同时围绕市场的组织和管理以及技术层面的交易细节进行制度优化。四是考虑到当前的竞价和询价机制基本完善,下一步主要是围绕场内和场外、批发和零售等不同层次的市场,优化电子交易平台、声讯经纪服务、集中清算等基础设施。特别是结合当前互联网金融蓬勃发展的现实,优化基础设施,将每一项基础设施的建设项目化。

2. 加强离岸市场和在岸市场的联系,强化在岸市场人民币定价的主导作用

当前离岸金融中心在人民币交易产品的丰富程度及交易额方面,已经达到了挑战在岸市场定价权的程度。今后的改革方向是逐步打通两个市场,最终使得两个市场的价格趋同。可采取如下措施:逐步增加离岸中心的人民币产品的发行和投放;通过逐步丰富国内金融市场产品,通过提升国内市场的广度和深度,吸引离岸人民币回流;研究利用自贸区优势,连接在岸和离岸两个市场,充分体现人民币汇率的特色。

3. 沟通国内外资本市场并进一步开放资本项目

一是通过测算,进一步增加跨境直接投资 FDI 和 ODI 主体范围,增加跨境证券类投资(QFII、QDII、RQFII)及发债主体;二是逐步放开对上述主体在投资方面施加的流程以及额度方面的限制;三是以投资的便利化为目标,强化对上述投资的服务,将服务优化分解为可以执行的步骤或项目;四是从资本项目可兑换来看,在人民币资本项目 40 个子项中,只有 4 个不可兑换,这 4 个项目就是下一步要推

出的步骤,要围绕此4个项目完全放开的时间和利弊进行评估和研究,即使2020年实现全面放开,也要有随时应对短期资金强烈冲击的管理措施。

4. 培育汇率形成机制改革的微观基础

一是不断地创造更多的机会与便利,引导微观主体参与外汇市场,通过外汇产品的使用对冲外汇风险;二是通过各种培训,充分认识人民币和外汇之间的关系,使其能够利用外汇市场工具进行风险对冲,确保外汇支付的安全,以及经贸往来的正常运行。

5. 规范中央银行外汇干预机制

一是随着外汇市场的发育及汇率波动幅度的放宽,逐步减少对外汇市场的干预。必须强调的是,供求关系是决定汇率水平和趋势的主要因素,但是影响汇率变动的因素很多,而且波动是一种常态现象。在一些特殊因素的影响下,西方货币汇率一天的波动幅度可高达20%—30%,因此要正确看待汇率波动,使企业和个人了解,汇率波动是正常的,关键是加强实际防范风险的意识。二是适时改变调节方式,细化并逐步推出汇率市场化干预的工具、手段和操作方式,完善外汇干预的制度,并适时与市场进行沟通;研究创新人民币汇率市场预期的管理工具和管理方法。三是通过更加精细化的监测和量化计量分析,探索干预时机的选择。

6. 多元化央行与市场的沟通渠道

就央行与市场的沟通渠道建设看,央行可以将可以公布的事项逐步整合,并逐步地提高透明化程度。同时,探索固化与市场沟通的渠道,并逐步增加沟通的方式。如果央行在数据发布前,提前与主流财经媒体加强沟通,将有助于减少市场误判央行意图的概率。做好市场沟通和预期引导,要持续加强对市场主体的教育,帮助市场主体树立正确的投资理念和风险意识。要增加透明度,对于不实传闻第一时间予以澄清,对于重大政策措施主动宣传引导,减少市场的不确定性。

(三)全面评估人民币加入SDR货币篮子的收益与风险

1. 人民币加入SDR的收益

一是人民币加入SDR具有重要的象征意义,这是IMF首次将新兴国家货币作为储备货币,这将极大提升人民币在国际舞台上的地位,有利于中国在世界经济活动中争取到更大的话语权。同时,人民币加入SDR代表着国际社会对中国经济发展和改革开放成果的认可,有利于中国更好地融入国际经济金融体系。

二是人民币加入SDR有利于提升国际社会对人民币的认可和使用,提高人民币国际化水平。人民币加入SDR一揽子货币,同时带来的是基金组织及其背后成员国组织对人民币国际地位的认可和背书。一方面会增加人民币对于中央银行类机构(包括境外中央银行、货币当局、其他官方储备管理机构、国际金融组织以及主权财富基金)的吸引力;另一方面也会增加人民币对于非官方市场主体的吸引力。在中国对外贸易和投资等涉外经济往来中,人民币被接受程度将会提高。在第三国之间的涉外经济往来当中,人民币将成为新的备选货币。

三是人民币加入SDR有利于运用人民币服务中国"一带一路"战略。在"一带一路"战略相关的投资和商贸往来当中,使用人民币作为计价和结算货币面临着市场主体接受和认可程度的问题。人民币加入SDR以后,人民币被国际社会定义为"自由使用"货币,人民币被接受的程度提高,对于推进"一带一路"项目开展也提供了更便利的条件。

四是人民币加入SDR短期内能缓解人民币贬值预期和资本净流出压力。人民币加入SDR后,会增加中央银行类机构和国际组织对人民币资产的需求,部分需求是由于多元化外汇储备的资产币种和投资工具,而部分需求是由于规避SDR汇率风险(主要针对那些有SDR负债或者代管中央银行类机构的外汇储备资产管理)。剔除中国以后的国际外汇储备规模约为7.5万亿美元,人民币加入SDR后,如果人民币在全球外汇储备资产中的比重上升至3%,这会带来对人民币资产1 500亿美元的需求,可以缓解人民币贬值预期和资本净流出压力。

2. 人民币加入SDR的风险

一是货币国际化程度提高可能使中国国内经济面临新的冲击。参照美元作为国际主要储备货币的经验,成为国际主要储备货币带来的并不都是收益,也有压力和负担。美国经济稳定就在不断遭受短期内大量美元回流带来的冲击,20世纪80年代的石油美元回流美国和随之而来的拉美债务危机,给美国银行业带来了巨大冲击;2008年全球金融危机之前美国的房地产泡沫和经济过热背后,大量境外资本购买美元计价资产和由此带来的低利率是重要诱因。随着人民币国际化程度提高,人民币资金回流也会成为中国宏观经济稳定面临的新冲击源,这是货币国际化进程中需要应对的风险。

二是人民币加入SDR意味着对外开放的承诺和国际责任。就人民币纳入SDR货币篮子本身而言,基金组织对人民币汇率形成机制、人民币国际化措施、资本项目开放方面没有进一步要求。但是人民币加入SDR以后,人民币在上述几个方面较现在水平不应该有明显的倒退。如果出现倒退意味着人民币可能不再符合SDR一揽子货币标准。这对中国经济将是巨大声誉损失和利益损失。人民币加入SDR后,国际投资者对于人民币的关注度更高,利益融合更紧密。这对中国的政府治理能力、法治建设以及政策透明度等方面提出了更高的要求。

(四)密切监测资金跨境流动,完善外汇储备管理和运用

1. 外汇管理局应统计中国企业外债规模,并评估外债的外汇敞口风险

央行应密切监测中国企业的外债规模,预防企业债务货币错配的微观风险,并通过资产负债表途径影响央行的外汇储备管理。中国企业在国际市场的外债

规模逐年上升,一方面由于人民币自 2005 年汇改以来长期处于升值趋势,另一方面中国企业主动利用国内外金融市场的套利和套汇机会。然而,在 2015 年中国经济增长放缓、美国经济复苏以及美联储加息背景下,中国企业的外债偿还压力增加,特别是以美元计价的贷款和债券。2015 年中国外汇储备大幅下降,一部分原因是中国企业为规避外债的汇率风险,主动购汇并提前偿还债务。因此央行应统计中国企业的外债规模,并评估外债的外汇敞口风险,防范由此导致的外汇储备剧烈变动。

2. 密切监控资金跨境流动

外汇管理局应密切监控资金的跨境流动。大量的资金跨境流动可能引起外汇储备规模的剧烈变动,并引发人民币汇率波动率的增加,加剧外汇市场的投机行为。在新兴市场国家金融危机频发的背景下,国际货币基金组织(IMF)制定了一套政策"框架",并表示支持发展中国家能够在一定情况下对国际资金流入实施管制。在我国资本项目未完全开放情况下,外汇管理局一方面应完善资本流动管理框架,一般来说,开放的国际资本流动体系比封闭的资本账户体系更能在全球范围有效地配置资源,但完全自由化并非在任何时期对任何国家都适应,出现国际收支失衡和金融动荡时可动用资本管制和保护措施,各国在资本账户开放过程中应完善对跨境资金流动的灵活机制;另一方面应加强对跨境资金流动的监测预警,应通过对资本项目外汇管理数据的综合利用及对现有信息系统的整合升级,建立健全统一的跨境资本流动数据采集、监测分析和预警体系,构建比较完善的资本项目跨境资金统计监测和预警机制,全面提升跨境资金统计监测预警水平。

3. 度量并公布适度的外汇储备规模

央行应估算并发布外汇储备的适度规模,以此引导市场预期。大量外汇储备有利于稳定人民币汇率水平,一方面由于央行可以动用外汇储备,直接进入外汇市场进行干预,另一方面大量外汇储备对于外汇市场的投机行为能起到威慑作用。然而,由于市场心理变动的非对称性,当外汇储备短时间出现大幅下降时,预期人民币贬值的投机行为也会显著上升,2015 年中国外汇储备下降 5 127 亿美元,由此引发市场对于中国外汇储备规模充裕性的担心,其中不乏对于中国外汇储备是否消耗过快的质疑。原因之一在于市场对于外汇储备的适度规模缺乏权威的估算。适度的外汇储备规模是指一国政府为实现国内经济目标,而持有的用于平衡国际收支和维持汇率稳定所必需的外汇储备量。外汇储备的适度规模受国民经济发展状况、对外贸易和金融开放度、外汇管制程度、对外资信情况,以及经济政策选择等因素的影响。央行测度外汇储备的适度规模并定期发布将有助于澄清市场质疑并稳定市场预期。

4. 应建立外汇储备风险管理体系

我国应建立严格的风险管理制度,注重规避主权风险、信用风险、市场风险这三种风险。我国应保持良好的国际关系,防止国际关系恶化而带来的主权风险;储备信用等级高的资产,防止商业银行经营不善而带来的信用风险;根据我国国情和经济发展需要来确定以硬货币为主的币种结构,实现多元化组合管理。我国需要采取科学的风险控制手段,控制自身风险和交易对手风险,控制总体风险和具体的投资风险,控制交易、清算、结算中的各环节风险,保证外汇储备资产的安全性。

第五章 金融监管

2015年,中国经济继续深化"新常态",国内经济下行、国际经济政治环境的变化对中国经济提出了巨大的挑战。监管机构和相关部门在2015年针对中国经济的新形势发布了新规章,对商业银行、证券公司等金融机构提出了新的要求,人民币入篮、存款利率上限的取消、存款保险制度的实施、金融消费者权益保护的提升、险资入市、民营银行的准入以及互联网的法制化等各项措施使我国的金融业更加规范,为中国经济保驾护航。然而,资本市场的股灾、互联网金融的"E租宝"、金融腐败的曝光等事件对我国金融监管提出了更高的要求。

一、2015年金融监管的措施与成效

(一)银行监管的措施和成效

2015年,全国银行业系统全面贯彻党中央、国务院决策部署,坚持以稳中求进为工作总基调,以稳增长、调结构、惠民生、防风险为重点,以提高发展质量和效益为中心,在认识、适应和引领新常态方面取得了积极进展,在服务实体经济、守住风险底线、深化改革开放等方面取得了明显成效。2015年中国银行监管的主要工作有以下几个方面:

1. 金融服务全面提质增效

2014年,中国银监会采取一系列措施,有效支持了实体经济提质增效,着力盘活存量、用好增量,更加注重调整结构,为实体经济稳增长、调结构发挥了积极作用。主要措施如下:

(1)持续深化"三农"金融服务

2015年3月,中国银监会印发《关于做好2015年农村金融服务工作的通知》,要求银行业金融机构认真贯彻落实"中央一号文件"精神,强化支农服务社会责任,深入推进体制机制改革,持续改善农村金融服务,大力支持农业现代化建设。截至2015年年末,银行业金融机构涉农贷款(不含票据融资)余额26.4万亿元,同比增长11.7%。

为贯彻党中央关于加强和改进党的群团工作意见,落实习近平总书记提出的"提高团的吸引力和凝聚力、扩大团的工作有效覆盖面"的"两大战略性课题",落实"大众创业、万众创新"要求,更好地服务"三农"、服务农村青年创业就业,提升农村金融服务水平,2015年5月7日上午,团中央联合中国银监会,在北京召开电视电话会议,研究部署选派银行业金融机构优秀青年干部赴县乡基层团委挂职工作(简称"银团合作")。尚福林指出,近年来,金融系统共青团结合行业实际,在服务金融改革发展和服务社会、服务青年方面做了大量富有成效的工作,发挥了积极作用,探索形成了一批有社会影响力、有金融特色的青年工作品牌。目前各试点省份已选派452名金融青年干部到县乡基层团组织挂职,主要取得了四方面成效:一是共发放农村青年创业小额贷款116亿元,扶持创业青年11万人,带动数十万农村青年就业。二是举办"送金融知识下乡"活动5 242场次,发放金融知识宣传材料近400万份;评定信用示范户50万户,信用示范村2万个,向信用示范户发放贷款18万笔、金额98亿元。三是建立金融挂职干部联系点制度,融入乡镇大团委建设。建立金融挂职干部乡村联系点5 084个,与6 216个农村青年专业合作社、协会结对共建。四是努力缓解农村青年创业融资难、融资贵的问题,试点省份共建立661个农村青年创业基金、金额1亿元,有78个县(市)建立创业小额贷款风险补偿机制。

2015年6月,国务院办公厅印发《关于支持农民工等返乡创业的意见》,要求强化返乡创业金融服务,提供配套政策支持。返乡创业农民工中绝大多数是农村青年,为贯彻党中央关于加强和改进党的群团工作意见,落实"大众创业、万众创新"要求,更好服务农村青年创业就业,提升农村金融服务水平,7月1日,在建党94周年之际,全国"送金融知识下乡"工作推进会在浙江嘉兴召开。会议对"送金融知识下乡"八年工作开展情况进行全面总结,表彰先进典型,研究部署新形势下工作任务,重点就当前如何服务返乡青年创业进行部署,推动工作进一步创新深化开展。

(2)继续提升小微企业金融服务

2015年3月6日,中国银监会发布《关于2015年小微企业金融服务工作的指导意见》(以下简称《指导意见》),要求有关各方要密切配合,形成合力,持续改进小微企业金融服务,确保促进小微企业金融服务的各项政策措施落地见效。当前我国经济发展已进入新常态,为进一步支持产业结构调整和转型升级,银监会将引导商业银行从单纯注重小微企业贷款量的增加,转变为更加注重服务质效的提高和服务覆盖面的扩大,使银行业金融资源惠及更多的小微企业。为此,《指导意见》将2015年银行业小微企业金融服务工作目标由以往单纯侧重贷款增速和增量的"两个不低于"调整为"三个不低于",从增速、户数、申贷获得率三个维度更加全面地考查小微企业贷款增长情况。即:在有效提高贷款增量的基础上,努力实现小微企业贷款增速不低于各项贷款平均增速,小微企业贷款户数不低于上年同期户数,小微企业申贷获得率不低于上年同期水平。《指导意见》还从信贷计划、机构建设、尽职免责、内部考核、金融创新、规范收费、风险防控、监管激励约束、优化服务环境等方面提出具体要求,要求商业银行在用好、用足现有各项监管激励政策和相关扶持政策的基础上,进一步改进小微企业金融服务,积极推动大众创业、万众创新。

为贯彻落实党中央、国务院关于支持实体经济发展,多措并举缓解小微企业融资难的政策精神,进一步改进小微企业金融服务,促进大众创业、万众创新,国家税务总局和中国银行业监督管理委员会加强顶层设计,于 2015 年 7 月 30 日联合发出通知,决定建立银税合作机制,在全国范围内开展"银税互动"助力小微企业发展活动。截至 2015 年年末,小微企业贷款余额 23.46 万亿元,占全部贷款余额的比重为 23.9%。小微企业贷款较年初增加 2.76 万亿元,较上年同期增长 13.33%,高于各项贷款平均增速;小微企业贷款户数 1 322.6 万户,较年初增加 178 万户,较上年同期增长 15.55%。

(3)成立小额贷款公司协会,缓解企业融资难问题

2015 年 1 月 30 日,中国小额贷款公司协会成立大会在北京召开。中国小额贷款公司协会是经中国银监会和中国人民银行同意、民政部审批后成立的,由小贷机构和地方行业自律组织自愿结成的全国性行业自律组织。中国小额贷款公司协会业务主管部门是中国银监会,接受中国银监会、中国人民银行工作指导,并接受民政部的指导、监督和管理。目前,小贷行业肩负着引导民间融资阳光化、规范化的使命,已成为社会融资活动的重要组成部分,在地方经济发展中发挥着重要的作用。中国小额贷款公司协会作为全国性行业自律组织,将发挥连接中央和地方政府、行业主管部门、地方监管机构、小贷公司、小贷合作机构以及社会大众等的桥梁纽带作用,履行行业自律、维权、服务和协调职能,引领小贷行业落实中央政策要求和地方监管规定,做好行业自律和合规文化建设,推动行业创新,促进行业规范发展。

中国小额贷款公司协会将切实履行自身职能,开展以下工作:一是打通小微金融服务"最后一公里",引领行业服务实体经济。二是深入了解、及时反映行业诉求,切实维护行业权益;发挥内引外联作用,做好行业引领,促进形成公平、有序的市场环境。三是推动探索小微贷款技术,创新产品类别,找准目标客户,降低小微融资成本,提升贷款投放质效,促进行业创新发展。四是推动小贷公司依法完善公司治理;坚持审慎经营和稳健发展,强化风险管控,培育行业合规文化。五是促进小贷公司建立健全业务统计与披露制度,开展正面宣传,强化舆情应对,提升行业价值和社会形象。六是结合国家战略调整、产业结构升级和行业形势变化等因素,探索建立信息交流、资源整合以及行业自救等基础服务平台。七是立足于中央和地方双层监管治理架构,建立涵盖全国行业自律组织、地方行业自律组织、地方监管机构的多维、互通、互动的行业监管自律协调机制。

(4) 进一步完善住房金融服务工作

为进一步完善个人住房信贷政策,支持居民自住和改善性住房需求,促进房地产市场平稳健康发展,2015年3月30日,中国人民银行、住房城乡建设部、银监会发布《关于个人住房贷款政策有关问题》的通知,鼓励银行业金融机构继续发放商业性个人住房贷款与住房公积金委托贷款的组合贷款,积极支持居民家庭合理的住房贷款需求:对拥有1套住房且相应购房贷款未结清的居民家庭,为改善居住条件再次申请商业性个人住房贷款购买普通自住房,最低首付款比例调整为不低于40%,缴存职工家庭使用住房公积金委托贷款购买首套普通自住房,最低首付款比例为20%,对拥有1套住房并已结清相应购房贷款的缴存职工家庭,为改善居住条件再次申请住房公积金委托贷款购买普通自住房,最低首付款比例为30%;要求人民银行、银监会各级派出机构按照"因地施策,分类指导"的原则,做好与地方政府的沟通工作,加强对银行业金融机构执行差别化住房信贷政策情况的监督;在国家统一信贷政策基础上,指导银行业金融机构合理确定辖内商业性个人住房贷款最低首付款比例和利率水平;密切跟踪和评估住房信贷政策的执行情况和实施效果,有效防范风险,促进当地房地产市场平稳健康发展。

2015年9月,中国人民银行、中国银监会发布《关于进一步完善差别化住房信贷政策有关问题的通知》(以下简称《通知》),《通知》指出:在不实施"限购"措施的城市,对居民家庭首次购买普通住房的商业性个人住房贷款,最低首付款比例调整为不低于25%;人民银行、银监会各派出机构应按照"分类指导,因地施策"的原则,加强与地方政府的沟通,根据辖内不同城市情况,在国家统一信贷政策的基础上,指导各省级市场利率定价自律机制结合当地实际情况自主确定辖内商业性个人住房贷款的最低首付款比例。《通知》的发布有利于进一步改进住房金融服务,支持合理住房消费。

(5) 大力支持国家战略实施

一是完善重大工程项目建设金融服务。为全面贯彻落实国家重大战略部署,切实发挥银行业对重点领域重大工程项目建设的支持作用,2015年8月,中国银监会与发展改革委近日联合印发《关于银行业支持重点领域重大工程建设的指导意见》(银监发〔2015〕43号,以下简称《指导意见》),引导银行业金融机构完善工作机制和信贷政策,加强信贷管理和金融创新,以重点领域重大工程为核心,全面做好国家重大战略部署的金融服务工作。《指导意见》从总体要求、优化信贷管理与政策、持续推进金融创新、加强风险管理与防控、强化监督指导与协作等方面,对银行业支持重点领域重大工程提出有针对性的要求,引导银行业在促进经济金融可持续发展方面切实发挥重要作用。

二是大力助推"一带一路"建设。"一带一路"建设是我国主动应对全球经济形势变化、统筹国际国内两个大局做出的重大战略决策,对深化改革开放、开启全新的国际合作格局具有重要意义。2015年中国银行业认真贯彻落实"一带一路"国家战略,不断强化在沿线国家和地区的金融服务。截至2015年年末,共有9家中资银行在"一带一路"沿线24个国家设立了56家一级分支机构。此外,共有来自20个"一带一路"国家的56家商业银行在华设立了7家子行、18家分行及42家代表处。与此同时,中国银监会也积极拓展和深化与"一带一路"沿线国家的跨境银行业监管合作,为中外资银行业金融机构的发展与合作营造良好的外部环境。截至2015年年末,银监会已与28个"一带一路"国家的金融监管当局签署了双边监管合作谅解备忘录(MOU)或合作换文,具体包括:蒙古俄罗斯中亚7国中的5个国家、东南亚11国中的7个国家、南亚8国中的2个国家、中东欧16国的5个国家、独联体其他6国中的2个国家以及西亚北非16国中的7个国家。在MOU框架下,银监会与有关国家监管当局同意在信息交换等方面加强监管合作。

2. 全面落实风险防控责任

2015年银监会继续督促银行业金融机构建立健全风险防控责任制,加强风险监测预警以及重点领域风险防范和化解,商业银行流动性管理能力有所提升,较好地守住了不发生系统性区域性风险的底线,稳定了银行体系。具体措施如下:

(1)加强商业银行内控管理

2015年全国发生多起存款纠纷事件,其中暴露出部分银行业金融机构存在内控制度执行不力、员工管理不到位等问题。银监会正依法对责任银行进行立案查处,严格按照相关规定处罚当事人和责任人,为全行业重敲警钟,确保客户合法权益和银行业合规经营。同时要求各银行业金融机构进行全面风险排查,梳理业务流程,深查严纠管理漏洞。为推动银行业金融机构规范运营,特别是有效防范柜面业务操作风险,2015年6月,中国银监会发布《关于加强银行业金融机构内控管理有效防范柜面业务操作风险的通知》(以下简称《通知》)。《通知》分别从制度顶层设计、重点环节防控、客户服务管理、危机处置以及加强监管等方面提出了具体要求。要求银行业金融机构严守业务管理、风险合规及审计监督"三道防线",加强内控体系建设,落实主体责任;重点领域严密设防,更加强调过程管理和行为管理;加大问责力度,确保已经发生的风险事件处置的程序公平、方式合理、结果公正。实行涉事机构所在一级分行和总行业务条线的双线查处及双线整改问责。

(2)加强流动性风险监管

2015年9月,中国银监会修订并发布《商业银行流动性风险管理办法(试行)》,删除原办法第三十八条,即删除"商业银行存贷比应不高于75%"的要求,同时在流动性风险监测部分新增第四十六条"银监会应当持续监测商业银行存贷比的变动情况",明确了存贷比作为流动性风险监测指标的使用方法。该办法的发布实施将进一步完善我国银行业流动性风险监管框架,促进商业银行提高流动性风险管理的精细化程度和专业化水平,合理匹配资产负债结构,增强商业银行和整个银行体系应对流动性冲击的能力。

为推动商业银行提高流动性风险管理水平,增强市场约束的有效性,2015年12月中国银监会发布了《商业银行流动性覆盖率信息披露指引(征求意见稿)》(以下简称《指引》)。与此前的规定相比,《办法》首次要求银行定期披露流动性覆盖率。按照《办法》,工行、农行、中行、建行、交行和招行6家银行应在2017年前披露季内3个月末流动性覆盖率的简单算术平均值;自2017年起,披露季内每日数值的简单算术平均值,并同时披露计算该平均值所依据的每日数值的个数。《指引》的发布有利于提高流动性风险管理水平,充分发挥流动性覆盖率对于加强商业银行流动性风险管理和监管的作用。

(3)强化信贷风险的防控

一是进一步加强并购贷款风险管理。国经济进入新常态,经济结构调整逐步深入,企业兼并重组日趋活跃,国内企业"走出去"步伐也逐渐加快。2015年2月,中国银监会修订并发布《商业银行并购贷款风险管理指引》(以下简称《指引》)。《指引》修订以优化并购融资服务为核心,在要求商业银行做好风险防控工作的同时,积极提升并购贷款服务水平。一是适度延长并购贷款期限。由于不同并购项目投资回报期各不相同,部分并购项目整合较复杂,产生协同效应时间较长,因而此次修订将并购贷款期限从5年延长至7年,更加符合并购交易实际情况。二是适度提高并购贷款比例。考虑到银行贷款是并购交易的重要融资渠道,在当前并购交易迅速发展的形势下,为合理满足兼并重组融资需求,此次修订将并购贷款占并购交易价款的比例从50%提高到60%。三是适度调整并购贷款担保要求。此次修订将担保的强制性规定修改为原则性规定,同时删除了担保条件应高于其他种类贷款的要求,允许商业银行在防范并购贷款风险的前提下,根据并购项目风险状况、并购方企业的信用状况合理确定担保条件。

二是加强能效信贷业务相关风险的防控。2015年1月,中国银监会与国家发展改革委联合印发了《能效信贷指引》(以下简称《指引》),鼓励和指导银行业金融机构积极开展能效信贷业务,有效防范能效信贷业务相关风险,支持产业结构调整和企业技术改造升级,促进节能减排,推动绿色发展。《指引》从能效项目特点、能效信贷业务重点、业务准入、风险审查要点、流程管理、产品创新等方面,提出具有可操作性的指导意见,通过专业化、针对性的业务创新和风险管控要求,为银行业金融机构提升产业服务水平提供指导和帮助。

(4)积极防范商业银行并表业务风险

2015年1月,银监会对2008年颁布的《银行并表监管指引(试行)》进行全面修订,形成了《商业银行并表管理与监管指引》(以下简称《指引》)。《指引》在以下六个方面做了修订:一是强调商业银行承担并表管理首要职责;二是按风险管理实质性原则进一步厘清并表范围;三是增加业务协同和全面风险管理相关要求;四是增加公司治理相关要求;五是细化风险隔离相关要求;六是增加恢复计划相关内容。通过此次修订,《指引》内容更加全面,充分体现了近年来我国商业银行实施并表管理出现的新情况、新变化,有利于引导商业银行完善并表管理架构和模式,健全业务协同机制,完善风险防火墙体系,强化全面风险管理、资本管理、集中度管理和内部交易管理,从而不断提升银行综合性服务能力和差异化竞争能力。

(5)加强存款人权益保护,防范金融风险

为优化银行业金融机构协助人民检察院、公安机关、国家安全机关查询冻结工作机制,维护存款人和其他客户的合法权益,保障刑事侦查工作顺利开展,2015年1月8日,中国银监会、最高人民检察院、公安部、国家安全部联合发布《银行业金融机构协助人民检察院公安机关国家安全机关查询冻结工作规定》(以下简称《规定》)。制定《规定》有以下三个目的:一是优化查询、冻结工作方式,适应当前刑事侦查机关办案需要;二是梳理、规范原有文件,有利于法制统一和执行;三是切实维护存款人和其他客户的合法权益。

3. 全面深化银行业改革开放

2015年中国银监会采取多项措施,扩大金融业对内对外开放,完善现代银行业治理体系、市场体系和监管体系,推进治理能力现代化,为银行业长期可持续发展提供了不竭动力。主要措施如下:

(1)大力引导和扩大民间资本进入银行业

一是大力推进民营银行发展。2014年银监会积极推动民营银行试点工作,不断完善监管配套措施,取得了阶段性成果。2015年6月,中国银监会根据《中华人民共和国银行业监督管理法》《中华人民共和国商业银行法》等法律法规规定,制定《关于促进民营银行发展的指导意见》。《指导意见》积极推动具备条件的民间资本依法发起设立中小型银行等金融机构,提高审批效率,进一步丰富和完善银行业金融机构体系,激发民营经济活力。《指导意见》在完善机构布局、改善金融服务等方面实现了重要突破,标志着我国民营银行业金融机构发展步入改革发展机遇期。

二是加快金融租赁行业发展。2015年9月,国务院办公厅印发《关于促进金融租赁行业健康发展的指导意见》,对通过加快金融租赁行业发展,支持产业升级,拓宽"三农"、中小微企业融资渠道,服务经济社会发展大局做出科学规划和部署。《指导意见》主要包括八个方面内容;加快金融租赁行业发展,发挥其对促进国民经济转型升级的重要作用;突出金融租赁特色,增强公司核心竞争力;发挥产融协作优势,支持产业结构优化调整;提升金融租赁服务水平,加大对薄弱环节支持力度;加强基础设施建设,夯实行业发展基础;完善配套政策体系,增强持续发展动力;加强行业自律,优化行业发展环境;完善监管体系,增强风险管理能力。

三是促进融资担保行业加快发展。2015年8月,国务院印发了《关于促进融资担保行业加快发展的意见》(以下简称《意见》),系统规划了通过促进融资担保行业加快发展,切实发挥融资担保对小微企业和"三农"发展以及创业就业的重要作用,把更多金融"活水"引向小微企业和"三农"。《意见》明确了发展主要服务小微企业和"三农"的新型融资担保行业的指导思想,以及政策扶持与市场主导相结合、发展与规范并重的两项基本原则;提出了小微企业和"三农"融资担保在保户数占比五年内达到不低于60%和融资担保机构体系、监管制度体系、政策扶持体系建设等发展目标。

(2) 积极推动银行监管体系改革

2015年中国银监会党委对银监会监管组织架构进行重大改革,并获中央有关部门批准通过。改革内容包括:一是按照监管规则制定与执行相分离、审慎监管与行为监管相分离、行政事务与监管事项相分离、现场检查与监管处罚相分离的思路,从规制监管、功能监管、机构监管、监管支持四个条线,对内设机构重新进行了职责划分和编制调整。二是撤销两个部门(培训中心、信息中心),设立城市商业银行监管部,专司对城市商业银行、城市信用社和民营银行的监管职责;设立信托监督管理部,专司对信托业金融机构的监管职责。三是改造三个部门(统计部、银行业案件稽查局、融资性担保业务工作部),设立审慎规制局,牵头非现场监管工作,统一负责银行业审慎经营各项规则制定;设立现场检查局,负责全国性银行业金融机构现场检查;设立银行业普惠金融工作部,牵头推进银行业普惠金融工作。四是按监管职责内容命名各机构监管部。银行监管一部为大型商业银行监管部;银行监管二部为全国股份制商业银行监管部;银行监管三部为外资银行监管部;银行监管四部为政策性银行监管部;合作金融机构监管部为农村中小金融机构监管部。此次监管架构改革的核心是监管转型:向依法监管转,加强现场检查和事中事后监管,法有授权必尽责;向分类监管转,提高监管有效性和针对性;向为民监管转,提升薄弱环节金融服务的合力;进一步加强风险监管,守住不发生系统性、区域性风险的底线。

为进一步完善我国银行业杠杆率监管政策框架,中国银监会对《商业银行杠杆率管理办法》(银监会2011年第3号令,以下简称《办法》)进行了修订,并于2015年2月正式发布。修订后的《办法》保持了原有的基本框架和监管标准,共有5章、25条和3个附件,规定了杠杆率监管的基本原则、杠杆率的计算方法、披露要求和监督管理等。《办法》所做的主要修订与巴塞尔委员会对杠杆率国际规则所做的修订保持一致,主要对承兑汇票、保函、跟单信用证、贸易融资等表外项目的计量方法进行了调整,进一步明确了衍生产品和证券融资交易等敞口的计量方法。同时,对商业银行的杠杆率披露提出了更为明确、严格的要求。修订后的《办法》不再要求承兑汇票、保函、跟单信用证、贸易融资等其他表外项目均采用100%的信用转换系数,而是根据具体项目,分别采用10%、20%、50%和100%的信用转换系数。定量测算结果显示,根据修订后的《办法》,我国相关商业银行的杠杆率水平有所提升,没有提高对商业银行的资本要求。

(3) 积极扩大银行业对外开放

2015年3月,中国银监会近日修订了《中华人民共和国外资银行管理条例实施细则》(以下简称《细则》),形成《中华人民共和国外资银行管理条例实施细则(修订征求意见稿)》,7月1日,中国银监会公布了通过修订的《细则》。《细则》共修订了58个条款,其中:与《条例》修改相配套的内容共3个条款;与《办法》相关的修订内容共42个条款;进一步完善文字表述的修订内容共13个条款。《细则》原有134条,修订后减少至100条。删除的条款主要是与《办法》完全重复的程序性内容。此次修改《细则》,是在全面深化改革新形势下进一步深化银行业对外开放的具体体现。修改重点是根据外资银行在我国设立运营的实际情况,在加强有效监管前提下,适当放宽外资银行准入和经营人民币业务的条件,为外资银行设立运营提供更加宽松便利的政策环境。

(4) 大力推进互联网金融健康发展

为鼓励金融创新,促进互联网金融健康发展,明确监管责任,规范市场秩序,经党中央、国务院同意,2015年7月,中国人民银行、工业和信息化部、公安部、财政部、国家工商总局、国务院法制办、中国银监会、证监会、保监会、国家互联网信息办公室日前联合印发了《关于促进互联网金融健康发展的指导意见》(银发〔2015〕221号,以下简称《指导意见》)。《指导意见》按照"鼓励创新、防范风险、趋利避害、健康发展"的总体要求,提出了一系列鼓励创新、支持互联网金融稳步发展的政策措施,积极鼓励互联网金融平台、产品和服务创新,鼓励从业机构相互合作,拓宽从业机构融资渠道,坚持简政放权和落实、完善财税政策,推动信用基础设施建设和配套服务体系建设;《指导意见》按照"依法监管、适度监管、分类监管、协同监管、创新监管"的原则,确立了互联网支付、网络借贷、股权众筹融资、互联网基金销售、互联网保险、互联网信托和互联网消费金融等互联网金融主要业态的监管职责分工,落实了监管责任,明确了业务边界;《指导意见》坚持以市场为导向发展互联网金融,遵循服务好实体经济、服从宏观调控和维护金融稳定的总体目标,切实保障消费者合法权益,维护公平竞争的市场秩序,在互联网行业管理,客户资金第三方存管制度,信息披露、风险提示和合格投资者制度,消费者权益保护,网络与信息安全,反洗钱和防范金融犯罪,加强互联网金融行业自律以及监管协调与数据统计监测等方面提出了具体要求。

4. 全面推进银行业法治建设

2015年银监会着力完善银行业法律法规体系,提高监管执法水平,增强全员守法意识,加大违法惩戒力度,提高了监管的有效性,缓解了监管资源不足与监管任务加重的突出矛盾。具体措施如下:

(1)大力推进银行业法治建设的思路和方向

2015年2月10日,银监会召开2015年度银监会系统法治工作(电视电话)会议暨监管法规培训班,贯彻落实党的十八届四中全会和习近平同志在省部级主要领导干部"学习贯彻十八届四中全会精神、全面推进依法治国"专题研讨班上的讲话等系列重要讲话精神,总结银行业法治建设的基本经验,提出全面推进银行业法治建设的思路和方向。尚福林在会议上强调,2015年是全面深化改革的关键之年,是全面推进依法治国的开局之年,要深刻认识我国银行业改革发展的新形势、新常态,坚持中国特色社会主义法治道路,着力增强法治意识,着力完善银行业法律规则体系,着力推进严格执法,着力强化执法监督评价,坚决守住不发生系统性区域性金融风险的底线,促进提高依法监管和依法经营水平,积极推进银行业治理体系和治理能力现代化,使银行业在法治的轨道上不断提高金融服务水平,促进经济社会持续健康发展

(2)坚持法治思维,健全依法监管决策机制

一是加强银行业法治建设。2015年12月,中国银监会结合银行业监管工作实际,提出《关于贯彻落实〈中共中央关于全面推进依法治国若干重大问题的决定〉的指导意见》。《指导意见》的提出旨在提高银行业监管专业化水平;着力提升立法质量,完善执法程序,严格执法责任,建立权责统一、权威高效的监管体制;增强监管透明度,推动银行业依法合规经营和稳健发展等方面充分发挥有效的作用。

二是完善监管工作制度规范。2015年12月,银监会印发《中国银监会现场检查暂行办法》(以下简称《办法》)。《办法》共八章六十八条,主要内容包括:明确了现场检查的定位;实现对现场检查工作的全方位保障;从实际出发划分检查类型;严格规范现场检查立项程序;丰富检查手段和方式;强化对检查发现问题的处理和检查结果的运用。《办法》在借鉴国际良好做法的同时,系统总结了银监会成立十余年来的现场检查经验,归纳和提炼了现场检查工作的基本原则和要求,指出了科学合理立项、创新检查体制、丰富检查手段、充分运用检查结果的工作方向,是银监会系统履行监管职责、实施现场检查的重要法律依据和制度保障,是银

监会落实依法治国精神、完善监管法制建设、加强事中事后监管的又一重要举措。

（二）证券监管的措施与成效

2015年资本市场既面临难得的发展机遇，也面临不少风险和挑战。2015年1月16日，证监会召开了全国证券期货监管工作会议，研究部署了2015年工作的总体思路和主要任务。概括起来，就是要毫不动摇地深化市场改革发展、坚定不移地推进监管转型，使资本市场深深根植于实体经济的沃土，更好地顺应新常态、服务新常态、引领新常态，为全面建成小康社会和实现中国梦贡献力量。

1. 持续推进监管转型，践行稽查执法新思路

2015年1月24日，证监会副主席姜洋在2015年财经年会上发表讲话："在继续简政放权、放宽市场准入、增强市场活力的同时，探索建立事中事后监管新机制，切实提高监管效能。今年的一项重点任务是，研究制定证监会权力清单和责任清单，严格做到法无授权不可为、法定职责必须为。同时，按照法无禁止即可为的要求，探索建立证券期货市场外商投资负面清单制度。"

（1）坚持放松事前管制、加强事中事后监管

2015年1月15日到16日，全国证券期货监管工作会议在证监会机关召开。证监会主席肖钢特别强调："我们要以现实问题为导向，逐步探索建立事中事后监管新机制。"

探索建立事中事后监管新机制，就是要从以事前审批为主，转变到以事中事后监管为主，这是转变政府职能、提升监管效能的必然要求。这个新机制，从监管重点上看，就是制定监管规则和开展监管执法，即"一手抓规则，一手抓执法"；从监管手段上看，主要包括现场检查、非现场监管、教育培训和稽查执法四个方面；从监管理念上讲，事中监管以风险导向为主，兼顾行为导向，事后监管以行为导向为主，兼顾风险导向；从监管主体上看，主要包括行政监管系统的证监会、派出机构和自律管理系统的交易所、行业协会、会管单位，共同构成一个有机整体。

（2）"2015证监法网"专项行动提升执法有效性

2015年，围绕稽查执法这一基本职责与核心工作，中国证监会以监管转型为引领，以严厉打击违法违规活动为重点，以"2015证监法网"行动为抓手，以创新工作机制为保障，高频率、高强度持续分类分批打击典型、重大违法违规行为，稽查执法工作的针对性、及时性和有效性得到了较大提升，取得了良好的法律效果、社会效果和市场效果。证监会于4月底启动"2015证监法网"专项执法行动，在线索发现环节主动出击，深挖市场危害严重、社会反映强烈的典型违法违规线索，在调查取证环节凝聚各方合力，限时快速突破批次案件，在调查认定环节把握违法违规本质、统一认定标准，推动各批案件快速、公开处理，体现了新市场条件下"打击有重点、行动有速度、案件有结果、执法有威慑"的稽查执法新特点。

"证监法网"开创了案件成批快速处罚、移送、发布的稽查执法新格局,对不法分子形成持续、有力震慑,为监管制度完善提供系统案例,成为稳定、修复、建设市场的有机组成部分。截至 2015 年 12 月 31 日,稽查系统新增立案案件共计 345 件(其中"证监法网"案件占比 35%),同比大幅增长 68%,办结立案案件 334 件,同比增长 54%,新增涉外案件 139 件,同比增长 28%;2015 年平均办理周期不足百日,较 2014 年同期缩短 32%。尤其在"证监法网"第七批针对股市异常波动期间操纵市场的案件,取得了"当月部署,当月完成,部分案件当月处罚"的突出战果,平均办理周期不足一个月。

2. 加快发展多层次资本市场

(1) 股权市场

在股权市场方面,继续稳妥推进股票发行注册制改革,壮大主板市场,改革创业板市场,完善"新三板"市场,规范发展区域性股权市场,开展股权众筹融资试点,满足不同规模、不同发展阶段企业差异化的股权融资需求。

2015 年 12 月 27 日,第十二届全国人民代表大会常务委员会第十八次会议审议通过《关于授权国务院在实施股票发行注册制改革中调整适用〈中华人民共和国证券法〉有关规定的决定(草案)》的议案,明确授权国务院可以根据股票发行注册制改革的要求,调整适用现行《证券法》关于股票核准制的规定,对注册制改革的具体制度做出专门安排。这一决定的正式通过,标志着推进股票发行注册制改革具有了明确的法律依据,是资本市场基础性制度建设的重大进展,也是完善资本市场顶层设计的重大举措,为更好地发挥资本市场服务实体经济发展的功能作用,落实好中央提出的推进供给侧结构性改革各项工作要求,提供了强有力的法律保障。

2015 年 11 月 20 日,中国证监会制定并发布《关于进一步推进全国中小企业股份转让系统发展的若干意见》(以下简称《意见》),加快推进全国股转系统发展。《意见》是促进今后一个时期全国股转系统健康发展的指导性文件,既着力解决当前发展中面临的问题,提出完善措施,又放眼未来,为市场的后续创新和长期发展预留了政策空间。目前,中国证监会已启动《意见》实施所涉及的相关制度规则的修订和制订工作,全国股转公司也要相应完善规则,配套制订市场分层方案并择机向市场公开征求意见。

(2) 债券市场

在债券市场方面,全面落实公司债券发行与交易管理办法,发展证券交易所机构间债券市场,丰富债权融资工具。

2015 年 1 月 16 日,证监会对《公司债券发行试点办法》进行了修订。修订后的规章更名为《公司债券发行与交易管理办法》(以下简称《管理办法》),主要修订内容包括：一是扩大发行主体范围。《管理办法》将原来限于境内证券交易所上市公司、发行境外上市外资股的境内股份有限公司、证券公司的发行范围扩大至所有公司制法人。二是丰富债券发行方式。《管理办法》在总结中小企业私募债试点经验的基础上，对非公开发行以专门章节作出规定，全面建立非公开发行制度。三是增加债券交易场所。《管理办法》将公开发行公司债券的交易场所由上海、深圳证券交易所拓展至全国中小企业股份转让系统；非公开发行公司债券的交易场所由上海、深圳证券交易所拓展至全国中小企业股份转让系统、机构间私募产品报价与服务系统和证券公司柜台。四是简化发行审核流程。《管理办法》取消公司债券公开发行的保荐制和发审委制度，以简化审核流程。五是实施分类管理。《管理办法》将公司债券公开发行区分为面向公众投资者的公开发行和面向合格投资者的公开发行两类，并完善相关投资者适当性管理安排。六是加强债券市场监管。《管理办法》强化了信息披露、承销、评级、募集资金使用等重点环节监管要求，并对私募债的行政监管做出安排。七是强化持有人权益保护。《管理办法》完善了债券受托管理人和债券持有人会议制度，并对契约条款、增信措施做出引导性规定。

（3）期货及衍生品市场方面

在确保原油期货、上证50ETF期权和10年期国债期货等顺利挂牌、平稳运行的基础上，做好农产品期货期权试点，推进股指期权试点，增加股指期货品种，研究汇率类期货品种，继续优化期货交易、结算、限仓等基础制度，推动场外衍生品市场发展。

2015年4月16日，上证50和中证500股指期货上市仪式在上海举行。3月6日，中国证监会批复《关于在中国金融期货交易所挂牌10年期国债期货合约的请示》（中金所债券字〔2015〕20号），同意组织开展10年期国债期货交易、挂牌10年期国债期货合约。2月9日，上证50ETF期权上市仪式在上海举行，我国资本市场首个股票期权产品正式推出。开展上证50、中证500股指期货、上证50ETF期权和10年期国债期货交易，能够拓展风险管理市场的深度和广度，满足投资者对大盘蓝筹股票和中小市值股票的财富管理和风险管理需求，进一步完善股指期货产品序列，丰富金融市场产品类型，对于提升境内股指期货话语权、促进资本市场对外开放和平稳运行都具有积极意义。

2015年10月9日，中国证监会就《证券期货市场程序化交易管理办法（征求意见稿）》（以下简称《管理办法》）公开征求意见。程序化交易是技术进步与市场创新的体现，也是一把"双刃剑"，既有改善市场流动性，提高市场价格发现效率的积极作用；也存在加大市场波动，影响市场公平性等消极影响。基于我国资本市场具有个人投资者多、交易换手率高、价格波动大等特点，对程序化交易需要严格管理、限制发展、趋利避害、不断规范。《管理办法》的制定是中国证监会将稳定市场、修复市场和建设市场有机结合的一项重要举措,完善了现行的市场管理制度。

3. 促进证券基金期货经营机构和私募基金健康发展

截至 2015 年年底,全行业 125 家证券公司总资产 6.42 万亿元、净资产 1.45 万亿元,分别同比增长 57% 和 58%;具有公募牌照的资产管理机构 112 家,公募基金管理规模 8.4 万亿元、同比增长 85%;150 家期货公司总资产 932.21 亿元(不含客户权益),同比增长 30%;已登记私募基金管理机构 2.5 万家,基金认缴规模 5.1 万亿元、同比增长 138%。

2015 年 3 月 27 日,中国证监会发布《公开募集证券投资基金参与沪港通交易指引》,主要内容包括:一是明确基金管理人可以募集新基金,通过"沪港通"机制投资香港市场股票,不需具备合格境内机构投资者(QDII)资格;二是《指引》施行前已获核准或注册的基金,应根据基金合同约定情况,采取不同的程序参与"沪港通";三是要求基金投资遵守法律法规和基金合同的约定,并按照有关业务规则执行;四是强调基金参与"沪港通"交易的信息披露工作;五是明确基金管理人参与"沪港通"交易的决策制度和风险控制要求。

4. 稳步提升资本市场开放水平

要顺应经济发展新常态对市场双向开放的新要求,优化"沪港通"机制,研究推出"深港通",便利境内企业境外发行上市,推动 A 股纳入国际基准指数,完善 QFII 和 RQFII 制度,增强我国资本市场的国际竞争力,更好地服务我国经济参与全球竞争。

(1)"沪港通"顺利运行一周年

2014 年 11 月 17 日"沪港通"启动,"沪港通"是中国资本市场对外开放的重大制度创新,具有里程碑式的意义。在资本项目尚未完全可兑换的情况下,"沪港通"大幅提升了跨境投资资本流动效率,为境内外投资者提供了更为便捷的投资于对方市场的渠道,有力促进了内地与香港市场的融合。从国际上看,能够把两个市场结构和发展程度差别相当大的市场联通起来并且使之平稳、顺畅运行,这是具有开创性意义的,也为全球其他市场互联互通提供了重要的经验。

自正式开通以来,"沪港通"下股票交易总体平稳有序,交易结算、额度控制、换汇等各个环节运作正常,期间"沪港通"经受住了国际资本市场和内地资本市场大幅波动的检验,实现了预期的目标。截至 2015 年 11 月 16 日,"沪港通"运行一整年,累计交易金额 2.13 万亿元人民币。其中,"沪股通"共 230 个交易日,交易金额 1.54 万亿元人民币,累计使用总额度 1 207.06 亿元人民币,占总额度的 40.24%;"港股通"共 225 个交易日,交易金额 5 898.60 亿元人民币,累计使用总额度 921.48 亿元人民币,占总额度的 36.86%。

下一步,在现有实践的基础上,将着力完善"沪港通"、扩大交易额度与标的物范围,进一步加强跨境监管合作,加大跨境执法力度。与此同时,继续推进"深港通",进一步促进内地与香港两个资本市场的融合。

(2)中国证监会与香港证监会正式注册互认基金

2015年5月22日,中国证监会与香港证监会就开展内地与香港基金互认工作正式签署《关于内地与香港基金互认安排的监管合作备忘录》,同时发布《香港互认基金管理暂行规定》(简称《暂行规定》),自7月1日起施行。

7月1日以来,中国证监会共收到并受理17只香港互认基金产品的注册申请,香港证监会共受理超过30只内地互认基金的注册申请。注册审查过程中,中国证监会按照《基金法》《暂行规定》的有关要求,对相关产品进行审核,于12月18日正式注册了首批3只香港互认基金,分别是恒生中国H股指数基金、行健弘扬中国基金、摩根亚洲总收益债券基金,类型分别为股票指数型、股票型、债券型。香港证监会按照香港有关法规的要求,对相关产品进行审核,于同日正式注册了首批4只内地互认基金,分别是华夏回报混合证券投资基金、工银瑞信核心价值混合型证券投资基金、汇丰晋信大盘股票型证券投资基金、广发行业领先混合型证券投资基金。总体上看,两地互认基金获批数量基本对等,内地互认基金由于申报数量较多,获批数量则略多于香港互认基金获批数量。

互认基金的正式注册,一方面有利于通过引入境外证券投资基金,为境内投资者提供更加丰富的投资产品,及更加多样化的投资管理服务,同时也有利于境内基金管理机构学习国际先进投资管理经验,促进基金行业竞争;另一方面通过境内基金的境外发售,有利于吸引境外资金投资境内资本市场,为各类海外投资者提供更加方便的投资渠道,同时也有助于推动境内基金管理机构的规范化与国际化,培育具有国际竞争能力的资产管理机构。下一步,中国证监会和香港证监会将继续依照相关规定正常注册其他互认基金产品。

(3)完善QFII和RQFII制度

尽管A股走势一波三折,但对外开放的节奏却不断提速。作为传统的国际化项目,QFII(合格境外机构投资者)和RQFII(人民币合格境外投资者)在2015年展现了齐头并进的态势,其中获得QFII资格的境外机构共计达到281家,可操盘资金总额增长到736.15亿美元;相对于QFII,经过5年试点的RQFII更是在过去一年中加速膨胀。全年RQFII额度净增1 368亿美元,实际控盘资金总规模递增至4 365.25亿元。截至2015年年底,已有14个国家和地区获得RQFII试点资格,总额度为11 100亿元。

2015年6月11日,央行设计推动QDII2(合格境内个人投资者境外投资)机制,升级QDII允许个人投资者投资的限额和范围,提速人民币国际化进程。对符合条件个人投资者的投资额度不再设上限,取消5万美元年度购汇额度限制,允许直接投资境外金融类投资,含股票、债券、基金、保险、外汇及衍生品;境外实业投资含绿地投资、并购投资、联合投资;允许投资境外不动产投资含购房等。开通四个渠道:一是通过认购金融机构发行的QDII、QDLP、QDIE等跨境投资产品,投资于境外有价证券。二是通过个人财产转移,将资金汇到境外开展投资。三是允许境内个人在境外设立特殊目的公司。四是通过境内代理机构,参与境外上市公司员工持股计划、认购期权计划。

(三)保险监管的措施与成效

2015年,保险监管围绕贯彻落实保险业"新国十条",坚持抓服务、严监管、防风险、促发展,着力增强行业发展动力,推进改革创新,防范化解风险,服务经济社会发展,维护保险消费者权益,夯实保险监管基础。保险监管的措施与成效主要体现为以下几个方面:

1. 不断完善风险防范体系

2015年,保险监管坚持把防范风险作为工作的重中之重,不断完善风险防范体系,促进保险市场安全稳健运行。

(1)防范偿付能力不足风险

2015年2月13日,保监会正式发布中国风险导向的偿付能力体系(简称"偿二代")17项监管规则,这标志着我国以风险为导向、具有自主知识产权、国际可比的新偿付能力监管制度体系基本建成,保险业偿付能力监管迈入了新的历史阶段。2015年7月,中国保监会印发《关于在偿二代过渡期内开展保险公司偿付能力风险管理能力试评估有关事项的通知》,启动了保险公司偿付能力风险管理能力的试评估工作。此次试评估工作于2016年1月结束,分为培训准备、保险公司自评估、监管部门抽样复评、总结反馈四个阶段,所有产险公司、寿险公司、再保险公司均纳入此次评估范围。此次试评估有三个特点:一是在评估方式上,采用"保险公司自评估"和"监管机构抽样评估"相结合的方式。二是此次试评估的结果不作为保险公司未来计算控制风险最低资本的依据,目的在于对行业风险管理摸清底数、对管理制度查遗补漏和对监管评估积累经验。三是保监局负责实施复核评估。在偿二代实现全面切换后,偿付能力风险管理评估工作将成为保监局的一项例行性工作。

(2)防范保险资金运用风险

2015年,保监会通过不断完善保险资金运用监管准则,进一步加强保险资金运用风险防范。保监会于2015年3月发布《中国保监会关于调整保险资金境外投资有关政策的通知》,调整了保险资金境外投资的有关规定:一是在风险管控方面,调整境外投资专业人员资质要求;二是适当拓宽境外投资范围,给予保险机构更多的自主配置空间。2015年4月,保监会发布《保险公司资金运用信息披露准则第2号:风险责任人》,明确了披露风险责任人信息的具体业务范围及内容,落实了风险责任人、公司和法人代表三方责任,确定了信息披露的时间、方式和要求。为优化保险资金配置结构,促进资本市场长期稳定健康发展,保监会于2015年7月发布《关于提高保险资金投资蓝筹股票监管比例有关事项的通知》,放宽了保险资金投资蓝筹股票监管比例,并且适度提高保险资金投资蓝筹股票的资产认可比例。为防范新形势下保险公司资产负债错配风险和流动性风险,加强保险公司资产配置行为的监管,保监会于2015年12月11日发布《关于加强保险公司资产配置审慎性监管有关事项的通知》,其主要内容包括三个方面:一是设定标准,划定需要提交压力测试报告的公司范围;二是要求保险公司进行规定情景下的资产配置压力测试;三是加强审慎性评估和后续监管。为推动保险机构提升资金运用内部控制建设能力和水平,保监会于2015年12月15日发布《保险资金运用内部控制指引》及《保险资金运用内部控制应用指引》(第1号至第3号)。为规范保险资金举牌上市公司股票的信息披露行为,保监会于2015年12月23日发布《保险公司资金运用信息披露准则第3号:举牌上市公司股票》,对保险机构披露举牌信息进行了重点规范,一是列明披露的情形,二是明确披露内容;三是规范披露方式。

(3)防范风险跨境传递

2015年3月,保监会正式发布了《中国保监会关于实施再保险登记管理有关事项的通知》,主要包括适用范围、登记管理、审核标准、登记内容、信息披露、监督管理等六方面内容:一是规定所有参与中国境内再保险业务的再保险接受人和再保险经纪人都应当在保监会建立的再保险登记系统进行注册登记。二是针对六种不同的机构类型规定了需要登记的信息内容,对境内外机构规定了不同的注册方式,创新建立境外保险机构注册引荐机制。三是细化资质标准,利用信息技术转变监管方式,将资质标准内化到再保险登记系统,实现系统自动审核。四是强化信息披露要求,规定了登记信息的更新频率和重大事项的及时披露要求,以便我国保险公司及时掌握交易对手信息。五是采取有效清单和黑名单管理模式。六是配合再保险登记制度的实施,同步开发再保险登记系统,为保监会和我国保险公司查询参与中国市场的全球再保险接受人和再保险经纪人的信息提供平台。截至2015年年底,全球共有468家再保险接受人和134家再保险经纪人进行有效登记。再保险登记制度的建立有利于提高我国再保险资产安全水平,增强市场透明度,降低信用风险,防范国际金融风险通过再保险传递。

2. 推进关键领域保险改革与创新

2015年,中国保监会按照放开前端、管住后端的总体思路,坚定不移推进关键领域保险改革,持续释放改革红利。

(1) 推进费率市场化改革

2015年,保监会分两批推进黑龙江等18个地区商业车险改革试点。2015年2月,保监会发布《关于深化商业车险条款费率管理制度改革的意见》。2015年3月,保监会发布《深化商业车险条款费率管理制度改革试点工作方案》。根据商业车险条款费率管理制度改革总体安排,自2015年6月1日起,各财产保险公司在黑龙江、山东、广西、重庆、陕西、青岛等6个试点地区全面启用新版商业车险条款费率,标志着我国商业车险改革试点全面落地实施。2015年10月,中国保监会发出通知,决定在天津等12个地区启动商业车险改革第二批试点工作。商业车险改革建立了以行业示范条款为主、公司创新型条款为辅的条款管理制度和市场化的费率形成机制,消费者的商业车险产品选择权将得到更充分尊重,保险公司商业车险费率厘定自主权将逐步扩大。为全面深化人身保险费率市场化改革,经国务院批准,中国保监会于2015年2月16日放开万能型人身保险的最低保证利率。分红型人身保险费率政策改革于2015年10月1日正式实施,分红型人身保险预定利率上限完全放开,标志着我国人身险费率形成机制的完全建立。

(2) 深化保险资金运用市场化改革

2015年,保监会进一步拓宽保险资金运用领域和业务范围,支持资金运用方式创新,推进资产支持计划、保险私募基金等产品发展。2015年9月,保监会发布了《资产支持计划业务管理暂行办法》,按照资产证券化原理,以基础资产本身现金流作为偿付支持,构建了资产支持计划业务运作框架。此举有利于扩大保险资产管理产品创新空间,满足保险资金配置需求,促进保险资金直接对接存量资产,进一步支持实体经济发展。2015年9月,中国保监会印发《关于设立保险私募基金有关事项的通知》,立足支持国家战略和实体经济发展,结合保险资金期限长、规模大、负债稳定等特点,对设立保险私募基金进行了具体规范:一是明确基金类别和投向;二是建立规范化的基金治理结构;三是明确市场化的运作机制;四是对保险资金设立私募基金实行注册制度。

(3) 推动互联网保险规范发展

为规范互联网保险经营行为,促进互联网保险健康规范发展,保监会于2015年7月发布《互联网保险业务监管暂行办法》,标志着我国互联网保险业务监管制度正式出台。《互联网保险业务监管暂行办法》以鼓励创新、防范风险和保护消费者权益为基本思路,从经营条件、经营区域、信息披露、监督管理等方面明确了互联网保险业务经营的基本经营规则。为进一步发挥保险业在互联网金融专业化方面的先发优势,有序增加专业互联网保险公司试点机构,保监会于2015年7月批准筹建易安财产保险股份有限公司、安心财产保险有限责任公司、泰康在线财产保险股份有限公司等三家互联网保险公司。

(4) 创新保险组织形式

2015年1月23日,中国保监会发布并施行《相互保险组织监管试行办法》探索发展相互保险等新型保险组织。《相互保险组织监管试行办法》分总则、设立、会员、组织机构、业务规则、监督管理、附则7章42条,体现了我国相互保险的基本监管原则:一是总体趋同。在相互保险组织的业务监管上采取与股份制公司基本趋同的规则。二是体现针对性。为充分体现相互保险会员制、人合性及民主管理的特色,在治理结构、信息披露等方面进行了针对性规定,以充分保障参保会员的权益。三是大小有别,适度区分。对不同规模的相互保险组织进行适当区别对待。

(5) 促进保险服务业务全面升级

2015年,保监会采取积极措施落实国家相关政策,促进保险服务业务全面升级,为国家重大发展战略和重大改革举措提供保险支持。

为促进保险业积极参与多层次养老保障体系建设,推动养老保障管理业务持续健康发展,保护养老保障管理业务活动当事人的合法权益,保监会于2015年7月30日印发《养老保障管理业务管理办法》,对比之前的《养老保障管理业务管理暂行办法》(保监发〔2013〕43号),修改主要体现在三方面:一是对个人养老保障业务做了更多规范,要求养老险公司有2年以上经验并对短期个人业务(三年)建立了资本约束;二是规范团体养老保障管理业务,例如提供经董事会决议、职工代表大会等决策程序通过的管理方案等;三是新增了"投资管理"内容,要求养老保障管理基金投资范围比照保险资金相关监管规定,养老保险公司可以自行投资管理,也可委托给符合条件的投资管理人进行投资管理。

(6) 深化保险中介市场改革

2015年9月,保监会发布《中国保监会关于深化保险中介市场改革的意见》明确保险中介市场深化改革的总体目标:放开放活前端,管住管好后端,健全支持鼓励行业创新变革的体制机制;培育一批具有专业特色和国际竞争力的龙头型保险中介机构,发展一大批小微型、社区化、门店化经营的区域性专业代理机构,形成一个自主创业、自我负责、体现大众创业、万众创新精神的独立个人代理人群体;建成功能定位清晰、准入退出顺畅、要素流动有序的保险中介市场体系;形成主体管控有效、行政监管有力、行业自律充分、社会监督到位的四位一体保险中介监管体系,促进保险中介更好发挥对保险业的支持支撑作用,服务保险业又好又快发展。

3. 加大简政放权力度

2015年,保监会加大简政放权力度,推进行政审批改革。全年共取消和下放行政许可事项14项。保监会于2015年4月1日起取消投资联结保险投资账户设立、合并、分立、关闭、清算等事项审批。通过强化独立性要求、加强流动性管理、明确合规责任、增强信息披露、加强审计监督等方面加强投资账户后端监管。同日,保监会还取消了对外资保险公司再保险关联交易的审批,通过信息披露方式对再保险关联交易进行持续监测。2015年4月27日,保监会发布了修订后的《保险公司资本保证金管理办法》,取消了资本保证金所有行政审批事项,将事前审批全部改为事后备案。

4. 加强保险消费者权益保护

2015年,保监会把保护保险消费者合法权益放在更加突出的位置,以强化保险公司维护消费者合法权益主体责任为主线,以严格监督检查为手段,以实施透明度监管为支撑,以重视消费者教育和风险提示、推进信用体系建设为基础,扎实推进保险消费者权益保护工作。

(1)严厉打击损害消费者合法权益的不法行为

2015年,各级保险监管机关坚持问题导向,坚持"快行动、严惩处、高透明"原则,采取专项检查与个案检查结合、投诉处理与违规处理联动的方式,针对消费者反映集中、社会舆论关注的保险机构、保险产品和突出问题开展重点检查。全年共派出753个检查组2 132人次,对820家保险机构进行了现场检查,对41家机构、77人实施了行政处罚,罚款422万元,下达监管函117次,开展监管谈话113人次,为消费者挽回直接经济损失2 150万元。

(2)督促保险公司改进保险服务质量

一是启动保险公司服务评价。2015年8月,保监会出台了《保险公司服务评价管理办法(试行)》,建立起覆盖保险公司的销售、承保、理赔、投诉等全部业务流程的评价体系和评价标准,为做好保险公司服务评价工作提供制度基础和工作指南。二是提升机动车保险理赔管理水平和服务质量。2015年3月,保监会发布《机动车保险理赔基础指标第1号(试行)》。这是保监会首次发布系统性、规范化的机动车保险理赔管理和服务标准指标,对于解决车理赔指标标准缺失、数据口径不一等问题,提高车险理赔相关数据的一致性和可比性,具有重要意义。三是建立小额理赔服务机制。

(3)推进保险业信用体系建设

一是加强顶层设计。与国家发展改革委联合印发《中国保险业信用体系建设规划(2015—2020年)》,明确保险业信用体系建设指导思想、目标任务和战略举措。二是建立信用体系建设工作机制。细化保险业信用体系建设工作任务,明确保监会各部门在保险业信用体系建设中的职责分工,建立起部门间的沟通协调机制。三是着手建立保险信用信息系统。四是加强与相关部门协同运作。积极融入社会信用体系建设,及时向"信用中国"网站推送相关信息;加强与社会信用体系建设部际联席会议成员单位协调配合,与有关部委签署失信联合惩戒合作备忘录,开展失信联合惩戒。

5. 加强保险监管基础建设

(1)完善监管评估和市场评估机制

2015年8月,保监会制定并发布《保险公司经营评价指标体系(试行)》,从速度规模、效益质量、社会贡献三个方面对保险公司的经营状况进行评价。该经营评价体系包括法人机构和分支机构两个层面,经营评价指标全部由定量指标组成,以提高评价的客观性和可操作性。

(2)加强保险公司治理监管

为建立股东、保险机构和员工利益共享机制,完善保险机构公司治理结构,规范保险机构薪酬激励机制,促进保险机构长期稳健发展,提高风险防范能力,2015年7月,保监会印发《关于保险机构开展员工持股计划有关事项的通知》,对员工持股计划的要素作了具体规定,主要包括参加对象、资金来源、股权来源和认购价格、持股比例、持股方式和持股期限,及期限届满后的权益处置方式。2015年7月,保监会发布《关于加强保险公司筹建期治理机制有关问题的通知》,进一步规范保险公司筹建行为,在源头上健全保险公司治理结构,防范有关风险。2015年12月,中国保监会印发《保险机构内部审计工作规范》,全面规范保险机构内部审计工作,推动保险机构提升内部审计能力与水平,强化保险机构风险防范能力,提高行业公司治理整体水平。2015年12月保监会发布《保险法人机构公司治理评价办法(试行)》,重点关注保险法人机构在公司治理方面的问题和风险点,建立科学系统的评价指标体系,对保险法人机构公司治理实施动态评价。

(3)加强农业保险监管信息化基础设施建设

2014年下半年,保监会会同相关部委和保险机构成立工作组,启动全国农险平台建设。2015年,工作组围绕中央财政补贴的种植险业务,集中建设一期工程,实现保单级业务数据的归集,为保险公司、监管机构、政府部门和投保农户提供数据服务。全国农险平台的构建有利于夯实农业保险发展基础,促进农业保险规范经营,进一步提升农业保险信息化、精细化和专业化管理水平。

(四)涉外金融监管的措施与成效

2015年,外汇管理部门坚持稳中求进,加快简政放权和外汇管理"五个转变",深化资本项目可兑换改革,完善监测预警和事中事后管理,切实防范跨境资本流动冲击,服务经济结构调整和转型升级的能力不断提升。主要有以下几方面的改革措施:

1. 深化跨国公司外汇资金集中运营管理

外汇局2012年启动跨国公司外汇资金集中运营管理试点。2014年下半年以来,外汇局在全国推广跨国公司外汇资金集中运营管理的"升级版",在200多家跨国公司中试行便利化改革措施,允许跨国公司依托资金池账户,开展经常项目集中收付汇、集中结售汇、集中使用外债额度、集中使用对外放款额度等业务。一年来的实践表明,试点企业的资金成本显著降低,资金使用效率大幅提高,地方政府发展总部经济、促进结构转型的需求得到较好满足。在此基础上,2015年8月,外汇局对跨国公司外汇资金集中使用政策进行了进一步调整优化,印发《跨国公司外汇资金集中运营管理规定》,赋予符合条件的跨国公司更多贸易投资便利化措施。

跨国公司外汇资金集中运营政策的调整,为更多符合条件的优秀企业,特别是民营企业优化外汇资金运用提供了便利。截至2015年12月,已有超过50家跨国公司正式开展了外债比例自律管理,实际借入外债近10亿美元,有效降低了企业的融资成本。目前,政策实施平稳有序,参与企业的融资成本显著降低,资金使用效率大幅提高。地方政府发展总部经济促进结构转型的需求得到了很好满足。此外,通过替代效应,银行将原来投放到大中型企业的贸易信贷资金置换出来,用于给中小企业使用,受到了银企的普遍欢迎。①

2. 积极支持跨境电子商务发展

为积极支持跨境电子商务发展,防范互联网渠道外汇支付风险,2013年以来,国家外汇管理局在上海、北京、重庆、浙江、深圳等5个地区开展支付机构跨境电子商务外汇支付业务试点,试点情况良好。在此基础上,2015年1月,国家外汇管理局发布《国家外汇管理局关于开展支付机构跨境外汇支付业务试点的通知》(汇发[2015]7号,以下简称《通知》),在全国范围内开展部分支付机构跨境外汇支付业务试点,允许支付机构为跨境电子商务交易双方提供外汇资金收付及结售汇服务。②

《通知》明确了支付机构市场准入、账户管理、风险控制及数据报送等管理要求,

---

① 2015年四季度外汇局政策新闻发布会文字实录,2015/12/10,外汇管理局,http://www.safe.gov.cn/wps/portal/! ut/p/c5/hY7LDoIwFEQ_6U6lQlmWGksFAUNUYEMaQ5CEhwtj4t8LcY3OLE_mQRXNHu2ra-2zm0bbU0GVW3MgFwGTSHN_D-MzLqSXOQCbeenWSsuQezEguAYMD9IkVCcG_xJX5c9tw7VTh0jzSCii4Ax21wdztFGxd6X_-pfOFYkQUk4DQ2VVHmrPzSjsm9ae3vTYyjQZffTB7LIjj0! /dl3/d3/L2dJQSEvUUt3QS9ZQnZ3LzZfSENEQ01LRzEwODRJQzJBBJSUpRRUpKSDEySTI/ ?WCM_GLOBAL_CONTEXT=/wps/wcm/connect/safe_web_store/safe_web/whxw/zcfgjd/node_news_zcfgjd_store/db27ec804ae2cea093fcbb2bead6bf4e。

② 国家外汇管理局发布《深化互联网外汇支付业务试点 支持跨境电子商务发展》,2015/01/29, http://www.safe.gov.cn/wps/portal/! ut/p/c5/hY7LDoIwFEQ_6U6lQlmWGksFAUNUYEMaQ5CEhwtj4t8LcY3OLE_mQRXNHu2ra-2zm0bbU0GVW3MgFwGTSHN_D-MzLqSXOQCbeenWSsuQezEguAYMD9IkVCcG_xJX5c9tw7VTh0jzSCii4Ax21wdztFGxd6X_-pfOFYkQUk4DQ2VVHmrPzSjsm9ae3vTYyjQZffTB7LIjj0! /dl3/d3/L2dJQSEvUUt3QS9ZQnZ3LzZfSENEQ01LRzEwODRJQzJBBJSUpRRUpKSDEySTI/ ?WCM_GLOBAL_CONTEXT=/wps/wcm/connect/safe_web_store/safe_web/whxw/zcfgjd/node_news_zcfgjd_store/9e6ed780471ba5a9a9ebaf3b4795588d。

对跨境电子商务国际收支申报、个人结售汇管理等操作环节进行了规范,实现了跨境电子商务外汇支付业务的规范化管理,能够有效防范第三方支付平台外汇支付风险。在跨境外汇支付业务爆发性增长的背景下,国家外汇管理局将支付机构跨境外汇支付业务试点范围扩展至全国,明确了试点实施后支付机构通过银行为小额电子商务交易双方提供跨境互联网支付所涉及的外汇资金集中收付及相关结售汇服务,有助于支付机构提升其结售汇的能力与效率,增强国际竞争力,进一步促进了跨境电子商务的健康发展。同时,也为国内消费者创造更便捷的跨国消费环境。支付机构跨境外汇支付业务试点范围扩展至全国,国内消费者通过第三方支付平台,可直接使用人民币购买支付境外商家的商品或服务,通过支付机构跨境外汇支付业务项下网络购物单笔交易限额由等值 1 万美元提高至等值 5 万美元,且结售汇不计入个人年度结售汇总额,为国内消费者创造了更方便、快捷的"海淘"环境。

目前,跨境外汇支付试点业务量已初具规模,为"海淘"等跨境电子交易提供了便利。截至 2015 年 8 月月末,全国共有 26 家支付机构参与了跨境外汇支付业务试点,累计办理跨境收支 51.9 亿美元,办理结售汇 52.6 亿美元。2015 年 1—8 月,试点业务跨境收支交易总额占 2013 年试点以来交易量的 67%,是 2014 年全年试点业务跨境收支交易总额的 2.2 倍。2015 年 3 月以来,单月跨境收支总额连续 6 个月超过 3 亿美元。有多家支付机构陆续向注册地外汇局提出申请,试点意愿强烈。

3. 推进资本项目可兑换改革

(1) 改革资本金结汇管理方式

为进一步深化外汇管理体制改革,更好地满足和便利外商投资企业经营与资金运作需要,国家外汇管理局日前发布《国家外汇管理局关于改革外商投资企业外汇资本金结汇管理方式的通知》(汇发[2015] 19 号,以下简称《通知》)。《通知》的出台,是国家外汇管理局认真贯彻落实国务院关于推广中国(上海)自由贸易试验区可复制改革试点经验相关要求、切实转变外汇管理理念和方式的重要举措。《通知》的实施,将外汇资本金结汇的自主权和选择权完全赋予企业,为企业提供规避汇率波动风险的政策空间,有利于降低社会成本,进一步促进贸易投资便利化,切实服务实体经济发展。[1]

---

[1] 国家外汇管理局, 2015/04/08, http://www.safe.gov.cn/wps/portal/!ut/p/c5/hY7LDoIwFEQ_6U6lQlmWGksFAUNUYEMaQ5CEhwtj4t8LcY3OLE_mQRXNHu2ra−2zm0bbU0GVW3MgFwGTSHN_D−MzLqSX-OQCbeenWSsuQezEguAYMD9IkVCcG4_xJX5c9tw7VTh0jzSCii4Ax21wdztFGxd6X_−pfOFYkQUk4DQ2VVHmrPzS jsm9ae3vTYyjQZffTB7LIjj0!/dl3/d3/L2dJQSEvUUt3QS9ZQnZ3LzZfSENEQ01LRzEwODRJQzBJSUpSRUpKQlNEEy STI!/?WCM_GLOBAL_CONTEXT=/wps/wcm/connect/safe_web_store/safe_web/whxw/zcfgjd/node_news_ zcfgjd_store/f9c5 418 047efb2ce9cccbceee2a1 794d。

(2) 进一步简化和改进直接投资外汇管理

为进一步深化直接投资外汇管理改革，促进和便利企业跨境投资资金运作，2015 年 2 月，国家外汇管理局发布《国家外汇管理局关于进一步简化和改进直接投资外汇管理政策的通知》。其主要内容包括：一是取消直接投资项下外汇登记核准。境内外投资主体可直接到银行办理境内直接投资项下和境外直接投资项下相关外汇登记。二是简化境内直接投资项下外国投资者出资确认登记管理。取消境内直接投资项下外国投资者非货币出资确认登记和外国投资者收购中方股权出资确认登记，将外国投资者货币出资确认登记调整为境内直接投资货币出资入账登记。三是取消境外再投资外汇备案。境内投资主体设立或控制的境外企业在境外再投资设立或控制新的境外企业时，无须办理外汇备案手续。四是取消直接投资外汇年检。改为实行境内直接投资和境外直接投资存量权益登记。放宽登记时间，允许企业通过多种渠道报送相关数据。五是加强事中事后监管。加强对银行的培训指导，强化事后核查和检查，要求银行提高合规意识，明确对违规银行的处罚措施。①

(3) 支持境内商品期货市场开放和交易便利

2015 年 7 月，《境外交易者和境外经纪机构从事境内特定品种期货交易管理暂行办法》(证监会令第 116 号,以下简称《暂行办法》)出台，允许境外交易者和境外经纪机构从事境内特定品种期货交易，并确定原油期货为我国首个境内特定品种。为支持配合《暂行办法》实施，日前，国家外汇管理局发布《国家外汇管理局关于境外交易者和境外经纪机构从事境内特定品种期货交易外汇管理有关问题的通知》(汇发[2015]35 号,以下简称《通知》)，明确境外投资者参与境内商品期货交易外汇管理政策，简化交易涉及的账户开立、资金汇兑以及数据报送等要求，便利市场操作。②

---

① 国家外汇管理局, 2015/02/28, http://www.safe.gov.cn/wps/portal/!ut/p/c5/hY7LDoIwFEQ_6U6lQlmWGksFAUNUYEMaQ5CEhwtj4t8LcY3OLE_mQRXNHu2ra-2zm0bbU0GVW3MgFwGTSHN_D-MzLqSX-OQCbeenWSsuQezEguAYMD9IkVCcG4_xJX5c9tw7VTh0jzSCii4Ax21wdztFGxd6X_-pfOFYkQUk4DQ2VVHmrPzSjsm9ae3vTYyjQZffTB7LIjj0! /dl3/d3/L2dJQSEvUUt3QS9ZQnZ3LzZfSENEQ01LRzEwODRKMDJCJSUpRRUpKSDEySTI! /? WCM_GLOBAL_CONTEXT=/wps/wcm/connect/safe_web_store/safe_web/whxw/zcfgjd/node_news_zcfgjd_store/d1bd75 804 778 240d854ba73b4 795 588d。

② 国家外汇管理局, 2015/07/31, http://www.safe.gov.cn/wps/portal/!ut/p/c5/hY7LDoIwFEQ_6U6lQlmWGksFAUNUYEMaQ5CEhwtj4t8LcY3OLE_mQRXNHu2ra-2zm0bbU0GVW3MgFwGTSHN_D-MzLqSX-OQCbeenWSsuQezEguAYMD9IkVCcG4_xJX5c9tw7VTh0jzSCii4Ax21wdztFGxd6X_-pfOFYkQUk4DQ2VVHmrPzSjsm9ae3vTYyjQZffTB7LIjj0! /dl3/d3/L2dJQSEvUUt3QS9ZQnZ3LzZfSENEQ01LRzEwODRKMDJCJSUpRRUpKSDEySTI! /? WCM_GLOBAL_CONTEXT=/wps/wcm/connect/safe_web_store/safe_web/whxw/zcfgjd/node_news_zcfgjd_store/9 422a 400 494d50b19 588b7a1e03 594f1。

(4) 实现了内地与香港基金产品互联互通的平台

2015年11月,人民银行、外汇局发布《内地与香港证券投资基金跨境发行销售资金管理操作指引》(以下简称《操作指引》),明确基金互认额度管理规则和相关操作,便利两地基金跨境发行销售所涉资金汇兑及流出入。①《操作指引》的发布,意味着内地与香港两地基金互认政策正式进入实施阶段。基金互认政策的正式实施,开辟了两地投资者证券市场投资新通道,资本和金融项目交易中"资本和货币市场工具——集体投资类证券"下所包含的"居民在境外出售或发行"以及"非居民在境内出售或发行"两个子项将不再受到严格限制,资本项目可兑换实现新突破。目前,内地和香港均已有基金管理人分别向中国证监会和香港证监会提出了申请,待获得注册后即可履行外汇登记程序。

4. 严厉打击外汇违法违规活动

2015年以来,外汇局注重"推改革"与"防风险"并举,既让守法合规的市场主体充分享受贸易投资便利,也保持对各类外汇违法违规行为的高压打击态势,切实防范异常跨境资金流动风险,坚决守住不发生区域性系统性金融风险的底线。一是继续与人民银行、公安部、最高法、最高检联合开展打击利用离岸公司和地下钱庄转移赃款专项行动。二是对2015年银行外汇业务合规经营专项检查发现的违规行为进行集中处理,加强银行的内部管控和外部监管,促进银行提升外汇业务合规经营水平。三是在15个地区开展融资租赁类公司外汇业务专项检查,促进这些公司加强内部管理,树立守法经营意识。四是通报部分机构、个人违规办理外汇业务的处罚情况,加强对外汇交易主体的警示教育,维护外汇市场交易秩序。

外汇局根据形势变化,抓住异常跨境资金违规流动主渠道,针对银行、融资租赁类公司、橡胶等各类行业组织开展专项检查,加大对地下钱庄等外汇领域违法犯罪行为的打击力度。据初步统计,截至2015年12月,共查处外汇违规案件1 900余件,共处行政罚款4.1亿元人民币。一是与人民银行、公安部、高检、高法等部门联合开展打击利用离岸公司和地下钱庄转移赃款专项行动,已协助公安机关破获地下钱庄等非法买卖外汇案件60余件。对通过地下钱庄进行违规交易的机构和个人,外汇局也加大处罚力度,已查处相关违规案件百余起,共处行政罚款

---

① 中国人民银行、国家外汇管理局发布《内地与香港证券投资基金跨境发行销售资金管理操作指引》,2015/11/09, http://www.safe.gov.cn/wps/portal/! ut/p/c5/hY7LDoIwFEQ_6U6lQlmWGksFAUNUYEMa Q5CEhwtj4t8LcY3OLE_mQRXNHu2ra − 2zm0bbU0GVW3MgFwGTSHN_D − MzLqSXOQCbeenWSsuQezEguAYMD 9IkVCcG4_xJX5c9tw7VTh0jzSCii4Ax21wdztFGxd6X_ − pfOFYkQUk4DQ2VVHmrPzSjsm9ae3vTYyjQZffTB7LIjj0! / dl3/d3/L2dJQSEvUUt3QS9ZQnZ3LzZfSENEQ01LRzEwODRJQzBJSUpRRUpKSDEySTI! /? WCM _ GLOBAL _ CONTEXT =/wps/wcm/connect/safe_web_store/safe_web/whxw/zcfgjd/node_news_zcfgjd_store/90e96a004a83a6 d69f21df883ebd8 752。

1.2亿元人民币。二是严厉查处银行渠道跨境套利及异常流出行为。选取跨境收支业务量较大的7家银行开展外汇业务合规性检查,已查处违规案件900多件,罚款5 300多万元人民币。三是开展融资租赁公司外汇业务专项检查。对外汇业务量大、经营情况异常、违规线索集中的160家融资租赁类公司进行检查,涉及跨境收支154.5亿美元,经查发现涉嫌违规企业19家,处罚款893.4万元人民币。四是开展天然橡胶行业贸易融资专项检查。共检查了14家具有代表性的企业,目前已发现7家企业存在外汇违规问题,涉案金额1.3亿美元。五是联合多部门重点对大额资金逃汇、非法网络炒汇等进行检查,不断加大查处力度,切实维护外汇领域市场秩序。

二、当前我国金融监管中存在的问题

虽然2015年的我国金融监管工作取得了显著的成效,对金融市场的健康发展起到了积极的推动作用。但是,经济发展方式的转型,金融需求日趋多样化以及国际金融环境日趋复杂,对于加强和改善金融监管提出了越来越高的要求。我国的金融监管还不能很好地适应经济、社会发展的新要求,金融监管与金融创新的制度建设相对滞后,金融监管工作尚不能全面覆盖金融市场的风险。

(一)银行监管存在的问题

1. 互联网金融快速发展,监管问题日益突出

根据网贷之家数据显示,2015年2月爆发问题的平台有58家,3月问题平台的爆发数量和发生率虽然下降了,但老平台开始集中爆发问题,如上线4年多的老平台盛融在线陷入了提现危机,在线待还款金额超过9.2亿元。P2P网贷出问题比较多,众所周知,跑路的问题、违约的问题以及违规问题尤为突出。在互联网金融蓬勃发展的背后,非法吸收公众存款、非法集资、投资陷阱等乱象严重扰乱了我国金融市场秩序,而对这些尚缺乏具体的政府监管机构,因此,加强互联网金融监管是我国当前经济发展中亟待解决的问题。

2. 地方政府向商业银行高额举债,违约问题不断凸显

2015年年底地方政府债务余额16万亿元,除以全国GDP总额,则达23.6%,远超美国地方政府13%—16%的负债率上限,也接近加拿大的25%上限,无疑是相当高了。

有些地方的高负债率和高债务率,被其他地方的低负债率和低债务率拉低,平均数因此掩盖了一些地方的真实风险。如果每个地方单独计算,则问题可能会更为清楚。媒体还披露,除了贵州、辽宁、云南和内蒙古四地债务率高企外,2015年年底,全国人大常务会审议国务院关于规范地方政府债务管理工作情况的报告显示,100多个市级、400多个县级的债务率超过100%。数量庞大的市县债务引人瞩目,市县债务风险较高已不是个别现象,债务风险确实值得引起高度关注。

目前地方政府高额举债对银行监管带来的主要问题有以下几个方面。

一是地方法人机构与地方政府深度关联。地方政府或国资公司一般都是当地地方法人银行机构的大股东之一,部分银行业机构的董事长和总经理都由地方政府任命或具有地方政府背景,加之地方法人银行机构对当地政府在政策、储蓄资源、贷款客户等方面都有较大的依赖性,地方法人银行机构在信贷决策时受地方政府的影响较大;且大多数银行对政府背景的融资平台偿债能力较为信任,发放贷款并未遵循完全的商业化原则,对贷款的监管也流于形式,被挪用、占用的情况经常发生,给地方政府融资平台贷款质量埋下隐患。

二是部分银行业机构风险管理薄弱。第一,接受地方政府违规担保,担保效力未知。截至2015年6月月末,地方政府及所属机关事业单位对政府性债务违规提供担保281.54亿元,其中大部分是银行贷款。银行业机构接受地方政府对融资平台违规出具的担保函或承诺函,其法律效力存疑。第二,土地押品失效。部分银行业机构接受专业土储机构以外的平台公司储备土地作为押品,可能导致担保悬空。

3. 不良贷款不良贷款率双升,银行监管体系有待完善和发展

在中国经济增长放缓,实体经济不景气的影响下,我国商业银行不良贷款依然呈现出双升的态势,2015年各季度不良贷款率分别为1.39%,1.50%,1.59%,1.67%,不良贷款余额分别为669 789亿元、690 695亿元、705 664亿元、719 756亿元,两者均呈现出明显的上升趋势;截至2015年年底,商业银行资本充足率是13.45%,总体水平较高;商业银行不良贷款率是1.67%,处于国际较低水平;商业银行拨备覆盖率是181%,拨备充足。虽然总体来说,银行业不良贷款风险仍处于可控范围内,许多指标优于一些发达国家平均水平。但不良贷款双升问题仍然需要被给予足够的重视,尤其是在目前实体经济不景气的背景下,缺乏足够的重视,缺少对不良贷款未来走势及潜在风险的预判,则有可能因突发的危机影响银行安全性引发银行业危机,影响我国金融、经济环境的稳定。事实上,银监会多年前已经开始了对不良贷款风险监管和风险防控的重视,但目前我国在此方面的银行监管仍存在一些问题。

一是银行监管滞后,事前防范措施不足。机构监管部门按月、按季,甚至按旬来检测银行业金融机构不良贷款的变化,实行持续性的检测,特别是银监会的监管部门,还要对银行业不良贷款的整体状况做压力测试,以判断整体上不良贷款的水平和抵抗上述不良情况的一个整体的风险水平。总体来说,我国监管机构在对不良贷款的监管和风控方面给予了足够的重视,但其仍然存在监管滞后的问题。

二是银行监管手段、措施有效性有待验证。事实上,从2011年开始我国经济

实际 GDP 已经开始逐步回调,在经济下行、经济结构回调的过程中银行不良贷款出现增加是合理的,银监会对此也早已有预判。当时,银监会已经开始要求银行在贷款增速比较高,经济比较好的年份进行逆周期的贷款拨备准备;对于系统性重要银行,要求从 2013 年开始,不良贷款的拨备覆盖率要在 150% 以上,拨备比要在 2.5% 以上,以二者孰高为主;对其他金融机构,则要求从 2016 年开始执行这个制度。可以看出近年来我国在不良贷款拨备准备方面出台了许多措施,但这只能起到对不良贷款的保证作用,是被动的,在目前不良贷款双升的情况下,单一的拨备准备是不够的,措施的有效应也无法保证。我国各商业银行拨备准备基本都超过银监会要求的标准,但这只能保证总体的风险可控,个体风险、行业风险等仍无法被监控,监管措施的实际有效性有待考证。

4. 网络银行初步发展,监管风险不断出现

网络银行作为新颖的银行经营模式,在移动互联网时代,发展到了移动金融的形态,便捷的使用体验和难以想象的发展空间,使网络银行日益受到金融机构和社会各界的重视。伴随着数字化、信息化和网络化的发展高潮,网络银行不断地高速发展,功能逐渐改善,业务量也不断提高。随着我国银行业的全面对外开放,我国越来越多的金融机构在加快网上银行建设的步伐,网络低廉的成本和便捷的服务也受到人们的重视。但是,网络银行发展的安全、业务等问题也有很多。由于我国网上银行发展相对较晚,在监管方面还处于起步阶段,监管实践中仍然存在着许多亟待解决的问题,并且随着我国网上银行的进一步发展,这些问题的解决将显得越来越迫切。

一是对网上银行监管意识上的滞后性。在传统的金融范畴中,我国银行监管本身就存在着滞后性,主要以事后调节为主,计划性、强制性的指导为主,真正带有前瞻性的宏观调控不是很强,特别是面临网络化发展的时期,其监管意识还是相对滞后。网络的发展可以使一些监管人员足不出户,但这绝不意味着监管工作的简单化;相反,新时期的监管将是一种全方位、灵活性、高技术条件下的复杂化监管。如果主观上不重视,没有在发展的初期形成有效的监管机制,将使银行进入一个混乱无序的网络竞争时代。同时,意识的僵化将使一些监管措施难以保障网络银行安全运行,束缚和妨碍网上银行的发展。

二是网上银行的监管体系尚不完善,监管制度尚不健全。网上银行的监管基本上沿用的是机构监管和传统业务的管理模式,监管工作的针对性不强。网上银行的活动虽然涉及银行业务的方方面面,但都是在一个平台上运行,密切相连。按机构和业务划分的传统监管模式,很难适应网上银行业务"无缝"运行的特点。不同部门在监管思路、重点和方法等方面的不同,可能会产生对同一网上银行业务流程的合规性与风险性的判断不同;同时,由于部门利益的存在使得部门之间

的协调难度很大,难以形成一套全面的监管制度。因此,从长远来看,这种监管模式很难适应网上银行发展与风险控制的需要。

三是监管法律法规与现实情况脱节。同网络银行高速发展的业务相比,我国国内的金融立法相对滞后,客户办理网络银行采用的规则均为协议,在与客户明确权利义务的基础上签订合同,出现问题通过仲裁解决。但是由于缺乏相关的法律法规,造成出现问题后涉及的责任认定、承担,仲裁结果的执行等复杂的法律关系难以解决;网络银行模糊了国与国之间的自然疆界,其业务和客户随互联网的延伸可直达世界的任何角落。由此衍生了新的法律问题,如跨境网上金融服务的交易的管辖权、法律适用性、服务和交易合约的合法性、品牌与知识产权问题、境外信息的有效性与法律认定、网络银行的客户为非本国居民时所存在的语言选择的合法性等问题,都很模糊。这些无形中加大了银行和客户在网上进行电子支付活动的风险;对网络犯罪分子犯罪事实的认定以及事后如何判定损失程度等法律问题还没有界定,这也无形中增加了银行与客户在网上进行金融交易的风险。

(二)证券监管存在的问题

毫无疑问,2015 年将在中国资本市场的历史中留下不可磨灭的印记。这一年,股票、期货、债券、基金等市场各项制度建设取得积极进展,市场主体不断扩容,规模迅速壮大,在服务实体经济、助力产业转型、结构调整中发挥重大作用。但 2015 年资本市场跌宕起伏,货币市场宽松和杠杆累加催生上半年的债券市场和股票市场上涨,年中宽松预期生变、持续去杠杆等因素引发股市暴跌。"过山车"般的行情充分暴露出我国证券监管体系和监管制度难以有效防范化解金融风险和保护投资者利益。

1. 股市突发危机下的风险预警机制缺失

2015 年中国股票市场给投资者及监管当局留下的最深刻的印象便是暴涨暴跌。在这一轮股市上涨中,上证指数从 2 400 点飙升至 5 178 点,涨幅高达 116%,创 6 年以来新高;截至 2015 年 6 月 12 日,沪深两市总市值为 71.2 万亿元,较 2014 年年初增长 198%。暴涨之后市场立即出现反转,与以往不同,2015 年的股市震荡是在"改革牛"和"杠杆牛"的背景下发生的,不足 20 天时间,上证指数和创业板指数分别下跌 30% 和 40%,并多次出现千股跌停的罕见局面。为维护市场稳定,防范系统性风险的发生,金融监管层、政府相关职能部门、执法部门及金融机构部署行动,采取救市措施,虽然事后干预取得相应成效。但在一定程度上暴露了监管有漏洞、监管不适应、监管不得力等问题,尤其是预警措施和应对方案的缺失。具体来看,其根源可追溯至金融创新的加快及金融监管的乏力。一方面,融资融券、场外配资、分级基金及伞形信托等新型金融产品和服务助推股市暴涨暴跌;另一方面,监管机构对股票市场波动的实时监控及前瞻性不足,创新业务监管制度的不完备都需要引起足够的重视。

一是两融业务非理性增长。2015年的牛市最大的特征是"杠杆效应",股票价格的大幅上涨与下跌都与融资融券制度息息相关。一方面,两融业务作为2010年证券业开展的一项创新业务,其为投资者提供了放大交易和做空的工具,通过杠杆操作放大了助推股市波动的功能。2014年上半年,两融资金总规模增长缓慢,截至2014年6月,融资融券规模仅为4 000亿元,融券规模不足100亿元。然而,随着股票市场逐渐回暖,融资融券规模迅速飙升,2015年上半年融资融券余额增加至22 000亿元,极短时间内向二级市场注入大量资金,刺激股价快速上涨,相应股价的上涨进一步促使杠杆资金非理性入场推升泡沫。

二是场外配资井喷式生长。自2014年以来,除了存在融资业务非理性增长及部分违规现象外,场外违规配资已露出端倪,作为杠杆资金的另一种渠道,其规模不容小觑。作为民间版本的融资融券,配资业务一旦被非理性的配资人使用,无疑会放大他们非理性的追涨杀跌操作,造成股市的异常波动;最后,从技术层面来看,恒生电子公司开发的HOMS系统为配资活动的风险管理提供了可能性,推动配资业务在市场上得到推广和普及。因此场外配资行为透明度低,缺少监管,处于灰色地带,蕴含较大风险。这表明监管机构未能在前期对场外配资实施有效监管措施,进而使其演化为重大股市突发危机隐患。

三是银行理财资金涉股规模扩张。在我国分业经营的背景下,银行资金很难直接进入股票市场,而近年来,随着金融创新力度的加大,银行资金为了规避监管,通过信托公司或证券公司的资产管理业务等方式打通了进入股市的通道,其中又以伞形信托最为典型,伞形信托又被称为结构化证券投资产品,是指由证券公司、信托公司、银行等金融机构共同合作,结合各自优势,为证券二级市场的投资者提供投、融资服务的金融创新工具。对于2015年6月,在牛市氛围下,伞形信托较高的杠杆比例,无疑是吸引劣后端资金的重要原因,市场规模的估计大约在8 000亿元左右①。当行情逆转之时,证券监管部门对这一业务的清理触发了杠杆资金助跌的市场风险,对我国分业监管模式提出了实实在在的警示。

随着股票市场投机氛围浓厚,泡沫化升级,2015年6月监管机构开启大规模去杠杆进程。2015年6月5日,证监会新闻发言人张晓军强调,按照《证券公司融资融券业务管理办法》的有关规定,未经批准,任何证券公司不得向客户融资、融券,也不得为客户与客户、客户与他人的两融活动提供任何便利和服务;6日,一篇名为《证监会叫停场外配资端口接入》的新闻提到"证监会已经向券商下发通知要

---

① 林采宜:《A股"杠杆交易"的风险传导机制:7.9万亿资金的蝴蝶效应》,载于《21世纪经济报道》2015年7月8日。

求自查场外配资业务,全面叫停场外配资数据端口服务,其中包括恒生电子的"HOMS 系统配资";中国证监于 2015 年 6 月 12 日,就修订后的《证券公司融资融券业务管理办法》公开征求意见,一方面,加强监管和防范风险;另一方面,取消部分不适应业务发展实际的限制性规定,以确保融资融券业务规范健康发展;2015 年 6 月 13 日,中国证监会下发了《关于加强证券公司信息系统外部介入管理的通知》,重申各证券公司不得通过网上证券交易接口为任何机构和个人开展场外配资活动,非法证券业务提供便利。随着一系列去杠杆政策的出台,股价继续上涨的理由已经不复存在。自 6 月 15 日起,A 股开启暴跌之旅,巨额股票进入强行平仓程序,市场流动性进一步枯竭。综上,监管部门对金融创新的扭曲及风险预警机制缺失问题暴露无遗。

2. 改革背景下的配套监管机制不足

一是多层次资本市场构建背景下,新三板遇新挑战。新三板作为国内主板、中小板、创业板以及区域性股权交易市场的重要补充,发展态势总体良好,2014 年较 2013 年挂牌企业家数增速为 341.57%。2015 年较 2014 年上涨到 226.57%,截至 2015 年 12 月 31 日,新三板市场挂牌企业数量达到 5 129 家,总股本 2 959.51 亿股,总市值 24 584.42 亿元。新三板对新常态下中国经济在推进供给侧结构性改革、提高企业直接融资比重的进程做出了很大贡献,但作为新兴市场,其存在的问题也逐渐凸显,内幕交易、市场操纵、大股东违规减持等涉嫌违法违规的案件频出。

二是循序渐进,为注册制改革创造条件。决定推进注册制改革,绝非新股发行制度本身修改完善就能实现,需要进行一系列的配套制度改革。但由于当前我国特殊的市场环境,股市投机性,新股发行的"三高问题",上市公司质量不高,市场存在许多不规范的行为等问题依旧是推行注册制改革的阻碍。目前推出注册制的条件还有待完善,监管机构须有针对性地为注册制改革提供保障。

三是资本市场双向开放力度有待加强。无论是从新兴市场国家资本市场开放实践中的经验和教训,还是中国资本市场开放的宏观经济条件和资本市场本身的特殊性,都说明中国资本市场开放进程的不可逆性与开放的长期性和渐进性。

3. 法制建设须进一步加强

此次股市震荡中,由于过度加杠杆及强制去杠杆加剧了市场下跌,而这背后的根源更多的是在于违法违规问题的出现。

一是开展两融业务的部分公司存在严重违规问题,如为到期融资融券合约展期、向不符合条件的客户融资融券、未按规定及时处置客户担保物、违规为客户与客户之间融资提供便利等问题。个别证券公司出现整改不到位,受过处理仍然未改正甚至出现新的违规问题,这表明监管机构处罚措施未能制止违法违规行为。

二是少数券商违规进行场外配资、大规模坚持股票和主动做空行为，反映出券商内控不严。2015年9月，4家证券公司因违规从事场外配资业务受到处罚。2015年11月，监管机构再次对3家证券公司、1家基金公司、3家基金子公司在信息技术专项检查中暴露出的类似问题公告了行政处罚决定。

除此之外，少数机构和个人在存在信息欺诈、内幕交易、操纵市场和违规做空等涉嫌违法的交易行为。例如，泽熙投资总经理徐翔事件，其在股灾期间，利用非法手段获取股市内幕信息，涉嫌内幕交易及股价操纵。从徐翔的操盘轨迹来看，以康强电子为例，2015年三季度，华润深国投信托有限公司 - 泽熙6期单一资金信托计划买入康强电子约1 030万股，购买价格在8元/股附近。而后康强电子从2015年1月6日起停牌，并在5月发布了永乐影视拟借壳的重组公告，随后公司股价在复牌后的14个交易日里暴涨约237.7%，最高达到46.09元/股。徐翔事件后，引发了股市多米诺骨牌效应，给证券市场带来短期的冲击影响。

以上，一方面说明金融机构业务操作流程不够严谨，内控制度不够完善。另一方面也反映出监管机构的行政处罚力度偏小，从行政法规角度起到的震慑作用有限。

4. 投资者权益保护亟待加强

一是信息公开制度存在缺陷。目前在证券市场中的上市公司在信息披露方面，普遍存在披露信息不充分、不真实、不及时问题，中小投资者无法准确了解和掌握上市公司生产经营的有效信息，进而做出错误投资判断。这种上市公司披露信息造价行为严重侵害了投资者的知情权，给投资者造成严重的经济损失，造成了证券市场的恶性循环。

二是个人证券投资者维权成本过大。立法对中小投资者诉讼权的规定不完善，使得个人证券投资者维权成本过大，降低了投资者维权的积极性。例如，当中小投资者因上市公司虚假披露或其相关人员内幕交易等行为导致自己利益遭受损失时，作为原告的中小投资者需要承担证明损失和对方违法违规行为因果关系的责任，才能状告违规上市公司及其相关人员，要求其承担相应的赔偿责任。如果不能证明相关违法者的违法违规行为与所造成导致的损失有因果关系，其诉求就得不到法院的支持。

三是投资者风险意识薄弱。深圳证券交易所发布《2015年个人投资者状况调查报告》显示，2015年投资者结构仍以中小投资者为主，总体交易较为频繁，投资风格以短线交易和趋势投资为主。投资者自我保护意识薄弱，存在大量非理性交易行为。

(三) 保险监管存在的主要问题

1. 保险监管策略的前瞻性不足

我国经济发展方式正在发生深刻变化，保险业的结构调整和转型升级特征日益明显,加大了保险市场风险的动态变化,对保险监管策略的前瞻性提出了更高的要求。当前我国保险监管策略的前瞻性不足,主要表现为以下三个方面:

一是对经济周期与保险周期的识别能力有待提高。在保险业体系内,系统风险与个体风险并非呈现线性特征,个体的审慎行为可能会导致集体行为的不审慎,即所谓的"合成谬误"。此外,当经济处于经济周期的波峰时,传统的微观审慎监管会认为此时保险风险最小,因而出现所谓的"顺周期监管"。为了克服合成谬误和顺周期监管所造成的风险叠加,保险监管者需要提前识别经济周期与保险周期的运行规律。然而,当前我国经济波动的规律与发达国家有很大差异,国际上常用的经济周期识别方法并不适用。同时,我国的保险体系也处于改革阶段,保险结构不断发生变化,保险风险的来源和传递路径也具有独特性。这些都使得我国经济周期与保险周期的识别、判断具有更大的挑战性。

二是保险宏观审慎监管政策与国家宏观经济政策的协调配合有待加强。宏观审慎监管与宏观调控政策都有"宏观"视角,同时又各司其职,不可替代。一方面,稳健且可持续的宏观经济政策是实现保险宏观审慎监管的先决条件之一。保险业中的系统性风险很多来源于宏观经济环境,独立的保险宏观审慎监管难以确保保险行业的稳定。包括货币政策与财政政策在内的稳健的宏观经济政策能够减少系统性风险,为保险监管提供良好的前提条件。因此,经典的金融稳定框架里第一个支柱就是"良好的宏观经济环境"。另一方面,有效的保险宏观审慎监管能够维护保险行业的整体稳定,降低保险体系的脆弱性,减少出现金融危机的概率,为国家宏观经济政策的顺利实施奠定基础。因此,保险宏观审慎监管政策与国家宏观经济政策的协调配合是保障我国保险市场平稳运行和促进经济发展的重要任务。但是,我国保险宏观审慎监管的视野还不够开阔,需要把视野拓宽至更广泛的领域,关注经济增长、国际收支、通货膨胀、利率汇率、资产价值、跨境跨业风险指标和传染效应等,分析保险业可能受到的外部冲击。

三是防范系统性风险的宏观工具箱还不完备。虽然一些保险微观审慎监管工具(如偿付能力)也具有宏观审慎效果,但是专门的宏观审慎监管工具仍然是必不可少的。特别是系统重要性资本附加和逆周期资本附加,已经在本轮国际金融危机后成为全球范围内达成共识的专门的宏观审慎监管工具。当前,我国保险宏观审慎监管没有系统重要性资本附加和逆周期资本附加的规定,需要加快相关监管规则的建设进程。此外,我国保险体系的风险隔离机制也不健全。

2. 保险监管执法效能有待提高

近年来,保监会非常注重保险监管规则体系的完善,出台了大量保险监管新规,对原有保险监管规则进行补充和修订。然而,与此不相适应的是保险监管执法效能没有显著提高,暴露出以下不足:

一是目标多元化导向下监管执法力度偏弱。除维护保险市场秩序、保护保险消费者的合法权益之外,我国保险监管还担负着多重任务,如督导保险业贯彻落实国家宏观调控政策、促进保险业改革开放、引导保险业服务实体经济等。监管目标的多元化致使监管决策与行动一直面临促进行业发展与查处违法违规行为之间的两难选择,监管资源难以有效集中配置到监管执法工作中。

二是监管问责机制薄弱。监管问责制主要包括履职问责与机构问责。在履职问责方面,我国保险监管主要根据行政工作内部管理要求确定履职问责范畴,而没有按照国际保险监督官协会发布的《保险监管核心原则》关于资本充足性和偿付能力、风险管理、公司治理、内部控制、投资、破产清算和市场退出等审慎监管工作确定履职问责标准,对选择性执法与处罚力度偏弱问题缺乏问责制衡,问责力度与处理措施未能充分考虑监管履职不当对保险风险防范的影响。在机构问责方面,我国保险监管机构问责主要依靠纪检、监察部门实施内部问责,对外部问责无清晰化的制度安排,缺乏政府、司法机关、社会公众等对保险监管执法行为的再监督。保险监管问责机制的薄弱导致我国保险监管缺乏适当的激励与必要的制衡,进而削弱了保险监管治理的有效性。

三是执法信息的透明度不高。首先,随着保险业务和保险产品的不断创新,各种涉嫌违规行为层出不穷,而相关的规范性文件只在定性方面作原则性表述,违规事实认定缺乏量化标准,导致监管执法处罚缺乏可操作性。其次,保险业监管处罚信息尚未对社会及时、完全公开,既不利于相关利益方及社会公众对保险机构违法违规现状的全面了解,也不利于社会公众对监管执法活动的监督约束。因此,当前我国保险监管执法的警示威慑效应不足,公众难以对行政处罚事实认定的客观性、程序合法性、处罚依据的准确性、量刑尺度的适当性进行全面监督,阻碍了保险监管公信力的提升。

3. 多重监管目标难以同时兼顾

我国《保险法》第134条规定:"保险监督管理机构依照本法和国务院规定的职责,遵循依法、公开、公正的原则,对保险业实施监督管理,维护保险市场秩序,保护投保人、被保险人和受益人的合法权益。"可见,我国保险监管的法定目标是"维护保险市场秩序,保护投保人、被保险人和受益人的合法权益"。然而,保险监管实践中,保监会实际上还肩负着增强行业发展动力,推进改革创新,服务经济社会发展等多重目标。保险审慎监管的法定目标要服从于经济发展和产业政策目标,多重目标间有时会产生冲突,在监管实践中难以同时兼顾,从而损害了保险监管的有效性。具体表现为:

一是使用监管政策来促进政府经济发展和产业政策目标的实现,可能导致保险风险的累积。由于政府以所有者、行业促进者、监管者的不同身份参与经济活动,作为政府部门之一的保监会要服从政府的经济和产业发展策略,推动保险业服务实体经济。为实现上述目标,保监会在监管实践中的审慎监管要求可能会随着国家宏观政策的变化而放松,影响监管政策的连续性,造成保险风险在宏观层面的累积。

二是行业发展促进者的角色可能损害监管机构的客观性。由于监管者肩负着促进保险业发展的目标,在监管实践中,就会面临促进行业发展与查处违法违规行为之间的两难选择,对于被监管者违规行为的宽容态度会损害保险监管的客观性和公信力。特别是当掩盖某些监管行为会给监管者和被监管者带来共同利益时,监管机构就可以所谓的"出于保密考虑"或者"考虑到系统性影响"等借口为自己开脱。

三是政府维稳的目标要求使得保险市场的优胜劣汰机制难以发挥作用。保险公司是经营风险的企业,对风险的识别、计量、管理与处置是保险公司的专长。然而,在我国经营失败风险由政府承担的预期下,保险公司普遍将规模扩张作为首要目标,而忽视自身风险管理能力的提升。因此,政府保护和缺乏市场退出机制已成为造成我国保险业低水平竞争、自我约束机制不足的重要根源。

4. 宏观审慎监管存在信息缺口

保险业是一个信息密集型产业,大量的客户信息、交易信息、经营数据等都以各种各样的数据形式被记录、储存和交换。保险企业需要根据数据进行产品销售、投资管理、风险管理等经营活动,而保险监管者则需要根据数据监测保险体系的运行、维护保险市场的稳定性。长期以来,保险体系的数据统计如同微观审慎监管框架一样,按照公司、业务领域、地域等不同标准被人为地割裂开来,不同国家、一国内部不同监管机构、甚至同一监管机构内部不同部门,制定的数据标准存在较大差异。然而,实现宏观审慎监管目标需要将一国及至全球金融保险体系视为一个复杂的"自适应系统",从整个数据系统的层面对宏观风险进行分析。宏观审慎监管政策对数据整合的要求与统计零散、标准不一的现行微观数据统计体系之间的这一矛盾被国际货币基金组织(IMF)和金融稳定委员会(FSB)称之为"数据缺口(Data Gap)"或"信息缺口(Information Gap)"。

近年来,中国保监会积极推进我国保险监管信息系统建设。2009年3月,保监会推出并开通运行保险中介监管信息系统。2013年1月1日,保险监管信息交换平台电子文件传输系统正式上线。2015年10月,保监会起草并发布了《保险机构信息化监管规定(征求意见稿)》。这些举措都表明了保监会加强对保险机构信息化工作的监督管理,促进信息化工作规范化与标准化建设的决心。然而,我国现行保险微观数据统计体系也存在明显的分割与零散,无法满足宏观审慎监管对数据整合的要求。随着我国传统保险业信息化、网络化的迅速发展,宏观审慎监管中存在的"信息缺口"问题会日益严重,其所导致的信息不对称将破坏保险市场的有效运行,在特定条件下会诱发由个体理性所导致的集体非理性行为,并使得保险监管者无法及时、有效介入,从而引发系统性风险。

(四)涉外金融监管中存在的问题

2015年来,国家外汇管理局按照外汇管理"五个转变"的工作思路,以促进投资贸易便利化为主要目标,在货物贸易、直接投资、外债管理、服务贸易等方面出台了一系列改革措施,涉外业务社会成本进一步降低,社会效益进一步提高。但与此同时由于新形势下外汇管理与外汇政策的调整,涉外金融监管中仍存在以下一些问题。

1. 外汇监管效率下降

一是外汇管理政策传导有效性减弱。改革前外汇局工作人员与涉汇主体面对面接触较多,更了解涉汇企业经营状况,能够有针对性地开展政策解读和辅导。改革后,审核权限大范围下放至金融机构,使得金融机构实质上成为外汇局监管触手的延伸,其履行外汇局的"间接监管"(即代位监管)职能。但由于金融机构经营目标与外汇管理防范异常外汇资金跨境流动等目标存在差异,直接影响了其对贸易投资背景真实性的审核效果。同时,金融机构对业务合规性和真实性的审核要求在内控制度中虽均有体现,但内控制度较为宽泛,内容不够具体细致,缺乏针对性,给放松真实性审核提供了空间。因此,金融机构在业务办理中尽职审核不严,代位监管职责履行不到位,外汇管理政策传导的有效性较改革前有所减弱。

二是行为监管条块分割的管理模式制约了外汇监管效果。目前外汇局的内设机构仍然是按照传统的经常、资本、国际收支、外汇检查、外汇综合五个专业条线分工,内部岗位也仍然按照业务交易行为进行设置,相应的法规发布、系统开发建设、工作流程和工作部署等也都是建立在此基础之上。随着外汇管理改革的进一步深化,外汇管理理念和方式逐渐向宏观、中观、微观管理相衔接转变,初步形成以将同一主体的各类外汇行为信息整合到一起,全口径、系统化监管监测的主体监管模式。而以行为监管条块分割的现行管理模式已不再适应以主体监管为核心的管理需求,不利于外汇管理改革成效的真正落实以及外汇管理高效履职的实现。

三是外汇检查工作面临挑战。外汇管理改革后形成的主要管理模式是由过去外汇管理"重事前审核"向"重事后监测"转变,即外汇局通过权限下放实现由"台前"向"幕后"的转变。在新形势下,如何转变外汇检查工作方式、方法和手段,有效防范跨境资金流动风险,保证政策的实施效果,成为外汇检查工作面临的全新挑战。另外,改革去行政化的快速推进,企业便利化程度大大增加,但客观上也造成了外汇局同相关部门的信息和政策沟通、业务联系等方面的弱化,如果未能及时建立多部门的信息共享和协调监管机制,将影响外汇管理主体监管的效果。

四是新型外汇管理人才匮乏。在改革新时期,大部分行政审核环节取消或转移到金融机构,传统业务岗位工作明显减少,工作重心转为事后监测和监管,外汇管理人员要从以往简单劳动中脱离出来,转型为从事统计分析和监测工作。这对外汇管理人员的知识结构、综合业务素质、系统运用、监测核查、研究分析、创新实践等能力均提出了较高要求。然而,从目前外汇管理人员的实际来看,既熟悉政策和业务又能运用数学、统计学等知识进行数据分析的复合型人才明显匮乏。外汇管理人员转型如果跟不上外汇改革的速度,势必导致事后监管不力,影响外汇管理改革效果。[1]

2. 第三方支付机构跨境电子支付服务监管不完善

一是跨境电子支付服务监管不协调。根据《外汇管理条例》和《支付机构跨境电子商务外汇支付业务试点指导意见》(以下简称《指导意见》),外汇管理局及其分支机构是跨境电子支付的法定监管者。而中国人民银行仍为电子支付的核心监管主体,定价上由国家发改委和工信部监管。因此第三方支付机构跨境支付业务中存在监管权配置与法定监管机构不匹配,导致了监管的不协调和监管的低效率。由于电子支付服务横跨"金融业"与"非金融业",决定了简单地套用现行金融监管体系下的"分业监管"或执行人民银行的"统一监管",无法有效地解决电子支付服务中存在的问题。在具体的监管实践中,由于信息不对称问题的存在,中国人民银行在新兴电子支付和互联网金融方面缺乏监管优势,相关行业协会也不能充分发挥其应有的监管力量。

二是跨境支付中产生诸多新的外汇管理问题。《指导意见》第 2 条明确规定其适用的范围是"跨境互联网支付所涉的外汇资金集中收付及相关结售汇服务",说明《外汇管理条例》应该是跨境电子支付最上位的基本法,是国家外汇管理局获得法定监管职权的依据,但《外汇管理条例》中并没有规定跨境电子支付中外汇资金的收付与结售汇的具体内容。在我国境内,经营外汇业务的主体是金融机构。当事人在办理相关外汇业务时要与银行之间履行严格的手续,银行要汇总并及时上报外汇收支情况。但随着第三方支付机构跨境支付业务的飞速发展,外汇管理中相关法律法规的完善与修改却没有跟进。一方面外汇管理制度中第三方支付机构的定位不明确。在第三方支付机构参与的跨境支付服务中,第三方支付机构实际上承担了一定的类似银行的外汇管理职责,执行着一定的国家外汇管理政策,但又不属于"金融机构",如何从法律角度明确该类"非金融机构"的行为存在问题。另一方面,传统外汇管理制度面临挑战。传统外汇管理通常涉及银行和当

---

[1] 毕宏伟、乔欣欣:《"简政放权"背景下加强外汇管理有效性的探析》,载于《甘肃金融》2015 年第 3 期。

事人两类主体,故监管机构能够及时、有效地进行相关外汇数据的统计,但在跨境电子支付中,第三方支付机构充当跨境交易的收付款方,交易资金会在第三方支付机构大量沉淀,不但会产生沉淀资金的安全问题,还会因国际收支申报收付款主体不是交易当事人而影响到监管机构对外汇收支统计的准确性。同时,由于跨境支付通过互联网来传递交易信息和完成交易流程,缺少传统的书面纸质凭证,这就会在一定程度上增加监管交易真实性的难度。①

3. 境内个人直接对外证券投资中外汇监管存在矛盾

一是人民币国际化与外汇资本项目开放程度不一致导致冲突。从定义和我国的监管现状来看,人民币国际化与资本项目开放不是一个概念;但是从人民币跨境流动和资本项目开放的路径和作用来看,二者具有政策替代性。目前,我国对于人民币国际化和外汇资本项目采取分别管理的态度。"人民币跨境业务"与"资本项目外汇管制"的不同步不仅包括可以进行的业务种类不同,也包括汇兑额度不同。由于人民币跨境业务不涉及兑换外币,审核机关往往愿意给予较高额度。因此,从本质上讲,推动人民币跨境资本流动和实现资本项目的可兑换是可替代的两类改革,单方面推动人民币跨境资本流动会使资本项目管制失效。我国目前对于人民币跨境流动的额度、主体等限制未与资本项目的外汇监管保持一致,而这种在对外投资上衡量标准和批准程序上的不一致性,必然导致外汇管制的有效性显著降低。

二是人民币跨境业务与外汇管理部门协调不足导致监管套利。外汇管理局对跨境资本流动有监督管理的权力,就境内个人外汇管理而言,根据《外汇管理条例》和《中国人民银行、国家外汇管理局关于跨境人民币业务管理职责分工的通知》,跨境人民币业务由人民银行货币政策二司负责,并向外汇局有关司提供业务数据。但由于人民币跨境流动的额度、主体等限制没有与资本项目的外汇管制保持一致,人民币跨境业务和资本项目的管理分属不同部门,在当前人民币国际化与境内居民个人资本项目管制的冲突背景下,市场主体有动力也有可能进行相应的监管套利,监管更为严格的外汇管理局的部分职能就相应地存在被架空之嫌,而我国外汇监管部门的层级和关系也使得这个问题更为复杂。

三是"有法可依、无操作性"导致的严格管制。以 2008 年《外汇管理条例》第十七条为例,其规定境内个人从事境外有价证券、衍生产品发行、交易,应当按照国务院外汇管理部门的规定办理登记。其立法本意是,只有按照外汇管理部门的规定办理登记后,境内个人才可以从事境外有价证券的交易。但事实上我国尚未有"境内个人境外证券投资办理登记"的相关规定,在这种情况下,虽然《外汇管理

---

① 杨松:《第三方支付机构跨境电子支付服务监管的法律问题》,载于《法学》2015 年第 3 期。

条例》允许境内个人开展对外证券交易,但由于无法进行相关登记,境内个人已经在事实上被禁止了对外证券交易。造成这种情况固然是由于未能出台相关配套措施,但从本质上来说,与我国目前的立法方式是相关的。我国目前外汇管理仍使用"正向清单"的立法方式,这也是造成我国目前境内个人投资者投资境外证券市场"有法可依、无操作性"的主要原因,而这种"无操作性"又进一步使得境内居民通过种种"地下通道"满足自身投资需求。

4. 跨境资金监测存在漏洞

一是跨境资金流动监测技术手段有待改进。目前系统支持仍然无法满足防范跨境资金流动风险的要求,主要表现在以下几个方面:首先,系统数据有待充实。目前各系统仅能满足国际收支统计与日常业务监管的需要,尚未建立可以为跨境资金一体化监管提供全方位数据的系统,因而影响了监管成效。其次,系统监测预警指标体系不健全,部分预警指标设置不合理。最后,各系统相对独立,数据规范和标准不一致,导致信息共享和系统整合的难度加大。

二是跨境资金流动监测部门合作不够紧密。当前,大量的跨境资金流动信息分散在海关、公安、外汇局等不同涉外经济管理部门之间。由于各部门各自为政,所以跨部门之间获取管理信息的难度大、成本高、时滞长,数据信息、监测及预警情况因此无法有效共享以供管理部门综合利用,因而难以形成监管与监测合力,影响了跨境资金流动监测分析的管理效率和工作质量。

三是跨境资金真实性审核难以落实。目前,在企业和个人的外汇收支业务中,只有少数行政许可项目和特殊业务要事先到外汇管理部门申请核准或审批,其余均在银行办理,由银行履行真实性审核职能。因此,外汇指定银行对政策的理解和执行的程度将直接影响到政策的传导和实施效果。而商业银行作为市场经营主体,以营利为其主要目的,这与外汇管理要确保外汇收支活动基于真实的贸易投资背景,防范异常跨境资金流出入和促进国际收支平衡的目的并不完全相容,因而导致目前真实性审核工作难以落实。

5. 个人外汇管理不能适应新的用汇形势

一是对个人跨境资金监管的难度加大。首先,识别异常资金流动风险难度更大。人民币国际化将使国内经济与世界经济更加紧密地联系在一起,资金跨境流动的不稳定性增强。而市场化汇率机制条件下,个人主体对汇率、利率变化更加敏感,个人在全球范围内进行资产结构调整更加灵活,个人项下资金跨境流动规模更大,形式也更趋复杂,这些都对个人跨进资金监测管理提出了新的挑战。尤其是在极端情况下,个人资金跨境流动与金融危机引发的资金流动同向共振时,会给现行个人外汇监测管理带来巨大的挑战。其次,厘清资金来源与去向难度更大。人民币国际化进程中,采用人民币结算会降低汇兑交易成本且不受汇率波动影响,因而个人跨境收支更倾向于使用人民币结算。但如果与境内人民币资金混淆,几乎不肯按逐笔原则实现对跨境人民币资金来源与走向的具体监测跟踪,导致部分异常资金可能通过人民币结算渠道频繁跨境流动。最后,可利用的监测分析数据减少。目前个人外汇监测主要立足于对跨境收支数据和结售汇数据开展综合分析监测,但人民币国际化进程中,个人主体汇兑环节将大幅减少,监测分析数据将主要来自于个人跨境收支环节,内部可利用的监测分析数据减少。

二是结售汇额度管理受到冲击。人民币国际化进程中,当前以额度管理为主要特征、以真实性审核管理为基础的个人外汇结售汇额度管理模式已经受到较大冲击。首先,额度降低影响个人用汇的便利。随着我国个人境外学习、旅游等消费性用汇需求大量释放,个人项下资金跨境流出的规模迅速扩大。境内居民在出国留学、旅游、境外就医等用汇需求领域出现的新交易形式,会使个人用汇便利化程度有所降低。其次,超额度真实性审核管理面临挑战。目前的个人外汇管理是在各项外汇收支以及结售汇活动基础上开展的,管理的主要要素是外汇,管理的主要环节是结售汇环节。但随着人民币国际化,大量的个人跨境收支将以人民币形式存在,结售汇环节大幅减少,基于结售汇环节的超额度真实性审核管理将失去管理的实际效果。

三是对分拆的管理政策有效性被削弱。近年来,个人分拆结售汇行为逐渐呈现出隐蔽化、资金流转复杂化等特点,充分搜集分拆交易行为证据面临较大困难,加之个人主体不同于机构主体,分散且流动性较大,很多时候即使查实了个人的违规分拆行为,往往也难以通过行政处罚追究个人主体责任,只能将涉案个人纳入"关注名单"。而"关注名单"管理执行效果不明显。一方面,"关注名单"管理的覆盖面有限。目前的"关注名单"仅实现了银行同行全国和跨行全省内的信息共享,未实现全国跨行联网的实时查询。同时,"关注名单"管理对象仅针对境内个人,未将境外收汇人或付款人纳入管理范畴,名单内个人可以借用名单外个人额度继续从事分拆交易行为。另一方面,"关注名单"管理缺少其他政策配合。现行"关注名单"管理的环节还局限于结售汇,仅对名单内个人办理结售汇业务实施逐笔真实性审核,对个人跨境资金收付、现钞提取、境内资金划转以及B股交易、个人资产转移配置等行为无法限制,而且未触及违规个人主体切身利益,削弱了名单管理的实效。

(五)2015年金融监管面临的新问题

1. 金融分业监管体制加大监管协调难度

我国现行的"一行三会"监管体制下,银行、证券、保险、信托等主要金融业态分别由不同机构监管,这固然有利于监管专业化,但随着我国金融混业经营的加剧,金融跨界、跨市场发展的提速,以及影子银行、互联网金融创新,传统金融业经营的边界逐渐模糊。分业监管体制必然导致监管真空、监管套利以及目标冲突等问题，监管边界模糊导致的"公地悲剧"频频发生。党的十八届五中全会指出，"近来频繁显露的局部风险特别是近期资本市场的剧烈波动说明，现行监管框架存在着不适应我国金融业发展的体制性矛盾"。因此，改革并完善适应现代金融市场发展的金融监管体制，加强监管协调性已成为我国构建现代化监管框架的必然要求。

一是现有的金融监管框架难以适应金融混业发展趋势。从经营模式看，在当前综合经营趋势下"一行三会"监管体制倾向于产生监管真空，不能迅速适应交叉性、跨市场金融产品创新的发展趋势。本轮资本市场波动中，杠杆交易如场外配资、伞形信托，直接助推了前期股市快速上涨和后期指数暴跌。同时，互联网金融等创新对分业监管体制的有效性提出了更大挑战，以HOMS系统为例，其前端有P2P、理财等的参与，中间又有信托安排，末端还有股票市场的配资，各环节究竟应该由谁监管、各监管部门如何形成合力都面临巨大挑战。分业监管体制下按"谁的孩子谁家抱"的理念，往往导致分业监管下的监管真空。

二是各监管机构目标冲突助推泡沫产生。"一行三会"体制下各监管机构目标各异，部门法律法规分散，信息沟通协调不畅，缺乏达成一致行动的决策和执行机制，不利于建立宏观审慎管理与微观审慎监管相统一、审慎监管与行为监管相结合的政策框架，以防范系统性金融风险。分业监管使各监管部门彼此竞争，凸显其行业发展目标与监管目标的内在冲突，监管部门以行业改革发展为己任，"重发展、轻监管"倾向较明显，监管竞争中倾向于做大本行业中机构和市场规模，做高市场价格及指数，客观上在事前助长高风险金融活动，直接推升社会融资规模和资产价格泡沫。事前鼓励机构高风险运作，事后缺乏协调处置能力，在风险管理中以邻为壑，于本行业严防死守，对其他市场事不关己，是以机构监管为核心的分业监管所必然具有的行为特征。

三是缺乏监管协调性，妨害金融配置经济资源效率。分业监管导致市场分割，各部门法律法规分散，信息沟通协调不畅，缺乏达成一致行动的决策和执行机制。同时金融市场基础设施是金融市场运行的核心支撑，统一共享的金融业综合统计体系，以及中央金融监管大数据平台，是宏观调控和金融监管有效实施的基础。分业监管体制下割裂分散的金融基础设施及无法有效整合的金融统计制度，在各类机构业务日趋融合背景下必然严重影响监管信息可得性、完整性。在金融市场、影子银行、互联网金融和融资担保等类金融组织监管实践中，各监管部门各自独立发展登记结算等金融市场基础设施，相互封锁信息，不能基于统一共享的金融基础设施与金融统计系统获得必要的监管数据，是监管反应迟钝的重要原因。

2. 金融监管效应不断递减

2015年下半年我国资本市场剧烈波动,银行间市场和外汇市场波幅加剧,银行业不良率上升明显,大型系统重要性金融机构安全性、盈利性和流动性水平持续下降,近期e租宝事件和泛亚事件等线上线下非法金融业务风险不断暴露,监管体制有效性已引起国内外广泛关注。

一是金融监管法律制度不健全,执行不到位。我国初步建成了金融监管法律框架,现行的金融监管法制条例体系主要由《商业银行法》《人民银行法》《银行业监督管理法》《保险法》等法律法规构成,同时以国务院各部委及中央银行制定规章制度加以辅助,但现有的金融监管法律制度体系当不尽完善。在金融快速发展的时代背景下,法律法规的出台要远远滞后于监管的需要。此外,金融监管法规执行不到位问题也比较突出,法律监管机制缺乏具体的实施细则,导致可操作性不强,弱化了法律在操作过程中的规制作用,导致金融市场不确定性的增加,严重地影响了金融风险的监管效果。

二是金融监管组织体系不完善。尚未建立正式的宏观审慎框架,没有机构对金融体系整体的风险负责,也没有机构有权强制执行减轻系统性风险的行动。正如前所述我国金融"一行三会"监管体系中,"三会"分别承担对银行、证券和保险机构的主要监管责任,中国人民银行仍保留对银行的某些审慎监管职责,并作为银行间债券市场的主要监管机构。在银行业、证券业和保险业的界限日益模糊、关联度显著提高、风险不断溢出和蔓延时期,金融监管组织体系不完善,需要引起高度重视。

三是金融创新背景下监管存在滞后性。随着金融竞争的加剧,近年来我国各行业间的界限正在变得模糊,国内机构的综合经营、交叉经营不断扩大,金融创新和金融经营综合化趋势日趋明显。由于金融衍生产品如具有杠杆性、投机性、高风险性、虚拟性、交叉性和复杂性等特点,决定了市场上的信用风险、市场风险、流动性风险、操作风险和法律风险将大量增加。互联网金融极强的创新能力使得其产品、经营模式和从业机构层出不穷,监管机构的立法无法迅速囊括所有的互联网金融产品,要想建立统一的监管体系相对较为困难。监管机构无法在其发展之前预测可能存在的风险。

3. 金融体制改革对监管者提出新考验

有效监控和应对金融市场变化、适应金融创新,不仅需要有效的监管框架,同时也要求监管者具备与时俱进的配套监管措施。而在新形势下,我国金融市场中出现了不当监管、过度监管和疏忽监管现象,各监管主体监管行为缺乏协调性、传统监管方式与互联网等新兴金融业务对接不畅等问题也日渐显露,严重阻碍了金融监管行为、削弱了金融监管效率。因此为了确保我国金融监管协调发展,需进一步强化监管队伍建设,加大对监管者的监管力度。

一是监管权力运用不当。金融监管权作为一种公权力,赋予金融监管者在法律权限的范围和幅度内,通过自由判断、自主选择而做出具体监管行为的权力。监管的目标是减少金融风险、强化金融安全,而近年来随着金融环境的变化及金融创新的冲击,监管队伍思想观念、价值取向、利益需求都呈现出多样化、复杂化的趋势。

二是复合型监管人才缺失。随着金融竞争的加剧,金融创新和金融经营综合化趋势日趋明显,金融业发展呈现经营混业化、产品多样化、交易信息化趋势。一方面,在我国分业监管模式下,监管主体过于专业化、定向化和多头化,工作缺乏有效沟通和信息共享,导致现实中各监管主体监管行为缺乏协调性。金融交易信息化需要大量既懂金融业务又精通计算机技术、既熟悉金融理论知识又熟悉法律知识的高层次复合型人才,而这些人才目前恰恰是我国金融人才队伍中所缺乏的。

三、我国金融监管的对策

(一)银行监管的对策

1. 完善互联网金融监管体系,降低系统性金融风险

推动互联网金融发展离不开大胆创新和自主变革,因此,对互联网金融的监管应采取适度宽松的态度,以给予其更加广阔的发展空间。我国需在借鉴国外有效监管经验的基础上,推出符合我国国情、适应我国金融市场发展的监管对策,不断促进互联网金融行业和投资者的互利共赢。

一是建立、健全互联网金融监管法律体系已被纳入了各国的法律制度,不同国家对互联网金融的监管有不同的制度规定。我国监管部门应联系当前实际,深入分析互联网金融发展的理论体系以及潜在的风险因素,健全相关法律法规,对市场准入门槛、网贷平台及其他互联网金融业务的性质等进行明确的规定,努力做到"事前有效预防,事后高效解决"。

二是加强监管机构体系建设,明确监管职能。对于网贷平台的频频倒闭事件,"谁来负责监管,谁有监管的权力"始终没有得到落实。这种模糊的监管框架使得涉嫌非法的互联网金融企业有机可乘。因此,我国应完善互联网金融监管机构体系的建设,合理分工,各机构明确自身的监管职责。

三是创新监管理念,推动向功能性监管转变。混业经营是国际金融业发展的大趋势,互联网金融加速了我国金融业转向混业经营的进程,我国商业银行、保险、证券等金融机构逐渐实现多元化经营,提倡在风险控制的原则下实现资源共享。因此,我国要积极创新监管理念,逐步从机构监管转向功能监管,按照经营业务的性质来划分监管对象。落实到对具体互联网金融业务的监管便可以在一定

程度上最小化交易过程中存在的风险,达到降低监管成本、提高监管效率的目标。

四是实行动态比例监管,防范高风险产品。互联网金融产品依靠技术创新而不断发展,因此,在互联网金融产品、业务发展进程中,监管部门应对流动性风险、收益等采取动态比例监管,即评估在一定时期内该互联网金融产品对金融市场的影响程度及暴露的风险大小,灵活地采取具有针对性的监管形式来实行监管。对高风险,有违法倾向的互联网金融平台及产品必须实行高强度的监管措施,而对于风险小,影响低的产品可以采取行业自律的监管方式。通过"定期跟踪评估,对评估结果进行动态调整",实现监管部门宏观调控及市场效率相结合,促进互联网金融的良好发展。

2. 完善对影子银行的监管体系,完善市场纪律

影子银行已经在社会融资活动中不断壮大,缺乏监管将直接导致各影子银行业机构的粗放式发展,制度基础的不完善和行业操作标准的缺失容易产生各种经营风险。影子银行与商业银行日益紧密的联系,将助长风险向商业银行和实体经济的传递,不利于金融系统稳健发展。目前,影子银行已经成为了重收益、轻风险的行业,导致了资本不实、风控不明、从业人员素质参差不齐的非法金融机构乘隙而入。监管缺位状态下的影子银行会引发系统性风险和监管套利风险。因此,中国监管业应该尽快出台对于影子银行系统性的监管措施。

一是正确合理的引导影子银行发展。首先,要正确引导和规范民间借贷。影子银行的存在有一定的客观性,在一定程度上发挥了融资补充作用,不能仅仅对其一昧的打击对待,应该要正确引导和规范,在有效的立法支持的基础上进行监管,促使民间借贷从黑暗里走出来,在阳光下健康运行。其次,要明确监管主体,区分不同的影子银行,疏堵有别。对于影子银行机构形式要进行分类,指定专门的监管主体,并由该监管机构专门对影子银行进行监管负责。所谓的"堵"就是对于非法的金融机构给予严厉的打击。比如非法集资、高利贷等。所谓"疏"就是对于那些简单的、透明的、真正能够满足于市场需求的准金融机构扩大监管范围、降低准入门槛、使其阳光化健康发展,比如典当行、融资类担保公司、小贷公司等。

二是树立功能性监管理念。要建立健全的金融业监管协调机制,树立功能性的监管理念,避免监管真空和多头监管。功能监管是都由同一监管部门对特定的金融活动进行监管,功能性监管能更好地提高监管的秩序和效率。金融业混业经营已经成为了趋势,在完善我国的"一行三会"制度基础上,建立健全的金融业监管协调机制,在监管方面应该由机构监管转向功能性目标监管,才能更为有效地防范风险。

三是循序渐进地推进金融产品创新。金融产品的创新只能转移和分散风险,并不能减少风险,同时金融创新是一把双刃剑,能给经济带来繁荣,也能让金融市

场产生动荡,所以要合理地对待金融创新与金融监管的关系,在规范引导、有效防范影子银行风险的基础上循序渐进地推进金融产品的发展。在银行推出创新型金融产品时,监管部门必须在微观监管的基础上,加强宏观监管,防止金融创新带来的系统性风险,有效地控制金融创新带来的负面影响。

四是完善信息披露制度。各监管部门监控标准要形成统一,要建立起完整、及时的平台来对信息进行收集、汇总、分析并及时处理,以便发布最新的市场数据信息。对于那些新兴的影子银行类产品,公众的金融风险防范意识淡薄。应让投资者对充分了解对影子银行一类新型金融产品的真实信息以及详细说明,尤其要加强风险提示方面,杜绝只言收益不言风险。还要提高那些非正规化场外交易的透明度,对其制定有效监控措施,完善投资者、金融机构、影子银行关联者之间的信息披露制度。降低交易成本,预防交易风险,以便借贷双方完成对接。对于一些高风险、高杠杆金融运行的活动实施限制,增加产品的透明度,进而打造无影灯式无死角监管体系。

五是建立覆盖影子银行的法律法规。金融监管部门应尽快出台对民间借贷等影子银行形式业务覆盖全面的、系统性的监管法律法规。尤其要加快对民间融资机构相关指导意见的规定。明确民间借贷的监管主体部门,对于非法集资和高利贷行为要加大力度严厉打击;有序合理地发展那些简单的、透明的、真正能够满足于市场需求的准金融机构,例如,融资性担保机构、小额贷款公司、典当行等。同时,也要继续制定"疏"的政策,例如,放开资产证券化,建立信贷资产转让交易平台等,进而使金融市场的需求能够从正规的途径得到有效补充。

3. 加强对银行不良贷款的监测,加强前瞻性管理,充分发挥引导作用

随着我国经济发展趋缓,经济发展进入增速换档期与结构调整阵痛期,实体经济发展受阻,商业银行经营发展受到严重影响,不良贷款逐年增加。在此背景下,监管机构应该提高监管能力,加强前瞻性管理,充分发挥其"指挥棒"的作用,以缓解当前商业银行不良贷款双升的问题。

一是加强对银行不良贷款的检测,提高预判能力,加强前瞻性管理。首先,提高对经济形势与业务风险的研判能力,在国内外经济走势充满不确定性背景下,监管机构既要准确研判宏观经济金融形势与发展规律,又要有能力预判潜在的不良贷款,这样才能正确地引导各商业银行从存量、增量两个方面降低不良贷款,扭转其双升的态势。此外,监管机构还应该注意强化风险环节的联动管理,监管机构可以采用"事前防范、事中控制、事后评价"的方法对商业银行贷款进行监管,督促商业银行加强对贷前调查、贷后评估审核的管理,以及加强其对贷款质量的控制。

二是充分发挥监管机构的引导作用。监管机构可以利用其在金融领域中独

特的地位,对各银行的预期、行动加以影响,以达到调节宏观金融环境、状况的目的。我国监管机构应从两方面对银行业进行适度、符合宏观战略规划的引导。一方面,引导银行业金融机构加大核销力度,盘活潜在不良贷款,防止新增不良贷款的发生。鼓励银行在实际业务中,深入排查多头授信、超额授信、异地授信、担保圈等风险隐患,积极采取贷款重组、重签合同、收回再贷以及推动企业兼并重组等方式,盘活信贷资产,提升贷款质量,减少潜在的不良贷款。另一方面,采取各种手段清收、盘活不良贷款,加大不良贷款的批量转化,消化存量不良。如鼓励银行采取贷款重组、联合授信等方式,对不良贷款进行管理,适时推出、发展不良资产ABS、债转股等创新金融工具,引导银行业务创新,探索适合我国市场发展状况的解决不良贷款的新途径。

4. 加强网络银行风险监管,创造安全稳定金融环境

监管部门的有效监管是网上银行实现可持续发展的必要条件和有力保障。网上银行的诞生是银行领域的一场革命性的变革,正处于不断的发展和演化过程中,因此对网上银行的监管是一个不断发展和完善的过程。

一是完善网上银行准入制度。首先,应将技术设施条件纳入市场准入的条件来要求。因为网上银行业务不仅需要银行有相当规模的网络设备,而且还需要有关确认交易对象的合法性、防止篡改交易信息以及防止信息泄露等方面的关键技术。其次,制定关于交易操作规程是否完善的规定。

二是完善现行法律法规和相关金融监管办法。网上银行加速了金融创新的步伐,法规的滞后性制约着网上银行业务的创新与发展。但面对层出不穷的新问题,有必要进一步完善现行法律法规及相关金融监管办法。

三是制定网络银行业务运作的统一规范 各国应当尽快建立或完善各类有关网络银行和在线支付的法律法规。必须根据网络银行的实际情况,建立安全认证机制,统一技术标准,制定或修改适用于网络银行操作运行的法律规范。技术标准如有关电子支付、高速网络技术和数码资料交换等的标准。这些标准应可靠、统一、易用、相互兼容、并能随技术进步而改进。

(二)证券监管的对策

1. 加强风险监管,促进股市长期稳定健康发展

一是保障融资融券业务规范健康发展。第一,以净资本为核心的风险管理,证监会于2015年发布的《证券公司风险控制指标管理办法》中规定,证券公司融资融券的金额不得超过其净资本的4倍,证券公司对单一客户融资融券规模不得超过净资本的5%,券商接受单只担保股票的市值不得超过该股票总市值的20%,并按对客户融资或融券业务规模的10%计算风险准备。证券公司现已普遍建立以净资本为核心的融资融券业务规模监控和调整机制。第二,客户适当性管理,

建立客户信用评估制度,充分了解据客户身份、财产与收入状况、资产规模、交易特征、证券投资经验、风险偏好等因素,确定客户获得授信的额度、利率或费率。第三,杠杆水平调节,保证金比例调节。调整融资融券业务保证金比例、担保证券折算率。第四,实时监控风控指标,如维持担保比、持仓集中度。

二是要杜绝通过网上证券交易接口为任何机构或个人开展场外配资活动、为非法证券业务提供便利。依法管理、严格限制杠杆比例过高的股票融资类结构化产品,禁止证券基金期货经营机构为民间配资提供资金和便利。加强对各类股市杠杆融资的风险监测、识别、分析和预警。优化股市杠杆结构,加强对股市杠杆的规模、增速、结构和风险的控制,降低杠杆水平要循序渐进、以金融稳定为底线。

三是要建立银行资金与股市之间的防火墙机制。股市的融资信用必须与银行信贷相隔离,进一步明确《证券法》中有关"银行资金不得违规进入股市"的规定,弥补分业监管的制度空白。

2. 深化体制改革,完善制度设计

一是要促进多层次资本市场健康发展,把握新三板发展机遇。以 2015 年 11 月份证监会印发的《关于进一步推进全国中小企业股份转让系统发展的若干意见》为依据,2016 年将坚持规则监管,切实维护市场"三公"原则。第一,构建新三板企业分层配套监管制度。第二,厘清自律监管与行政监管关系,明确监管分工。第三,严格规范信息披露,从信息披露的时效性和强度上适度提高要求。结合分层情况,分层设计新三板市场会计信息披露标准。

二是要积极推进股票注册制度改革,做好各项启动准备工作。第一,完善证券法制体系。第二,合理配置资源,提高效率。政府部门应该为注册制度的顺利实施提供一个规范的制度环境。第三,保证信息披露的质量,充分发挥市场的作用。注册制的核心是信息的披露,信息披露是市场约束的基础。第四,必须严惩造假者。第五,提高投资者素质。

三是加要强资本市场双向开放力度。启动"深港通",完善"沪港通"、探究"沪伦通",推进自贸区金融开放试点,吸引境外机构投资者。推进自贸区金融开放创新试点。吸引境外机构投资者通过 QFII、RQFII、"沪港通"和自由贸易账户等多种渠道参与交易所债券市场。推动港资、澳资机构在境内设立合资证券、基金经营机构。支持证券基金期货经营机构境外子公司的发展。深入推进内地与香港基金互认,积极推进香港互认基金在内地注册。做好跨境监管交流与合作。[①]

3. 推进资本市场法制化,加大执法力度

一是要是充分借鉴发达国家关于证券市场监督制度的建立内容,从他国经验

---

① 肖钢:《深化改革健全制度加强监管防范风险 促进资本市场长期稳定健康发展》,2016 年 1 月 16 日。

中总结出优秀的制度体系为我国服务。在我国证券市场的基础特色上建设我国的市场监管制度法制,只有符合我国特色的法律条文,才能促进我国证券市场的发展。适时修改相关法律法规,及时更新规范上市公司、私募基金、期货交易等行政法规。要把监管制度规则立起来、严起来,切实做到法规制度执行不漏项、不放松,减少法律盲点,细化惩处规定,真正做到处罚有法可依。

二是要强化一线监管,提高监管有效性。事中监管要抓早抓小、抓实抓细,坚决遏制苗头性、倾向性问题。事后监管要依法从严处罚,严厉打击各类违法违规行为。

三是要强化稽查执法,严厉打击违法违规行为。持续打击违法违规行为,进一步优化稽查局、稽查总队、专员办、交易所和 36 家派出机构的稽查执法职能定位和分工协作机制,建立健全以调查组为基础单元的组织管理制度和质量内控体系,加快形成定位准确、分工合理、特点鲜明、优势互补的多层次稽查执法体系。优化专项执法的组织模式,严厉打击重点改革领域和市场各方高度关注的违法违规活动。以破解取证难题、提高执法效率为重点,强化与通信、反洗钱等部门的外部协作,务实优化行刑衔接。

4. 健全中小投资者保护机制

一是监管当局要树立以保护中小投资者合法权益为己任的监管理念。运用市场化手段,创新投资者保护和服务方式。前端保护应积极完善投资者适当性制度,强化投资者教育;中端保护应加紧落实风险揭示机制,确保投资者风险与能力匹配;后端保护应加速推进投资者保护立法,拓宽投资者诉讼和救济途径,适时全面实施行政和解。

二是要把投资者教育放在突出位置。督促各市场主体多渠道开展投资者教育,充分揭示产品风险,引导投资者树立理性投资理念,自担风险,自负盈亏,提高风险意识和自我保护能力。加强对投教基地的工作指导,鼓励有条件的机构建设投教基地,方便社会公众就近、便捷获取教育资源。继续扩大国民投资理财教育试点。

5. 强化现有市场交易管理及跨市场联动交易管理

创新是资本市场发展的一端,风险防控是资本市场平稳发展运行重要的另一端。只有改革当前证券监管框架,继续解决主要问题,包括改变监管体系与金融市场环境相适应的局面,解决监管中的领域分割、金融腐败,才能对可能发生的重大系统性风险进行管控。

一是要进一步强化对现有市场的监管,从严执行现有监管制度规则,强调证券、基金、期货经营机构、上市公司、私募基金等市场主体切实履责,依法合规诚信经营;制定实控关系账户管理细则和异常交易监管规则,合理控制股指期货交易持仓比例和期现成交比例,抑制过度投机;建立期货与现货、场内与场外、公募与私募等多层次资本市场统一账户体系,实现跨市场交易行为的统一识别和监控;加强对资本市场与其他金融市场之间、境内外资本市场之间互为影响的评估研判。

二是破除监管割据化管理带来的权力分散、领域固化。转变分业监管的模式,建立一种跨机构、跨市场的多元监管方式,形成对大金融市场的统一监管体系,逐步实施功能统一即目标性监管,对机构、产品、交易、功能等监管内容有机结合,构建以明晰规则为基础的监管规制体系,减少自由裁量的行政管制,消除监管真空,堵住寻租漏洞。

三是严格划清"运动员"和"裁判员"角色。作为证券市场的"裁判员"即监管者不能干涉市场的运作,不应与券商、基金等证券市场的参与者发生过多的利益交集,证券市场的参与者同样不能干涉市场规则的制定和执行。只有这样,市场的公正性才能得到保障。因此,应依法加强对证券腐败案件的惩治力度,提高违法违纪成本,达到震慑效果;完善监管体系,促进资本市场公开透明,推动技术监管和领导干部个人事项报告制度改革,将各种隐性权利晒在阳关下。

(三)保险监管的对策建议

1. 提高保险监管的前瞻性

近年来,监管策略的前瞻性引起了我国保险监管机构的高度关注,建议采取以下措施提高我国保险监管的前瞻性:

一是主动识别潜在风险。首先,要加快建立经济周期和保险周期识别体系。其次,对保险机构实施提前介入式分析。提前介入式分析的对象是单家保险机构或按照某种分类条件对某类保险机构,强调从商业模式、产品、服务、企业文化等多个维度对保险机构是否具备保护保险消费者的理念和态度进行结构化评估,对可能侵害消费者权益的风险因素在未产生消极后果之前进行干预。第三,对保险产品进行专题审查(Thematic Review)。

二是引入主动干预机制。设立主动干预机制的目的有两个:第一,帮助监管部门尽早识别保险机构的风险,并确保保险机构采取必要的补救措施来降低破产概率;第二,表明监管当局会提前为保险机构的有效处置做好准备。

三是构建微观审慎监管和宏观审慎监管密切配合的监管工具体系。第一,建立针对单体保险机构经营形势、风险状况、管理能力的监测预警体系,推动压力测试、动态偿付能力测试等微观单体保险机构应对风险冲击的前瞻性风险管理工具的实施与运用,做好各类风险的应对预案和措施准备,提高资本和流动性要求,从单体机构层面有效抵御外部冲击。第二,强化保险业整体风险的识别、监测、分析和判断,不仅要分析风险在保险体系内的传染路径,还要特别关注银行、保险、证券等跨业金融机构和金融产品之间的相互影响,金融产品创新对传统保险业的冲击。第三是把视野放宽至更广泛的领域,包括实体经济、非保险金融机构和境外市场主体,关注经济增长、国际收支、通货膨胀、利率汇率、资产价值、跨境跨业风险指标和传染效应,分析保险业可能受到的外部冲击。建立适时动态调整的反应机制和决策流程,构建逆周期监管工具体系。第四是不断健全完善网络传导分析法、共同风险模型法、违约强度模型法等具体预警模式,加强各金融机构之间系统性关联的评估监测,运用模型提高风险分析的前瞻性。

2. 提高保险监管治理的有效性

一是构建保险监管绩效评价体系。建议在法治主导的监管模式下,按照问题导向,将保险监管机构对于风险的预判能力、识别能力、监测能力、处置能力、化解能力作为主要因素纳入保险监管绩效评估体系,以判断监管机构法定职责的履行情况。与此同时,形成潜在问题早发现、早报告、早识别、早预警、早处置的正向激励机制。

二是完善保险监管问责机制。第一,建立保险监管问责衡量体系,围绕保险监管执法目标设计清晰的、可以量化的实际操作标准,明确保险监管问责程序启动的出发点。第二,加大问责力度,问责事项一经触发,就必须按照法定要求启动问责程序,将问责机制纳入法治化、规范化、科学化的轨道,做到有责必问、有问必果。第三,引入外部监督手段,寻求社会舆论、网络媒体、社会公众等渠道的第三方监督,增加监管问责线索的来源,提高对保险监管执法不当行为的监督效能。

三是加强执法信息的公开力度。一方面,应从可获性、可靠性和完善性的角度继续推进保险监管信息披露机制的建立,提高保险监管执法信息披露的质量,合理设定信息披露的频率。特别应注重加大保险行业行政处罚信息披露的力度,以提高保险监管的公信力。可通过保监会网站政务信息公开栏目定期公开监管执法总体情况,包括件数、罚款金额、没收违法所得金额、警告次数、取消董事高管任职资格人次等信息。待条件成熟后,可将行政处罚涉及的具体案情、处罚依据及处罚决定向社会公开。另一方面,应改进保险行政处罚审议工作机制,提高审议意见的独立性、公正性和法律专业性。建议行政处罚委员会由处罚事项非利益相关方组成,适时补充学术专家等外部专业人士进行处罚委员会。对于行政处罚的审议仅围绕违规事实、适用法规来进行,而不考虑被处罚主体过去表现及对市场影响力等非法律层面因素。

3. 明确保险监管目标

设定明确的监管目标,是建立我国保险监管体系的基础,更是制定各项监管政策与措施的依据和出发点。要化解当前我国多重保险监管目标之间的矛盾,可以从以下两方面着手:

一是确保保险监管目标的独立性。目标独立性是实现监管独立性的前提条件。监管独立性之所以重要，主要原因在于以下两个方面：一是独立的监管机构具备必要的专业技能，特别是能够在复杂情况下对问题及时做出反应；二是独立的监管机构可以使监管免受政治干预，增加监管行为的透明度和稳定性。因此，监管机构的独立性会提高政策制定的可信度。政府可以设定监管目标，但监管机构要能够独立决定如何实现监管目标。当然，独立性并不是不管不顾政治意愿，相反，很多发达国家的实践表明，独立性很强的监管机构往往会主动适应和配合政治和经济政策，所谓"自我施加的约束"。

二是厘清保险监管目标之间的逻辑联系。鉴于风险是保险监管的核心，建议我国明确以风险为导向的监管目标，针对保险业中的主要风险类别，即消费者风险、保险公司风险以及行业系统性风险，设定保险监管的目标为：①提升社会公众的保险意识，保护消费者的合法权益；②督促保险公司合规经营、审慎经营；③完善行业治理，营造良好的市场环境。在明确保险监管目标的层次性，厘清保险监管目标之间逻辑联系的基础上，保险监管机构应主动适应和配合国家的政治和经济政策，使保险业更好地服务于实体经济。

4. 探索宏观审慎监管大数据方法的应用

基于我国保险监管的现实状况，借鉴美国的经验，建议我国从以下三方面着手探索宏观审慎监管大数据方法的应用：

一是构建标准化保险机构识别系统。标准化保险机构识别系统能够为每一家参与市场交易的保险法人实体分配一个独一无二的身份识别码，并制定一套标准化的数据报关准则。该系统建成后，不但能成为全国保险信息收集和分享的平台，还能够实现与全球金融市场法人识别（Legal Entity Identifier，LEI）系统的对接。

二是构建保险产品识别系统。如果能够建立一个标准化的保险产品编码系统，那么就能够像条形码在商品生产、销售中的作用一样，通过快速识别就能够知道保险产品所属的公司、产品备案信息、产品承保责任、承保公司理赔信誉等一系列相关信息，既能够极大地方便保险消费者，同时也有利于保险监管者追踪保险产品的动态信息，从而实现对保险产品风险的全面监控，进而有效提高保险市场的透明度和有效性。

三是数据可视化分析技术的开发与应用。标准化保险机构识别系统和保险产品识别系统能够将以文字形式表现的保险机构名称和保险产品信息转换为结构化的、能够被计算机识别和处理的数据，但这些数据仅仅为保险宏观审慎监管提供了基础。数据可视化分析技术强调人类的认知能力和计算机软件处理海量数据的能力相结合，并以前者为主、后者为辅。借助可视化分析技术，研究者能够从类别庞杂、数量巨大的微观数据中以图片的直观形式迅速、有效地获得所需的信息,并通过互动界面对数据进行过滤、分割以及组合等操作,将这种信息转化为可应用的知识从而更好地为政策制定提供参考。

(四)涉外金融监管对策

1. 构建原则性外汇管理模式

一是树立原则性监管与规则性监管相融合的监管理念。原则性监管框架下,应打破行政监管的局限性,鼓励金融机构和市场参与者的自愿努力,激发金融市场活力。外汇局应该将监管重点更多放置于实现维护国际收支平衡和促进经济健康发展这一监管目标的结果而非过程,跳出各个具体业务,以结果为导向,发挥原则在监管实践中的作用。同时,实现原则性监管原则与规则的综合平衡,以原则为指引,原则之下有适宜的规则做支撑。对于宏观审慎管理、金融机构内控要求等规定,适宜通过原则性的规范明确价值判断方向,以彰显和诠释外汇管理部门在跨境资金流动管理方面的目标,而对于资格准入、收支申报与统计监测等内容更适宜以具体内容和程序性规则进行规制。

二是建立健全原则性监管外汇管理法规体系。我国可以实行原则性监管与规则性监管相结合的监管方式,在法律体系中同时考虑原则与规则,并依据不同时期外部环境和内部条件的变化,对两种监管方式的侧重有所调整,通过两种监管方式的协调平衡而达到最优的监管效果。

三是重塑与原则性监管相适应的组织架构和岗位职责。在原则性监管之下,外汇局现有组织架构,可尝试按照主体监管思路对监管对象进行区分,将现有的监管力量分为三大块,分别负责国际收支业务、金融机构业务和非金融机构业务,其中金融机构部分可再细分为国有银行组、股份制银行组、城市商业银行组等,非金融机构部分根据监管对象规模划分为大型组、中型组和小微型组。①

2. 提高外汇监管效率

一是加强对金融机构的监督管理。金融机构作为外汇政策的传导者和执行者,其传导和执行外汇管理政策的效果如何会直接影响到外汇局监督管理的效果,而外汇监管结果的实现很大程度上取决于金融机构的内部管理。二是外汇局应将风险提示作为窗口指导的重要手段,以口头警示和书面通报相结合的形式,根据日常检查中挖掘的涉及金融机构、企业经营风险和操作风险的内容对金融机构定期进行风险提示,引导金融机构防范外汇违规风险,发挥金融机构的外汇政策传导及监督作用。

二是构建适应一体化主体监管的组织架构。一体化主体监管是未来外汇管

---

① 国家外汇管理局江苏省分局经常项目处课题组:《原则性监管下跨境资金流动管理实践研究——基于资本项目可兑换前景》,载于《金融纵横》2015年第10期。

理的大方向，外汇局要全面统筹考虑顶层设计一体化主体监管框架，从机构设置、人员编制、监管模式、法律法规和监管细则等方面进行总体设计，积极稳妥推进主体监管改革，提升主体分类管理的实效性。首先，应积极研究内设机构调整，科学配置适应主体监管需要的职能和机构，以有效解决目前外汇管理职能条线分割与涉汇主体外汇业务完整性的矛盾，为切实推进主体监管方式转变提供有力的组织保障。其次，在一体化主体监管模式转型过程中，要及早做好法律法规改革的长远规划和制度准备，建立一套与主体监管模式相对应的外汇政策法规体系，为主体监管打下坚实的法律基础。

三是依托系统加强非现场监测和现场核查。外汇检查工作要与新外汇管理方式相适应，在监管理念上要从宏观层面把握政策走向，从中观层面分析行业结构，从微观层面抓住监管重点，在监管方式上要注重应用系统积极开展非现场和现场检查，在不断加强内外部整合的基础上，进一步推进主体监管，才能做到跨境贸易投资便利化与风险管理之间的平衡。

四是有序推进外汇管理人员转型。"简政放权"后，外汇管理工作重点由前台日常操作转到后台监测分析和现场核查上来，且非现场监测和现场核查工作难度进一步加大，对外汇管理人员的综合素质能力要求较高，因此需要制定近远期规划，分步骤实施，逐步提高外汇管理人员综合素质。培养一支"通经济、懂金融、精外汇、能监测、会服务、善监管"的高素质外汇管理专家型人才队伍，以适应新形势要求。

3. 完善我国跨境电子支付服务监管

一是合理配置监管权责。在我国电子支付服务监管模式的选择上，针对电子支付服务的特殊性，完善宏观审慎基础上的分类监管模式。

二是完善外汇管理制度。明确第三方支付机构的外汇管理职责。完善跨境支付中的外汇收支统计机制。将执行外汇收支信息统计与监测作为第三方支付机构的法定义务予以明确，落实责任追究制，强化内外部监督机制。强化跨境支付中交易信息真实性的审查制度，落实审查责任，建立异常交易和异常账户预警机制。同时，第三方支付机构还应该在外汇管理局的协调下，与海关、工商行政部门建立信息共享平台，增强跨境支付交易信息监测的准确性。

4. 完善境内个人直接对外证券投资制度

一是保证人民币跨境流动和外汇资本项目业务种类和汇兑限制的一致性。人民币跨境流动和外汇资本项目的监管具有高度政策相关性和替代性。人民币跨境流动和资本项目管理要从业务种类和汇兑额度两个方面保持监管的法律规范的一致性。具体来说，在促进人民币跨境流动和放松外汇资本项目管制的过程中，应当进行对照性的开放。而如果两项政策下的管制都尚未开放，在市场需求和风险控制没有显著区别的条件下,应当同步试点和推进。

二是加强法律规范可操作性。目前,我国在外汇资本项目上仍使用"正向清单"的立法方式,这也最终导致了我国境内居民个人投资境外证券市场"有法可依、无可行性"的尴尬现状。逐步开放境内个人投资境外证券市场是有刚性需求和现实意义的,但如何开放是在立法中需要考虑的问题。

三是重视间接管制和事中事后监管。一般而言,直接型的资本管制通常用于控制资本流出,或者是对一些特定的跨境资本交易进行选择的控制审批,我国目前对境内居民个人投资境外资本市场的主要可能监管就是直接型的管制措施。而间接型资本管制,就是运用市场化的手段增大特定资本流动的成本,形式包括对特定的跨境资本流动收税,实施双重或者多重汇率等。外汇管理问题首先是一个经济问题。从法律经济学的角度来说,对于市场的监管应当发挥市场的资源配置作用,经济手段相比直接监管更为有效。因此,在监管中,一方面要视资本项目的开放条件,逐步放开资本项目的管制,释放个人境外投资的压力和需求;另一方面也应当加强事中事后监管,特别要防止经常项目和资本项目的混同。

5. 重构跨境资金监测体系

一是完善监测系统并增加预警功能。管理部门利用监测系统工作的目标是按照科学逻辑,实现对信息的全方位采集和多维储存,为下一步分析和预警提供最及时的资料。因而监测系统在架构设计上要保证采集到数据之间具有严密的逻辑关系,便于互相印证核对;同时应便于监测跨境资金异常流动对实体经济可能造成的冲击,能够通过对风险因素的变动趋势进行跟踪,评价各种风险状态,识别跨境资金流动是否正常,并向系统发出预警信号,从而提前采取防控对策。

二是改进技术手段并构建全新的跨境资金监测平台。外汇管理部门应梳理、检验现有外汇业务系统所搜集的数据之间的关系,并基于此建立一套具有数据查询、分析、预警功能的跨境资金流动监测分析系统;同时,增强现有各类外汇信息系统、人民银行相关系统有关数据的互联互通和采集功能,促进各级数据的采集工作流程化、标准化,以有效解决各系统相互独立、数据分散、数据差异较大的问题,提高外汇信息系统综合利用水平,满足跨境资金流动监测工作的需要。

三是加强、完善跨境资金流动监测部门的合作机制。首先,基于对跨境资金流动进行监测预警是一项复杂的系统工程,单靠外汇局一个部门难以保证整个机制的顺畅运行,需要各个部门相互配合,应建立起相关部门共同参与的组织网络体系。其次,管理部门应制定跨境资金流动监测的应急预案,以便实现监测的连续性与实效性。此外,外汇管理部门还应通过构建科学、合理的数据收集、监测、分析、预警和外汇案件查处、反馈体系,实现本外币统一监管,及时发现跨境资金异常流动的动向和线索,加大核查和案件查处力度,有效防范与监测跨境资金的异常流动。

四是实现关口前移,以增强银行跨境资金流动监测的执行力。管理部门要进一步完善考察银行执行外汇政策情况的考核办法,通过规范有序的检查考核、科学合理的奖惩措施,督促银行依法履行跨境收支真实性和合规性监管职责,从而充分发挥外汇指定银行在外汇管理中的重要作用。此外,外汇管理部门还应定期或不定期地开展外汇检查,对银行的违规行为依法给予处罚,从而加大银行的违规成本,促使其认真履行监管职责①。

6. 建立与人民币国际化条件相适应的个人外汇管理体系

一是积极构建以个人主体为核心的组织体系平台。进一步整合外汇局内部个人主体交易、资金信息等监测管理资源,以个人为核心搭建主体监管的组织管理平台,使个人主体交易、资金、信息的监测集中于同一部门,以提高管理效率。首先,要从主体监管的高度对涉及个人的相关文件进行整合;其次,要积极适应大数据时代的要求,加强信息系统间数据的交换和共享,进一步整合个人跨境收支、结售汇、账户、现钞存取、资本项目、负面清单等诸多有关个人外汇业务数据,建成一个完整的数据库,为数据的进一步加工处理奠定坚实的基础。

二是实施动态灵活的额度管理。即在货币兑换环节采用数量管理,同时在外汇跨境收支环节放开数量限制。额度管理是建立在个人用汇便利化基础上的管理措施,年度额度可根据交易性质分别设定。年度额度内的个人经常项目非经营性结售汇,凭身份证件即可办理;年度额度内资本项目结售汇,凭身份证明和资金来源纳税证明材料办理,即可完全实现年度额度内个人结售汇业务的便利化。年度额度的设定应体现危机管理意识,能够满足个人合理的日常用汇需求,在一般情况下个人是感受不到额度存在的,仅在应急状况或危机状态下显现出防火墙或调节阀的作用。同时,外汇局还可以根据国际收支状况和个人分类管理情况,对年度总额进行动态灵活调整。

三是实时开展监测管理。监测管理既要重视对收支敏感性的监测,同时也要加强对日常交易合规性的监测。个人的行为特点决定了其外汇收支行为与机构有明显的差异:个人收支个体金额小、频度低,且个人行为存在很强的从众性,因此日常监测工作在立足合规性管理的基础上,要强化对资金跨境流动脆弱性的监测。这种监测一方面要覆盖全面,既要对结售汇环节进行监测,同时也要对收支、账户划转、现钞存取、账户总体变动等情况等进行全面监测;另一方面,要能及时准确地识别各类风险。要构建全口径的监测预警指标体系,强化对单笔大额、高频等敏感性交易的风险监测分析预警;同时,加强日常合规性管理,对于列入负面

---

① 刘纪、王熙凯、王秋诗:《我国跨境资金流动监测问题探讨》,载于《中国外汇》2015年第9期。

清单的个人加强合规性监测。这样既可从宏观上防范跨境资金异常流动风险,又能从微观上及时筛查、发现个人异常交易。

四是积极探索部门联合管理。联合管理要立足于大数据,以信息交换为手段,通过部门间交换监管信息,加强外部信息共享,推动监测成果共享、监管成果互认,实现联合监管,进一步增强管理的威慑力。其一,要建立与税务部门定期数据交换渠道,将监测中发现的个人异常外汇收支数据交换给税务部门,借助税务部门对逃税行为的查处来打击个人违规行为,实现联合监管。其二,要加快推进外汇领域信用体系建设,强化对个人外汇违法违规行为信息的收集、整理和分类,通过多种媒介、渠道及时披露个人违法违规信息,并可考虑借助人民银行征信管理系统,将外汇违规事实清楚的个人纳入人民银行征信信用记录,发挥不良信用记录的惩戒和约束作用,提高个人外汇违法违规的成本。其三,加大对外汇管理政策的宣传力度,提高政策透明度和关注度,增强个人的外汇法制观念,进一步明确个人及时、准确地进行国际收支申报的义务,以保证个人跨境收支监管源数据的真实准确。

(五)新金融监管问题的对策

1. 构建现代化金融监管框架

随着金融混业经营的加快推进和互联网金融的快速发展,我国金融分业监管模式的弊端日益凸显,改革完善现有金融监管框架已是大势所趋,需要系统研究论证当前我国金融市场发展的基本方向,以此选择适应现代金融市场发展的监管框架。

一是顺应金融业发展趋势,全面实施综合监管。金融监管理念从机构监管转向功能监管与机构监管并重,统一相同功能金融产品和相同业务属性金融服务的行为规则和监管标准,厘清与金融跨界、跨业的综合性经营相对应的监管边界,减少监管套利,避免监管真空,对金融控股公司实行集团整体监管。"一行三会"在改革前必须在"防止发生系统性区域性金融风险"这一总目标的统领下,加强统筹协调,建立更密切、更务实、更高效的协作机制,共享信息,统一政策,真正实现监管对金融风险的全覆盖。此外,还要切实加强互联网金融、影子银行等的监管,落实地方政府对小贷公司、融资担保机构等的监管责任,防止风险向正规金融体系的传染。

二是加强协调监管配套机制。一方面,建立及时有效的系统性风险识别、控制和处置制度。统一金融基础设施监管和金融综合统计体系,建立有效的金融风险识别和危机预警机制。建立多种类型金融机构和各金融市场监管职能联动配合的危机中段监测和控制机制。整合分散在各部门的风险处置职能与工具,建立及时有效的危机应对和处置制度。另一方面建立权责对称的微观审慎监管与危机救助机制。使机构监管职能与最后贷款人职能协调一致,日常监管和危机救助在统一"成本—收益"核算下尽可能一体化,从而建立监管与救助统一、长期目标与短期利益协调的金融管理体制。

三是适时选择适应现代金融市场发展的监管框架。在金融创新和互联网金融发展背景下,综合监管、功能监管成为共识,我国金融管理体制改革大致有五种备选项:①"顶层协调"方案,即在更高层次设立中央金融工作委员会或金融稳定委员会,统筹协调"一行三会"金融监管;②"一行一会"方案,即合并"三会"为国家金融监管委员会,并与中央银行分设;③"一行三会"功能重组方案,即保持"一行三会"格局不变,对各自功能进行重组;④"一行两会"方案,首先将银监会并入中央银行构成"一行两会"基本格局,同时对证监会和保监会职能加以调整;⑤"单一央行"方案,即中央银行与"三会"合并成为兼顾货币调控和金融监管的"单一央行"。我们应从多维度评估各种改革方案,适时选择适应我国现代金融市场发展的监管框架。

2. 多方面入手提升监管效率

一是完善金融法律法规体系。金融法制的建设是强化金融监管效率、促进金融稳定健康发展的必要保障。首先,完善机构、业务管理法规,建立起层次分明、互相衔接的法律法规体系。其次,不断加强金融法制法规宣传,强化执法力度,依法执行监管,提升金融监管的效率。促进社会公众对金融法规知识的认识与理解,保证金融监管实施有着广泛坚实的社会基础。再次,定期进行金融执法检查,对于执法不严、有法不依的现象及时处理,最大限度上做到司法公平、公正与公开,从而促进金融监管的有效性。最后,注重立法前瞻性,促进法律法规引导金融监管朝着正确的方向前进。

二是建立健全金融监管组织体系,强化宏观审慎管理,防范系统性金融风险。建立货币政策、宏观审慎管理和微观审慎监管协调统一的体制机制,加强系统重要性金融机构监管,提高货币调控和金融监管有效性,维护经济金融整体稳定。加强各监管机构前期识别、防控风险力度,建立混业经营业态下"系统性区域性风险早期识别预警系统"。

三是完善监管内容,创新监管方法。在金融监管内容层面,需要不断进行金融监管内容的拓展,对于目前监管不到位的问题,及时纳入整个金融监管体系之中。同时加强监管方法的创新,注重监管措施的适用性以及针对性,确保监管目标的实现。尤其在金融创新及互联网金融领域,建立创新业务风险预警及处置机制,明确监管主体及监管立场、确立监管模式和原则、建立全面的动态监管机制,及时跟进监管以规避监管真空、监管漏洞,主动拓展监管范围,加强监管前瞻性。

3. 全面加强监管队伍建设

近年来全球经济失衡导致世界经济运行出现了一系列风险,国际经济不稳定导致全世界没有一个国家可以独善其身,随着我国金融对外开放的力度不断加大,外部金融动荡对我国的冲击日益明显,同时,经济金融化程度的加深,国内金融业监管面临的新问题不断增加,资本市场的波动对宏观经济的影响日趋明显。在这种形势下,我国比任何时候都更需要具有较高专业化水平的中央银行和金融监管机构的专业人才队伍,需要我们培养和造就一支具有坚定政治信念、较高专业水平的金融宏观调控和金融监管人才队伍。

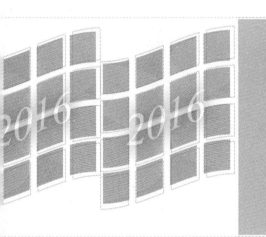

第二部分 专题报告

宏观审慎监管与金融创新

专题一 宏观审慎监管的经济学原理

一、导言

"宏观审慎监管"(Macroprudential Regulation)是近期各国央行掌门人经常谈论的话题。例如:

2016年2月,央行行长周小川:"过去,在宏观货币政策和微观审慎监管之间,存在怎么防范系统性风险的空白,这就需要宏观审慎政策来填补。所以,新一轮金融监管体制改革的目标之一应该是有利于强化宏观审慎政策框架。"

2014年7月,美联储主席耶伦:"货币政策作为金融稳定(Financial Stability)的政策工具有着很大的局限性……因此,我认为宏观审慎的监管方法需要作为维护金融稳定的主要工具。"

2015年12月,英国央行行长卡尼:"保持金融稳定需要强有力的政策框架,关于风险的动态理解,以及当合适的时候开展欧盟各国之间宏观审慎政策的协调。"

2015年12月,日本央行行长黑田东彦:"自全球金融危机以来,宏观审慎的理念已被广泛接受。宏观审慎框架的内在观点是,为了维持金融稳定,非常有必要从制度设计上预防系统风险的发生。制度设计应当对整个金融系统进行分析评估,考虑到金融系统与实体经济广泛的联系,以及金融机构的行为。"

那么,宏观审慎监管到底为何物? 为什么大国的金融监管者们在近期都在不同场合反复地谈论它? 与之前的金融监管相比,宏观审慎监管为何必要,有哪些特征和原则?

金融监管为金融企业的行为确立了边界和游戏规则,也与金融行业的发展相互作用、共同演进。因此,金融行业研究应当以对金融监管的深刻认识为前提。

当前绝大部分对金融监管体系的研究采取的都是历史研究、国别比较的方式,缺乏理论的维度。对我国监管体系的意见和建议也大多采取"向发达国家学习"的态度和思路。一国现存的监管体系是历史沉淀的结果。存在即合理,但却往往不是最优的。寻找最优的金融监管制度与政策,必须以理论为指引。

21世纪以来,互联网、计算机等新兴技术的飞速发展,极大地推动了金融创新的速度和频率。许多经济学家认为,发达国家的金融监管远远落后于金融实践,是造成全球金融危机最重要的原因。当前世界主要发达国家仍然深陷大衰退的余波之中无法独善其身,发达国家的金融监管制度难以成为我国金融监管建设的完美模板。发达国家的监管当局也正在寻求能更好维护金融稳定的监管体系。从这点上来说,我国的金融监管建设其实与它们站在同一起跑线上,甚至可能拥有后发优势。以理论为指导,根据从我国金融发展的实践出发,有助于建设符合我国国情的金融监管上层建筑。

本文将以福利经济学理论为依托,尝试回答一些更根本的问题:市场化的金融行业为什么需要被监管?国民经济需要什么样的金融监管?旧的金融监管体系有哪些不足?通过思考这些问题,我们得以概括一些金融监管应当遵循的基本原则。

出于可读性以及篇幅的考虑,在接下来的分析中,本文不会过多地纠结于经济理论的假设、推演的技术细节、引述文献,而是着重阐述事物之间的联系和因果关系,建立经济直觉(Economic Intuition)。

二、市场经济与政府干预

(一)市场失灵:政府干预的理由

我国政府在社会主义体制下大力发展市场经济,目的是充分利用市场的价格机制匹配供需、提升经济效率(Pareto Efficiency),增进社会福利(Social Welfare)。在完全竞争市场、产权明晰、信息充分、无交易费用等一系列的假设下,福利经济学基本定理(Fundamental Theorems of Welfare Economics)证明私人产品(Private Goods)市场的均衡是有效/最优的。换而言之,一个理论上完美的市场是无需监管的:监管将使得新的均衡偏离最优均衡,降低社会福利。

监管的必要性来源于市场失灵:违反福利经济学基本定理的假设将导致市场失灵(Market Failure),市场均衡从而不再是最优均衡。此时政府恰当的干预将改善社会福利,从而变得必要。

一个与金融监管相关的例子是内幕交易(Insider Trading)。内幕交易违反了完全信息的假设,交易中的一方拥有比另一方更多的信息,从而使得市场均衡不再有效。另外,内幕交易还会打击投资者对于资本市场的信心,从总量上减少投资者投入的资本,从而对总体经济构成伤害。近年来,我国证监会加大了打击内幕交易的力度。这将有力地保护处于信息劣势的中小投资者的利益,创造一个公开透明的投资环境,从而提高资本市场的运行效率。

特别需要注意的是,在市场失灵的情况下,政府仍然需要选择合适的方式和政策工具进行干预,尤其是在危机时刻。例如英国政府在金融危机时对北岩银行(Northern Rock)提供流动性支持,反而加剧了市场恐慌,造成了英国150年间的首次挤兑。我们在随后将展开论述监管需要遵循的一些基本原则。

(二)监管的目标:公共利益理论

公共利益理论(Public Interest Theory)认为监管应当旨在提高社会大众的福

利。因此政府干预在市场经济中存在的理由主要有三个:不完全竞争、信息不完整、外部性。对于金融监管而言,这三条理由都有效。

不完全竞争。监管者应当限制垄断者的市场权利(Monopoly Power),保护市场完整(Market Integrity)。近年来金融企业的并购造就了许多富可敌国的超级金融机构。一方面各国监管者需要严防这些公司倒闭,造成系统性风险,另一方面也要限制这些机构的市场权力,保护广大消费者和投资者的权益。

信息不完整。监管者应当维持公平交易,对信息不对称进行惩罚或补偿。在金融市场中,大多数时候消费者是信息的劣势方,因此监管者有职责保护中小存款人以及投资者的利益。从这一点来看,新任证监会主席刘士余强调保护中小投资者的权益不仅仅有关公平,也与福利经济学理论是一致的:这将提高市场效率,增进社会福利。但值得注意的是,过度的保护和隐性担保也会增加投资者的风险偏好,造成道德风险(Moral Hazards)。

外部性(Externality)。外部性是指一个市场主体的行为对另一个市场主体造成了影响,但却没有获得或支付相应的赔偿。外部性的存在将使得社会成本大于私人成本,因而需要政府干预。金融市场中广泛存在的外部性是国民经济需要宏观审慎监管最重要的理由。

污染是负外部性的经典例子。企业将未经处理的污水直接排入河流,对周边居民的健康造成了潜在伤害,但排污企业并不会主动支付相应的赔偿。当市场存在外部性的时候,监管者应当进行干预,内部化外部成本(Internalize External Costs),使得消费者或企业考虑社会成本进行决策,进而使得市场恢复最优均衡。

接下来我们将看到,在金融行业中外部性,或者说金融企业特殊性所造成的风险外溢(Risk Spillover)是我们需要金融监管的最重要的直接原因。金融监管的基本思路则在于通过资本要求(Capital Requirements)内部化金融企业行为的外部成本,这与解决污染问题的思路本质上是一致的。

三、外部性与系统性风险

(一)道德风险:微观审慎监管的主要理由

道德风险是指参与合约的一方所面临的,由对方可能改变行为而损害到本方利益的风险。金融机构的道德风险是微观审慎监管存在的主要理由。金融机构的管理层和股东们可以从资产价格上行中获得大量的收益,但金融机构的债权人(包括存款人)则承担了额外的风险。金融机构因而有强烈的动机通过增加风险偏好和杠杆来获取收益。

拥有存款保险制度的国家的银行业的道德风险问题尤其严重,因为存款保险制度减弱了存款人监督金融机构风险行为的动机。同样,对于政府信用担保的预期也将削弱存款人监督的动机。

考虑到金融企业资本结构中债务的巨大占比,监管金融企业的经营管理就成为必要。微观审慎监管通过资本要求约束金融机构的经营,迫使金融机构在增加风险偏好时承担更多的资本成本,内部化金融机构增加风险偏好时所产生的外部成本。

(二)连结外部性:"大而不倒"

在市场经济中,企业的进入(Entry)和退出(Exit)都是正常现象。微观经济学告诉我们,完全竞争市场的超额经济利润为:利润高于0时会有企业加入,利润低于0时会有企业退出,因此经济利润在长期总是向0收敛。企业的退出往往是由于市场需求的疲软,而且对于剩下的企业来说意味着利好,政府因此并不需要为退出或倒闭的企业特别做些什么。

但金融企业不然,其作为中介在国民经济中连结了无数的资金供需双方。这被经济学家称为连结外部性(Interconnectedness Externalities)。非金融企业的连结往往只是供应链上的上下游,但金融企业在系统中的连结是网状的。一个金融企业的倒闭不会是单一的独立事件,而是会影响到诸多其他企业,引发连锁反应(见图2-1-1)。特别是考虑到金融企业与金融企业之间频繁的同业交易。因此,金融发达国家的政府对于大型金融机构的紧急财政援助(Bailout)并不鲜见。例如美国财政部2008年对美国国际集团(AIG,American International Group)耗资1 820亿美元的救助。

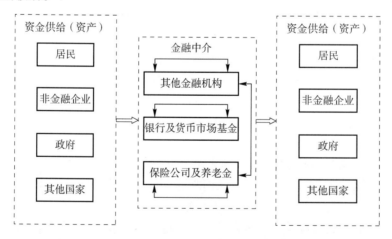

图2-1-1 金融行业在国民经济中起到中介作用,居于核心地位

资料来源:招商证券。

但是,金融巨头们一旦变得"大而不倒"(Too Big to Fail),将造成严重的道德风险。政府的紧急救助为其风险暴露设定了下限,管理层因此有强烈的动机在资产价格上升时加大风险偏好,增加杠杆以追求超额收益。因此,诸如AIG的系统

性重要(Systematically Important)的金融巨头应当是宏观审慎监管的主要对象。

(三)清仓抛售外部性:价格崩溃

当金融企业流动性出现问题时容易引发清仓抛售(Fire Sale,原意指火灾中受损物品的减价抛售)外部性。在下一章我们将具体看到,当市场出现流动性问题的时候,金融机构为了满足资本要求或者获取流动性,常常迫不得已采取清仓抛售的方式。企业抛售资产时并不会考虑其抛售行为对于资产价格以及其他金融企业的影响(外部性)。这使得金融系统容易陷入资产价格下跌、企业抛售资产、资产价格进一步下跌的恶性循环之中。如果有许多银行同时抛售同类资产,那么导致该种资产的价格崩盘以及市场的流动性枯竭,例如次贷危机时的住房抵押贷款支持证券(MBS,Mortgage - Backed Securities)。

(四)信息传递外部性:恐慌蔓延

外部性并不一定需要依赖资产或者业务的关联。纯粹的信息传播也很有可能产生负的外部效应从而使得风险扩散。如果银行 A 遭遇了偿付能力危机(即使是由于随机的负外部冲击),公众很有可能开始怀疑类似的银行 B 的偿付能力,如果这样的恐慌持续升温,B 银行的存款人和债权人将会开始取出他们的资金,使得 B 银行也将有可能面临流动性和偿付能力危机。

基于上述外部性,对于金融市场和机构而言,监管是非常必要的。接下来我们将讨论两种不同的监管思维:微观审慎和宏观审慎。

四、宏观审慎监管的必要性

(一)定义

微观审慎监管(Microprudential Regulation)的目的在于确保单个金融机构的行为是审慎的,因此注重的是单个金融机构面临的风险,特别是内部风险。

宏观审慎监管(Macroprudential Regulation)的目的在于保障整个经济系统的安全,因此更注重众多金融机构持有的相似资产、金融机构的羊群效应、以及总体的风险偏好。

这两种监管不应非此即彼(Substitutes),而应当互为补充(Complements)。各国监管早期仅仅强调微观审慎,认为只要确保每一个单个金融企业是安全的,那么整个系统就是安全的。但次贷危机的爆发警示我们,仅仅依赖微观审慎监管来维护系统安全是远远不够的。宏观审慎监管因此成为金融危机后监管当局的热门话题。

下面我们通过一些简单的例子来说明为什么仅仅强调微观审慎监管是不够的,宏观审慎监管为何重要。

(二)微观审慎监管:独立性假设

微观审慎监管强调保障每一个单个金融机构的安全,主要注重单个银行面对外生冲击的反应。以银行为例，监管通过资本要求来内部化银行的损失。其逻辑是，只要系统中的每一个银行都满足资本要求，破产的概率很小，那么破产造成的外部性也会很小，整个系统就是安全的。

假设某银行的资产（A）为 100 万元，主要由存款和资本（E）构成。资产价格下跌有 99.5% 的可能性在 6 万元以内。如果监管当局希望将该银行破产（即 $E \leq 0$）的概率控制在 0.5%，那么监管当局可以要求该银行持有 6 万元的资本（$Pr \leq 0 = 0.5\%$），对应的资本充足率（E/A）为 6%。根据各国监管要求的不同，资本可以为普通股、优先股、次级债等。

假设该银行在下一期由于负的外部冲击（例如贷款违约）遭受了 2 万元的损失，且资产价格的波动幅度以及监管的置信度都不变，那么该银行仍然应该保持 6% 的资本充足率。此时其有三种选择：

增加 2 万元资本。

减少资产 33.3 万元资产至 66.7 万元，$\frac{E}{A} = \frac{4}{66.7} = 6\%$。

1 与 2 的某种组合，卖出一部分资产，补充一部分资本。

微观审慎监管并不关注银行通过何种方式维持资本充足率。在经济运转正常的时期，一家银行受到特质冲击（Idiosyncratic Shocks）后采取任何方式维持偿付能力都不会对整个经济系统产生影响。

但微观审慎监管仍然在很大程度上忽略了金融企业行为和资产价格的相关性。在金融体系出现困难时，大量银行一起卖出资产，将造成强烈的清仓抛售外部性，引发系统性风险。

（三）宏观审慎监管：系统相关性

1. 清仓抛售与信贷紧缩

美国金融市场的数据显示，金融企业更偏好用调整资产负债表的方式（即改变资产 A，而不是资本 E）来调整自身的杠杆。资产证券化、隔夜回购等金融创新极大地便利了金融企业从资本市场短期融资的行为。金融机构也越来越依赖这些批发货币市场（Wholesale Money Markets）。从微观的角度来看，这并没有什么问题。因为单个企业有了更多的资金来源和投资选择。

但是，当市场出现流动性困难的时候，去杠杆导致的巨大的负外部性将使得市场的流动性迅速枯竭，进而对单个金融机构、甚至整个金融系统造成灾难性的伤害（见图 2-1-2）。

一个例子是 1965 年成立的英国北岩银行在金融危机时的遭遇。北岩银行在次贷危机前夕从国际货币市场借入了大量的资金并投资于 MBS 市场。当 2007 年 8 月份次贷危机出现的时候，MBS 市场的需求急剧下降，北岩银行无法通过出售

MBS来偿还其债务。同年9月英格兰银行（英国央行）对其的流动性援助反而引起了公众的恐慌，造成了英国过去150年中的第一次挤兑。北岩银行其后于2008年被国有化，最终于2012年被维珍理财（Virgin Money）以7.5亿英镑收购。

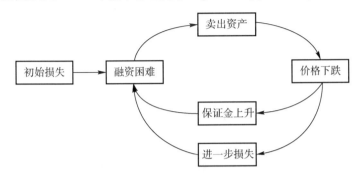

图2-1-2　损失螺旋和边际螺旋可以使得市场流动性迅速枯竭

资料来源：Brunnermeier(2009)、招商证券。

下面我们通过一个数值例子来解释清仓抛售中的两个增强效应。假设某投行以10万元的自有资本作为保证金（Margin or Haircut，保证金事实上是资产价格与其作为抵押品的价值之间的差额）购买了市场价值为100万元的资产，对应的杠杆率为10倍。如果资产价格下跌5万元，那么该投行将遭受5万元的自有资本损失。如果该投行遇到融资困难，无法筹措到更多的资本金，在10倍的杠杆率下，该投行需要卖出45万元的资产。这将使得该资产的价格继续下降，投行将不得不卖出更多资产，形成螺旋状的恶性循环（因为银行持有的资产越来越少），这被称为损失螺旋（Loss Spiral）。

市场出现流动性问题的时候往往伴随着保证金要求的升高，这使得市场的流动性问题进一步恶化，这被称为保证金螺旋（Margin Spiral）。继续上面的例子，如果资产价格下跌5万元的同时，保证金要求从10%变为20%，那么该投行将不得不卖出70万元的资产，这将使得该资产的价格以更大的幅度下跌，同时也将更大幅度地提升保证金要求。

当市场出现流动性问题的时候，这两种恶性循环引发的资产清仓抛售使得市场的流动性迅速枯竭，如同美国在次贷危机时的经历一样。

当银行通过以控制信贷来缩减资产规模时，金融系统的风险就开始向实业蔓延，形成信贷紧缩（Credit Crunch）。从无风险套利的角度考量，银行将要求贷款的风险调整后的期望收益与风险资产一致：如果风险资产快速下跌使得其调整后的预期收益率达到20%，那么银行也会要求贷款的风险调整后的收益率为20%。这将急剧提升企业的融资成本，降低投资和就业，造成经济收缩（Economic Contraction）。

金融机构在遭受外部冲击时通过卖出资产降低杠杆,以保持流动性、保证金比率或偿付能力的行为是符合微观审慎的监管原则的,宏观审慎监管与微观审慎监管存在诸多不同(见表2-1-1)。但这样的行为却导致了系统性危机。这说明以独立性假设为前提,割裂地监管单个金融机构是远远不够的。宏观审慎监管需要关注的一个主要问题就是如何减小流动性危机时多家金融机构同时抛售资产造成的社会成本。

2. 资产负债期限错配

另一个需要宏观审慎监管的理由是资产负债期限错配。2008年金融危机的一个重要经验教训就是资产负债的错配会引发严重的流动性危机。但仅仅从微观层面监管资产和负债的期限错配是不够的。

表2-1-1 宏观审慎监管和微观审慎监管比较

	宏观审慎监管	微观审慎监管
主要目标	防止系统性风险	防范单个金融机构的风险
最终目标	避免产出损失	保护消费者/投资者/存款人
风险特征	与群体行为相关(内生性)	个体行为具有独立性(外生性)
机构行为相关性	重要	无关
监管方式	自上而下(Top Down)	自下而上(Bottom Up)

资料来源:Wikipedia、招商证券。

假设一国的银行系统有N家银行,N为一个很大的正整数。某存款人存放了一笔活期存款在银行1。收到存款后银行1立即将其作为一笔为期1周的贷款给银行2。银行2随即将其作为一笔为期2周的存款贷给银行3……直至银行N-1将其作为一笔N-1周的贷款贷给银行N。

在上面这个例子中,单个金融机构错配仅仅为1周而已。但整个系统却出现了严重的期限错配。在这种情况下,当违约出现的时候,出于宏观审慎的角度,监管应当为系统提供额外的流动性,防止危机蔓延。

五、宏观审慎监管的基本原则

上文提到,由于金融系统存在广泛的外部性,所以金融监管是必需的。也由于金融企业之间广泛的联系,以独立性假设为前提的微观审慎监管是不够的。接下来我们要回答的问题是:宏观审慎监管应该当管什么、如何管、有哪些基本原则?

(一)系统重要性

宏观审慎监管的首要目的是防范系统性风险。作为微观监管的补充,宏观审慎监管无须面面俱到,而应有所侧重。当前我国经济结构转型和供给侧改革的一个重要问题是,在对整体经济伤害不大的前提下,让市场机制发挥作用,让效率低下的企业退出市场。金融监管也当如此。如果一家金融企业出现问题是由于其自身的经营和效率,而且其倒闭不会造成严重的风险外溢引发市场危机,那么监管当局大可不必干预。

因此,宏观审慎监管的对象应当是那些有系统重要性(Systematically Important)的金融机构。监管当局应当定期依据金融机构风险外溢的程度,以及其体量、杠杆率等指标来判断金融机构的系统重要性程度。

根据系统重要性的程度,监管当局可以将金融机构分为以下4类,进而实施分类监管。

具有单独系统性(Individually Systemic)的金融机构。此类金融机构体量巨大,而且与国民经济的方方面面都有广泛而深入的联系,例如我国的四大国有银行。这些金融机构一旦倒闭,将对整个系统形成强烈的冲击。对这些金融机构,监管当局需要秉持微观审慎与宏观审慎并重的原则。

具有群体系统性(Systemic as Part of a Herd)的金融机构。这些金融机构的体量不一定巨大,但是他们的行为具有群体性。例如次贷危机时高度利用杠杆的对冲基金,在资产价格快速上升和崩溃时都起到了推波助澜的作用,极大地增加了资本市场的波动性。此类金融机构的个体行为造成的外部性并不大,在正常时期起到了活跃市场、价格发现的作用,而且市场机制对他们存在约束(例如去年我国股灾期间由于过度利用杠杆遭遇清盘的部分私募基金)。所以对于此类金融机构来说,微观审慎监管不应当是重点,反而应当更强调宏观审慎监管。

非系统性的大金融机构。由于此类机构造成的外部性并不大,因此只需要对其进行微观审慎监管,而无须进行宏观审慎监管。

小金融机构。如果此类金融机构不使用杠杆,不造成外部性,那么监管当局应当尽量减少干预,让市场机制发挥作用。

(二)逆周期监管

1. 宏观审慎逆周期监管

经济泡沫并非随机产生,而往往是伴随着经济繁荣特别是信贷扩张(Credit Boom)出现(见图2-1-3)。当资产的需求和价格上升的时候,金融机构通买入资产增加收益,使得资产价格进一步上升,进而使得金融机构增加杠杆买入更多的资产。如此往复,形成正向的反馈效应。

而当金融资产价格下降时,往往会形成负反馈,特别是当金融市场中杠杆率高企之时。在前面我们看到,在极端情况下,金融机构会减价抛售,造成流动性困境甚至信用收缩。微观审慎的资本要求在危机时将放大清仓抛售外部性,使得形势进一步恶化。

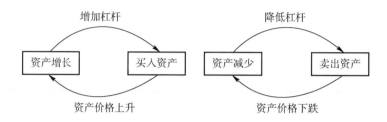

图 2-1-3　泡沫的产生和破灭与经济周期密切相关

资料来源：Brunnermeier at el.（2 015）、招商证券。

这两种反馈效应是由于金融机构自身的行为而造成的,因而是金融系统内生的（Endogenous）。负向反馈引发的清仓抛售使得金融危机的发生无须以信用违约为前提。因此,微观审慎下以外生冲击为假设做的压力测试（Stress Tests）并不能根本解决金融机构顺周期的杠杆行为给整个金融体系带来的风险。

在资本要求前加入逆周期因子是解决金融机构顺周期行为的一个可行方案。例如,监管当局可以考量经济周期与整个信贷量之间的关系。当信贷扩张大幅超过名义 GDP 增长的长期均值时,监管层应当加大对于单独系统性和群体系统性的金融机构的资本要求。这可以表现为在微观审慎资本充足率前加上一个反映经济周期的乘数。当资产价格扩张时该乘数大于1,即增加资本要求；而当资产价格下行时该乘数小于1,即适度降低资本要求,防止清仓抛售和流动性危机的发生。

目前,各国都在推进逆周期监管方面的工作。例如,英国国会赋予了设立了主要负责宏观审慎监管和政策协调的金融政策委员会（Financial Policy Committee,FPC）设定逆周期资本缓冲（Countercyclical Capital Buffer,CCyB）的权利。

2. 宏观审慎监管与货币政策

同样是作为逆周期调节工具的宏观经济政策与宏观审慎监管之间有何关系呢？这两者之间有着复杂的关联和相互作用,是当前理论研究的重点。限于篇幅,本文只做简短的说明。

总体来说,宏观经济政策将影响到市场中的每一个企业和居民,并不针对金融系统中的外部性和脆弱性。而宏观审慎监管通过资本要求直接约束金融系统中行为主体的外部性行为,可以更加直接有效地维护金融稳定。

在金融危机发生之前,普遍认为宏观政策工具（特别是货币政策）已经足够应对信贷扩张,维持物价稳定和金融稳定。货币政策的操作一般以通胀为目标,以短期利率为调节工具。而金融监管则仅仅是狭隘的微观审慎思维,关注单个金融机构的偿付能力。

货币政策主要影响实际和预期的短期利率水平,进而影响到资产价格和汇率,通过维持物价稳定来促进经济增长。但是货币政策并非是维护金融稳定最好的工具。调节短期利率将影响到经济体中所有的居民和企业,加大了物价和就业的波动。通过这样的方式来控制信贷周期和泡沫并不能对症下药。

经历金融危机之后,各国都意识到了货币政策从宏观上维护金融稳定方面的局限。例如,通过下调短期利率,扩张性的货币政策可以快速地实现信贷扩张来帮助经济增长。但是廉价的信贷也将鼓励市场主题加大杠杆和期限错配。宏观审慎监管框架的出台填补了宏观经济政策和微观审慎监管之间的空白(见图2-1-4)。

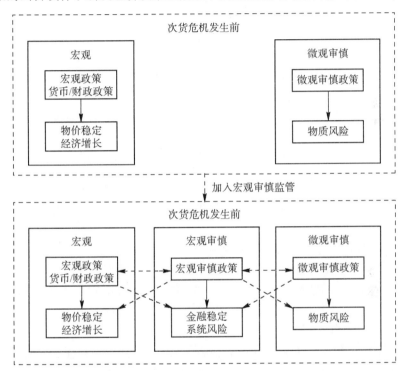

图 2-1-4　宏观审慎监管填补了宏观经济政策与微观审慎监管之间的空白

资料来源:IMF、招商证券。

宏观审慎监管更加关注不同的信贷环境中的结构问题,通过调节金融机构的资本要求来增加金融系统的弹性,使得金融市场中的借贷双方能够更好地抵御风险冲击。宏观审慎监管因此也将影响货币政策。金融危机后欧洲国家普遍加紧了金融监管以控制金融机构的顺周期行为,强化对金融稳定的要求。这样的宏观审慎措施进一步加剧了欧洲均衡利率的下行。

(三) 重视期限匹配

次贷危机的一个重要教训是期限错配将放大资产风险。在次贷危机前夕,整个金融市场都非常依赖从金融批发市场获得的短期融资。北岩银行从国际货币市场获得短期贷款,投资于长期的住房按揭市场,进而将贷款资产打包成 MBS 出售。这些资产中很大一部分都有良好的未来现金流。如果北岩银行借入的资金期限更长,将极大程度上缓解当时面临的流动性危机。北岩银行在其后的发展有可能完全不同。因此在金融监管中不仅仅需要考虑资产的未来现金流,还需要考虑金融机构用于购买资产的资金久期,即资产和负债的期限匹配。

金融监管当局可以在现有的资本要求基础之上,考虑金融机构的资产负债匹配程度,对资产负债久期错配特别严重的金融机构提高资本要求(作为现存资本充足率的另一个乘数),通过鼓励金融机构寻找期限更长的资金来源来控制系统性风险。

(四)前瞻性监管

由于经济杠杆的内生性,监管层需要特别留意过度依赖历史数据统计以及回归的风险。从回归分析得到的关系隐含的假设是"其他条件不变"(Ceteris Paribus)。当系统中的主体行为发生改变的时候,任何依据历史数据得到的统计或回归的关系都将失效。

例如次贷危机中的结构化产品(SIVs, Structured Investment Vehicles)设计中,最主要的假设依赖于基于美国二战后历史数据的观测:住房按揭贷款违约率低,而且房价下跌只会是地区性的现象。但资产价格的上涨改变了居民和投资者的行为,使得这两个假设失效。

因此监管应当是前瞻性的(Forward Looking),基于考虑到下行可能性的预期,特别是尾部事件(Tail Events)的风险,而非完全依赖历史数据。

假设两家具有同样资本充足率的银行,银行 A 所有的资产为评级为 AAA 的债券,银行 B 的所有资产为评级为 BBB 的债券。基于微观审慎的角度,银行 A 的资本要求应当比银行 B 低。

但是从宏观审慎的角度,如果考虑到评级被调低的风险,监管者可能很有必要对银行 A 要求更多的资本。评级为 AAA 的债券中几乎完全是系统性风险(因为只有在系统性的风险事件中才会快速贬值),而评级为 BBB 债券则包含了大量的特质风险,例如交易对手的信用风险。如果评级为 AAA 的债券被更广泛地持有,该资产在系统中更为重要。而由于资本充足率与风险评级的关系是凹性的(Concave),同样幅度的评级下移对于银行 A 的资本要求冲击更大(见图 2-1-5)。

(五)其他原则

1. 重视市场激励

监管政策还可以大体上划分为行政命令式(Command and Control Regulation)和市场激励型(Market Based Regulation)。经济学的一个重要结论就是市场激励性的政策能够提高经济效率,降低社会福利损失。

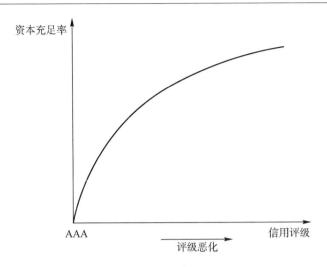

图 2-1-5　资本充足率和信用评级之间存在凹性关系

资料来源：Brunnermeier et al.（2015）、招商证券。

我国当前的大多数的监管仍然以行政命令式为主。行政命令式的监管的主要问题是限制了企业和居民的选择。在金融监管中，通过资本充足率或者偿付能力约束金融企业的行为，解决金融企业的外部性问题是更有效率的选择。

我国保监会在最近推行的"放开前端、管住后端"的监管思路与市场激励是一致的。但一刀切的行政命令式监管，例如近期禁售一年期的高现价产品，却将给许多险企带来巨大的外生冲击。一个更好的方式是进一步提高高现价产品的资本要求，这样险企可以更为平稳地向销售长期限的产品转型。

2. 本土化监管

在金融全球化的今天，对于本国的跨国金融集团、跨国金融集团在本国的分支机构应当如何监管？从理论上讲，各国的监管机构应当采取本土化的监管策略。原因很简单：宏观审慎监管强调逆周期，但各国的经济周期却并不尽相同。因此，本国的监管机构应当以宏观审慎原则对跨国金融集团在本国的分支机构提出资本要求。这也是英国央行行长卡尼呼吁欧盟国家之间加强宏观审慎监管框架协调的原因之一。

我国保监会今年正式推行的偿二代规划对境外再保险公司在我国境内设立分支机构提出了资本金的要求，这是符合宏观审慎监管原则的。

六、结语

监管的必要性根源于市场失灵。对于金融监管来说，则特别需要关注内生于金融系统的外部性，特别是金融危机发生时的清仓抛售外部性。微观审慎监管以金融机构的独立性为隐含假设，低估了系统中的关联性和外部性，因此不能有效保障系统的金融稳定。

宏观审慎监管应当以防范系统性风险为目的，遵循系统重要性、逆周期、期限匹配、前瞻性、市场激励、本土化的原则。

对于金融监管当局而言，以理论为指引有助于构建更好地符合我国国情的金融监管体系，保障金融稳定。在设计和颁布具体的政策之前，监管者应当思考："这是否符合监管的基本原则？是否还有更好的监管方式？"我国保监会"放开前端、管住后端"的思路是与宏观审慎监管原则相一致的：通过后端对偿付能力的要求约束前端市场主体的行为。但是我国金融监管的实践中仍然存在着大量"一刀切"的行政命令式干预，这将有损市场效率和社会福利。

对于金融机构来说，深入理解监管理论和动态应当是必修课。任何市场主体的行为都在市场约束之中，监管框架之内。理解监管动态有助于金融机构们提前进行战略布局。例如，混业经营和跨平台金融是我国当前金融行业发展的一大趋势。但如果企业观测到宏观审慎监管的趋势，就不应当一味追求大而不倒的规模：系统性重要的企业将面临更为严厉的金融监管和更高的资本要求。金融企业应当在边际规模效益和边际监管成本之间寻找平衡。全球银行业的最新数据表明，中型银行的盈利性是最好的。

对于投资者来说，深刻理解宏观审慎监管的原理有助于他们换一个角度审视自身投资的决策和行为，例如顺周期杠杆和清仓抛售，同时也有助于他们把握金融监管规则变化的方向。

附录：市场经济为何需要政府监管

本附录主要为第二部分的福利经济学理论提供了一些诠释性的例子以及理论细节。

1. 帕累托最优

福利经济学基本定理告诉我们，一个理论上完美的市场是帕累托最优的(Pareto efficient)，因而无需监管：监管将使得新的均衡偏离最优均衡，降低社会福利(见图2-1-6)。例如，如果在一个完全竞争市场施行低于均衡价格的价格上限(Price Ceiling)政策，将造成经济短缺(Shortage)，引起社会福利损失(Dead Weight Loss)。

2. 私人成本与社会成本

对于整个社会而言，外部性造成了市场扭曲(Market Distortion)，使得企业生产了过多的商品(假设污染与产量正相关)，或者在控制排放方面投入过少，因而排放了过多的污染物，损害了社会福利(见图2-1-7)。市场扭曲发生的原因是排污企业在生产时只会考虑生产的私人成本(Private Cost)，忽略污染给他人造成的外部成本(External cost)。我们常说的社会成本(Social cost)则是这两项成本之和：

社会成本 = 私人成本 + 外部成本

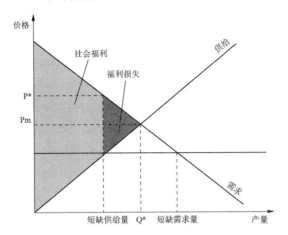

图 2-1-6　低于均衡价格的价格上限管制将产生福利损失

资料来源：招商证券。

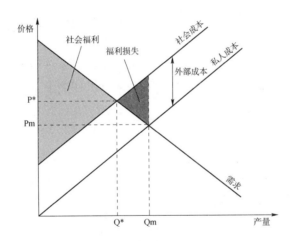

2-1-7　企业没有考虑生产造成的污染，因此生产了过多的商品

资料来源：招商证券。

3. 科斯定理与庇古税

如何解决外部性呢？科斯（Ronald H. Coase）提议让受害者与排污企业协商赔偿或补贴。著名的科斯定理（Coase Theorem）认为在一定的假设前提下，不论排污权归属何方，这样的协商可以导致最优的结果。最优的边际赔偿额度应当等于企业的边际排污伤害（Marginal Damage）。

科斯定理所依赖的假设过于严苛。在受害者众多、诉讼费用高昂的情况下，政府对污染企业征收同样边际税率（等于污染造成的边际损失）的庇古税（Pigovian Tax）是更优的选择（见图2-1-8）。这也将使得企业生产时考虑到外部性和社会成本，解决污染问题：

庇古税率 = 边际伤害 = 边际外部成本

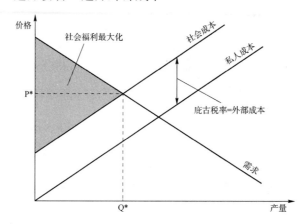

图2-1-8　征收庇古税，排污企业生产回复最优水平

资料来源：招商证券。

有学者认为在金融系统中直接征收庇古税比资本要求更为直接有效，但是基于金融监管体系历史沿革的路径依赖以及政治可行性的考量，资本要求仍将是金融监管的主要手段。

专题二 中国货币政策银行风险承担渠道研究

一、引言

2008 年金融危机中我国经济、金融受影响相对较小,但金融危机引发的有关货币政策的银行风险承担渠道的思考却不容忽视。诸多学者理论分析指出货币政策主要通过估值效应、竞争效应、逐利动机效应以及保险效应等作用路径影响银行风险承担;但具体作用路径在我国是否存在及作用如何的问题却鲜有研究。随着近年来银行业改革的深化,我国银行业竞争愈加激烈,截至 2015 年第四季度末,国有银行在银行业金融机构总资产占比降至 39.21%,同时股份制银行与城商行总占比上升至 29.93%[①];其次,利率市场化进程的推进,促使我国商业银行的利润空间收窄,自 2012 年至 2015 年第四季度,银行盈利指数由 83.3 直线下降至 62.6[②]。再者,近年来多轮降准降息对房地产行业产生一定的激励作用,房地产价格波幅较大,这对银行业贷款数量与质量存在重要影响。在这一综合大背景下,银行风险承担渠道通过竞争效应、逐利动机效应、保险效应以及估值效应路径的作用在我国银行业可能逐步体现。加深该方面的实证研究对我国货币政策的执行与金融稳定的认识有十分重要的理论与现实意义。

本文基于 2006—2014 年期间我国 47 家商业银行数据,构建动态面板模型,运用系统 GMM 估计法,检验了不同货币政策工具下风险承担渠道的存在性,具体考察了四个作用路径的作用效果以及风险承担渠道对相关路径的依赖性。

近年来国外学者关于银行风险承担渠道的主要研究方向包含:

(一)银行风险承担渠道存在性检验

关于银行风险承担渠道检验的研究众多,主要基于低利率环境下不同国家、不同地区的微观数据对银行风险承担渠道的检验。Jiménez 等(2009)基于西班牙银行体系金融数据研究发现,在长期低利率政策环境下,银行会降低筛选贷款人的信贷标准,从而增加了新增贷款发生违约的概率。Maddaloni 和 Peydró(2011)运用欧元区国家的银行信贷调查和美国高级贷款官员的调查数据分析得出,低利率促使银行降低信贷标准,并且低利率持续时间越长对银行风险影响越大。Maggie

---

① 数据来源:《中国银行业监督管理委员会》网站监管统计信息数据整理所得。
② 数据来源:2015 银行家调查报告。

等(2014)运用14个亚太国家银行财务数据,研究分析得出银行集中度越高越不利于金融稳定,而银行竞争度与银行风险呈现负向关系。Emanuel 等(2015)通过分析金融稳定政策工具和金融监管在货币政策传导机制的作用,发现金融稳定与物价稳定目标之间的权衡性,建议货币当局在选择政策工具时需要考虑这一权衡性。

(二)银行风险承担渠道的影响因素、传导效应研究

银行风险承担渠道影响因素研究主要围绕资本监管、银行特征与宏观经济展开。Blum(1999)构建动态模型比较分析了资本约束对银行风险承担的作用,发现当期的资本管制有利于降低银行风险,但预期的资本约束反而增加银行风险承担。López 等(2011)以银行业季度的新增贷款与现存贷款数据为基础分析得出,GDP 增长率与新增贷款风险呈现正相关,而与现存贷款风险呈反向变化,他们将该结果解释为经济扩张期银行风险偏好上升从而新增贷款风险增加,但现有贷款风险因经济繁荣而下降。Paligorova 和 Santos(2012)比较分析了美国不同货币政策下同一银行对相同企业在风险贷款与低风险贷款数量及贷款利差上的差异,同时在实证分析中考虑了影响银行信贷行为的银行特征、贷款合同以及企业特征因素。Buch,Eickmeier 和 Prieto(2014)探讨了美国 1997—2008 年期间货币政策冲击对不同银行的影响,整体上并未验证银行风险承担渠道的存在性,但小型国内银行在货币宽松环境下呈现较大风险敞口,国内大型银行与外资银行风险偏好没有明显变化,但在持续低利率环境下,外资银行风险容忍度增加,高风险贷款持有增加。

近年来银行风险承担渠道研究扩展至对企业风险承担影响。Carlos 和 Javier (2015)运用动态模型分析得出利率变动对公司杠杆率与违约率存在非对称性影响,同时指出利率升降对公司杠杆率与违约率的影响因公司异质性而不同。Angeloni 等(2015)研究得出货币政策通过改变银行的融资结构以及其资产的风险来影响银行风险承担,得出低利率通过诱导银行以短期风险融资工具(如存款)代替资本融资从而增加银行风险承担,同时通过 VAR 脉冲响应得出银行的存在扩大了货币政策对经济产出和资产价格变动的传导效应。

(三)货币政策的银行风险承担渠道作用路径研究

(1)"逐利动机效应"路径

Rajan(2006)指出,由于管理层的激励机制与名义回报率挂钩,而在持续低利率环境下,银行无风险资产收益率下降,但一些长期固定支付承诺如社保基金、保险公司以及养老金具有粘性,从而导致银行资产组合收益率下降,激励管理层为实现既定绩效而采取激进投资策略。Dell'Ariccia 和 Marquez(2006)研究发现低利率政策下往往伴随着银行存贷差收益降低这一现象,指出银行为获取更多收益

以及维持市场份额而过度承担风险。Borio 和 Zhu(2012)进一步指出逐利动机效应是货币政策作用于银行风险承担的路径之一,他们认为当市场利率与目标利率之间差距越大,该路径发挥作用越大,尤其是名义利率接近 0 时,越会促使银行提高风险承担意愿。Paligorova 等(2012)指出银行在长期低利率环境下可能难以充分调整对未来利率变化的预期,一般会假定低利率情形会持续较长时间,这一过程激励了银行为获取较高收益而提高风险资产占比幅度。

(2)"保险效应"路径

Altunbas 等(2010)指出,当金融市场的参与者预测货币政策当局会在经济受到外部冲击发生不稳定时出面拯救的情况下,会倾向于在货币政策出台前进行冒险投资,从而产生"保险效应"。DeNicolò 等(2010)认为货币政策当局与金融机构之间的沟通策略以及金融机构的货币政策反应函数也是影响货币政策风险承担渠道的因素之一。Agur 和 Demertzis(2012)强调由于银行股东受到有限责任的保护,银行资本收益结构实际上是一个看涨期权,正常运营时,银行股东获取经营收益,而当银行陷入债务危机时,又有政府或者存款保险作为隐性担保。当货币当局实施低利率政策时,银行股东收益波动加大,进而导致银行为追求更高收益而增加风险偏好。

(3)"习惯形成效应"路径

习惯有两层含义,内生习惯与外生习惯,内在性习惯指投资者消费决定于其消费历史,外在性习惯指的是投资者消费与社会消费水平及其他外生因素有关(Sundaresan,1989)。Campbell 和 Cochrane(1999)在研究权益风险溢价时发现,投资者在经济扩张期间消费水平超过正常水平,对风险厌恶程度降低,因此,实施宽松货币政策刺激宏观经济而提高投资者风险偏好。

(4)"估值效应"路径①

Adrian 和 Shin(2009)指出,银行会基于资产价值变化对杠杆率(总资产与资本比率)进行调整,在宽松货币政策下,抵押物价值上升,银行会通过增加抵押贷款来扩张资产负债表,导致逆向选择问题加重,结果不利于金融稳定。Borio 和 Zhu(2012)指出货币政策通过影响金融机构和企业估值、收入以及现金流进而影响其风险感知与容忍度乃至影响其风险承担。他们将这一作用机制称为放大"金融加速器"效应。因为在规范合理的金融加速器框架中,假定金融机构的风险偏好为风险中立或风险厌恶,宽松货币政策变化对金融机构风险偏好产生影响,从而扩大了金融加速器作用。

---

① 国内外学者称之为放大"金融加速器"效应或估值效应,本文一致称之"估值效应"。

国内学者对于银行风险承担渠道研究主要包含以下几个方面：

（一）银行风险承担渠道存在性、影响因素研究

于一和何维达（2011）选取50家商业银行作为研究样本，比较不同属性的银行在应对扩张性货币政策冲击时的风险承担表现，发现对比大中型银行，城商行表现出更高的风险偏好。张雪兰和何德旭（2012）基于16家上市银行数据运用泰勒原则获取货币政策立场指标，研究得出二者之间呈现显著负方向关系，同时发现该关系受银行市场结构与资产负债表特征影响。江曙霞和陈玉婵（2012）基于我国14家上市银行分析得出紧缩性货币政策有助于抑制银行风险承担，同时发现资本状况影响风险承担的传导。李菁和黄隽（2014）运用72家商业银行数据分析得出我国货币政策具备银行风险承担渠道，同时比较分析了宽松货币政策下银行在资产与负债上的选择差异，发现宽松货币政策对银行风险推动作用体现在银行资产选择上而非负债选择上。刘生福和李成（2014）研究得出，银行资本越高和规模越大者对待宽松货币政策态度更为谨慎，偏好表外业务的银行受宽松货币政策影响更大，他们建议针对银行微观特征实施差异化审慎监管。孟纹羽和林珊（2015）基于15家商业银行2004—2013年度数据分析得出货币政策与银行风险承担之间负向关系在数量型与价格型货币政策工具上均显著，同时通过引入银行规模、盈利能力等与货币政策交叉项，发现仅有资本水平对银行风险承担产生明显影响。

（二）风险承担传导效应及宏观审慎含义研究

张强等人（2013）以我国14家上市银行为样本实证得出我国货币政策的银行风险承担渠道显著存在，进一步分析指出银行信贷也伴随着银行风险承担的增加而发生扩张，强调了货币政策的制定者应关注风险承担在货币政策传导中的影响。林朝颖等人（2014）从企业风险承担的视角，发现宽松的货币政策激励企业承担更多风险，同时货币政策在企业中的风险传导效果因企业规模、所有权性质不同而存在差异，企业规模越小，风险传导效应越大，国有企业受风险传导效应影响低于非国有企业。金鹏辉（2014）以贷款审批条件指数度量银行过度风险承担，研究发现银行在宽松货币环境下会放松信贷标准乃至承担过度风险，并建议采取逆周期的宏观审慎政策措施从时间和空间两个维度上加强货币政策对金融稳定运行的维护。

（三）银行风险承担渠道作用路径的研究

我国一些学者根据本国金融体系运行特征总结的运行机理中还添加了竞争效应。徐明东和陈学彬（2012）指出我国货币政策通过估值效应、逐利动机效应以及竞争效应三个路径影响银行风险的现实条件已然存在或逐步形成中；并在传统模型中引入银行滞后期盈利、房地产价格增速和樊纲指数对以上路径的影响进行

验证,结果是显著的。张雪兰和何德旭(2012)基于国内外学者研究成果的基础上总结了风险承担机制的四条路径:估值效应,习惯形成效应,逐利动机效应,央行沟通政策和反应函数的放大效应(保险效应)。① 对以上路径进行理论梳理的还有金鹏辉(2014);刘生福,李成(2014);江曙霞,陈玉婵(2012)等。宋扬(2014)基于我国货币政策工具的使用情况以及银行对货币政策的预期作用机制的分析,得出促使估值效应、竞争效应、逐利动机效应、习惯形成效应和保险效应发挥作用的条件可能逐渐具备。

基于国内外相关文献,本文对货币政策如何影响银行风险承担的作用机制进行了梳理与总结,其传导机制如图 2-2-1 所示。

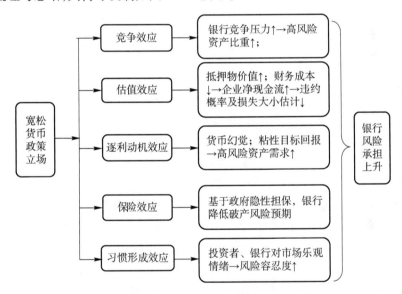

图 2-2-1　货币政策影响银行风险承担的作用路径原理图

本文的主要贡献在于:①本文运用相关指标来识别逐利动机效应、竞争效应、估值效应以及保险效应②对银行风险承担的影响,模型设计考虑银行微观特征与宏观经济因素的同时,引入作用路径变量以探析货币政策对银行风险承担影响的效果。这样可以较为具体地考察我国货币政策对银行体系风险的作用。②本文运用 47 家银行历年数据通过超越成本函数推导以及 3SLS 模型构建获取银行年度 Lerner 指数作为竞争效应指标,该指标可以有效体现银行竞争效应对银行风险

---

① 国内外学者对保险效应的称谓不一致,包括央行沟通政策与反应函数的放大效应、集体道德风险效应、保险效应,本文采用保险效应称谓。

② 鉴于习惯形成效应的影响目前未有明确的变量指标对其进行量化,本文未能对该路径进行实证分析。

承担的影响。③本文运用系统 GMM 估计法能有效降低内生性问题,同时引入路径变量与货币政策变量交叉项,一定程度上分析了货币政策的银行风险承担渠道对不同作用路径的依赖性。

二、研究设计

(一)研究假设与模型构建

本文选用 2006—2014 年期间我国 47 家商业银行为研究样本。2006—2014 期间,我国货币政策经历了从紧—宽松—适度宽松—稳健的变化过程,这样可以较为全面地考察货币政策与银行风险承担的关系。样本银行选取包括 5 家大型银行、12 家股份制银行和 30 家具有一定规模的城市商业银行。文中数据来自国泰安研究服务中心 CSMAR 数据库、货币政策执行报告、Bankscope 数据库、以及各银行的年报等。

1. 研究假设的提出

国内诸多学者研究结果基本表明货币政策的银行风险承担渠道存在。徐明东和陈学彬(2012)选取樊纲指数、银行资产回报率和房地产价格增速分别作为识别竞争效应、逐利动机效应与估值效应的变量指标,指出该作用效果可以作为检验这三个机制后半部分存在性的经验证据。宋扬(2014)以银行平均资产回报率作为逐利动机效应和竞争效应指标,银行所有权性质作为保险效应指标对三个作用路径进行分析。本文基于以上学者的研究思路和研究结论作出以下研究假设:

假设 1:我国货币政策的银行风险承担渠道存在。表现为:存款准备率、贷款基准利率下降或 M2 增长率上升,银行风险承担偏好上升(张强等,2013;张寰寰,2 013 等)。

假设 2:我国货币政策通过逐利动机效应作用路径影响银行风险承担的作用效果存在。表现为:银行前一期资产回报率越低,银行风险承担越大,即盈利能力较差的银行为实现更高收益而更倾向于采取高风险承担的策略(徐明东,陈学彬,2012)。

假设 3:我国货币政策通过竞争效应作用路径影响银行风险承担的作用效果存在。表现为:银行 Lerner 指数越低即竞争度越高,银行风险承担越高(徐明东,陈学彬,2012;宋扬,2014)。

假设 4:我国货币政策通过估值效应作用路径影响银行风险承担的作用效果存在。表现为:房地产价格增速越大,银行风险承担越高(徐明东,陈学彬,2012)。

假设 5:我国货币政策通过保险效应作用路径影响银行风险承担的作用效果存在。表现为:国有大型银行在宽松货币政策环境下风险偏好更大(宋扬,2014)。

2. 模型设计

本文以前人研究模型(张强等,2013;徐明东,陈学彬,2012)为基础,建立动态面板模型。构建动态面板模型为如下形式:

$$risk_{i,t} = \beta_1 risk_{i,t-1} + \beta_2 MP_t + \beta_3 SIZE_{i,t-1} + \beta_4 CAP_{i,t-1} + \beta_5 Lid_{i,t} + \beta_6 GDP_t$$
$$+ \beta_7 ROA_{i,t-1} + \beta_8 housep_{j,t} + \beta_9 Lerner_{i,t} + \beta_{10} SYS + v_i + \mu_{i,t} \quad (2-2-1)$$
$$risk_{i,t} = \beta_1 risk_{i,t-1} + \beta_2 MP_t + \beta_3 SIZE_{i,t-1} + \beta_4 CAP_{i,t-1} + \beta_5 Lid_{i,t} + \beta_6 GDP_t$$
$$+ \beta_7 MP_t \times SYS + \beta_8 MP_t \times Lerner_{i,t} + \beta_9 MP_t \times ROA_{i,t-1}$$
$$+ \beta_{10} MP_t \times housep_{j,t} + v_i + \mu_{i,t} \quad (2-2-2)$$

模型(2-2-1)用于检验货币政策与银行风险承担整体关系，同时分析四个作用路径的是否存在。系数 β_2 用于检验银行风险承担渠道存在性，若 β_2 显著小于0，则表明银行风险承担渠道存在；系数 β_7 和 β_9 若显著小于0，则货币政策通过逐利动机效应和竞争效应对银行风险承担产生影响；β_8 和 β_{10} 若显著大于0，则表明估值效应与保险效应作用路径的效果存在。

模型(2-2-2)的设计是为了进一步分析货币政策风险承担渠道对作用路径的依赖性。交叉项系数 β_8 和 β_9 若显著大于0，则货币政策对银行风险承担的影响依赖于竞争效应与逐利动机效应；交叉项系数 β_{10} 和 β_7 若显著小于0，则货币政策对银行风险承担的影响依赖于银行估值效应与保险效应路径。

(二) 变量指标选取

1. 银行风险承担代理变量

度量银行风险承担($risk$)的变量指标有风险资产比率、不良贷款率、预期违约频率 EDF(牛晓健，裘翔，2013)、Z 值[1](徐明东，陈学彬，2012)以及贷款损失准备与贷款总额的比值(张雪兰，何德旭，2012)。其中，预期违约频率 EDF 经验函数的获取需要成熟的违约数据库为基础，目前获取难度大。风险资产比率是衡量银行风险承担的事前指标，更能反映出银行基于逐利动机效应与竞争效应而增加风险承担的意愿，不良贷款利率反映了银行信贷质量状况，而 Z 值测度银行破产风险，反映银行整体风险变化，近期银监会也在酝酿银行破产条例的推出。综合考虑后，本文采用的银行风险测度指标是风险资产比率($Risk_{asset}$)和不良贷款率($Risk_{npl}$)，同时以 Z 值进行稳健性检验(金鹏辉，2014；江曙霞，陈玉婵，2012 等)。

2. 货币政策代理变量

我国货币政策执行通常为综合运用数量与价格型工具，较多依赖数量型工具(徐明东，陈学彬，2012)。近年来调节存贷基准利率也是常用工具之一。本文采用法定准备金率($reserve$)与一年期贷款基准利率(L-rate)与 M2 广义货币增长率的负数(M2R)[2](徐明东，陈学彬，2012；孟纹羽，林珊 2015)。

---

[1] Z 值通常用于衡量银行破产风险，其值越大，银行破产风险越大。

[2] M2 增长率越大、法定准备金越低或贷款基准利率越低表明货币政策越宽松，采用 M2 增长率的负数可以使得货币政策变量系数符号保持一致。

3. 作用路径代理变量

逐利动机效应指标:银行滞后一期资产收益率 ROA_{-1} 用以表示银行逐利动机效应(宋扬,2014;徐明东,陈学彬,2012);

保险效应指标:银行属性的哑变量 SYS 用以表示保险效应。"大而不倒"的道德风险问题可能促使大型银行在货币政策宽松时因预期货币当局或政府会在经济形势下行时采取援助行动而采取高风险策略,增加风险资产比率,导致银行风险承担加重(宋扬,2014);

估值效应指标:银行所在地区房地产价格增速($housep$)年度均值用以表示估值效应(宋扬,2014)。

竞争效应指标:银行业 Lerner 指数代表银行竞争程度。近年来也有不少学者(李国栋等,2009;唐兴国,刘艺哲,2014)指出 Lerner 指数较以上方法能够计算出任何一家银行任何一年的竞争度,同时更好的体现银行在市场上的价格行为。具体计算公式(2-2-3)如下:

$$Lerner = \frac{P_{it} - MC_{it}}{P_{it}} \quad (2-2-3)$$

式中 P_{it} 为第 t 年第 i 家银行产出价格,MC_{it} 为第 t 年第 i 家银行的边际成本,边际成本是从超越对数成本函数推导得出。本文参考李国栋等(2009)运用 Angelini 和 Cetorelli(2003)的研究方法,假定银行是一个两投入一产出的企业,追求利润最大化。结合超越对数成本函数模型(2-2-4)逐步推导得出方程(2-2-5),结合约束条件运用三阶段最小二乘法(3SLS)逐步估计出样本银行年度 Lerner 指数。

$$\ln C_{it} = \partial + \beta_1 \ln q_{it} + \frac{\beta_2}{2}(\ln q_{it})^2 + \sum_{k=1}^{2}\gamma_k \ln w_{kit} + \sum_{k=1}^{2} v_k \ln w_{kit} \ln q_{it}$$
$$+ \frac{1}{2}\sum_{k=1}^{2}\varphi_{kk}(\ln w_{kit})^2 + \varphi_{12}\ln w_{1it}\ln w_{2it}$$
$$+ \eta \ln npl_{it} + \xi_{it} \quad (2-2-4)$$

$$R_{it} = C_{it}(\beta_1 + \beta_2 \ln q_{it} + \sum_{k=1}^{2}\gamma_k \ln w_{kit}) + \sum_{t=2006}^{2014}\lambda_t dum_t q_{it} + \varepsilon_{it} \quad (2-2-5)$$

$$\gamma_1 + \gamma_2 = 1$$
$$v_1 + v_2 = 0$$
$$\varphi_{11} + \varphi_{12} = \varphi_{22} + \varphi_{12} = \varphi_{11} + \varphi_{22} + 2\varphi_{12} = 0 \quad (2-2-6)$$

表 2-2-1 为模型变量定义及描述统计。基于以上模型运用 2005—2014 期间样本银行金融数据估计出 2006—2014 年度期间的 9 个 λ 值,再将其除以各家银行当年的产出价格 P_{it},可以得到 2006—2014 年度期间每家银行 Lerner 指数。Lerner 指数反映的是银行超出边际成本的定价能力,故而 Lerner 指数与银行竞争度呈反方向变动。

表 2-2-1　*Lerner* 指数模型的变量定义及描述性统计

变量	名称	本文定义	样本值	均值	最大值	最小值
C_{it}	总成本	利息支出＋营业费用	404	49 600	884 000	82.172
q_{it}	贷款产出量	贷款总额	416	787 000	11 000 000	2 042.26
w_{1it}	存款利率	利息支出/(存款＋短期借款)	408	0.0 309	0.7 046	0.0 013
w_{2it}	营业费用率	营业费用/总资产	406	0.0 100	0.0 938	0.0 000
p_{it}	产出价格	利息收入/总生息资产	408	0.0 465	0.1 109	0.0 152
npl_{it}	不良贷款率	不良贷款/贷款总额	414	0.0 169	0.3 122	0.0 000
R_{it}	利息收入	贷款、同业来往利息收入	408	64 300	850 000	129.59

资料来源：Bankscope 数据库、国泰安数据库以及各银行年度报表收集整理所得，单位：百万元。

4. 控制变量

银行特征变量选取资本充足率和银行规模的滞后一期(徐明东,陈学彬,2012),同时银行当期流动性与银行风险之间有一定联系,所以同时加入流动性指标(张雪兰,何德旭,2012)。繁荣的实体经济下,银行基于对市场利好的预期会相应调整信贷标准,本文宏观经济控制变量为名义 GDP 增长率(宋扬,2014;张寰寰,2015 等)。

三、实证分析

(一)描述性统计

据表 2-2-3 统计结果显示：

首先,从银行风险承担度量指标看,不良贷款率最大值为 31.22%(晋商银行 2007 年),最小值为 0.00%(浙商银行 2 006、2007 年);风险资产比率最大值 97.39%(九江银行 2012 年),最小值为 7.68%(温州银行 2014 年);Z 值最大值 13.3(平安银行 2006 年),最小值 0.93(渤海银行 2006 年)。

其次,从货币政策代理变量指标看,货币供应量 M2 增速负数的均值为 -16.83%,其中最小值为 2009 年的 -27.7%,这是金融危机之后政府采取宽松货币政策的体现;法定存款准备金(*reserve*)的均值为 17.22%,其中最小值为 2006 年的 9%,最大值为 2011 年的 21%,这是由于 2011 年央行为管理通货膨胀而连续 7 次上调法定准备金率;一年期贷款基准利率的均值为 6.04%,其中最大值为 2007 年的 6.93%,最小值为 2009 年的 5.31%。

再次,从样本的路径变量指标看,资产回报率 ROA 的平均值 1.112%,标准差很小,反映了样本银行资产回报差异不大,其中最大值为 4.56%(富滇银行 2007 年),最小值为 -1.39%(渤海银行 2006 年)。房地产销售价格增长速度 *housep* 的平均值为 11.51%,其中最大值为 2009 年上海地区的 56.68%,最小值为 2008 年厦门地区的 -36.29%,这可能是由于 2007 年实施了较强的紧缩性房地产政策;银行业竞争度 Lerner 指数的平均值为 0.358，其中最大值为 0.787（工商银行，2007），最小值为 2014 年的 0.1304（攀枝花银行，2009）。Lerner 指数在样本期内呈下降趋势，表明我国银行业的市场份额逐渐分散，竞争愈加激烈。

最后，从控制变量指标来看，样本银行资本充足率 CAP 的均值为 12.33%，甚至符合系统重要性银行 11.5% 的监管要求，银行总资产对数平均值为 26.15，其中最大值为 30.657（工商银行 2014 年），最小值为 22.179（桂林银行 2006 年）；流动性指标 Liq 的平均值为 49.91%，样本银行流动性总体较好，国内生产总值 GDP 的均值为 9.41%，其中最大值为 2007 年的 11.9%，最小值为 2014 年的 7.3%。

基于以上本文变量指标选取依据与计算方法，表 2-2-2 从变量类型及变量作用两个层面描述了模型变量的定义。

表 2-2-2 动态面板模型变量指标定义

变量类型	变量名称	变量定义
Dependent	被解释变量（银行风险承担）	
Z 值	银行破产风险	资产回报率的标准差/（资产回报率+资本资产比率）*100%
$Risk_{npl}$	不良贷款率	不良贷款额/贷款总额*100%
$Risk_{asset}$	风险资产比率	风险加权资产/总资产*100%
Independent	核心解释变量（货币政策 MP）	
reserve	存款准备金率	法定准备金/存款总额*100%
L-rate	贷款基准利率	一年期贷款基准利率均值*100%
M2R	M2 的增长率的负数	广义货币供给增长率*100% 的负数
逐利动机效应 ROA-1	资产回报率	净利润/平均总资产*100%
保险效应 SYS	系统性重要银行哑变量	属于系统重要性银行时，SYS=1；否则，SYS=0
竞争效应 Lerner	Lerner 指数	我国上市银行竞争度指标，依据超越成本函数及相关模型计算得到
估值效应 housep	房地产销售价格增速	房地产平均销售价格同比增长率①*100%
Bank heterogeneity	银行异质性控制变量	
CAP-1	银行资本充足率	资本净额/风险加权资产*100%
SIZE-1	银行规模	总资产自然对数
Liq	流动性比率	流动性资产/流动负债*100%
Macro control	宏观层面控制变量	
GDP	经济增长率	名义 GDP 增长率*100%

---

① 由于各地区房地产销售价格存在一定差异，本文根据各银行总部所地区的房地产价格计算得出相应的价格增速。

表 2-2-3 主要变量的描述性统计结果

变量	观测值	平均值	标准差	最大值	最小值
$Risk_{npl}$	414	1.696	2.660	31.220	0.000
$Risk_{asset}$	399	57.999	11.370	97.390	7.68
Z 值①	408	4.023	1.763	13.300	0.93
M2R	423	−16.833	−4.403	−12.900	−27.700
reserve	423	17.222	3.746	21.000	9.000
L−rate	423	6.043	0.473	6.930	5.310
CAP	412	12.327	4.053	62.620	−0.390
Liq	412	49.911	15.224	112.500	20.530
SIZE	417	26.150	2.003	30.657	22.179
GDP	423	9.411	1.661	11.900	7.300
Lerner	408	0.358	0.214	0.787	0.1304
housep	423	11.510	0.1127	56.580	−36.290
ROA	412	1.112	0.5310	4.560	−1.390

资料来源：Bankscope 数据库、国泰安数据库以及各银行年度报表收集整理所得。

(二) 实证结果

1. 银行风险承担渠道存在性分析

(1) 银行风险承担渠道检验

表 2-2-4 为模型 (2−2−1) 估计结果。其中列 1−3 以风险资产比率为被解释变量；列 4−6 以不良贷款率为被解释变量。从货币政策的三个代理变量估计结果来看，MP 的系数基本显著，即接受假设 1。货币政策的银行风险承担渠道在我国存在，但估计系数较小，整体上货币政策对银行风险影响程度可能较小。

(2) 银行特征、宏观经济影响分析

如表 2-2-4 结果所示，首先，资本充足率的系数整体上为负，这是我国资本监管措施对银行业风险的控制的体现；其次，银行规模与银行风险存在负向关系，该结论与徐明东和陈学彬 (2012) 结论一致，银行规模越大，其投资策略更为谨慎。另外，银行流动性的系数整体上与风险承担呈负方向变化，但影响系数较低，表明银行流动性可能在一定程度上降低银行风险，近年来多种流动性管理工具的创设，如中期借贷便利 MLF 以及 PSL 抵押补充贷款，这在一定程度上缓解银行流动性压力进而降低银行风险承担。最后，GDP 增长率作为宏观经济变量，其估计系数显著为负数，表明经济增长可能有助于降低银行风险。

---

① 由于若干银行 2006 年存在资本净额为负，故剔除负的资本充足率，以免影响出现异常 Z 值。

表 2-2-4　模型(2-2-1)实证结果

	被解释变量:风险资产比率			被解释变量:不良贷款率		
	L-rate	reserve	M2R	L-rate	reserve	M2R
MP	-0.0472*	-0.0078**	-0.0193*	-0.0875***	-0.0573***	-0.0664***
	(-1.87)	(-1.98)	(-1.69)	(-13.21)	(-14.86)	(-7.51)
Risk-1	0.1395***	0.3347***	0.2082***	0.3089***	0.3165***	0.3135***
	(3.86)	(2.76)	(2.70)	(69.57)	(75.16)	(12.26)
CAP-1	0.042	-0.0184**	0.0052	-0.0255**	-0.0182***	-0.0242
	(1.64)	(-2.13)	(1.29)	(-2.22)	(-11.31)	(-0.15)
SIZE-1	-0.0132*	0.0126	-0.0251***	-0.6767***	-0.5703***	-0.6163***
	(-1.89)	(1.49)	(-7.04)	(-34.06)	(-27.82)	(-18.28)
GDP	-0.0138***	-0.0235***	-0.0047	-0.0748***	-0.1466***	-0.0736***
	(-3.09)	(-2.95)	(-0.96)	(-2.71)	(-12.58)	(-7.21)
Liq	-0.0470	-0.0195**	-0.0319***	-0.0038*	0.0015	-0.0078***
	(-1.04)	(-2.31)	(-2.98)	(-1.81)	(1.08)	(-3.56)
ROA-1	-0.0062**	-0.0166*	0.0139	-0.5391***	-0.5656**	-0.5577*
	(-2.36)	(-1.94)	(0.70)	(-5.36)	(-2.57)	(-1.94)
housep	0.0054***	0.0036**	0.0035***	0.0344***	0.0306***	0.0352***
	(5.64)	(2.34)	(2.89)	(27.48)	(23.69)	(6.74)
Lerner	-0.7407***	-0.4196***	-0.4946***	-0.0257***	-0.0156***	-0.0256***
	(-9.99)	(-2.91)	(-4.27)	(-37.81)	(-16.82)	(-33.87)
SYS	0.0487	-0.0574	-0.2627***	-0.8672***	-1.8901***	-1.735***
	(1.63)	(-1.59)	(-2.86)	(-2.71)	(-4.02)	(-3.56)
观测值	347	347	347	347	347	347
AR(2)	0.4820	0.5390	0.8670	0.3370	0.3190	0.3260
Sargan(P)	0.1970	0.1570	0.2130	0.1170	0.1090	0.1040

注:( )内为 t 值;***,**,* 分别对应 1%,5%,10%的置信度水平。

2. 银行风险承担渠道的作用路径分析

(1)作用路径的效果分析

根据表 2-2-4 中作用路径变量估计结果显示:代表逐利动机效应的银行资产回报率与风险变量基本呈负相关,基本接受原假设 2;银行竞争度 Lerner 指数与银行风险代理变量呈显著负相关,即接受原假设 3,货币政策通过竞争效应影响银行风险承担的最终效果存在;估值效应的估计系数为正,接受原假设 4,说明宽松货币政策环境下,房地产价格上涨,企业的抵押物价值上升,企业净现金流值增加,从而增加银行风险偏好的机制是可能存在的,但由估计系数来看,估值效应作用路径影响较弱;然而保险效应代理变量的系数基本显著为负,说明大型银行较中小型银行其风险偏好可能更为保守。

(2)风险承担渠道对作用路径依赖性分析

鉴于保险效应的作用不存在,从而剔除模型(2-2-1)中保险效应路径代理变量与货币政策交叉项,从而分析货币政策影响银行风险承担是否依赖于竞争效应、逐利动机效应与估值效应路径。表2-2-5为调整后的模型(2-2-2)估计结果:竞争效应交叉项系数整体大于0,说明银行业竞争度越高,宽松货币政策下银行风险承担越大,即银行业竞争越是激烈,风险偏好对货币政策反应越是敏感;估值效应的系数显著为负,但从估计结果看,宽松货币政策对银行风险承担影响对该作用路径依赖性弱;逐利动机效应交叉项系数显著性不强,说明风险承担渠道对逐利动机效应的作用效果依赖性不能明确。

表2-2-5 模型(2-2-2)实证结果

	被解释变量:风险资产比率			被解释变量:不良贷款率		
	L-rate	reserve	M2R	L-rate	reserve	M2R
MP	-1.0216***	-0.1088**	-0.1417**	-0.4076***	-0.0137*	0.0561
	(-3.81)	(-2.44)	(-2.39)	(-27.55)	(-1.83)	(0.85)
Risk-1	0.3815***	0.3513***	0.4926***	0.4648***	0.4582***	0.4291***
	(5.99)	(4.28)	(11.89)	(41.65)	(74.28)	(7.09)
CAP-1	0.0658	0.0349	-0.059**	-0.0301***	-0.0320***	-0.0922***
	(1.29)	(1.11)	(-2.29)	(-29.72)	(-21.87)	(-3.04)
SIZE-1	-0.1056	-0.0768*	-0.115***	-0.2698***	-0.2068***	0.0507
	(-1.44)	(-1.81)	(-6.63)	(-43.28)	(-30.30)	(1.42)
GDP	-0.0453	0.1087	0.7302	-0.1829***	-0.1202***	0.0073
	(-0.73)	(1.07)	(1.27)	(-27.83)	(-11.88)	(0.12)
Liq	-0.0230**	-0.0125*	-0.0190***	-0.0011	0.0003	-0.0158*
	(-2.24)	(-1.82)	(-3.21)	(-0.28)	(0.551)	(-1.90)
ROA-1*MP	0.0083**	0.0121	-0.0091	-0.0477	0.0286**	0.0067**
	(2.18)	(1.30)	(-1.55)	(-1.11)	(2.34)	(2.50)
Lerner*MP	-0.4041	0.0889*	0.0770**	0.0426**	0.0339***	0.0408
	(-1.55)	(1.76)	(2.37)	(2.06)	(10.30)	(0.57)
housep*MP	-0.0113***	-0.0012**	-0.0026***	-0.0043***	-0.0036***	0.0004
	(-5.00)	(-2.41)	(-3.77)	(-63.43)	(-12.77)	(0.46)
观测值	357	357	357	357	357	357
AR(2)	0.1570	0.4260	0.4430	0.3007	0.3043	0.3250
Sargan(P值)	0.6170	0.0840	0.1610	0.1052	0.1110	0.4990

注:()内为t值; ***,**,*分别对应1%,5%,10%的置信度水平。

四、稳健性检验

为确保模型估计有效性,本文选取银行破产风险Z值作为被解释变量对模型进行了稳健性检验。结果如表2-2-6所示,除了法定准备金率为货币政策变量时不显著,其他MP估计系数均显著为负;竞争效应只在法定准备金率下未出现显著,估值效应的作用显著,逐利动机效应显著性较弱,同时没有体现保险效应;表 2-2-7 结果除了 M2 增长率的负数与法定准备金率部分不显著,其他结果都与前文估计结果一致。

表 2-2-6 风险承担渠道稳健性检验结果

	被解释变量:Z 值		
	L-rate	reserve	M2R
MP	-0.0238** (-2.44)	0.4961 (1.65)	-0.0722*** (-13.30)
Risk-1	0.3815*** (5.99)	0.3513*** (14.28)	0.4105*** (33.78)
CAP-1	-0.1108** (-2.05)	-0.0195*** (-12.86)	0.0557 (1.26)
SIZE-1	-0.5570*** (-3.03)	-0.0317*** (-18.66)	-0.3350*** (-15.70)
Liq	0.0821 (1.61)	-0.0013 (-0.16)	-0.0792 (-0.666)
GDP	-0.4445*** (-2.78)	-0.0279*** (-15.84)	-0.0615* (-1.86)
ROA-1	0.0559 (0.77)	-0.0126** (-2.20)	-0.2405* (-1.68)
housep	0.1309** (2.51)	0.0074*** (7.81)	0.0089** (2.26)
Lerner	-0.1055*** (-3.17)	-0.6787 (-1.16)	-0.7510*** (-9.80)
SYS	-0.0332*** (-3.70)	0.2225 (1.53)	0.0076* (1.86)
AR(2)	0.8190	0.6730	0.6190
Sargan(P 值)	0.3040	0.0875	0.1120

注:()内为 t 值;***,**,*分别对应 1%,5%,10%的置信度水平。

表 2-2-7 风险承担渠道对作用路径依赖性稳健性检验结果

	被解释变量:Z 值		
	L-rate	reserve	M2R
MP	-0.9431*** (-3.01)	0.5219 (1.33)	-0.1068* (-1.66)
Risk-1	0.2887*** (5.05)	0.4598*** (6.05)	0.4805*** (22.52)
CAP-1	-0.0178** (-2.79)	-0.0846*** (-3.03)	0.0721 (1.43)
SIZE-1	-0.0235*** (-2.86)	-0.2287** (-2.15)	-0.0156*** (-12.70)

（续表）

被解释变量:Z 值			
Liq	0.0092 (1.36)	-0.0530＊＊＊ (-2.88)	-0.0046 (-0.616)
GDP	-0.5644＊＊ (-2.14)	1.2500＊＊＊ (10.56)	-0.0772＊＊＊ (-2.67)
ROA-1＊MP	0.0222＊ (1.86)	0.0036＊＊ (2.11)	-0.0139 (-1.17)
Lerner＊MP	0.0706 (1.31)	0.0719＊＊＊ (3.22)	0.0093＊＊＊ (2.75)
housep＊MP	-0.0016＊＊＊ (-2.90)	-0.0033＊＊＊ (-3.17)	-0.0026＊＊＊ (-3.80)
AR(2)	0.9710	0.780	0.7060
Sargan(P 值)	1.000	0.1130	0.2400

注:( )内为 t 值;＊＊＊,＊＊,＊分别对应1%,5%,10%的置信度水平。

五、研究结论

本文以 2006—2014 年我国 47 家商业银行为样本考察了货币政策影响银行风险承担四条作用路径的作用效果,探讨了银行风险承担渠道是否依赖于相应的作用路径。主要研究结论如下:

首先,我国货币政策的银行风险承担渠道整体作用较小。货币政策的银行风险承担渠道在我国是存在的,据估计系数显示,该渠道的作用并不明显,这可能是我国近年来一直积极执行稳健型货币政策的成效,然而也进一步支撑了国内学者关于将货币政策纳入宏观审慎监管框架内的建议。

其次,竞争效应、估值效应和逐利动机效应发挥一定作用。这一结果与徐明东和陈学彬(2012)的估计结果基本一致,保险效应代理变量在模型估计中与风险呈负向关系,这与宋扬(2014)的结论不一致,这可能是因为我国大型银行更严格的资本监管要求与风险管理经验优势有关。为此,我国商业银行采用在险值来进行风险评估时,一方面,可以结合货币政策环境、自身经营能力来合理调整风险评估值,从而对风险资产进行合理定价,在宽松货币政策期间采取谨慎的投资策略;另一方面,在宽松货币政策期间银行高管需要提高定位银行风险偏好的能力,运用 VaR 测度市场风险时选择合适的置信度水平。①

最后,银行风险承担渠道在不同程度上依赖竞争效应、估值效应与逐利动机效应作用路径的传导。从估计结果看,对逐利动机效应依赖比较不明显,可能是因为近年来银行业发展多元化业务的结果,商业银行应积极拓展银行盈利渠道以

---

① 周凯、夏颖:《VaR 限额在我国商业银行市场风险管理中的应用》,载于《金融理论与实践》2013 年第 8 期。

降低逐利动机效应影响；对估值效应的依赖程度不高，鉴于我国一、二、三、四线城市房地产发展不平衡，二、三、四线城市的房地产面临去库存问题，房地产价格波动较一线城市波动小，对银行风险承担影响作用可能有限；对竞争效应的作用路径依赖性大一些，这与我国银行业竞争趋势相符。以上结果一定程度上解释了目前货币政策的风险承担传导机制在我国银行业的传导作用较弱的现象。

专题三　银行业竞争度与系统性风险

一、引言

改革开放以来,我国银行业的经营环境和市场结构发生巨大变化,主要表现为政策管制逐渐放松、银行数量快速增长和竞争程度日趋激烈。从改革开放到20世纪80年代中期,我国仅有4家专业性商业银行。随后,政府逐步放开了对银行业的进入限制,大量的外资银行不断进入,国内各类型商业银行也应运而生。截至2014年年末,我国银行业独立法人机构已达4 091家之多。[①] 随着商业银行数量的增加,银行之间出现激烈的竞争,行业竞争度不断上升。近年来,随着银行业的"暴利"和"垄断"等不断为社会舆论所诟病,为了促进公平竞争和社会福利最大化,政府进一步放开银行业进入门槛以引入竞争的意图已十分明显,银行业的激烈竞争已成大势所趋。

自20世纪80年代以来,全球大多数国家均爆发了一次甚至多次严重的银行业危机。进入21世纪后,全球银行业以更高的频率不断发生系统性风险或危机,系统性风险或危机逐渐成为银行体系中常有的现象,尽管风险的溢出与传染可能在经济领域的其他部门均有发生,但其发生在银行体系中的概率却比其他行业更高。很多研究把近几十年银行业系统性危机的频繁发生归因于金融改革导致的银行业竞争程度不断提高(Milne,2009;OECD,2011)。[②] 那么银行业竞争度对银行系统性风险到底有何影响以及这种影响是否依赖于银行的微观特征是本文将要探讨的问题。纵观以往的文献,鲜有研究通过实证分析考察银行业竞争度与系统性风险之间的关系,本文基于中国上市商业银行的数据对两者的关系进行实证检验,并探讨银行微观异质性对这一关系的影响,以期为我国银行业的宏观审慎监管提供可行的建议,促进银行业健康稳健发展,维护金融稳定。

二、文献综述

关于银行业竞争程度对系统性风险影响的研究始于20世纪80年代,但是对于这一问题,理论分析和实证检验均没有得出一致结论,目前主要存在着三种不同的观点。

---

① 数据来源于《中国银行业监督管理委员会2014年报》。
② OECD, Bank Competition and Financial Stability, http://www.oecd.org/regreform/sectors.htm, 2011.

"竞争—脆弱性"假说认为银行业竞争程度上升增加了系统性风险。支持该观点的理由主要有以下几个：一是银行业竞争程度的上升会降低银行的特许权价值，进而促使银行采取更具风险性的经营策略，给银行业稳定带来负面影响。该观点被总结为银行业竞争与系统性风险的"特许权价值"假说(Marcus,1984;Keeley,1990;Hellmann et al. ,2000)。二是在信息不对称的背景下，银行业竞争程度的提高损害了银行对借款人进行严格筛选的积极性，这加剧了银行与其贷款客户之间的信息不对称。由此不仅导致了借款人的融资成本上升，而且也使资信状况较差的借款者更加容易获得贷款，进而增加银行面临的违约风险(Marquez,2002)。三是在缺乏竞争的市场上，银行更容易实现经营的规模经济和范围经济，而且拥有大量的贷款机会。因此，随着竞争程度的降低，银行的盈利能力和资本水平提高，将增强银行抗击外部冲击的能力(Boyd et al. ,2004;Allen and Gale,2004)。四是在完全竞争的市场上，所有银行都是价格接受者，因此没有银行愿意或者有能力为陷入困境的银行提供流动性支持，因此陷入困境的银行最终将会破产倒闭并通过风险的外溢对整个银行体系造成负面影响(Allen and Gale,2000)。而在缺乏竞争的市场上，银行更愿意通过合作、救助或一致行动等策略帮助其他银行共同应对暂时的流动性短缺(Saez and Shi,2004)。五是在缺乏竞争的市场上，银行更容易被监督，政府部门对银行的监管效率更高。在激烈的竞争下，由于市场份额和盈利水平的巨大压力，银行可能会通过竞次博弈[①]、非正式金融创新或地下合作等途径规避政府的监管，使监管的有效性降低，进而对银行业的稳定性带来负面影响(Allen and Gale , 2000)。

与上述观点截然相反，"竞争—稳定性"假说认为银行业竞争程度的提高有利于降低系统性风险。支持该观点的理由有以下几点：一是在缺乏竞争的市场上，银行倾向于通过收取较高的贷款利率来攫取垄断收益，高利率所导致的融资成本增加会促使借款人选择高风险的项目进行投资，进而增加银行体系面临的违约风险，这种机制被称为"风险转移效应"(Boyd andNicolo,2005)。二是缺乏竞争的重要标志是存在少数大银行垄断市场，而大银行由于更有可能在出现困境时得到政府的担保和救助，所以可能更倾向于采取风险性的经营策略。而且，在缺乏竞争的市场上，银行的数量通常较少，政策制定者更加关注银行的倒闭(Mishkin,2006)。因此银行在出现问题时更可能获得政府各种隐性或显性的担保和补贴，这可能使银行产生道德风险问题，鼓励银行高风险经营，增加银行业系统性风险(Barthet al. ,2012)。

---

① "竞次"指竞争主体为获取竞争优势而不断突破"出价"底线的行为，"竞次博弈"表现为银行对监管部门的监管规则或国家的宏观经济政策按底线执行。

21世纪以后,学者们在前人的基础上对银行业竞争程度与系统性风险的关系进行了更为深入的研究,认为两者之间存在着类似于U型的非线性关系。当竞争程度上升引起贷款利率下降时,可能确实存在"风险转移效应"而使银行面临的违约风险降低。然而,由于公司之间违约的不完全相关,因此竞争会带来一个减少银行收入的"边际利润效应"。这两个效应对银行风险起着截然相反的作用,在竞争程度较高的银行市场上,风险转移效应的作用小于边际利润效应,因此银行业竞争程度的上升将增加系统性风险;在缺乏竞争的市场上,风险转移效应起主导作用,随着竞争程度的上升,系统性风险将降低。因此,将银行业竞争程度与系统性风险简单地归结为某种线性关系是片面的,两者之间存在一种先降后升的U型关系。

早期研究由于受到数据可得性和实证技术的限制,学者们在研究银行业竞争度对系统性风险的影响时大多简单地以银行的信用风险、破产风险或风险敞口暴露等作为系统性风险的近似测度(BofondiandGobbi, 2004;Yeyatiand Micco, 2007; Funga Cova and Weill,2009;Agorakia et al. ,2011; Schaeckand Cihak, 2012)。少数学者通过模型推导来研究银行业竞争度对系统性风险的影响,Suarez(1994)通过构建无限时期的动态优化模型,证明了银行业竞争程度与银行偿付能力之间存在此消彼长的关系。Hellmann et al. (2000)建立了一个包含道德风险的动态模型,证明了银行业竞争会对银行的审慎经营产生显著的负面影响。Allen和Gale(2000)通过建立模型检验了风险在银行体系的传染,发现在更具垄断特征的银行市场上,风险传染对银行业的影响更大,发生系统性风险的可能性更高。Martinez – Miera 和 Repullo(2010)通过建立包含单个公司违约概率不完全相关性的模型证实了银行业竞争度与系统性风险之间的U型非线性关系。还有部分学者通过收集银行业危机事件的方法对两者的关系进行了研究,Beck et al. (2006)收集了1980—1997年间79个国家的银行业危机事件,通过实证分析发现系统性银行危机事件在竞争程度高的市场中发生的概率更小。Boubacar(2015)收集了145个国家1997—2010年间的银行业危机事件,发现银行业竞争度对银行业的稳定性起着决定性作用,银行业竞争度的上升增加了爆发系统性风险或危机的概率。

国内学者针对中国银行业竞争度对银行稳定影响的研究比较丰富,但现有研究基本上均把考察重点集中于单个银行的风险承担,关注的是银行的个体风险(黄隽、章艳红,2010;钟陈、陈苏丽,2012)。杨天宇和钟宇平(2013)利用1995—2010年间我国125家银行的非均衡面板数据,实证研究发现银行业竞争度与单个银行的信用风险和破产风险均呈正相关。张宗益等(2012)使用14家银行1998—2010年的数据为研究样本,发现银行业的价格竞争可以显著缓解个体银行所承担的信贷风险。梁艳和李爽(2012)采用中国上市银行的数据研究发现,银行业存款市场竞争度的上升有助于缓和银行的风险承担,但贷款市场的竞争则加剧了各银行风险承担的水平。胡题和谢赤(2013)使用中国银行业 2000—2012 年的数据实证检验了银行业竞争程度对银行风险承担的影响,发现我国银行业竞争程度对系统性风险的影响呈现先下降后上升的趋势,即两者的关系并非线性的,而是存在着类似于 U 型的关系。黄晓薇等(2016)也认为银行业竞争与银行风险承担之间的关系依赖于利率市场化水平,两者的关系是非线性的。

虽然大量学者均作了极大努力,但关于银行业竞争度对单个银行风险承担的影响目前尚无定论。而且,对于银行业竞争度对系统性风险的影响,我国学者的研究更是鲜有涉及。

随着金融改革的深入和银行经营范围的不断扩大,在现代银行体系下各银行之间的关联日趋密切而复杂,银行的日常经营和风险表现出很强的外部性,而且该外部性还具有强烈的复杂性、多样性和动态性。正如 Fiordelisi 和 Marques - Ibanez(2013)所认为的,"从本质上讲,银行具有系统性特征,银行的风险具有强烈的溢出性和传染性,单个银行的风险不仅对其自身的经营造成影响,更为重要的是它会影响整个银行体系的经营和价值"。

虽然国内使用实证技术对银行业系统性风险进行测度和研究的起步比较晚,但大量研究均发现中国银行市场上存在着较大的系统性风险(周天芸等,2012;范小云等,2012;杜子平和李金,2014)。2008 年金融危机促使监管部门和学术界重新审视风险评估方法和金融系统的宏观审慎监管,这要求我们不能仅把研究的重点局限于单个银行的风险承担,而更应该关注银行业竞争度对系统性风险的作用。从维护银行体系健康稳定的角度,银行之间风险的相关性或系统性风险远比单个银行的风险承担更为重要已愈发成为监管部门和学术界的共识。

本文的创新之处主要体现在以下两个方面:首先,国外学者在研究银行业竞争度对系统性风险的影响时,大多基于银行业危机事件或使用理论模型进行推导分析,关于两者关系的实证研究比较缺乏。而国内文献在研究银行业竞争度对银行风险的影响时,均把焦点集中于单个银行的风险承担,而忽视了银行业竞争度对系统性风险的影响。本文从理论上全面分析银行业竞争度对系统性风险的影响,并使用中国银行业的数据进行实证检验,为相关研究增加了来自中国的经验证据。其次,本文首次从业务多元化水平、资本充足率和资产规模三个角度考察了银行微观异质性对银行业竞争与系统性风险关系的影响,以期为监管部门的宏观审慎监管提供一些切实可行的参考建议。

三、研究设计

(一)样本选取与数据来源

本文使用所使用的数据来源于 Bankscope 数据库、Wind 数据库、国家统计局网站、16家上市银行的半年报和年报中个体银行的半年度微观数据。① 数据的时间跨度为2008年1月1日—2015年6月30日。② 在计算中为了剔除通货膨胀的影响,本文对银行产出和总成本等数量型数值以2008年1月1日为基期用CPI进行了处理。在具体的估计中,本文使用Stata12.0计量软件。

(二)变量定义

1. 被解释变量

本文研究的被解释变量为银行业系统性风险,Acharya et al. (2010)提出通过刻画金融机构的边际期望损失(MES)来测度系统性风险。它采取"自上而下"的分析思路,首先计算出整个银行体系的系统性风险,在此基础上进一步将系统性风险分配给单个银行。该指标可以通过对未发生金融危机时市场的表现进行度量,较好地预测极端危机发生时的实际损失,和其他方法相比,MES在测度银行对系统性危机贡献程度方面有着更强的预测能力(Acharya etal. ,2010)。

假设在给定的某个行业体系中存在着N个市场主体,单个市场主体i的收益率为r_i,其自身在整个行业中所占的权重为y_i,由此可以得到整个行业的总体收益率为$R = \sum_{i=1}^{N} y_i r_i$。在一定的置信水平$1 - \alpha$下,可以通过以下公式计算出期望损失:

$$ES_a = \sum_{i=1}^{N} y_i E[r_i \mid R \leqslant -VaR_a] \qquad (2-3-1)$$

单个金融机构对整个金融行业系统性风险的边际贡献可表示为:

$$MES_a^i = \frac{\partial ES_a}{\partial y_i} = -E[r_i \mid R \leqslant -VaR_a] \qquad (2-3-2)$$

设α^i为单个金融机构i的资产总额,e_1^i为金融机构i在第1期的权益资本,$A = \sum_{i=1}^{N} \alpha^i$和$E_1 = \sum_{i=1}^{N} e_1^i$分别表示整个行业体系的资产总额和在第1期的总资本。当整个行业体系的总资本低于资产总额的一定比例z时,称为系统性风险事件。根据Acharya et al. (2010)的定义,若e_1^i为单个银行的权益资本,则其系统性期望损失(SES^i)即为发生系统性危机事件时其权益资本低于目标水平的数量。SES^i的数学定义可以由下式表示:

---

① 本文研究的16家上市银行分别为:中国银行、中国工商银行、中国建设银行、中国农业银行、交通银行、招商银行、平安银行、兴业银行、南京银行、华夏银行、浦发银行、民生银行、北京银行、宁波银行、中信银行和光大银行。

② 由于我国于2007年开始实施新的会计准则,为了避免会计核算方法不一致对指标的影响,因此本文的研究起点为2008年。

$$SES^i = E[z\alpha^i - e_1^i \mid E_1 < zA] \qquad (2-3-3)$$

由式(2-3-3)可知,单个银行 i 的系统性期望损失(SES^i)衡量了发生极端危机事件时,对整个银行业期望损失(或系统性危机)的边际贡献程度。

通常,上述系统性危机事件在现实中发生的概率极低,次数很少,因此在实证研究中很难收集到足够的危机样本数据。Acharya et al. (2010)通过建立包含不同市场参与主体微观行为的模型,证明了可以选取单个银行的边际期望损失(MES_a^i)作为替代指标来模拟极端危机事件发生时单一银行对整个银行体系风险的边际贡献程度。$MES_{q\%}^i$ 表示单个金融机构在未发生极端危机事件时的某段时间内,当市场的日收益率处于最糟糕的 $q\%$ 时,其对整个系统性风险的贡献程度,具体可表示为:

$$MES_{q\%}^i = -E[(e_1^i/e_0^i) - 1 \mid I_{q\%}] \qquad (2-3-4)$$

MES 与 SES 之间有如下关系:

$$\frac{SES^i}{e_0^i} = \frac{k\alpha^i - e_0^i}{e_0^i} + \beta MES_{q\%}^i + \Delta^i \qquad (2-3-5)$$

其中,Δ^i 为调整项。通过式(2-3-5)可以得出,在尚未发生极端危机事件时,市场表现最差的 $q\%$ 情况下边际期望损失 $MES_{q\%}^i$ 较大的金融机构,其在发生危机时也必定会给整个系统带来相对更大的损失。考虑到数据选择的代表性和我国银行业样本数据有限,本文选择 $q=8$,具体计算公式设为:

$$MES_{8\%}^i = -\frac{1}{\#\text{days}} \sum_{t: \text{system is in its 8\% tail}} R_t^i \qquad (2-3-6)$$

2. 解释变量

鉴于衡量银行业竞争度的结构化方法所固有的缺陷,以及部分非结构化方法在实际使用时的局限性,本文分别使用 Lerner 指数和 Boone 指数测度我国银行业的竞争程度。

(1) Lerner 指数

Lerner 指数衡量银行在其边际成本之上的定价能力,在计算时不需要考虑市场结构的信息,可以直接使用银行的微观数据来测度银行业的竞争程度,具体计算公式如下:

$$Lerner_{it} = \frac{P_{it} - MC_{it}}{P_{it}} \qquad (2-3-7)$$

在式(2-3-7)中,i 表示银行、t 表示时间,P 为银行产出的价格,用银行总收入与银行总资产之比来表示。① MC 为银行产出的边际成本,可通过银行的超越对

---

① 总收入包括利息收入和非利息收入。

数成本函数推导得出。

本文参考杨天宇和钟宇平(2013)的研究,假设银行总成本由 5 种要素决定,超越对数成本函数方程可设为 $TC = C(TA, W1, W2, W3, Trend)$,具体的超越对数成本函数如下式:

$$\ln TC_{it} = \beta_0 + \beta_1 \ln TA_{it} + \frac{1}{2}\beta_2(\ln TA_{it})^2 + \sum_{j=1}^{3}\lambda_j \ln W_{j,it} + \frac{1}{2}\sum_{j=1}^{3}\sum_{k=1}^{3}\lambda_{jk}\ln W_{j,it}\ln W_{k,it}$$

$$+ \frac{1}{2}\sum_{j=1}^{3}\zeta_j \ln TA_{it} j\ln W_{j,it} + \gamma_1 Trend + \gamma_2 \frac{1}{2}Trend^2 + \gamma_3 Trend\ln TA_{it}$$

$$+ \sum_{j=1}^{3}\theta_j Trend\ln W_{j,it} + U_i + V_{it} \qquad (2-3-8)$$

式(2-3-8)中各个要素的价格必须满足一阶齐次条件和对称性限制条件,即 $\sum_j \lambda_j = 1, \sum_j \lambda_{jk} = 0, \forall k, \sum_j \zeta_j = 0, \sum_j \theta_j = 0$ 及 $\lambda_{jk} = \lambda_{kj}$,$\mu$ 和 v 分别代表模型中银行成本的个体效应和误差项。式(2-3-8)中各要素的定义和计算方法如表 2-3-1 所示。

表 2-3-1 超越对数成本函数变量定义

变量符号	变量名称	计算方法
TA	银行的产出	用银行总资产表示
TC	银行总成本	利息支出 + 营业成本
W1	资金价格	存款利息支出/总存款
W2	劳动价格	人员开支/员工人数
W3	资本费用	资本费用/固定资产
Trend	银行业技术水平变动	用时间趋势来表示,Trend = 1,2,3,…,15

注:资本费用为营业成本减去人员开支。

本文首先使用随机前沿分析法(Stochastic Frontier Analysis, SFA)对式(2-3-8)中的参数进行估计,再通过下式计算出银行的边际成本(MC)[①]:

$$MC_{it} = \frac{\partial TC_{it}}{\partial TA_{it}} = \frac{TC_{it}}{TA_{it}}(\beta_1 + \beta_2 \ln TA_{it} + \sum_{j=1}^{3}\zeta_j \ln W_{j,it} + \gamma_3 Trend) \qquad (2-3-9)$$

得到 MC 之后,再由式(2-3-7)计算出各银行的 Lerner 指数。理论上讲,Lerner 指数介于 0 到 1 之间,Lerner = 0 时代表银行业处于完全竞争状态,0 < Lerner < 1 表示银行业处于垄断竞争或寡头垄断态势,Lerner = 1 时表示银行业处于完全垄断。我国 16 家上市银行在样本期内竞争度测度指标 Lerner 指数的走势如图 2-3-1 所示。

(2) Boone 指数

Boone 指数的计算原理基于行业中高效率的银行提供产品的边际成本较低,

---

① 在对公式(2-3-8)进行回归分析时,主要关注 β_1、β_2、ζ_1、ζ_2、ζ_3、γ_3 等值的大小和显著性。

为了提高自身的利润水平,高效率的银行会通过降低边际成本来抢夺低效率竞争者的利润和市场份额,随着市场竞争程度的提高,这种利润转移效应会愈发明显。

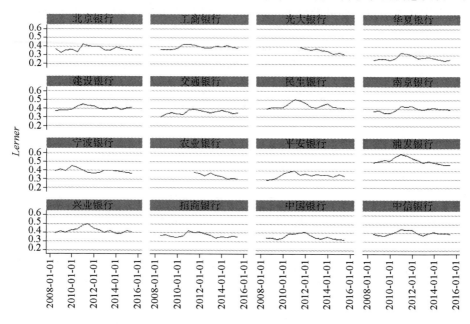

图 2-3-1 我国 16 家上市银行 Lerner 指数变动情况
资料来源:各银行半年报和年报,并通过 Stata12.0 计算、绘制。

在参考 Boone(2008)以及 Schaeck 和 Cihak(2012)研究的基础上,本文建立如下方程计算银行业的 Boone 指数:

$$\pi_{it} = \alpha + \beta \ln MC_{it} + \mu_{it} \quad (2-3-10)$$

其中,π_{it} 表示银行 i 在 t 年的利润总和,MC_{it} 表示银行 i 在 t 年的边际成本,由前文中式(2-3-8)、(2-3-9)推导得出。[①] β 可以理解为银行收入对边际成本或者效率的弹性,这样便于解释其内在经济含义。由于预期市场中银行的边际成本与其市场份额或利润是负相关的,因而 β 的值应该小于 0。市场竞争越激烈,低边际成本银行的市场份额或利润应该越大,β 的绝对值因而就越大。因此,β 值即为衡量银行业竞争程度的 Boone 指数,β 的绝对值越大就代表市场的竞争程度越强。我国银行业在样本期内竞争度测度指标 Boone 指数的走势如图 2-3-2 所示。

---

① 求 Boone 指数所使用的各银行边际成本 MC 与求 Lerner 指数所使用的边际成本一致。

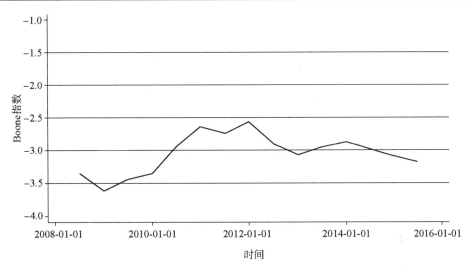

图 2-3-2　我国银行业 Boone 指数变动情况

资料来源：各银行半年报和年报,并通过 Stata12.0 计算、绘制。

3. 控制变量

参考现有文献,本文选择的控制变量包括宏观和微观控制变量。宏观控制变量具体包括：①实际经济增长率(gGDP)：银行是典型的周期性行业,其经营发展在很大程度上受宏观经济的影响,社会对银行产品、服务的需求及贷款人的还款能力与国家的宏观经济状况密切相关。②国房景气指数(RSC)：房地产贷款是商业银行的重要业务领域,2008 年的金融危机正是由房地产贷款损失导致的。孙艳霞等(2015)基于金融网络方法研究了房地产贷款损失与银行业风险传染的关系,发现房地产贷款损失会引发大规模的银行风险传染。

微观控制变量具体包括：①银行规模(SIZE)：银行规模对系统性风险会产生重要影响。一方面,规模大的银行在信贷选择、信息收集和分散风险方面具有优势；另一方面,银行的规模越大,在陷入困境时越可能得到政府的救助,处于政府隐性保护之下的大银行更有可能进行高风险经营。②总资产收益率(ROA)：该指标用来衡量银行的盈利能力,盈利能力较强的银行可能更有实力抵御各种风险的冲击,陷入危机时能够使用更多的资源来弥补亏损,所以银行的盈利能力很可能对系统性风险产生影响(马运全、朱宝丽,2011)。③业务多元化水平(HI)[①]：银行的业务多元化是影响银行系统稳定的主要路径(Amid and Wolfe, 2013)。多元化

[①] 本文使用的衡量银行业务多元化水平的指标计算如下：$HI = 1 - I$,其中 I 为银行在第 i 项业务之营业收入占总营业收入比率的平方和,HI 越大说明银行的业务多元化水平越高。

经营即可能加剧银行风险的传染,也可能为银行风险分散提供更多途径。④不良贷款率(NPL):不良贷款率是表示银行信贷资产质量的关键指标。一般认为资产质量差的银行抵御各种外部冲击的能力较低,而且其风险传染的外溢效应更大,因此银行业的系统性风险就越大。⑤资本充足率(CAP):银行资本充足性是影响系统性风险的途径之一(Anginer et al. ,2014)。资本的减少可能会降低银行抵抗外部冲击的能力,增加发生系统性危机的概率。

(三)模型构建

本文的主要目的就是研究中国银行业竞争度对系统性风险的影响。因此,在参考前人研究的基础上,本文首先构建以下研究模型:

$$MES_{i,t} = \alpha_0 + \alpha_1 Competition_{i,t-1} + \alpha_2 Competition^2_{i,t-1} + \alpha_3 GDP_{i,t-1} + \alpha_4 RSC_{i,t-1} + \alpha_5 SIZE_{i,t-1} + \alpha_6 ROA_{i,t-1} + \alpha_7 HI_{i,t-1} + \alpha_8 NPL_{i,t-1} + \alpha_9 CAP_{i,t-1} + \mu_{i,t-1} + v_i \quad (2-3-11)$$

其次,本文的另一个目的是检验银行业竞争度对系统性风险的作用是否受各银行微观特征的影响。根据前人的研究,本文主要考察银行规模、业务多元化水平和资本充足率在银行业竞争度与系统性风险关系中的作用。

面对激烈的竞争,具有不同特征的银行可能采取不同的应对策略以及具有不同抵御竞争冲击的能力。资产规模大、业务多元化程度高的银行可能更有能力化解竞争带来的冲击,但也有可能由于其这一特征而带来更大范围的风险溢出和传染,对银行体系的稳定性造成更大的威胁。银行的资本水平对系统性风险的影响主要表现在截然相反的两个方面:一方面资本充足的银行道德风险可能更低,因为自有资本越多,银行破产或倒闭时其所有者所受的损失就越大,高资本水平可以对银行的风险行为形成约束,促使银行进行积极的风险控制,而且充足的资本也增强了银行抵御各种冲击的能力。另一方面,在激烈的竞争环境中,充足的资本会使银行在高风险投资活动中受到更少的限制,因为银行风险资产的规模在很大程度上取决于其自有资本的大小,高资本充足率的银行在增加其风险资产时更加自由。考察异质性影响的模型设定如下:

$$MES_{i,t} = \alpha_0 + \alpha_1 Competition_{i,t-1} + \alpha_2 GDP_{i,t-1} + \alpha_3 RSC_{i,t-1} + \alpha_4 SIZE_{i,t-1} + \alpha_5 ROA_{i,t-1} + \alpha_6 HI_{i,t-1} + \alpha_7 NPL_{i,t-1} + \alpha_8 CAP_{i,t-1} + \alpha_9 Competition_{i,t-1} * SIZE_{i,t-1} + \alpha_{10} Competition_{i,t-1} * HI_{i,t-1} + \alpha_{11} Competition_{i,t-1} * CAP_{i,t-1} \mu_{i,t-1} + v_i (2-3-12)$$

其中,i 表示银行,t 表示时间,MES 表示银行对系统性风险的贡献度,$Competition$ 代表银行业竞争程度,本文在模型回归中分别用 Lerner 指数和 Boone 指数表示。为了考察银行业竞争度与系统性风险之间是否存在着非线性关系,在模型(2-3-11)的解释变量中引入 $Competition^2$ 代表竞争度指标的平方项(Martinez-Miera and Repullo, 2010)。由于本文所使用的是各银行的半年度数据,数据期间间隔较短,而且系统性风险可能存在着滞后性,因此在模型回归分析中将所有的解释变量滞后一期。

四、实证结果分析

（一）描述性统计与相关性分析

表 2-3-2 给出了本文实证变量的含义及描述性统计。从原始数据来看，在 16 家上市银行中，各银行 Lerner 指数的最大值和最小值分别为 0.5898 和 0.2351，标准差相对较大，说明商业银行竞争度差异较大，我国银行业并没有形成稳定均衡的垄断竞争结构。SIZE、HI、CAP 的差别较大，说明各银行在微观特征上存在明显差异。

表 2-3-2　变量的描述性统计

名称	变量含义	均值	标准差	最大值	中位数	最小值
MES	系统性风险	0.027309	0.009271	0.056497	0.030693	0.018245
Lerner	银行业竞争度	0.391291	0.061864	0.589847	0.336708	0.235074
Boone	银行业竞争度	-2.9147	0.1287	-2.4095	-3.0795	-3.6932
gGDP	半年度 GDP 同比增长率	0.0812	0.0065	0.1537	0.0792	0.0653
RSC	国房景气指数	102.36	2.3817	105.13	101.45	94.78
SIZE	银行规模，总资产的对数	14.1769	1.3064	17.9503	13.7851	10.7162
ROA	总资产收益率	0.0115	0.0019	0.0181	0.0120	0.0078
HI	银行业务多元化水平	0.2561	0.0372	0.4739	0.3170	0.0736
NPL	不良贷款率	0.0143	0.0031	0.0571	0.0182	0.0034
CAP	银行资本充足率	0.1125	0.0013	0.1470	0.1094	0.0673

资料来源：作者使用 Stata12.0 软件计算所得。

多元回归模型中的一个重要问题就是可能存在多重共线性，因此本文对模型中的主要变量进行相关性分析，相关性系数矩阵如表 2-3-3 所示。由相关性矩阵中的系数可以看出，解释变量之间的相关系数基本上均小于 0.3，这说明本文所建模型中多重共线性问题并不明显。而且，多重共线性问题并不影响回归结果的一致性（Wooldridge，2003）。

（二）回归结果分析

在对面板数据进行回归分析前，需要选择合适的效应模型以保证结果的稳健，本文进行 F 检验和 Hausman 检验来判断是使用随机效应模型、固定效应模型还是混合估计模型。① 根据检验结果，本文选择固定效应模型对模型（2-3-11）和（2-3-12）进行回归分析，在回归时分别使用 Lerner 指数和 Boone 指数作为银行业竞争度的替代指标，实证结果如表 2-3-4 和表 2-3-5 所示。

由表 2-3-4 的回归结果可知，以 Lerner 指数和 Boone 指数衡量的银行业竞争度

---

① 限于篇幅，本文没有列出 F 检验和 Hausman 检验的结果。

与 MES 至少在 5% 的水平上显著为负，表明我国银行业的竞争度越高，系统性风险越大。而且，竞争度衡量指标平方项的系数并不显著，说明目前我国银行业竞争度与系统性风险之间不存在显著的非线性关系，这可能是因为在我国利率没有完全市场化的条件下，银行业竞争与系统性风险关系的"边际利润效应"起主导作用，"风险转移效应"的作用并不明显。本文的结论支持了"竞争—脆弱性"假说，这与 Anginer et al. (2014) 基于全球 63 个国家分析所得出的结论不同，主要原因可能在于他们使用的银行样本绝大多数来自于发达国家，银行面临的经营环境和自身经营能力存在差异。

表 2-3-3 相关性分析

	MES	Lerner	Boone	gGDP	RSC	SIZE	ROA	HI	NPL	CAP
MES	1									
Lerner	-0.307*	1								
Boone	-0.269*	0.283*	1							
gGDP	-0.316	0.322*	0.291*	1						
RSC	-0.201	0.187	0.132	0.216*	1					
SIZE	-0.073*	-0.094	0.056	0.064	0.004	1				
ROA	-0.082	0.136*	0.204	0.267	0.240*	0.177	1			
HI	-0.221	0.074	0.034*	0.051	0.103	0.303*	0.235	1		
NPL	0.276*	-0.241	-0.172	-0.147*	-0.110	-0.165	-0.081	-0.332	1	
CAP	-0.135*	0.164	0.096	0.045	-0.098	0.235	0.063	0.026	0.051*	1

资料来源：作者使用 Stata12.0 软件计算所得，* 表示 10% 的显著性水平。

在宏观经济方面，GDP 增长率与 MES 显著为负，即宏观经济发展越好，银行体系内的系统性风险越低，这说明目前我国银行业经营受宏观经济形势的影响较大。国房经济指数与 MES 为负相关，虽然结果并不显著，但也在一定程度上这说明我国银行业的系统性风险受房地产发展形势的影响，应该密切关注银行对房地产领域的投资，防范系统性风险的发生与传染。

在银行微观特征方面，第一，银行业务多元化水平与 MES 至少在 10% 的水平上显著为负，即提高银行的业务多元化水平会降低系统性风险。这与张晓玫和毛亚琪(2014)的研究结论一致，说明银行业务多元化确实在一定程度上起到了分散系统性风险的作用。第二，银行的资本充足率与 MES 至少在 5% 的水平上显著为负，说明提高银行的资本充足性能够降低系统性风险，基于资本充足水平的监管能够在一定程度上抑制系统性风险的发生。第三，银行的不良贷款率与系统性风险在 1% 的水平上显著为正，说明信贷资产质量低的银行对系统性风险的影响更大。第四，银行资产规模与 MES 显著为负，即我国银行规模越大，系统性风险越小，有"大而不倒"的寓意，这也在一定程度上说明以规模作为判别系统重要性银行的主要标准是不合理的，应密切关注中小银行对系统性风险的影响。第五，银行总资产收益率与 MES 的相关系数为负,但回归结果几乎均不显著,说明银行的盈利能力对系统性风险并不产生直接影响。

表 2-3-4 银行业竞争度与系统性风险

竞争度指标	Lerner 指数		Boone 指数	
变量	(1)	(2)	(3)	(4)
Competition	-0.403*** (0.0970)	-0.271** (0.1163)	-0.243*** (0.0745)	-0.197** (0.0961)
$Competition^2$		-0.323 (0.1970)		-0.215 (0.1467)
gGDP	-0.031*** (0.0127)	-0.038*** (0.0097)	-0.045** (0.0183)	-0.059*** (0.0276)
RSC	-0.370* (0.2049)	-0.269 (0.1673)	-0.462** (0.1971)	-0.305 (0.2362)
SIZE	-0.005** (0.0022)	-0.007*** (0.0019)	-0.013*** (0.0035)	-0.011** (0.0049)
ROA	-0.439 (0.2964)	-0.594 (0.3673)	-0.257 (0.1934)	-0.379 (0.3029)
HI	-0.083** (0.0359)	-0.064* (0.0341)	-0.103*** (0.0315)	-0.091* (0.0492)
NPL	0.028*** (0.0072)	0.049*** (0.0139)	0.017** (0.0076)	0.031*** (0.0065)
CAP	-0.017*** (0.0051)	-0.009** (0.0038)	-0.023* (0.0122)	-0.020** (0.0091)
C	0.039** (0.0194)	0.043* (0.0225)	0.071*** (0.0218)	0.062* (0.0339)
样本数	212	212	212	212
$Adj-R^2$	0.397	0.436	0.407	0.491

注: ***、**、* 分别表示估计值的显著性水平为 1%、5%、10%,括号里为系数值的标准误。

表 2-3-5 为银行业竞争度对系统性风险影响的异质性检验结果。由结果分析可以得出以下结论:第一,银行业务多元化水平与银行业竞争度代理变量交叉项的系数至少在 5% 的水平上显著为正,表明银行业竞争度对系统性风险的影响依赖于银行的业务多元化水平。即对业务多元化水平较高的银行,银行业竞争度的变化会引起银行业系统性风险较小的波动,说明业务多元化水平高的银行抵御竞争的能力较强,系统性风险贡献对竞争度的反应相对不敏感。第二,银行资本充足率与银行业竞争度代理变量交叉项的系数均在 1% 的水平上显著为正,意味着银行的资本充足率越高(即自有资本金越充足),银行业竞争度对系统性风险的影响越小。在激烈的竞争中,银行的自有资本在降低系统性风险的过程中起到了一定的缓冲作用。Repullo(2004) 使用银行业不完全竞争的动态模型证明了在缺乏

监管的情况下,银行业竞争程度上升将导致银行承担的风险增加,而基于风险的资本要求能够显著控制银行在激烈环境下承担风险的动机。第三,银行资产规模与银行业竞争度代理变量交叉项的系数并不显著。这在一定程度上说明了银行业竞争度对系统性风险的影响并不依赖于银行的资产规模。

表 2-3-5 银行业竞争度与系统性风险的异质性检验结果

竞争度指标	Lerner 指数	Boone 指数
变量	(1)	(2)
Competition	-0.306***	-0.235**
	(0.0812)	(0.0972)
gGDP	-0.061***	-0.058*
	(0.0185)	(0.0314)
RSC	-0.291	-0.411
	(0.1778)	(0.2760)
SIZE	-0.009***	-0.007**
	(0.0032)	(0.0029)
ROA	-0.668	-0.516
	(0.4365)	(0.3864)
HI	-0.074*	-0.059**
	(0.0406)	(0.0294)
NPL	0.017*	0.022**
	(0.0094)	(0.0108)
CAP	-0.042***	-0.033***
	(0.0135)	(0.0067)
Competition * SIZE	0.063	0.031
	(0.0497)	(0.0193)
Competition * HI	0.799**	1.357***
	(0.4032)	(0.2645)
Competition * CAP	1.643***	0.805***
	(0.1098)	(0.1760)
C	0.026*	0.041**
	(0.0151)	(0.0172)
样本数	212	212
Adj-R^2	0.367	0.409

注:***、**、*分别表示估计值的显著性水平为 1%、5%、10%,括号里为系数值的标准误。

(三)稳健性检验

本文将模型(2-3-11)和(2-3-12)中的被解释变量替换为 $\triangle CoVaR$,对前文实证研究中银行业竞争度与系统性风险之间的关系进行稳健性检验。$\triangle CoVaR$ 的描述性统计如表 2-3-6 所示,从表 2-3-6 可以看出,$\triangle CoVaR$ 值均为负值,与前文一致，表明我国银行业存在系统性风险。

表 2-3-6 △CoVaR 的描述性统计

名称	变量含义	均值	标准差	最大值	中位数	最小值
△CoVaR	系统性风险	-0.0115	0.0034	-0.0012	-0.0190	-0.0361

资料来源：作者根据 Stata12.0 软件计算所得。

稳健性检验结果如表 2-3-7 所示，由表 2-3-7 可以看出，Lerner 指数和 Boone 指数均与 △CoVaR 显著正相关，即银行业竞争度与系统性风险显著负相关。银行业竞争度代理变量平方项的回归系数为正，但是并不显著，同样说明我国银行业竞争度与系统性风险之间并不存在非线性关系。在交叉项的回归中，业务多元化水平、资本充足率与竞争度代理变量交叉项的系数均显著为负，银行规模交叉项的回归系数不显著，银行业竞争度对系统性风险的异质性检验结果也基本上支持了前文的结论，即提高银行业务多元化水平和资本充足率能够缓解银行业竞争程度对系统性风险的负面影响。从稳健性检验来看，总体上印证了实证结果的稳健性。

表 2-3-7 稳健性检验结果

竞争度指标	Lerner 指数		Boone 指数	
变量	(1)	(2)	(3)	(4)
Competition	0.039*	0.046*	0.052***	0.033**
	(0.0218)	(0.0257)	(0.0168)	(0.0174)
Competition^2	0.047		-0.060	
	(0.0311)		(0.0388)	
gGDP	0.043**	0.030***	0.027**	0.031*
	(0.0213)	(0.0105)	(0.0136)	(0.0167)
RSC	0.055**	0.036	0.044	0.029*
	(0.0261)	(0.0254)	(0.0285)	(0.0152)
SIZE	0.011**	0.007***	0.005**	0.008**
	(0.0052)	(0.0026)	(0.0021)	(0.0034)
ROA	0.293*	0.141	0.309	0.177
	(0.1692)	(0.1076)	(0.2192)	(0.1294)
HI	0.007***	0.004*	0.010***	0.006*
	(0.0019)	(0.0023)	(0.0032)	(0.0035)
NPL	-0.401*	-0.361**	-0.537***	-0.264**
	(0.2306)	(0.1429)	(0.1892)	(0.1194)
CAP	0.344***	0.172***	0.283***	0.143**
	(0.0571)	(0.0340)	(0.0727)	(0.0694)
Competition * SIZE		-0.131		-0.074
		(0.0892)		(0.0483)
Competition * HI		-0.052*		-0.107**
		(0.0293)		(0.0538)

(续表)

竞争度指标	Lerner 指数		Boone 指数	
变量	(1)	(2)	(3)	(4)
Competition * CAP		-0.328*** (0.0972)		-0.255*** (0.0659)
C	-0.009*** (0.0027)	-0.014** (0.0079)	-0.016** (0.0071)	-0.011** (0.0052)
样本数	212	212	212	212
Adj-R^2	0.401	0.435	0.367	0.392

注：***、**、* 分别表示估计值的显著性水平为 1%、5%、10%，括号里为系数值的标准误。

五、结论

与现有文献主要关注银行业竞争程度对个体银行风险的影响不同，本文主要研究银行业竞争程度对系统性风险的影响。本文选取 2008 年 1 月 1 日—2015 年 6 月 30 日沪深两市 16 家上市银行为研究样本，以 Lerner 指数和 Boone 指数分别衡量了我国银行业的竞争度，使用 MES 方法和 △CoVaR 方法分别测度了我国银行业的系统性风险，使用非均衡面板数据检验了我国银行业竞争度与系统性风险的关系，并使用交叉项的方法分析了银行业务多元化水平、资本充足率和资产规模等微观特征的异质性对这一关系的影响。根据上述研究，本文主要得到以下四点结论：

第一，基于 Lerner 指数和 Boone 指数衡量的银行业竞争度都表明，我国银行业的基本业态是垄断竞争，但竞争程度出现较大波动，没有形成稳定均衡的垄断竞争结构。总体而言，我国银行业的竞争程度受宏观经济的影响较为明显，当经济增长率下降时，银行业竞争程度显著上升。随着我国经济增速下行和利率市场化改革的完成，预期我国银行业的竞争会更加激烈，竞争程度将进一步上升。基于 MES 方法和 △CoVaR 方法衡量的银行业系统性风险表明，我国商业银行的风险具有明显的溢出效应，我国银行业存在较大的系统性风险。而且这种风险与宏观经济形势密切相关。

第二，我国银行业竞争度的提高会显著增加银行体系内的系统性风险，具体来说，以 Lerner 指数和 Boone 指数衡量的银行业竞争度与 MES 指数显著负相关，与 △CoVaR 指数显著正相关。王宇坤(2012)和张宗益等(2012)基于单个银行风险承担的研究表明我国银行业竞争与风险的关系符合"竞争—稳定性"假说，而本文基于系统性风险的研究则在一定程度上支持了"竞争—脆弱性"假说。季琳和赵延丽(2012)以及杨天宇和钟宇平(2013)认为银行业的竞争度与单个银行的破产风险正相关，本文进一步证实了银行业的竞争度与系统性风险也存在正相关关系，这扩展了国内关于银行业"竞争—脆弱性"假说研究的内涵。此外，与范育涛和费方域(2013)认为银行业竞争与单个银行风险之间存在 U 型的非线性关系不同,本文的实证检验并没有发现在银行业竞争度与系统性风险之间存在显著的非线性关系。

第三,银行业竞争程度对系统性风险的作用受银行微观特征的影响,银行的业务多元化水平和资本充足率显著影响银行业竞争度对系统性风险的作用,提高银行的业务多元化水平和资本充足率能够减缓银行业激烈竞争对系统性风险的负面影响。银行资产规模增加虽然能够减少银行业竞争度对系统性风险的影响,但结果并不显著,这也在一定程度上说明资产规模并不是决定系统重要性银行的唯一要素,应更加关注中小规模银行对系统性风险的影响。

基于上述分析,我国银行业竞争度的提高会增加银行业系统性风险,监管部门应密切关注银行业系统性风险。2008 年金融危机已经证明,单个金融机构的风险或困境极有可能酿成整个系统的灾难。监管部门应完善现有的风险管理机制,加强对银行业的宏观审慎监管,密切防范银行业的系统性风险。政府应鼓励银行进行多元化经营,增加非利差收入。此外,应加强资本监管,提高银行资本充足率。监管部门应继续落实《商业银行资本充足率管理办法》,在保证银行各级资本满足监管标准的基础上,进一步鼓励银行采用多种方式补充资本水平。

专题四　薪酬差距对银行绩效影响的实证研究

一、引言

2007年从虚拟经济领域爆发的美国次贷危机发展迅速,很快蔓延到世界各国的实体经济中,并随着2008年9月雷曼兄弟的破产,最终演变为席卷全球的国际金融危机。经济萧条,失业率上升,而华尔街金融机构高管们的薪酬水平却居高不下。社会收入分配不公以及金融机构过高薪酬激励的合理性与科学性被再次推到舆论的风口浪尖。在我国,金融机构薪酬也是比较引人注目的话题,银行高管的"天价"薪酬现象比比皆是(见图2-4-1)。2008年金融危机来临之际,民生银行行长王浵世仍以904.15万元的薪酬位列各大银行行长薪酬排行的榜首,深圳发展银行董事长弗兰克·纽曼2009年薪酬高达1 741万元。

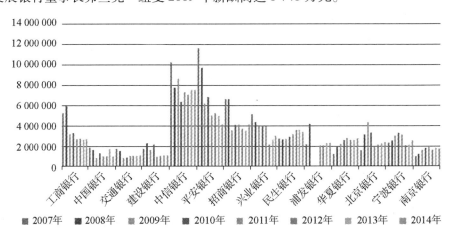

图2-4-1　2007—2014年我国14家上市银行高管货币薪酬水平

注:高管货币薪酬水平为各上市银行年报中管理层薪酬最高的前三位年薪总额的均值,不包含津贴,所有数据均由国泰安数据库里的数据计算获得,下同。

与银行高管"天价"薪酬相呼应的是突出的薪酬差距问题。以民生银行、平安银行等股份制商业银行为首,高管团队内部薪酬差距、高管与普通员工的薪酬差距都非常大。而国有银行的薪酬差距显著低于非国有银行,工农中建交五大国有银行的薪酬差距远远低于股份制商业银行,高管薪酬的巨大落差导致了国有银行高管和业务骨干的流失(见图2-4-2和图2-4-3)。

我国有关当局相继采取了一系列针对性措施:中国财政部、人社部于 2009 年先后出台并印发《金融类国有及国有控股企业责任人薪酬管理办法》《关于进一步规范中央企业负责人薪酬管理的指导意见》;2010 年银监会印发《商业银行稳健薪酬监管指引》;2014 年 8 月监管当局又审议发布了《中央管理企业负责人薪酬制度改革方案》,并于 2015 年 1 月 1 日起正式实施,该方案对中央管理企业负责人的基本年薪制定标准、绩效考核方式、津贴福利等问题做出了明确的规定说明;2016 年 1 月,银监会主席尚福林在《"十三五"银行业改革发展方向》中强调"完善公司治理,进一步优化股权结构和治理结构,制定科学合理的薪酬政策,避免单纯追求利润、盲目追求规模的短期行为"。本文从薪酬差距视角切入,在构建理论分析框架的基础上,以 2000—2014 年中国 16 家上市银行的面板数据进行分析,系统地探讨了两类薪酬差距对银行绩效的影响,契合了相关的政策、法规的要求,从一定意义上可以补充国内外关于高管薪酬问题研究的不足,同时为制定和完善薪酬激励机制提供一定的理论依据,为后续研究提供参考。

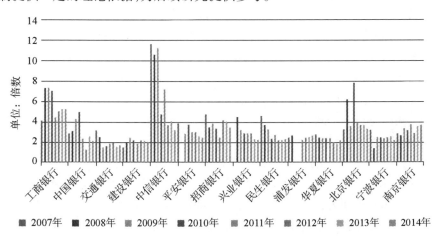

图 2-4-2 2007—2014 年我国 14 家上市银行高管内部相对薪酬差距

中外学者从不同的角度对薪酬差距和企业绩效进行了理论和实证分析,但至今没有统一定论,样本取自不同行业、不同年限,变量选取甚至模型的差异都会导致结论的区别。但是通过文献梳理发现,研究结论总体上呈现三种方向:

一是支持锦标赛理论的正相关关系,即扩大薪酬差距能够激发员工努力工作进而提升企业绩效。Lazear 和 Rosen(1981)首次将竞赛模型引入实证研究,发现最终答案未落实之前,竞赛吸引了很多有才能和冒险精神的参与者,他们的努力直接转化为企业绩效水平的提升,并据此提出了锦标赛理论。Bingley 和 Eriksson (2001)在模型中加入人力资本控制变量,发现白领阶层员工薪酬差距在一定范围

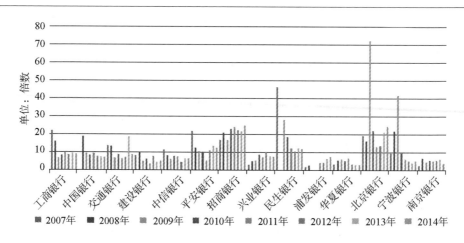

图 2-4-3　2007—2014 年我国 14 家上市银行高管与普通员工相对薪酬差距

内对总资产收益率起到正向激励作用,而这种现象在蓝领阶层并不显著,锦标赛理论得到部分证实。林浚清等(2003)研究发现薪酬差距显著提升了未来公司绩效,且两者间关系是线性的,行为理论在我国体现并不明显,锦标赛理论更好地解释了我国薪酬差距问题。黎文靖等(2014)研究发现,外部薪酬差距大体上对企业绩效有正向激励作用,支持锦标赛理论,但是会受到产权性质的影响,经理人市场化较弱的国有企业削弱了锦标赛作用。此外,Jed(2006)、Kato 和 Long(2008)、董梅生和洪功翔(2010)、刘春和孙亮(2010)、朱明秀(2010)、戴云和沈小燕(2013)、张栋和杨兴全(2015)等人的研究都支持锦标赛理论。

二是支持行为理论的负相关关系或者不相关,即薪酬差距的扩大不仅不能够提升绩效,相反可能产生不公平感,破坏组织合作,从而降低生产力。Siegel 和 Hanbrick(1996)的研究以高管之间合作比较紧密的企业为样本,股票回报率为因变量,结果发现薪酬差距较小时,高管之间合作比较愉快,而随着差距的扩大,满意程度逐渐降低,相互之间隔阂加深,行为理论的负面影响导致股票回报率下降。Bebchuk(2009)认为高管团队内部薪酬差距体现出 CEO 相比非 CEO 高管成员更高的人力资本价值,企业价值与高管团队内部薪酬差距负相关,并且会对企业的并购决策产生不利影响,增加企业的风险承担。张正堂(2008)发现当产权性质为国有时,高管与普通员工的薪酬差距对企业未来绩效有负向作用,认为锦标赛理论在我国的应用是有限的,中国传统文化中"公平"元素使得行为理论在解释中国问题时更有说服力。梁彤缨等人(2013)研究了不同薪酬水平对高管内部薪酬激励作用的影响,其中薪酬水平以高管团队的平均薪酬水平来衡量,结果看到,高管平均薪酬水平较低时,相对薪酬差距与薪酬水平的交互项系数符号显著为负,此时行为理论更能做出解释。此外,Conyon(2001)、Martins(2008)、卢锐(2007)、刘犁子等(2010)、宋增基和夏铭(2011)、巫强(2011)等人的实证研究也都支持了行为理论。

三是认为二者呈区间效应,即公司绩效随着薪酬差距的增加先增后减,薪酬差距对公司绩效的影响是锦标赛理论和行为理论共同作用的结果。王怀明和史晓明(2009)以 ROA 为被解释变量、高管和普通员工的薪酬差距为解释变量进行实证分析,结果表明薪酬差距与企业绩效成倒 U 关系。鲁海帆(2011)采用2001—2009 年的样本数据研究了高管内部薪酬差距、风险环境与公司绩效之间的关系,结果表明不能仅仅用一种理论来解释薪酬差距和绩效之间的关系。王海芳和李娟(2012)针对银行业的特殊性,专门就上市商业银行高管员工薪酬差距与绩效做了简单的面板数据分析,时间跨度 2007—2011 年,回归结果发现薪酬差距对银行绩效的影响存在倒 U 型关系,解释变量一次项系数为正,二次项系数为负。缪毅和胡奕明(2014)研究发现,高管团队内部薪酬差距在一定的范围内是有利于企业业绩的提升的,但是到达某个拐点以后激励作用反而为负,即存在区间效应,且这种激励作用会受到管理层晋升激励的影响。刘刚和曹志鹏(2015)收集了 16 家上市银行的非平衡面板数据,时间选取为 2009—2013 年,控制变量中加入产权性质,研究发现高管和员工的薪酬差距与银行绩效呈区间效应。

总体来说,国外对企业高管薪酬差距的研究较为深入和全面,国内存在明显时滞,有的研究还存在诸多不足,主要表现在:第一,样本量有限。现有文献中样本选取多为非金融类上市公司,因为金融行业实行准入制,具有高负债、高监管的特殊性,与其他行业的可比较性较小,一般在选取时都特意将其剔除,银行业薪酬差距的激励机制成为亟待研究的课题。第二,数据收集较为困难。我国资本市场发展比较滞后,商业银行改制上市的时间相对较晚,截至目前总共才有 16 家银行上市,研究中可获得的样本数据较少、时间跨度较短。第三,研究方法相对单一。目前国内对于高管员工薪酬差距、高管内部薪酬差距的研究中,前者的研究较后者更少,同时,银行绩效指标多以代表盈利性的 ROA、ROE 来度量,解释变量大多采用绝对薪酬差距来度量(刘刚和曹志鹏,2015)。

本文的主要贡献在于:第一,锁定银行业的这样一种研究视角的创新。国内学者对高管薪酬水平、薪酬差距进行研究时,大部分样本在选取时都剔除了行业准入制的金融业上市公司,而本文却将研究视角紧紧地锁定为银行业,选取我国 A 股上市银行的数据作为研究样本,分析论证薪酬差距与银行绩效之间的关系。第二,同时研究高管内部薪酬差距和高管员工薪酬差距的研究对象的创新。本文从高管内部薪酬差距和高管员工薪酬差距两个方面同时入手,分析了银行业薪酬差距与银行绩效之间的关系,论述更加全面详实。

二、研究设计

(一) 样本选取与数据来源

本文通过构建面板数据模型进行实证分析,选取了沪深 A 股市场中的上市银行作为研究对象,时间跨度为 2000—2014 年。样本保留了 16 家银行,分别为:工商银行、中国银行、建设银行、农业银行和交通银行 5 家国有银行,平安银行、招商银行等 8 家全国性股份制商业银行,以及北京银行、南京银行、宁波银行 3 家城商行。本文所使用的数据来源于国泰安数据库和上市银行年报。

(二) 变量定义

1. 被解释变量

(1) ROA

总资产收益率 ROA(宋清华和曲良波,2011;黎文靖等,2014;张栋和杨兴全,2015)是银行财务报表中的盈利能力指标,用息税前净利润占总资产的比值来衡量。总资产收益率越高,资金的利用率越高,企业整体经营水平越好,从而竞争实力越强、盈利越稳定,否则相反。选取 ROA 为被解释变量,一方面它是监管当局用来衡量企业能否上市和维持上市的主要指标,能够比较真实地度量企业绩效,相对 ROE 来说不容易人为操纵;另一方面获取 ROA 值比较简单,可以直接从上市公司年报或数据库中获得。所以,总资产收益率是衡量企业绩效时最常用到的代理变量。

(2) 托宾 Q

托宾 Q(刘春和孙亮,2010;刘犁子等,2010;宋清华和曲良波,2011)是衡量企业价值的指标,等于企业市场价值与重置成本之比,以它的提出者詹姆斯·托宾命名。托宾 Q 作为市场价值指标,侧重对未来企业价值的估计,在银行业也被称为"特许权价值",若某企业的托宾 Q 大于 1,说明该企业为社会创造了更多的价值,否则相反。所以,决策者能从中发现更多长期的有用信息,对未来市场的把握更精确。

2. 解释变量及控制变量

(1) 解释变量

本文将薪酬差距作为解释变量,借鉴林浚清等(2003)的计算方法,将绝对薪酬差距、相对薪酬差距两种指标放在同一个模型中进行研究。Gap1 表示高管内部绝对薪酬差距,为高管前三名平均薪酬和管理层其他成员平均薪酬的差值;Gap12 表示高管内部相对薪酬差距,为高管前三名平均薪酬和管理层其他成员平均薪酬的比值;Gap2 表示高管与普通员工绝对薪酬差距,为高管层平均薪酬和普通员工平均薪酬的差值;Gap22 表示高管与普通员工相对薪酬差距,为高管层平均薪酬和普通员工平均薪酬的比值。其中,

$$\text{高管前三外平均薪酬} = \frac{\text{董事、监事及高管前三名薪酬总额}}{3}$$

管理层其他成员平均薪酬 =

$$\frac{\text{支付给董事、监事及高管货币薪酬} - \text{董事、监事及高管前三名薪酬总额}}{\text{董事数} + \text{监事数} + \text{高管数} - \text{未领薪高管数} - 3}$$

$$\text{高管层平均薪酬} = \frac{\text{支付给董事、监事及高管货币薪酬}}{\text{董事数} + \text{监事数} + \text{高管数} - \text{未领薪高管数}}$$

普通员工平均薪酬 =

$$\frac{\text{支付给职工以及为职工支付的现金} - \text{支付给董事、监事及高管货币薪酬}}{\text{员工数} - \text{董事数} - \text{监事数} - \text{高管数}}$$

所有数据来自国泰安(CSMAR)数据库和上市银行年报,其中高管薪酬总额为银行年报中披露的年薪总额,仅指货币薪酬水平,不包括持股价值和津补贴。

(2)控制变量

本文引入的控制变量如下(见表2-4-1):一是银行规模 $Asset$。银行规模是影响银行绩效的重要因素,一部分学者从规模经济角度出发,认为银行规模越大,形成规模经济以后交易费用会大大降低,进而银行绩效提升;另一部分学者从管理角度出发,认为银行规模扩大到一定程度以后,管理会越发困难,管理费用的增加将导致边际绩效递减。二是不良贷款率 Npl。不良贷款是金融机构所特有的,是风险评估中通常被划分在后三类(次级贷款、可疑贷款和损失贷款)的贷款的统称,它和贷款总额的比值称为不良贷款率。不良贷款率有效地衡量了金融机构信贷质量,也是监管当局对商业银行风险实施监管的重要指标。三是资产负债率 $Lever$。资产负债率用来衡量企业资本结构,资产负债率越低的银行自有资产越多,偿债能力越强。Jensen 和 Meckling(1976)认为负债减少了企业外部融资活动,使得企业管理者将资金更多地投入到高收益项目上,降低了委托代理成本,从而提升企业绩效;而我国学者杜利文等(2009)等的研究却正好与此相反,资产负债率降低了企业绩效。四是股权集中度 $Herf$。股权集中度反映股东控股能力,理论上来看,股权集中度越高的企业,大股东所掌握的权利越大,同时与企业的相关性也就越强,企业的发展关系大股东自身的利益,所以有利于企业绩效的提升,但是股东的监管来自多方面,同时受到很多相关因素的影响。五是所有权性质 $State$。不同所有权性质的企业,承担的社会责任与义务不同,相应的公司治理机制也就有所区别,例如国有企业,管理层由政府任命的居多,政治关联度较大,除盈利以外高管们需要履行比非国有企业更多的社会责任。六是上市年限 Age。上市年限越大,公司治理机制越完善,高管薪酬制度的设计也就更加合理,执行力度更大。七是独董占比 Id。独立董事制度是现代公司治理机制中重要的组成部分,对薪酬制度的设计起到一定的积极作用。八是年度虚拟变量 $Year$。本文样本时间跨度较大,选取为 2000—2014 年,为更好地对年度因素进行控制,引入年度虚拟变量。

(三)模型构建

在研究薪酬差距对银行绩效影响的时候,我们知道二者存在因果关系,内生性问题不可避免,如何降低内生性影响主要体现在模型的选取上。与 2SLS 法类似,使用解释变量的滞后期也能从一定程度上减少内生性关系对模型结果的影响,所以本文借鉴宋清华等(2011)的做法,以解释变量和控制变量的滞后一期对银行绩效进行面板模型分析。

$$Pf_{it} = \alpha_0 + \beta_1 Gap_{it-1} + \gamma_i Control_{it-1} + \mu_{it} \qquad (2-4-1)$$

$$Pf_{it} = \alpha_0 + \beta_1 Gap_{it-1} + \beta_2 Gap_{it-1}^2 + \gamma_i Control_{it-1} + \mu_{it} \qquad (2-4-2)$$

其中,i 表示银行编号,t 表示年份,α 表示常数项,β_1、γ_i 表示各变量的系数,μ 表示误差项,Pf_{it} 为银行绩效代理变量,Gap_{it-1} 表示滞后一期的高管和普通员工的薪酬差距,Gap_{it-1}^2 表示滞后一期的高管和普通员工的薪酬差距的平方,$Control_{it-1}$ 为影响绩效的控制变量。模型一用于验证 H1,模型二用于验证 H2。

表 2-4-1 变量定义与说明

	变量名称	变量含义
被解释变量	ROA	总资产收益率,息税前净利润/资产总额
	托宾 Q	市值/资产总额
解释变量	Gap1	高管内部绝对薪酬差距
	Gap12	高管内部相对薪酬差距
	Gap2	高管与员工绝对薪酬差距
	Gap22	高管与员工相对薪酬差距
控制变量	Asset	银行规模,Ln(总资产/10 000)
	Npl	不良贷款率,不良贷款/全部贷款
	Lever	资产负债率,总负债/总资产
	Herf	股权集中度,前五大股东持股比例的平方和
	State	所有权性质,国有银行取 1,非国有银行取 0
	Age	上市年限
	Id	独董占比,独董人数/董事会人数
	Year	年度虚拟变量,属于某一年度取 1,否则为 0

注:高管和员工的薪酬指各银行在年报中披露的货币薪酬水平,不包含隐形收入;数据直接由 CSMAR 数据库获得,或者通过计算确定。

三、实证检验结果及分析

(一)变量的描述性统计

变量描述性统计如表 2-4-2 所示,从中可以发现:

就薪酬差距而言,$Gap1$ 的值总体上均大于 $Gap2$,且波动性较大;$Gap12$ 的各项值远远小于 $Gap22$,说明 $Gap12$ 总体上小于 $Gap22$,且波动性较小,以相对薪酬差距作为比值,更能够体现出高管团队的人力资本价值。就银行绩效而言,ROA 全样本均值为 0.0091,各银行间绩效波幅比较大;托宾 Q 全样本均值为 1.0697,且标准差较小,比较稳定。

表 2-4-2 变量描述性统计

变量	均值	标准差	最小值	最大值	观测数
Gap1	13.9806	0.9014	11.5129	16.0480	195
Gap12	3.4729	2.0749	1.2996	13.2932	195
Gap2	13.4179	0.7173	11.5246	14.8009	195
Gap22	11.2281	9.2537	1.7975	72.1035	195
ROA	0.0091	0.0031	0.0013	0.0155	195
托宾 Q	1.0697	0.0985	0.9771	1.6198	195
Asset	9.5919	1.4547	6.5107	12.2361	195
Npl	4.8266	7.3558	0.33	35.15	195
Lever	0.9440	0.0182	0.8693	0.9794	195
Herf	0.1591	0.1618	0.0113	0.5444	195
State	0.3125	0.4649	0	1	195
Id	0.3326	0.0801	0	0.5	195
Age	10.375	4.6448	5	24	195

Asset 全样本均值为 9.5919,其中国有银行实力雄厚,分支机构较多,遍布国内外,在资产方面拥有很大的优势,股份制银行其次,城商行实力最弱。Npl 最大值和最小值之间差距较大,其中国有银行的不良贷款率显著高于非国有银行。Lever 均值高达 0.944,可见银行业高负债的特殊性,但就目前中国的商业银行来说还是比较正常的。Herf 均值 0.1591,其中国有银行的股权集中度较高,远远大于非国有银行。独董比例 Id 均值 0.3326,符合法律规定的"上市银行独董占董事会成员数不得低于三分之一"的条款。Age 均值为 10 左右,看出我国商业银行上市时间总体较晚。

如图 2-4-4 所示,2000—2003 年 ROA 的年度均值呈下降趋势,由 2000 年的 0.0071 降至 2003 年的 0.0035,2003—2008 年呈上升趋势,且 2005 年以后增长幅度较大,以 2006 和 2007 年最为突出,2008 年度达到 0.0102,2009 年有一个小幅度的下降,随后持续增长但幅度较为缓和,2011 年度达到 0.0110,之后几年一直保持着较稳定的水平,在 0.010 和 0.012 之间。

如图 2-4-5 所示,2000—2005 年托宾 Q 的年度均值呈下降趋势,由 2000 年的 1.3417 降至 2005 年的 1.0361,幅度不大,2005—2007 年呈较大幅度的上升趋势,2007 年度增长到 1.2830,2008 年有一个大幅度下降,降为 1.0413,之后几年一直保持着较稳定的水平,在 1 上下波动,非常缓和。

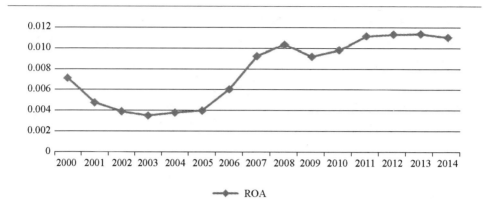

图 2-4-4　2000—2014 年 ROA 趋势图

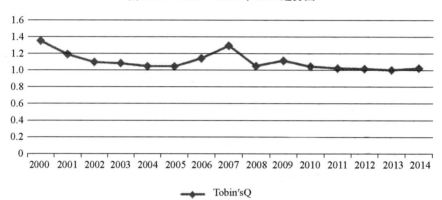

图 2-4-5　2000—2014 年托宾 Q 趋势图

(二) 实证结果

模型(2-4-1)的估计结果如表 2-4-3 所示。

高管内部薪酬差距与 ROA 的回归系数符号均为正,且分别在 0.05 和 0.1 的水平上通过 T 检验,可知高管内部薪酬差距与银行财务绩效有较强的正相关性。假设 H1 得到了充分验证,无论是高管内部绝对薪酬差距,还是高管内部薪酬相对差距,均对银行总资产收益率具有显著的正向激励作用,高管内部薪酬差距与银行绩效呈线性正相关关系,支持锦标赛理论。从实证分析的结论我们看到,假设 H1 与林浚清(2003)等诸多国内外学者的学术成果保持了方向的一致性。

此外,Asset 与 ROA 显著正相关,说明银行规模与财务业绩的联系紧密,规模的扩张对财务业绩有着正向的激励作用。Npl 与 ROA 显著负相关,不良贷款率低的银行风险更小,收益更加稳定。Lever 与 ROA 显著负相关,原因主要有两方面:一是银行业这一特殊行业的资产负债率较高,大大增加了经营风险;二是当下我国上市银行的财务杠杆作用并未得到充分利用,对绩效的推动作用有限。Herf 与 ROA 显著负相关,股权集中度越高,大股东对公司治理结构控制能力越强,尤其是像国有控股的大型商业银行。所有权性质 State、上市年限 Age 与 ROA 存在负向关系但均不显著,绝对薪酬差距情况下的独董占比系数为正且弱相关。

表 2-4-3　模型(2-4-1)回归结果

	绝对薪酬差距 Gap1	相对薪酬差距 Gap12
	ROA	ROA
Gap	0.0405**	0.0853*
	(2.19)	(1.86)
Asset	0.0867***	0.0940***
	(4.91)	(4.97)
Npl	-0.3315**	-0.3592**
	(-2.41)	(-2.57)
Lever	-1.0096***	-0.9024***
	(-11.19)	(-10.84)
Herf	-0.4371***	-0.3967***
	(-4.24)	(-3.79)
State	-0.0084	-0.0091
	(-0.04)	(-0.19)
Id	0.0031	0.0033*
	(1.68)	(1.72)
Age	-0.0009	-0.0006
	(-0.49)	(-0.36)
_cons	1.2439***	1.4653***
	(6.61)	(7.36)
Year	已控制	已控制
N	195	195
R^2	0.5647	0.5908

注:***表示在 0.01 水平上显著相关,**表示在 0.05 水平上显著相关,*表示在 0.1 水平上显著相关。

模型(2-4-2)的估计结果如表 2-4-4 所示。高管和普通员工的薪酬差距 Gap2、Gap22 与 ROA 显著正相关;高管和普通员工薪酬差距的二次项 $Gap2^2$、$Gap22^2$ 与 ROA 显著负相关。假设 H2 得到验证,高管和普通员工之间的绝对薪酬差距和相对薪酬差距对银行绩效的影响都存在区间效应,呈倒"U"型非线性关系。高管员工薪酬差距较小时,扩大薪酬差距能够激发员工积极性,提升银行财务业绩和市场价值,但是这种正向激励作用并不可以无限放大,随着薪酬差距扩大到某个临界点时,内部矛盾会被激发,普通员工的不满情绪所带来的负面效应越来越大,甚至超过锦标赛理论的正向激励作用,银行绩效从而下降。综上所述,高管员工薪酬差距对银行绩效的激励作用并不是某一种理论单独发挥作用,而是锦标赛理论和行为理论共同作用的结果,二者呈倒"U"型关系(王怀明和史晓明,2009;王海芳和李娟,2012;刘刚和曹志鹏,2015)。

就控制变量而言,回归结果如表所示,总体来看,各变量的经济意义基本保持一致。

表2-4-4 模型(2-4-2)回归结果

	绝对薪酬差距 Gap2	相对薪酬差距 Gap22
	ROA	ROA
Gap	0.0876**	0.0612*
	(2.43)	(1.69)
Gap^2	-0.0031**	-0.0057**
	(-2.28)	(-2.41)
$Asset$	0.0722***	0.0805***
	(4.13)	(4.80)
Npl	-0.3465**	-0.4022**
	(-2.35)	(-2.61)
$Lever$	-0.9637***	-0.9777***
	(-9.86)	(-9.95)
$Herf$	-0.3891***	-0.3868***
	(-3.83)	(-3.58)
$State$	-0.0091	-0.0086
	(-0.63)	(-0.54)
Id	0.0315**	0.0038
	(2.17)	(0.79)
Age	-0.0017	-0.0008
	(-1.25)	(-1.01)
_cons	1.3536**	2.2038***
	(2.58)	(3.06)
Year	已控制	已控制
N	195	195
R^2	0.4236	0.4651

注:***表示在0.01水平上显著相关,**表示在0.05水平上显著相关,*表示在0.1水平上显著相关。

四、稳健性检验

银行绩效指标是模型的被解释变量,被解释变量本身衡量指标选取不同的话,产生的结果也就有所区别。为检验前文结论的稳健性,我们用代表企业价值的托宾 Q 来替换代表财务指标的总资产收益率 ROA,将托宾 Q 分别带入两个模型中,稳健性检验的计算结果如表2-4-5和表2-4-6。

由表2-4-5数据看到,与表2-4-3的结论大体上一致:绝对薪酬差距 $Gap1$ 与托宾 Q 在 0.05 水平上显著正相关,相对薪酬差距 Gap12 与托宾 Q 的回归系数为 0.0125,符号为正,但 T 值较小,没有通过显著性检验。其他控制变量的系数符号以及显著性均与表 2-4-3 保持一致,符合预期。所以,我们从总体上看出,高管内部薪酬差距对银行绩效有着正向的影响,从而验证了假设 H1。

由表 2-4-6 看到,与表 2-4-4 的结论大体上一致:高管员工薪酬差距的一次项与银行绩效显著正相关,二次项与银行绩效显著负相关,呈区间效应,假设二得到了验证。其他控制变量的系数符号均与表 2-4-3 大体上保持一致,但显著性较 ROA 有所差别,原因是多方面的,可能是统计上的误差,也有可能是被解释变量本身含义所引起的符合预期。

综合归纳分析来看,本文的实证检验是稳健的,具有代表性。

表 2-4-5 模型一回归结果

	绝对薪酬差距 Gap1	相对薪酬差距 Gap12
	托宾 Q	托宾 Q
Gap	0.0433 * *	0.0125
	-2.25	-1.54
Asset	0.0204 * *	0.0128 * *
	-2.58	-2.37
Npl	-0.0854 * * *	-0.0892 * * *
	(-3.32)	(-3.47)
Lever	-0.9436 * * *	-0.9571 * * *
	(-5.59)	(-5.50)
Herf	-0.2149 * *	-0.1718
	(-2.12)	(-0.89)
State	0.0629	0.0597
	-0.23	-1.09
Id	-0.0079	-0.0083
	(-0.30)	(-0.45)
Age	-0.0007	-0.0005
	(-1.30)	(-0.87)
_cons	1.5981 *	2.2345 *
	-1.83	-1.92
Year	已控制	已控制
N	195	195
R^2	0.5283	0.4725

注:* * * 表示在 0.01 水平上显著相关,* * 表示在 0.05 水平上显著相关,* 表示在 0.1 水平上显著相关。

表 2-4-6　模型二回归结果

	绝对薪酬差距 Gap2	相对薪酬差距 Gap22
	托宾 Q	托宾 Q
Gap	0.0154**	0.0460*
	-2.09	-1.93
Gap^2	-0.0056**	-0.0018
	(-2.27)	(-1.61)
Asset	0.0151	0.0169
	-1.4	-1.48
Npl	-0.0881***	-0.0942***
	(-3.26)	(-3.52)
Lever	-0.8946***	-0.8770***
	(-4.92)	(-4.80)
Herf	-0.1349**	-0.0843
	(-2.57)	(-1.39)
State	0.0625**	0.0619*
	-2.05	-1.89
Id	-0.0822	-0.0876
	(-1.24)	(-1.33)
Age	-0.0006	-0.0004
	(-1.07)	(-0.81)
_cons	3.0344***	1.9298**
	-4.55	-2.07
Year	已控制	已控制
N	195	195
R^2	0.4107	0.3922

注：***表示在 0.01 水平上显著相关，**表示在 0.05 水平上显著相关，*表示在 0.1 水平上显著相关。

五、结论

2008 年金融危机过后，社会各界人士深刻反思，银行业"天价"薪酬问题的利弊脱颖而出，众说纷纭。本文从上市银行薪酬差距视角切入，由理论阐述开始，到现状分析，再到实证研究、再检验，研究了其对银行绩效可能存在的影响，并得出以下结论：

首先，高管内部薪酬差距与银行绩效正相关。改革开放以来，我国市场经济快速发展、金融体系不断完善，上市银行已经基本建立了良好的现代公司治理机制。高管的选拔过程，由最初的政府行政指派不断朝着市场化方向发展，为更多有能力的人才提供了公平的机会；高管的收入分配与个人贡献、企业绩效相挂钩，逐渐符合市场经济体制下的人才激励要求；同时，正如前文所述，目前我国高管薪酬分配制度并不完善，很多错综复杂的关系依然没有理顺，高管团队内部薪酬差距并不合理。所以从这些点都能证明,锦标赛制对我国上市银行绩效有着正向的激励作用,行为理论对高管内部的负面影响在企业并未体现。

其次,高管与普通员工的薪酬差距与银行绩效呈区间效应。当银行高管与普通职员的薪酬差距处于较低水平时,行为理论产生的负面作用较少,锦标赛制的正向激励作用明显,银行绩效有所提升;随着薪酬差距的拉大,行为理论逐渐产生,普通员工的不满情绪带来的破坏作用增加,甚至超过锦标赛理论的正向激励作用,银行绩效下降。因此,薪酬差距的激励作用具有边际递减效应,锦标赛制的激励作用并非可以无限延伸,高管员工的薪酬差距与银行绩效之间呈区间效应。金融危机后,我国监管当局专门针对国有金融机构"天价"薪酬问题出台了一系列文件,本文的这一研究结论为相关政策、法规提供了一定的理论依据。

最后,从实证结果可以看出,从银行自身角度来说,应该不断完善内部治理机制,制定合理的薪酬水平与薪酬差距,在体现高管的人力资本价值的同时又不失公平;从政府角度来说,应该加强监督,合理规范薪酬披露和收入分配制度,要求上市银行在财务报表中更加准确、完整、清晰地罗列出高管薪酬,以方便广大的使用者能够从中解读出更多有用的信息;从行业自律角度来说,中国银行业协会应该充分发挥行业组织的领导作用,充分履行对银行的监管职能,提供更多更好的服务。

专题五 金融创新背景下中国银行业反洗钱监管模式的选择

一、引言

银行业金融机构在我国金融业反洗钱工作中处于核心地位。金融创新在提高效率的同时,带来的数据集中、交易网络化等问题,使得现有的反洗钱属地监管模式已经不能适应金融创新的需要,使得现有的金融监管暴露出了不足,需要调整相应的金融监管措施,从而提高反洗钱工作效率。金融创新是银行业发展的内在需求,监管部门的监管与银行的金融创新之间是一个不断博弈的过程,银行的本质是追逐利润最大化,而监管是为了管控风险,维护金融稳定,二者目标的不完全一致导致了双方之间的持续博弈。银行不断突破现有管制的努力是银行创新的动力之一,同时也推动了银行监管的创新。在金融创新背景下,监管部门对银行反洗钱监管理念及模式同样也应做出调整,以控制金融创新过程中银行面临的更大的洗钱风险和挑战。本文主要从理论方面来分析我国银行业反洗钱监管模式的选择。

在金融行动特别工作组《40+9项建议》和沃尔夫斯堡集团《沃尔夫斯堡声明—风险为本方式管理洗钱风险指引》自律性反洗钱原则的引导和影响下,各国反洗钱工作由规则为本的原则(Rule – Based)逐步向风险为本的原则(Risk – Based)转变,我国的反洗钱工作虽然起步较晚,但也在积极地向国际先进监管模式靠拢。2009年3月,中国人民银行反洗钱工作会议提出,应建立并逐步完善"风险为本"的反洗钱监管体系,这是在当前形势下对金融机构实行广泛且有效的反洗钱监管的必然选择。

国内学者对反洗钱法人监管理论研究较少。许峰(2004)在我国金融机构反洗钱行为的博弈分析一文中详细分析了监管机构和被监管金融机构在反洗钱监管过程中的博弈问题;朱宝明(2004)更进一步分析了洗钱者和金融机构的博弈。杨胜刚、何靖(2007)等人对反洗钱过程中监管机构和被监管金融机构进行了静态博弈分析,得出金融机构进行可疑交易报告的可能性与监管机构进行检查和处罚的概率有关的结论,两者处于混合战略状态下。这些是从博弈的角度,通过对洗钱者与金融机构、金融机构与金融机构以及金融机构与监管当局之间的两两博弈过程的研究来探讨如何规避洗钱行为。赵艳芳(2014)从反洗钱工作中各方参与者进行博弈分析,提出完善我国反洗钱和改进我国反洗钱工作的建议。吴华增(2015)分析了中国银行业反洗钱机制存在的问题及并提出相应的对策。

从理论价值来看,目前对反洗钱的理论分析多用委托—代理理论进行分析;本文将基于规制的经济分析银行业反洗钱监管的理论问题;将采用一个演化博弈框架来分析法人监管的反洗钱模式,分析其博弈均衡和影响因素。因此,本文的研究是在现有反洗钱理论分析的基础上的进一步拓展,具有一定的理论价值。

二、属地监管与法人监管的选择:完全信息静态博弈分析

本文在研究反洗钱法人监管和属地监管的模式时采用"博弈分析",分析基于完全信息下中国人民银行和金融机构的行为。本文拟构建一个法人金融机构监管的博弈基本框架:假定所有参与人都是完全理性的,即参与人追求自身利益的最大化,具备完全的计算能力,能够计算所有收益和成本并将它们折现,在此基础上做出决策;博弈在法人金融机构和中国人民银行之间展开,两者是博弈的决策主体和策略的制定者;博弈是完全信息静态博弈。

反洗钱属地监管是人民银行各分支机构对辖内的金融机构进行统一的反洗钱监管。反洗钱法人监管即中国人民银行以能够独立享有民事法律关系的金融机构法人视为履行反洗钱法定义务的责任主体,依法承担反洗钱义务和责任,以金融机构法人为主监管单位,要求金融机构法人对本系统的反洗钱工作负总责,实施统一的反洗钱内控制度、统一的风险控制体系以及统一的报告分析体系,从整体上提升金融机构反洗钱工作水平和风险防控能力。

(一)博弈参与人及其支付函数

1. 中国人民银行和法人金融机构

由于金融机构的经营活动是一种杠杆经营,且其风险具有较强的外部性,因此在反洗钱方面中国人民银行对金融机构主要通过外部反洗钱监管,防止金融机构洗钱风险事件的发生,从而使得风险的外部性最小,维持金融体系的稳定性。因此中国人民银行的目标函数是通过外部监管使得金融机构反洗钱风险最小化,其效应相应表现为金融机构洗钱风险降低和金融体系的稳定性收益(Central bank Yield, CY)。中国人民银行对金融机构的外部反洗钱监管(下文简称为监管),一般来讲具有两种形式:法人监管和属地监管,前者中国人民银行的收益为法人监管下中国人民银行收益(Central bank Yield from Territorial Supervision, CYTS),后者中国人民银行的收益为属地监管下中国人民银行收益(Central bank Yield from Legal Supervision, CYLS)。

在属地监管下,中国人民银行各属地支行对所有辖区内的金融机构进行监管,监管力量较为分散,监管层级较多,特别对全国性金融机构的监管就存在着多层级多重监管的问题。从属地监管方式转变为法人监管方式,一方面中国人民银

行各分支机构对辖区内金融机构法人负主要监管责任,监管层级减少;另一方面使得监管力量更加集中,权责更加清晰。从管理学上讲,管理层级的减少将降低管理组织成本,管理层级的扁平化有利于管理层更有效率地处理信息和做出决策,因此从属地监管向法人监管无疑将给中国人民银行带来管理效率提升的额外收益(Management Efficiency Gains,MEG)。同时权责的清晰和监管力量的集中也将为中国人民银行带来制度效率改进收益(System Efficiency Gains,SEG)。

金融机构是以追求利润最大化为目的的经营实体,在与中国人民银行的博弈中,其利润最大化行为表现为外部监管(Control Costs from External,CCE)和内部自我约束(Control Costs from Internal,CCI)总成本的最小化。金融机构的内部风险控制和外部监督都是有成本的,因此在与中国人民银行监管博弈中,金融机构追求外部监管成本和内部自我约束的总成本的最小化。金融机构总部对分支机构的监督,外部监督的内部化,一方面促使金融机构不断加强自身约束,提高风险管控水平,为金融机构应对国际竞争奠定了基础;另一方面,降低了金融机构风险控制的总成本。因此,从属地监管向法人监管转变对金融机构可能意味着风险管控总成本的下降。设定属地监管(Territorial Supervision)下金融机构的内部监控和外部监管成本分别为 $TCCI$ 和 $TCCE$,法人监管(Legal Supervision)下金融机构内部监控和外部监管成本分别为 $LCCI$ 和 $LCCE$,则有:

$$LCCI + LCCE < TCCI + TCCE,且 LCCI > TCCI,LCCE < TCCE$$

在博弈中,中国人民银行的监管策略包括两个:实施法人监管方式或属地监管方式;金融机构风险管控策略也有两个,实施以自我监督为主的风险管控体系或实施自我监督和外部监管并行的风险管控体系。如果金融机构实施自我监督为主的风险管控体系,本文设定其风险管控效率是高于双重管控体系效率的,此时人民银行可能获得一个银行体系风险管控能力提高的外部性收益。

2. 参与人的支付函数

(1)当中国人民银行实施属地监管策略,金融机构实施并行风险管控体系时:

当中国人民银行实施属地管理时,其收益为 $CYTS$。本文中设定中国人民银行无论是实施属地监管还是法人监管,其经营成本均为 C,即设定两种监管方式对中国人民银行的组织规模和监管成本并不造成大的影响。[①]

中国人民银行的支付函数: $CF00 = CYTS - C$

金融机构的支付函数: $BF00 = -TCCI - TCCE$

(2)当中国人民银行实施属地监管策略,金融机构实施自我监督为主风险管控体系时:

---

① 监管方式的转变是否对人民银行的监管成本造成影响,值得进一步研究。

当中国人民银行实施属地管理,而金融机构实施以自我监督为主的风险管控时,由于金融机构自我风险管控能力提升而使中国人民银行获得一个额外的收益(Additional Revenue,AR)。但由于金融机构实施自我监督为主的风险管控,而中国人民银行仍然实施属地管理,所以金融机构的风险管控总成本是 LCCI + TCCE,可以看出这种管控是所有情况下成本最昂贵的风险管控模式。

中国人民银行的支付函数:$CF01 = CYTS + AR - C$

金融机构的支付函数:$BF01 = -LCCI - TCCE$

(3)当中国人民银行实施法人监管策略,金融机构实施并行风险管控体系时:

当中国人民银行实施法人监管策略,而金融机构实施并行监管体系时,金融机构风险管控成本是 $TCCI + LCCE$,此时金融机构的风险管控成本是最小的。但是由于金融机构在外部监管放松情况下并没有强化自我监管,将使得中国人民银行获得一个额外损失(Additional Losses,AL)。此时,中国人民银行将可能对金融机构进行风险监管的惩罚,设定中国人民银行惩罚的概览为 P,惩罚给金融机构带来的损失为 L。

中国人民银行的支付函数:$CF10 = CYLS - AL - C$

金融机构的支付函数:$BF10 = -TCCI - LCCE - P*L$

(4)当中国人民银行实施法人监管策略,金融机构实施自我监督为主的风险管控体系时:

当中国人民银行实施法人监管,而金融机构自我监督为主的风险管控时,中国人民银行将获得管理效率提升收益 MEG 和制度效率改善收益 SEG;金融机构此时的成本为 $LCCE + LCCI$。

中国人民银行的支付函数:$CF11 = CYLS + MEG + SEG - C$

金融机构的支付函数:$BF11 = -LCCI - LCCE$

(二)纳什均衡及其分析

1. 纳什均衡

把中国人民银行监管方式博弈参与人在各种策略选择下的支付用表格表示,如表 2-5-1 所示。并运用划线法来求出博弈的纳什均衡。

表 2-5-1 中国人民银行监管方式博弈参与人支付表格

	中国人民银行法人监管	属地监管
自我监督	$(BF11, CF11)$	$(BF01, CF01)$
并行监督	$(BF10, CF10)$	$(BF00, CF00)$

当金融机构选择强化自我监管策略时,在完全信息假设下,中国人民银行通过比较支付 $CF11$、$CF01$ 的大小作出策略选择。

$$CF11 - CF01 = MEG + SEG - AR$$

因此只要 $MEG + SEG - AR > 0$,则 $CF11 > CF01$。即中国人民银行的制度效率收益和管理效率收益之和大于中国人民银行在采取属地策略而金融机构采用加强自我监管时的额外收益和时,中国人民银行就会选择逐渐采用法人监管方式。

当金融机构选择并行监管时,中国人民银行选择法人监管方式,其支付函数为 CF10;中国人民银行选择属地监管策略的支付函数为 CF00,显然 CF00 > CF10,中国人民银行的最优策略选择为属地监管。

同理,当中国人民银行选择实施法人监管策略时,完全信息假设使金融机构通过比较 BF10、BF11 的大小来决定其策略选择。

$$BF11 - BF10 = -LCCI - LCCE - (- TCCI - LCCE - P*L)$$
$$= P*L + TCCI - LCCI$$

只要 $LCCI - TCCI < P*L$,即金融机构选择强化自我监管带来的内部成本增加要小于可能承受的额外惩罚损失时,金融机构的最优策略选择为强化的自我监督模式。

当中国人民银行选择属地化监管策略时,金融机构的支付函数在 $BF00$ 和 $BF01$ 之间选择,而 $BF01$ 明显小于 $BF00$,因此此时金融机构的最优选择是自我监督和外部监督并行的模式。

由此,得到两个纳什均衡:首先,中国人民银行选择法人监管同时金融机构选择以自我监督为主的风控模式可能是一个纳什均衡,但是存在着约束条件。其次,中国人民银行选择属地监管且金融机构选择并行监管模式也是一个纳什均衡。在约束条件满足的情况下,$CF11 > CF00$,$BF11 > BF00$,即中国人民银行和金融机构的支付,在新的监管模式下要大于现有监管模式下的支付。即当中国人民银行采取法人监管时,金融机构采用强化的自我监督策略,使得新的监管方式下将使中国人民银行和金融机构状况同时得到改善,从而是一种帕累托改进的纳什均衡。

2. 纳什均衡影响因素分析

在中国人民银行和金融机构监管方式的博弈模型中,纳什均衡并不是唯一的。中国人民银行法人监管金融机构强化自我约束和中国人民银行属地监管金融机构并行监督两者都是该博弈的纳什均衡,两个均衡都有可能作为最终结果出现。本文已经证明,前者是一个帕累托改进的纳什均衡。这时法人监管体系能否作为一种帕累托改进从可能性转化为现实性,需要我们对模型假设前提以及模型中各个参数变量进行重新地审视和深入的分析。

法人监管体系得以发展具有两个缺一不可的约束条件:首先是 $MEG + SEG - AR > 0$,即中国人民银行的制度效率收益和管理效率收益之和大于中国人民银行采取属地策略而金融机构采用加强自我监管时的额外收益之和。这个约束有两层重要含义,一方面法人监管体系下中国人民银行必须要获得足够大的制度效率收益和管理效率收益,这就意味着新的法人监管体系必须科学筹划,以体现其在管理和制度的优越性,否则难以产生足够大的效率改善;另一方面法人监管体系下中国人民银行获得的收益要大于 AR,这就意味着中国人民银行必须要具有行动一致性,不会有金融机构采取强化自我监督而中国人民银行仍然采取属地监管以获取额外收益的情景发生,这种行动一致性必须用 $MEG + SEG - AR > 0$ 的方式来保证,否则对金融机构而言就是不可信的,最终将导致帕累托改进型的均衡难以实现。

其次是 $LCCI - TCCI < P*L$,即金融机构选择强化自我监管带来的内部成本增加要小于可能承受的额外惩罚损失。金融机构选择强化自我监督是要付出成本的,此时,就必须存在这样一种机制,即如果中国人民银行采取法人监管而金融机构不采取强化的自我监督时,将面临 $P*L$ 的惩罚,且这种惩罚要大于金融机构采取强化自我监督的成本增加,否则就会存在中国人民银行实施法人监管,而金融机构倾向于并行监督的模式,帕累托改进型的均衡也不会出现。

在此基础上,$MEG + SEG - AR$ 和 $P*L + TCCI - LCCI$ 的值越大,即法人监管均衡相对于属地监管均衡的支付值越大,法人监管体系的发展就越有可能作为一种帕累托改进被中国人民银行和金融机构所选择。

关于本部分需要说明的几个问题:

(1)完全信息假设。我们的博弈分析是建立在中国人民银行和金融机构具有完全信息的基础之上。即关于法人监管的实施方式、法人监管下的利益分配机制、博弈参与人在各种策略下支付函数的大小及影响因素,都作为中国人民银行和金融机构的共同知识出现在博弈中。但是现实中金融机构和中国人民银行并非完全信息,这将会影响他们对于各种策略组合下支付的计算,进而影响纳什均衡结果。因此,中国人民银行和金融机构对于法人监管知识的认知越明晰,对于双方支付函数影响因素的共同知识越多,他们就有可能准确地对支付进行判断,进而作出理性的策略选择,法人监管体系就越有可能成为现实的选择。

(2)制度效率收益(SEG)和管理效率(MEG)。在模型中,本文设定中国人民银行采取法人监管且金融机构强化自我监督时,中国人民银行将获得制度效率收益和管理效率收益,并且两者的收益必须足够大。因此,在新的监管方式下,能否做到监管权责更加明晰、监管决策层级更加扁平化、监管手段更加科学合理等,都无疑关乎两种收益能否获得以及收益的大小,这也再一次说明了,一种新体系的推出,能否科学地组织和实施以体现新方式的优越性,无疑是关乎革新成败的重要因素。

(3)惩罚机制的建立。本文设定当中国人民银行实施法人监管策略时,由于外部监管成本的下降使得金融机构有动机继续维持较弱的自我监督,此时中国人民银行能否建立有效的惩罚机制就显得尤为重要,根据前文的证明,这种惩罚机制对金融机构产生的损失必须足以促使其采取更多的自我监督,否则新的监管体系也难以得到金融机构的主动配合。这也说明,新的体系或革新措施的推出,仅仅利益的诱导有时可能是不够的,还要建立有效的惩罚机制以改变博弈参与方的支付函数,使其有动机采取措施以产生帕累托改进的纳什均衡。

以上只是初步的完全信息静态博弈研究,在后续的研究中会考虑在支付函数中引入随机因素,进行动态博弈,并研究如何达到贝叶斯均衡,从而实现从理论方面对现实一个更加接近的模拟。

三、属地监管与法人监管的选择:不完全信息动态博弈分析

在前文研究反洗钱法人监管和属地监管模式选择时,假定中国人民银行和金融机构作为博弈参与人,对所有其他参与人的支付(偏好)函数有完全的了解,并且所有参与人知道所有参与人的支付函数,即支付函数是所有参与人的共同知识(Common knowledge),但现实中博弈并不满足完全信息的需求。

(一)现实中的监管博弈:信息不完全性

而在现实经济中,金融机构的两个风险管控策略:实施以自我监督为主的风险管控体系或实施自我监督和外部监管并行的风险管控体系观察到。在反洗钱监管实践中,那些执行反洗钱规则比较严格、客户基础较好、反洗钱犯罪较少发生地区的金融机构,在实施以自我监督为主的风险管控体系时,一般具有相对较低的成本;反之,那些平时执行反洗钱规则相对较宽松、客户基础相对较弱、反洗钱犯罪较多发生的地区的金融机构,其应对反洗钱监管的总体成本就会较高,其实施以自我监督为主的风险管控体系的能力和意愿就较弱。但金融机构实施自我监督风险管控体系成本的高低,只有金融机构自身最为清楚,中国人民银行难以明确观察到。

中国人民银行作为监管方,其成本收益存在着行为不一致的潜在可能性:中国人民银行完全可以宣称将实施以法人监管为主的反洗钱监管模式,并通过惩戒、宣传甚至是行政手段来引导金融机构实施以自我监督为主的风险管控体系,一旦金融机构实施了自我监督为主的风险管控体系,中国人民银行可以继续实施属地监管或法人监管与属地监管相结合的监管模式,从而获得由于金融机构自我风险管控能力提升的额外收益(Additional Revenue,AR)。只有当 $MEG + SEG - AR > 0$ 时,中国人民银行行为潜在不一致的可能性才会较小。但 $MEG + SEG$ 和 AR 有多少,金融机构难以明确地观察到。

(二)策略选择集:不完全信息下

关于中国人民银行的行为,设定:①人民银行无论实施哪一种监管模式,都会督促金融机构实施以自我监督为主的风险监控体系,其背后的动机在于如果金融机构

按照要求予以实施,中国人民银行无论如何行动都可以获得一个额外收益(AR)。②督促的手段,本文设定人民银行以 θ 的概率对金融机构进行检查,以监督金融机构是否真正实施以自我监督为主的风险监控体系,其中随机检查成本(Random Check Cost,RCC),随机检查罚款(Random Check Fine,SCF),设定 $RCC < SCF$。③人民银行以 λ 的概率实施行为法人监管策略,以 1-λ 的概率实施属地监管策略。

关于商业银行的行为,设定:①由于人民银行存在行为不一致性的潜在可能性,商业银行最好的决策规则就在于相机抉择;②如果人民银行实施法人监管,且惩戒机制有效性较强,商业银行实施自我监督为主的风险监控体系;③如果人民银行实施属地监管,且惩戒机制有效性较弱,商业银行实施自我监督和外部监管并行的风险管控体系。④由于人民银行实施法人监管和属地监管的成本变化较小,因而商业银行难以有效观察到中国人民银行的策略选择,虽然中国人民银行可以宣布其将实施法人监管①。⑤设定商业银行以 ξ 的概率实施自我监督为主的风险管控体系,以 1-ξ 的概率实施自我监督和外部监管并行的风险管控体系。

(三)支付函数:多轮行动博弈

由于人民银行可以实施两轮行动:即选择实施法人监管还是属地监管,同时还掌握着是否进行监管以劝诫金融机构提高风险管控水平,因此形成多轮行动博弈(详见图 2-5-1)。

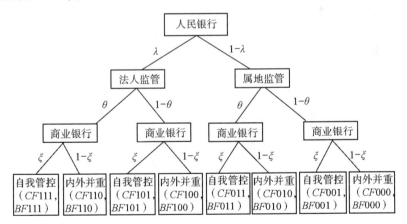

图 2-5-1 不完全信息多重行动博弈树

根据模型的设定,可以求得在不同行动下参与各方的支付函数:

(1)中国人民银行实施属地监管策略,且中国人民银行不实施惩戒检查,金融

---

① 在我国中国人民银行宣布实施法人监管,进而人民银行仅对系统重要性银行通过法人方式展开监督,但在实践中仅靠中国人民银行总部的力量是难以对那些分支机构遍布全国的系统重要性银行展开全面监督的,因而中国人民银行完全实施法人监管的策略对商业银行而言,可能是不可置信的。

机构实施并行风险管控体系时：

当中国人民银行实施属地管理时，其收益为 $CYTS$。设定中国人民银行其经营成本均为 0，且两种监管方式对中国人民银行的组织规模和监管成本并不造成大的影响。①

中国人民银行的支付函数：$CF000 = CYTS$

金融机构的支付函数：$BF000 = -TCCI - TCCE$

(2) 中国人民银行实施属地监管策略，且中国人民银行不实施惩戒检查，金融机构实施自我监督为主的风险管控体系时：

当中国人民银行实施属地管理，而金融机构实施以自我监督为主的风险管控时，由于金融机构自我风险管控能力提升而使中国人民银行获得一个额外的收益（Additional Revenue, AR）。但由于金融机构实施自我监督为主的风险管控，而中国人民银行仍然实施属地管理，所以金融机构的风险管控总成本是 $LCCI + TCCE$。

中国人民银行的支付函数：$CF001 = CYTS + AR$

金融机构的支付函数：$BF001 = -LCCI - TCCE$

(3) 中国人民银行实施属地监管策略，且中国人民银行实施惩戒检查，金融机构实施并行风险管控体系时：

人民银行实施惩戒的成本为 RCC，惩戒收益为 RCF。此时，金融机构的实施成本是最高的。

中国人民银行的支付函数：$CF010 = CYTS + RCF - RCC$

金融机构的支付函数：$BF010 = -TCCI - TCCE - RCF$

(4) 中国人民银行实施属地监管策略，且中国人民银行实施惩戒检查，金融机构实施自我监督为主的风险管控体系时：

由于金融机构实施了自我监督为主的风险管控体系，即使中国人民银行进行了惩戒监督，金融机构也不会为此付出罚金。

中国人民银行的支付函数：$CF011 = CYTS + RCF + AR - RCC$

金融机构的支付函数：$BF011 = -LCCI - TCCE$

(5) 中国人民银行实施法人监管策略，且中国人民银行不实施惩戒检查，金融机构实施自我监督为主的风险管控体系时：

当中国人民银行实施法人监管，而金融机构自我监督为主的风险管控时，中国人民银行将获得管理效率提升收益 MEG 和制度效率改善收益 SEG；金融机构此时的成本为 $LCCE + LCCI$。

中国人民银行的支付函数：$CF101 = CYLS + MEG + SEG$

---

① 监管方式的转变是否对人民银行的监管成本造成影响，值得进一步研究。

金融机构的支付函数: $BF101 = -LCCI - LCCE$

（6）中国人民银行实施法人监管策略，且中国人民银行不实施惩戒检查，金融机构实施并行风险管控体系时：

当中国人民银行实施法人监管策略，而金融机构实施并行监管体系时，金融机构风险管控成本是 $TCCI + LCCE$，此时金融机构的风险管控成本是最小的。但是由于金融机构在外部监管放松情况下并没有强化自我监管，将使得中国人民银行获得一个额外损失（Additional Losses，AL）。

中国人民银行的支付函数: $CF100 = CYLS - AL$

金融机构的支付函数: $BF100 = -TCCI - LCCE$

（7）中国人民银行实施法人监管策略，且中国人民银行实施惩戒检查，金融机构实施自我监督为主的风险管控体系时：

当中国人民银行实施法人监管，而金融机构自我监督为主的风险管控时，中国人民银行将获得管理效率提升收益 MEG 和制度效率改善收益 SEG，但中国人民银行还要付出一定的检查成本 RCC；由于金融机构实施了自我监督为主的风险管控体系，因而即使存在惩罚检查，也不会造成处罚，金融机构此时的成本为 $LCCI + LCCE$。

中国人民银行的支付函数: $CF111 = CYLS + MEG + SEG + AR - RCC$

金融机构的支付函数: $BF111 = -LCCI - LCCE$

（8）中国人民银行实施法人监管策略，且中国人民银行实施惩戒检查，金融机构实施并行风险管控体系时：

当中国人民银行实施法人监管，而金融机构实行并行风险管控体系时，中国人民银行将获得管理效率提升收益 MEG 和制度效率改善收益 SEG，但中国人民银行还要付出一定的检查成本 RCC；由于金融机构实施了并行风险管控体系，金融机构此时的成本为 $LCCE + TCCI$ 和人民银行惩戒收益。

中国人民银行的支付函数: $CF110 = CYLS - AL - RCC + RCF$

金融机构的支付函数: $BF110 = -TCCI - LCCE - RCF$

（四）纳什均衡：反应函数和纳什均衡

由于引入了三个随机变量，使得纳什均衡的求解更加复杂化；为了分析的简化，在求解纳什均衡的过程中，我们简化设定 θ 为常数①的情况下来进行分析：首先考虑给定中国人民银行实施法人监管（$\lambda = 1$）和实施属地监管模式（$\lambda = 0$）时，中国人民银行的期望收益：

$\pi cf(1, \theta, \xi) = \theta * [CF111 + (1-\xi) * CF110] + (1-\theta) * [\xi * CF101 + (1-\xi) * CF100] = CYLS[\theta * \xi + \theta * (1-\xi) + (1-\theta) * \xi + (1-\theta) * (1-$

---

① 例如设定 $\theta = 0.5$。

$$\xi)] + (MEG + SGE) * [\theta * \xi + (1-\theta) * \xi] + AR * \theta * \xi - RCC * [\theta * \xi + \theta * (1-\xi)] - AL * [\theta * (1-\xi) + (1-\theta) * (1-\xi)] + RCF * \theta * (1-\xi) \quad (2-5-1)$$

$$\pi cf(0,\theta,\xi) = \theta * [\xi * CF011 + (1-\xi) * CF100] + (1-\theta) * [\xi * CF001 + (1-\xi) * CF100] = CYTS[\theta * \xi + \theta * (1-\xi) + (1-\theta) * \xi + (1-\theta) * (1-\xi)] + RCF * [\theta * \xi + \theta * (1-\xi)] + AR * [\theta * \xi + (1-\theta)] - RCC * [\theta * \xi + \theta * (1-\xi)] \quad (2-5-2)$$

求解 $\pi cf(1,\theta,\xi) = \pi cf(0,\theta,\xi)$,设 $\theta = 0.5$,得到

$$\xi = [(CYLS - CLTS) + (MEG + SGE) - AL]/[0.5 * (AR - RCF) - AL] \quad (2-5-3)$$

其次,考虑给定金融机构实施自我监督为主($\xi = 1$)和实施并行风险管控体系($\xi = 0$)时,金融机构的期望收益:

$$\pi bf(\lambda,\theta,1) = \theta * [\lambda * BF111 + (1-\lambda) * BF011] + (1-\theta) * [\lambda * BF101 + (1-\lambda) * BF001] = -LCCI * [\theta * \lambda + \theta * (1-\lambda) + (1-\theta) * \lambda + (1-\theta) * (1-\lambda)] - LCCE * [\theta * \lambda + (1-\theta) * \lambda] - TCCE * [\theta * (1-\lambda) + (1-\theta) * (1-\lambda)] \quad (2-5-4)$$

$$\pi bf(\lambda,\theta,1) = \theta * [\lambda * BF110 + (1-\lambda) * BF010] + (1-\theta) * [\lambda * BF100 + (1-\lambda) * BF000] = -LCCI * [\theta * \lambda + \lambda * (1-\theta) + (1-\theta) * (1-\lambda)] + TCCI * [\theta * \lambda + \theta * (1-\lambda) + (1-\theta) * \lambda] - TCCE * [\theta * (1-\lambda) + (1-\theta) * (1-\lambda)] \quad (2-5-5)$$

求解 $\pi Bf(\lambda,\theta,1) = \pi bf(\lambda,\theta,1)$,设定 $\theta = 0.5$,可得

$$\lambda = (LCCI - TCCI - RCF)/(LCCI + TCCI) \quad (2-5-6)$$

(五)精炼贝叶斯均衡:影响因素分析

1. 金融机构精炼贝叶斯均衡的影响因素

从(2-5-3)式中可以得出,金融机构实施自我监管为主的风险管控体系概率 ξ 受到诸多因素的影响:

第一,($CYLS - CLTS$)值越大,金融机构实施自我监督的概率越高。其背后的原因在于,金融机构认识到人民银行从法人监管中的相对收益越高,中国人民银行行为不一致性的可能性就会越低,因而金融机构主动实施自我监督的概率也会越高;类似的是($MEG + SGE$)项,即中国人民银行的制度效率收益和管理效率收益越高时,金融机构也就越可能从中获益。

第二,AR 值越大,金融机构实施自我监督的概率就会越低。AR 值是指人民银行在实施属地监管而金融机构实施自我监督为主的风险管控体系时所获得的额外收益,该值越大意味着金融机构采取行动的外部性收益就越大。

第三,RCF 值即人民银行劝诫金融机构实施自我监督为主风险管控体系并进行监督时的罚金,与常识相一致,该值越大,金融机构实施自我监督的概率也就会越高。

第四,AL 值与金融机构实施概率的关系相对较为复杂,$\Phi(\xi)/\sigma(AL) = 0.5 * (AR - RCF) - [(CYLS - CYTS) + (MEG + SGE)]/[0.5 * (AR - RCF) - AL]^2$

即当中国人民银行实施法人监管而金融机构实施自我监督和外部监督并重的监管模式,中国人民银行会遭受一个额外的损失,这个额外损失对金融机构实施自我监督策略概率 ξ 主要受到以下几个变量的影响:

(1) 当 $(CYLS - CLTS) + (CYLS - CLTS) > 0.5 * (AR - RCF)$ 时,该一阶导为负值,即人民银行额外损失越大,金融机构实施自我监督的风险管控体系概率就越小;(2) 反之,该一阶导数为正值,这就意味着人民银行的损失越大,金融机构实施自我监督的风险管控体系概率就越大;(3) 其中的关键在于,人民银行从实施法人监管的制度效率收益、管理效率收益以及实施法人监管方式的相对收益之和,与人民银行实施属地监管而金融机构实施自我监督为主体的风险管控体系时的额外收益 AR 减去罚没收入 RCF 后孰大。

2. 中国人民银行精炼贝叶斯均衡的影响因素

从 (2-5-6) 式 $\lambda = (LCCI - TCCI - RCF)/(LCCI + TCCI)$ 中可以看出,中国人民银行的策略选择主要受到以下几个变量的影响:

首先,RCF 值越大,中国人民银行实施法人监管的概率值就越低;这意味着人民银行在实施惩戒监督过程中,如果收取的罚金越高,其行为不一致性就越强,人民银行就越倾向于以罚款来代替制度建设。

其次,LCCI 值的大小,由于在法人监管模式下,金融机构实施自我监督为主的风险管控体系的内部成本 LCCI 在分子分母中均有出现,求一阶导数可得:

$$\Phi(\lambda)/\sigma(LCCI) = 2TCCI + RCF/(LCCI + TCCI)^2$$

因而商业银行实施自我监督过程中的内部成本越高,中国人民银行采用法人监管的概率 λ 也越高。

最后,是 TCCI 值的大小,在属地监管模型下内部监督成本的大小在分子分母中均有出现,其对 λ 影响的方向需要通过求一阶导数获得:

$$\Phi(\lambda)/\sigma(LCCI) = RCF - 2LLCI/(LCCI + TCCI)^2$$

当中国人民银行实施的罚金远高于实施法人监管下金融机构内部监管成本时,人民银行实施法人监管的概率 λ 也就越大。

四、结论

从前文对中国人民银行和金融机构在完全信息下静态博弈和不完全信息下动态博弈的分析中,可以看出,中国人民银行实施以法人监管为主和金融机构采取以自我监督为主的风险控制模式是中国人民银行和金融机构的一个最优策略选择,在这种方式下,中国人民银行和金融机构的状况都能得到改善,这也是金融创新背景下我国银行业反洗钱监管的一个必然选择。

反洗钱法人监管的思路应该是:在风险为本的指导下实施反洗钱法人监管,以银行业金融机构法人(也就是各银行业金融机构的总部)为监管主体,要求法人机构对其所有反洗钱被监管单位(至银行业金融机构的网点级)的反洗钱工作负总责,建立系统内统一的反洗钱内控制度和高效的报告分析体系,明晰各层级、部门、岗位、人员等的职责,实施奖励惩罚措施,提高管理有效性,减少监管部门的管理成本,优化监管资源配置;法人所在地中国人民银行负主要监管职责,金融机构分支机构所在地中国人民银行协助法人所在地中国人民银行,通过监管联动,提高监管成效;同时建立和完善可疑交易分析模型以适应风险为本下法人监管的需要。

专题六 中国对外直接投资的逆向技术溢出效应研究

一、导论

随着国际资本双向流动速度的加快,对外直接投资成为一国融入经济全球化的重要方式。最初的对外直接投资流出地以发达国家为主。近年来,随着发展中国家经济实力的不断增强,广大发展中国家迅速融入到对外直接投资的浪潮之中。

2014 年全球直接投资达到 1.23 万亿美元,其中,发展中国家的跨国公司实现对外直接投资 4 680 亿美元,同比增长 23%,占全球对外直接投资(OFDI)总量的三分之一以上。国内外学者围绕对外直接投资问题进行了大量研究,但是前期研究以发达国家为主要研究对象,对发展中国家的对外直接投资关注不足。

关于外商直接投资(IFDI)带来的技术外溢研究开始比较早,发展也比较成熟。随着对外直接投资的蓬勃发展,基于 OFDI 渠道下的逆向技术溢出,也逐步受到了学术界的关注。关于 OFDI 逆向技术溢出效应的研究最早始于 Kogut 和 Chang(1991),两位学者的研究发现日本对美国技术密集型行业的直接投资,有效提升了日本国内的技术水平。Coe&Helpman(1995)通过研究贸易数据证明了国际间溢出效应的存在,并提出了著名的 C－H 模型。Lichtenberg&Potterie(2001)沿用 C－H 模型,在前者的基础上提出国外研发强度的计算公式,发现国际贸易和 OFDI 是国家间技术溢出的重要渠道,而 IFDI 溢出效应不明显。Love(2003),Griffith、Harrision 和 Reenen(2004)的研究也都证明了对外直接投资逆向技术溢出效应的存在。以上研究针对的是发达国家的对外直接投资,那么发展中国家的对外投资是否具有技术溢出效应? Vahter 和 Masso(2006)对爱沙尼亚海外投资的研究、Pardhan 和 Singh(2008)对印度汽车制造业战略资产寻求型 OFDI 的研究都表明,发展中经济体的 OFDI 也可以获得外国先进技术的外溢,提升投资母国的技术水平。Suma Athreye and Andrew Godley(2009)从印度的信息软件和制药行业出发,发现这两个行业在国内基础设施落后的情况下,以技术获取为目标,积极进行海外直接投资,获取外国先进技术、知识经验和管理技能,使其快速成长为印度的优势产业,从而证明了发展中国家的对外直接投资具有逆向技术溢出效应。Victor Zitian Chen,Jing Li,Daniel M. Shapiro(2012)采用属于新兴经济体中的 20

个国家的493个跨国公司2000—2008年的数据,研究发现发展中国家的跨国企业对知识技术先进国家的直接投资,可以获得更多的技术溢出效应,显著促进母公司技术水平的提升。Makino&Yeh(2002),Buckley(2007),Luo& Tung(2007),Mathews & Zander(2007),Rui& Yip(2008),Bertonietal.(2008),Deng(2009)也验证了发展中国家技术寻求型OFDI的存在。

随着中国企业跨国投资的蓬勃发展,国内学者也开始关注对外直接投资与国内技术进步之间的关系。国内对逆向技术溢出效应的研究始于赵伟(2006)。赵伟分析了逆向技术溢出的实现机理,并对我国的对外直接投资与国内技术进步之间的关系进行了实证检验,结果表明,中国通过OFDI能够获得国外先进技术,促进国内技术进步。欧阳艳艳、喻美辞(2011)将国内的对外直接投资进行行业分类,采用灰色关联的研究方法,将对外直接投资产生的技术外溢与国内行业的技术效率与技术水平进行分析,得到了第二、第三产业逆向技术溢出效应显著的结论。郭飞、李冉(2012)通过修正的L-P模型,用行业数据建立了国际研发资本溢出的回归模型,研究发现中国的对外投资对国内全要素生产率的提高产生了正向效应。向姣姣(2014)区分了对外直接投资的动机,实证研究获取技术、寻求资源、开拓市场三类投资的逆向技术溢出与国内全要素生产率之间的关系,检验结果表明技术寻求型OFDI获得的逆向技术溢出效果最为显著。

综上所述,国外对于OFDI逆向技术溢出效应的研究开始较早,研究的角度也比较全面,微观、中观和宏观均有所涉及。相比之下,国内相关研究成果还不够深入,而且也没有形成一致结论。

文章从国内外关于发展中国家对外直接投资、逆向技术溢出效应的相关研究出发,分析了中国对外直接投资逆向技术溢出效应的实现机制,并运用中国2003—2013年的省际面板数据,采用国际研发资本溢出模型,实证检验中国对发达经济体的直接投资与国内技术创新和技术进步之间的关系。研究发现,中国对发达国家的直接投资,能够促进国内的技术创新与技术进步,而且对技术创新的影响要高于对技术进步的影响。但是,这种影响不是很明显。

文章创新之处在于分析逆向技术溢出的实现机制时,区分投资东道国,对在发达国家与发展中国家进行的直接投资产生的技术溢出实现机制分别进行讨论,这有一定新意。另外,文章采用国际研发资本溢出模型,将国内的技术水平区分为技术创新与技术进步两个方面,分别检验对外直接投资与我国技术水平的关系,同时,模型中引入了一些影响技术进步的控制变量,这也有一些个人的想法。

文章不足之处没有涉及企业的异质性分析,没有区分企业的投资进入方式,作者将在以后的研究中进一步学习和探讨。

二、逆向技术溢出的实现机制研究

新经济增长理论解决了技术外部性问题,认为知识、技术等外部效应对内生技术进步非常重要。在对外开放的经济环境之下,一国的技术进步和技术升级不能仅仅依靠国内的技术研发和知识管理经验,发展中国家要对技术的外部性获取保持清醒的认识。发展中国家因其经济起步较晚,技术水平低下,国内基础设施落后,资源禀赋不足,企业所需核心技术依靠国内的自主研发,发展缓慢,不利于企业快速发展以及融入全球竞争。在这样的情形下,通过各种渠道,获取国外的先进技术成为发展中国家进行技术积累,实现技术创新的重要途径。

一般认为,OFDI 影响投资母国技术水平主要体现在两方面,一是国际之间的技术外溢,投资母国通过在技术先进的国家进行直接投资,接触到先进的技术,继而实现技术由投资东道国向投资母国的扩散,这种扩散的前提是两国之间存在一定的技术差距。二是改变要素构成,主要是改变投资母国的熟练劳动与非熟练劳动的结构构成。对于我国而言,从我国的对外直接投资的区域来看,OFDI 集中在发展中国家,如东盟、拉丁美洲、非洲各国。随着国内经济的不断发展,对于先进技术的需求越来越强烈,我国的海外直接投资区位也在发生着变化,观察近些年的数据可以发现,我国对具有先进技术的发达国家的直接投资份额逐年增加。所以文章在分析 OFDI 逆向技术溢出效应时,将投资东道国划分为发展中经济体与发达经济体,分别从两方面分析 OFDI 给国内带来逆向技术溢出的实现机制。

(一)对发达国家直接投资获取逆向技术溢出的实现机制

我国对发达国家的直接投资,以技术寻求为目的,通过设立分支机构或是兼并收购当地企业,使跨国企业充分利用东道国丰富的研发要素资源。对发达国家投资形成的逆向技术溢出强调对技术的直接作用。此种形式的逆向技术溢出效应主要是通过企业间的跟随模仿、产业前后关联以及研发技术人员的流动来实现。

1. 企业间的跟随模仿机制

跨国企业通过对技术先进地区的直接投资,缩短了与先进技术的空间距离,增强自身分辨优劣技术的能力。跨国企业积极寻找自身与当地同类企业的异同,模仿当地企业的生产技术,提高自身的生产效率和产品的技术含量。同时,东道国的企业和科研机构对发展中国家的企业具有很好的技术示范作用,促使投资企业摒弃落后的技术,主动向先进技术靠拢。

2. 产业的前后关联机制

企业借助海外分支机构在东道国进行技术开发及生产经营,不可避免地与当地企业发生多种方式的业务联系,如购买企业生产经营所需的原材料、中间产品,向销售者出售自己的产品等。这些前后产业间的联系,本身包含着隐藏的技术关联,对跨国企业会产生对应的产业关联效应。跨国企业对这些蕴含在前后端产业中的隐含技术信息加以利用,将会成为促进企业技术进步的重要外部资源。

3. 研发人员的流动机制

研发设备和设施是技术研发必不可少的硬件条件,而研发技术人员则为技术研发提供了必备的软件支持,且与研究设备和设施相比,研发技术人员才是技术进步和技术创新的关键。只有高素质的研发人才,才可能产生突破性的创意,才可以开发出适合本企业发展的技术,并将技术转化为产品,从而提高企业的技术水平。发达国家的教育条件与教育水平具有突出特点与明显优势,培养出的技术人才在很多方面都比较出色。企业通过对外投资吸引先进技术的研发人员前来就业,会为本企业带来新技术,提高跨国投资企业的技术水平。

(二)对发展中国家直接投资获取逆向技术溢出的实现机制

与对发达国家的直接投资不同,发展中国家对发展中国家的直接投资行为往往不以获取先进技术为目的。发展中国家之间的经济发展水平相差无几,相应的各国之间技术水平差异不大,这就造成了彼此之间的直接投资行为难以具有技术寻求的性质。我国对发展中国家的对外直接投资,目的在于改变国内熟练劳动与非熟练劳动的分布。跨国公司将国内熟练的劳动力密集型产业或生产环节保留在本国国内进行生产,同时,将国内不熟练的劳动密集型产业或生产环节转移到发展中国家进行生产,通过这样的方式,提高公司的生产效率,优化公司的资源配置,降低企业的生产成本,提高本企业的经营收入。对发展中国家的投资实现母国的技术进步,更多的是强调对母国企业研发中心研发费用的补充和研发成本的分摊。

1. 收益反馈机制

跨国公司通过在发展中国家进行跨国经营,可以为企业带来稳定的资源供给,优化资源配置,降低产品的生产成本,增强企业的市场竞争力,增加母公司的收入。增加的这部分收入,可以用来增加母公司对技术的研发投入,使母公司能集中更多的人力、物力和财力在先进技术的研发创新上,促进母公司技术能力的提升。

2. 研发费用分摊机制

研发费用的分摊主要是发生在对发展中国家的直接投资中。一方面,因为这些国家具有优惠的国家政策以及低廉的生产要素,跨国企业通过在这些国家的投资,可以实现研发费用的分摊,降低技术的研发成本,间接增加母公司的技术研发投入。另一方面,跨国公司在东道国直接投资设厂,进行产品的生产及销售,使生产的产品更加符合东道国的市场要求,扩大了产品的销售规模,降低了产品的生产成本,降低了分摊到单位产品的研发成本费用。

综合上述分析,得到了发展中经济体 OFDI 的逆向技术溢出实现机制。上述分析主要是从企业角度开展,但是这种技术溢出并没有在企业层面就结束,而是在产业层面和国家层面继续产生影响。当跨国企业通过海外分支机构与母公司之间的内部传导实现了企业层面的技术进步之后,掌握先进技术的企业在与国内的同类企业进行竞争、合作的过程中,会对国内的同类产业产生模仿竞争和技术扩散等效应,各企业相继采用新的技术,淘汰落后的技术,实现整个行业的技术水平提升和产业的技术升级。从国家的角度来讲,产业与产业之间存在密切的联系,产业之间的技术进步可以扩散至其他相关产业,达到促进整个国家技术进步的目的。

三、中国对外直接投资逆向技术溢出效应的实证研究

(一)模型选择

伴随着国际资本自由流动的实现,国际研发资本的溢出受到学界的关注。Coe&Helpman(1995)对国际贸易产生的国际研发资本外溢进行了研究,研究国际贸易对贸易国技术进步的影响,并测算了由贸易渠道溢出的国际研发资本。Coe&Helpman 的模型(下称 C – H 模型)为研究国际间的技术外溢提供了基础。C – H 模型建立的回归方程为:

$$\text{Log}TFP_{it} = \alpha_i + \alpha^d \log SD_{it} + \alpha^f \log SF_{it} + \varepsilon_{it} \qquad (2-6-1)$$

上述方程中,TFP_{it}表示 t 时期的贸易国 i 国全要素生产率,SD_{it}表示 t 时期贸易国 i 国内研发资本存量,SF_{it}表示 t 时期贸易国 i 国之外的研发资本存量溢出。α^d、α^f 分别表示国内、国外研发资本对国内全要素生产率的影响系数,ε_{it}为回归模型的误差项。

C – H 模型第一次提出关于他国研发资本溢出的计算公式,即

$$SF_{it} = \sum_{j=t} \frac{m_{ij}}{m_i} s_j^d$$

上式中 SF_{it} 是 t 时期贸易国 i 国外的 R&D 资本溢出量,m_{ij}表示贸易国 i 从贸易来源国 j 进口的商品总额,m_i 是贸易国 i 的进口商品总额,S_j^d代表的是贸易来源国 j 的国内研发资本存量。

Lichtenberg&Pottelsberghe(2001)等学者认为国际研发资本的溢出渠道不仅仅局限于国家之间的相关贸易,外商的直接投资、对外直接投资等都是国际研发资本溢出的重要渠道,并将 C – H 模型进行扩展,将国际间的直接投资纳入研究范围,并实证检验了国际贸易和国际直接投资对一国技术水平的影响,以下我们称之为 L – P 模型。

L – P 模型用研发强度来代替 SF_{it}:

$$SF_{it} = \sum_{j=t} \frac{m_{ijt}}{y_{jt}} s_{jt}^d$$

其中，m_{ijt}表示贸易国i在t时期从贸易来源国j的进口商品总额，y_{jt}表示贸易来源国j国t时期的国内生产总值，S_{jt}^d表示贸易来源国j国t时期的研发资本存量。

文章关于我国 OFDI 是否具有逆向技术溢出效应的检验建立在 L-P 模型基础之上，考察中国的 OFDI 能否影响国内的技术能力，以及在多大程度上影响国内的技术水平，同时，将 OFDI 与进口贸易、外商来华投资等其他潜在的溢出路径进行对比，这种影响作用是否显著。文章将更全面地衡量我国的 OFDI 与国内技术能力之间的关系。

文章遵从大多数学者的研究方法，将中国在海外的直接投资按目的地进行了划分，将投资东道国按经济发展水平划分为发达国家与发展中国家。基于前文陈述的理由，本文认为中国对发达经济体的 OFDI 具有技术获取的特点，直接与技术产生关联，对国内技术能力的提升影响可能更为明显。中国对于发展中经济体的 OFDI，着重于资源、市场的获取，与先进技术的直接关联不强，其对技术进步的作用主要是对母公司进行技术研发费用的补充。加之，我国还是发展中国家，单纯依靠自身进行技术的自主研发，还存在一定的障碍，所以认为中国对发展中经济体的 OFDI 与本国技术水平提升关系不大。因此，本文仅对我国在发达国家进行的直接投资与国内的技术进步与技术创新之间的关系进行实证检验。

文章从技术进步与技术创新两个角度衡量我国对发达经济体的 OFDI 与我国技术进步之间的关系。

论文借鉴 L-P 模型的国际研发资本溢出回归模型的思路，以国际研发资本溢出为突破口，用国内的专利授予量作为技术创新能力的代理变量，国内的全要素生产率作为技术进步的代理变量，综合考虑各种渠道下的研发资本溢出，构建计量模型式(2-6-2)和式(2-6-3)。

$$LnPT_{it} = \alpha_0 + \alpha_1 lnSD_{it} + \alpha_2 lnSIFDI_{it} + \alpha_3 lnSOFDI_{it} + \alpha_4 lnSIM_{it} + \varepsilon_{it} \quad (2-6-2)$$

$$LnTFP_{it} = \alpha_0 + \alpha_1 lnSD_{it} + \alpha_2 lnSIFDI_{it} + \alpha_3 lnSOFDI_{it} + \alpha_4 lnSIM_{it} + \varepsilon_{it} \quad (2-6-3)$$

由于本文使用省际面板数据进行实证分析，因此式(2-6-2)和式(2-6-3)中的PT_{it}表示t时期i省的专利授予量，代表技术创新能力；TFP_{it}表示t时期i省的全要素生产率，代表技术进步；SD_{it}表示t时期i省的研发资本存量；$SOFDI_{it}$表示t时期i省对外直接投资产生的国际研发资本溢出；$SIFDI_{it}$表示t时期i省接受的外商直接投资产生的国际研发资本溢出；SIM_{it}表示t时期i省通过进口商品受到的国际研发资本溢出。

(二)数据选取

1. 专利数据

专利是一个国家技术创新的重要标志,采用专利的授予量而不是专利的申请量,是从技术产出的角度进行考虑,授予的才是被认可的技术,专利授予量能更好地衡量一个国家或地区真实的技术创新实力。

文章选取全国30个省市的2003—2013年的专利授予总量数据,由于西藏自治区的数据不完整,予以剔除。各省份的专利授予数据来自于国家统计局网站上公布的《中国统计年鉴》。

2. 全要素生产率

全要素生产率(TFP)可以作为衡量国内技术进步的重要指标,综合反映技术进步与国内经济长期增长之间的关系,较好地反映国内一定时期内实现经济增长的能力,在一定程度上代表国内的技术水平。本文根据 C-D 生产函数 $Y_t = A_t K_t^\alpha L_t^\beta$,得到全要素生产率 $TFP_t = \dfrac{Y_t}{K_t^\alpha L_t^\beta}$。

其中,K_t 表示某地区 t 时期的资本存量,L_t 表示某地区 t 时期的劳动人数,Y_t 表示某地区 t 时期的生产总值,α、β 分别表示该地区资本与劳动对经济增长的贡献度,即生产要素的产出弹性,并且规模报酬不变,即满足 $\alpha + \beta = 1$。对上述 C-D 生产函数两边同取对数得:

$$LnTEP_t = LnY_t - \alpha LnL_t - (1 - \alpha)LnK_t + \partial_t \qquad (2-6-4)$$

在计算省份的 TFP 时,Y_t 表示各省的生产总值,各省的生产总值用历年的 GDP 平减指数进行平减,计算为以2003年为基期的实际地区生产总值。L_t 采用各省的年末就业人数代表,相关数据从《新中国60年统计资料汇编》和各省份的统计年鉴获取。K_t 为各省份的资本存量数据,采用永续盘存法进行计算,即

$$K_t = I_t/P_t + (1 - \partial_t)K_{t-1} \qquad (2-6-5)$$

其中,K_t 表示省份 t 时期资本存量,I_t 表示省份 t 时期的固定资本投资额,P_t 表示该省份 t 时期的固定资产投资价格指数,δ_t 表示省份 t 时期的资本折旧率,K_{t-1} 表示该省份 $t-1$ 期的资本存量。根据 Griliches(1980)提出的方法计算2003年的资本存量,计算公式为 $K_{2003} = I_{2003}/(g + \delta)$,其中 K_{2003} 表示省份2003年资本存量,I_{2003} 为省份2003年的固定投资总额,g 为省份2003—2013年每年固定资产投资对数形式增长率的平均值,通过上述计算方式测算各省市的资本存量。

各省份数据取在《中国统计年鉴》以及 Wind 数据库。

3. 研发资本存量

与前文所述资本存量数据的计算方式相同,研发资本存量采用永续盘存法进行计算。

$$SD_t = (1-\delta)SD_{t-1} + RD_t \qquad (2-6-6)$$

其中,SD_t 表示各省份 t 时期的 R&D 资本存量,SD_{t-1} 表示各省份上一期的 R&D 资本存量,δ 表示 R&D 资本存量的年折旧率。对于 R&D 资本的年折旧率,学界争论较大,文章采用 5% 的固定资本折旧率作为 δ。RD_t 表示各省份 t 时期 R&D 费用支出,运用历年的消费者价格指数,将历年研发费用支出折算为以 2003 年为基期的不变价格。2003 年的研发资本存量公式 $SD_{2003} = RD_{2003}/(g+\delta)$ 计算。SD_{2003} 表示 2003 年各省份 R&D 资本存量,RD_{2003} 表示各省份 2003 年的 R&D 费用支出,g 为 2003—2013 年各年研发资本支出对数形式增长率的平均值。

各省份的 R&D 费用支出数据取自《中国统计年鉴》和各省份的统计年鉴。

4. 国际研发资本溢出

考虑到数据的可得性,文章选取了美国、加拿大、法国、英国、德国、瑞士、日本、意大利、丹麦、荷兰、比利时、奥地利、土耳其、希腊、葡萄牙、西班牙等 17 个发达经济体的数据进行实证检验。投资东道国 R&D 数据由世界银行数据库获得。

在式(2-6-2)和式(2-6-3)中,$SOFDI_{it}$ 表示 t 时期 i 省对外直接投资带来的国际研发资本溢出;$SIFDI_{it}$ 表示 t 时期外商对 i 省的直接投资产生的国际研发资本溢出,SIM_{it} 表示 t 时期 i 省进口渠道下产生的国际研发资本溢出,SD_{it} 表示 t 时期 i 省的研发资本存量,各项的系数表示各种渠道下的国际研发资本的溢出弹性。

其中,各种渠道下的研发资本溢出存量的计算:

$$SIFDI = \sum_j \frac{FDI_{ij}SD_j}{GDP_j} \qquad (2-6-7)$$

$$SIFDI = \sum_j \frac{OFDI_{ij}SD_j}{GDP_j} \qquad (2-6-8)$$

$$SIM = \sum_j \frac{IM_{ij}SD_j}{GDP_j} \qquad (2-6-9)$$

$IFDI_{ij}$ 表示 j 国对 i 省的外商直接投资,$OFDI_{ij}$ 表示 i 省对 j 国的对外直接投资,IM_{ij} 表示 i 省从 j 国的进口,SD_j 表示 j 国的国内研发资本存量,GDP_j 表示 j 国的国内生产总值。

下面以对外直接投资渠道下的研发资本溢出为例,阐述模型。

$$SOFDI = \sum_j \frac{OFDI_{ij}SD_j}{GDP_j}$$

上述公式中,$OFDI_{ij}$ 表示中国对 j 国的海外直接投资量,SD_j 表示 j 国的国内研发资本存量,GDP_j 表示 j 国的国内生产总值。由于各省份对各东道国的直接投资数据无法直接获得,文章采用李梅(2011)的处理办法,各省通过对外直接投资获得的国际研发资本溢出为 $\frac{省份\ OFDI}{全国\ OFDI} * SOFDI$。

同理,其他渠道下的研发资本溢出均由上述方法求得。

各东道国的数据由世界银行数据①库获得,其他数据来自于《中国对外直接投资统计公报》《中国统计年鉴》以及 Wind 数据库。

(三)实证检验

本文将国内的技术能力区分为技术创新与技术进步两方面,技术创新主要是从专利角度进行衡量,技术进步是一个长期漫长的发展过程,用全要素生产率来进行替代。文章运用 2003—2013 年全国 30 个省份数据(除西藏),对向 17 个发达国家进行的 OFDI 中获取到的东道国研发资本溢出与国内技术的关系,分别从技术创新与技术进步两方面进行实证检验。

1. 对外直接投资对国内技术创新能力影响的实证检验

(1)面板数据单位根检验

本文面板数据时间跨度为 10 年,考虑到时间较长,对样本面板数据进行单位根检验,判断数据是否可以进行回归,避免因为单位根存在而导致的伪回归现象。相较于原始数据,对数形式的数据有更好的平稳性,因此,对于所选数据取对数,得到回归中所需要的变量数据。

这里采用五种检验方法对样本数据进行单位根检验,检验结果见表 2-6-1 及表 2-6-2。

表 2-6-1 单位根检验的 Eviews 输出结果

Method	LnPT	LnSD	Ln$SOFDI$	Ln$SIFDI$	LnSIM
Levin, Lin & Chu t *	-12.2118 (0.0000)	-44.6084 (0.0000)	-11.4390 (0.0000)	-4.36692 (0.0000)	-8.79769 (0.0000)
Breitung t - stat	-0.61449 (0.2694)	5.22063 (1.0000)	-0.08247 (0.4671)	1.10023 (0.8644)	1.94657 (0.0000)
Im, Pesaran and Shin W - stat	-2.04796 (0.0203)	-5.39390 (0.0000)	-3.69930 (0.0001)	2.47692 (0.9934)	-0.02302 0.4908
ADF - Fisher Chi - square	111.447 (0.0001)	94.8277 (0.0028)	122.020 (0.0000)	35.2908 (0.9934)	63.1541 (0.3655)
PP - Fisher Chi - square	189.480 (0.0000)	121.850 (0.0000)	205.769 (0.0000)	52.4215 (0.7459)	39.2234 (0.9826)

注:括号上方数据为 t 值,括号内的数据为与 t 值对应的 P 值。

综合上述五种面板数据单位根的检验结果,可以得到各变量数据在一阶差分之后平稳,变量之间可能存在稳定的关系。

---

① 数据来源于世界银行网站,http://data.worldbank.org.cn/indicator/GB.XPD.RSDV.GD.ZS。

(2) 协整检验

前文单位根检验发现,变量数据在一阶差分后平稳,因此可以对样本数据进行协整关系检验。文章采用 Kao 和 Pedroni 两种方法进行检验,由检验结果表 2-6-3 可以看出,各变量数据之间存在协整关系,可以进行数据的模拟分析。

表 2-6-2 一阶差分项单位根检验的 Eviews 输出结果

Method	Ln$PT(-1)$	Ln$SD(-1)$	Ln$SOFDI(-1)$	Ln$SIFDI(-1)$	Ln$SIM(-1)$
Levin, Lin & Chu t*	-25.9138 (0.0000)	-40.7845 (0.0000)	-17.5048 (0.0000)	-19.4024 (0.0000)	-12.7686 (0.0000)
Breitung t-stat	-5.02584 (0.0000)	-2.16304 (0.0153)	-5.8179 (0.0000)	-7.12084 (0.0000)	-6.32087 (0.0000)
Im, Pesaran and Shin W-stat	-5.16020 (0.0000)	-3.78291 (0.0001)	-4.05218 (0.0000)	-3.67065 (0.0001)	-2.46575 (0.0068)
ADF-Fisher Chi-square	183.561 (0.0000)	90.80089 (0.0063)	162.939 (0.0000)	155.609 (0.0000)	122.070 (0.0000)
PP-Fisher Chi-square	382.619 (0.0000)	158.129 (0.0000)	322.627 (0.0000)	188.339 (0.0000)	231.165 (0.0000)

注:括号上方数据为 t 值,括号内的数据为与 t 值对应的 P 值。

表 2-6-3 协整检验的 Eviews 部分输出结果

Method		Statistic	Prob.
Kao		-3.944592	0.0000
Pedroni	Panel ADF-Statistic	-4.079837	0.0000
	Group ADF-Statistic	-3.501729	0.0002

(3) 面板数据回归

首先判断该面板数据适合何种效应模型,采用 Likelihood Ratio 检验和 Hausman 检验进行模型的选择,检验结果如表 2-6-4 所示。F 统计量 P 值 <0.05,推翻建立混合效应模型的假设,认为建立个体固定效应模型较为合理。Hausman 检验 P 值略微大于 0.05,认为在 5% 的显著水平上接受建立个体随机效应模型的假设。因此,此面板数据适合建立个体随机效应模型,数据模拟结果如表 2-6-5。

表 2-6-4 Likelihood Ratio 和 Hausman 检验的 Eviews 输出结果

Method	Statistic	Prob.
Likelihood Ratio	Cross-section F Statistic 29.634292	0.0000
Hausman Test	Chi-Sq. Statistic 8.906108	0.0635

表 2-6-5　面板数据回归的 Eviews 输出结果

Variable	Coefficient	t – Statistic	Prob.
LnSD	0.536406	11.39488	0.0000
Ln$SOFDI$	0.078660	4.779790	0.0000
Ln$SFDI$	0.188867	3.735748	0.0002
LnSIM	0.316931	6.320321	0.0000
R – squared	0.856501		
Adjusted R – squared	0.854735		
F – statistic	484.9556	Prob(F – statistic)	0.0000

回归方程的 R^2 为 0.856501,调整后的 R^2 为 0.854735。

从回归分析结果可以得到,国内研发资本存量、对外直接投资、外商来华的投资、进口与我国用专利授予量代表的国内技术创新能力之间存在长期稳定的关系,上述四种途径均对国内的技术创新能力产生正向影响。从影响程度上来看,国内的研发资本投入与国内的技术创新能力关系十分密切,影响显著,影响系数达到 0.536406。其次是进口,进口对国内技术创新的影响系数为 0.316931。外商来华的直接投资对国内技术创新能力的影响系数为 0.188867,略低于进口。与前三种方式相比,我国在海外进行的直接投资对国内技术创新作用较小,弹性系数仅为 0.078660。由此得出,我国现阶段在发达国家的直接投资能够促进国内的技术创新,但是这种促进作用还不是很显著。

2. 对外直接投资对国内技术进步影响的实证检验

(1)面板数据单位根检验

与上一部分的检验相同,该部分的单位根检验采用五种检验方法,检验结果如表 2-6-6 和表 2-6-7。

表 2-6-6　单位根检验的 Eviews 输出结果

Method	LnTFP	LnSD	Ln$SOFDI$	Ln$SIFDI$	LnSIM
Levin, Lin & Chu t *	–12.5105 (0.0000)	–44.6084 (0.0000)	–11.4390 (0.0000)	–4.36692 (0.0000)	–8.79769 (0.0000)
Breitung t – stat	–0.55649 (0.2889)	5.22063 (1.0000)	–0.08247 (0.4671)	1.10023 (0.8644)	1.94657 (0.0000)
Im, Pesaran and Shin W – stat	–4.09808 (0.0000)	–5.39390 (0.0000)	–3.69930 (0.0001)	2.47692 (0.9934)	–0.02302 (0.4908)
ADF – Fisher Chi – square	110.813 (0.0001)	94.8277 (0.0028)	122.020 (0.0000)	35.2908 (0.9934)	63.1541 (0.3655)
PP – Fisher Chi – square	184.416 (0.0000)	121.850 (0.0000)	205.769 (0.0000)	52.4215 (0.7459)	39.2234 (0.9826)

括号上方数据为 t 值,括号内的数据为与 t 值对应的 P 值。

表 2-6-7　一阶差分项单位根检验的 Eviews 输出结果

Method	Ln*TFP*(−1)	Ln*SD*(−1)	Ln*SOFDI*(−1)	Ln*SIFDI*(−1)	Ln*SIM*(−1)
Levin, Lin & Chu t *	−15.8237 (0.0000)	−40.7845 (0.0000)	−17.5048 (0.0000)	−19.4024 (0.0000)	−12.7686 (0.0000)
Breitung t−stat	−6.49590 (0.0000)	−2.16304 (0.0153)	−5.8179 (0.0000)	−7.12084 (0.0000)	−6.32087 (0.0000)
Im, Pesaran and Shin W−stat	−3.89683 (0.0000)	−3.78291 (0.0001)	−4.05218 (0.0000)	−3.67065 (0.0001)	−2.46575 (0.0068)
ADF−Fisher Chi−square	146.259 (0.0000)	90.80089 (0.0063)	162.939 (0.0000)	155.609 (0.0000)	122.070 (0.0000)
PP−Fisher Chi−square	257.747 (0.0000)	158.129 (0.0000)	322.627 (0.0000)	188.339 (0.0000)	231.165 (0.0000)

括号上方数据为 t 值,括号内的数据为与 t 值对应的 P 值。

综合上述五种面板数据单位根检验的结果,可以得到各样本数据在一阶差分之后平稳,变量之间可能存在稳定的关系。

(2)协整检验

样本数据在一阶差分之后平稳,可以对样本面板数据进行协整关系检验。文章采用 Kao 和 Pedroni 两种方法进行检验,检验结果如表 2-6-8。由检验结果可以看出,在 10% 的显著水平下,各变量数据之间存在协整关系,可以进行数据的模拟分析。

表 2-6-8　协整检验的 Eviews 部分输出结果

Method		Statistic	Prob.
Kao		−1.501551	0.0666
Pedroni	Panel ADF−Statistic	−1.614089	0.0533
	Group ADF−Statistic	−2.030136	0.0212

(3)面板数据回归

首先判断该面板数据适合何种效应模型,采用 Likelihood Ratio 检验和 Hausman 检验进行模型的选择。检验结果如下表 2-6-9。

Likelihood Ratio 检验中,F 统计量 P 值 <0.05,认为在 5% 的显著水平上推翻建立混合效应模型的假设,建立个体固定效应模型较为合理。

Hausman 检验 P 值 <0.05,认为在 5% 的显著水平上推翻建立个体随机效应模型的假设,应建立个体固定效应模型。因此,样本面板数据适合建立个体固定效应模型,数据模拟结果如表 2-6-10。

回归方程的 R^2 为 0.93208,调整后的 R^2 为 0.92405。国内的研发资本存量、对外直接投资、进口对以全要素生产率为代表的国内技术进步具有促进作用,均能提高国内的技术水平。其中,国内的研发资本存量对国内的技术进步贡献最大,弹性系数为 0.069212。进口对国内技术进步的影响系数为 0.029227,进口对技术进步的影响程度低于国内研发资本存量。外商来华的直接投资对国内技术进步的影响系数为 0.012381,但是没有通过 10% 的显著性水平检验。中国对发达国家的直接投资带来的技术溢出能够促进国内的技术进步,但是这种促进作用的影响系数仅为 0.008769,与其他渠道相比,影响作用较小。

表 2-6-9　Likelihood Ratio 和 Hausman 检验的 Eviews 输出结果

Method	Statistic	Prob.
Likelihood Ratio	Cross – section F Statistic 383.167435	0.0000
Hausman Test	Chi – Sq. Statistic 80.792557	0.0000

表 2-6-10　面板数据回归的 Eviews 输出结果

Variable	Coefficient	t – Statistic	Prob.
LnSD	0.069212	5.588469	0.0000
Ln$SOFDI$	0.008769	2.002681	0.0461
Ln$SIFDI$	0.012381	0.796441	0.4264
LnSIM	0.029227	1.9641117	0.0505
R – squared	0.93208		
Adjusted R – squared	0.92450		
F – statistic	1 311.561	Prob(F – statistic)	0.0000

四、结论分析

实证研究结果表明,我国对发达国家的海外直接投资存在逆向技术溢出效应,对于中国技术水平的提升具有正向影响,但是相对于其他渠道获取到的技术外溢,OFDI 带来的技术外溢对国内技术影响不是很显著。具体来说,我国对海外发达国家的直接投资对国内的技术创新能力的影响弹性为 0.078660,对国内的技术进步的影响弹性为 0.00879。我国对海外发达国家的直接投资获取的逆向技术溢出对国内技术水平的提升具有促进作用,且从实证结果可以发现,在影响国内技术水平方面,国内的研发资本投入发挥重要作用,对技术创新与技术进步的影响系数分别为 0.536406、0.069212,对技术创新的影响优于对技术进步的影响。

本文的实证研究结果与以往的研究文献相比,与大多数学者得出的结论一致,即认为,中国对海外发达国家进行的直接投资可以促进国内技术水平的提升。中国通过在发达国家的直接投资可以获取投资东道国先进的技术,拓宽了获取研发要素资源的渠道,促进国内技术水平的提升。但是,现阶段通过海外直接投资方式获取到的技术外溢对国内技术水平的提升作用还较小。随着国内经济实力的不断增强,国内企业自身的技术吸收能力不断提高,这种状况将会逐步得到改善,对外直接投资对国内技术进步的影响将会逐渐增大。这与文章的预期基本相同,接下来分析出现这样结果的原因。

(一)中国对外直接投资中技术获取型占比小

我国企业通过在海外进行的直接投资活动,对国内的技术水平提升有一定的正向影响,但是作用不明显。一方面,国内跨国企业的海外直接投资起步晚,虽然年增速较快,总量的绝对规模迅速上升,但是与国际贸易以及外商直接投资方式相比,海外直接投资总量占总体份额的比重还比较小。另一方面,在我国企业的海外直接投资中,虽然各年的海外直接投资的总量规模比较大,但是,具体到对发达经济体的海外直接投资比重较小。研究发现,以寻求技术为目标的在发达国家的直接投资,会对投资母国的技术水平产生正向影响,而我国国内企业海外直接投资的主要区域集中在亚洲、拉丁美洲等地区,主要流向发展中经济体等技术水平相对较差的国家,对发达经济体的海外直接投资比重较小。这种投资格局导致跨国公司通过海外直接投资方式产生的逆向技术溢出对国内技术能力的改变作用较小。再者,从我国企业的海外直接投资分布的行业结构来看,我国企业的直接投资集中在资源和劳动密集型产业,对技术密集型行业投资偏少。跨国企业海外直接投资偏向技术水平低的行业,这种投资行业的分布格局,也造成了我国跨国企业的海外直接投资对国内技术创新能力与技术进步作用不明显的现象。

(二)国内企业自身经验不足

我国跨国企业进行海外直接投资开始的时间较晚,发展速度较快,海外直接投资发展不成熟。国内企业对海外直接投资经验积累较少,同时,国内企业还处于技术水平比较低下、自主创新能力比较缺乏的阶段,模仿学习能力相对较差,对先进技术的吸收能力也不足,这些因素导致投资企业不能及时有效地吸收来自于国外的技术溢出,抑制了先进技术在产业之间与国家总体水平上的溢出。

(三)技术溢出的传导机制复杂

通过海外投资方式,实现投资母国技术能力提升的传导机制比较复杂。我国企业通过在发达国家技术研发密集地进行绿地投资、跨国并购、技术合作联盟等形式的直接投资,接触到国外的先进技术、知识、管理经验等,然后通过同类企业之间的模仿行为、前后产业的关联效应、研发技术人员的流动等多种形式,首先实现投资国母公司海外分支机构的技术提升,然后反馈回母公司,继而通过对国内其他同类企业、相关产业形成竞争效应,促进国内的技术进步。这种技术传导的过程比较漫长,中间传导环节也会出现信息损耗,造成对国内技术影响不显著的结果。我国对发达国家的投资兴起较晚,海外投资对技术产生的影响存在滞后效应,前期投资的效果还未完全显现。随着对海外国家直接投资的不断成熟完善,由此产生的逆向技术溢出对国内技术提升的作用将会逐渐增大。

专题七 住房投资对经济增长的空间溢出效应

一、引言

1998年住房制度改革之后,住房产业的迅猛发展使之成为推动中国经济持续高位增长的重要因素之一。住房投资作为固定资产投资的重要组成部分,在国民生产总值中的比重不断加大,对国内经济增长的影响也更加深远。因此,研究住房投资对经济增长的空间溢出效应,准确深入把握住房投资影响区域经济发展的本质规律,对投资者有效进行住房投资、各级政府制定区域发展规划与经济政策、整体经济实现协调可持续发展具有非常重要的现实意义。

对于房地产投资对经济的影响,国际上很多学者的研究都很有代表性,如Glaeser(2004)指出房地产投资不仅会带来国内生产总值的等量增加,而且因外部性产生的乘数效应会造成经济的数倍增加。Harris(2006)认为住房投资除了能够直接带动经济发展,还会通过住房产业链的传递效应促进相关产业的产出,提升就业水平。Ghent(2010)证明了美国住房投资与经济发展间存在互动关系,两者相互影响。中国的学者同样对此也进行了大量研究,如梁云芳等(2007)曾在论文中指出经济增长的28.5%是由房地产投资直接或间接创造的。黄忠华等(2008)利用中国的省份面板数据进行格兰杰检验发现房地产投资和经济发展间存在因果关系,并通过误差修正模型得出二者在全国及东、中、西部的互动关系表现得并不一致。张洪等(2014)利用空间计量模型研究了房地产投资、经济增长、空间效应三者之间的动态效应。之前的文献大多以传统时间维度为核心进行回归分析证明房地产投资会影响经济发展,虽有部分学者进一步提出房地产投资会通过产业链及经济外部性间接对经济发生作用,但并没有深入研究其对空间经济产生的影响。本文基于经济活动在空间上存在交互作用[①]及住房产业的外部性、产业相关性,从空间视角研究住房投资对经济的作用机制。

对于计量方法,地理经济学的兴起让更多的学者开始对利用空间计量方法研究经济中的某项指标及其空间效应产生兴趣。Anselin(1988)指出经济行为在活动过程中的交互影响,使得不同行为在空间上表现出相关性和依赖性。Bcemertur和Wilfriedkoch(2007)综合空间动态模型和索洛模型对知识储备的作用进行了研

---

① Tobler于1970年提出地理学第一定律,认为:地区之间的经济行为都存在一定程度的空间交互作用,并且离得越近,这种作用越强。

究，发现知识储备存在明显的外溢效应，即某个地区的知识储备传播到其他地区，进而影响其他地区的经济发展，甚至这种外溢会跨越国界。Jihai Yu 等（2010）采用与 Bcemertur（2007）类似的方法，利用面板数据研究美国经济的区域增长收敛，并与传统方法得到的结果进行对比，发现利用空间计量分析得到的结果与实际更契合。在中国，何兴强等（2008）运用空间面板计量方法对中国 149 个市的 FDI 外溢效应进行实证分析，发现某市 FDI 水平受相邻城市 FDI 增量影响，其影响程度与周围城市的市场规模成正相关并存在区域差异性。林光平（2012）建立空间经济计量模型对中国 1 269 个县的经济收敛率进行检验，发现各县经济间存在明显的空间相关性，但在东、中、西、东北四大区域的经济收敛性和相关强度存在差异。上述研究运用空间计量方法从一个新的角度对经济活动进行了研究分析，与传统方法相比能更好地把握经济活动的本质作用，对更好地提高经济运行效率意义匪浅。本文在研究住房投资对经济增长的影响时同样运用空间经济计量方法。

空间权重矩阵的设定是进行空间分析的前提和关键，它是经济活动产生空间外溢作用方式的体现。Getis（2009）提出用邻接关系来设定权重，认为两个地区只要相邻就会发生空间外溢，即只考虑相邻因素对溢出效应的影响，而忽略了其他因素。与 Getis 相比，Bernard（2007）的分析更全面，通过实证检验发现知识溢出效应的大小同时受地理相邻因素和地区间距离的影响。在国内，朱平芳等（2011）认为经济行为在空间上的联系与经济水平密切相关，经济水平相似的地区能够更好地吸收与利用创新资源，因此基于产生空间效应的经济指标的相对差异来构造经济权重矩阵。还有很多学者认为空间效应中同时蕴含着距离因素和经济因素，如李婧（2010）认为两地区间的地理距离和经济发展接近程度都是影响外溢效应强度的重要因素，因此建立结合距离和经济因素的嵌套权重矩阵进行空间实证分析。以上学者在建立空间计量模型时选择了不同的空间权重矩阵进行分析，但每位学者仅突出强调了单一权重矩阵的作用，无法说明其所选择矩阵的有效性和最优性。本文在借鉴之前文献的基础上，全面考虑了地理相邻、地理空间反距离、经济、嵌套四种空间权重矩阵，并对所选空间矩阵的最优性进行了解释。

本文综合房地产经济学、投资学、区域经济学的相关理论，探讨了住房投资影响经济发展的本质规律。相比于以往的研究，本文的特点主要有以下三个方面：第一，将空间相互影响因素考虑进来，充分分析了住房投资对经济增长产生空间溢出效应的理论基础、影响因素和作用路径；第二，结合中国住房投资和经济增长的空间差异与溢出现状，运用空间计量方法检验住房投资对经济增长空间溢出效应的地区显著性和区域间强度差别；第三，在构建住房投资对经济增长的空间溢出效应模型时，综合考虑了新古典经济增长因素、内生经济增长因素以及新经济地理因素在推动经济增长过程中的重要作用。

二、理论基础

(一)住房市场与空间溢出效应

1. 区域性住房市场与空间溢出效应

一个区域的住房市场并不是孤立发展的,区域住房市场间存在空间互动性,进而引发空间外溢。图2-7-1 表明了区域性住房市场与空间溢出效应间的关联。

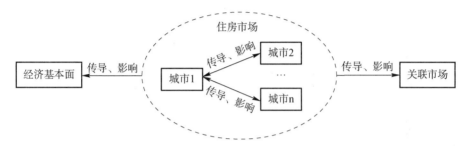

图 2-7-1 区域性住房市场

对一个特定地区来讲,受经济条件、土地资源、交通等各种因素的限制,某地区住房市场在发展的过程中会产生向外扩散的冲动,进而影响整个区域的住房市场及其关联市场甚至经济基本面,即住房投资对经济增长产生空间溢出效应。

2. 住房产业链与空间溢出效应

从住房产业及其相关产业的投入、销路结构来看,住房市场的主要产业链可以表示为图2-7-2。

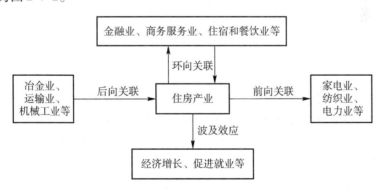

图 2-7-2 住房市场主要产业链

可见,住房产业确实是一个关联度较大、关联链较长的产业,产业链上的各产业发展具有长期联动性。住房产业的发展、住房投资的增加会通过前向、后向、环向关联及波及效应对相关产业产生较大的冲击波,刺激众多产业的发展,从而促进本地区及周围地区的经济增长。由此可知,因为住房产业链的存在,住房投资会对经济增长产生空间溢出效应。

3. 外部性与空间溢出效应

与住房产业的正外部性和负外部性对应,住房投资对经济增长的溢出效应表现为正向和负向两方面。图 2-7-3 展示了从外部性角度出发,住房投资是如何对经济增长产生正向和负向溢出效应的。

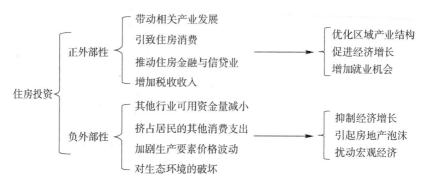

图 2-7-3　住房投资的外部性

(二) 影响因素

1. 地理因素

由于房地产的位置固定性和异质性,导致地理因素对空间溢出效应的影响非常明显。比如:北京、广州、天津等房地产市场较繁荣的地区,其周边城市凭借自己独特的地理区位优势,经济会受到较强的带动,即地理区位优势;同时,交通发达程度和地理距离会对运输成本、劳动力的流动等产生影响,进而造成空间溢出效应在地区间的差别。

2. 经济因素

经济因素对空间溢出效应的影响主要表现在地区的经济发展水平和经济开放度上。首先,住房投资不仅具有投资总量大、回收时期长的特点,而且需要有良好的经济发展基础作为支撑,因此住房市场的发展及住房投资总量在很大程度上由当地国民经济发展状况决定。另外,三部门区域经济增长模型表明本区域的经济会因外部生产要素需求的增加而增长,其影响程度取决于区域经济的开放度。一般来说,两个地区的经济越发达、发展越接近、经济开放度越高,住房市场互动就越活跃,两地区间住房投资对经济增长的空间溢出效应就越明显。

3. 其他因素

除了以上因素,政策因素、心理因素及人文环境等都会对住房投资的空间外溢效应产生影响。

(三) 作用路径

住房投资对经济增长的作用路径分为微观路径、宏观路径和反馈路径。微观作用路径是产生地区外部性和空间溢出效应的基础,具体的路径表现为:住房市场的发展、住房投资的增加→原材料供求变化、劳动力迁移、资本流动、技术溢出→对区际贸易、分工、专业化和社会投资结构产生作用→最终促进经济增长。宏观作用路径实则为微观作用路径累积的反应结果,具体表现为住房投资增加→促进区域住房市场发展、带动相关产业产出→促进经济增长,是住房市场区域性和产业相关性的体现。住房投资对经济增长的反馈作用路径则为住房投资对经济增长的派生性需求反应,主要通过改变住房供求和可用资金量两种方式发生作用。

三、实证分析

(一)模型设定与变量选择

1. 模型设定形式

以 Solow 为代表的新古典经济增长理论在肯定资本与劳动力对经济进步起决定作用的同时,认为技术在推动经济发展中也扮演着不可替代的角色,为此 Solow 将技术进步要素加入生产函数中。20 世纪 80 年代后期,内生经济增长理论相对更加完善,强调知识和人力资本积累引起的技术进步是经济增长的源泉。20 世纪 80 年代,Paul R. Krugman 的新经济地理理论认为交通运输成本、劳动力的流动性等决定了生产要素和经济活动在空间上的区域整合度。为了深入分析住房投资对经济增长的影响机制,本文综合考虑新古典经济增长因素、内生经济增长因素以及新经济地理因素在推动经济增长中的重要作用,初步设定理论模型:

$$Y = f(K, L, T, HC, I1, I2) \qquad (2-7-1)$$

其中,Y 为经济产出,K 为资本投入,L 表示劳动力投入,T 表示技术水平,HC 表示知识积累,$I1$ 和 $I2$ 分别是当地和周围地区的住房投资。

2. 变量选取与数据处理

本文采用 2002—2013 年全国 31 个省、市、自治区的年度面板数据,香港、台湾、澳门由于体制不同,本文不做研究。在指标的具体选取上,经济产出选用历年 GDP 表示;由于与房地产住宅投资只包括单一的城镇住宅建设相比,全社会住宅投资统计口径更宽,本文选用全社会住宅投资来表示住房投资;固定资产投资总量为扣除住宅投资的其余全社会固定资产投资总量;劳动力投入使用历年就业人数来表示;对于知识积累,本文采用各省 6 岁以上人口的教育程度即人力资本来代表:人力资本 = (小学 * 6 + 初中 * 9 + 高中 * 12 + 大专及以上 * 16)/总人口[①];另外,本文选用研究与开发(简称 R&D)投入指标将技术进步内生化。[②]

本文数据主要来源于国家统计局、地方历年统计年鉴、《中国固定资产投资统

---

① 胡鞍钢:《从人口大国到人力资本大国:1980—2000 年》,载于《中国人口科学》2000 年第 5 期。
② 综合 Paul M. Romer(1990)的观点及相关文献的研究结论。

计年鉴》和《中国科技统计年鉴》。

(二)空间权重矩阵的选择

运用空间方法分析问题的前提和关键是建立空间权重矩阵,它是经济活动产生空间外溢的作用方式的体现。由于本文研究的是 31 个省 2002 年 – 2013 年住房投资的外溢效应,因此与单纯的截面分析不同,这里矩阵的选取应反映这 12 年间 31 个省、市、自治区在空间上的联系,如下所示:

$$W = \begin{bmatrix} W_{2002} & 0 & 0 \\ 0 & . & 0 \\ 0 & 0 & W_{2002} \end{bmatrix} \qquad (2-7-2)$$

W 为 372×372 分块矩阵,其非对角线上的元素为 0,对角线上的 W_{2002},W_{2003},…,W_{2013} 是 31×31 的方阵,假定时间不变性,因此 $W_{2002} = W_{2003} = \cdots = W_{2013}$。

对于空间权重矩阵的设立国内外文献有不同的方法,较为典型的是空间相邻权重矩阵①、地理反距离权重矩阵②、经济权重矩阵③和嵌套矩阵④四种。随着信息化时代互联网的崛起及"互联网+"概念的提出,地区间的交流不再受距离和区位的限制,经济发展水平及技术吸收能力对经济活动的外溢作用更加明显。因此,本文同时考虑空间邻近、地理距离、经济距离三种因素,利用 ArcGis 软件建立以上四种空间权重矩阵来研究空间溢出效应,其中嵌套矩阵的建立如下:

$$W_t = W_d \times W_e \qquad (2-7-3)$$

W_t 为 31×31 的矩阵,$t((1,T), T = 12(2002—2013))$,表示第 t 年的空间权重矩阵。其中,W_d 为反距离权重矩阵,其第 i 行第 j 列元素 $w_{dij} = 1/L_{ij}$,L_{ij} 代表 i 和 j 两个省的省会城市间的直线距离;W_e 为经济权重矩阵,其第 i 行第 j 列元素 $w_{eij} = 1/|I_i - I_j|$,I_i 和 I_j 分别为 i 省和 j 省 2002 年 – 2013 年的人均可支配收入。

(三)空间溢出效应实证分析

1. 省际空间溢出效应实证分析

(1)空间相关性分析

在运用空间计量研究经济问题前,要确定所研究的变量具备空间相关性,否则将毫无意义。空间相关性分析分为全局相关性分析和局部相关性分析,本文采用 Moran's I 验证经济增长和住房投资的全局空间相关性。表 2-7-1 列示了中国

---

① 是利用地理区域之间是否相邻进行设定,相邻的话矩阵元素为 1,否则为 0。

② 假定空间效应强度决定于距离,空间单元之间距离越近则空间效应越强。在中国一般采用省域重心之间的距离或省间省会城市之间的直线距离、铁路距离、公路距离的倒数来衡量。

③ 通常做法是基于空间单元的某项产生空间效应的经济指标的绝对差异来构建,取值为该经济指标之差绝对值的倒数。

④ 将反距离权重矩阵和经济特征权重矩阵有机地结合起来使用,其目的在于尽量准确地刻画空间效应的综合性及复杂性。

31个省市历年GDP和全社会住宅投资的全局相关性检验结果。[①]

从表2-7-1可以看出,2002—2013年间GDP全局Moran'sI指数的值均为正值,并通过5%的显著性水平检验,说明31个省市的GDP在空间上明显存在正自相关性。可见经济发展水平在空间上的分布呈现出显著的空间相关性,进一步表明各个地区间的经济在空间上并非完全独立,而是相互依赖的。类似的,全社会住宅投资在这12年间全局Moran'sI指数的值也均为正值,除了2002年、2003年的P值较其他年份略大,其余年份均小于0.04,说明住房投资在地区间同样存在较为明显的空间依赖性。

表2-7-1 2002—2013年GDP和住宅投资全局Moran'sI指数及其检验

年份 \ 指标	GDP			I		
	Moran'sI	Z统计量	P-Value	Moran'sI	Z统计量	P-Value
2002	0.033	2.054	0.040	0.020	1.668	0.095
2003	0.035	2.128	0.033	0.027	1.874	0.061
2004	0.037	2.207	0.027	0.033	2.079	0.038
2005	0.037	2.203	0.028	0.040	2.277	0.023
2006	0.036	2.174	0.030	0.042	2.338	0.019
2007	0.037	2.201	0.028	0.038	2.223	0.026
2008	0.037	2.203	0.028	0.040	2.301	0.021
2009	0.035	2.125	0.034	0.053	2.698	0.007
2010	0.036	2.174	0.030	0.053	2.694	0.007
2011	0.036	2.175	0.030	0.049	2.555	0.011
2012	0.035	2.126	0.034	0.050	2.570	0.010
2013	0.033	2.065	0.039	0.053	2.684	0.007

为了详细观察Moran'sI指数的变化趋势,本文用折线图分别对2002—2013年间GDP和住房投资Moran'sI指数的值进行了绘制(参见图2-7-4)。从图2-7-4中可以看出,12年间GDP的全局Moran'sI指数整体平稳,变化幅度很小,说明在2002—2013年间中国各省经济的空间相关性和依赖性变化不大,经济在空间上呈现出平稳发展的态势。而住房投资的全局Moran'sI指数的值在12年间呈上升态势,表明住房投资区域间的空间相关性和依赖性逐渐增强。

局部空间相关性分析可以检验局部或小范围区域在空间上的不稳定情况,是对全局相关性检验的进一步完善。局部相关性检验通常运用LISA聚集图和LISA显著性图来探究经济指标的局部空间相关关系。本文以2013年的住房投资为例,绘制了LISA聚集图和LISA显著性图,如图2-7-5所示。

由图2-7-5知,在5%的显著性水平下,河北、山东、江苏、安徽、河南、福建6个

---

① Global Moran'I统计量在所有年份的期望值均为:E(I) = -0.033。

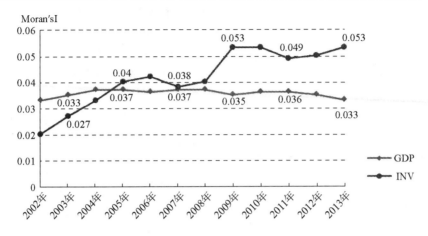

图 2-7-4　2002 年~2013 年 GDP 和住房投资的 Moran'sI 值变化趋势图

省市属于 High - High,说明这些省市的住房投资水平本身较高,又有高住房投资的邻近省市环绕;位于 Low - Low 的有新疆和青海,表明这两个省份的住房投资水平不仅自身经济水平较低,而且其邻近省市的住房投资水平也较低;同时还有位于 Low - High 的江西和上海和位于 High - Low 的四川和云南;其余 19 个省市没有通过 5% 的显著性检验,说明这些省市的住房投资不存在显著的局部空间相关性。

可见,东、西部经济增长和住房投资在空间上都存在显著的集聚性,说明中国各省市的经济和住房投资在空间上相互依赖。

(2)建立空间计量模型进行实证研究

在进行实证建模之前,首先要确保所用数据在时间上是平稳的,否则会影响模型估计的准确性。经检验,各变量均在 1% 的显著性水平下通过平稳性检验,说明本文变量间并不具有协整或长期关系。

面板数据模型分为固定效应模型、随机效应模型和混合模型,本文适用何种模型,可通过 F 检验和 Hausman 检验结果来判定。其中 F 统计量用来判别一组面板数据应该建立固定效应模型还是混合模型,而在固定效应模型和随机效应模型的选择上,目前还没有一个统一的答案,一般的方法是使用 Hausman 检验对模型进行检验。F 检验和 Hausman 检验的具体结果如表 2-7-2。由检验结果知:$F = 6\ 050.0106 > F(10, 331)$,推翻适用混合模型的原假设。在固定效应模型和随机效应模型的选择上,根据 Hausman 检验的结果,$chi2 = 12.56$,p 值为 $0.0278 < 0.05$,在 5% 的置信水平下拒绝了个体效应与回归变量无关(个体随机效应模型)的原假设,因此本文在研究住房投资对经济增长的空间溢出效应过程中选用固定效应模型。

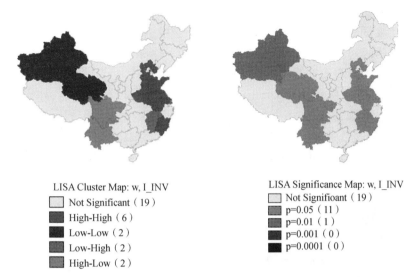

图 2-7-5 2013 年省域住房投资的 LISA 聚集图和 LISA 显著性图

资料来源:作者由 GEODA 软件绘制所得。

表 2-7-2 面板模型的 F 检验和 Hausman 检验

检验类型	检验值	自由度	显著性水平(P 值)
F 检验	6 050.0106	(10,331)	0.000
Hausman 检验	12.56	5	0.0278

空间回归模型主要有空间自回归模型(SAR)、空间误差模型(SEM)、空间杜宾模型(SDM)和将 SAR 和 SEM 结合起来的更为一般的广义空间自回归模型(SAC)。根据本文所要研究的问题,选用空间杜宾模型(SDM),该模型认为临近地区自变量的变化对本地区的因变量产生了空间上的影响,恰恰可以考察其他地区的住房投资对本地区经济的影响。为此,引入周边地区住房投资的空间加权变量 $WI2$(取对数后为 $WlnI2$)构造空间溢出模型①如下:

$$lnY_{it} + \alpha + \beta_1 lnK_{it} + \beta_2 lnL_{it} + \beta_3 lnHC_{it} + \beta_4 lnRD_{it} + \beta_5 lnI1_{it} + \beta_6 lnI2_{it} + \gamma_i + t_i + \varepsilon_{it}$$

$$\varepsilon_{it} \sim N(0, \sigma^2 I) \qquad (2-7-4)$$

模型中,Y 为 GDP,K 为剔除住房投资的固定资产投资,L 为就业人数,HC 为人力资本水平,RD 表示研究与开发(简称 R&D)经费投入,$I1$ 和 $I2$ 分别为从固定

---

① 这里引用的模型主要是来自 Jihai Yu 和 Lung-fei Lee(Convergence: A Spatial Dynamic Panel Data Approach,2009.7)以及 CemErtur 和 Wilfried Koch(Growth, Technological Interdependence and Spacial Externalities:Theory and Evidence,2007.8)中关于技术溢出的处理方法,这两篇文章都是把其他地区的空间影响效应 W 矩阵加诸于指数上,对方程两边取对数后变成乘积的形式,本文正是模拟该方法而来。

资产投资 K 中分离出来的当地全社会住宅投资和周边地区的全社会住宅投资,矩阵 W 为上文同时考虑地理空间距离和经济距离的嵌套权重矩阵,γ_i 为区域 i 的个体效应,t_i 为时间固定效应,ε_{it} 为地区 i 在时间 t 的残差项,α 为常数项,系数 β_i($i=1,2,\cdots,6$)表示待估参数。i 在代表第 i 在个地区,$i((1,N),N=31)$;t 代表第 t 年,$t((1,T),T=12(2002—2013))$。为了降低或消除模型中可能存在的异方差性,对方程两边取对数。

由于空间经济计量模型中不仅存在异方差,而且具有内生性,如果采用传统的 OLS 方法进行空间面板分析,估计结果可能无效或有偏,因此本文采用广义矩法(GMM)进行模型的参数估计。这不仅能解决 OLS 估计的局限,还可以同时控制个体和时间固定效应。表 2-7-3 列示了运用广义矩法对模型进行估计的各变量系数及事后检验结果。空间相关系数 δ 在 1% 的置信水平下为 0.158,表明住房投资产生显著的正向空间相关性。空间自回归系数 ρ 没有通过显著性检验,表明没有存在空间自回归效应。

在模型的选取上,通过 Wald 检验判断 SDM 模型是否可以退化成 SAR 或者是 SEM 模型。Wald 检验的原假设是可以退化成为 SAR 或者 SEM 模型,备择假设是不能退化成 SAR 或者 SEM 模型。由表 2-7-3 可知,Wald 检验的 p 值为 0.0000,说明 SDM 模型比 SAR 或 SEM 模型更适合,模型的拟合优度很高,说明住房投资对经济增长存在地区间的溢出效应。模型的事后检验除了拟合优度外,自然对数似然函数值(Log – likelihood)值越大,赤池信息准则(AIC)和施瓦茨准则(SC)值越小,模型的拟合效果越好。综上可以发现:本文建立的模型是合理有效的。

表 2-7-3　2002—2013 年全样本溢出效应估计结果

变量	系数	z 统计量
$\ln K$	0.3998283	13.47(p = 0.000)
$\ln L$	0.2171708	10.40(p = 0.000)
$\ln HC$	0.7108245	7.30(p = 0.000)
$\ln RD$	0.1691892	11.15(p = 0.000)
$\ln I1$	0.1588223	5.44(p = 0.000)
$W\ln I2$	0.0001236	2.44(p = 0.015)
C	0.5340746	2.05(p = 0.040)
δ(Sigma)空间相关系数	0.1578415	26.99(p = 0.000)
ρ(Rho)空间自回归系数	− 0.0000748	− 1.11(p = 0.267)
AdjR^2	0.9834	
Wald 检验	60 500.1 064	
Log – likelihood	161.5	
AIC	0.0082	
SC	0.0092	

(2) 估计结果分析

从表 2-7-3 可以看出,在 5% 的置信水平下,各变量均通过显著性检验,因此由广义矩法估计出的空间溢出效应模型为:

$$lnY_{it} = 0.534 + 0.400lnK_{it} + 0.217lnL_{it} + 0.711lnHC_{it} + 0.169lnRD_{it}$$
$$+ 0.159lnI1_{it} + 0.0001236WlnI2_{it} + \varepsilon_{it} \quad (2-7-5)$$

可见,住房投资溢出的系数显著为正,说明一个地区的经济发展明显受其他地区住房投资的影响,周边地区住房投资的变化量每增加或减少 1% 时,会导致同期本地区经济增长的变化量增加或减少 0.0124% 左右。验证了本文住房投资对经济增长存在空间外溢作用的猜想。且从回归结果来看,住房投资对经济增长存在同期"正溢出"。另外,在全样本模型估计中所运用的经济与距离的嵌套矩阵说明地理因素与经济因素在住房投资对经济增长的空间溢出效应方面发挥着重要作用。

在传统解释因素方面,人力资本的产出弹性最大,在其他变量保持不变的情况下,人力资本每提升 1%,可使 GDP 增加 0.711 个百分点,可见中国在人力资本投入方面还远远没有达到市场饱和状态,从人口大国提升为人力资本大国显得尤为关键;其次是固定资产投资,肯定了投资作为拉动经济增长的三驾马车之一对经济发展的重要性;最后是劳动力人数和 R&D 经费投入,产出弹性分别为 0.217 和 0.169,说明技术进步可促进经济增长。

同时从模型(2-7-5)中可以看出,各变量的产出弹性之和为 1.656>1,说明中国各省市经济生产处于规模报酬递增的阶段,这与中国重视并强调生产要素的集约化利用、产业结构升级、加强科技与创新等密不可分。

2. 区域内空间溢出效应实证分析

(1) 空间权重矩阵的调整

在用空间计量方法对区域内住房投资的空间外溢进行检验前,空间权重矩阵的形式首先要做一定的调整。调整的方法为:区域内各省市权重元素的赋值按某一规则进行,其他区域内省市的权重不予考虑。具体来说,假设要考察中国东部区域内的空间效应,并且省区 1、2、3 位于东部,省区 4、5、6 位于中部,现需要将位于东部区域内部的矩阵元素按照某一赋值规则设置,其他元素均为零。

(2) 空间权重矩阵的选取

在对东、中、西部三大区域内部进行实证分析时,考虑到空间溢出效应影响因素的复杂性及区域内城市的特点,直接套用上述嵌套矩阵分析三大区域内部的溢出效应并不严密。在充分考虑各种不同形式的空间权重矩阵后,发现用省会城市之间的反距离矩阵构建模型最能表现区域内住房投资的空间溢出效应。

(3)东中西部区域内空间溢出效应实证分析

东、中、西部区域内住房投资空间外溢作用的估计结果如表2-7-4所示。首先,三个区域内部模型的可决系数都较高,F值和Log-likelihood值足够大,AIC和SC值都较小,可见,三个模型不仅都通过检验,而且每个模型的整体拟合效果都较好。

其次,住房投资变量对东、中、西部区域内的各省经济发展均有推动作用,但推动强度存在区域差异。比较各个模型住房投资变量前的系数,可以发现推动强度按西、东、中顺序依次减弱。这主要因为西部住房市场发展缓慢,市场远远没有达到饱和,因此住房投资的增加、住房市场的发展对经济的促进作用最为明显;而在住房市场都发展较为强劲的中、东部,东部住房投资之所以更能促进经济的增长,与东部经济更为活跃有关。

表2-7-4 2002—2013年三大区域内部溢出效应的估计结果

地区	东部		中部		西部	
变量	系数	z统计量	系数	z统计量	系数	z统计量
$\ln K$	0.3995***	17.16	0.4056***	15.15	0.3318***	15.31
$\ln L$	0.2751***	17.95	0.2582***	15.04	0.2174***	16.17
$\ln HC$	0.7576***	9.66	0.6420***	7.21	0.3414***	4.60
$\ln RD$	0.1235***	7.72	0.1859***	12.07	0.2170***	16.25
$\ln I1$	0.1275***	4.95	0.1073***	3.57	0.1343***	5.18
$W\ln I2$	0.0031***	2.58	0.0022*	1.83	0.0014**	2.35
C	0.5603***	2.69	0.8401***	3.49	1.1045***	5.36
$AdjR^2$	0.9917		0.9846		0.9851	
F检验	7 645.0919		7 391.9761		8 217.5860	
Log-likelihood	186.9456		140.0386		205.0051	
AIC	0.0065		0.0067		0.0060	
SC	0.0073		0.0075		0.0068	

注:***,**,*分别表示在1%,5%和10%的显著性水平下通过检验。

最后,住房投资溢出变量在三个模型中的系数都显著为正,说明在每个区域内住房投资对邻近省份的经济都存在明显的溢出作用。但对比东、中、西部,住房投资的"外溢效应"存在明显区域性差异,根据变量前的系数可以判定,东部>中部>西部,说明东部地区住房投资对经济增长的空间溢出效应比中、西部地区明显,越富裕的区域,一个地区住房投资对区域内经济的带动作用越明显。另外,与其他空间权重相比,省会城市之间的反距离矩阵构建模型最能表现区域内住房投资的空间溢出效应,说明在东、中、西部区域内,相对于经济因素,地理因素在影响空间溢出效应时占据主导地位,这与每个区域中各个地区经济发展状况相近有关。

2. 区际空间溢出效应实证分析

（1）空间权重矩阵的调整

与区域内部空间矩阵的调整方式不同，区际空间权重矩阵[①]的调整需要将各地理区域内部的各空间单元权重设置为零，即表示剔除地区内部省域之间的空间影响，同时将来自不同地理区域的空间单元权重按照前文所述的地理相邻矩阵、反距离矩阵、经济特征或者嵌套权重矩阵的赋值规则进行构建。为了说明便利，同样假设要考察中国东部与中部区域之间的空间效应，并且省区1、2、3位于东部，省区4、5、6位于中部，则需要将位于不同区域的矩阵元素按照某一赋值规则设置，其他元素均为零。

（2）空间权重矩阵的选取

研究区际住房投资对经济增长的空间溢出效应时，在充分考虑各种不同形式的空间权重矩阵后，发现综合人均可支配收入与省会城市之间的反距离构造的嵌套矩阵效果最佳。

（3）东中西部区际空间溢出效应实证分析

对三大区域之间的空间溢出效应进行估计，结果如表2-7-5所示。根据估计结果，综合考虑三个模型的可决系数、F值、对数似然函数、AIC以及SC的值，可以发现各个模型不仅通过检验，而且模型整体拟合效果较好。

表2-7-5　2002—2013年三大区域之间溢出效应的估计结果

地区 变量	东中部之间		中西部之间		东西部之间	
	系数	z统计量	系数	z统计量	系数	z统计量
$\ln K$	0.4426***	17.77	0.4439***	16.09	0.4026***	16.58
$\ln L$	0.2464***	15.24	0.2133***	12.36	0.2719***	16.42
$\ln HC$	0.5888***	7.16	0.4821***	5.49	0.4894***	5.81
$\ln RD$	0.1480***	10.31	0.1534***	9.81	0.1498***	10.34
$\ln I1$	0.1015***	3.69	0.1298***	4.48	0.1070***	3.88
$W\ln I2$	0.0010**	2.17	0.00005*	2.01	−0.00027*	−1.90
C	0.8425***	3.87	1.2537***	5.36	1.2021***	5.19
$AdjR^2$	0.9848		0.9812		0.9738	
F检验	7 754.8486		7 209.8925		6 530.7363	
Log-likelihood	178.5359		154.1262		185.3958	
AIC	0.0064		0.0069		0.0076	
SC	0.0072		0.0077		0.0085	

注：***，**，*分别表示在1%、5%和10%的显著性水平下通过检验。

其次，三个模型中的住房投资变量都显著为正，在模型中其前的系数中西＞

[①] 参考Ledyaeva(2007)考察不同组间空间溢出效应时的处理方式。

东西＞东中，说明住房投资对区际经济的推动作用中西部强于东西部强于东中部，这同样与西部住房市场发展落后、住房市场的发展对经济的推动作用更明显有关。

最后，住房投资溢出变量在三大区域间虽然都显著，但与东中、中西部间住房投资正的"外溢效应"不同，东西部间住房投资溢出变量前的系数为负，说明在综合考虑地理因素和经济因素对区域间溢出效应的影响中，东中、中西部区域间一个地区的住房投资对另一个区域中的地区的经济有正向溢出效应，而在东西部区域间，一个地区住房投资的增加对另外一个区域内的地区的经济产生抑制作用，即负的溢出效应，说明东西部区域间住房投资对经济的挤出效应较为明显，这与东西部发展差距过大有关。比较各系数的绝对值，东中＞东西＞中西，说明经济越活跃的地区，住房投资对经济增长的溢出效应越明显。

四、结论

本文基于地理因素和经济因素对空间溢出效应的影响，本文全面考虑邻接矩阵、反距离矩阵、经济矩阵及嵌套矩阵等不同空间权重矩阵，利用2002—2013年全国31个省、市、自治区的年度面板数据构建空间计量模型，检验中国住房投资对区域经济增长空间溢出效应的地区显著性及区域间的强度差别。研究结论主要包括以下几个方面：

第一，在全国范围内，住房投资会推动当地经济发展，不仅如此，住房投资还会对周围的经济发展产生明显的推动作用，即存在住房投资对经济的外溢作用，本文的研究目的得以实现。另外，用经济与距离的嵌套矩阵对全样本模型进行估计效果最佳，也验证了地理因素与经济因素是影响住房投资对经济增长的空间溢出效应的重要因素。

第二，在东、中、西部区域内，由于西部住房市场发展缓慢，市场远远没达到饱和，住房投资对当地经济的促进作用要强于东、中部。另外，住房投资溢出变量在东、中、西部区域内显著为正，表明住房投资对区域内省市经济的溢出效应均表现为正向。比较三大区域内空间溢出效应的大小，东部＞中部＞西部，说明越富裕的区域，一个地区住房投资对区域内其他地区经济的带动作用越明显。另外，与其他空间权重相比，省会城市之间的反距离矩阵构建模型最能说明区域内住房投资的空间溢出效应，这是因为每个区域中各个地区经济发展状况相近，相对于经济因素，地理因素在影响空间溢出效应中占据主导地位。

第三，在东、中、西部区域间，住房投资对经济的促进作用表现为中西部强于东西部强于东中部。不仅如此，住房投资对经济增长还存在区际空间溢出效应，说明一个地区的住房投资还会对其他区域的地区经济产生影响。东中、中西部区域间住房投资的空间溢出效应表现为正，而在东西部区域间一个地区住房投资的增加对另外一个区域内的地区经济产生抑制作用,即负的溢出效应,说明东西部区域间住房投资对经济的挤出效应较为明显,这与事实相符。由于东西部发展差距过大,东部沿海经济发达地区吸引了众多的人才、资金、技术等经济发展的必备要素,造成支撑西部内陆经济落后地区经济的生产要素进一步匮乏,因此东部住房投资的增加对西部的经济发展表现出负的溢出效应。从空间溢出效应的大小看,东中 > 东西 > 中西,说明经济越发达的地区,住房投资对经济增长的溢出效应越明显。

专题八　中小城市商业银行零售业务服务质量调查

一、引言

金融服务既包括无形性和不可分离性相对较高的金融软服务,也包括依附于产品和设施、无形性和不可分离性较低的金融硬服务,它具有经验性、不可分割性、差异性、易逝性、互动性。根据 ISO9 000:2 000 的定义,"质量"指一组固有特性满足要求的程度。服务质量直接影响客户的满意度和忠诚度,是影响商业银行零售业务收益的关键因素(Grant,2003;亚瑟·梅丹,2002;陈晓明、周伟贤、林鸿,2007)。

随着中小城市的商业银行零售业务市场发展潜力凸显,各商业银行纷纷加快了对中小城市零售业务的布局。但由于对中小城市零售业务的长期忽视,其服务覆盖范围和服务质量与大城市相差较大。研究中小城市商业银行零售业务服务质量,对促进商业银行提高零售业务经营效率、获得可持续发展有一定现实意义。

在以服务属性为基础的商业银行零售业务服务质量测量研究中,许多学者从服务质量的构成角度进行了有益的分析和探讨。其中,由 Parasuraman、Zeithaml 和 Berry(1985)建立的 SERVQUAL 模型是测量顾客感知服务质量的重要工具。然而,SERVQUAL 模型并不完美,它的局限性受到了来自各方面的批评(Buttle,1996)。部分学者对银行业的服务质量属性进行了进一步研究(冢原次郎,1986;Cronin、Taylor,1992;Johnston,1995;Oppewal、Vriens,2000;Bahia、Nantel,2000;Bahia、Nantel,2000;张雪兰,2005;陈莹、武志伟,2008;吴冠之、张皓、史章建等,2013)。然而以属性为基础的测量方法难以充分捕捉到客户对服务质量的各方面的感知,从客户处收集的数据只能指出服务的不足之处,却未能提供如何改善的信息,因而对服务质量管理的帮助有限(寿志钢、张雪兰,2008)。

在以服务事件为基础的商业银行零售业务服务质量测量研究中,中国质量协会、全国用户委员会(2 013,2014)调查中发现,营业厅等候时间不合理仍是银行业服务的短板,理财产品风险告知方面仍欠缺,2014 年度银行业客户抱怨率为 40.8%,其中,33.8% 的客户因营业厅等候时间长而产生抱怨,8.4% 的客户因服务态度而抱怨,6.6% 的客户抱怨业务办理速度慢。数据分析显示,银行形象对客户满意度的影响最大,其次是营业厅服务。在另一项君迪亚太公司①(2014,2015)开展的调查中发现,2015年零售银行客户满意度与2014年相比有所提升,年度增长主要由于三个因子的满意度大幅上升:"费用""问题解决"和"产品供应",并认为新制定的《商业银行服务价格管理办法》要求银行减免银行收费项目,以及在2014年8月施行的《商业银行服务价格管理办法》对零售银行客户关于"费用"的满意度上升也产生了影响。随着网上银行、电话银行、智能自助终端设备的更多应用,银行的经营效率、客户的体验水平都得到了提升(中国质量协会、全国用户委员会,2013,2014)。互联网金融对零售银行客户体验的影响在 35～49 岁的客户之中体现得尤为明显,在这部分客户群体中,使用互联网金融理财产品的客户,其零售银行满意度低于不使用互联网金融理财产品的客户零售银行满意度,相较于其他年龄段的客户群体,35—49岁客户的收入及VIP占比均为最高(君迪亚太公司,2014)。同时,随着越来越多的人对社交媒体的运用,越来越多的客户希望银行通过社交平台来提供服务,因此,社交媒体将成为银行新的服务管理渠道(Vamshi、Suvarna、Bhaskar,2014)。

Kano模型②由Kano、Seraku、Takahashi et al.(1984)研究建立,该模型为质量管理提供了一个目标方向,在产品质量评估、产品质量特性设计等方面意义重大。针对出现两个及以上最大值的质量判定问题,CQM(1993)认为不同质量的相对重要程度是不一样的,如果遇到不同二维质量属性归类频次相同的情况,则最终判定标准是 M>O>A>I。为进一步弥补 Kano 模型量化与排序问题,已有诸多学者展开了研究(Berger,1993;Tan、Shen,2000;Gérson Tontini,2007;Luora、Lub、Chiena,2015;陈波波、齐佳音、黄逸珺等,2007;庄洪兴、周方方、石华瑀,2011;孟庆良、蒋秀军,2012)。

综上所述,对商业银行零售业务服务质量的研究方式有两种,即基于服务属性测量和基于服务事件测量,其中,通过服务属性测量难以提出针对性改进建议,而以服务事件为基础进行研究,可以明显发现客户消费行为的变化,为商业银行有效提高零售业务服务质量提供方向。Kano 模型是质量分析的一个重要模型,学者们对它进行了一些修正。现有文献中,从中小城市角度研究商业银行零售业务服务质量的文献较缺乏,但随着银行对中小城市商业银行零售业务的重视,需要相关研究为其业务开展提供理论支持。

---

① 君迪亚太公司即 J. D. Power 亚太公司。J. D. Power 每年基于数百万消费者的反馈信息进行产品或服务方面满意度的评测。

② 1982年东京理工大学教授狩野纪昭(Noriaki Kano),于1日本质量管理大会第12届年会上宣读了《魅力质量与必备质量》的研究报告。该论文于1984年正式发表,标志着 Kano 模型的确立和魅力质量理论的成熟。

本文的创新点主要体现在角度新。现有文献中,从中小城市角度对商业银行零售业务服务质量进行研究的文献较缺乏。本文从中小城市的客户角度出发,运用 Kano 模型帮助商业银行找出了影响中小城市零售业务服务质量的关键性服务项目,为中小城市零售业务的发展提供了借鉴。本文的不足主要由调查误差产生:一方面,由于 Kano 问卷的复杂性,被调查者可能会对问卷中设置的五级量表的理解有所偏差,从而使结果产生误差。另一方面,用随机抽样的方法进行调查,样本的代表性可能存在偏差。

二、K 市商业银行零售业务发展状况与调查设计

(一)K 市商业银行零售业务发展状况

K 市位于湖南省中部地区,是典型的中小城市。经观察分析发现,K 市商业银行零售业务的发展基本符合多数中小城市商业银行零售业务发展的特点。因此,本文选取 K 市为例,对商业银行零售业务展开调查研究。

1. 网点覆盖率

长期以来,K 市银行业被五大行[①]垄断,提供的服务质量差异不大,当地人对银行的可选择性较小。2010 年华融湘江银行 K 分行开业。随着城市化推进,各银行加快了中小城市的网点布局。自 2014 年开始,交通银行、广发银行、长沙银行相继入驻 K 市。据悉,光大银行、中信银行也将陆续在 K 市建立分行。尽管 K 市居民的银行选择面拓宽了,但服务网点的覆盖率与大城市相比仍有差距。

由湖南省省会城市长沙与 K 市进行比较可见(见图 2-8-1 及图 2-8-2),K 市平均每家营业网点要服务约 3 004 人,比长沙的每家网点平均服务人数多 1 200 人,K 市平均每家自助服务点服务人数约 3 379 人,比长沙每家自助服务网点平均服务人数多 1 545 人。虽然两市五大行的营业网点和自助服务点分布密度差别不大,但每家网点平均服务人数仍有 1 000 人以上的差距。网点平均服务人数和网点分布密度差别最大的是五大行以外的银行。由于 K 市新进入的银行网点布局尚未展开,市民尚只能到分行营业网点办理业务,因而 K 市营业网点平均服务人数约比长沙多 4 247 人,网点分布密度也远低于长沙。

虽然与长沙的网点平均服务人数和网点覆盖率的差距较大,但 K 市银行网点的服务能力并没有明显优势,且据银行相关负责人表示,相比长沙,K 市客户对电子银行的接受度较差,因而对 K 市电子银行服务投入较小,这必然会拉大 K 市与长沙居民对银行服务满意度的差距,尤其对于新进入 K 市的银行而言,网点的覆盖率和服务辐射范围将较大地限制业务的拓展。其次,每家网点平均服务的人数较多必然导致客户等候时间较长,虽然银行都具有在线查询网点排队情况和预约

---

① 本文的五大行指中国银行、工商银行、建设银行、农业银行、邮储银行。

的服务,但了解此项服务的人极少,形同虚设,大大降低了客户满意度。

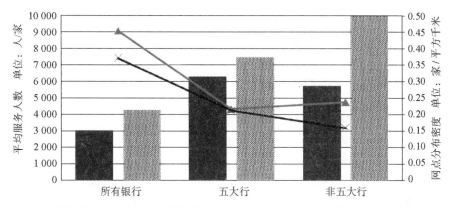

图 2-8-1　长沙和 K 市银行营业网点覆盖情况

资料来源:依据两市 2014 年统计年鉴和各银行官网整理得。

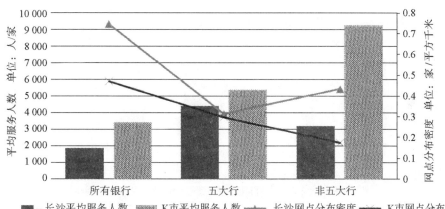

图 2-8-2　长沙和 K 市银行自助服务网点覆盖情况

资料来源:依据两市 2014 年统计年鉴和各银行官网整理得。

2. 业务发展状况

存贷业务方面(见表 2-8-1),K 市个人消费贷款和个人存款的的总量、人均量以及人均存贷比都远小于长沙对应量。首先,存款量的差距在一定程度反映了两市居民经济实力的差距;其次,造成两市消费贷款业务量差距的原因主要在于经营环境的差异。开展住房按揭贷款和汽车消费贷款业务前,银行需要对房产开发商及 4S 店进行整体授信,由对应企业为办理业务的客户进行担保。据某银行相关负责人表示,K 市满足授信条件的房产开发商和 4S 店只有 1 至 2 家,因此,K 市个人贷款业务量较小;最后,由于银行对 K 市居民放贷量较少,以及部分居民的保守消费习惯,致使 K 市人均存贷比远小于长沙人均存贷比。

表 2-8-1　2013 年长沙与 K 市个人存贷业务对比

城市	个人消费贷款		个人存款		人均存贷比
	总量(亿元)	人均(元/人)	总量(亿元)	人均(元/人)	
长沙	1 542.31	23 269.33	3 507.51	52 918.79	0.44
K 市	84.63	1 050.09	1 103.06	13 686.64	0.08

资料来源:依据两市 2014 年统计年鉴整理得。

相比住房按揭贷款和汽车消费贷款,个人循环授信业务虽然单笔规模较小,但需求较大,业务总量将更多。K 市四大行暂未开展个人循环业务。据新进入的某银行相关负责人表示,由于中小城市开展住房按揭贷款和汽车消费贷款存在的诸多不利环境因素,个人循环授信业务将有可能成为该行吸引客户群的方式之一。

中间业务已成为许多银行吸引客户群的方法,但在中小城市,中间业务发展明显滞后,新进入银行原有吸引客户群的方法在小城市难以适用。据某银行相关负责人表示,自经济下行和利率市场化致使银行存贷利差带来的利润空间缩减以来,K 市中间业务收入,尤其是信用卡带来的中间业务收入呈现爆发式增长,但对于新进入的银行而言,想要通过中间业务吸引客户群仍然十分困难,具体表现在三个方面:

第一,生活缴费业务方面,K 市银行开通的生活缴费项目寥寥,主要原因在于对应企业和银行双方的态度。不同于大城市,K 市的燃气和水电等行业都由单一企业垄断,受到当地政府保护而缺乏竞争压力的企业并没有出资与银行合作开发系统设备的动力,而由银行单独出资将面临巨额的成本,考虑到中小城市带来的经济效益,银行放弃了在 K 市生活缴费业务方面的投入。

第二,卡消费业务方面,据某银行负责人表示,商户合作意愿、客户消费和支付习惯使得银行在 K 市的卡消费开展困难重重。大城市的商户将与银行合作开展卡消费活动作为提高竞争力的手段,而 K 市商户受开放性程度影响,认为 POS 机的安装费及刷卡交易手续费会增加经营成本,因而对与银行合作的积极性不高;相比大城市,K 市居民的消费理念相对保守,申请信用卡的目的多是生意上的资金周转,而用于消费目的的较少,在支付习惯方面,他们更喜欢使用现金。因此,商户和客户的观念差距使得银行在 K 市的卡消费业务开展面临诸多困难。

第三,获取工资卡发行权利方面,这种方法虽然可以在短期内获得大量客户,且客户价值较高,但从长远来看,决定客户忠诚度的仍然是银行提供的综合服务质量。在 K 市,对于新进入的银行来说,其网点覆盖率远不如五大行,而提供的服务并没有明显差异,因而客户忠诚度不高,给银行经营带来许多不稳定因素。

理财业务方面,据某银行负责人表示,K 市理财业务量比大城市小很多,业务发展有着自身特点:其一,K 市的银行比大城市少,客户理财产品的选择性也较少;其二,相比大城市客户,K 市客户大部分风险承受能力较差,更倾向于保本产品,且对理财产品缺乏了解的客户更多,其中以 40 岁以上的工薪阶层最多,不少客户甚至将理财产品与存款等同;其三,K 市理财业务的大客户多为私企职员或公务员,他们风险承受能力更强,平均投入保本产品和非保本产品的比例为 7:3,且通常对不同银行的理财产品进行比较,分散投资于不同银行的理财产品,在购买保本产品时他们更倾向于选择四大国有银行。新进入的银行对四大国有银行原有客户的稀释主要体现在中高端客户,但四大国有银行也积极采取了相应措施,因此,K 市新银行的进入对于原国有银行的理财业务利润并未产生较大影响。

(二)调查设计

此次调查选取典型的中小城市 K 市为例,旨在从中小城市客户需求出发,通过问卷调查为主、访问为辅的方式搜集数据,运用 Kano 模型分析中小城市客户对商业银行零售业务服务需求的特点,找出影响 K 市商业银行零售业务服务质量的关键因素,为其他中小城市商业银行零售业务服务质量的改善提供借鉴。

为了进行客户细分,本文参考了家庭生命周期理论,通过调查,结合阶段客户的人口特征和银行产品消费习惯特征,最终将客户分为重要客户、潜在客户和一般客户(见表 2-8-2)。

表 2-8-2 客户细分

客户类型	客户所处阶段	客户特征
重要客户	阶段 Ⅲ、Ⅳ、Ⅴ (已婚且无子女、有子女且至少有一个子女未工作或子女都工作且夫妻至少有一方未退休)	●中高收入人群较多,消费能力较强 ●拥有较丰富的银行产品 ●注重综合效用和习惯因素,需求价格弹性较小
潜在客户	阶段 Ⅰ、Ⅱ (求学未独立、已工作且未婚)	●收入不高但在未来具有较大的提升空间 ●对银行处于逐步了解阶段,拥有的银行产品将不断丰富
一般客户	阶段 Ⅵ (夫妻均退休)	●收入不高 ●拥有的银行产品单一 ●存入银行的资金较稳定但多为资本成本较高的定期存款

本文主要用事件分析的方法,对中小城市商业银行零售业务服务质量进行研

究。由于在预调查中发现,客户认为在选择银行时员工的工作水平是最不看重的(此结果与正式调查一致),因此,此次调查将员工服务以外的硬服务作为考察重点。问卷共 38 题,主要包括两个部分:第一部分为人口特征调查,搜集被调查者的基本信息和商业银行零售业务产品的消费习惯等方面的信息。第二部分为 Kano 问卷部分,搜集被调查者对商业银行零售业务的网点建设、业务办理渠道、营销、银行卡类业务、个人贷款业务以及理财业务等方面的服务质量评价。

本文主要采取纸质发放和"问卷星"网站发布的方式发放问卷,共发放问卷 589 份,收回有效问卷 503 份,问卷回收率为 85.40%,其中,发放纸质问卷 127 份,收回有效问卷 72 份,发放对象多为较少接触智能手机和互联网的年纪较大的人群;通过"问卷星"发放问卷 462 份,收回有效问卷 431 份。本文对有效问卷设置的判定标准包括:①问卷完整填写,无遗漏题目或选项;②问卷无连续 10 题及以上相同选项;③通过"问卷星"填写的问卷 IP 地址为 K 市。另外,问卷对易忽略的关键词做了重点标记,对难以理解的专业词汇做了注释,以减少和防止因理解错误而产生误差。

随机访问调查主要针对不便于填问卷和年龄较大的人群,通过询问简单的问题获取此类人群对商业银行零售业务服务质量的看法,共调查了 33 人。

本问卷在预调查的基础上进行了修订和增删,根据表 2-8-3 结果,最终总量表信度系数为 0.881,表明问卷的信度相当高,问卷设计合理。

表 2-8-3 信度检验

成分	Cronbach's Alpha	基于标准化项的 Cronbachs Alpha	项数
总量表	0.884	0.881	24

在效度检验中(见表 2-8-4),KMO 统计值为 0.846,远高于 0.5 的标准;Bartlett 的球形度检验中,sig 近似为 0,小于 0.05 的显著水平,说明潜在变量之间存在关系;累计解释变异量为 61.334%,说明数据的解释程度较高。综上所述,本问卷具有较好的效度。

表 2-8-4 KMO 和 Bartlett 的检验

取样足够度的 Kaiser-Meyer-Olkin 度量。		0.846
Bartlett 的球形度检验	近似卡方	10 418.071
	df	1 128
	Sig.	0.000
累计解释变异量	61.334%	

三、K 市商业银行零售业务服务质量判定

为对 K 市商业银行零售业务服务质量进行分析,本文运用 Kano 模型,首先从

整体角度对不同类型的零售业务进行质量判定,再进一步分析了不同类型客户的关键性服务项目,以找出对客户满意度影响较大的服务项目。

(一)不同类型业务服务质量的总体判定

从总体来看,共包含九项魅力质量服务项目、一项一维质量服务项目、一项反向质量服务项目,以及十三项无差异质量服务项目,具体情况如下:

在网点和业务流程方面,"提供网点排队情况查询(电话、官网、微信等),并可提前预约""提供自助设备办理常规业务(如办卡、挂失、缴费、存取款等)""网点装修温馨、人性化"被认为是魅力质量,说明在网点、业务流程方面,银行首先应努力打造基础设施完善且人性化的网点;其次,为了提高业务办理效率,银行一方面可以增加自助设备、提高手机银行普及率,另一方面,可以通过移动互联网提高业务办理透明度,以改善客户与银行的信息不对称情况,帮助客户合理利用时间。

在营销渠道方面,第一,"通过短信方式定期向您推送产品或优惠活动""通过微信等平台定期推送产品或优惠活动""银行工作人员进入社区摆台介绍产品"被认为是无差异质量,对客户吸引力不够,但不同类型客户的看法有一定差异。重要客户中的阶段Ⅴ客户和一般客户认为用短信和微信方式提供产品和活动信息属于魅力质量,重要客户中的阶段Ⅲ客户却对短信推送产品和活动信息十分反感,一般客户由于行动不便,认为"银行工作人员进入社区摆台介绍产品"为魅力质量,因此,银行应当选择恰当方式、有针对性地开展宣传和营销,减少不必要的成本;第二,所有类型客户一致认为"银行工作人员通过电话推销产品"为反向质量服务项目,可见,电话营销的方式在客户心中信任度低,是银行应当尽量避免的营销方式。

在银行卡类业务中,一方面,"卡面花色可以定制或卡号可以自主选择""银行卡拥有较多的特惠商户,有各种刷卡优惠活动""银行卡拥有积分兑换优惠""提供亲子卡关联服务""信用卡自动还款的约定账户可以不属于同一银行""可用信用卡支付保费"被认为是魅力质量,因此,银行卡的个性化外观、家庭化配套服务、相关优惠活动以及信用卡还款和理财的便捷性都能较大程度地影响客户满意度;另一方面,"发放工资的储蓄卡可以每月自动划出一定比例购买签约理财产品、基金等""提供购房、购车专用储蓄卡""成功推荐他人办信用卡可获得高价值礼品或返现优惠"被认为是无差异质量,前两者与中小城市客户的理财观念有关,而由后者可知产品推荐的优惠激励措施对于需求价格弹性较小的中小城市客户而言效果不大,通过服务质量的实质性提高以提升客户忠诚度,对于产品的推广可能更有帮助。

在个人贷款业务方面,"提供购房、装修、购车等组合贷款套餐""银行在特定商户(如购房中心、4S店)设点办理贷款业务"总体判定为魅力质量,"贷款还清,若需办理新贷款,免授信审批环节"(即提供循环授信贷款业务)总体判定为一维质量,但不同类型客户的看法有一定差异,将在下一节进一步分析。

在理财业务方面,所有服务项目均为无差异质量,包括:"推出节日专属理财产品""理财产品以5万元及以上为购买起点""理财产品以风险和收益高低划分、命名""理财产品以购房车、旅游等用途划分、命名""来网点办理业务时,工作人员主动推荐理财等产品"等。这可能是由于中小城市客户观念偏保守,在选择理财产品时更谨慎,相比产品概念的创新,他们更注重产品的安全性和收益性。因此,与其通过产品概念的创新来达到吸引客户的目的,不如改进理财产品说明书,使之对风险和收益的阐述更通俗易懂,以及针对不同客户状况,普及理财知识、提供理财建议更为有效。

(二)不同类型客户的关键性服务项目分析

为银行能更有针对性地开展服务,本文通过计算每类客户的平均满意度系数和平均不满意度系数①,绘制成客户满意度矩阵图,找出了不同类型客户的关键性服务质量②,并按平均相对重要度排序,进一步分析不同类型客户的需求。

1. 重要客户的关键性服务项目

最能提高重要客户的关键性服务项目共八项:

根据图2-8-3及表2-8-5显示,相对重要度系数最高的前三项分别为"信用卡自动还款的约定账户可以不属于同一银行""银行卡拥有较多的特惠商户,有各种刷卡优惠活动""银行卡拥有积分兑换优惠",可见重要客户十分重视银行卡,尤其是信用卡的相关服务。

"提供网点排队情况查询,并可提前预约"被重要客户中的三个阶段的客户一致认为是魅力质量,是银行需要尽快普及的服务项目。

"银行在特定商户设点办理贷款业务"和"可用信用卡支付保费"被阶段Ⅲ和阶段Ⅳ的客户认为是无差异质量,但被阶段Ⅴ客户认为是魅力质量。前者可能是由于阶段Ⅴ的子女都工作了,子女买车买房的贷款需求也成为他们关注的焦点,后者则是由于这一阶段的家庭中或有人退休或临近退休,他们希望通过更有效益的方式投资,为退休后的生活提供更好的保障。

对于"提供自助设备办理常规业务"服务项目,阶段Ⅲ认为是必备质量,阶段

---

① 重要客户、潜在客户和一般客户的平均满意度系数与平均不满意度系数分别为重要客户、潜在客户和一般客户中的各阶段客户的满意度系数和不满意度系数的简单算术平均数。

② 关键性服务项目为位于满意度系数矩阵第一象限的服务项目。关键性服务项目既能高度增加客户满意度,又能高度减少客户不满意度。本文按相对重要度,将关键性服务项目进行了进一步排序。

IV 认为是一维质量,阶段 V 认为是魅力质量。虽然随着年龄的增大,自助设备的重要性是逐渐减弱的,但始终能较好地提升客户满意度。

"贷款还清,若需办理新贷款,免授信审批环节"被阶段 III 和阶段 V 的客户认为是一维质量,阶段 IV 客户认为是无差异质量。阶段 III 客户具有较为先进的消费理念,贷款比例在所有阶段中最高,因此提供循环授信服务已成为他们的明显需求,不提供此项服务将可能引起他们的不满;阶段 V 客户对于此项服务的关注可能更多源自于子女的需求;阶段 IV 客户虽然贷款比例仅次于阶段 III,但这一阶段客户有追求安稳的特点,因此更为保守,他们贷款的原因可能更多是一次性需求,多次贷款的可能性较小,因而循环授信对他们吸引力较小。

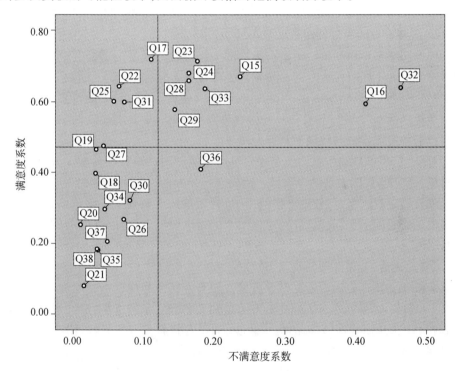

图 2-8-3　重要客户满意度系数矩阵

表 2-8-5　重要客户的关键性服务项目

服务项目	相对重要度	质量判定		
		阶段 III	阶段 IV	阶段 V
信用卡自动还款的约定账户可以不属于同一银行	1.39	A	I	A
银行卡拥有较多的特惠商户,有各种刷卡优惠活动	1.31	A	A	A

（续表）

服务项目	相对重要度	质量判定		
		阶段 III	阶段 IV	阶段 V
银行卡拥有积分兑换优惠	1.24	A	A	A
提供网点排队情况查询,并可提前预约	1.21	A	A	A
银行在特定商户设点办理贷款业务	1.15	I	I	A
可用信用卡支付保费	1.07	I	I	A
提供自助设备办理常规业务	1.05	M	O	A
贷款还清,若需办理新贷款,免授信审批环节	0.89	O	I	O

2. 潜在客户的关键性服务项目

根据图2-8-4和表2-8-6,潜在客户的关键性服务项目与重要客户相同,但在相对重要度和不同阶段客户的质量判定上存在着差异,需要重点关注的是:

"提供网点排队情况查询,并可提前预约""银行卡拥有较多的特惠商户,有各种刷卡优惠活动""银行卡拥有积分兑换优惠"为相对重要度最高的三项,且被潜在客户的各阶段客户一致认为是魅力质量。

对于"信用卡自动还款的约定账户可以不属于同一银行",阶段I认为是无差异质量,而阶段II认为是魅力质量。造成这一差异的原因可能是由于阶段I客户通常没有稳定收入来源,较难申请信用卡,且对信用卡尚处于了解阶段,而阶段II的客户工作时间不长,收入不高,对信用卡的需求明显上升,因而此项服务对阶段II客户的吸引力更大。

"贷款还清,若需办理新贷款,免授信审批环节"与"可用信用卡支付保费"被阶段I和阶段II客户认为是无差异质量,"银行在特定商户设点办理贷款业务"被阶段I和阶段II客户分别认为是魅力质量和无差异质量。可见,潜在客户在循环授信和利用信用卡理财方面的需求较少,而由客户特征分析可知,潜在客户的贷款比例非常低,这三项服务之所以能成为有效提升其客户满意度的关键性服务项目,可能因为潜在客户对银行及其产品处于了解阶段,虽然他们目前没有需求,但提供这些服务将改善他们对银行综合实力的评价,为以后的选择提供基础。

3. 一般客户的关键性服务项目

根据图2-8-5和表2-8-7最能提高阶段VI满意度的关键性服务主要为七项,其中,"可用信用卡支付保费""提供自助设备办理常规业务""提供网点排队情况查询,并可提前预约""信用卡自动还款的约定账户可以不属于同一银行""贷款还清,若需办理新贷款,免授信审批环节"等服务项目与重要客户和潜在客户的关键性服务项目相同;与其他类型客户不同的是,"网点装修温馨、人性化"被认为是相

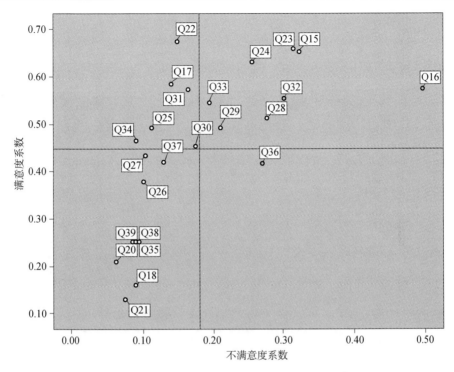

图 2-8-4 潜在客户满意度系数矩阵

对重要度最高的服务项目,而"理财产品以风险和收益高低划分、命名"也作为魅力被列入了关键性服务项目中。

表 2-8-6 潜在客户的关键性服务项目

服务项目	相对重要度	质量判定	
		阶段 I	阶段 II
提供网点排队情况查询,并可提前预约	1.15	A	A
银行卡拥有较多的特惠商户,有各种刷卡优惠活动	1.10	A	A
银行卡拥有积分兑换优惠	1.05	A	A
提供自助设备办理常规业务	1.03	O	A
信用卡自动还款的约定账户可以不属于同一银行	0.88	I	A
贷款还清,若需办理新贷款,免授信审批环节	0.87	I	I
银行在特定商户设点办理贷款业务	0.87	A	I
可用信用卡支付保费	0.86	I	I

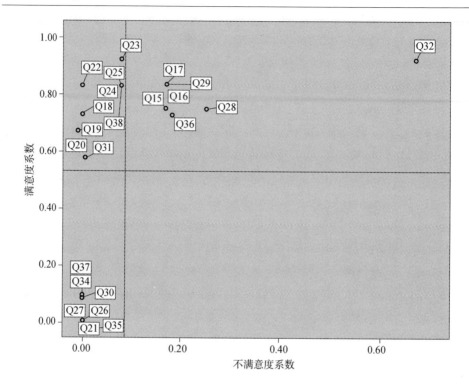

图 2-8-5 一般客户满意度系数矩阵

表 2-8-7 一般客户的关键性服务项目

服务项目	相对重要度	质量判定
网点装修温馨、人性化	1.75	A
可用信用卡支付保费	1.75	A
提供自助设备办理常规业务	1.62	A
提供网点排队情况查询，并可提前预约	1.58	A
信用卡自动还款的约定账户可以不属于同一银行	1.50	A
理财产品以风险和收益高低划分、命名	1.33	A
贷款还清，若需办理新贷款，免授信审批环节	1.17	O

通过随机访问调查，阶段 VI 的人业务多由他人代办，较少去银行营业厅，对于目前商业银行提供的服务比较满意，部分人表示，有的银行为避免让年纪大的客户过久等待，会提前为他们办理业务。同时，也有近 10% 的被调查者反映，希望银行员工能更热心，尤其希望员工在他们填单时能更耐心。

综合来看，由于一般客户年龄较大，行动不便，信息接收能力和理解能力下降，使得此类客户希望得到更多的关怀和帮助，网点多一些为一般客户提供帮助的设施、产品介绍更简单明了地切合客户目标、员工的耐心理解将更有助于一般客户的满意度提升。而由客户特征调查可知,由于业务多由子女代办,与其他类型客户相同的关键性服务项目对一般客户的影响是间接的,一般客户并非银行的营销重点对象。

四、主要结论

(一) K市商业银行的各项零售业务与大城市均存在较大差距

本文通过调查,发现K市商业银行的各项零售业务发展与大城市均存在较大差距:网点覆盖率方面,将K市与湖南省会长沙市对比,一方面,K市与长沙的银行网点平均服务人数和网点覆盖率的差距较大,且非五大行(除中国银行、工商银行、建设银行、农业银行、邮储银行以外的银行)的差距最为明显。另一方面,K市银行网点的服务能力并没有明显优势,也没有充分利用电子银行排队查询和预约功能,导致K市客户业务办理等候时间长,客户满意度较低;存贷业务方面,由于居民经济实力和授信环境的差异,K市个人消费贷款和个人存款的总量、人均量以及人均存贷比都远小于长沙对应量;中间业务方面,生活缴费业务和卡消费业务的开展受到环境限制,而获取工资卡发行权利并非获取长期效益的根本之策,致使新进入银行原有吸引客户群的方法在K市难以适用,而更多是通过价格竞争来吸引客户、增加客户存量;理财业务方面,K市理财业务量比大城市小很多。

(二) 银行对K市客户电子银行使用习惯和支付习惯的认识存在一定误解

由于金融服务的经验性,中小城市零售业务投入较少会拉大中小城市客户与大城市客户金融意识的差距,使得银行更加不重视中小城市的市场投入,在这种情况下,若信息技术的发展使得中小城市客户的金融意识迅速增强,而银行的服务却未随之改变,客户的满意度将会下降。根据调查发现,受惯性思维影响,K市部分银行(尤其是新进入的银行)对中小城市客户电子银行使用习惯和支付习惯方面的认识存在一定误解,使得投入不足,服务供给滞后于需求,阻碍了银行服务质量的提升。在访问中,K市部分银行负责人认为中小城市客户对电子银行的接受度较差,且更习惯于现金消费。然而,通过问卷调查分析发现,一方面,除了年龄较大的阶段V和阶段VI的客户,其他阶段的客户均有50%以上更偏好于使用网上银行或手机银行办理业务。另一方面,"银行卡拥有较多的特惠商户,有各种刷卡优惠活动"被认为是魅力质量,能显著提高阶段I、阶段II、阶段III、阶段IV人群的满意度。可见,K市客户已不再是过去只习惯使用现金、毫无金融思维的消费者了,他们对卡消费活动十分关注,刷卡消费的需求将越来越多。虽然K市客户在电子银行和卡消费的认知度和习惯方面可能仍与大城市存在一定差距,但是电子银行业务和卡消费业务在K市进一步普及已是必然趋势,改善电子银行服务能力和卡消费环境,引导更多客户使用电子银行和刷卡消费,将有助于提升K市客户的满意度。

(三)K市客户更关心银行服务的便捷度和价格优惠程度

依据调查发现,相比员工的服务能力和银行的品牌,K市客户更关心服务的便捷度和价格优惠程度。通过对不同类型客户的关键性服务项目分析得出,在便捷度方面,"提供网点排队情况查询,并可提前预约""提供自助设备办理常规业务""贷款还清,若需办理新贷款,免授信审批环节""信用卡自动还款账户可以不属于同一银行""银行在特定商户设点办理贷款业务""可用信用卡支付保费"等为关键性服务项目,能显著提升客户整体满意度,而"网点装修温馨、人性化"和"理财产品以风险和收益高低划分、命名"也能明显提高一般客户的满意度;在价格优惠方面,"银行卡拥有较多的特惠商户"和"银行卡拥有积分兑换优惠"为最能提升重要客户和潜在客户满意度的关键性服务项目。值得注意的是:其一,考虑到服务覆盖情况,"提供自助设备办理常规业务"是新进入的银行亟须解决的首要问题。其二,虽然提供"信用卡自动还款账户可以不属于同一银行"服务项目会在一定程度上减少银行的存款量,但是作为重要客户相对重要系数最高的服务项目,客户对此需求较强烈,而且已经有手机应用在着力于打破这种限制,因此,与其让发展迅猛的互联网金融机构开发出此项服务抢占先机,不如银行间加强合作,尽早打破壁垒,以期获得综合效益。其三,虽然"银行在特定商户设点办理贷款业务"属于关键性服务项目,但由于K市符合条件的房产开发商和4S店较少,此项服务较难推广,不过,银行可以考虑在开展刷卡消费的商户设点开展办卡等相关业务。

除以上关键性服务项目外,通过总体服务质量判定发现,"卡面花色可以定制或卡号可以自主选择""提供亲子卡关联服务""提供购房、装修、购车等组合贷款套餐"等个性化的便捷服务项目属于魅力质量,对于提升客户整体满意度的作用也较大;在营销方式选择上,所有类型客户一致认为"银行工作人员通过电话推销产品"为反向质量服务项目,重要客户中的阶段V客户和一般客户认为用短信和微信方式提供产品和活动信息属于魅力质量,重要客户中的阶段III客户却对短信推送产品和活动信息十分反感,一般客户由于行动不便,认为"银行工作人员进入社区摆台介绍产品"为魅力质量,银行可以针对不同类型客户偏好,选择客户认为最便捷的方式展开营销。

五、建议

通过对典型中小城市K市的调查分析,依据关键性服务项目,对中小城市商业银行零售业务服务质量的提升提出建议如下:

在改善便捷度方面,第一,银行应当首先依据需要,增设不同类型的服务网点,以扩大服务覆盖范围,为业务拓展奠定设备基础,对于年龄较大的一般客户,银行应在网点提供一些方便设施;第二,为改善营业网点服务人数过多、客户排队时间较长的问题,银行应当改变对中小城市客户在电子银行接受度方面的错误认识,宣传和引导客户利用手机银行、微信和官网等多种渠道进行网点排队情况查询和预约,改善银行和客户的信息不对称情况,帮助客户合理利用时间;第三,在中小城市开展循环授信个人贷款业务时,银行可以重点关注和开发重要客户中的阶段Ⅲ客户,以及其他信用等级较高的信用卡客户;第四,在推广信用卡时,银行应将重要客户作为重点营销对象,对于重点客户中的阶段Ⅴ客户,可以向其介绍信用卡支付保费的功能,以提高信用卡营销成功率;第五,建议银行从长远角度考虑,打破信用卡自动还款账户必须属于同一银行的壁垒,为客户提供更全面的服务,以获得综合效益。

在价格方面,首先,为增加特惠商户,改善卡消费环境,银行可以为商户提供较为优惠的商圈贷款、POS商户贷款等,以提高商户的合作积极性,并可在刷卡消费量较大的商户定期派人员办理办卡业务,进一步达到拓展客户的目的;其次,银行应加大对积分积累方法和已开展的积分兑换活动的宣传力度,让活动真正惠及客户,以提高客户的忠诚度。

除关键性服务项目外,银行还可以通过"卡面花色可以定制或卡号可以自主选择""提供亲子卡关联服务""提供购房、装修、购车等组合贷款套餐"等服务项目提升客户,尤其是重要客户的满意度;通过通俗化理财产品说明书、宣传理财知识,帮助客户树立科学的理财观,以进一步拓展中小城市的理财业务。

值得注意的是,营销方式也直接影响着客户的满意度,银行可以通过微信平台向客户推送产品和活动信息,而短信方式可能会使客户反感,可由客户自行选择是否开通短信推送服务,电话营销的方式则应当避免。

专题九　重庆云阳县家庭资产负债调查分析

一、引言

家庭金融自2006年第一次正式被Campbell在美国金融学年会上提出以来,日益受到国家、金融机构的重视,逐渐成为与资产定价、公司金融等传统研究方向并列的一个新的独立研究方向。① 尽管现有研究已在数据搜集和研究内容方面取得了一定成果,但是,这一领域仍有待进一步细化和深化。

家庭金融在数据搜集方面取得了一些成就,但数据搜集仍有待完善和丰富。这些数据主要存在两个问题:第一,由于调查问题涉及家庭隐私,被访者问题回答不全面,数据满意度有待提高;第二,不同调查所得到同一项目的数据差异较大。中国人民银行统计司与北京奥尔多投资中心成立的"中国城镇居民经济状况及心态调查项目"和中国人民银行与西南财经大学共同组建的"家庭金融调查与研究中心(CHFS)"先后对国内部分家庭做了家庭金融数据调查,其中,CHFS每两年进行一次调查,抽样调查全国部分省份的家庭金融数据。CHFS首次数据调查是2011年进行的。"中国城镇居民经济状况及心态调查项目"是2009年进行的。尽管二者调查时间只相隔两年,调查所得数据差异仍很大。从家庭平均资产来看,CHFS所调查的全国家庭平均资产是121.69万元,城镇居民家庭平均资产是247.6万元,农村家庭平均资产是37.7万元,而"中国城镇居民经济状况及心态调查项目"调查的城镇居民家庭平均资产仅为55.1万元。基于调查数据,学者们目前大都从整体角度出发对调查数据进行研究,得出的结论主要反映宏观状况,而家庭资产负债状况因地区不同可能会存在较大差异。因此,深入某个地区进行样本调查,从局部角度进行分析有助于完善家庭金融研究。本文以随机抽取的云阳县800户家庭进行上门访问,调查并分析了该地区家庭资产负债状况和成因。

目前家庭金融的研究内容主要集中在四方面。第一,人口特征对家庭金融行为的影响。人口特征包括年龄、受教育水平、户主性别、家庭人口和健康状况五个因素。一类观点认为股票资产存在年龄效应。Luigi et al.(2002),Nieuwegiessen et al.(2009),Aono 和 Iwaisako(2010),Humayun1 和 Shamim1(2014),Frijters et al.

---

① 马双,谭继军,尹志超:《中国家庭金融研究的最新进展——"中国家庭金融研究论坛"会议综述》,载于《经济研究》2014年9期。

(2015)、Zhang et al. (2015)均发现股票资产存在年龄效应,认为在一定年龄区间内,年龄与拥有股票资产的高低先呈正相关,随后呈负相关。另一类观点认为股票投资跟年龄关系不大。Campbell(2006)认为股票投资不存在年龄效应,而与行情更相关。在股市行情好的时候,各个年龄阶段的人均乐于参与股市;在股市行情不好的阶段,各个年龄阶段的人参与股市的积极性均很低,不存在显著差异。Stuart(2010)研究表明信任对女性、低收入人群和受教育水平低的人群投资风险资产的意愿和程度影响更深。李涛和陈斌开(2014)研究了地域、户主年龄、户主受教育程度、户主健康状况、家庭收入以及人口规模等因素对家庭资产负债的稳定性影响,认为户主年龄大小、家庭人口规模与家庭资产负债表的稳定性呈正相关关系;户主受教育程度、户主健康程度与家庭资产负债表的稳定性显著相关。其中,户主受教育程度越高,家庭资产负债表的稳定性越强;户主越健康,家庭资产负债表稳定性亦越强。

第二,家庭背景与家庭资产选择的差异。家庭背景差异包括自有住房差异、劳动收入差异和家庭成员健康差异等。高明和刘玉珍(2013)总结前人文献说:财富水平低的家庭,由于对财富的流动性和安全性要求均很高,所以持有的资产安全性均很高;中产阶级则偏好持有不动产,这与 Campbell(2006)的结论是一致的。赵人伟(2005)研究发现国内家庭的大部分资产为不动产——房产,且调整房产在国内家庭资产中的比例很困难。吴卫星和齐天翔(2007)通过 Probit 和 Tobit 模型研究了中国居民股票市场参与度和投资组合的影响因素,发现房产对股票投资具有"挤出效应",拥有房产越多的家庭参与股票投资的几率越低。与此同时,财富越多的家庭,参与股市的概率越大、程度越深。何兴强、史卫和周开国(2009)进一步研究了房产和股市参与的关系,得出房产投资降低居民股市参与率的观点,支撑了吴卫星等的观点。

第三,社会文化变量对家庭金融决策的影响。社会文化变量包括了社会信任、社会资本和宗教信仰三方面的内容,衡量了一个家庭在所处文化环境和经济环境中所拥有的社会关系。Rooija et al.(2011)、El-Attar 和 Poschke(2011)研究了信任与家庭投资行为的关系,均发现信任感较低的家庭偏爱投资不动产,厌恶投资股票等风险资产。Miller 和 Hoffmann(1995)、Halek 和 Eisenhauer(2001)、Gilles 和 Wai(2009)、Renneboog 和 Spaenjer(2012)研究了宗教与风险态度之间的关系,发现不同的宗教,对风险的态度迥异,对资产配置的态度也相差较大,其中,基督教教徒热爱家庭,更倾向于投资风险低的资产;相对于天主教,犹太教对风险的容忍度较高。Georgarakos 和 Pasini(2011)研究了欧洲地区宗教与投资的关系发现:在宗教不深入的区域,社会化能力与风险投资能力呈正相关关系。李涛和郭杰(2009)对中国15个城市的居民投资行为调查数据进行分析,研究了居民风险态度与股票投资的关系,认为居民风险态度与股票投资参与度没有明显关系,与西方部分学者得出截然不同的结论,给出的原因是:社会互动影响了居民对股票投资风险的主观态度,并且社会互动高的居民容易受到外界观点的影响,从而做出削弱与自己主观认识的决定;社会互动较低的居民不容易受到外界观点的影响。陈斌开和李涛(2011)通过研究职业、性别、宗教因素等对家庭负债的影响,认为这些因素并不显著影响家庭负债。

第四,经济金融发展与家庭资产配置的关系。许荣、毛宏灵和沈光郎(2005)研究了资本市场发展与家庭资产配置的关系,认为资本市场发展的完善程度对家庭部门资产的配置有显著影响,其中,资本市场发展越完善,家庭部门资产配置越分散。易纲和宋旺(2008)研究了金融体系的完善程度与中国金融资产结构之间的关系,发现金融体系的完善会不断增加股票、债券等风险资产在投资中的比重。由此可以看出,金融体系的完善会加深家庭参与风险资产的程度。嵇尚洲(2009)认为金融市场的环境对小投资者参与风险资产的积极性具有显著影响。金融市场环境包括金融法律法规的完善、市场黑幕交易的发生几率、金融市场的稳定性等内容。金融市场环境越好,小投资者越倾向于参与风险资产投资。聂富、强崔亮和艾冰(2012)通过研究贫困家庭的社会资本与家庭金融选择,认为完善社会资本、促进金融发展有助于贫困家庭改善贫困状态。尹志超、吴雨和甘犁(2015)研究了金融可得性、金融市场参与和家庭资产选择之间的关系,认为金融可得性的提高可以促进正规金融市场对非正规金融市场的替代作用,即金融可得性的提升,可以促使家庭购买更多正规金融市场的产品,从而降低民间借贷。

本文的创新主要体现在角度新,具体为两方面:第一,基于之前学者的研究和实地调查数据,运用 Probit 和 Tobit 模型,实证得出家庭人口规模对家庭资产额度、负债额度和净资产均有显著正影响的结论,为相关理论提供了实证结果。第二,从局部视角出发,分析了云阳县家庭资产负债的成因,得出云阳县家庭总体资产偏低、资产配置结构单一,家庭负债压力较大,收入差距不大、财富差距较大,社会关系对家庭资产额度影响不明显等结论,丰富了现有研究文献。

二、数据样本和变量分析

(一)样本选取与数据来源

本文所使用的数据,源于 2015 年 6—8 月在云阳县进行的实地调查。本文所调查对象是具有云阳县户口或者长期在云阳县居住达 5 年以上的家庭,访问的具体对象为熟知自己家庭经济状况的家庭成员,调查内容涵盖了家庭人口、户主受教育年限、家庭收入、家庭金融资产在内的 29 个家庭经济金融状况,调查方法为随机抽样调查。此次调查共抽取了 800 户家庭进行访谈,其中访谈了 650 户,得到有效问卷 488 份,拒访率为 18.75%。

(二) 实地调查数据的统计分析

1. 户主人口特征

根据实地调查数据,此次所调查的家庭平均人口规模是 2.86 人,其中三口之家最多,达到 239 户,占比 48.88%。户主平均年龄为 39.86 岁,受访户主年龄的中位数是 40 岁,最小值是 20 岁,最大值是 81 岁,其中,30 岁至 50 岁的人占总样本的比例最大。从户主的受教育程度来看(表 2-9-1),户主平均受教育年限为 10.83 年,比 2015 年全国劳动力平均受教育年限 9.28 年略高。① 本文认为是此次抽样家庭户主年龄偏低引起。

表 2-9-1 样本家庭人口特征分布情况

变量	均值	标准差	中位数	最小值	最大值
家庭规模(人)	2.86	10.61	3	1	7
户主年龄(岁)	39.86	9.81	40	20	74
户主受教育年限(年)	10.83	3.62	12	0	19

云阳县户主有中专以上学历的为 131 户,占 26.78%。总体而言,云阳县家庭户主有初中以上学历的为 387 户,占比达 79.14%。通过表 2-9-2,笔者发现云阳县户主受教育程度与户主年龄呈现负相关关系,其原因是义务教育的普及和高等教育招生规模扩大。

表 2-9-2 样本家庭户主年龄与受教育年限分布情况

年龄段(岁)	户数(户)	户主平均受教育年限(年)
20—30	90	14
31—40	138	11.88
41—50	172	9.60
51—60	65	5.47
61—81	17	3.73

2. 家庭资产负债状况

根据表 2-9-3,云阳县家庭年平均收入为 7.05 万元,中位数是 6 万元,最低年收入是 0.24 万元,最高年收入是 80 万,家庭总资产平均数是 75.13 万元,家庭负债的平均值是 11.34 万元,占家庭总资产平均值的比重为 15.09%。相对于收入来讲,家庭负债的还款年限为 1.61 年,但考虑到一年的可支配收入为 2 万元,平均还款年限增加到 5.7 年,负债压力较大。② 根据调查数据,云阳县大部分家庭净资产在 10 万—47.3 万元之间,占到样本家庭的 36.27%。表 2-9-3 和表 2-9-4 显示,

---

① 资料来源:http://www.moe.edu.cn/jyb_xwfb/s5 147/ 201 512/t20 151 207_ 223 334.html。
② 资料来源:《重庆市统计年鉴》。

云阳县金融资产平均值是 11.96 万元,其中银行存款占比高达 86.99%。根据调查数据,云阳县家庭住房平均值为 41.7 万元,占非金融资产比例高达 66.46%。

3. 贫富差距测量

用 Excel 对调查所得数据进行计算,笔者得到样本家庭的收入差距的基尼系数为 0.31,家庭总资产的基尼系数是 0.426,家庭金融资产分布的基尼系数为 0.569,其中非银行存款金融资产的基尼系数更是高达 0.946,家庭非金融资产的基尼系数为 0.423。[①] 根据联合国的标准,基尼系数处于 0.3—0.4 之间则差距合适,处于 0.4—0.5 则差距较大,高于 0.5 则差距悬殊。由此可知样本地区家庭的收入差距不大,总资产差距较大。住房贷款占家庭负债达 85.68%(表 2-9-5),可以看出云阳县家庭资产配置结构单一,且房贷压力较大。

表 2-9-3　样本家庭资产负债分布情况

项目	平均数	标准差	中位数	最小值	最大值
家庭收入(万元)	7.05	5.32	6	0.24	80
家庭总资产(万元)	75.13	87.91	58.05	0.7	1 291
家庭负债(万元)	11.34	13.95	5	0	100
家庭净资产(万元)	66.79	80.45	49.235	-7.98	1 191
家庭金融资产(万元)	11.96	28.83	7	0	530
家庭非金融资产(万元)	62.74	64.41	49.31	-1.7	761

表 2-9-4　样本家庭金融资产的构成情况

金融资产项目	均值(万元)	占金融资产比重(%)
银行存款	8.9 030	86.99
股票	0.8 145	3.04
基金	1.0 287	5.68
债券	0.2 111	1.07
外汇	0.1 025	0.19

表 2-9-5　家庭负债结构

借款用途	均值(万元)	占家庭负债比(%)
住房贷款	9.64	85.68
教育贷款	0.231	2.05
用于商业投资的贷款	0.225	2.00
用于股票投资的贷款	0	0.00
用于购买其他物品的借款	1.106	9.83

---

① 本文的基尼系数是用 excel,通过对调查数据中家庭年收入和受访家庭户数进行处理得到的。其中,计算基尼系数的公式是通过对 y = x 减去 excel 模拟得到的洛伦兹曲线方程积分的结果,除以 0.5 得到。洛伦兹曲线的方程是用 excel 进行五阶方程模拟得到的,均为五元线性方程,R^2 值均在 0.8 以上,方程模拟效果较好。

(三)实证分析

1. 变量说明

本文主要讨论家庭资产负债状况的成因,包括讨论家庭是否拥有负债的影响因素、家庭资产额度的影响因素和家庭负债额度的影响因素。根据研究目的,本文的被解释变量为:家庭资产的额度、是否存在家庭负债和家庭负债的额度。关于解释变量,本文直接选取了之前学者所得到的显著因素。本文的解释变量包括户主年龄、家庭人口规模、户主婚姻状况、户主受教育程度、家庭收入和能否从社会获得有效帮助六个方面,具体的模型、被解释变量和解释变量如表2-9-6和表2-9-7所示。

表 2-9-6 模型被解释变量的设定与赋值

被解释变量	变量释义及赋值
家庭资产(asset)	家庭各个成员各种资产之和,单位:万元
家庭负债(liability)	家庭各个成员各种负债之和,单位:万元
家庭净资产(net asset)	家庭资产减去家庭负债的差额,单位:万元

表 2-9-7 模型解释变量的设定与赋值

解释变量	变量释义及赋值
户主年龄(age)	户主年龄为实际年龄(单位:岁)
家庭人口规模(people)	家庭的实际人口(单位:人)
户主婚姻状况(marriage)	户主婚姻状况:1=已婚;0=其他
户主受教育程度(edu)	户主受教育程度:6=小学;9=初中;12=中专/高中;15=大专;16=本科;16以上为本科以上
家庭收入(income)	家庭收入为一个家庭所有家庭成员一年的收入之和。(单位:万元)
能否从社会获得有效帮助(support)	1=能;0=否

2. 模型构建

本文研究的因变量是:"家庭负债的决定因素""家庭资产""家庭负债额度的影响因素"和"家庭净资产的影响因素"。根据调查结果,家庭负债包括拥有家庭负债和不拥有家庭负债两种情况,是二项分类变量,因此应该选择 Logistic 回归或者 Probit 模型进行分析。由于模型中涉及序次变量,所以,本文采取 Probit 模型对"家庭负债的决定因素"进行实证分析。① 对于"家庭资产""家庭负债额度的影响因素"这一解释变量,由于部分家庭资产和负债为零,即数据是被截断的,因此本文选取了 Tobit 模型进行解释。对于家庭净资产的影响因素,本文参考以前学者

---

① Logistic 模型和 Probit 模型没有本质的区别,一般情况下可以互换。他们之间的区别在于:采用的分布函数不同。前者假设随机变量服从逻辑概率分布,而后者假设随机变量服从正态分布。这两种分布函数的公式很相似,函数值相差也并不大,唯一的区别在于逻辑概率分布函数的尾巴比正态分布粗一些。因此,如果因变量是序次变量,回归时只能用有序 Probit 模型。

的研究方法选取了 OLS 回归分析模型和分位数回归进行估计。OLS 回归分析模型能分析出各个影响因素对家庭净资产的影响,但不能反映出各个因素对家庭净资产影响程度的大小情况。分位数回归从不同分位数考虑,对条件分布的刻画更细致,分析结果更全面深入,因此,本文不仅选择 OLS 回归分析,还进一步采用了分位数回归,分析了各种不同的影响因素对家庭净资产的影响程度。

对于"家庭负债的决定因素"这一被解释变量,令被解释变量 y_i 表示是否持有负债的虚拟变量,$y_i=1$ 表示家庭持有负债,$y_i=0$ 表示家庭没有负债;y_i^* 表示家庭的意愿负债持有量;x_i 表示户主年龄、家庭人口规模、户主婚姻状况、户主受教育程度、家庭收入和是否能获得有效帮助六个解释变量;β 代表这些自变量参数的大小,是常数;μ_i 表示残差项。那么 Probit 模型的形式为:

$$y_i^* = x_i\beta + \mu_i$$

$$y_i = \begin{cases} 1 & y_i^* > 0 \\ 0 & y_i^* \le 0 \end{cases} \quad (2-9-1)$$

对于"家庭资产额度的影响因素""家庭负债额度的影响因素"这一被解释变量,令 y_i 为被解释变量——家庭资产、家庭负债的真实持有量,y_i^* 表示家庭资产、家庭负债的意愿持有量;当 $y_i^*>0$ 时,$y_i=y_i^*$ 表示家庭资产、家庭负债真实持有量等于家庭资产、家庭负债意愿持有量;$y_i^* \le 0$ 时,表示家庭资产、家庭负债为零,$y_i=0$;x_i 表示户主年龄、家庭人口规模、户主婚姻状况、户主受教育程度、家庭收入和是否能获得有效帮助六个解释变量;β 代表这些自变量的影响因子的参数,是常数;μ_i 表示残差项。那么 Tobit 模型的形式为:

$$y_i^* = x_i\beta + \mu_i$$

$$y_i = \begin{cases} y_i^* & y_i^* > 0 \\ 0 & y_i^* \le 0 \end{cases} \quad (2-9-2)$$

对于"家庭净资产的影响因素",本文选取的是分位数回归分析和 OLS 回归分析,两种分析的基本模型是一致的。y 代表家庭净资产,β_0 代表截距参数,β_i 代表自变量的参数,x_i 代表自变量,本文指代户主年龄、家庭人口规模、户主婚姻状况、户主受教育程度、家庭收入和是否能获得有效帮助六个解释变量;ε 代表残差项,最小二乘法(OLS)具体模型如下:

$$y = \beta_0 + \beta_i x_i \varepsilon \quad (2-9-3)$$

三、实证检验结果及分析

(一)描述性统计

1. 户主年龄与家庭资产、家庭负债

笔者基于调查所得数据,借鉴之前学者的研究方法,在家庭所处生命周期、家庭教育结构和收入水平的基础上,增加了家庭人口规模这一因素,研究了此四个因素与家庭资产、家庭金融资产、家庭非金融资产、家庭净资产、家庭负债、住房贷款、购买其他物品的贷款之间的关系。

从图 2-9-1 和图 2-9-2 可以看出,除了家庭金融资产之外,家庭资产、家庭非金融资产、家庭净资产均与户主年龄呈显著倒 U 型的关系,户主年龄和家庭负债呈负相关关系,符合生命周期理论。

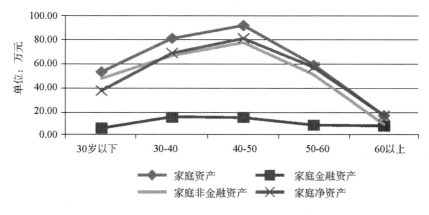

图 2-9-1 户主年龄与家庭资产

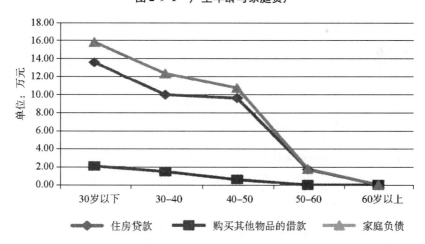

图 2-9-2 户主年龄与家庭负债

2. 户主受教育年限和家庭资产、家庭负债

从图 2-9-3 和图 2-9-4 可以看出户主受教育年限与家庭资产、家庭负债均呈正相关关系,且家庭负债随着户主受教育年限的增加而逐渐增加。本文认为其原因是:户主拥有更高学历的家庭,学习能力更强、获得稳定高收入的可能性更大,

因而资产水平越高、负债能力也越强。其中,户主学历越高的家庭住房贷款占家庭负债的比重越高,用于购买其他物品的借款也越高,本文认为其原因是:户主学历越高的家庭,从社会获得贷款的能力也越强,因此产生相对较高的贷款。

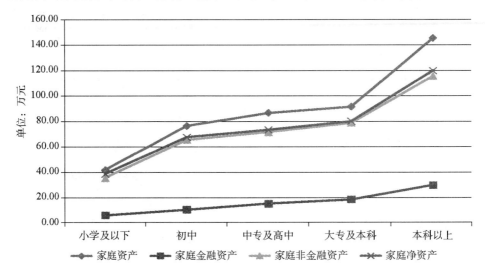

图2-9-3　户主受教育年限与家庭资产

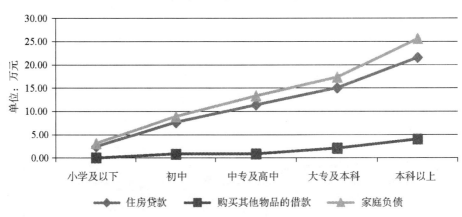

图2-9-4　户主受教育年限与家庭负债

3. 家庭收入与家庭资产、家庭负债

图2-9-5和图2-9-6显示家庭收入与家庭资产、家庭负债均呈现强正相关关系。调查结果符合现实,收入越高的家庭,家庭资产也越高,并且具有更强的家庭负债能力,也更容易从社会获得贷款。

4. 家庭人口规模与家庭资产、家庭负债

从图2-9-7中可以看出,家庭资产、家庭净资产、家庭金融资产、家庭非金融资

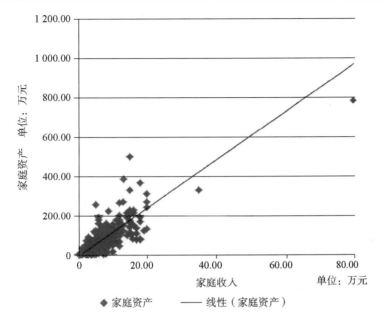

图 2-9-5 家庭收入与家庭资产

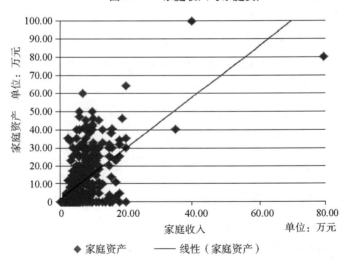

图 2-9-6 家庭收入与家庭负债

产与家庭人口规模的变化趋势相似,均是先随家庭人口规模的增加而增加,直至家庭人口规模为 4 人以上之后,开始降低。家庭人口为 1 人的家庭,主要由未婚和离异人群组成,这两类人群要么处于生命周期的初期阶段,收入能力低,要么因为离异导致家庭资产降低,因此,家庭各类资产规模均相对较小。而后,家庭资产随着家庭人口规模的增加而增加,是由于随着家庭的成熟,户主年龄逐渐增加,家庭成员事业逐渐处于上升期,因此家庭资产逐渐增加。四口以上人口规模的家庭,家庭资产较少,本文认为,其原因是:人口多引起家庭负担重。一方面,家庭成员因为照顾家庭牺牲太多精力,从而影响劳动投入;另一方面,家庭人口多,支出多,因此,积累的家庭资产相对较低。

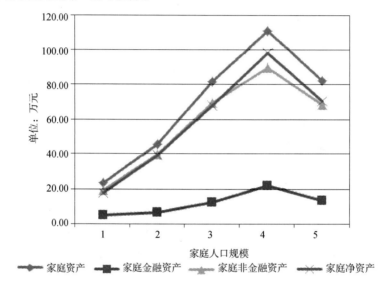

图 2-9-7　家庭人口规模与家庭资产

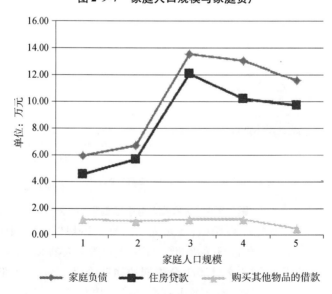

图 2-9-8　家庭人口规模与家庭负债

从图 2-9-8 可以看出,除了五口之家的家庭用于购买其他物品的借款几乎为 0 之外,其他人口规模的家庭呈现平稳趋势。本文认为,五口之家购买其他物品的借款很低的原因是:较大的家庭规模导致户主采取更为保守的消费策略,因此贷款较少。家庭负债和住房贷款先随着家庭人口规模的增加而增加,直到家庭人口为三人以上,随着家庭人口规模的增加而减少。本文认为其原因是:一方面,家庭人口增加,意味着户主年龄增大、家庭承受风险的能力得到提升,因此,家庭负债首先呈现出上升的趋势;另一方面,随着家庭人口规模的增加,家庭支出增加,家庭财务压力也上升,家庭对贷款所采取的态度随家庭人口数量的增加会更倾向于保守,因此家庭负债降低。

(二)实证分析

1. 家庭负债决定因素实证分析

表 2-9-8 的实证结果反映了各个影响因素影响家庭负债的程度。根据实证结果得知:家庭人口规模、户主年龄、婚姻状况、户主受教育水平和社会关系均对家庭负债的可能性存在显著影响。其中,家庭人口规模在 95% 的置信区间下显著影响家庭是否负债,家庭人口越多家庭负债可能性越大,这说明人口增加引起的支出增加会给家庭带来经济压力,从而引起负债需求。户主年龄在 99% 的置信区间下显著影响家庭是否负债,户主年龄越大,负债概率越小,这与家庭生命周期的结论是一致的,说明户主年龄增加,家庭资产逐渐增加,从而借贷的需求逐渐减少。户主的婚姻状况在 99% 的置信区间下对家庭是否负债有显著影响效果。陈斌开等(2011)的实证结论是:户主的婚姻状况对家庭是否负债影响不显著。本文认为户主婚姻状况对家庭是否负债有显著影响,原因是国内家庭负债绝大部分是住房贷款和购车贷款,结婚的户主对买房和买车的需求较大,因此有住房贷款和购车贷款的概率比未婚和已离异的户主概率大得多。因此,户主的婚姻状况对家庭是否负债有显著影响是成立的。户主受教育的程度在 90% 的置信区间下对家庭是否持有负债影响显著,受教育程度越高的家庭负债能力越强,因此结果显著。我们注意到家庭年收入对家庭是否负债影响不显著,本文认为,其原因是:家庭年收入越高的家庭,家庭负债能力和得到负债的能力越强,但是负债需求也越低,因此结果不显著。最后,能否从社会获得有效物质帮助(社会关系)对家庭是否负债结果是显著的,其原因是:能获得帮助的家庭获得贷款的能力相对较强。

表 2-9-8　家庭负债的决定因素—Probit 实证结果

	（1） 家庭负债的可能性
家庭负债的可能性	
家庭人口规模	0.220**
	(2.39)
户主年龄	-0.0551***
	(-5.95)
户主婚姻状况	0.911***
	(3.00)
户主受教育程度	0.0487*
	(1.94)
家庭年收入	0.0368
	(1.63)
能否从社会获得有效帮助	0.249*
	(1.73)
_cons	0.181
	(0.33)
N	488

注：括号内为 t 值，***、** 和 * 分别表示在 1%,5% 和 10% 的显著性水平下通过检验。

2. 家庭资产和负债额度的实证分析

表 2-9-9 展示了家庭资产和负债额度影响因素的实证结果。从实证结果中可以看出，家庭人口规模越大，家庭资产越多，家庭负债也越多。① 户主年龄越大，家庭资产越多，家庭负债额度越小。

户主受教育的程度、家庭年收入与家庭负债、家庭负债额度均正相关，这与之前的统计分析和 Probit 分析结果吻合。家庭能否获得社会有效物质帮助（社会关系）对家庭负债影响显著，能获得有效物质帮助的家庭负债额度越高。但是，家庭能否获得社会有效物质帮助（社会关系）对家庭资产的影响并不显著。本文认为是文化习俗导致了这种情况：在家庭困难的时候，找亲戚朋友借钱救急相对容易，但是当需要借钱进行投资等风险活动时，相对比较困难。

---

① 家庭人口规模越多，家庭支出越高，家庭负债可能性越大；同时，家庭人口规模越大，家庭财务压力越大，家庭男女主人挣钱的动力越大，投入的劳动越多，所以家庭资产越多。

表 2-9-9　家庭资产、家庭负债额度影响因素—Tobit 实证分析

模型	(1) 家庭负债额度	(2) 家庭资产额度
家庭人口规模	2.623**	2.480*
	(2.37)	(1.69)
户主年龄	-0.524***	0.490***
	(-4.99)	(3.59)
户主婚姻状况	10.62***	-8.776*
	(2.91)	(-1.83)
户主受教育年限	0.970***	0.0983*
	(3.46)	(0.25)
家庭年收入	1.098***	2.927***
	(7.02)	(12.57)
能否从社会获得有效帮助	5.443***	0.329
	(3.25)	(0.14)
_cons	-11.45*	-28.75***
	(-1.81)	(-3.27)
sigma		
_cons	15.35***	23.26***
	(23.04)	(31.17)

注：括号内为 t 值，***、** 和 * 分别表示在 1%、5% 和 10% 的显著性水平下通过检验。

3. 家庭净资产影响因素的实证分析

家庭净资产由家庭资产与家庭负债共同决定，因此，本文进一步探究了家庭净资产的影响因素。表 2-9-10 展示了 OLS 实证结果和分位数回归分析的结果。实证表明家庭人口规模、户主年龄、家庭年收入无论是在 OLS 回归分析中，还是在 (2)(3)(4)(5)(6) 的分位数回归分析中，均对家庭净资产有显著影响。家庭净资产随着家庭人口规模和户主年龄的增加而增加。家庭人口规模对家庭净资产的影响是正的，这说明家庭人口规模的增加使家庭成员更加勤奋，并且支出更加谨慎，因此净资产相对较高。但是 75 分位的影响因子小于 50 分位和 25 分位的，这说明家庭人口对家庭净资产的正面影响力逐渐减小，但总的来讲是正的。户主年龄对家庭净资产影响显著，且影响程度随年龄增大而增加，这佐证了家庭资产与户主年龄呈正相关，家庭负债与户主年龄呈反相关的分析结论。家庭净资产随家庭年收入的增加而增加，支撑了之前学者的研究结论。

根据对家庭净资产影响因素不同分位的回归分析，我们注意到户主婚姻状况、户主受教育程度和能否获得有效物质帮助这三个因素对家庭净资产的影响并不显著。在对家庭资产、家庭负债额度的影响因素进行分析时，我们得知户主婚

姻状况在99%的置信区间下对家庭负债存在显著正影响,在90%的置信区间下对家庭资产存在显著负影响。这似乎与前面的结论矛盾,实际是不矛盾的:户主婚姻状况在OLS回归分析中受到了极端值的影响;用分位数回归分析避免了极端值问题,得出婚姻状况对家庭净资产影响不显著的结论,这是调整后的结论,更加准确。因此,户主婚姻状况对家庭净资产影响不显著。在OLS回归分析中,户主受教育程度对家庭净资产的影响不显著,但是在分位数回归中却是显著的,这说明OLS分析受到了极端值的影响。我们看到户主受教育程度这个影响因素对家庭净资产的影响是显著的,但是分位数回归分析中,从25分位至75分位,回归参数一直降低,这说明户主受教育程度对家庭净资产的边际影响力随着受教育程度增加而降低。能否获得有效物质帮助对家庭净资产影响并不显著。

表2-9-10 家庭净资产影响因素——分位数回归分析

	(1) OLS	(2) 25分位	(3) 50分位	(4) 75分位	(5) 50-25分位	(6) 75-50分位
家庭人口规模	12.15***	11.07***	11.45***	8.909***	10.84***	12.42**
	(3.90)	(6.09)	(5.01)	(4.73)	(4.30)	(2.55)
户主年龄	1.902***	1.072***	1.254***	1.599***	1.754***	2.132***
	(6.56)	(6.34)	(5.90)	(9.13)	(7.49)	(4.72)
户主婚姻状况	-19.67*	-8.554	-7.862	-6.250	-11.49	-28.75*
	(-1.94)	(-1.44)	(-1.06)	(-1.02)	(-1.40)	(-1.81)
户主受教育年限	0.258	1.477***	1.238**	1.176**	0.777	-0.130
	(0.31)	(3.08)	(2.05)	(2.37)	(1.17)	(-0.10)
家庭年收入	10.96***	4.926***	5.308***	7.736***	8.834***	12.74***
	(22.18)	(17.10)	(14.65)	(25.94)	(22.14)	(16.54)
能否从社会获得有效帮助	5.488	4.357	2.657	5.322*	9.071**	8.995
	(1.12)	(1.53)	(0.74)	(1.80)	(2.29)	(1.18)
_cons	-112.3***	-89.22***	-84.23***	-94.28***	-92.37***	-92.86***
	(-6.02)	(-8.19)	(-6.15)	(-8.36)	(-6.13)	(-3.19)
N	488	488	488	488	488	488

注:括号内为t值,***、**和*分别表示在1%,5%和10%的显著性水平下通过检验。

四、结论及建议

(一)结论

一是云阳县家庭资产总体偏低,资产配置结构单一,家庭负债压力大。整体经济状况欠发达是云阳县家庭资产总体偏低的主要原因;对房产的偏爱、理财观念保守和理财知识的缺乏造成了云阳县家庭资产配置结构单一;收入较低而消费水平较高导致云阳县家庭负债压力较大。

二是云阳县收入差距不大,但财富差距大。基于实地调查数据,云阳县家庭收入基尼系数是0.31,家庭总资产基尼系数是0.426,家庭金融资产的基尼系数高达0.569,其中家庭非银行存款金融资产的基尼系数高达0.946,家庭非金融资产的基尼系数是0.423。

三是家庭人口规模、户主年龄、户主婚姻状况、户主受教育水平和社会关系对家庭是否拥有负债有显著影响;家庭年收入对家庭是否拥有负债影响不显著。其中,本文根据实证结果得知户主婚姻状况对家庭是否拥有负债有显著影响。本文认为其原因是:国内家庭绝大部分负债来自住房贷款,已婚户主对买房的需求更大,因此有购房贷款的可能性更大,家庭负债可能性更大。本文认为社会关系对是否拥有负债也有显著正影响的原因是:有良好社会关系的家庭获得贷款的能力更强,因此负债的可能性增加。

四是家庭人口规模、户主婚姻状况、户主受教育水平、家庭年收入和社会关系对家庭负债额度有显著正影响,户主年龄对家庭负债额度有显著负影响;家庭人口规模、户主受教育水平、家庭年收入对家庭资产额度有显著正影响,户主婚姻状况对家庭资产额度有显著负影响,社会关系对家庭资产额度影响不明显。

五是家庭人口规模、家庭年收入和户主年龄对家庭净资产有显著正影响;户主婚姻状况对家庭净资产有显著负影响;户主受教育年限和社会关系对家庭净资产没有显著影响。本文认为户主婚姻状况对家庭净资产有显著负影响的原因是:离婚户主存在家庭财产分割和重新购置生活设备等情况,因此家庭净资产相对较低。户主受教育年限对家庭净资产无显著影响的原因是:家庭净资产不同于家庭收入,更多衡量的是财富差距,尽管高学历更可能带来高收入,但财富差距更多由代际转移引起。

(二)建议

结合以上五点结论,笔者针对金融机构和政府提出两点建议。第一,建议金融机构加大产品宣传,增加居民对投资方式的了解。云阳县家庭存在资产配置单一的情况,很大程度由保守的理财观念和投资理财知识的匮乏引起。因此,加大投资方式的宣传有利于云阳县家庭了解其他投资途径,从而有助于改善资产配置单一的情况。第二,建议政府改善居民资产负债表,缩小贫富差距。根据调查数据,云阳县家庭收入、家庭资产总体偏低,且家庭收入差距不大,财富差距较大,容易陷入贫困陷阱。因此云阳县政府亟需加强经济发展,提升总体经济和居民收入水平,改善居民资产负债表,并制定相关政策缩小贫富差距。

专题十　中国网络车险消费意愿影响因素研究

一、引言

近年来,"互联网+"概念不断深入人心,在各个领域快速融合,互联网金融由此应运而生。金融公司开始借助互联网对传统营销模式进行改造,建立了线上与线下相结合的营销模式,互联网金融蓬勃发展起来。与此同时,互联网改革浪潮也在推动着金融行业三大支柱之一的保险业的改革,国家基于现实考虑制订了一系列政策。2011年8月,《中国保险业发展"十二五"规划纲要》提出,推动移动互联网、云计算和虚拟化等新技术在保险业的创新应用。同时,大力发展保险电子商务,构建"以客户为中心"的保险销售与服务模式,不断提高保险业的客户资源利用水平。[①] 2014年8月,《国务院关于加快发展现代保险服务业的若干意见》明确提出"支持保险公司积极运用网络、云计算、大数据、移动互联网等新技术促进保险业销售渠道和服务模式创新,进一步为互联网保险指明了方向。[②] 在政策红利的指引下,保险行业应抓住机遇,利用互联网对保险产品设计、风险定价、销售模式及服务水平等进行革新,从而促进本行业的转型升级。

互联网在保险领域的变革浪潮迅速波及行业的每个角落,传统车险领域也受到了巨大影响。传统车险营销主要依靠代理人模式,但也存在代理人违法代理、手续费征收混乱、相互间恶性竞争等固有问题。这些问题严重阻碍了代理人模式的发展,而网络车险可以实现保险公司与客户间的直接交易,免去了中间环节,从而有效地解决了矛盾。网络车险通过互联网平台,实现了车险产品互联网端投保、承保、核保、支付、保全及理赔等保险服务的全流程化,具有产品费用低、打破时空限制、便于比价等优势,进一步迎合了保险客户需求。

网络车险避开中间代理人,将保险公司与消费者直接联系起来,其中最重要的途径便是保险公司的直通网站。但是当前保险公司直通网站存在的页面简单、投保流程繁杂、客户服务质量参差不齐、产品搭配与需求不符及支付安全等问题,阻碍了网络车险保费规模的扩大和增速的提升。同时,由于少了保险代理人的主动讲解及劝说,消费者购买车险更多的是依据直观感受和主观判断。网站界面的

[①] 《中国保险业发展"十二五"规划纲要》。
[②] 《国务院关于加快发展现代保险服务业的若干意见》。

设计质量、系统的稳定性、购买路径的便捷性、支付系统的安全性等都将作为消费者购买车险的重要依据。因此,从消费者角度优化保险公司直通网站的硬件和软件显得尤为关键。其产生的积极效应也较为明显,一方面能增强产品精准投递,降低营销成本,从而提升网络渠道保费规模;另一方面可以促进车险网销行业的快速增长,从而促进传统保险企业的快速转型。综上所述,本文从消费者角度研究网络车险购买意愿的影响因素具有重要的现实意义。首先,有利于消费者关注网络车险,降低自身投保成本的同时享受更加优质便捷的服务。其次,有利于车险企业明确深入了解消费者消费感知点,从而利用有限资金重点推广消费者关注点,提升企业营销效率。再次,有利于促进整个行业重视服务及产品体验,不断改进产品和服务,从而提升行业形象。当前我国保险行业负面新闻层出不穷,提升全行业形象迫在眉睫,而优化产品和服务将成为核心突破口。

国外学者对于网络保险消费行为的研究开展较早,也已取得了相当有价值的成果。其研究主要集中于消费意愿,以安全性、信任为关键性影响因素。在诸多研究成果中,比较有代表性的有:Sang M. Lee(2005)以车险和寿险为例,研究了影响网络保险服务成功与否的关键因素,认为公司网站可用性、相关部门的支持、来自消费者的压力、保险业务集成度、网络保险发展计划、保险公司的发展历史和组织规模等是影响网络保险成功开展的关键因素。[1] 与此同时,保险公司在开展网络营销时,还可以获得许多有形和无形的利益。Se Hun Lim 等(2009)通过实证研究,得出了网络保险服务因素、消费者信任程度和消费意愿三者间的关系。研究发现,网络保险的服务质量和客户对网络保险的信任程度对购买意愿有显著影响,可以提升消费者对汽车网络保险的购买意愿。[2] Khare, A. and Singh, S. (2010)以印度保险市场为例,从网络保险的安全性、消费者对网络保险的感知有用性和感知易用性等方面来探究影响保险消费者对网络保险的态度的相关因素。研究表明,网络安全因素与消费者态度为正向显著相关,而感知有用性、易用性则与态度无关。[3]

而国内对网络保险消费的研究大致从 2006 年开始,主要集中于采用技术接受模型(如 TAM、TPB)对消费行为影响因素进行研究。陈华(2006)从消费者对网络保险偏好的角度,运用因素分析法研究了影响广州市消费者采用网络保险的相

---

[1] Sang M. Lee; Critical Success Factors of Web – Based E – Service, The Case of E – Insurance, International Journal of E – Business Research, 2005.

[2] Se, Hun Lim, Sukho Lee; Role of Trust in Adoption of Online Auto Insurance, Journal of Computer Information System, 2010.

[3] Khare, A. Singh, S. ; Antecedents to Indian customers' attitude towards online insurance services, International Journal of Business Competition and Growth, 2010.

关因素,论证了七大影响性因素,包括网络可用性、联网成本、相对不情愿程度、对保险公司信赖度、安全考量、方便性和易用性,并对网络保险与传统保险进行了比较和评价。王海萍(2012)在传统 TAM 理论基础上,附加信任和风险,运用因子分析和结构方程模型,对网络寿险消费意愿进行了实证研究,认为保险网站的易用性、态度和感知风险对网络保险的消费意愿影响比较显著。[①] 王怡文(2013)从消费者保险需求及影响因素角度,对消费者购买网络保险意愿的影响因素进行了实证分析,最终从保险公司和行业监管两个方面提出了对策。[②] 于凌云和张凯轮(2013)研究了我国消费者购买寿险意愿的相关因素,发现寿险公司的服务满意度对购买意愿产生重要影响。[③] 董婷(2013)基于 UTAUT 理论,研究了影响大学生初次使用移动网络购物意愿,得出绩效期望、努力期望、社会影响、感知乐趣正向影响初次使用移动网络购物意愿,而感知风险则起负向作用。周新发、王姐(2014)基于 TPB 理论,针对消费者购买网络财险意愿进行了实证研究,得出感知价值、购买便利性、个人收入水平、网络保险信誉度及风险感知度对购买意愿有显著的影响。[④]

国外文献的研究一直走在行业研究前列,已经以车险、寿险、网络服务等为例,从感知有用性、感知易用性、网站质量、部门支持、消费者压力、信任程度、安全程度等角度进行了研究,较为重点地研究了对网络保险及服务的关键性影响因素。国内的文献主要侧重于利用 TAM 模型、TPB 理论、因子分析和结构方程模型对网络保险消费意愿影响因素进行研究,得出方向性的结论,而并未提出具体且有针对性的举措。而且,利用 UTAUT 模型的研究也涉足保险电子商务用户接受度领域。

本文的创新点主要在于:一是本文采用技术接受和使用模型 UTAUT 来进行研究网络车险的消费,相较于之前的 TAM、TPB 模型,研究因素更加全面,覆盖范围更加广泛;二是运用调查研究,更具现实意义。通过问卷获取数据,从用户角度探讨显著性影响因素,并进行定性和定量分析,为网销车险发展提供依据。

二、我国网络车险消费现状分析

网络车险自 2007 年发展至今已有 8 年的历史,期间网络车险经历了翻天覆地的变化。本部分从三个角度分析网络车险消费现状,以期读者有全面的了解。

(一)网络车险消费发展速率分析

2007 年,网络车险从国外引入,开始逐渐兴起。经过 4 年的发展,截至 2011

[①] 王海萍:《我国网络寿险消费意愿研究》,"深化改革,稳中求进",北大赛瑟论坛文集 2012。
[②] 王怡文:《消费者对网络保险产品购买意愿的影响因素分析——基于天津市的调研数据》,载于《中国科技投资》2013 年第 8 期。
[③] 于凌云,张凯轮:《消费者寿险购买意愿相关因素实证分析》,载于《保险研究》2013 年第 5 期。
[④] 周新发,王姐:《基于 TPB 视角的消费者网络财产保险购买意愿研究》,载于《保险研究》2014 年第 6 期刊。

年,全国网络车险消费规模为15亿元左右,同比增速已经超过电话销售。2012年网络车险消费发展迅猛,全行业网络车险消费规模超过30亿元。2013年,网络车险消费实现了386.33%的高速增长,达到145.9亿元。2014年,网络车险消费仍然保持231.32%的快速增长,消费规模也达到483.4亿元。至此,网络车险已经成为车险领域最具有成长性的消费渠道之一。

纵观网络车险7年的消费发展历程,消费增速及规模都取得了巨大进步。如图2-10-1,网络车险消费增速在2013年达到顶峰,而消费规模在2014年达到顶峰,且在未来具有更大潜力。持续的高速增长,充分表明了网络车险消费发展的强劲动力。但同时也要提防高速增长后出现的长期缓慢发展,因此保险公司更应不断优化产品和服务,延续高速增长趋势,促进网络车险消费平稳增长。

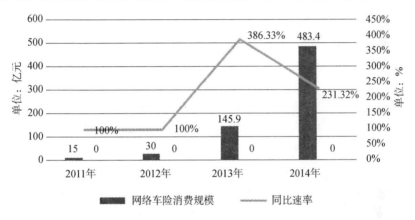

图2-10-1　2011—2014年网络车险消费规模及同比速率图

资料来源:引自中保网,http://xw.sinoins.com/2015-08/20/content_166752.htm。

(二)网络车险消费市场份额分析

网络车险作为车险消费的新入口,伴随着互联网技术的引入有了一定发展。由上文可知,网络车险消费增速迅猛,最高时达到300%。但是,网络车险消费市场份额却并没有短时期内迅速增大,而是经历了一个缓慢的增长期。

如图2-10-2所示,2011年我国网络车险消费市场份额[①]仅为0.43%,2012年也不过0.75%。但是到了2013年,由于互联网技术的更新换代以及大众网络消费观念的觉醒,网络车险消费市场份额上升到3.09%。2014年"互联网+"概念继续深入人心,网络车险消费市场份额在良好的外部环境刺激下增加到8.76%。虽然在未来一段时间内,网络车险消费增速可能放缓,但是其消费市场份额必然

---

① 本文中所谈论的"网络车险消费市场份额"指网络车险消费规模占车险消费规模的比重。

会不断扩大。

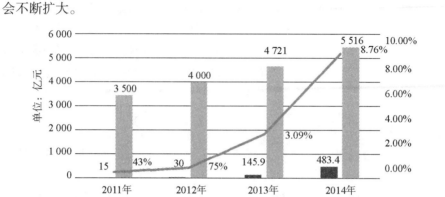

图2-10-2 2011—2014年网络车险消费市场份额变化图

资料来源：中保网，http://xw.sinoins.com/2015-08/20/content_166752.htm。

（三）网络车险消费群体关注点变化

由于网络车险属于网络保险的一种，两者的消费群体具有共通性，所以将采用互联网保险消费群体的特征来分析网络车险消费群体特征。在过去的几年间，网络车险消费群体的关注点经历了多次变化，此后逐渐形成了较为一致的消费观念。如图2-10-3所示，网民的关注点逐渐发生变化，品牌的影响度一直占据在最重要的位置，同时对品牌的关注度越来越高。话题常识、投保缴费与保单查询虽然占比较小，但是关注度也在逐渐上升，也应该引起重视。

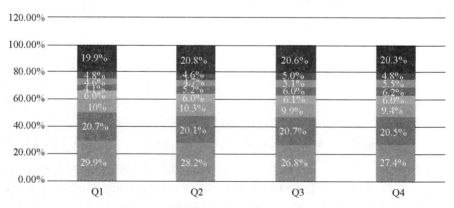

图2-10-3 2012年Q1至Q4保险行业网民关注变化点

资料来源：《2014年互联网保险行业发展报告》。

三、网络车险消费意愿的理论基础和因素分析

(一) 网络消费行为的理论分析

网络消费,指人们通过新兴的互联网渠道,在互联网电子商务市场中产生购买、支付行为的总称。关于网络消费行为理论的研究也一直没有中断,为本文的研究打下了坚实的理论基础。

1. 消费行为理论的发展

20世纪60年代,消费行为学作为一门独立学科兴起。随后,学者Guest以一篇文章Consumer Analysis的发表将消费行为学推向一个新的高度。狭义消费行为理论主要从营销角度研究,日趋成为主流。该观点认为消费行为是一个全过程。从消费者获取到最终采取行动,中间还囊括使用、处置以及决策等过程。

1890年Marshall出版了著名的《经济学原理》一书。书中正式提出了"均衡价格理论"体系,更为重要的是利用此体系对消费者行为理论进行了探讨。Marshall深入研究了经济人如何利用有限收入合理消费,从而促使效用的最大化。在这一时期,消费行为的效用最大化成为研究的主要议题,而消费意愿作为消费行为的最直接导向性因素,如何推动消费意愿的提升也成为此议题的关键。

随着西方经济学的不断发展,收入决定理论逐渐取代均衡价格理论成为消费者行为理论的主流。该理论主要通过消费者收入来预测其支付。绝对收入假说认为,短期消费被收入决定。同时,消费支出的变化也受收入变化的影响。然而,收入的增长并没有全部用于消费,而是作为了储蓄。这就会导致这样一种结果:收入越增长,消费占收入的比例越小。

随后,杜森贝利和莫迪利安尼等学者提出了修正的绝对及相对收入理论。修新理论相比之前有两点改进:一是消费支出不仅受到个人收入的影响,还要受他人消费行为的影响。二是消费支出受当期收入和过去消费水平的影响。同时,相对收入部分理论也成为消费行为理论的基础。其中消费行为不仅要受到个体影响,还要受到他人的影响,即UTAUT模型中涉及的"社会影响"维度。

2. 网络消费行为模型的发展

技术接受模型主要研究采用新技术对消费行为意向的影响因素和影响程度,因此,以TRA、TPB、TAM、TPB以及UTAUT模型为主要内容的技术接受理论间接构成了网络消费行为模型的基础。

从20世纪90年代开始,技术行为理论开始产生并缓慢发展。期间经历了理性行为理论、计划行为理论、技术接受模型等。直至2003年,Venkatesh和Morris综合TRA、TPB、动机模型、复合TAM与TPB等多种模型的优点,提出了技术采纳和利用整合模型(Unified Theory of Acceptance and Use of Technology,简称UTAUT)。

如图2-10-4所示,便利条件和行为意向都对行为起作用;便利条件主要指外

界影响因素对于个人采纳效果的作用;意向受期望效用、期望努力和社会影响作用。此外,该模型还引入了一系列控制变量:性别、年龄、经验和自愿度。性别主要影响期望效用、期望努力和社会影响对行为意向作用的路径,年龄主要影响期望效用、期望努力和社会影响对行为意向作用的路径,同时影响便利条件对行为作用的路径,经验主要影响期望努力和社会影响对行为意向作用的路径以及便利条件对行为作用的路径,自愿度主要影响社会影响对行为意向作用的路径。

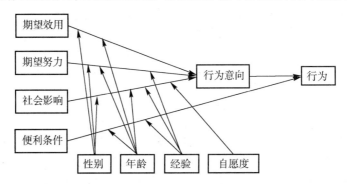

图 2-10-4 技术采纳和利用整合模型(UTAUT)

UTAUT 模型具有两个优势:一是该模型对行为的解释力高达 70%,比过去任何模型都有效;二是该模型可以为管理者提供评价新技术有效与否的标准,或者发现影响显著的因素作为之后改进的重点,从而为未来的经营决策提供依据。因此,本研究采用 UTAUT 模型来探讨车险网络渠道的消费意愿影响因素。

四、网络车险消费意愿的影响因素变量分析

本部分基于 UTAUT 模型的基本设定范围,根据车险产品的特有属性,归纳出了影响网络车险消费意愿的六方面的因素。

(一)期望效用(PE)

期望效用指的是技术的采纳和利用可以帮助其在工作、生活中提升表现的程度。用户对网络车险的期望效用愈高,其消费意愿就会愈加强烈。具体来说,就是消费者认为网络可以更加全面、便捷地提供车险产品及相关信息时,就会产生消费意愿。总之,期望效用是最强影响因素。

表 2-10-1 期望效用维度测度

变量	代码	维度测度
期望效用	PE1	网络提供的车险产品种类齐全,且条款通俗易懂
	PE2	网络提供的车险产品比价功能完善,助于选择
	PE3	网络购买车险优惠活动多,优惠力度大
	PE4	网络投保车险可以 24 小时投保,不受时间、空间约束

(二)期望努力(EE)

期望努力指系统带给用户的便利程度。在本研究中即指车险网络销售渠道给用户带来的易用性,包括导航界面的指导性、交流路程的简单性及在线咨询的有效解答性等。学者已指出期望努力能正向影响消费意愿(见表 2-10-2)。

表 2-10-2　期望努力维度测度

变量	代码	维度测度
期望努力	EE1	网站页面简洁,导航功能强大,便于搜寻相关车险信息
	EE2	网络交易过程简洁明了,提示信息充分,操作简单易学
	EE3	车险险种搭配、支付方式等可以自由选择
	EE4	24 小时在线咨询平台给我的交易带来了极大便捷

(三)社会影响(SI)

社会影响指个人使用某种技术或系统受他人影响的程度。在本研究中主要指亲戚、朋友、同事、公众媒体及公司营销推广等对个人购买意愿产生的影响。当社会环境对其产生正向的影响时,其消费意愿也会变得更加强烈(见表 2-10-3)。

表 2-10-3　社会影响维度测度

变量	代码	维度测度
社会影响	SI1	周边的亲戚、朋友和同事等都认为通过网络购买车险是个好途径
	SI2	周围亲戚、朋友和同事等有成功通过网络购买车险的经历
	SI3	各大保险公司关于车险网销的推广活动将引导我去使用
	SI4	公众媒体的广告效应将促使我采用这种方式
	SI4	相关专家的建议将推动我去尝试

(四)感知风险(PR)

感知风险并不是 UTAUT 模型中固有的变量,而是由于本研究的需要新加入的一个变量。感知风险指的是用户在采用新技术时存在一定的风险性,主要包括决策带来的"不确定性"和决策失误带来的"不利后果"。感知风险六大维度如下:财务风险、社会风险、身体风险、心理风险、时间风险和功能风险。1960 年,Bauer 把感知风险引入营销领域。此后,感知风险被 Cox 进一步具体化。紧接着,Cunningham 适度修改了两因素函数(见表 2-10-4)。

表 2-10-4　感知风险维度测度

变量	代码	维度测度
感知风险	PR1	由于长时间浏览网页选择车险可能带来时间风险
	PR2	由于自主购买车险而没有通过保险营销员当面接触而担心出错
	PR3	支付过程当中可能存在支付风险
	PR4	担心个人信息被泄露
	PR5	担心没有签署纸质保单而存在出险无法兑付的情形

（五）感知信任（PT）

感知信任指网上交易主体及技术被用户信任的程度。显然，感知信任正向影响消费意愿。这在相关学者的文献中已经一再证明。Heijden（2003）在传统 TAM 模型中加入感知风险和信任，得出二者对网购行为意向有影响。李思曼（2009）等整理分析 381 名网络用户满意度，得出行为意愿会被感知信任影响。Ahasanul Haque 等（2009）、Stephen Guo（2011）、Okky Kartavianus 等（2012）通过研究，分析了影响网络消费意愿的主要因素，得出了信任在提升用户消费意愿中起着重要的作用（见表2-10-5）。

表 2-10-5　感知信任维度测度

变量	代码	维度测度
感知信任	PT1	我认为网络车险销售公司有信誉、有担当的公司
	PT2	我认为网络车险公司会把客户的利益放在心上
	PT3	我认为网络车险公司在发生险情时会做出兑付
	PT4	我认为网络车险会严格保守客户信息不被泄露

（六）感知乐趣（PP）

感知乐趣是用户在传统的实用性、易用性之外，心理上对于新鲜、时尚事物的体验感。简单来说，就是用户在网络购物中心理上对于新颖性、时尚性元素的满足感。结论显示：感知乐趣正向影响消费意愿。吴采芳（2001）发现使用者的态度和行为意愿会被娱乐性感知正面影响。Moon & Kim（2001）认为购物除了功利性价值之外，还包括用户购物时得到的愉悦感和美感（见表2-10-6）。

表 2-10-6　感知乐趣维度测度

变量	代码	维度测度
感知乐趣	PP1	我认为通过网络购买车险是一件炫酷的事情
	PP2	我认为网络车险带给了我非凡的用户体验
	PP3	我可以通过网络中提供的信息展示（文字、图片、PPT、视频）开拓思维
	PP4	网络车险一站式服务让我体会到了用户至上的尊重感和满足感

四、实证分析

(一) 模型构建与假设提出

1. 模型构建

根据相关理论研究及因素确定,建立了网络车险消费意愿影响因素的模型。在本模型中,对传统的技术采纳和利用整合模型进行了适度修改。剔除了便利条件,在传统三因素(期望效用、期望努力和社会影响)的基础上,加入感知风险、感知信任和感知乐趣三个全新指标(见图2-10-5)。

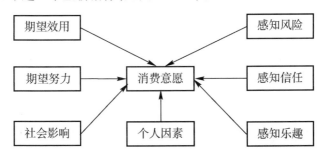

图2-10-5 网络车险消费意愿影响因素模型

2. 提出假设

H1:期望效用正向影响网络车险消费意愿。

Venkatesh等(2000)通过研究表明,某种技术的期望效用将会对用户的使用意愿产生正向影响。在传统的TAM或TPB模型中,感知有用性是影响用户使用意愿的重要因素。由此可以知道,消费者的期望效用显然与行为意愿正向相关。

H2:期望努力正向影响网络车险消费意愿。

Wang等人(2006)经过调查研究,发展感知易用性对用户移动服务的使用意愿正向相关。王培杰(2013)基于UTAUT模型,通过对影响大学生初次使用移动网络购物意愿的因素进行调研,得出期望努力正向影响大学生初次使用移动网络购物意愿。综上所述,可知消费者的期望努力与行为意愿存在着正向相关关系。

H3:社会影响正向影响网络车险消费意愿。

Anderson和Nysveen(2004)通过研究,发现个人使用移动服务不仅会受到他人的影响,也会受到社会氛围的影响。王培杰(2013)在研究初次使用移动网络购物意愿中,得到社会影响会对大学生初次使用移动网络购物意愿产生正向影响。由此可以得出H3中的相关假设。

H4:感知风险负向影响网络车险消费意愿。

Forsythe等(2003)发现,感知风险负向影响在线购物态度。于凌云(2013)在对消费者寿险购买意愿相关因素的实证分析中发现,保险公司的风险管理水平通过影响保险公司的服务质量,间接影响消费者的购买意愿。诸多研究表明感知风险与消费意愿负向相关。

H5:感知信任正向影响网络车险消费意愿。

于凌云(2013)发现,保险公司品牌形象较大影响消费者寿险购买意愿。Gefen 等(2003)在在线购物消费者的研究中发现,消费者对网络销售平台的高度信任会提升消费者网上购买的意愿。总之,消费意愿会被对网络平台的信任感正向影响。

H6:感知乐趣正向影响网络车险消费意愿。

Ong et al(2008)研究大学生移动通信服务接受度,发现感知乐趣正向影响技术采纳意愿。Lee et al(2005)通过对消费者移动互联网接受度的研究,得出了感知乐趣显著正向影响了互联网技术接受行为。由以可知,消费意愿被感知乐趣正向影响。

(二)问卷设计

1. 探索性调研阶段

探索性调研主要是先向目标群体发放少量的问卷,以此检验问卷效果。本次调研主要对94人进行。主要选取学校保险专业相关师生以及周围拥有汽车并具备相关车险知识的车主。最终收回有效问卷80份。在探索性调研过程中,发现一些问题,因此,对相关选项进行了一些微调:①在第一部分加入了年龄选项;②删除了网络购物经历选项;③购买意愿最后一项调到最前。

2. 正式调研

正式调研主要针对具有一年驾龄以上的私家车主、具有车险常识的白领阶层以及具有网购经验的大学生。此次调研主要通过网络发放,辅之以街头定向发放问卷的方式。本次调查问卷涉及全国大部分省份,共发放问卷343份,收到问卷342份,剔除无效问卷(包括多个连续相同选项、规律性连续选项和缺省选项等)43份后,收到有效问卷299份。

(三)网络车险消费意愿影响因素的统计分析与检验

1. 描述性统计分析

根据描述性统计结果(见表2-10-7)本研究中,调查对象有299人,其中男性147人,女性152人,女性略多于男性,性别比例基本均衡。年龄集中在21—30岁之间,占比为56.5%,21—40岁之间的人群占比为89.6%。月可支配收入集中于2 500元以上,为中等收入水平。最高学历方面本科占据了最大比例,说明调查对象整体上受教育水平较高。

表 2-10-7　研究对象描述性统计

特征变量	分类	频率	百分比(%)
性别	男	147	49.2
	女	152	50.8
年龄	20 岁以下	3	1.0
	21—30 岁	169	56.5
	31—40 岁	99	33.1
	41—50 岁	24	8.0
	51 岁以上	4	1.3
月可支配收入	1 000 以下	22	7.4
	1 000—2 500	45	15.1
	2 500—4 000	120	40.1
	4 000 以上	112	37.5
最高学历	专科	45	15.1
	本科	216	72.2
	硕士	33	11.0
	博士	5	1.7

2. 信度及效度检验

为了保证实证结果的准确性,需要对问卷进行效度和信度分析(见表 2-10-8)。本文主要选取 Cronbach's alpha、Bartlett's 球体检验和 KMO 样本测度来分别进行检测。

Cronbach's alpha 一般用来检验内部一致性。通常来说,Cronbach's alpha 介于 0—1,且系数越高,可信度越高。通常来讲,系数大于 0.90,信度甚佳;系数介于 0.80—0.90,信度次佳;系数介于 0.70—0.80,信度相当。

由表 2-10-8 可知,所有变量的 Cronbach's alpha 均大于 0.7,说明数据具有相当的信度,可进行下一步研究。

本文采用因子分析进行有效性检验。而在因子分析前,一般需进行 Bartlett's 球体检验和 KMO 样本测度。一般来说,KMO>0.5,Bartlett's 球体检验显著性概率<0.05 时,可进行因子分析。

表 2-10-8　问卷的信度检验指标值

变量	项目数	Cronbach's alpha
期望效用(PE)	4	0.742
期望努力(EE)	4	0.763
社会影响(SI)	5	0.813
感知风险(PR)	5	0.777
感知信任(PT)	4	0.769
感知乐趣(PP)	4	0.826
消费意愿(BI)	3	0.838

观察表 2-10-9,所有变量 Bartlett's 球体检验显著性概率均为 0.000,显著小于 0.05。同时,KMO 值均大于 0.7,显然大于 0.5。因此,所有变量均适合进行因子分析。

表 2-10-9 Bartlett's 球体检验及 KMO 值测定

变量	近似卡方	Df	Sig	KMO
期望效用(PE)	251.942	6	0.000	0.751
期望努力(EE)	276.568	6	0.000	0.774
社会影响(SI)	455.082	10	0.000	0.827
感知风险(PR)	353.538	10	0.000	0.816
感知信任(PT)	300.119	6	0.000	0.776
感知乐趣(PP)	419.621	6	0.000	0.808
消费意愿(BI)	355.222	3	0.000	0.725

(四)网络车险消费意愿影响因素模型拟合与结论分析

为了分析各因素对网络车险购买意愿的影响途径及程度,需要借助 AMOS 软件勾画路径图。本部分将所有因素构建在路径拟合图中,运行系统即可计算出各因素间的相关系数,从而得出显著性影响因素。

1. AMOS 拟合指标

在统计学中,用来检验模型与数据间拟合程度的指标,被称为拟合指数。主要包括卡方自由度之比(CMIN/DF)、近似误差均方根(RMSEA)、拟合优度指数(GIF)、调整的拟合优度指数(AGIF)等。

如表 2-10-10 所示,CMIN/DF 为 3.728,吴明隆的《结构方程模型—AMOS 的操作与应用》中规定:适度宽松条件下,CMIN/DF 小于 5 即可,因而本模型拟合程度较好;据吴明隆书中要求,GFI 和 AGFI 在 0—1 之间,且愈接近 1,模型契合度愈佳,因而本模型实验结果良好;据吴明隆《结构方程模型》中规定:一般情况下,RMSEA 大于 0.10 时,模型适配度欠佳;RMSEA 介于 0.08—0.10 时,模型适配度尚可,本模型 RMSEA 值符合标准。

表 2-10-10 卡方自由度之比(CMIN/DF)

Model	CMIN/DF	GFI	AGFI	RMSEA
Default model	3.728	0.725	0.696	0.096
Saturated model		1.000		0.175
Independence model	10.173	0.249	0.196	

2. 实证分析结论

通过分析表 2-10-11 和可以得出,除了假设 H1 不成立之外,其他假设均成立。期望努力对消费意愿存在显著的正向影响,意即车险公司网站越便于消费者使用,消费者投保的意愿就越强烈;社会影响对消费意愿存在显著的正向影响,意即亲朋好友及专家的建议对于消费者网上投保的促进作用十分明显;感知信任对消费意愿存在显著的正向影响,表明消费者对车险网站信任度的提升会显著改善网络投保的意愿;感知乐趣对消费意愿存在显著的正向影响,表明炫酷等个性化需求的满足有助于推动车险网销意愿的提升;感知风险对消费意愿存在显著的负向影响,意即消费者的感知风险越高,网上消费车险的意愿就越低。

表 2-10-11　消费意愿回归系数

	Estimate	S.E	C.R.	P
消费意愿←期望效用	-0.325	0.099	-0.3284	0.001
消费意愿←期望努力	0.208	0.054	3.859	***
消费意愿←感知风险	-0.181	0.051	-3.568	***
消费意愿←感知信任	0.609	0.055	11.083	***
消费意愿←社会影响	0.650	0.081	8.064	***
消费意愿←感知乐趣	0.242	0.040	6.070	***

注:***表示在1%的显著性水平下通过检验。

五、结论与建议

(一)研究结论

研究 AMOS 路径回归系数后,本部分结合车险现状,初步探讨了拟合结果。结论如下:期望效用与消费意愿无关;期望努力与消费意愿正相关,且网站的简洁性、操作过程的易用性、险种的可选择性以及后台服务的质量都对购买意愿具有较大的影响;社会影响与消费意愿正相关,且亲戚朋友和同事的影响及专家的建议都对结果影响明显;感知信任与消费意愿正相关,且认为保险公司不会泄露客户信息的系数占比较大;感知乐趣与消费意愿正相关,且关于"网络购买车险炫酷的体验"回归系数远高于其他三个项目;感知风险与消费意愿负相关,时间风险和支付风险尤为显著。本部分关于研究结论的细分为接下来的建议提出提供了参考。

(二)管理建议

1. 期望努力

为用户提供更便捷的网站服务是期望努力的宗旨。结合实证分析结论后可得出,简化网站页面,排除干扰信息是最主要的举措。据客户体验相关研究表明,车险网页尽量在一页内较为合适,许多保险公司网页有多页,需要滑动滑轮较长时间才能翻完,这大大降低了客户体验。同时,应在主页内集中显示本公司车险产品优势、车险报价、理赔服务及投保流程等信息,其他信息可以通过提示性按钮设置在醒目位置即可。这样既可以给客户清爽的视觉感,也方便客户快速寻找目标信息。

其次，优化操作流程，提升投保效率也成为重要一环。网络车险投保一般都需要经过三个步骤：填写信息、车险报价和支付保费，这是必须经历的步骤，各个保险公司都应该以此为基准。我们所要做的就是以此为基础尽量简化其他步骤。同时，在各个步骤中也应简化填写信息，比如可以无须注册公司账号，只需要输入手机号码便自动生成对应账号，进一步优化客户体验。完成投保后，以短信的形式将投保信息发送至客户手机即可。在简化投保流程同时，节省客户时间，大大提升客户投保感受。

2. 社会影响

社会影响的关键在于通过合适的人将产品推广给合适的人，建立熟人推广网络成为重中之重。当前车险产品同质化严重，比拼服务成为竞争关键点。保险公司可以通过组织各种活动，使更多客户享受优质服务的同时得到优惠，培养在广大客户中的口碑，这无疑会增大客户向熟人朋友推广的可能性。如保险公司可以组织活动，给予推广客户一定的优惠奖励，这就增强了客户推广的动机，后期再通过优质的产品和服务赢得客户的偏爱。此模式不仅有利于拓展客户，还有利于提升客户忠诚度。

加大资金赞助力度，构建专业品牌形象也成为必不可少的要素。保险公司应一方面通过产品、服务提升公司整体形象，树立企业口碑，以高品质的产品、优质的服务换取客户的信赖；另一方面应通过多种渠道进行公司价值及品牌形象的宣传，通过社会公众人物进行公益广告的宣传，可以提升企业社会形象；通过赞助财经类栏目品评行业及企业的发展现状及趋势，相关专家的建议将起到重要的推动作用；通过赞助热门赛事，也可以在短时间内提升企业的关注度。

3. 感知信任

感知信任的核心在于通过各种方式建立与客户之间的信任桥梁。公司要从自身做起，建立严格的内控体系，加强客户隐私保护力度。客户信息泄露在我国表现得十分严重，如何保护客户信息不被泄露是当前迫切需要解决的问题。从企业角度来说：首先，订立保密协议，明确员工信息保密责任；然后是建立严格的内控体系，针对注册、交易、支付、咨询各个环节对应一定的控制措施，并规定相应的责任人；接着通过技术手段限制客户信息的转移及批量查询；最后再将信息委托给第三方公司进行处理时，应进行严格的数据脱敏。

4. 感知乐趣

目前，感知乐趣正成为影响用户体验的重要因素。首先，保险公司应该丰富险种类别，充实险种搭配方式。除了交强险之外，车险还包括商业第三者责任险、车辆损失险、全车盗抢险及车上人员责任险等。保险公司还可以在各个险种内部适度开发贴合车主的个性化细分险种，同时可以根据客户需求设计多种组合型险种并给予客户一定优惠。此外,多样性、个性化需求日益兴起。应在丰富险种搭配方式同时,进一步重视特定需求。

其次,保险公司应重视年轻客户群体,植入产品"炫酷"体验。进一步来讲,保险公司应增强保险产品开发力度。如爱情保险、赏月险、扶老人险等,在提升产品及保险公司关注度的同时,也满足了年轻人对于时尚潮流的追逐,成分迎合了年轻人对于特殊保险的需求,也为保险公司拓展了更加广阔的消费人群。而车险公司则可以在交强险的基础上推出个性化附加险,保障客户基本权益的同时为客户带来独特的个人体验。

5. 感知风险

完善支付平台建设,提升安全强度成为感知风险目前最迫切需要解决的问题。

提升投保效率,一是要提升网站基础建设,二是要简化操作流程。化解支付风险的根本在于减少第三方支付的使用,可以开发自己的支付系统,保证支付在个人网页上一站式操作,避免跳转其他网页带来的支付风险。与此同时,也要平衡支付便捷性和安全性二者的权重,保证消费者体验效用的最大化。

(三)研究不足与展望

本文仍然存在诸多不足。首先,选取的样本数据较小,且当前网络车险普及率较低,问卷调研具有一定盲目性。其次,未涉及个人主观因素影响网络车险消费意愿的研究。最后,网络车险近几年才开始兴起,相关数据较为匮乏。因此,需在今后做出以下改进:

一是扩大调研群体,丰富研究基础。在今后的研究中,应该扩大各个层次的研究群体,同时尽可能注意要保证高学历人群的调研比例。由于网络车险作为新兴产物,需要一定学历方可更好接受。在保证数据质量的同时,也要确保数据的地区分布范围要尽可能广泛,从而保证样本及最终结果的代表性。

二是完善个人影响因素。在六大维度基础上,重点研究个人因素中的网络使用经验、受教育程度、个人收入等对消费意愿的影响程度。

三是加入"便利条件",扩展调查因素范围。本文对便利条件维度并未考虑,在今后的研究中,可以将个人收入、空闲时间及他人帮助考虑进去,从而更为全面地研究网络车险消费意愿。

四是融合案例辅助。今后的研究中,伴随着互联网的快速发展及大数据的应用,相关数据的获取将变得更加容易。同时,在本文中加入对某一具体保险公司网络车险消费意愿的客户评价指标进行分析,从而将本文调研与实际评价相结合,从两方面佐证本文结论,更具科学性。

参考文献

[1] 白洁:《对外直接投资的逆向技术溢出效应》,《世界经济研究》2009 年第 8 期。

[2] 曹彤、赵然:《从多核心货币区视角看人民币国际化进程》,《金融研究》2014 年第 8 期。

[3] 曾辉、崔莹:《人民币离岸市场发展前景》,《中国金融》2014 年第 20 期。

[4] 柴庆春、胡添雨:《中国对外直接投资的贸易效应研究——基于对东盟和欧盟投资的差异性的考察》,《世界经济研究》2012 第 6 期。

[5] 陈斌开、李涛:《中国城镇居民家庭资产负债现状与成因研究》,《经济研究》2011 年 S1 期。

[6] 陈波波、齐佳音、黄逸珺等:《对 Kano 模型中质量要素评价倾向判定方法的改进》,《北京邮电大学学报(社会科学版)》2007 年第 2 期。

[7] 陈晓明、周伟贤、林鸿:《零售银行服务质量管理》,企业管理出版社,2007 年。

[8] 陈莹、武志伟:《商业银行服务质量的度量及其对客户忠诚度的影响》,《金融论坛》2008 年第 2 期。

[9] 戴云、沈小燕:《垄断企业高管—员工薪酬差距与企业绩效关系研究》,《南通大学学报》2013 年第 6 期。

[10] 丁剑平:《人民币汇率制度的选择与调整空间的思考》,《国际金融研究》2002 年第 2 期。

[11] 董梅生、洪功翔:《董事会和监事会薪酬差距与公司治理结构关系研究》,《安徽工业大学学报》2010 年第 1 期。

[12] 董有德、孟醒:《OFDI、逆向技术溢出与国内企业创新能力——基于我国分价值链数据的检验》,《国际贸易问题》2014 年第 9 期。

[13] 范小云、王道平、方意:《我国金融机构的系统性风险贡献测度与监管—基于边际风险贡献与杠杆率的研究》,《南开经济研究》2011 年第 4 期。

[14] 范育涛、费方域:《利率市场化、银行业竞争与银行风险》,《金融论坛》2013 年第 9 期。

[15] 芳宇、路江涌、武常岐:《双边投资协定、制度环境和企业对外直接投资区位选择》,《经济研究》2012 年第 5 期。

[16] 符磊、强永昌:《OFDI 逆向技术溢出机制产生的内生机制:理论与启示》,《投资研究》2014 年第 7 期。

[17] 甘犁、尹志超、贾男、徐舒、马双:《中国家庭资产状况及住房需求分析》,《金融研究》2013 年第 4 期。

[18] 高明、刘玉珍:《跨国家庭金融比较:理论与政策意涵》,《经济研究》2013 年第 2 期。

[19] 国家外汇管理局课题组:《人民币在对外交往中计价结算问题研究》《金融研究》2009 年第 1 期。

[20] 何东、马骏:《人民币跨境使用与香港离岸人民币中心发展》,《中国金融》2011 年 16 期。

[21] 何兴强、王利霞:《中国 FDI 区位分布的空间效应研究》,《财贸经济》2008 年第 11 期。

[22] 何兴强、史卫、周开国:《背景风险与居民风险金融资产投资》,《经济研究》2009 年第 12 期。

[23] 胡题、谢赤:《基于 GMM 方法的银行业竞争程度对银行风险影响的研究》,《中国管理科学》2013 年 11 期。

[24] 黄晓薇、郭敏、李莹华:《利率市场化进程中银行业竞争与风险的动态相关性研究》,《数量经济技术经济研究》2016 年第 1 期。

[25] 嵇尚洲:《中小投资者的风险态度与市场环境》,《国际商务研究》2009 年第 5 期。

[26] 季琳、赵延丽:《银行业竞争与风险承担—中国银行业的实证分析》,《金融监管研究》2012 年第 3 期。

[27] 江曙霞、陈玉婵:《货币政策、银行资本与风险承担》,《金融研究》2012 年第 4 期。

[28] 揭水晶、吉生保、温晓慧:《OFDI 逆向技术溢出与我国技术进步——研究动态及展望》,《国际贸易问题》2013 年第 8 期。

[29] 金鹏辉:《银行风险承担渠道、货币政策与宏观审慎监管:研究述评与展望》,《南方金融》2014 年第 8 期。

[30] 金中夏、崔莹、莫万贵:《伦敦人民币离岸市场发展分析》,《中国金融》2013 年第 17 期。

[31] 金中夏、徐昕、莫万贵:《香港人民币离岸市场建设》,《中国金融》2013 年第 7 期。

[32] 君迪亚太公司:《2014 年中国零售银行客户满意度研究》,http://www.jdpower.com/de/node/9996,2014 年 7 月 7 日。

[33] 君迪亚太公司:《2015年中国零售银行客户满意度研究》,http://www.ocn.com.cn/hongguan/201507/rkzib17140908.shtml,2015年7月17日。

[34] 乐玉贵:《关于建立"三位一体"银行业宏观审慎监管目标的思考》,《国际金融研究》2014年第2期。

[35] 黎文靖、胡玉明:《国企内部薪酬差距激励了谁》,《经济研究》2012年第12期。

[36] 李稻葵、刘霖林:《人民币国际化:计量研究及政策分析》,《金融研究》2008年第11期。

[37] 李国栋、惠亨玉、肖俊极:《中国银行业市场竞争程度及其顺周期性——以勒纳指数为衡量指标的重新考察》,《财经研究》2009年第3期。

[38] 李婧,谭清美,白俊红:《中国区域创新生产的空间计量分析》,《管理世界》2010年第7期。

[39] 李梅、金照林:《国际R&D、吸收能力与对外直接投资逆向技术溢出——基于我国省际面板数据的实证研究》,《国际贸易问题》2011年第10期。

[40] 李梅、柳士昌:《对外直接投资逆向技术溢出的地区差异和门槛效应——基于中国省际面板数据的门槛回归分析》,《管理世界》2012第1期。

[41] 李梅、袁小艺、张易:《制度环境与对外直接投资逆向技术溢出》,《世界经济研究》2014年第2期。

[42] 李平、苏文喆:《对外直接投资与我国技术创新:基于异质性投资东道国的视角》,《国际投资》2014年第2期。

[43] 李涛、陈斌开:《家庭固定资产、财富效应与居民消费:来自中国城镇家庭的经验证据》,《经济研究》2014年第3期。

[44] 李涛、郭杰:《风险态度与股票投资》,《经济研究》2009年第2期。

[45] 李文泓:《关于宏观审慎监管框架下逆周期政策的探讨》,《金融研究》2009年第7期。

[46] 李妍:《宏观审慎监管与金融稳定》,《金融研究》2009年第8期。

[47] 梁彤缨、陈波、陈欣:《高管团队内部薪酬差距与公司绩效—基于不同薪酬水平作用下的实证研究》,《广东商学院学报》2013年第5期。

[48] 梁云芳,高铁梅,贺书平:《房地产市场与国民经济协调发展的实证分析》,《中国社会科学》2006年第3期。

[49] 林朝颖、黄志刚、杨广青:《基于微观视角的货币政策风险传导效应研究》,《国际金融研究》2014年第9期。

[50] 林光平,龙志和,吴梅:《中国地区经济收敛的空间计量实证分析:1978—2002年》,《经济学(季刊)》2005年第1期。

[51] 林浚清、黄祖辉、孙永祥:《高管团队内部薪酬差距、公司绩效和治理结构》,《经济研究》2003年第4期。

[52] 刘春、孙亮:《薪酬差距与企业绩效:来自国企上市公司的经验证据》,《南开管理评论》2010年第2期。

[53] 刘刚、曹志鹏:《内部薪酬差距的激励效应:来自银行业的经验证据》,《海南金融》2015年第5期。

[54] 刘犁子、杜志平、赵富明:《我国上市银行内部薪酬差距对绩效影响的实证分析》,《特区经济》2010年第6期。

[55] 刘生福、李成:《货币政策调控、银行风险承担与宏观审慎管理——基于动态面板系统GMM模型的实证分析》,《南开经济研究》2014年第5期。

[56] 刘翔峰:《主动掌握人民币汇率定价权》,《中国金融》2013年第11期。

[57] 卢锐:《管理层权力、薪酬差距与绩效》,《南方经济》2007年第7期。

[58] 鲁海帆:《高管团队内薪酬差距、风险与公司业绩——基于锦标赛理论的实证研究》,《经济管理》2011年第12期。

[59] 陆磊、杨骏:《流动性、一般均衡与金融稳定的"不可能三角"》,《金融研究》2016年第1期。

[60] 孟庆良、蒋秀军:《基于定量化Kano模型的顾客需求最终重要度确定方法》,《统计与决策》2012年第6期。

[61] 孟纹羽、林珊:《货币环境变化与上市银行风险承担能力关系研究》,《宏观经济研究》2015年第1期。

[62] 缪毅、胡奕明:《产权性质、薪酬差距与晋升激励》,《南开管理评论》2014年第4期。

[63] 聂富强、崔亮、艾冰:《贫困家庭的金融选择:基于社会资本视角的分析》,《财贸经济》2012年第7期。

[64] 牛晓健、裘翔:《利率与银行风险承担——基于中国上市商业银行的实证研究》,《金融研究》2013年第5期。

[65] 欧阳艳艳、喻美辞:《中国对外直接投资逆向技术溢出的行业差异分析》,《经济问题探索》2011年第4期。

[66] 潘文卿:《中国的区域关联与经济增长的空间溢出效应》,《经济研究》2012年第1期。

[67] 皮舜、武康平:《房地产市场发展和经济增长间的因果关系——对中国的实证分析》,《管理评论》2004年第3期。

[68] 茹运青、孙本芝:《我国OFDI不同进去方式的逆向技术溢出分析——基于技术创新投入产出视角的实证研究》,《科技进步与对策》2012年第5期。

[69] 沙文兵、刘红忠:《人民币国际化、汇率变动与汇率预期》,《国际金融研究》2014年第8期。

[70] 沙文兵:《对外直接投资、逆向技术溢出与国内创新能力——基于中国省际面板数据的实证研究》,《世界经济研究》2012年第3期。

[71] 史建平、高宇:《宏观审慎监管理论研究综述》,《国际金融研究》2011年第8期。

[72] 史龙祥、阮珍珍、强梦萍:《人民币国际化稳步推进的新路径——基于中美产业内贸易结算货币选择影响因素的经验分析》,《国际金融研究》2015年第7期。

[73] 寿志钢、张雪兰:《顾客感知服务质量的测量与改善——基于关键事件技术的方法》,《武汉大学学报(哲学社会科学版)》2008年第3期。

[74] 宋清华、曲良波:《高管薪酬、风险承担与银行绩效:中国的经验证据》,《国际金融研究》2011年第12期。

[75] 宋扬:《货币政策介入商业银行风险承担渠道研究》,北京交通大学,2014年。

[76] 宋增基、夏铭:《行长薪酬、薪酬差距与银行绩效》,《财经研究》2011年第10期。

[77] 孙杰:《跨境结算人民币化还是人民币国际化?》,《国际金融研究》2014年第4期。

[78] 孙炜:《房地产外部性及其治理评析》,《宁夏社会科学》2011年第1期。

[79] 唐旭:《中国反洗钱专题研究》,中国金融出版社,2010年。

[80] 王国军、刘水杏:《房地产对相关产业的带动效应研究》,《经济研究》2004年第8期。

[81] 王海芳、李娟:《上市商业银行高管—员工薪酬差距与银行绩效》,《中国商贸》2012年第7期。

[82] 王怀明、史晓明:《高管—员工薪酬差距对企业绩效影响的实证分析》,《经济与管理研究》2009年第8期。

[83] 王守坤:《空间计量模型中权重矩阵的类型与选择》,《经济数学》2013年第3期。

[84] 王晓、李佳:《金融稳定目标下货币政策与宏观审慎监管之间的关系:一个文献综述》,《国际金融研究》2013年第4期。

[85] 王晓雷、刘昊虹:《论贸易收支、外汇储备与人民币国际化的协调和均衡发展》,《世界经济研究》2012年第11期。

[86] 巫强:《薪酬差距、企业绩效与晋升机制—高管薪酬锦标赛的再检验》,《世界经济文汇》2011年第5期。

[87] 吴斌:《中资银行与人民币国际化》,《中国金融》2014年第21期。
[88] 吴冠之、张皓、史章建:《银行业服务质量维度测量及其影响因子分析》,《经济经纬》2014年第4期。
[89] 吴卫星、齐天翔:《流动性、生命周期与投资组合相异性——中国投资者行为调查实证分析》,《经济研究》2007年第2期。
[90] 夏良科:《人力资本与R&D如何影响全要素生产率——基于中国大中型工业企业的经验分析》,《数量经济技术经济研究》2010年第4期。
[91] 项歌德、朱平芳、张征宇:《经济结构、R&D投入及构成与R&D空间溢出效应》,《科学学研究》2011年第2期。
[92] 徐明东、陈学彬:《货币环境、资本充足率与商业银行风险承担》,《金融研究》2012年第7期。
[93] 许荣、毛宏灵、沈光郎:《资本市场发展与家庭金融资产结构变迁互动关系研究——对机构投资者发展的一个理论解释》,《金融与经济》2005年第11期。
[94] 亚瑟·梅丹:《金融服务营销学》,中国金融出版社,2002年。
[95] 杨天宇、钟宇平:《中国银行业的集中度、竞争度与银行风险》,《金融研究》2013年第1期。
[96] 易纲、宋旺:《中国金融资产结构演进:1991—2007》,《经济研究》2008年第8期。
[97] 尹志超、吴雨、甘犁:《金融可得性、金融市场参与和家庭资产选择》,《经济研究》2015年第3期。
[98] 于一、何维达:《货币政策、信贷质量与银行风险偏好的实证检验》,《银行业研究》2011年第12期。
[99] 余道先、王云:《人民币国际化进程的影响因素分析——基于国际收支视角》,《世界经济研究》2015年第3期。
[100] 张超:《香港点心债券有点冷》,《中国金融》2012年第13期。
[101] 张栋、杨兴全:《高管薪酬、内部差距与商业银行业绩》,《中央财经大学学报》2015年第3期。
[102] 张洪、金杰、全诗凡:《房地产投资、经济增长与空间效应-基于70个大中城市的空间面板数据实证研究》,《南开经济研究》2014年第1期。
[103] 张寰寰:《货币政策传导的风险承担渠道研究》,浙江大学,2013年。
[104] 张强、乔煜峰、张宝:《货币政策的银行风险承担渠道存在吗?》,《金融研究》2013年第8期。
[105] 张维迎:《博弈论与信息经济学》,格致出版社、上海三联书店、上海人民出

版社,1996 年。

[106] 张晓玫、毛亚琪:《我国上市商业银行系统性风险与非利息收入研究—基于 LRMES 方法的创新探讨》,《国际金融研究》2014 年第 11 期。

[107] 张雪兰、何德旭:《货币政策立场与银行风险承担》,《经济研究》2012 年第 5 期。

[108] 张雪兰:《服务质量与顾客满意:基于银行业的实证研究》,《统计与决策》2005 年第 20 期。

[109] 张正堂:《企业内部薪酬差距对组织未来绩效影响的实证研究》,《会计研究》2008 年第 9 期。

[110] 张志文、白钦先:《汇率波动性与本币国际化:澳大利亚元的经验研究》,《国际金融研究》2013 年第 4 期。

[111] 赵立红:《电子货币反洗钱的难点与对策》,《金融时报》2013 年 1 月 21 日。

[112] 赵人伟:《收入分配、财产分配和渐进改革——纪念〈经济社会体制比较〉杂志创刊 20 周年》,《经济社会体制比较》2005 年第 5 期。

[113] 赵艳芳:《博弈论视角下的反洗钱问题浅议》,《青海金融》2014 年第 2 期。

[114] 郑长军、王光俊:《基于银行系统风险视角的银行资本充足监管—来自中国上市银行的经验数据》,《湖南大学学报(社会科学版)》2014 年第 1 期。

[115] 中国人民银行海口中心支行课题组:《大额现金交易问题及其对策研究》,《金融研究》2011 年第 4 期。

[116] 中国人民银行南京分行课题组:《基于短长期利率关系的中央银行政策利率传导机制研究》,《上海金融》2015 年第 10 期。

[117] 中国质量协会、全国用户委员会:《2013 年度银行业客户满意度测评》,http://www.caq.org.cn/html/cse_result/2014 - 3/31/ 140 001. shtml,2014 年 3 月 28 日。

[118] 中国质量协会、全国用户委员会:《2014 年度银行业客户满意度测评》,http://www.caq.org.cn/html/cse_result/2015 - 3/30/110510. shtml,2015 年 3 月 30 日。

[119] 钟水映、李魁:《人口红利、空间外溢与省域经济增长》,《管理世界》2010 年第 4 期。

[120] 周世成、张亦春:《基于委托代理视角的我国反洗钱监管》,《浙江金融》2008 年第 9 期。

[121] 周小川:《金融政策对金融危机的响应——宏观审慎政策框架的形成背景、内在逻辑和主要内容》,《金融研究》2011 年第 1 期。

[122] 周小川:《学习贯彻反洗钱法全面深入开展反洗钱工作》,《金融时报》2007

年 1 月 4 日。

[123] 周小川:《中国反洗钱现状与未来》,《科学决策》2004 年第 10 期。

[124] 朱波、卢露:《我国上市银行系统重要性度量及其影响因素》,《财经科学》2014 年第 12 期。

[125] 朱华雄、赵伟:《欧美国家反洗钱机制研究》,《国外社会科学》2005 年第 4 期。

[126] 朱林:《基层银行业反洗钱岗位资格准入研究》,《金融理论与实践》2013 第 1 期。

[127] 朱明秀:《上市商业银行高管薪酬差距的影响因素》,《金融论坛》2010 年第 4 期。

[128] 庄洪兴、周方方、石华瑀:《基于聚类分析改进重要度分类的卡诺模型和 6 – I – S 模型及其应用》,《质量管理与质量监督》2011 年第 7 期。

[129] Agur,I. ,M. Demertzis, Excessive Bank Risk Taking and Monetary Policy, European Central Bank Working Paper, 2012:1 457.

[130] Dell'Ariccia,G. ,R. Marquez, Lending Booms and Lending Standards, *Journal of Finance*, 2006(5):2511—2546.

[131] A GETIS, Spatial Weights Matrices, *Geographical Analysis*, 2009(41):404 – 410

[132] Adrian,T. ,H. S. Shin, Prices and Quantities in the Monetary Policy Transmission Mechanism, Federal Reserve Bank of New York Staff Report, 2009(10):398.

[133] Agoraki,M. K. , M. D. Delis, F. Pasiouras, Regulation, Competition and Bank Risk Taking in Transition Countries, *Journal of Financial Stability*, 2011(1):38 – 48.

[134] Altunbas,Y. ,L. Gambacorta and D. Marques – Ibanez, Bank Risk and Monetary Policy, *European Economic Review*, 2010(3):121 – 129.

[135] Amidu, M. , S. Wolfe, Does Bank Competition and Diversification Lead To Greater Stability? Evidence from Emerging Markets, *Review of Development Finance*, 2013(3):152 – 166.

[136] Angeloni,I. ,E. Faia and M. Lo Duca, Monetary Policy and Risk – taking, *Journal of Economic Dynamics and Control*, 2015(52):285 – 307.

[137] Anginer, D. ,A. Demirguc – Kunt , M. Zhu,How Does Bank Competition Affect Systemic Risk?, *Journal of Financial Intermediation*, 2014(1):1 – 26.

[138] Aono, K. and T. Iwaisako, On the Predictability of Japanese Stock Returns Using Dividend Yield, *Asia – Pacific Financial Markets*, 2010, Vol. 17(2):141 – 149.

[139] Bahia, K., Nantel, J., A Reliable and Valid Measurement Scale for the Perceived Service Quality of Banks, *International Journal of Bank Marketing*, 2000, 18(2):84 –91.

[140] Bebchuk, L. A., Spamann, H., Regulating Banker's Pay, *Discussion Paper*, 2009.

[141] Beck, T., O. De Jonghe, G. Schepens, Bank Competition and Stability: Cross – Country Heterogeneity, *Journal of Financial Intermediation*, 2013(2): 218 –244.

[142] Beck, T., A. Demirguc – Kunt, R. Levine, Bank Concentration, Competition, and Crises: First Results, *Journal of Banking and Finance*, 2006(5):1581—1603.

[143] Bellman 5., Lohse G., Johnson E., Predietors of online buying behavior, *Communications of the ACM*, 1999.

[144] Berger, A. N., L. F. Klapper, R. Turk – Ariss, Bank Competition and Financial Stability, *Journal of Financial Services Research*, 2009 (2):99 –118.

[145] Berger, C., Kano's Methods for UnderstandingCustomer – defined Quality. *Center for Quality Management Journal*, 1993, 2(4): 3 –36.

[146] BernardiCabrer – Borras, Innovation and R&D SpilloverEffects in Spanish Regions: a Spatial Approach, *Research Policy*, 2007(36): 1357—1371.

[147] Bingley, P., Eriksson, T., Executive Compensation and Tournament Theory: Empirical Tests on Danish Data, *Journal of Labor Economics*, 2001, Vol. 17: 262 –280.

[148] Bitzer, J. and Gorg, H., Foreign Direct Investment, Competition and Industry Performance, *World Economy*, 2009, Vol. 32, No. 2.

[149] Blake B. F., Neuendorf K. A., Valdiserri C. M., Innovativeness and variety of internet shopping, *Internet Research*, 2003.

[150] Blum, J. M., Do Capital Adequacy Requirements Reduce Risks in Banking?, *Journal of Banking and Finance*, 1999(5):755 –771.

[151] Boivin, J., How People Think and How It Matters, *Speech to the Canadian Association for Business and Economics*, 2011.

[152] Borehers A., Trust in internet shopping: A test of a measurement instrument, *Prceeedings of the 7the Amerian Conference on Information Systems*, 2001.

[153] Borio, C., H. Zhu, Capital Regulation, Risk – taking and Monetary Policy: A-Missing Linkin the Transmission Mechanism, *Journal of Financial Stability*, 2012(4):236 –251.

[154] Boyd, J. H., G. De Nicolo, The Theory of Bank Risk – Taking and Competition Revisited, *Journal of Finance*, 2005(60):1329—1343.

[155] Brown M, Pope N, Voges K. Buying or browsing? An exploration of shopping orientations and online purchase intention. *European Journal of Marketing*, 2003, 37(11/12):1666 – 1684.

[156] Brunnermeier, M. K., "Deciphering the Liquidity and Credit Crunch 2007—2008." *Journal of Economic Perspectives*, 2 009.23 (1):77 – 100.

[157] Brunnermeier, M. K., Croket, A., Goodhart, C., Persaud A. D., Shin H., The Fundamental Principles of Financial Regulation, *Geneva Report on the World Economy* 2009, 11.

[158] Buch, C., S. Eickmeier and E. Prieto, In Search for Yield: Survey – basedEvidence on Bank Risk Taking, *Deutsche Bundesbank Discussion Paper Series* 1:Economic Studies, 2014(43):12 – 30.

[159] Buttle, SERVQUAL: Review, Critiqe, Research Agenda. *European Journal of Marketing*, 1996, 30(1):8 – 32.

[160] Campbell, J. Y., Household Finance, The Journal of Finance, 2006, Vol. 61(4):1553—1604.

[161] Carlos, G., S. Javier, Interest Rates and Credit Risk, *Journal of Money, Credit and Banking*, 2015(2):445 – 448.

[162] Conyon, M. J., Peck, S. I., Corporate Tournaments and Executive Compensation: Evidence from the U. K., *Strategic Management Journal*, 2001, Vol. 22:.805 –815.

[163] CQM, A Special Issues on Kano's Methods for Understanding Customer – defined Quality. *Center Forquality Management Journal*, 1993(2):3 –35.

[164] Cronin, J., Joseph and Steven, A., Taylor, Measuring Service Quality: A Reexamination and Extension. *Journal of Marketing*, 1992, 56(3):55 – 68.

[165] David T. Coe, Elhanan Helpman, Alexander W. Hoffmaister, International R&D Spillovers and Institutions, *European Economic Review*, Vol. 53, No. 7, 2009.

[166] Diallo, B., Bank Competition and Crises Revisited: New Results, *Economics Letters*, 2 015(2):81 –86.

[167] El – Attar, M. and M. Poschke, Trust and the Choice Between Housing and Financial Assets: Evidence from Spanish Households, *Review of Finance*, 2011, Vol. 15(4):727 –756.

[168] Emanuel, B., L. Yoram and S. Meir, Monetary Policy and Financial Stability in

a Banking Economy: Transmission Mechanism and Policy Tradeoffs, *Journal of Financial Stability*, 2015(18):78 – 90.

[169] Fiordelisi, F. , D. S. Mare, Competition and Financial Stability in European Cooperative Banks, *Journal of International Money and Finance*, 2014 (1):1 – 16.

[170] Freixas, X. , Laeven, L. , and Peydró, J. L. , Systemic Risk, Crises, and Macroprudential Regulation, the MIT Press , 2015.

[171] Frijters, P. , D. W. Johnston, M. A. Shields and K. Sinha, A Lifecycle Perspective of Stock Market Performance and Wellbeing, *Journal of Economic Behavior and Organization*, 2015, Vol. 112: 237 – 250.

[172] Fu, X. Q. , Y. J. Lin, P. Molyneux, Bank Competition and Financial Stability in Asia Pacific, *Journal of Banking and Finance*, 2014(1):64 – 77.

[173] Gambacorta, L. , Monetary Policy and the Risk – taking Channel, *BIS Quarterly Review*, 2009(12):43 – 53.

[174] Galati, G. , Moessner R. , 2 011. Macroprudential Policy – a Literature Review. *BIS Working Paper*.

[175] Gefen D. , Karahanna E . , Stamb D. W. , Trust and TAM in online shopping: an integrated model, *MIS Quarterly*, 2003.

[176] Georgarakos, D. and G. Pasini, Trust, Sociability and Stock Market Participation, Review of Finance, 2011, Vol. 15(4): 693 – 725.

[177] Gérson Tontini, integrating the Kano Model and QFD for Designing New Products, *Total Quality Management*, 2007, 18(6): 599 – 612.

[178] Ghent AC, Owyang MT, Is Housing the Business Cycle? Evidence from US Cities, *Journal of Urban Economics*, 2010(3): 336 – 351.

[179] Gilles, H. and H. K. Wai, Does Religion Matter in Corporate Decision Making in America?, *Journal of Financial Economics*, 2009, Vol. 93(3): 455 – 473.

[180] Grant, Rick, No Loan Commissions without Cross – Selling at RBC, *New York: Origination News*, 2003, 12(9): 48.

[181] Hanson, S. G. , Kashyap, A. K. , Stein, J. C. , A Macroprudential Approach to Financial Regulation, *Journal of Economic Perspectives*, 2011(25):3 – 28.

[182] Harmen Oppewal, Macro Vriens, Measuring Perceived Service Quality Using Integrated Conjoint Experiments, *International Journal of Bank Marketing*, 2000, 18(4): 154 – 169.

[183] HarrisR, ArkumG, Housing and Economic Development: the Evolution of an Idea Since 1 945, *Habitat International*, 2006(30): 1007—1017.

[184] Hsiao - Hui Hsu, The Acceptance of Moodle: An Empirical Study Based on UTAUT, National Taipei University of Education, 2012.

[185] Humayun1, K. M., and S. Shamim1, Nonlinear Decomposition Analysis of Risk Aversion and Stock - holding Behaviour of US Households, *Applied Financial Economics*, 2014, Vol. 24(7): 495 - 503.

[186] Jed, D. V., Internal Promotion Competitions in Firms, *The Rand Journal of Economics*, 2006, Vol. 3:. 521 - 542.

[187] Jianhua, G., Q. Zongxin, China's Monetary Policy and Systemic Risk, *Emerging Markets Finance and Trade*, 2015(51):701 - 713.

[188] Jihai Yu, Lung - fei Lee, Estimation of Unit Root Spatial Dynamic Panel Data Models, *Econometric Theory*, 2010(26): 62 - 1 332.

[189] Jimenez, G., J. A. Lopez, J. Saurina, How Does Competition Affect Bank Risk - Taking?, *Journal of Financial Stability*, 2013 (2):185 - 195.

[190] John G. Gallo, Ying Zhang, Global Property Market Diversification, *Journal of Real Estate Finance and Economic*, 2010(41):458 - 485.

[191] Johnston, R., The determinants of Service Quality: Satisfies and Dissatisfies, *International Journal of Service Industry Management*, 1995, 6(5): 53 - 71.

[192] Kano, N., Seraku N., Takahashi F. et al, Attractive Quality and Must - be Quality, *Journal of Japanese Society for Quality Control*, 1984, 41(2): 39 - 48.

[193] Kasman, S., A. Kasman, Bank Competition, Concentration and Financial Stability in the Turkish Banking Industry, *Economic Systems*, 2015(3):502 - 517.

[194] Kato, T., Long, C. X., Tournaments and Managerial Incentives in China Listed Firm, *New Evidence*, 2008, Vol. 23: 303 - 320.

[195] Keeley, M., Deposit Insurance, Risk, and Market Power in Banking, *American Economic Review*, 1990(5):1183—1200.

[196] Kolstad, C. D., 2 010. Environmental Economics (2nd edition). Oxford University Press.

[197] Lazear, E. P., Rosen, S., Rank - order Tournaments as Optimum Labor Contracts. *Journal of Political Economy*, 1981, Vol. 89: 841 - 864.

[198] LI Jing, WEI Dengbai, ZHENG Ran, Research on the Inefficiency Academic Digital Information Resources: Based on the models TTF and UTAUT, Anhui University of Economics and Finance, 2011.

[199] López, M., F. Tenjo and H. Zárate, The Risk - taking Channel and Monetary Transmission Mechanism in Colombia, A Presentation Prepared for the 2nd BIS

CCA Conference on Monetary Policy, *Financial Stability and the Business Cycle*, Ottawa, 2011:12 – 13.

[200] Luigi, G. , H. Michael and J. Tullio, The Profile of European Stockholders, *Revue d' Economie Financiere*, 2002(7):163 – 171.

[201] Luora T. , Lub, H. P. , Chiena, K. M. , e. t. , Contribution to quality research: a literature review of Kano's Model from 1 998 to 2 012, *Total Quality Management & Business Excellence*, 2015, 26(3 – 4):234 – 247.

[202] Maddaloni A. , J. L. Peydro, Bank Risk – Taking, Securitization, Supervision, and Low Interest Rates: Evidence from the Euro – Area and the US Lending Standards, *Review of Financial Studies*, 2011(6):2121—2165.

[203] Martins, P. S. , Dispersion in Wage Premiums and Firm Performance, *Economics Letters*, 2 008, Vol. 1: 63 – 65.

[204] van de Nieuwegiessen P G, Olwo J, Khong S, et al. Effects of age and stocking density on the welfare of African catfish, Clarias Gariepinus Burchell. *Aquaculture*, 2009, 288(1): 69 – 75.

[205] Norizan Mohd Yasin, Ayad Ahmed, Elly Salwana Mat Surin: Using UTAUT Model to Study Factors Affecting ICT Skills Acquisition in Preparing for Human Capital Development and Improving Employability, *Planetary Scientific Research Center*, 2013.

[206] Orientation and online purehase intention, *European Journal of Marketing*, 2003.

[207] Ozawa Terutomo, Foreign Direct Investment, Country Capabilities and Economic Development, *Transnational Corporations*, Vol. 1, No. 1, 2000.

[208] Parasuraman, A. , Zeithaml, V. A. , Berry, L. , A Conceptual Model of Service Quality and its Implications for Future Research, *Journal of Marketing*, 1985(49): 41 – 50.

[209] Renneboog, L. and C. Spaenjers, Religion, Economic Attitudes and Household Finance, *Oxford Economic Papers*, 2012, Vol. 64(1): 103 – 127.

[210] Rooija, M. V. , A. Lusardic and R. Alessiee, Financial Literacy and Stock Market Participation, *Journal of Financial Economics*, 2011, Vol. 101(2): 449 – 472.

[211] Siegel, P. A. , Hanbrick, D. C. , Business Strategy and the Social Psychology of Top Management Team, *Advances in Strategic Management*, 1996, Vol. 13: 91 – 119.

[212] Soedarmono, W. , F. Machrouh, A. Tarazi, Bank Competition, Crisis and Risk

Taking: Evidence from Emerging Markets in Asia, *Journal of International Financial Markets*, Institutions and Money, 2013(1):196 – 221.

[213] Stuart, S. , Venture an Investment Trust with Great Potential Returns, Pulse, 2 010, Vol. 70(6): 32.

[214] Tan, K. C. , Shen. , X. X. , Integrating Kano's Model in the Planning Matrix of Quality Function Deployment. *Total Quality Management & Business Excellence*, 2000, 11(8): 1141—1151.

[215] Ting Gao, Yanhong Deng, A Study on Users´ Acceptance Behavior to Mobile E – books Application Based on UTAUT Model, Beijing University of Technology, 2012.

[216] Victor Zitian Chen, Jing Li, Daniel M. Shapiro, InternationalReverse Spillover Effects on Parent Firms: Evidences from Emerging – market MNEs in Developed Markets, *European Management Journal*, Vol. 30, No. 3, 2 012.

[217] Vijayasarathy L R. , Product characteristics and internet shopping intentions, *International Research: Eleetronic networking APPlieations and Poliey*, 2002.

[218] Wagner, W. , Loan Market Competition and Bank Risk – Taking, *Journal of Financial Services Research*, 2010(1):71 – 81.

[219] Yellen, J. L. , Monetary Policy and Financial Stability, Speech at the 2 014 Michel Camdessus Central Banking Lecture, International Monetary Fund, Washington, D. C , 2014

[220] Z. Zhao, W. Yu, Proceedings of 2 011 International Conference on Management Science and Engineering (MSE 2 011), Engineering Technology Press, 2011.

[221] Zdzienicka, A. , Chen S. , Kalan, F. D. , Laseen S. , Svirydzenka, K. Effects of Monetary and MacroprudentialPolicies on Financial Condition: Evidence from the United States, *IMF Working Paper* , 2015.

[222] Zhang, L. , W. X. Wu and Y. Wei, Stock Holdings over the Life Cycle: Who Hesitates to Join the Market?, *Economic Systems*, 2015, Vol. 39(3): 423 – 438.

附录　2015年中国金融发展大事记

2015年1月4日　中国证监会发布并实施了四项金融行业标准,分别是:《期货交易数据交换协议》《证券公司客户资料管理规范》《证券期货业数据通信协议应用指南》《证券期货业信息系统审计规范》,以持续推进资本市场信息化建设工作,降低行业信息系统运行风险,提高行业运行效率,提升行业标准化水平。

2015年1月9日　根据证券期货业业务发展和统计监测工作需要,证监会修订并发布了《证券期货业统计指标标准指引(2014年修订)》,对统计指标体系和统计分类标准进一步完善,并于2015年2月1日起施行。

2015年1月9日　中国证监会近日已批准上海证券交易所开展股票期权交易试点,试点产品为上证50ETF期权,正式上市交易日为2015年2月9日。

2015年1月9日　中国证监会正式发布《股票期权交易试点管理办法》及《证券期货经营机构参与股票期权交易试点指引》,自公布之日起施行。

2015年1月15日　瑞士中央银行宣布取消已实施3年的瑞郎兑欧元汇率上限,瑞郎兑欧元突破1.20水准,瑞士央行同时宣布降息0.5个百分点至-0.75%。

2015年1月16日　为实现规范发展债券市场的总体目标,推动债券市场监管转型,提升债券市场服务实体经济的能力,同时加强市场监管,强化投资者保护,证监会正式发布《公司债券发行与交易管理办法》,自公布之日起施行。

2015年1月16日　银监会对2008年颁布的《银行并表监管指引(试行)》进行全面修订,形成了《商业银行并表管理与监管指引》,并将于2015年7月1日起正式施行。

2015年1月19日　中国银监会与国家发展改革委联合印发了《能效信贷指引》。

2015年1月21日　中国人民银行与瑞士国家银行签署合作备忘录,就在瑞士建立人民币清算安排有关事宜达成一致,并同意将人民币合格境外机构投资者(RQFII)试点地区扩大到瑞士,投资额度为500亿元人民币。

2015年1月22日　欧洲央行行长德拉吉在法兰克福宣布欧元区逾1万亿欧元规模资产购买计划,以应对区域内持续的通缩压力并促进经济复苏。

2015年1月22日　中国人民银行与中国保监会联合发布2015年第3号公告,允许保险公司在全国银行间债券市场发行资本补充债券。公告的发布是贯彻落实十八届三中全会精神和《国务院关于加快发展现代保险服务业的若干意见》的重要举措,对丰富金融市场主体、完善金融市场体系、促进保险业持续健康发展具有重要意义。下一步,中国人民银行和中国保监会将根据公告要求,积极推进保险公司在银行间债券市场发行资本补充债券,同时加强对保险公司融资行为监管,强化信息披露要求,切实维护投资者权益。

2015 年 1 月 23 日 保监会批准第二家保险私募基金试点,同意阳光资产管理股份有限公司发起设立阳光融汇医疗健康产业成长基金。基金采用有限合伙制的组织形式,按照市场通行模式运作,预计募集资金 50 亿元人民币,其中首期募集 30 亿元,主要投向医疗健康产业链中的成长期企业股权。基金管理人引入核心团队持股机制,增强长期激励约束,维护投资者利益。

2015 年 2 月 5 日 中国人民银行下调金融机构人民币存款准备金率 0.5 个百分点。同时,为进一步增强金融机构支持结构调整的能力,加大对小微企业、"三农"以及重大水利工程建设的支持力度,对小微企业贷款占比达到定向降准标准的城市商业银行、非县域农村商业银行额外降低人民币存款准备金率 0.5 个百分点,对中国农业发展银行额外降低人民币存款准备金率 4 个百分点。

2015 年 2 月 6 日 中国人民银行印发《关于在全国开展分支机构常备借贷便利操作的通知》(银发[2015]43 号)和《关于印发〈中国人民银行再贷款与常备借贷便利抵押品指引(试行)〉的通知》(银发[2015]42 号),在前期 10 省(市)分支机构试行常备借贷便利操作的基础上,在全国推广分支机构常备借贷便利,完善中央银行对中小金融机构提供流动性支持的渠道。

2015 年 2 月 12 日 《商业银行杠杆率管理办法(修订)》已经中国银监会 2014 年第 18 次主席会议通过,自 2015 年 4 月 1 日起施行。

2015 年 2 月 17 日 银监会批复国家开发银行和中国进出口银行筹建喀什分行。

2015 年 2 月 27 日 为进一步加强资本市场投资者权益保护工作,经国务院批准,证监会在证券期货行政执法领域开展行政和解试点。为规范试点相关工作,证监会制定了《行政和解试点实施办法》,自 2015 年 3 月 29 日起施行。

2015 年 2 月 29 日 欧洲央行宣布启动第二轮长期再融资操作,向 800 家金融机构提供 5 295 亿欧元的 3 年期低息贷款。

2015 年 3 月 1 日 中国人民银行下调金融机构人民币贷款和存款基准利率。其中,金融机构 1 年期贷款基准利率下调 0.25 个百分点 至 5.35%;1 年期存款基准利率下调 0.25 个百分点至 2.5%,同时结合推进利率市场化改革,将金融机构存款利率浮动区间的上限由存款基准利率的 1.2 倍调整为 1.3 倍;其他各档次存贷款基准利率及个人住房公积金存贷款利率相应调整。

2015年3月3日 中国银监会印发《关于做好2015年农村金融服务工作的通知》。

2015年3月4日 为贯彻落实2015年中央一号文件精神,进一步保护投保农户合法权益,切实发挥农业保险功能作用,促进农业保险健康持续发展,保监会、财政部、农业部近日联合印发《关于进一步完善中央财政保费补贴型农业保险产品条款拟订工作的通知》,立足新时期"三农"风险需求,以进一步贯彻落实国家强农惠农富农政策、保护投保农户合法权益为目标,在广泛调研和深入论证的基础上,对社会各界呼声最高、需求最为强烈的问题与要素进行了明确。

2015年3月5日 欧洲央行公布了其量化宽松计划运作的细节信息,欧央行于3月9日开始,从次级市场购买政府及企业债券,每个月的购买规模为600亿欧元。此次操作将维持至2016年9月,或是通胀接近央行2%目标为止。

2015年3月6日 证监会、财政部正式联合发布《行政和解金管理暂行办法》,自2015年3月29日起施行。

2015年3月6日 中国证监会批准中国金融期货交易所开展10年期国债期货交易,合约正式挂牌交易时间为2015年3月20日。

2015年3月6日 中国证监会批准上海期货交易所开展镍、锡期货交易,合约将于2015年3月27日挂牌交易。

2015年3月12日 银监会对2008年出台的《商业银行并购贷款风险管理指引》进行了修订并正式发布。

2015年3月20日 中国证监会批准中国金融期货交易所开展上证50、中证500股指期货交易,合约正式挂牌交易时间为2015年4月16日。

2015年3月25日 为提高农业保险规范化管理水平,切实维护投保农户利益,防范经营风险,保障农业保险持续健康发展,经会签财政部、农业部,保监会印发《农业保险承保理赔管理暂行办法》,是贯彻落实农业保险条例、加强农业保险监管的重要制度进步。

2015年3月26日 中国人民银行发布2015年第7号公告,简化信贷资产支持证券发行管理流程,提高发行管理效率和透明度,促进受托机构与发起机构提高信息披露质量,切实保护投资人合法权益,推动信贷资产证券化业务健康发展。

2015年3月27日 中国证监会发布《公开募集证券投资基金参与沪港通交易指引》,对基金参与沪港通交易的资格和程序、信息披露、风险管理、内控制度等提出了具体要求,自发布之日起施行。

2015年3月30日 为进一步完善个人住房信贷政策,支持居民自住和改善性住房需求,促进房地产市场平稳健康发展,中国人民银行、住房城乡建设部和中国银行业监督管理委员会联合发布《关于个人住房贷款政策有关问题的通知》(银发[2015]98号)。

2015年3月30日 中国人民银行与澳大利亚储备银行续签了规模为2 000亿元人民币/400亿澳大利亚元的双边本币互换协议。

2015年4月1日 国务院公布《存款保险条例》,自2015年5月1日起施行。同时批复同意《存款保险制度实施方案》,明确存款保险基金管理工作由中国人民银行承担,要求中国人民银行会同有关部门按照《存款保险条例》等法律法规认真组织实施。

2015年4月10日 中国人民银行与南非储备银行签署了规模为300亿元人民币/540亿南非兰特的双边本币互换协议。

2015年4月12日 国务院批复同意《国家开发银行深化改革方案》《中国进出口银行改革实施总体方案》和《中国农业发展银行改革实施总体方案》,要求中国人民银行会同有关单位按照方案要求和职责分工认真组织实施。

2015年4月14日 为进一步强化保险公司资金运用信息披露,防范投资风险,中国保监会发布《保险公司资金运用信息披露准则第2号:风险责任人》,明确了披露风险责任人信息的具体业务范围及内容,落实了风险责任人、公司和法人代表三方责任,确定了信息披露的时间、方式和要求。

2015年4月17日 中国人民银行与马来西亚国家银行续签了规模为1 800亿元人民币/900亿马来西亚林吉特的双边本币互换协议。

2015年4月17日 中国证监会主席肖钢与波兰金融监督管理局主席安杰伊·贾库比亚克签署了《证券期货监管合作谅解备忘录》,对于进一步加强双方在证券期货领域的监管交流合作、促进两地资本市场的健康发展均具有重要的意义,标志着两地证券监管机构的合作进入一个新的阶段。

2015年4月20日 中国人民银行下调金融机构人民币存款准备金率1个百分点。同时,有针对性地实施定向降准,对农信社、村镇银行等农村金融机构额外降低人民币存款准备金率1个百分点,统一下调农村合作银行存款准备金率至农信社水平,对中国农业发展银行额外降低人民币存款准备金率2个百分点。

2015年4月24日 为进一步发挥资本市场促进企业重组的作用,加大并购重组融资力度,提升资本市场服务实体经济的能力,证监会对《〈上市公司重大资产重组管理办法〉第十三条、第四十三条的适用意见——证券期货法律适用意见第12号》进行了相应修订。

2015年4月27日 保监会对《保险公司资本保证金管理办法》进行了修订,并印发了新的《保险公司资本保证金管理办法》,贯彻落实了国务院关于简政放权、规范行政审批行为的指导精神,对于充分调动保险公司积极性、进一步提高办理资本保证金存款事项的效率具有重要意义。

2015年5月9日 中国人民银行发布2015年第9号公告,取消银行间债券市场交易流通审批,明确依法发行的各类债券发行完成后即可直接在银行间债券市场交易流通,并强化了信息披露、加强投资者保护等要求,进一步促进了债券市场规范发展。

2015年5月10日 中国人民银行与白俄罗斯共和国国家银行续签了规模为70亿元人民币/16万亿白俄罗斯卢布的双边本币互换协议。

2015年5月11日 中国人民银行下调金融机构人民币贷款和存款基准利率。其中,金融机构1年期贷款基准利率下调0.25个百分点至5.1%;一年期存款基准利率下调0.25个百分点至2.25%,同时结合推进利率市场化改革,将金融机构存款利率浮动区间的上限由存款基准利率的1.3倍调整为1.5倍;其他各档次存贷款基准利率及个人住房公积金存贷款利率相应调整。

2015年5月13日 证监会主席肖钢与哈萨克斯坦国家银行行长克里贝多夫·凯拉特·内玛托维奇在北京举行会谈并签署了中哈《证券期货监管合作谅解备忘录》。

2015年5月14日 中国银监会发布2014年报。

2015年5月15日 证监会发布《关于加强非上市公众公司监管工作的指导意见》,加强对非上市公众公司监管,规范各类市场主体行为,明确监管系统内部职责分工,提高监管协同性和有效性。

2015年5月15日 中国人民银行与乌克兰国家银行续签了规模为150亿元人民币/540亿乌克兰格里夫纳的双边本币互换协议。

2015年5月19日 证监会主席肖钢与阿塞拜疆证监会主席卢法·阿斯兰里在北京举行会谈并签署了中阿《证券期货监管合作谅解备忘录》。

2015年5月20日 美国司法部和美国联邦储备委员会宣布对巴克莱银行、苏格兰皇家银行、花旗银行、摩根大通、瑞士银行和美国银行处以超过58亿美元的罚款,以惩罚它们在外汇市场操纵汇率的违法行为,该罚金数额也创下同类历史最高纪录。此外,以上六家银行因在外汇市场的"不安全且不合理的做法"被美联储罚款超过18亿美元,这是美联储开出的最贵罚单。

2015年5月22日 证监会发布《关于修改〈证券市场禁入规定〉的决定》,对证券市场禁入措施,特别是终身市场禁入措施的适用条件和范围等进行了修改、完善,自2015年6月22日起实施。

2015年5月22日 中国证监会与香港证监会就开展内地与香港基金互认工作正式签署《中国证券监督管理委员会与香港证券及期货事务监察委员会关于内地与香港基金互认安排的监管合作备忘录》,同时发布《香港互认基金管理暂行规定》,自2015年7月1日起施行。

2015年5月25日 中国人民银行与智利中央银行签署了规模为220亿元人民

币/22 000 亿智利比索的双边本币互换协议。同日，双方签署了在智利建立人民币清算安排的合作备忘录，并同意将 RQFII 试点地区扩大到智利，投资额度为 500 亿元人民币。

2015 年 6 月 1 日 中韩两国政府正式签署中韩自由贸易协定。根据该协定，双方货物贸易自由化比例均超过税目的 90%、贸易额的 85%。

2015 年 6 月 2 日 中国人民银行发布《大额存单管理暂行办法》并正式实施。大额存单是由银行业存款类金融机构面向非金融机构投资人发行的记账式大额存款凭证。大额存单的推出有利于有序扩大负债产品市场化定价范围，健全市场化利率形成机制；也有利于进一步锻炼金融机构的自主定价能力，培育企业、个人等市场参与者的市场化定价理念，为继续推进存款利率市场化进行有益探索并积累宝贵经验。

2015 年 6 月 5 日 银监会发布《关于加强银行业金融机构内控管理有效防范柜面业务操作风险的通知》。

2015 年 6 月 17 日 中澳两国政府正式签署"中澳自由贸易协定"。协议规定，在过渡期内，中澳双方各有占出口贸易额 85.4% 的产品实现零关税。过渡期后，澳方零关税的税目占比和贸易额占比将达到 100%，中方零关税的税目占比和贸易额占比将分别达到 96.8% 和 97%。

2015 年 6 月 26 日 证监会正式发布《境外交易者和境外经纪机构从事境内特定品种期货交易管理暂行办法》，自 2015 年 8 月 1 日起施行。同时，根据其中第二条第四款"本办法所称境内特定品种由中国证券监督管理委员会确定并公布"的规定，证监会确定原油期货为我国境内特定品种。

2015 年 6 月 26 日 银监会《关于促进民营银行发展的指导意见》已经党中央、国务院同意，需要各省、自治区、直辖市人民政府，国务院各部委、各直属机构认真贯彻执行。

2015 年 6 月 26 日 中国银监会分别与印度尼西亚金融服务局和立陶宛中央银行签署双边银行业监管合作谅解备忘录（MOU）并举行双边监管会谈，就银行业和金融市场形势、金融监管改革、银行业开放政策、双边银行业合作等事宜交换了意见。

2015 年 6 月 26 日 为不断深化保险业改革，加强保险资金多元化配置，更有效服务实体经济建设，国务院第 96 次常务会议原则通过了《中国保险投资基金设立方案》。设立中国保险投资基金，是保险业积极主动作为，创新资金运用形式，更好地促进经济发展的有益探索。

2015 年 6 月 27 日 中国人民银行与匈牙利中央银行签署了在匈牙利建立人民币清算安排的合作备忘录和《中国人民银行代理匈牙利央行投资中国银行间债券

市场的代理投资协议》，并同意将 RQFII 试点地区扩大到匈牙利，投资额度为 500 亿元人民币。

2015 年 6 月 28 日 中国人民银行针对性地对金融机构实施定向降准，对"三农"贷款占比达到定向降准标准的城市商业银行、非县域农村商业银行降低存款准备金率 0.5 个百分点，对"三农"或小微企业贷款达到定向降准标准的国有大型商业银行、股份制商业银行、外资银行降低存款准备金率 0.5 个百分点，降低财务公司存款准备金率 3 个百分点。

2015 年 6 月 28 日 中国人民银行下调金融机构人民币贷款和存款基准利率，以进一步降低企业融资成本。其中，金融机构一年期贷款 基准利率下调 0.25 个百分点至 4.85%；一年期存款基准利率下调 0.25 个百分点至 2%；其他各档次贷款及存款基准利率、个人住房公积金存贷款利率相应调整。

2015 年 6 月 29 日《亚洲基础设施投资银行协定》签署仪式在北京举行，亚洲基础设施投资银行宣告成立。

2015 年 7 月 1 日 根据融资融券业务发展实践需要，证监会研究修改了《证券公司融资融券业务管理办法》，上海、深圳证券交易所同步发布《融资融券交易实施细则》。

2015 年 7 月 7 日 中国人民银行与南非储备银行签署了在南非建立人民币清算安排的合作备忘录。

2015 年 7 月 8 日 中国保监会提高保险资金投资蓝筹股票监管比例。保监会发布《关于提高保险资金投资蓝筹股票监管比例有关事项的通知》，放宽了保险资金投资蓝筹股票监管比例，对符合条件的保险公司，将投资单一蓝筹股票的比例上限由占上季度末总资产的 5% 调整为 10%；投资权益类资产达到 30% 比例上限的，可进一步增持蓝筹股票，增持后权益类资产余额不高于上季度末总资产的 40%。同时还适度提高保险资金投资蓝筹股票的资产认可比例。

2015 年 7 月 14 日 中国人民银行印发《关于境外央行、国际金融组织、主权财富基金运用人民币投资银行间市场有关事宜的通知》（银发〔2015〕220 号），对境外央行类机构简化了入市流程，取消了额度限制，允许其自主选择中国人民银行或银行间市场结算代理人为其代理交易结算，并拓宽其可投资品种。

2015 年 7 月 18 日 为鼓励金融创新，促进互联网金融健康发展，明确监管责任，规范市场秩序，经党中央、国务院同意，中国人民银行、工业和信息化部、公安部、财政部、国家工商总局、国务院法制办、中国银行业监督管理委员会、中国证券监督管理委员会、中国保险监督管理委员会、国家互联网信息办公室日 前联合印发了《关于促进互联网金融健康发展的指导意见》（银发〔2015〕221 号）。

2015 年 7 月 24 日 中国人民银行发布中国人民银行公告〔2015〕第 19 号，明确境内原油期货交易跨境结算管理规定。

2015年7月27日 为规范互联网保险经营行为,促进互联网保险健康规范发展,中国保监会印发了《互联网保险业务监管暂行办法》,标志着我国互联网保险业务监管制度正式出台。

2015年7月30日 国家税务总局和中国银行业监督管理委员会加强顶层设计,决定建立银税合作机制,在全国范围内开展"银税互动"助力小微企业发展活动。

2015年8月4日 为适应保险消费者保护形势需要,科学评价保险公司服务质量,促进保险公司改进保险服务,中国保监会制定了《保险公司服务评价管理办法(试行)》,分别按照财产险和人身险建立了两套定量指标。定量指标选取范围,主要涉及保险消费者能够直接感受和体验的服务触点。

2015年8月10日 国务院印发《关于开展农村承包土地的经营权和农民住房财产权抵押贷款试点的指导意见》,明确由人民银行会同中央农办等11部门,按职责分工成立试点工作指导小组,慎重稳妥推进农村承包土地的经营权抵押贷款试点和农民住房财产权抵押、担保、转让试点工作。

2015年8月11日 中国人民银行发布关于完善人民币兑美元汇率中间价报价的声明。自2015年8月11日起,做市商在每日银行间外汇市场开盘前向中国外汇交易中心提供的报价应主要参考上日银行间外汇市场的收盘汇率,并结合上日国际主要货币汇率变化以及外汇供求情况进行微调。

2015年8月26日 中国人民银行下调金融机构人民币贷款和存款基准利率,以进一步降低企业融资成本。其中,金融机构1年期贷款基准利率下调0.25个百分点至4.6%;1年期存款基准利率下调0.25个百分点至1.75%;其他各档次贷款及存款基准利率、个人住房公积金存贷款利率相应调整。同时,放开1年期以上(不含1年期)定期存款的利率浮动上限,活期存款以及1年期以下定期存款的利率浮动上限不变。

2015年8月29日 全国人大常委会表决通过关于修改《中华人民共和国商业银行法》的决定,删除实施已有20年之久的75%存贷比监管指标。决定自2015年10月1日起施行。

2015年8月31日 中国人民银行发布《关于加强远期售汇宏观审慎管理的通知》(银发〔2015〕273号),将远期售汇纳入宏观审慎管理框架,对开展代客远期售汇业务的金融机构收取外汇风险准备金。

2015年8月31日 证监会、财政部、国资委、银监会等四部委联合发文,《关于鼓励上市公司兼并重组、现金分红及回购股份的通知》,以进一步提高上市公司质量,建立健全投资者回报机制,提升上市公司投资价值,促进结构调整和资本市场稳定健康发展,推动国有企业改革,增强国有经济活力。

2015年9月3日 中国人民银行与塔吉克斯坦中央银行签署了规模为30亿元人民币/30亿索摩尼的双边本币互换协议。

2015年9月6日 中国人民银行下调金融机构人民币存款准备金率0.5个百分点。同时,有针对性地实施定向降准,额外降低县域农村商业银行、农村合作银行、农村信用社和村镇银行等农村金融机构存款准备金率0.5个百分点,额外下调金融租赁公司和汽车金融公司存款准备金率3个百分点。

2015年9月7日 中国人民银行印发《关于进一步便利跨国企业集团开展跨境双向人民币资金池业务的通知》(银发〔2015〕279号)。

2015年9月11日 中国保监会印发了《资产支持计划业务管理暂行办法》,是落实《关于加快发展现代保险服务业的若干意见》(国发〔2014〕29号)的举措之一,有利于扩大保险资产管理产品创新空间,满足保险资金配置需求,促进保险资金直接对接存量资产,进一步支持实体经济发展。

2015年9月11日 中国保监会发布《关于设立保险私募基金有关事项的通知》,有利于进一步发挥保险资金长期投资的独特优势,将新"国十条"精神具体化、制度化、常态化,强化保险业落实国务院决策部署的执行力。

2015年9月15日 中国人民银行改革存款准备金考核制度,由时点法改为平均法考核。即维持期内,金融机构按法人存入的存款准备金日终余额算术平均值与准备金考核基数之比,不得低于法定存款准备金率。同时,存款准备金考核设每日下限。即维持期内每日营业终了时,金融机构按法人存入的存款准备金日终余额与准备金考核基数之比,可以低于法定存款准备金率,但幅度应在1个(含)百分点以内。

2015年9月22日 根据《全国人民代表大会常务委员会关于修改〈中华人民共和国商业银行法〉的决定》(中华人民共和国主席令第三十四号),中国银监会对《商业银行流动性风险管理办法(试行)》进行了相应修改。修改后的《商业银行流动性风险管理办法(试行)》已经中国银监会2015年第18次主席会议通过,自2015年10月1日起施行。

2015年9月23日 中国保监会发布《中国保监会关于深化保险中介市场改革的意见》,确定了保险中介市场深化改革要遵循的三个基本原则,部署了六项重点任务,要求各相关单位加强组织领导、加强内部协作、密切外部协调、加强宣传引导。

2015年9月25日 中国人民银行印发《关于推广信贷资产质押再贷款试点的通知》(银发〔2015〕299号),决定在上海、天津、辽宁、江苏、湖北、四川、陕西、北京、重庆等9省(市)推广信贷资产质押再贷款试点。

2015年9月30日 中国人民银行发布中国人民银行公告〔2015〕第31号,开放境外央行(货币当局)和其他官方储备管理机构、国际金融组织、主权财富基金依法合规参与中国银行间外汇市场。

2015年9月30日 为进一步改善住房金融服务,支持合理住房消费,中国人民银行和银监会联合发布《关于进一步完善差别化住房信贷政策有关问题的通知》(银发〔2015〕305号)。

2015年10月5日 美国、日本、澳大利亚等12个国家在亚特兰大举行的部长会议结束谈判并宣布达成"跨太平洋战略经济伙伴协定"(TPP)。该协议相关成员同意进行自由贸易,并在投资及知识产权等广泛领域统一规范,以此促进缔约国的经济增长和生产力的提高。

2015年10月6日 经国务院批准,中国人民银行行长周小川于以国际货币基金组织中国理事身份致函国际货币基金组织总裁拉加德,正式通报中国采纳国际货币基金组织数据公布特殊标准(SDDS)的决定。这标志着我国已完成采纳SDDS的全部程序,将按照SDDS标准公布相关统计数据。

2015年10月7日 人民银行副行长易纲和国际货币基金组织第一副总裁利普顿在利马共同出席了在国际货币基金组织年会期间举行的中国采纳SDDS的仪式。

2015年10月8日 二十国集团(G20)财长和央行行长在国际货币基金组织和世界银行秘鲁利马年会期间举行了工作晚餐会,主要讨论了当前全球经济形势、国际税收合作、金融监管改革、气候资金等议题。土耳其作为本年度G20主席国,按惯例邀请作为下届G20主席国的中方介绍了2016年G20财金渠道议题的初步考虑。财政部部长楼继伟和中国人民银行副行长易纲率中国政府代表团出席了会议。

2015年10月8日 人民币跨境支付系统(CIPS)(一期)成功上线运行。人民币跨境支付系统为境内外金融机构人民币跨境和离岸业务提供资金清算、结算服务,是重要的金融基础设施。该系统按计划分两期建设,一期工程便利跨境人民币业务处理,支持跨境货物贸易和服务贸易结算、跨境直接投资、跨境融资和跨境个人汇款等业务。

2015年10月10日 为贯彻落实国务院关于加大改革创新和支持实体经济力度的精神,按照2015年人民银行工作会议要求,人民银行在前期山东、广东开展信贷资产质押再贷款试点形成可复制经验的基础上,决定在上海、天津、辽宁、江苏、湖北、四川、陕西、北京、重庆等9省(市)推广试点。

2015年10月13日 全球金融标准制定与执行的核心机构——金融稳定理事会(FSB)批准并发布了由国际保险监督官协会(IAIS)负责制定的更高损失吸收能

力要求(HLA)。HLA的发布标志着国际社会推动建立全球统一的保险监管标准以及加强对系统性风险管控的总体改革取得阶段性重要成果,是国际社会强化全球保险监管的一个重要里程碑。

2015年10月16日 中国人民银行与国务院扶贫办在北京共同举办了以"发展普惠金融实施精准扶贫"为主题的扶贫开发金融服务论坛。中国人民银行、国务院扶贫办、世界银行集团国际金融公司、发展改革委、财政部、银监会、证监会、保监会,全国性银行业金融机构、有关保险公司相关负责人参加了论坛。中国人民银行副行长潘功胜、国务院扶贫办主任刘永富出席论坛并讲话。

2015年10月20日 经国务院批准,中国人民银行与英格兰银行续签了双边本币互换协议。互换规模由原来的2 000亿元人民币/200亿英镑扩大至3 500亿元人民币/350亿英镑,有效期3年,经双方同意可以展期。

2015年10月21日 由中国金融学会主办,台北金融研究发展基金会、中华经济研究院、台湾金融服务业联合总会合办的第二十届两岸金融合作研讨会在北京举办。中国人民银行副行长潘功胜,国务院台湾事务办公室副主任龚清概,台湾金融代表团团长、台湾银行商业同业公会理事长李纪珠,台湾东吴大学法商讲座教授陈冲出席开幕式并致辞。中国人民银行副行长易纲出席闭幕式并演讲。

2015年10月23日 银监会召开2015年全国银行业小微企业金融服务评优表彰暨工作推动(电视电话)会议,总结了近年来我国银行业小微企业金融服务的成果和经验,就继续贯彻落实党中央、国务院政策精神,做好下一阶段工作进行了部署。

2015年10月23日 美国与欧盟进行了"跨大西洋贸易和投资伙伴关系协定"(TTIP)第十一轮谈判,双方交换了免除97%的对方商品进口关税的方案,剩下3%的敏感商品的关税要到谈判的最后阶段协商。

2015年10月24日 中国人民银行决定下调金融机构人民币贷款和存款基准利率,以进一步降低社会融资成本。其中,金融机构1年期贷款基准利率下调0.25个百分点至4.35%;1年期存款基准利率下调0.25个百分点至1.5%;其他各档次贷款及存款基准利率、人民银行对金融机构贷款利率相应调整;个人住房公积金贷款利率保持不变。同时,对商业银行和农村合作金融机构等不再设置存款利率浮动上限,并抓紧完善利率的市场化形成和调控机制,加强央行对利率体系的调控和监督指导,提高货币政策传导效率。

2015年10月30日 证监会正式发布《中国证监会派出机构监管职责规定》,自2015年12月1日起施行。

2015年11月3日 中国保监会发布《保险小额理赔服务指引(试行)》,选定消费者关注度最高的车险与个人医疗保险小额理赔作为突破口,以单证简化为重点,以流程优化为主线,以服务创新为引领,突破目前行业理赔服务的短板和瓶颈,对全行业加强和改进保险小额理赔服务工作给出了明确的监管导向。

2015年11月6日 证监会正式发布重新制定的《中国证券监督管理委员会行政处罚听证规则》,以制度化、规范化、程序化的听证规则体系,保障证监会及其派出机构公正执法、文明执法。自2015年12月4日起施行。

2015年11月6日 为具体落实新股发行制度的改革措施,证监会正式发布《证券发行与承销管理办法》《首次公开发行股票并上市管理办法》及《首次公开发行股票并在创业板上市管理办法》《关于首发及再融资、重大资产重组摊薄即期回报有关事项的指导意见》,自2016年1月1日起施行。

2015年11月9日 中央全面深化改革领导小组会议审议通过《推进普惠金融发展规划(2016—2020年)》。强调发展普惠金融的目的是提升金融服务的覆盖率、可得性、满意度,满足人民群众日益增长的金融需求。坚持借鉴国际经验和体现中国特色相结合、政府引导和市场化主导相结合、完善基础金融服务和改进重点领域金融服务相结合。坚持监管和创新并行,加快建立适应普惠金融发展的法制规范和监管体系,提高金融监管有效性。

2015年11月12日 公安部、中国人民银行、广东省政府在广州市联合召开了破获"猎豹905"特大假币案现场表彰会暨打击假币违法犯罪工作电视电话推进会。公安部副部长孟庆丰、中国人民银行副行长范一飞,广东省副省长、公安厅长李春生出席会议并讲话。全国县以上公安机关、银行业金融机构、反假货币联席会议成员单位负责同志在当地参加了会议。

2015年11月13日 国务院办公厅印发《关于加强金融消费者权益保护工作的指导意见》,对我国进一步加强金融消费者权益保护、提升金融消费者信心、促进金融市场健康运行、维护国家金融稳定、实现全面建成小康社会战略目标具有重要意义。

2015年11月13日 保监会、财政部、农业部联合印发《关于进一步完善中央财政保费补贴型农业保险产品条款拟订工作的通知》,部署在全国开展中央财政保费补贴型农险产品的升级改造。

2015年11月14日 "中国金融学会2 015学术年会暨2 015中国金融论坛"在北京举办,主题是"中国金融业未来改革和发展"。中国人民银行副行长潘功胜在年会开幕式发表演讲。

2015年11月16日 中国保监会与俄罗斯中央银行签署保险监管合作谅解备忘录,备忘录建立了双方保险监管信息交流和相互协作机制,标志着中俄保险监管合作进入全面深化的新阶段。

2015年11月19日 中国人民银行征信中心联合天津市金融工作局和世界银

行集团国际金融公司在天津召开"动产融资国际研讨会",本次会议主题是"促进动产融资,助力中小微企业发展"。

2015年11月20日 证监会制定并发布《关于进一步推进全国中小企业股份转让系统发展的若干意见》,加快推进全国股转系统发展,从七个方面对推进全国股转系统制度完善作出部署,提出了当前发展全国股转系统的总体要求。

2015年11月20日 中国银行间市场交易商协会资产证券化暨结构化融资专业委员会成立会议在京召开,中国人民银行副行长潘功胜出席会议并讲话,来自监管机构、自律组织和市场机构约150名代表参加了本次会议。

2015年11月25日 首批境外央行类机构在中国外汇交易中心完成备案,正式进入中国银行间外汇市场,这有利于稳步推动中国外汇市场对外开放。这些境外央行类机构包括:香港金融管理局、澳大利亚储备银行、匈牙利国家银行、国际复兴开发银行、国际开发协会、世界银行信托基金和新加坡政府投资公司,涵盖了境外央行和其他官方储备管理机构、国际金融组织、主权财富基金三种机构类别。

2015年11月30日 国际货币基金组织执董会决定将人民币纳入特别提款权(SDR)货币篮子,SDR货币篮子相应扩大至美元、欧元、人民币、日元、英镑5种货币,人民币在SDR货币篮子中的权重为10.92%,美元、欧元、日元和英镑的权重分别为41.73%、30.93%、8.33%和8.09%,新的SDR篮子将于2016年10月1日生效。

2015年12月1日 IMF正式宣布,人民币将于2016年10月1日加入SDR(特别提款权)篮子,且权重超过日元和英镑,达10.92%,成为继美元、欧元之后的SDR篮子第三大货币。

2015年12月10—11日 中美战略与经济对话第六次反洗钱与反恐怖融资研讨会在美国纽约召开。中国人民银行副行长郭庆平率中方代表团参会,并与美国财政部助理部长丹尼·格雷瑟共同主持此次研讨会。会议期间双方就共同关心的打击恐怖融资、国家洗钱风险评估、中美反洗钱监管合作以及国际电邮诈骗类型研究等议题展开讨论。

2015年12月11日 银监会印发《中国银监会现场检查暂行办法》。

2015年12月14—15日 二十国集团(G20)财政和央行副手会在海南三亚举行。这是中国自12月1日接任2016年G20主席国后主办的首次高级别G20会议。会议由人民银行副行长易纲和财政部副部长朱光耀共同主持。会议讨论并通过了2016年G20财金渠道工作计划,并就当前全球经济形势,强劲、可持续和平衡增长框架,投资和基础设施,国际金融架构,金融部门改革,国际税收合作,绿色金融和气候资金等议题进行了讨论。

2015年12月14日 财政部、国家税务总局、证监会发布《关于内地与香港基金互认有关税收政策的通知》,自 2015 年 12 月 18 日起执行。

2015 年 12 月 15 日 中国保监会印发了《保险资金运用内部控制指引》及《保险资金运用内部控制应用指引》(第 1 号—第 3 号),立足于我国保险资金运用现状和特点,充分借鉴国际理论和实践经验,旨在推动保险机构建立全面有效的保险资金运用内部控制标准和体系。

2015 年 12 月 16 日 人民银行会同发展改革委、财政部、银监会、证监会、保监会和扶贫办联合召开全国金融助推脱贫攻坚电视电话会议。会议深入学习党的十八届五中全会和中央扶贫开发工作会议精神,交流扶贫开发金融服务工作情况和经验,安排部署脱贫攻坚金融服务工作。

2015 年 12 月 17 日 美联储宣布将基准的联邦利率提高 25 个基点,至 1.25%,这也是近 10 年来美国首次加息。

2015 年 12 月 18 日 中国证监会与中国人民银行联合发布《货币市场基金监督管理办法》,自 2016 年 2 月 1 日起施行。

2015 年 12 月 20 日 中韩、中澳自由贸易协定正式生效。

2015 年 12 月 21 日 布伦特原油期货报每桶 36.35 美元,创下逾 11 年来最低收盘位。

2015 年 12 月 22 日 为贯彻落实《生态文明体制改革总体方案》和十八届五中全会精神,中国人民银行发布 2015 年 39 号公告,在银行间债券市场推出绿色金融债券。绿色金融债券是金融机构法人依法在银行间债券市场发行的、募集资金用于支持绿色产业项目并按约定还本付息的有价证券。

2015 年 12 月 23 日 中国保监会发布《保险公司资金运用信息披露准则第 3 号:举牌上市公司股票》,对保险机构披露举牌信息进行了重点规范。

2015 年 12 月 23 日 保监会对《中国保险保障基金有限责任公司业务监管暂行办法》进行了修订,并于近日印发《中国保险保障基金有限责任公司业务监管办法》,依据《保险法》和《保险保障基金管理办法》,对保险保障基金的筹集、管理、运作及信息报送等方面进行了规范。

2015 年 12 月 24 日 国家发展改革委、中国证监会、中国人民银行、中央文明办、最高人民法院、工业和信息化部、公安部、财政部、国土资源部、环境保护部、交通运输部、商务部、海关总署、税务总局、工商总局、质检总局、食品药品监管总局、国家网信办、银监会、保监会、外汇局、全国总工会等 22 家单位联合签署了《关于对违法失信上市公司相关责任主体实施联合惩戒的合作备忘录》。

2015 年 12 月 25 日 人民银行发布《中国人民银行关于改进个人银行账户服务加强账户管理的通知》,是人民银行顺应市场发展需求和满足社会公众日益多样化支付服务需求的重要举措,对完善银行账户管理体系、提升银行服务质量、保障消费者合法权益、维护经济金融秩序具有重要意义。

2015年12月28日 为鼓励支付创新,防范系统性风险,规范支付服务市场秩序,切实保障消费者合法权益,促进网络支付业务健康发展,中国人民银行公告发布《非银行支付机构网络支付业务管理办法》(中国人民银行公告〔2015〕第43号),于2016年7月1日起施行。

后　记

本书是由中南财经政法大学承担的教育部哲学社会科学发展报告建设项目"中国金融发展报告"（项目批准号：11JBG006）继《2012中国金融发展报告》《2013中国金融发展报告》《2014中国金融发展报告》和《2015中国金融发展报告》之后的第五项研究成果。本书的撰写始终坚持立足中国国情，以现实问题为导向，将长期跟踪研究和专题特色研究结合起来。因此，我们继续沿袭前四部报告的体例，将本年度的发展报告分为主题报告、专题报告和大事记三大部分。

在主题报告中，本书继续从金融宏观调控、金融机构发展、金融市场发展、金融的国际化发展和金融监管等五个方面展开研究，力求从总体上展现我国金融改革与发展的状态，并重点阐述我国金融发展的主要成就、指出现实中存在的突出问题，进而提供适当的政策建议。2015年既是完成"十二五"规划的收官之年，也是开启"十三五"规划的筹划之年，中国经济结构调整进入关键期。中国金融发展贯彻落实"四个全面"战略布局，继续推进金融领域的各项重大改革，全面深化改革开放。2015年，央行取消存款利率浮动上限，完善人民币兑美元汇率中间价报价机制，改革力度超过预期；金融机构、金融市场和金融监管都经受了跌宕起伏的重大变革之考验；金融开放力度进一步加大，亚投行正式成立，人民币被IMF纳入SDR货币篮子。因此，本书将今年主报告的研究主题定为"全面深化改革开放的中国金融"，以期系统反映2015年我国金融领域的新变化和新问题，并探讨应对之策。

全球金融危机以来，引入宏观审慎管理框架成为完善金融稳定制度及金融宏观调控体系的一个革命性成果。国际金融危机的教训充分表明，单一以价格稳定为目标的货币政策并不能有效维护金融稳定，因而需要引入宏观审慎政策，对金融系统的稳定进行管理。特别是2015年6月我国资本市场异常波动以及8月汇改以后人民币汇率异常波动以来，关于中央银行金融稳定政策作用的争论持续不断，新形势下如何客观评价中央银行金融稳定职能及其政策的有效性，受到国内外广泛关注。为此，继"金融风险传染与宏观经济稳定"之后，本书以"宏观审慎监管与金融创新"为题展开了专题研究，将关注的重点转向宏观审慎监管与微观金融创新之间的内在联系，旨在深入探讨金融创新背景下宏观审慎监管的重要性，着力探索符合宏观审慎监管要求的金融创新发展之良策。

本书由朱新蓉教授和唐文进教授担任主编。全书从确定主题、大纲到定稿历经一年半时间。期间,我们多次召开会议组织研究团队进行探讨,并反复与研究团队成员进行沟通和磋商。初稿完成后,我们又在较大范围内征求修改意见,最后还由主编对全部书稿进行细致的审读、修改和总纂。

参加本书撰写的作者分工如下:

主题报告:唐文进、许超负责第一章的撰写;白小滢负责第二章的撰写;卢建新负责第三章的撰写;曾松林负责第四章撰写;陈红负责第五章的撰写。此外,在主题报告各章中有关保险市场和保险机构的内容由姚壬元负责撰写,有关保险监管的内容由余洋负责撰写。

专题报告:丁安华、谭卓负责第一专题的撰写;何秀负责第二专题的撰写;唐文进、彭元文负责第三专题的撰写;潘亚负责第四专题的撰写;靳珂负责第五专题的撰写;张文健负责第六专题的撰写;李宏负责第七专题的撰写;禹晖负责第八专题的撰写;张灵云负责第九专题的撰写;赵增崇负责第十专题的撰写。

本书的撰写得到了教育部社科司的大力支持和悉心指导,中南财经政法大学社会科学研究院和科研部给予了积极的支持,中国人民银行研究局和金融稳定局、湖北银监局等政府机构和中国银行、中国建设银行等著名金融机构给予了大量的支持和帮助。此外,在本报告的编辑出版过程中,北京大学出版社的责任编辑做了大量细致和卓有成效的工作。在此,我们对他们的支持、帮助和关心表示由衷的感谢!

本书参考了大量的国内外文献,我们已通过注释和参考文献加以反映,但难免有些疏忽和遗漏;同时,因时间和水平局限,本报告难免仍有不足和不当之处,恳请专家和读者不吝批评指正,以便我们进一步改进工作。

《2016中国金融发展报告》编委会
2016年6月19日